W0055019

Deutschunterricht in Theorie und Praxis

DTP

Handbuch zur Didaktik der deutschen Sprache und Literatur in elf Bänden

herausgegeben von

Winfried Ulrich

Band 10

Schneider Verlag Hohengehren GmbH

Deutsch als Fremdsprache

herausgegeben von

Ingelore Oomen-Welke

und

Bernt Ahrenholz

Schneider Verlag Hohengehren GmbH

Umschlag: PE-Mediendesign, Elke Boscher,
88521 Ertingen

Gedruckt auf umweltfreundlichem Papier (chlor- und säurefrei hergestellt).

Bibliografische Information der Deutschen Nationalbibliothek

Die Deutsche Nationalbibliothek verzeichnet diese Publikation in der Deutschen Nationalbibliografie; detaillierte bibliografische Daten sind im Internet über ›http://dnb.d-nb.de‹ abrufbar.

ISBN: 978-3-8340-0509-0

Schneider Verlag Hohengehren, Wilhelmstr. 13, D-73666 Baltmannsweiler
Homepage: www.paedagogik.de

© Schneider Verlag Hohengehren, 73666 Baltmannsweiler 2013
Printed in Germany – Druck: Djurcic, Schorndorf

Inhaltsverzeichnis

A Begrifflichkeiten, Geschichte und Verbreitung des Deutschen als Fremdsprache

B Konzeptionelle Grundlagen des Deutschen als Fremdsprache

C Kompetenzbereiche und Unterricht in Deutsch als Fremdsprache

D Methodik, Medien, Kultur und/in/für Deutsch als Fremdsprache

E Aufgaben, Feedback und Leistungsmessung in Deutsch als Fremdsprache

F Modelle und Konzepte für Deutsch als Fremdsprache

G DaF exemplarisch in einigen Regionen der Welt

Vorwort des Herausgebers des Handbuchs „Deutschunterricht in Theorie und Praxis"

Zur Konzeption des Handbuches DTP

Der Deutschunterricht ist das zentrale Unterrichtsfach, das Kernfach im allgemeinbildenden Schulwesen Deutschlands mit der Aufgabe, nicht nur die grundlegenden Kulturtechniken des Lesens und Schreibens zu vermitteln, sondern die an Sprache und Texte gebundenen kognitiven, kommunikativen und kreativen Fähigkeiten der heranwachsenden Generation zu fördern. Dabei geht es um „Schlüsselqualifikationen", die zur Bewältigung vieler Situationen im privaten und beruflichen Alltag benötigt werden, sowie um Kompetenzen, die zur Teilnahme am kulturellen Leben der Gesellschaft befähigen.

Sprache ist von zentraler Bedeutung für das menschliche Leben. Erst seine Sprache macht den Menschen zu dem, der er ist. Seine Sprachkompetenz befähigt ihn zum Handeln. Sie hilft beim Erwerb von Weltwissen, bei der Begriffsbildung und bei Denkoperationen; sie erlaubt den zwischenmenschlichen Austausch von Gedanken und Gefühlen, rezeptiv beim Zuhören und Lesen, produktiv beim Sprechen und Schreiben. Keine andere Fähigkeit ist für die Persönlichkeitsentfaltung und die Entwicklung zu einem mündigen Glied der Gesellschaft von ähnlich herausragender Bedeutung.

Sprachkompetenz wird von früher Kindheit an erworben und erweitert, zunächst auf „natürliche" Weise in der Familie, dann in Vorschule und Schule systematisch und zielorientiert angeleitet in Lehr- und Lernprozessen, vor allem im Deutschunterricht. Auf die Unterrichtspraxis in den Schulen und die dort erzielten Ergebnisse richten sich deshalb häufig sowohl die kritischen Blicke der Öffentlichkeit wie auch die hoffnungsvollen Erwartungen von Eltern und Bildungspolitikern.

Welche Aufgaben soll der Deutschunterricht haben? Wie soll Deutschunterricht erteilt werden? Eine Antwort auf diese Fragen darf von der „Fachdidaktik Deutsch" erwartet werden, der Theorie des Deutschunterrichts. Sie ist eine in Forschung und Lehre an den Universitäten und Pädagogischen Hochschulen vertretene wissenschaftliche Disziplin. Als solche ist sie relativ jung und bislang noch nicht voll entwickelt. Sie hat es gegenwärtig nicht leicht. Einerseits muss sie sich an den Hochschulen im Kreis etablierter Disziplinen behaupten und mit vorzeigbaren, kritisch diskutierten Forschungsergebnissen um Anerkennung kämpfen. Andererseits darf sie sich dabei nicht in wirklichkeitsferne Theorie verirren. Sie muss die gegebene Unterrichtspraxis, die konkreten Lehr- und Lernprozesse im Alltag der Schulen und sonstigen Bildungseinrichtungen im Auge behalten und sich innovativ auf diese beziehen. Erst in der unterrichtspraktischen Erprobung erweist sich, ob die theoretischen Konstrukte umsetzbar sind oder modifiziert werden müssen. Eine (möglichst institutionalisierte) ständige Kommunikation zwischen Forschern und Praktikern ist notwendig, der wechselseitige Austausch von Impulsen und Erfahrungen. Praxisorientierte Theorie an den Hochschulen und theoriegeleitete Praxis in den Schulen: Das muss als übergeordnetes Ziel gelten.

Diesem Ziel ist das vorliegende elfbändige Handbuch „Deutschunterricht in Theorie und Praxis" (DTP) verpflichtet. Mit ihm wird der Versuch unternommen, ein Schulfach einer in diesem Ausmaß noch nie durchgeführten wissenschaftlichen Bestandsaufnahme zu unterziehen und aus dieser Bestandsaufnahme schlüssige Vorschläge für eine zukünftige Weiterentwicklung abzuleiten. Die Theorie des Deutschunterrichts in der klassischen Ausformung von Sprachunterricht und Literaturunterricht unterzieht sich damit einer Selbstevaluation, besinnt sich auf ihre Entwicklung und ihren gegenwärtigen Zustand, artikuliert ihr Selbstverständnis und beschreibt antizipierend ihre Zukunft. Dabei bekennt sie sich zu den in den letzten Jahren/Jahrzehnten erfolgten Erweiterungen ihres Zuständigkeitsbereichs: So sind z. B. Deutsch als Zweitsprache, Deutsch als Fremdsprache, Mediendidaktik und frühkindliche Sprachförderung in den Fokus der Deutschdidaktik gerückt.

Die Komplexität des Gegenstands „Fachdidaktik Deutsch" und die Schwierigkeiten seiner Beschreibung zeigen sich auch darin, dass es in vielen Aspekten Überschneidungen zu anderen Wissenschaften gibt, die sich mit der Ontogenese, der Erziehung, der Psyche von Kindern, der Sprache als System und Gebrauch, der Literatur, den Kommunikationsmedien usw. beschäftigen. Interdisziplinäre Zusammenarbeit mit gegenseitiger Befruchtung ist notwendig, z. B. mit den unmittelbaren Bezugswissenschaften Linguistik und Literaturwissenschaft, aber auch mit Schulpädagogik, Lernpsychologie, den Kognitionswissenschaften.

Außer der Zusammenarbeit mit anderen Wissenschaftsdisziplinen ist die „Fachdidaktik Deutsch" auf empirische Unterrichtsforschung angewiesen. Eine solche ist bislang erst in Ansätzen vorhanden, muss aber für die Zukunft in größerem Umfang gefordert und durchgeführt werden. Das gilt besonders, wenn aktuell Schulen und Lehrkräften einerseits viel mehr Gestaltungsfreiheit eingeräumt wird als bisher, andererseits der Erfolg ihrer Arbeit mit Hilfe fester Bildungsstandards überprüft werden soll. Beides ist erklärter Wille der Bildungspolitiker.

Das Handbuch DTP beschreibt also den Deutschunterricht nach Zielsetzungen, Unterrichtsmethoden, Unterrichtsmitteln, Lernergebnissen. Eine systematische Beschreibung kommt nicht umhin, das Schulfach als eine Zusammensetzung aus verschiedenen Ziel- und Inhaltsbereichen anzusehen. Eine solche Auf-

teilung stellt in gewisser Weise eine künstliche Trennung von Zusammengehö-
rendem dar, denn natürlich sind die Bereiche nicht autonom, sondern bereits in
der Theorie vielfältig miteinander verflochten, erst recht in der Unterrichtspraxis integrativ zu behandeln. Im Bewusstsein dieser Spannung orientiert sich das
Gesamtwerk DTP in seiner Gliederung an den Lern- und Arbeitsbereichen, die
sich aus der Curriculardiskussion der letzten Jahrzehnte ergeben haben, und
ergänzt sie um weitere für die Deutschdidaktik relevante Bereiche. So ergeben
sich insgesamt elf Themenbereiche (verteilt auf dreizehn Bände bzw. Teilbände),
die in der Verantwortung von jeweiligen Bandherausgebern liegen:

1   Deutsche Sprache in Kindergarten und Vorschule
        Prof. Dr. Herbert Günther, Universität Koblenz-Landau
        Prof. Dr. Rolf Bindel, Universität Hannover

2   Schriftsprach- und Orthographieerwerb: Erstlesen, Erstschreiben
        Prof. Dr. Christa Röber-Siekmeyer, Pädagogische Hochschule Freiburg
        Helene Olfert, Universität Osnabrück

3   Mündliche Kommunikation und Gesprächsdidaktik
        Prof. Dr. Michael Becker-Mrotzek, Universität Köln

4   Schriftlicher Sprachgebrauch/Texte verfassen
        Prof. Dr. Helmuth Feilke, Universität Gießen
        Prof. Dr. Thorsten Pohl, Universität Oldenburg

5   Weiterführender Orthographieerwerb
        Prof. Dr. Ursula Bredel, Universität Hildesheim
        Tilo Reißig, Universität Hildesheim

6   Sprachreflexion und Grammatikunterricht
        Prof. Dr. Hildegard Gornik, Universität Hildesheim

7   Wortschatzarbeit
        Prof. Dr. Inge Pohl, Universität Koblenz-Landau
        Prof. Dr. Winfried Ulrich, Universität Kiel

8   Digitale Medien im Deutschunterricht
        Prof. Dr. Volker Frederking, Universität Erlangen-Nürnberg
        Dr. Thomas Möbius, Pädagogische Hochschule Heidelberg
        Axel Krommer, Universität Erlangen-Nürnberg

9   Deutsch als Zweitsprache
        Prof. Dr. Bernt Ahrenholz, Friedrich Schiller Universität Jena
        Prof. Dr. Ingelore Oomen-Welke, Pädagogische Hochschule Freiburg

10   Deutsch als Fremdsprache
        Prof. Dr. Ingelore Oomen-Welke, Pädagogische Hochschule Freiburg
        Prof. Dr. Bernt Ahrenholz, Friedrich Schiller Universität Jena

11,1–3 Lese- und Literaturunterricht, Bände 1–3
        Prof. Dr. Kaspar Spinner, Universität Augsburg
        Prof. Dr. Michael Kämper-van den Boogaart, Humboldt-Universität
        Berlin

Als Projektleiter und Gesamtherausgeber des Werkes zeichnet Prof. Dr. Dr. h. c. mult. Winfried Ulrich, Germanistisches Seminar der Christian-Albrechts-Universität zu Kiel, verantwortlich.

Alle Teilbände fügen sich in eine gemeinsame Gesamtkonzeption ein, andererseits sind sie auch als in sich geschlossene Abhandlungen zu verstehen. Inhaltliche Überlappungen der Einzelbände sind nicht ganz zu vermeiden, bis zu einem gewissen Grad sogar wünschenswert. So gibt es z. B. einen speziellen Band für Deutsch als Zweitsprache; unabhängig davon muss die Berücksichtigung der unterschiedlichen Herkunftssprachen von Schülern mit Migrationshintergrund auch in anderen Bänden erfolgen. Obgleich sich die einzelnen Bände marginal aufgrund des jeweiligen Standes der Forschung in Aufbau und Umfang unterscheiden, orientieren sich alle Autorinnen und Autoren grundsätzlich an folgender Binnengliederung:

A Geschichte und Entwicklung des Teilbereichs des Deutschunterrichts
B Konzeptionelle und empirische Grundlagen
C Kompetenzbereiche, Unterrichtsziele
D Methoden und Medieneinsatz
E Gegenwärtiger Stand empirischer Unterrichtsforschung
F Erfolgskontrollen und Leistungsmessung
G Exemplarische Unterrichtsmodelle

Der Herausgeber des Gesamtwerks und die Herausgeberinnen und Herausgeber der Einzelbände hoffen, dass von dieser Veröffentlichung über viele Jahre hin fruchtbare Impulse ausgehen werden: erstens auf die schulpolitischen Diskussionen und Entscheidungen (einschließlich Lehrerbildung und Lehrplanentwicklung in den einzelnen Bundesländern), zweitens auf die fachdidaktische Forschung und Lehre an Universitäten und Pädagogischen Hochschulen, drittens auf eine im Vergleich damit stärker praxisorientierte Lehrerausbildung in den Studienseminaren und viertens schließlich auf die konkrete Unterrichtsgestaltung in den Schulen.

Möge im Umfeld der Wissenschaften die mit DTP vorgelegte Strukturierung der Theorie des Deutschunterrichts zusammen mit den unterbreiteten Vorschlägen zu vertiefter Forschung in ihren Gegenstandsbereichen einer weiteren Präzisierung und Profilierung der „Fachdidaktik Deutsch" dienlich sein!

Stampe, im Sommer 2010   Winfried Ulrich

Vorwort der Herausgeber dieses Bandes

Deutsch ist eine der großen Sprachen der Welt, nach der Anzahl erstsprachlicher Sprecher wird ihm meistens Platz 10 zugeschrieben. Außerdem ist es für weit mehr als 12 Millionen Menschen, die in einem Land mit deutscher Landessprache leben, Zweitsprache. Deutsch als Fremdsprache lernen etwa 14 Millionen Menschen weltweit, und auch in den deutschsprachigen Ländern wird Deutsch als Fremdsprache gelernt. Die Menge der Kurse für DaF und die Anzahl der DaF-Lerner in den deutschsprachigen Ländern und im anderssprachigen Ausland ist schwer zu erheben, weil nicht alle der vielen kleinen Anbieter bekannt sind; 2009 zählte man in Deutschland jedoch fast 4.000 Kurse allein des Goethe-Instituts. Andererseits gibt es einen Überschneidungsbereich zwischen Deutsch als Fremdsprache und Deutsch als Zweitsprache, was die quantitativen Angaben besonders schwierig macht.

Deutsch als Fremdsprache hat eine lange Tradition, an die sehr selten erinnert wird und die hier kurz erwähnt sei: Alfred Karnein beschreibt im Jahrbuch Deutsch als Fremdsprache (1976), dass Pilger, Diplomaten und Geschäftsleute im Mittelalter Bedarf an Fremdsprachenkenntnissen erkennen ließen, ebenso die Ritterkultur im 12. Jahrhundert. Mangels Literalität wurden die Fremdsprachen, auch Deutsch, zuerst mündlich gelernt, nur weniges wurde aufgezeichnet. Lehrbücher kennt man seit dem 14. Jahrhundert für „Nordfranzösisch" (langue d'oeïl). Deutsch als Fremdsprache spielte seit dem Spätmittelalter eine Rolle, im 15. Jahrhundert verfasste ein Meister Jörg ein frühes Sprachbuch für Deutsch als Fremdsprache mit Dialogen, die man wohl memorierte. Internationaler Handel (z. B. die Hanse) und frühbürgerliche Schreibkultur erforderten schon damals offenbar – neben Latein – auch Lehre in Deutsch als Fremdsprache für eine praxisorientierte Vermittlungsarbeit, die im Werk des Meister Jörg methodisch-systematisch reflektiert wird, lange vor dem Beginn der Sprachwissenschaften um 1800, so Karnein.

Deutsch als Fremdsprache wurde seitdem beständig gelehrt und gelernt, allerdings lange Zeit wenig beachtet, etwa bis 1945, und die fremdsprachliche Germanistik im Ausland wurde kaum zur Kenntnis genommen. Deutsch als Fremdsprache führte auch nach dem Krieg in der deutschen Bundesrepublik lange ein Schattendasein. Angeboten wurde im Westen Sprachunterricht „Deutsch für Ausländer"; das universitäre Lehr- und Forschungsgebiet Deutsch als Fremdsprache existierte im Westen bis Ende der 1960er Jahre nicht. In der DDR gab es das Ausländerstudium an der Universität Leipzig seit 1951; 1961 erfolgte die Gründung des Herder-Instituts (Umbenennung des Ausländerstudiums); durch die Herausgabe der Zeitschrift „Deutsch als Fremdsprache" ab 1964, die Einrichtung eines Lehrstuhls für „Deutsch als Fremdsprache" 1969 (erster Inhaber

Gerhard Helbig) wurde DaF zur wissenschaftlichen Disziplin (Blei/Goetze
2001, 87). In der BRD kam erst in den 1970er Jahren und mit Unterstützung des
DAAD eine wissenschaftliche Verankerung des Deutschen als Fremdsprache in
Gang, der erste Lehrstuhl für Deutsch als Fremdsprache wurde 1978 in München
eingerichtet und mit Harald Weinrich besetzt. In Wien gab es ab 1993 die erste
österreichische DaF-Professur (erster Inhaber Hans-Jürgen Krumm); die Universitäten Wien und Graz entwickelten sich zu DaF-Zentren. In der Schweiz ist
die Lage wegen der verschiedenen Sprachgebiete und der Diglossie komplexer,
weil Deutsch im nichtdeutschsprachigen Gebiet teils als DaF angeboten wird.
Spezifische Situationen des DaF haben Luxemburg mit seinen drei Nationalspra-
chen und Südtirol mit zwei Amtssprachen.

Der in den 1970er Jahren entstehende Bereich des Deutschen als Zweitsprache
und Deutsch als Fremdsprache stützten sich gegenseitig, und beide wurden ausgebaut; dazu Wierlacher (1980). Inzwischen ist eine differenzierte Lehr- und
Forschungslandschaft entstanden, in der sprachwissenschaftlich-sprachver-
gleichende Fragen, lerntheoretische, lernpsychologische und lernpraktisch-
empirische Fragen sowie solche der Zielgruppen und Lehr-Lernmaterialien
bearbeitet werden. Inhaltlich orientiert sich die Fachgliederung an den grundlegenden sprachlichen Fertigkeitsbereichen *Hören, Lesen, Sprechen, Schreiben*
und ihrem Interagieren, an den zugehörigen grammatisch-semantischen und
pragmatischen Fragen sowie auch an kulturellen Kontexten. Solche sind die Landeskunde der deutschsprachigen Länder und ihrer internen Variation, Beziehungen zwischen Herkunfts- und Zielsprachen und „ihren" Ländern und Regionen,
transkulturelle Züge und interkulturelle Prozesse. Dazu leisten Literatur- und
Medienwissenschaften bedeutende Beiträge. Zu alldem steht eine Fülle von
Einführungen in das Studiengebiet Deutsch als Fremdsprache, Kongresspubli-
kationen und Zeitschriften zur Verfügung sowie renommierte, umfangreiche
Handbücher, denen mit diesem *DTP* 10 ein kleineres Werk zur Seite gestellt
wird, das auch Studierende sich leisten können.

Dieses Handbuch kann allerdings nicht jeder Herausforderung gerecht werden.
Zwar kommt in vielen seiner Artikel auch die Problematik zum Ausdruck, dass
weder westliche Lehr-Lernkulturen in DaF weltweit übertragbar noch ihre
Methoden überall anwendbar sind, wie Boeckmann (2006, 13ff.) es überzeugend begründet und ausführlich darstellt. Das hier von mehrheitlich westlichen
AutorInnen Vorgetragene müsste, vor allem in methodischer Hinsicht, in einem
Aushandlungsprozess für und durch die jeweilige Zielgruppe dieser „angemessen" werden, sozusagen als „interkulturelle Methodik" oder „Inter-Methodik"
(Boeckmann 2006, 20). Solche „Zumess-Arbeit" müssen die Nutzer entsprechend der eigenen Situation überwiegend selbst leisten, auch wenn Autoren aus
fast allen Erdteilen mit Beiträgen vertreten sind.

Das Handbuch *Deutschunterricht in Theorie und Praxis (DTP)* bringt, neben dem Band 9: *Deutsch als Zweitsprache,* ²2010, hiermit einen eigenen Band 10: *Deutsch als Fremdsprache* heraus. Für neuere Handbücher zur Deutschdidaktik eher unüblich wird damit Deutsch als Fremdsprache als ein integrales Arbeitsgebiet der Deutschdidaktik und des Deutschunterrichts vorgestellt. Während viele Bände des Handbuchs DTP auf unterrichtliche Teilbereiche (z. B. Bd. 7: Wortschatzarbeit, Bd. 11–13: Lesen und Literaturunterricht usw.) gerichtet sind, haben die Bände 9 und 10 vorrangig die Arbeit mit bestimmten Zielgruppen im Blick: mit kindlichen und jugendlichen Zweitsprachlernern im deutschsprachigen Inland sowie mit erwachsenen und jugendlichen Lernenden anderer Erstsprache, die in Schulen außerhalb des deutschsprachigen Raums oder in Sprachinstituten oder sonstigen Kursen im In- und Ausland Deutsch als Fremdsprache lernen. Freilich gibt es Überschneidungen zwischen beiden Zielgruppen und Richtungen, sei es dass lebensbedingt aus der Fremdsprache Deutsch eines Erwachsenen seine Zweitsprache wird, sei es dass inhaltliche und methodische Aspekte für beide Zielgruppen Gültigkeit haben. Mehr dazu in diesem Band.

Alle Bände des Handbuchs DTP folgen einer ähnlichen Gliederung, so auch *DTP* 9 und *DTP* 10. In einem einleitenden Teil A werden Übersicht angeboten sowie Begrifflichkeiten und Grunddaten geklärt. Teil B bringt konzeptionelle und auch schon empirische Grundlagen des Fachgebiets mit Bezug auf die Zielgruppe. In Teil C werden wesentliche Kompetenzbereiche vorgestellt und auf der Basis von Forschungsergebnissen für den Unterricht konkretisiert, im Teil D kommen Methoden und Medien zur Sprache. Das heißt, die in der Grundkonzeption des DTP für Teil E vorgesehene Unterrichtsforschung ist bereits in die vorhergehenden Kapitel integriert. Hier wird in E wird die Brücke von der Aufgabe zum Feedback geschlagen, und es wird Leistungsmessung diskutiert, wiederum auf der Basis von Forschungen. Teil F und G haben in *DTP* 10: *DaF* eine besondere Stellung: In F wird über verschiedene Vermittlungsbereiche des Deutschen als Fremdsprache berichtet (vom frühen DaF-Unterricht im Ausland über Orientierungskurse im deutschsprachigen Inland bis zu Berufsdeutsch, Tandem und Grenzprojekten). In G stellen 15 Fachkollegen aus vier Erdteilen Deutsch als Fremdsprache in ihrem Land oder ihrer Weltregion vor.

Man mag bedauern, einige Stichworte aus *DTP* 9 nicht in den Beitragtiteln des DTP 10 zu finden, z. B. *Wissenskonstruktion und Lernmotivation, Sprachlernstrategien, Language Awareness, Fehleranalyse, Methoden, Lernspiele . . .* Sie sind in *DTP* 9 für Deutsch als Zweitsprache verfasst, gelten aber in vielerlei Hinsicht auch für Deutsch als Fremdsprache. Deshalb sei hier auf das Register des vorliegenden Bandes, aber auch auf DTP 9 verwiesen.

Mehr als vier Jahre sind beim Zustandekommen dieses Bandes ins Land gegangen, sie bewirkten im Kreise der Autoren teils bedeutende Veränderungen:

Stellen wurden angetreten, gewechselt oder für den Ruhestand verlassen, Projekte
entstanden oder wurden abgeschlossen, Familien wurden gegründet und Kinder
geboren, Häuser gebaut oder durch Unglück beschädigt, es gab Krankheitsfälle
und auch Todesfälle. In dieser Zeit wurden auch neue Forschungsergebnisse publiziert, die wir möglichst in die Endredaktion einbezogen haben. Wir danken den
Beiträgern und Beiträgerinnen, die trotz ihrer Belastungen dieses Handbuch
gemeinsam mit uns gestaltet haben, ohne die Geduld zu verlieren, und wir hoffen,
dass das Ergebnis für Studierende und DaF-Lehrende hilfreich sein möge.

Freiburg und Jena, im Sommer 2013
Ingelore Oomen-Welke & Bernt Ahrenholz

A

Begrifflichkeiten, Geschichte und Verbreitung des Deutschen als Fremdsprache

BERNT AHRENHOLZ

A 1 Deutsch als Fremdsprache – Deutsch als Zweitsprache. Orientierungen

Eine Abgrenzung von Deutsch als Fremdsprache und Deutsch als Zweitsprache wird, soweit sie möglich ist, zumeist in Bezug auf die unterschiedlichen Lernsituationen und Kontexte der Sprachaneignung vorgenommen. Darüber hinaus bestehen bis zu einem gewissen Grad aber auch Unterschiede in Hinblick auf die institutionelle Einbindung, die universitäre Verankerung und die Organisation in Fachverbänden.

1 Sprachaneignung und Lernsituationen

Deutsch als Fremdsprache wird meist mit dem Erlernen einer Sprache in anderssprachiger Umgebung, also nicht im Lande der Zielsprache, in Verbindung gebracht. Die Sprachaneignung erfolgt wesentlich mit Hilfe von Unterricht, in dem die sprachliche Komplexität für den Lernprozess mit Hilfe von Progression (vom Leichteren zum Schwierigeren, vom Häufigen zum weniger Häufigen) soweit dies möglich und didaktisch sinnvoll ist, reduziert werden soll. Auch die sprachlichen Leistungen, die von den Lernenden erwartet werden, richten sich nach eben dieser Progression. Die Erstsprache oder eine andere Sprache stehen in diesem Lernprozess als Medium für klärende Unterrichtsprozesse zur Verfügung. Inhalte und Progression werden außerdem – meist über den Aufbau von Lehrwerken – nach angenommenen Interessen von Lernern strukturiert und in manchen Ländern auch bildungspolitisch gesteuert. Die Gründe, Deutsch zu lernen, sind unterschiedlich; z. T. hängen sie auch mit Vorgaben in den Curricula der Schulen oder Universitäten zusammen oder stehen in Zusammenhang mit beruflichen Zielen und Bildungsorientierungen. In diesem Sinne sind wird Deutsch als Fremdsprache (DaF) häufig mit den Begriffen „Fremdsprachenunterricht" und „nicht zielsprachliche Lernumgebung" in Verbindung gebracht.

Bei **Deutsch als Zweitsprache** handelt es sich hingegen um Spracherwerb, der in und durch reale, bedeutsame Kommunikation und wesentlich ohne Unterstützung von Sprachunterricht erfolgt. Die Sprachaneignung erfolgt im Land der Zielsprache und steht lebensgeschichtlich häufig in Verbindung mit Migration. Zwar kann es zu sprachlichen Anpassungen seitens der Muttersprachler kommen (vgl. Hinnenkamp 1982), letztlich ist aber die gesamte sprachliche Komplexität im Kommunikations- und Erwerbsprozess zu bewältigen; die Lerner müssen also in jeder Äußerung phonetisch/phonologische, lexikalische, morphosyntaktische und pragmatische Lösungen für das Erreichen bestimmter für die eigene Existenz bedeutende Kommunikationsziele finden. In diesem Sinne wird Deutsch als Zweitsprache häufig mit „ohne Sprachunterricht" und „Leben im Zielsprachenland" in Verbindung gebracht (vgl. Ahrenholz DTP 9, A 1).

Eine solche dichotomische Gegenüberstellung vereinfacht natürlich. Wir sprechen auch von DaF bei Sommerkursen oder anderen kurzfristigen Aufenthalten in deutschsprachigen Regionen, auch studienvorbereitende Sprachkurse ordnen sich DaF zu (vgl. Bilse-Müller, F 8). In den 1970er Jahren und auch später noch (z. B. Tumat 1989) wird von Deutsch als Fremdsprache gesprochen, wenn es sich aus Erwerbssicht eigentlich um Deutsch als Zweitsprache handelt. Weiter besuchen Migranten im Land der Zielsprache häufig auch Sprachkurse (zu Integrations- und Vorintegrationskursen vgl. Decker, F 5). In anderen Fällen wird Deutsch zunächst im Ausland als Fremdsprache gelernt, wird aber nach einiger Zeit in deutschsprachiger Umgebung in dem hier skizzierten Sinne Zweitsprache. Rösler (1994, 1 f.) hat verschiedene solcher Szenarien skizziert, in denen sich Sprachaneignungsformen mischen. Dennoch erscheint es sinnvoll – in Bezug auf die Sprachaneignung – die beiden Pole „im Wesentlichen mit Hilfe von Unterricht" und „im Wesentlichen in und durch Kommunikation und ohne Hilfe von Unterricht" als Bezugspunkte für die wissenschaftliche Analyse beizubehalten, da sie für sehr viele Lerner typische Aneignungssituationen darstellen und für Untersuchungen zum Spracherwerb wie auch für didaktische Entscheidungen wesentliche Bezugsgrößen sind (vgl. hierzu DTP 9). Es besteht aber das Forschungsdesiderat, den Zweit- und Fremdspracherwerb in entsprechenden „gemischten" Spracherwerbssituationen genauer zu fassen. Hierzu gehören die Möglichkeiten und Chancen, aber auch Grenzen von Sprachunterricht in Zweitspracherwerbssituationen; dies gilt sowohl für die Sprachfördermöglichkeiten im kindlichen und jugendlichen Spracherwerb (vgl. hierzu beispielsweise die Untersuchungen im BeFo-Projekt; Rösch/Rotter 2010 und Felbrich u. a. 2012) wie auch für den erwachsenen Zweitspracherwerb und Sprachförderunterricht bspw. in Integrationskursen (vgl. z. B. Lochner u. a. 2013 zum Integrationspanel).

2 Institutionelle Einbindung

Deutsch als Fremdsprache unterscheidet sich von Deutsch als Zweitsprache nicht nur aus der Perspektive des Sprachaneignungsprozesses. DaF unterscheidet sich gegenüber DaZ auch in Hinblick auf die institutionelle Einbindung.

Der Unterricht von **Deutsch als Fremdsprache** war nach dem Nationalsozialismus als Lernbereich bspw. in der BRD lange beim Goethe-Institut und in den Studienkollegs (seit 1952, vgl. Blei/Götze 2010, Krumm/Skibitzki/Sorger 2010), in der DDR beim Herder-Institut verortet und widmete sich insbesondere

dem Ziel, auf ein Studium im deutschsprachigen Raum vorzubereiten oder DaF
für bestimmte Berufsgruppen zu lehren (z. B. durch die Carl-Duisberg-Gesell-
schaft). Gleichzeitig wurde der fremdsprachige Unterricht im Ausland betreut –
z. B. durch die Pädagogische Verbindungsarbeit der Goethe-Institute oder Inter
Nationes – und man war und ist auch heute noch in der Aus- und Weiterbildung
ausländischer Deutschlehrer engagiert (über das Goethe-Institut, das Herder-
Institut oder den DAAD bzw. österreichische Lektoren; zu den Verbänden und
ihre Arbeit vgl. Huneke, A 2; Blei/Götze 2010; Boeckmann 2010; Langner
2010). Seit den 1960er Jahren war in der BRD auch der Volkshochschulverband
im Bereich Deutsch als Fremdsprache aktiv, insbesondere in Zusammenhang mit
der Entwicklung des Zertifikates Deutsch als Fremdsprache (Steger 1972), dem
Vorläufer von „Profile deutsch" (vgl. Glaboniat, E 2), dessen Vorgaben wesentlich für die Entwicklung von Lehrmaterialien wurden.

Deutsch als Zweitsprache war zunächst nicht als Unterrichtsform erkennbar.
Insbesondere von den Volkshochschulen, aber auch von anderen öffentlichen
wie privaten Trägern wurden Sprachkurse unter der Bezeichnung „Deutsch als
Fremdsprache" bzw. „Deutsch für ausländischer Arbeitnehmer" (DfaA) für
Migranten angeboten. Insbesondere der 1974 gegründete „Sprachverband"
hatte zur Aufgabe, sich des Unterrichts von ausländischen Erwachsenen und
Kindern sowie Aussiedlern, die in der BRD lebten, zu widmen (vgl. ausführlich
Reich 2010). Seit dem Zuwanderungsgesetz von 2005 spielen die von verschiede-
nen Trägern angebotenen und weitgehend vom Bundesamt für Migration und
Flüchtlinge (BAMF) finanzierten Integrationskurse, einschließlich bestimmter
Kurse für Jugendliche oder Mütter, eine zentrale Rolle (vgl. Decker, F 5).

Es ist auch zwischen Lernsituationen von Kindern und Jugendlichen einerseits
und Erwachsenen andererseits zu unterscheiden. Für den Unterricht von Kindern mit Migrationshintergrund waren und sind die verschiedenen Länder, Bundesländer oder Kantone zuständig. In Deutschland führt dies zu einem Nebeneinander von verschiedenen Lösungen für die seit der ersten PISA-Studie aus
dem Jahr 2000 nicht mehr zu leugnenden Probleme im schulischen Bereich.
Daneben gibt es von verschiedenen Seiten Anstrengungen, Sprachförderung
innerhalb und außerhalb der Schule zu unterstützen; erwähnt seien beispielhaft
die Maßnahmen der Stiftung Mercator (Stiftung Mercator/Stephany 2010) und
das FörMig-Projekt (Gogolin/Saalmann 2007).

3 Universitäre Verankerung

Aus einem unterrichtspraktischen Kontext heraus entwickelte sich **Deutsch als
Fremdsprache** seit Ende der 1960er Jahre zu einer wissenschaftlichen Disziplin,
die zur Einrichtung von universitären Instituten oder Lehrstühlen und eigenständigen Studiengängen für Deutsch als Fremdsprache führte (vgl. Götze u. a.

2010). 1969 wurde in Leipzig mit Gerhard Helbig der erste Hochschullehrer für DaF berufen, es folgten u. a. 1970 in Heidelberg ein Studiengang für ausländische Studierende und DaF-Institute 1978 in Bielefeld und München, um nur einige wichtige Entwicklungsschritte zu nennen. Für die Schweiz ist auf die Arbeiten in Fribourg hinzuweisen, wo 1996 eine Professur für DaF eingerichtet wurde (Langner 2010, 83). In Österreich wurden 1993 in Wien und 1995 in Graz Lehrstühle für Deutsch als Fremdsprache eingerichtet (vgl. Götze u. a. 2010). Es hat einige Zeit gedauert, bis sich das Fach Deutsch als Fremdsprache neben der Germanistik und z. T. in Abgrenzung zur Angewandten Linguistik oder Erziehungswissenschaft einen eigenständigen Platz an der Universität erkämpft hat, aber heute ist es als wissenschaftliches Fach an zahlreichen Universitäten oder Pädagogischen Hochschulen mit entsprechenden Studiengängen fest verankert, in Deutschland im Allgemeinen als Bachelor- oder Master-Studium (zur Geschichte des Faches vgl. Götze u. a. 2010; Blei / Götze 2010; Boeckmann 2010; Langner 2010).

Als Forum für wissenschaftliche Publikationen ist zunächst die 1964 in Leipzig am Herder-Institut eher linguistisch orientierte Zeitschrift „Deutsch als Fremdsprache" zu nennen, 1970 erschien in der BRD erstmals die ebenfalls eher linguistisch ausgerichtete Zeitschrift „Zielsprache Deutsch", in der auch Beiträge zum Deutscherwerb von Kindern und Jugendlichen publiziert wurden. Es folgten 1973 die „Informationen Deutsch als Fremdsprache" („Info DaF", die Zeitschrift des FaDaF), 1989 die eher unterrichtspraktisch orientierte Zeitschrift „Deutsch als Fremdsprache" und die „Zeitschrift für den Interkulturellen Fremdsprachenunterricht" (seit 1996, online) sowie „German as a Foreign Language" (online) und „Frühes Deutsch", Zeitschriften, die fast alle zuweilen auch Beiträge zu Deutsch als Zweitsprache enthalten. Wichtige Reihen sind seit 1975 das „Jahrbuch Deutsch als Fremdsprache" sowie die vom FaDaF herausgegebenen „Materialen Deutsch als Fremdsprache" und seit 1997 „Theorie und Praxis – Österreichische Beiträge zu Deutsch als Fremdsprache". Mit dem Handbuch von Krumm u. a. (2010) und dem Fachlexikon von Barkowski / Krumm (2010) liegen Standardnachschlagewerke für Deutsch als Fremdsprache und zugleich als Zweitsprache vor.

Deutsch als Zweitsprache ist auch heute noch eher als Gegenstandsbereich aufzufassen. Es bezeichnet einen bestimmten Erwerbstyp unter bestimmten Lebensbedingungen und wird unter dem Kürzel DaZ v. a. mit Kindern und Jugendlichen mit Migrationshintergrund assoziiert, obwohl die Spracherwerbsbedingungen und Lebenswelten erwachsener Migranten ebenfalls zu diesem Gegenstandbereich gehören.

Das Feld der wissenschaftlichen Disziplinen, die DaZ zum Gegenstand haben, ist entsprechend weit gespannt. Abgesehen zu der Nähe zu Deutsch als Fremdsprache ist zunächst an die Soziolinguistik zu denken, der zahlreiche wesentliche

Untersuchungen entstammen, aber auch an die Psycholinguistik, die Pragmatik und andere linguistische Teildisziplinen, die Zweitspracherwerbsforschung, die Erziehungswissenschaft, die Didaktik und die empirische Bildungsforschung oder die Soziologie.

In Bezug auf Kinder und Jugendliche und den schulischen Bereich wurden Fragen der Unterstützung von „Ausländerkindern" (Glumpler/Apeltauer 1997) für die Erziehungswissenschaften (vgl. Holzbrecher DTP 9, 118 ff.) und für die Deutschdidaktik zum Thema. Insbesondere im Rahmen der Lehrerbildung und neuerdings auch innerhalb der frühkindlichen Bildung (vgl. Lamparter-Posselt/ Jeuk DTP 9, C 2) spielt Deutsch als Zweitsprache eine immer wichtigere Rolle. Hierbei werden seit PISA auch zunehmend die Sprachlichkeit aller Schulfächer und die daraus resultierenden Verpflichtungen für die Fachdidaktiken gesehen (Ahrenholz 2010a, Gogolin/Lange 2010, Becker-Mrotzek u. a. 2013) und Lehrerausbildungen werden über die Einrichtungen von DaZ-Modulen verändert (vgl. Lütke 2010, Krüger-Potratz/Supik DTP 9, C 13, [2]2010).

Als Publikationsort für linguistische Befunde sind verschiedene linguistische Zeitschriften wie beispielsweise die „Zeitschrift für Angewandte Linguistik", die „Osnabrücker Beiträge zur Sprachtheorie (OBST)" oder „Linguistik online" oder die „Linguistischen Berichte" zu nennen. Von 1975 bis 2000 war die vom Sprachverband herausgegebene Zeitschrift „Deutsch lernen" wichtigstes Forum für Unterricht mit erwachsenen wie kindlichen Deutsch-als-Zweitsprache-Lernern. Die Nachfolge hat nach Auflösung des Sprachverbandes die vom BAMF herausgegebene Zeitschrift „Deutsch als Zweitsprache" angetreten. Daneben greifen verschiedene deutschdidaktische und erziehungswissenschaftliche Zeitschriften die Situation von Kindern und Jugendlichen mit Migrationshintergrund immer wieder auf (vgl. z. B. Oomen-Welke 1999, Dirim 2007, Ahrenholz 2010b oder Feilke 2012). Aus der Sprachlehr- und -lernforschung sei schließlich noch die „Zeitschrift für Fremdsprachenforschung (ZFF)" genannt. Wichtige Publikationsorte für die Befunde wissenschaftlicher Untersuchungen zu Deutsch als Zweitsprache sind zum einen die Reihe „Bildungsforschung" des BMBF (z. B. Ehlich u. a. 2005) sowie verschiedene Reihen wie z. B. „Deutsch als Fremdsprache" und „Thema Sprache – Wissenschaft für den Unterricht" (Schneider Verlag Hohengehren), „Mehrsprachigkeit/Multilingualism" (Waxmann), „Workshop Kinder mit Migrationshintergrund" (Fillibach bei Klett) oder „DaZ-Forschung. Deutsch als Zweitsprache, Mehrsprachigkeit und Migration" (De Gruyter). Mit dem DTP-Band 9 (Ahrenholz/Oomen-Welke [2]2010) liegt auch ein eigenes Handbuch für Deutsch als Zweitsprache vor.

4 Fachverbände

Deutsch als Fremdsprache ist in Deutschland in dem Fachverband Deutsch als Fremdsprache (FaDaF, gegr. 1990) beheimatet, der Lehrkräfte an öffentlichen und privaten Einrichtungen sowie Wissenschaftler aus dem Fach vertritt, wobei der FaDaF sich auch immer Themen des Bereichs Deutsch als Zweitsprache annimmt; er hat sich deshalb 2013 umbenannt in „Fachverband Deutsch als Fremd- und Zweitsprache (FaDaF)". Ähnliches gilt für den 1984 gegründeten Österreichischen Lehrerverband Deutsch als Fremdsprache (ÖDaF). Institutionell ist DaF auch eng mit den anderen DaF-Philologien im Ausland verbunden (vgl. Huneke, A 2, die Beiträge in Kapitel G in diesem Band, Fandrych/Hufeisen 2010, Krumm u. a. 2010). Hier sind insbesondere die Zusammenarbeit im Internationalen Deutschlehrerverband IDV und die von ihm ausgerichteten Internationalen Deutschlehrertage zu nennen (vgl. z. B. Barkowski u. a. 2011).

Darüber hinaus sind WissenschaftlerInnen und LehrerInnen auch in übergreifenden Fachverbänden wie der Deutschen Gesellschaft für Fremdsprachenforschung (DGFF), dem Deutschen Germanistenverband (DGV), der Gesellschaft für Moderne Fremdsprachen (GMF), der Gesellschaft für Angewandte Linguistik (GAL) oder der European Association of Second Language Acquisition (EUROSLA) organisiert.

Für **Deutsch als Zweitsprache** sind im Prinzip dieselben Fachverbände von Bedeutung. Lehrkräfte in den Integrationskursen sind im FaDaF organisiert, Lehrkräfte für Deutsch als Zweitsprache im Kinder- und Jugendalter sind jedoch darüber hinaus auch im Symposion Deutschdidaktik (SDD) oder der Gesellschaft für Erziehungswissenschaft (DGfE).

Literatur

Ahrenholz, Bernt (Hrsg.): Fachunterricht und Deutsch als Zweitsprache. Tübingen: Narr [2]2010a

Ahrenholz, Bernt (Hrsg.): Das mehrsprachige Klassenzimmer. Deutschunterricht (2010b) Heft 6 (Themenheft)

Barkowski, Hans: 30 Jahre Deutsch als Zweitsprache – Rückblick und Ausblick. In: Info DaF 30 (2003) Heft 6, 521–540

Barkowski, Hans/Krumm, Hans-Jürgen (Hrsg.): Fachlexikon Deutsch als Fremd- und Zweitsprache. Tübingen: Francke 2010

Barkowski, Hans/Demmig, Silvia/Funk, Hermann/Würz, Ulrike (Hrsg.): Deutsch bewegt. Entwicklungen in der Auslandsgermanistik und Deutsch als Fremd- und Zweitsprache. Baltmannsweiler: Schneider Hohengehren 2011

Becker-Mrotzek, Michael/Schramm, Karen/Thürmann, Eike/Vollmer, Helmut Johannes (Hrsg.): Sprache im Fach. Sprachlichkeit und fachliches Lernen. Münster: Waxmann 2013

Blei, Dagmar / Götze, Lutz: Entwicklungen des Fachs Deutsch als Fremdsprache in Deutschland. In: Helbig, Gerhard / Götze, Lutz / Henrici, Gert / Krumm, Hans-Jürgen (Hrsg.): Deutsch als Fremdsprache. Ein internationales Handbuch (Bd. 19,1). Berlin / New York: de Gruyter 2001, 83–96

Boeckmann, Klaus-Börge: Entwicklungen von Deutsch als Fremd- und Zweitsprache in Österreich. In: Krumm, Hans-Jürgen u. a. (Hrsg.) 2010, 72–80

Dirim, Inci / Müller, Astrid (Hrsg.): Sprachliche Heterogenität, Praxis Deutsch (2007) Heft 202, (Themenheft)

Ehlich, Konrad (in Zusammenarbeit mit Bredel, Ursula / Garme, Brigitte / Komor, Anna / Krumm, Hans-Jürge / McNamara, Tim / Schnieders, Guido / Thije, Jan D. ten / van Bergh, Huub den): Anforderungen an Verfahren der regelmäßigen Sprachstandsfeststellung als Grundlage für die frühe und individuelle Förderung von Kindern mit und ohne Migrationshintergrund. Bonn / Berlin: BMBF 2005

Fandrych, Christian / Hufeisen, Britta / Krumm, Hans-Jürgen / Riemer, Claudia: Perspektiven und Schwerpunkte des Faches Deutsch als Fremd- und Zweitsprache. In: Krumm, Hans-Jürgen u. a. (Hrsg.) 2010, 1–18

Fandrych, Christian / Hufeisen, Britta: Die Situation von Deutsch außerhalb des deutschsprachigen Raumes. In: Krumm, Hans-Jürgen u. a. (Hrsg.) 2010, 34–43

Feilke, Helmut (Hrsg.): Bildungssprache. Praxis Deutsch (2012) Heft 233 (Themenheft)

Felbrich, Anja / Stanat, Petra / Paetsch Jennifer / Darsow, Annkathrin: Das Erkenntnispotential experimenteller Studien zur Untersuchung der Wirksamkeit von Sprachfördermaßnahmen. In: Ahrenholz, Bernt (Hrsg.): Einblicke in die Zweitspracherwerbsforschung und ihre methodischen Verfahren. Berlin / Boston: De Gruyter 2012, 145–172 (DaZ-Forschung. Deutsch als Zweitsprache, Mehrsprachigkeit und Migration, Bd. 1)

Glumpler, Edith / Apeltauer, Ernst: Ausländische Kinder lernen Deutsch. Lernvoraussetzungen, methodische Entscheidungen, Projekte. Berlin: Cornelsen Scriptor 1997

Gogolin, Ingrid / Saalmann, Wiebke: Das Modellprogramm FÖRMIG (Förderung von Kindern und Jugendlichen mit Migrationshintergrund): Konzept und Beispiel aus der Praxis im Länderprojekt Sachsen. In: Ahrenholz, Bernt (Hrsg.): Deutsch als Zweitsprache – Voraussetzungen und Konzepte für die Förderung von Kindern mit Migrationshintergrund. Freiburg i. Br.: Fillibach 2007, 187–204

Gogolin, Ingrid / Lange, Imke: Bildungssprache und Durchgängige Sprachbildung. In: Fürstenau, Sara / Gomolla, Mechthild (Hrsg.): Migration und schulischer Wandel: Mehrsprachigkeit. Wiesbaden: VS-Verlag 2010, 107–127

Götze, Lutz / Helbig, Gerhard / Henrici, Gert / Krumm, Hans-Jürgen: Die Strukturdebatte als Teil der Fachgeschichte. In: Krumm, Hans-Jürgen u. a. (Hrsg.) 2010, 19–34

Hinnenkamp, Volker: Foreigner Talk und Tarzanische. Eine vergleichende Studie über die Sprechweise gegenüber Ausländern am Beispiel des Deutschen und des Türkischen. Hamburg: Buske 1982

Krumm, Hans-Jürgen / Fandrych, Christian / Hufeisen, Britta / Riemer, Claudia (Hrsg.): Deutsch als Fremd- und Zweitsprache. Handbücher zur Sprach- und Kommunikationswissenschaft, Bd. 35. Berlin / Boston: De Gruyter 2010

Krumm, Hans-Jürgen / Skibitzki, Bernd / Sorger, Brigitte: Entwicklungen von Deutsch als Fremdsprache in Deutschland nach 1945. In: Krumm, Hans-Jürgen u. a. 2010, 44–55

Langner, Michael: Entwicklungen von Deutsch als Fremd- und Zweitsprache in der Schweiz. In: Krumm, Hans-Jürgen u. a. (Hrsg.) 2010, 80–88

Lochner, Susanne/Büttner, Tobias/Schuller, Karin Das Integrationspanel Langfristige Integrationsverläufe von ehemaligen Teilnehmenden an Integrationskursen. Working Paper 52, Nürnberg: BAMF 2013 [http://www.bamf.de/SharedDocs/Anlagen/DE/ Publikationen/WorkingPapers/wp52-abschluss-integrationspanel.html?nn=1366152] (am 12.5.2013)

Lütke, Beate: Deutsch-als-Zweitsprache in der universitären Lehrerausbildung. Der fachintegrative Ansatz im Master of Education an der Humboldt-Universität zu Berlin. In: Ahrenholz, Bernt (Hrsg.): Fachunterricht und Deutsch als Zweitsprache, Tübingen: Narr ²2010, 153–166

Oomen-Welke, Ingelore (Hrsg.): Sprachen in der Klasse, Praxis Deutsch (1999) Heft 157 (Themenheft)

Reich, Hans-H.: Entwicklungen von Deutsch als Zweitsprache in Deutschland. In: Krumm, Hans-Jürgen u. a. 2010, 63–72

Rösch, Heidi/Rotter, Daniela: Formfokussierte Förderung in der Zweitsprache als Grundlage der BeFo-Interventionsstudie. In: Rost-Roth, Martina (Hrsg.): DaZ-Spracherwerb und Sprachförderung Deutsch als Zweitsprache. Freiburg i. Br.: Fillibach 2010, 217–235

Rösler, Dietmar: Deutsch als Fremdsprache. Stuttgart/Weimar: Metzler 1994

Steger, Hugo: Das Zertifikat Deutsch als Fremdsprache. Bonn: Dt. Volkshochschulverband 1972

Stiftung Mercator/Stephany, Sabine (Hrsg.): Sprachförderung für Schüler mit Migrationshintergrund durch Studierende. Münster: Waxmann 2010

Tumat, Alfred J.: Deutsch als Fremdsprache in der Bundesrepublik Deutschland. Anmerkungen zu institutionellen Rahmenbedingungen, Zielgruppen, Lerninhalten und Unterrichtspraktiken. In: Tumat, A.J. unter Mitarbeit von Grönke, B./Horn, D. (Hrsg.): Deutsch als Fremdsprache. Konzeption und Unterricht. Baltmannsweiler: Pädagogischer Verlag Burgbücherei Schneider 1989, 38–55. (Interkulturelle Erziehung in Praxis und Theorie 8)

HANS-WERNER HUNEKE

A 2 DaF in Deutschland, DaF in der Welt

Deutsch ist Muttersprache von etwa 100 Mio. Menschen und nimmt damit gegenwärtig den zehnten Rang unter den Sprachen der Welt ein (Lewis 2009). In Europa ist es nach dem Russischen die meistgesprochene Sprache. Es hat also global gesehen eine mittlere Reichweite mit einem deutlichen regionalen Schwerpunkt (vgl. Oomen-Welke, A 4). Vergleichbares gilt auch für das Deutsche als Fremdsprache. Weltweit lernen es derzeit 14,04 Mio. Personen (Netzwerk Deutsch 2010, 12). Nach einem Rückgang in den vergangenen Jahren konsolidiert es sich möglicherweise gegenwärtig etwa auf diesem Niveau (Netzwerk Deutsch 2010, 2 f.). Die regionale Verteilung dieser Lernenden lässt klare Schwerpunkte erkennen: 47,92 % der DaF-Lernenden leben in der Europäischen Union, 29,57 % in den Ländern der Gemeinschaft Unabhängiger Staaten und 3,181 % in weiteren europäischen Ländern. Die Zahl der DaF-Lernenden in Afrika (6,43 %), Süd- und Ostasien (3,86 %), Nordamerika inkl. Mexiko (4,07 %), Australien und Neuseeland (0,87 %), Südamerika (1,25 %) sowie im Nahen und Mittleren Osten (0,381 %) ist deutlich geringer (errechnet nach Netzwerk Deutsch 2010). In absoluten Zahlen: In der Russischen Föderation lernen etwa 2.312.500 Menschen DaF, in Polen 2.345.500 (6,14 % der Bevölkerung), in Frankreich 1.037.900, in der Ukraine 689.400, in Usbekistan 640.700, in Ungarn 442.300 (4,42 % der Bevölkerung), in der Tschechischen Republik 441.000 (4,19 % der Bevölkerung), in den USA 494.300, in den Niederlanden 366.100 und in Großbritannien 344.900 (Netzwerk Deutsch 2010).

Es zeichnet sich ab, dass Deutsch vielerorts nicht (mehr) die erste Fremdsprache ist, die gelernt wird, sondern eine zweite oder weitere, und dass die Lernenden sich oft nicht nur aus allgemeinem Interesse, sondern aus recht spezifischen Gründen für diese Sprache entscheiden, z. B. wegen wirtschaftlicher Beziehungen zum deutschsprachigen Raum, wegen der Erfordernisse fachlicher Kommunikation in ausgewählten Bereichen, zur Vorbereitung eines Studiums im deutschsprachigen Raum oder im Zusammenhang mit dem sonstigen Migrationsgeschehen.

1 Deutschunterricht in Institutionen des Bildungswesens

Englisch ist die mit großem Abstand am häufigsten gesprochene (und gelernte) Fremdsprache. In der Europäischen Union sprechen es nach Eurobarometer Spezial (2006, 4; Datenerhebung Jahresende 2005) 13 % der Bevölkerung als Muttersprache und 38 % als Fremdsprache, zusammen also 51 %. Deutsch folgt

mit 32 % (18 % als Muttersprache und 14 % als Fremdsprache), Französisch mit
26 % (12 % als Muttersprache, 14 % als Fremdsprache).

1.1 Deutsch als Schulfremdsprache

Die Zahl der Lernerinnen und Lerner einer Fremdsprache ergibt sich in vielen
Ländern wesentlich aus dem Angebot und der Wahl von Schulfremdsprachen.
Dabei ist Deutsch oft eine zweite oder weitere Fremdsprache, die – soweit über-
haupt eine zweite oder weitere Fremdsprache gelernt wird – meist auf Englisch
folgt. Für den Schulbereich gilt (Angaben nach Netzwerk Deutsch 2010): In
Polen lernen noch 2.328.900 Kinder und Jugendliche Deutsch, in der Russischen
Föderation 1.612.500, in Frankreich 1.037.900, in der Ukraine 689.367, in
Ungarn 425.500, in Italien 401.600, in den Niederlanden 365.000, in der Tschechischen Republik 364.553, in Großbritannien 340.000, in der Türkei 309.100, in
der Slowakei 262.000, in Dänemark 196.900, in Weißrussland 160.900, in Rumänien 146.300. Außerhalb Europas lernen z. B. in Usbekistan 617.700 Schülerinnen und Schüler Deutsch, in den USA 400.000, in Kamerun 200.000, in Kasachstan 100.800. Weltweit ergibt sich für 2010 eine Zahl von 12.303.700 DaF-Lernenden im Schulbereich gegenüber 14.498.000 im Jahr 2005 und 17.164.000 im
Jahr 2000 (StADaF 2005/2006, Zahlen gerundet).

Hinter solchen summarischen Angaben stehen unterschiedliche Tendenzen und
Entwicklungen in den einzelnen Ländern und Regionen. Während das Interesse
an Deutsch als zweiter Schulfremdsprache nach Englisch in Polen auf hohem
Niveau stabil ist (Czarnecki 2006), scheint es derzeit in der Russischen Föderation erst nach erheblichem und lang andauerndem Rückgang zu einer Stabilisierung des Deutschen ebenfalls als zweiter Fremdsprache nach Englisch zu kommen (Duesberg 2006, 415; Dobrovolskij 2008). Für 1982/83 hatte das Auswärtige
Amt (1986) noch 9.200.000 Deutsch Lernende an Schulen in der gesamten Sowjetunion genannt. Seinerzeit war Deutsch erste Fremdsprache. Auch in Ungarn
und in der Tschechischen Republik kann nach einem Rückgang der Lernerzahlen
(ausgehend von einem hohen Niveau) wohl eine Etablierung als zweite Fremdsprache erwartet werden (Vachková 2008 und Bassola u. a. 2008). In Skandina-
vien hat Deutsch als Schulfremdsprache sehr stark an Boden verloren. In Schweden ist es inzwischen dritte Fremdsprache nach Englisch und Spanisch und in der
Konsequenz ist z. B. auch die Deutschlehrerausbildung sehr stark zurückgegangen (Duesberg 2006, 415 ff.). Auch in Frankreich ist Deutsch bislang weiter
zurückgegangen, die Situation hängt aber von den jeweiligen schulischen Regelungen zur Sprachenfolge ab und ist je nach Schulbezirk sehr unterschiedlich
(Dalmas/Metrich 2008). Wo eine zweite Schulfremdsprache eingeführt wird,
ergeben sich durchaus neue Chancen für Deutsch; so schätzen es z. B. Bouchara
(2009) für Marokko ein, Çetintaş (2005) und Usklu (2008) für die Türkei, Di
Meola/Tonelli (2008) für Italien und Dalmas/Metrich (2008) für Frankreich.

Besonderer Wert wird an den derzeit über 140 deutschen Auslandsschulen auf die Fremdsprache Deutsch gelegt. Hier sind drei Schultypen zu unterscheiden: die deutschsprachigen Schulen mit deutschem Schulziel, die Begegnungsschulen (zweisprachige Schulen oder Zweige mit integriertem Unterrichtsprogramm und bikulturellem Schulziel) und die landessprachlichen Schulen mit verstärktem Deutschunterricht, die ansonsten ein landesspezifisches Schulziel verfolgen. Sie führen ebenso wie die beiden anderen Schultypen zum Deutschen Sprachdiplom der Kultusministerkonferenz auf zwei Stufen. Die Stufe I entspricht dem Niveau B1 des Gemeinsamen Europäischen Referenzrahmens für Sprachen, die Stufe II dem Niveau C1. Mit dem Sprachdiplom der Stufe II können die zur Aufnahme eines Studiums in Deutschland notwendigen Sprachkenntnisse nachgewiesen werden. Das Interesse an diesen Sprachprüfungen wächst; die Kölner Zentralstelle für das Auslandsschulwesen zählt jährlich über für 2011 mit insgesamt 55.000 Prüfungen zum „Deutschen Sprachdiplom".

Auch die Schweiz unterstützt Auslandsschulen, in denen sich der Unterricht an Schweizer Standards orientiert. Das „Komitee für Schweizer Schulen im Ausland" betreut sechzehn Auslandsschulen in vier Ländern (250 Lehrpersonen, 6.500 Schülerinnen und Schüler, davon 2.000 Schweizer).

Seit 2008 wird das Netz der deutschen Auslandsschulen durch inzwischen deutlich mehr als 1.500 Schulen weltweit ergänzt, die in den neu geschaffenen Verbund PASCH („Schulen – Partner der Zukunft") aufgenommen wurden. Das Auswärtige Amt unterstützt den DaF-Unterricht im Rahmen dieses Programms durch Verbesserung der Ausstattung der Schulen, durch fachliche Betreuung und durch Stipendien für Schüler und Lehrkräfte sowie durch Weiterbildung.

Aus welchen Gründen wird an Schulen die Fremdsprache Deutsch gelernt? Ein wesentlicher Faktor sind, wie eingangs erwähnt, die jeweiligen Angebote und Anforderungen zur Sprachenfolge und die Voraussetzungen für den Hochschulzugang. Wird neben der ersten Fremdsprache eine weitere gelernt, steht insbesondere in Europa oft Deutsch neben anderen Sprachen wie Französisch, Spanisch oder Italienisch zur Auswahl, in Russland und im pazifischen Raum zunehmend auch neben den großen asiatischen Sprachen. Für die Wahlentscheidungen der Schülerinnen und Schüler spielen Faktoren wie die Nähe zum deutschsprachigen Gebiet (deshalb seine relativ starke Stellung in Mittel- und Osteuropa), der erwartete Nutzen für die berufliche Ausbildung oder ein Studium und die Intensität der wirtschaftlichen Kontakte zum deutschsprachigen Gebiet eine Rolle, aber auch die subjektiv erlebte Attraktivität des Unterrichts und das Sprachimage (vgl. Wegner 1999 und Földes 2000).

1.2 DaF an Hochschulen

An Hochschulen ist DaF international in drei Feldern vorzufinden, erstens in der Germanistik als Gegenstand eines philologischen Studiums oder einer Ausbildung zur Fremdsprachenlehrkraft, zweitens als Komponente in anderen Studiengängen, z.B. im Rahmen von Kulturstudien, „Area studies" oder „Wirtschaft mit Sprachen", und drittens im fachspezifischen oder allgemeinen Sprachenangebot für Studierende unterschiedlichster Studienrichtungen.

Die Zahl der Studierenden der Germanistik betrug 2005 in Ägypten etwa 4.900, in China 6.200, in Frankreich 20.000, in Italien 13.000, in Kasachstan und in Korea jeweils 8.000, in Polen 14.300, in der Türkei 3.000, in Ungarn 4.700, in den USA 7.000, in Weißrussland 5.800 (StADaF 2005/2006). Für die Russische Föderation liegen keine Daten vor, an den Hochschulen „verbleibt [Deutsch] allerdings auf sehr hohem Niveau und bei weitem die zweitstärkste Fremdsprache" (StADaF 2005/2006, 13, Anm. 16).

Stabiler, in Teilbereichen sogar anwachsend ist die Zahl der Studierenden, wenn man Studiengänge „fremder" Fächer betrachtet, die eine Komponente Deutsch einschließen, z.B. in China mit 30.000, in Dänemark mit 23.300, in Frankreich mit 150.000, in Italien mit 30.000, in Japan mit 345.000, in Mexiko mit 12.000, in der Russischen Föderation mit 750.000, in der Slowakei mit 12.500, in Spanien mit 15.400, in Ungarn mit 23.000, in den USA mit 91.100 (StADaF 2005/2006). In der Summe: Die Zahl der Germanistikstudierenden lag 2000 weltweit noch bei etwa 428.000, im Jahr 2005 ist sie auf etwa 147.000 zurückgegangen. Prozentual geringer fällt der Rückgang der Studierendenzahlen aus, wenn man alle Studiengänge mit Deutsch berücksichtigt (1.796.000 gegenüber 2.474.000; die Germanistikstudierenden sind hier mit enthalten; StADaF 2005/2006, 15).

Ein Beispiel für solche Veränderungen bei den Studierendenzahlen liefert Portugal (vgl. Arbeitsgruppe der Lektoren für Deutsch an portugiesischen Universitäten 2006): Gab es z.B. an der Traditionsuniversität Coimbra im akademischen Jahr 2000/2001 noch 133 Neueinschreibungen in philologischen Studiengängen mit Deutsch, so waren es 2005/2006 nur noch drei (sic!). Die Ursachen lagen in der Lockerung bei Beschränkungen von Studienfachkombinationen, im demographisch (und durch die Konkurrenz anderer Fremdsprachen) bedingten Rückgang der Schülerzahlen und damit der Lehramtsausbildung sowie in der begrenzten Nachfrage nach fremdsprachenphilologischer Kompetenz auf dem Arbeitsmarkt. Gut nachgefragt bleiben dagegen Sprachkurse in DaF für andere Studiengänge, z.B. DaF für Juristen oder DaF für allgemeinere akademische Zwecke (Gründung des ersten Sprachenzentrums an einer portugiesischen Universität 2005 in Coimbra mit einem wesentlichen Anteil DaF). Ein alternatives Angebot machen neuere Studiengänge, die Sprachen und andere Fächer verknüpfen, z.B. der Bachelor-Studiengang „Línguas e Relações Empresariais" (Fremdsprachen und Wirtschaftskommunikation) an der Universität Aveiro. Die Zahl der Studienanfänger in der portugiesischen Germanistik hat sich mittlerweile stabilisiert, wenn auch auf deutlich niedrigerem Niveau als vor dem angesprochenen Einbruch (vgl. die laufend aktualisierten Übersichten der Arbeitsgruppe der Deutschlektoren an portugiesischen Universitäten (dort Tabellen).

Es zeichnet sich hier ein Muster ab, das sich in vielen Ländern vorfinden lässt: Das Interesse an herkömmlichen, philologisch ausgerichteten auslandsgermanistischen Studiengängen geht zurück, auch vor dem Hintergrund des Rückgangs der Schulfremdsprache Deutsch und des damit einhergehenden geringeren Bedarfs an Ausbildungskapazitäten für Lehrkräfte. Gleichzeitig kann sich Deutsch aber als Studienelement, z. B. als Nebenfach, in nichtphilologischen Studienangeboten etablieren, und es erfreut sich einer stabilen Nachfrage im allgemeinen Fremdsprachenangebot von Hochschulen. So berichten es z. B. Zhang (2007) aus China, Vollstedt / Walter (2007) am Beispiel von Moskau aus Russland, Stănescu (2007) aus Rumänien, Bauer (2007) aus Mexiko, Jäntti (2007) aus Finnland, Mitschian (2005) aus Armenien, Bouchara (2008) aus Marokko, Moskowtschenko / Steinmetz (2009) am Beispiel der Deutsch-Kasachischen Universität in Almaty für Kasachstan und Duesberg (2006) für eine Vielzahl von Ländern weltweit und auch als zusammenfassendes Fazit (Duesberg 2006, 426). In dieser Entwicklung zeigt sich, dass Deutsch zwar seine Geltung als internationale Wissenschaftssprache, wie es sie vor und nach dem ersten Weltkrieg in zahlreichen Disziplinen einmal hatte, vor allem zu Gunsten des Englischen verloren hat (vgl. Ammon 2000, Reinbothe 2008). Effektive Wissenschaftskommunikation ist aber in ihrer globalen Vernetzung auch heute essenziell auf Mehrsprachigkeit angewiesen – Ehlich (2004, 27) nennt besonders die Ingenieurwissenschaften, die Rechtswissenschaft, die Sozial-, Kultur- und Geisteswissenschaften. In einem Konzept von Mehrsprachigkeit findet auch das Deutsche als allgemeine Wissenschaftssprache, als Fachsprache, als Berufssprache und in der Praxis des akademischen und beruflichen Austauschs weiterhin Beachtung. Philologisch ausgerichtete auslandsgermanistische Studien und auch Studiengänge erübrigen sich damit nicht, als zuverlässige Grundlagendisziplin für kulturwissenschaftliche Fragestellungen und für eine qualitativ hochstehende Ausbildung von Lehrkräften werden sie weiterhin benötigt (zur Profilierung und Abgrenzung von Auslands- und Inlandsgermanistik vgl. den Themenschwerpunkt in der Zeitschrift *Deutsch als Fremdsprache*, Hefte 4 (2004) bis 4 (2006)).

Das Interesse an der allgemeinen Wissenschaftssprache Deutsch steht auch bei den ausländischen Studieninteressentinnen und -interessenten im Vordergrund, die an Lehrgebieten Deutsch als Fremdsprache oder an Studienkollegs deutschsprachiger Hochschulen die sprachlichen Voraussetzungen für ein Studium erwerben. Im April 2013 sind bei der deutschen Hochschulrektorenkonferenz etwa 100 Prüfungsordnungen von Hochschulen und Studienkollegs registriert, die der einschlägigen „Rahmenordnung über Deutsche Sprachprüfungen für das Studium an deutschen Hochschulen" (RO-DT) der Hochschulrektorenkonferenz und der Kultusministerkonferenz entsprechen. Die Studieninteressentinnen und -interessenten legen entweder die „Deutsche Sprachprüfung für den Hochschulzugang" (DSH, vgl. Glaboniat, E02) ab, die auf drei Stufen angeboten wird (DSH 1, 2 und 3; Stufe 2 entspricht dem Niveau B2.2/C1.1 des Gemeinsamen Europäischen Referenzrahmens für Sprachen (Vgl. Glaboniat, E03) und gilt als Voraussetzung für die unbeschränkte Zulassung zum Studium), oder sie nehmen an der Prüfung TestDaF teil, die nach vier Teilfertigkeiten unterscheidet und die ebenfalls ein nach drei Niveaustufen differenziertes Ergebnis ausweist (TestDaF 3, 4 und 5; als Äquivalent zur DSH 2 gilt TestDaF 4x4). TestDaF kann zu mehreren, einheitlichen Terminen im Jahr an einer großen Zahl von Prüfungszentren weltweit abgelegt werden.

Sprachkurse zur Vorbereitung auf diese Prüfungen ergänzen die Hochschulen mit studienbegleitenden Sprachlernangeboten. Daneben stehen zahlreiche Hochschulsommerkurse, die Sprache mit Landeskunde oder anderen thematischen Schwerpunkten verbinden (vgl. Sommerkurse).

Zur Ausbildung im Bereich DaF bieten mehrere Hochschulen im deutschsprachigen Raum BA- und MA-Studiengänge an. Eine Übersicht findet sich beim Fachverband Deutsch als Fremdsprache.

1.3 DaF in der Erwachsenenbildung

Die Anzahl der DaF-Lernenden im Bereich der Erwachsenenbildung lag 2005 nach StADaF 2005/06 weltweit bei 424.000, im Jahr 2010 bei 265.500 (Netzwerk Deutsch 2010, 12). Allerdings sind diese Zahlen wegen der Vielfalt der Kursanbieter schwierig zu erheben und fehlen für etliche Länder. Ein erkennbares Interesse an DaF in der Erwachsenenbildung gibt es demnach u.a. in Rumänien (90.000 Lernende), in Kasachstan (35.000), in Frankreich (34.000), in Italien (32.000), in Brasilien (12.000), in Ungarn (11.000), im Iran (10.000) und in Finnland (10.000). Zu den Anbietern gehören neben privaten Sprachschulen unterschiedliche Kultureinrichtungen. Eine herausgehobene Stellung nimmt hier das Goethe-Institut ein, das im Berichtsjahr 2011 im Ausland 16.805 Sprachkurse anbot (Inland: 4.818 Kurse) und damit 197.130 Lernende erreichte (Inland: 37.457) (Goethe-Institut 2011/12, 7.).

Der größte Anbieter für DaF-Unterricht in Deutschland sind die 938 Volkshochschulen. Ihre Statistik weist für das Berichtsjahr 2010 insgesamt 31.141 DaF-Kurse (von 556.705 Kursen überhaupt) aus, in denen 2.451.394 Unterrichtsstunden (von 13,7 Mio. Unterrichtsstunden überhaupt) erteilt wurden. Diese DaF-Kurse wurden von 421.547 Personen belegt (Reichert/Huntemann 2011, Tabellen 1, 10, 11).

Die Interessen an Sprachkursen in der Erwachsenenbildung, teils auch an freien Angeboten für Kinder und Jugendliche, decken ein weites Feld ab. Sie reichen von spezialisierten Angeboten für höhere EU-Beamte über die Studienvorbereitung, berufliche Gründe und allgemeines Sprachlerninteresse bis zu Sprachkenntnissen, die vom Zuwanderungsrecht gefordert werden. Sprachunterricht ist nämlich auch zu einem Instrument geworden, das die Politik mit der Neuregelung des Aufenthaltsrechts in Deutschland ab 2005 zur Steuerung des Migrations- und Integrationsgeschehens nutzt (vgl. Decker, F 5).

2 Kulturpolitik und Mittlerinstitutionen

Die Förderung (Verbreitung) von Deutsch als Fremdsprache macht ein wichtiges Feld der Auswärtigen Kultur- und Bildungspolitik aus. Einen Überblick zur Entwicklung der Auswärtigen Kulturpolitik der Bundesrepublik Deutschland bietet Stark (1997), zur Sprachpolitik Ammon (2009). Grundlagentexte zur Auswärtigen Kulturpolitik (Auswärtiges Amt) sind leicht zugänglich. Eine einschlägige Bibliographie ist Maaß (2009). Eine neuere politikwissenschaftliche Untersuchung der auswärtigen Sprachpolitik anhand der Beispiele Mittel- und Osteuropa und Europäische Union bietet die Dissertation von Andrei (2008).

Eine wesentliche erste Etappe stellt für die Bundesrepublik Deutschland hier die Gründung bzw. Neugründung von Mittlerorganisationen in den 50er und 60er Jahren dar (für DaF relevant: Institut für Auslandsbeziehungen (IfA) 1949, Deutscher Akademischer Austauschdienst (DAAD) 1950, Goethe-Institut (GI) 1951, Pädagogischer Austauschdienst (PAD) 1951, Zentralstelle für das Auslandsschulwesen (ZfA) 1960). IfA, DAAD und GI erhielten ebenso wie andere Mittlerorganisationen die Rechtsform von Vereinen, weil man Aufgaben der Kulturarbeit nach den Erfahrungen mit der Instrumentalisierung insbesondere durch den Nationalsozialismus an Akteure delegieren wollte, die zwar mit öffentlichen Mitteln, aber doch mit einer gewissen Unabhängigkeit von staatlicher Einflussnahme handeln können. Für weitere wichtige Etappen stehen die „Leitsätze für die auswärtige Kulturpolitik" des Auswärtigen Amtes von 1970, die einen gegenüber dem traditionellen Verständnis als Hochkultur für Eliten erweiterten Kulturbegriff formulierten und die Partnerschaftlichkeit, internationale Verständigung und Friedenssicherung als Leitlinien herausstellten, sowie der Bericht der Bundesregierung „Die Stellung der deutschen Sprache in der Welt" aus dem Jahr 1985, der eine aktive Sprachverbreitungspolitik als eigenständiges Ziel ausweist (Auswärtiges Amt 1986, 14–16). Das Ende des Kalten Krieges führte dann zu einer regionalen Akzentverschiebung nach Mittel- und Osteuropa, nach Südosteuropa, zur GUS und zum Nahen Osten. Dies galt auch für die Sprachförderpolitik, allerdings auch für sie unter der generellen Vorgabe der Einsparung von Mitteln (38 Schließungen von Goethe-Instituten gegenüber 21 Neugründungen in den 90er Jahren, deutliche Einschnitte bei der Förderung der Auslandsschulen). Die „Konzeption 2000" des Auswärtigen Amtes zur auswärtigen Kulturpolitik setzte neue Schwerpunkte u. a. bei einer stärkeren Werteorientierung auch in der auswärtigen Kulturpolitik (Menschenrechte, Demokratieförderung, Konfliktprävention), der Einbettung in eine weitgehend noch zu entwickelnde europäische Kulturpolitik und beim Kulturdialog in beide Richtungen. Die Sprachförderung wird nicht besonders herausgestellt, als Ziel aber beibehalten und in den Zusammenhang der Förderung von Mehrsprachigkeit gestellt (Auswärtiges Amt 2000, 16f., 27f.). Die Regierung der großen Koalition wies der Auswärtigen Kultur- und Bildungspolitik insgesamt wieder eine höhere Bedeutung zu (Erhöhung des Kulturhaushalts des Auswärtigen Amtes um 15,7 % im Jahr 2008 gegenüber Einsparungen von 14 % in der Zeit zwischen 1993 und 2005) und betonte u. a. den Aspekt der Bildung. In diesem Rahmen legte sie auch das o. g. PASCH-Programm „Schulen: Partner der Zukunft" auf, das wesentliche Beiträge zur Sprachförderung beisteuert, und stattete es 2008 mit 45 Mio. € aus (Bericht der Bundesregierung zur Auswärtigen Kulturpolitik 2007/2008, 3, 5, 9–12; vgl. oben 1.1). Im Jahr 2009 wurde außerdem ein neuer Freiwilligendienst „Kulturweit" für die internationale Kultur- und Bildungsarbeit eingerichtet (www.kulturweit.de).

Einige Akteure bei der Förderung von Deutsch als Fremdsprache im Ausland wurden bereits genannt. Aus Deutschland sind insbesondere zu erwähnen:

- Goethe-Institut: Das GI führt in seinem Jahrbuch 2011/12 weltweit 136 Auslandsinstitute und insgesamt 981 „Anlaufstellen" auf. Neben der Programmarbeit bietet es Sprachunterricht auf allen Niveaus und für unterschiedliche Zielgruppen an, entwickelt dafür Publikationen, Materialien und Prüfungen und engagiert sich in der Aus- und Fortbildung von DaF-Lehrkräften. Es kooperiert in vielen Ländern mit Schulen, Schulverwaltungen und Bildungsträgern und unterstützt sie fachlich in Fragen des DaF-Unterrichts.

- Deutscher Akademischer Austauschdienst: Der DAAD ist im Hochschulbereich tätig und fördert auch DaF. Neben Stipendienangeboten und fachlichen Beiträgen dienen dazu u. a. das Lektorenprogramm (ca. 500 DAAD-Lektorate an Hochschulen und 51 Informationszentren sowie 14 Außenstellen in 102 Ländern), die fachliche Betreuung von Ortslektoren, Hochschulsommerkurse im Inland, Germanistische Institutspartnerschaften zwischen Hochschulinstituten im In- und Ausland, die Unterstützung von Master-Studiengängen DaF und von Zentren für Deutschland- und Europastudien.

- Zentralstelle für das Auslandsschulwesen: Die ZfA berät und unterstützt etwa 900 Schulen mit DaF-Unterricht, darunter die 140 deutschen Auslandsschulen. Es entsendet Lehrkräfte, entwickelt Konzeptionen, betreut Prüfungen und unterstützt mit etwa 55 Fachberatern den DaF-Unterricht in zahlreichen Ländern.

- Pädagogischer Austauschdienst: Der PAD ist eine Einrichtung beim Sekretariat der Ständigen Konferenz der Kultusminister der Länder und unterstützt im Auftrag der Bundesländer den internationalen Austausch im Schulbereich mit Angeboten für Schüler, Lehramtsstudierende und Lehrkräfte. Insbesondere für Studierende dürften die Programme für Fremdsprachenassistenten interessant sein.

Aus Österreich sind u. a. zu nennen:

- Österreich-Institut: Das ÖI wurde 1997 als gemeinnützige GmbH gegründet und ist Eigentum des Bundes. Es erfüllt Aufgaben der auswärtigen Kulturpolitik, insbesondere bietet es DaF-Unterricht an (ca. 10.000 Lernende im Jahr). Neun Auslandsinstitute werden von der Wiener Zentrale aus koordiniert.
- Österreich-Kooperation: Die ÖK ist in der internationalen wissenschaftlichen und pädagogischen Kooperation aktiv. Sie verantwortet u. a. ein DaF-Lektorenprogramm an Hochschulen (130 Standorte), ein Fremdsprachenassistenzprogramm an Sekundarschulen und ein Programm zu Auslandspraktika für DaF-Studierende.

Aus der Schweiz ist zu nennen:

- Pro Helvetia: Die Schweizer Kulturstiftung Pro Helvetia ist wichtiger Träger der internationalen Zusammenarbeit im Kulturaustausch. Wegen der Mehrsprachigkeit der Schweiz kann dabei keine bestimmte Sprache im Mittelpunkt stehen.

Wichtige Verbände sind der Fachverband Deutsch als Fremdsprache, der Österreichische Verband Deutsch als Fremdsprache/Zweitsprache, der Arbeitskreis Deutsch als Fremdsprache/Deutsch als Zweitsprache in der Schweiz und als Dachverband nationaler Deutschlehrerverbände der Internationale Deutschlehrerverband.

3 Fazit und Tendenzen

Das Interesse am Erlernen des Deutschen als Fremdsprache folgt historisch den allgemeineren Tendenzen seiner Stellung und Funktion als Fremdsprache, als Nachbarschaftssprache, als Verkehrssprache, als Bildungssprache, als Wissenschaftssprache. Glück (2002) zeigt dies für das 15. bis zum beginnenden 18. Jahrhundert als Prozess des Ausbaus und fasst es für die Folgezeit knapp zusammen, Ammon (1991) stellt für das 20. Jahrhundert die rückläufigen Entwicklungen dar. Ob der auch in den letzten Jahren zu beobachtende Rückgang der Lernerzahlen zu einem Stillstand kommt, lässt sich sicherlich etwas besser beurteilen, wenn das Netzwerk Deutsch seine gegenüber 2010 aktualisierten Daten vorlegt. Motive zur Wahl der Fremdsprache Deutsch können sich aus Faktoren wie seiner numerischen, ökonomischen und kulturellen Stärke ergeben, aber auch aus seiner Funktion als Kommunikationsmittel in verschiedenen Domänen (vgl. Ammon 2008). Erste Fremdsprache und internationale lingua franca ist hier mit weitem Vorsprung das Englische, Deutsch ist aber, regional und für Domänen wie Wirtschaft, Kultur und den akademischen Bereich differenziert, vor allem als weitere Fremdsprache (neben anderen Sprachen) von Interesse, außerdem selbstverständlich im Zusammenhang des Migrations- und Integrationsgeschehens. DaF steht damit deutlicher als früher im Rahmen von Mehrsprachigkeit, verstanden als gesellschaftliches und individuelles sprachliches Repertoire, das über *eine* „Muttersprache" und *eine* „Fremdsprache" hinausgeht. Die Staats- und Regierungschefs der Länder der Europäischen Union haben 2001 in Barcelona das Erlernen von mindestens zwei Sprachen neben der Muttersprache als Ziel festgelegt, von 2007 bis 2010 gab es das Amt eines EU-Kommissars für Mehrsprachigkeit (vgl. Europäische Kommission 2009; Zuständigkeit seit 2010 wieder im Bildungsressort). Man könnte den Verdacht hegen, dass eine Angelegenheit, die solcherart politische Unterstützung braucht, sich nicht naturwüchsig zu entwickeln vermag – man kann aber auch der Hoffnung folgen, dass Mehrsprachigkeit in Europa zu einer Selbstverständlichkeit wird, wie das z. B. in vielen Ländern Afrikas und auf dem indischen Subkontinent schon lange der Fall ist, dass viele Menschen ihr individuelles sprachliches Repertoire als Facette in der Ausgestaltung ihrer Identitäten sehen und gern andere Sprachen lernen, darunter auch Deutsch.

Literatur

Ammon, Ulrich: Die internationale Stellung der deutschen Sprache. Berlin, New York: de Gruyter 1991

Ammon, Ulrich: Entwicklung der deutschen Wissenschaftssprache im 20. Jahrhundert. In: Debus, Friedhelm/Kollmann, Franz Gustav/Pörksen, Uwe (Hrsg.): Deutsch als Wissenschaftssprache im 20. Jahrhundert. Vorträge des Internationalen Symposions vom 18./19. Januar 2000. Stuttgart: Steiner 2000, 59–80

Ammon, Ulrich: Umkämpftes Privileg – Die deutsche Sprache. In: Maaß, Kurt-Jürgen (Hrsg.): Kultur und Außenpolitik. Handbuch für Studium und Praxis. 2., vollständig überarbeitete und erweiterte Auflage. Baden-Baden: Nomos 2009, 113–126

Ammon, Ulrich: Fremdsprachengebrauch und -bedarf unter den bedingungen der Globalisierung.In: Zeitschrift für angewandte Linguistik 48 (2008), 3–27

Andrei, Verena: Die auswärtige Sprachpolitik der Bundesrepublik Deutschland gegenüber den Staaten Mittel- und Südosteuropas und in der Europäischen Union. Eine theoriegeleitete Außenpolitanalyse. Universität Tübingen: Fakultät für Sozial- und Verhaltenswissenschaften 2008

Arbeitsgruppe der Deutschlektoren an portugiesischen Universitäten [www.glaup.eu/index.html] (20.2.2013)

Arbeitsgruppe der Lektoren für Deutsch an portugiesischen Universitäten: Der Deutschunterricht an portugiesischen Universitäten. In: InfoDaF. Informationen für Deutsch als Fremdsprache 33 (2006), Heft 4, 329–336

Arbeitskreis Deutsch als Fremdsprache/Deutsch als Zweitsprache in der Schweiz [www.akdaf.ch] (20.2.2013)

Auswärtiges Amt (Hrsg.): Die Stellung der deutschen Sprache in der Welt. Bericht der Bundesregierung. Bonn: Auswärtiges Amt, 1985, ²1986

Auswärtiges Amt (Hrsg.): Forum: Zukunft der Auswärtigen Kulturpolitik. Berlin: Auswärtiges Amt 2000

Auswärtiges Amt: Auswärtige Kulturpolitik [www.ifa.de/info/ifa-bibliothek/akpgrundlagen/auswaertiges-amt/] (20.3.2013)

Bassola, Peter/Földes, Csaba/Hessky, Regina: Ungarn. In: IDS 2008, 63–73

Bauer, Ulrich: Aufbau von Deutsch als Fremdsprache und Germanistik in Mexiko. Ein Beispiel für den Abstand zwischen eurozentrischen Konzepten und lokalen Möglichkeiten. In: Valentin (Hrsg.) 2007, 107–111

Bericht der Bundesregierung zur Auswärtigen Kulturpolitik 2007/2008. Deutscher Bundestag, Drucksache 16/10962 vom 7.11.2008

Bouchara, Abdelaziz: Welche Germanistik ist nötig in Marokko im Zeitalter der Globalisierung? In: Info DaF. Informationen Deutsch als Fremdsprache 35 (2008), Heft 5, 467–480

Bouchara, Abdelaziz: Der positive Einfluss des Erwerbs des Französischen (L2) als Motivation für den Erwerb des Deutschen (L3) in Marokko. In: Deutsch als Fremdsprache 46 (2009) Heft 4, 229–234

Bundesamt für Migration und Flüchtlinge: Integrationskurse. Eine Erfolgsgeschichte und ein Modell für Europa. Bilanz 2008. Nürnberg: BAMF 2009 (Download über www.integration-in-deutschland.de)

Çetintaş, Bengül: Zukunftsperspektiven von Deutsch als Fremdsprache in der Türkei. In: Info DaF. Informationen Deutsch als Fremdsprache 32 (2005) Heft 4, 307–314

Czarnecki, Tomasz: Polen. In: IDS 2006, 65–70

DAAD Deutscher Akademischer Austauschdienst [www.daad.de] (20. 2. 2013)

Dalmas, Martine/Metrich, René: Frankreich. In: IDS 2008, 23–30

Deutsche Auslandsschulen [www.auslandsschulwesen.de] (Abruf März 2012)

Deutschen Sprachdiplom [www.auslandsschulwesen.de → Auslandsschularbeit → Deutsches Sprachdiplom] (Abruf März 2012)

Di Meola, Claudio/Tonelli, Livia: Italien. In: IDS 2008, 39–45

Dobrovolskij, Dmitrij: Russland. In: IDS 2008, 47–48

Duesberg, Peter: DaF international. Aktuelle Tendenzen weltweit und Herausforderungen für die deutschsprachigen Länder. In: Info DaF. Informationen Deutsch als Fremdsprache 33 (2006) Heft 5, 411–437

Ehlich, Konrad: Wissenschaft auf Deutsch – wissenschafts(sprach)politische Überlegungen. In: Die internationale Hochschule. Ein Handbuch für Politik und Praxis. Band 8: Deutsch und Fremdsprachen. Hrsg. vom DAAD. Bielefeld: Bertelsmann 2004, 24–31

Eurobarometer Spezial. Die Europäer und ihre Sprachen. Zusammenfassung. Durchgeführt im Auftrag der Generaldirektion Bildung und Kultur und koordiniert von der Generaldirektion Presse und Kommunikation. 2006 (http://ec.europa.eu/public_opinion/archives/ebs/ebs_243_sum_de.pdf)

Europäische Kommission: Mehrsprachigkeit – eine Brücke der Verständigung. Luxemburg: Amt für amtliche Veröffentlichungen der Europäischen Gemeinschaften 2009 (download unter www.bookshop.europa.eu/)

Fachverband Deutsch als Fremdsprache (FaDaF). [www.fadaf.de/wiki/index.php?title=Hauptseite] (20.2.2013)

Földes, Csaba: Die deutsche Sprache im Spiegel von Werthaltungen: Eine Außensicht. In: Kühn, Ingrid/Lehker, Marianne (Hrsg.): Deutsch in Europa – Muttersprache und Fremdsprache. Frankfurt am Main u. a.: Peter Lang 2000, 135–162

Fremdsprache Deutsch 2009 Sonderheft I

Glück, Helmut: Deutsch als Fremdsprache in Europa vom Mittelalter bis zur Barockzeit. Berlin, New York: de Gruyter 2002

Goethe-Institut: Jahrbuch 2011/12. München: Goethe-Institut 2012 (Download unter www.goethe.de)

IDS. Institut für Deutsche Sprache (Hrsg.): Germanistik und Deutschunterricht in 17 Ländern. Mannheim: Institut für Deutsche Sprache 2006

IDS. Institut für Deutsch Sprache (Hrsg.): Germanistik und Deutschunterricht in 11 Ländern. Mannheim: Institut für Deutsche Sprache 2008

Internationaler Deutschlehrerverband [www.idvnetz.org] (20.2.2013)

Jäntti, Ahti: Über die Notwendigkeit, die Curriculumspolitik der Germanistik im nichtdeutschsprachigen Ausland zu reformieren. In: Valentin (Hrsg.) 2007, 113–118

Lewis, M. Paul (Hrsg.): 2009. Ethnologue. Languages of the World. Dallas, Tex.: SIL, 16. Aufl. (Online-Ausgabe: http://www.ethnologue.com)

Maaß, Kurt-Jürgen: Auswärtige Kulturpolitik. Literaturauswahl. Stuttgart: Institut für Auslandsbeziehungen 2009

Mitschian, Haymo: Deutsch in Armenien – Bestand und Tendenzen. In: Info DaF. Informationen Deutsch als Fremdsprache 32 (2005) Heft 6, 528–539

Moskowtschenko, Olga/Steinmetz, Maria: Zur Perspektive von DaF in Zentralasien – die Deutsch-Kasachische Universität (DKU) Almaty als Modellbeispiel. In: Info DaF. Informationen Deutsch als Fremdsprache 36 (2009) Heft 4, 356–367

Netzwerk Deutsch. Die deutsche Sprache in der Welt. Statistische Erhebungen 2010. Berlin, Bonn, Köln, München (http://www.goethe.de/mmo/priv/5759818-STANDARD.pdf)

Österreich-Institut [www.oesterreichinstitut.at] (20.2.2013)

Österreichischer Verband Deutsch als Fremdsprache/Zweitsprache [www.oedaf.at] (20. 2. 2013)

Österreich-Kooperation [www.oek.at] (20.2.2013)

Pädagogischer Austauschdienst PAD [www.kmk-pad.org] (20.2.2013)

PASCH Schulen – Partner der Zukunft [www.pasch-net.de] (Abruf März 2012)

Pro Helvetia [www.prohelvetia.ch] (20.2.1013)

Reichert, Elisabeth/Huntemann, Hella: Volkshochschul-Statistik 2008. 49. Folge, Arbeitsjahr 2010. Bonn: Deutsches Institut für Erwachsenenbildung 2011 (http://www.die-bonn.de/doks/2011-volkshochschule-statistik-01.pdf)

Reinbothe, Roswitha: Mehrsprachigkeit in der internationalen Wissenschaftskommunikation vor dem Ersten Weltkrieg. In: Deutsch als Fremdsprache 45 (2008) Heft 1, 34–40

Sommerkurse [www.daad.de/de/suche.html?words=Sommerkurse&method=end& engin=de] (27. 3. 2013)

StADaF. Ständige Arbeitsgruppe Deutsch als Fremdsprache: Deutsch als Fremdsprache weltweit. Datenerhebung 2005. München: Goethe-Institut 2005/2006

Stănescu, Speranța: Die rumänische Germanistik – Deutsch lehren und lernen im nichtdeutschsprachigen Kontext. In: Valentin (Hrsg.) 2007, 125–130

Stark, Franz: Stationen deutscher Sprachpolitik. In: Institut für Auslandsbeziehungen (Hrsg.): Sprachenpolitik in Europa – Sprachenpolitik für Europa. Stuttgart: IfA 1997, 27–38

TestDaF [www.testdaf.de] (20.2.2013)

Uslu, Zeki: Deutschlehrerausbildung in der Türkei: Neustrukturierung und Curriculumrevision. In: Info DaF. Informationen Deutsch als Fremdsprache 35 (2008) Heft 4, 401–411

Vachková, Marie: Tschechische Republik. In: IDS 2008, 55–61

Valentin, Jean-Marie (Hrsg.): Akten des XI. Internationalen Germanistenkongresses Paris 2005 „Germanistik im Konflikt der Kulturen“. Band 3: Deutsch lehren und lernen im nicht-deutschsprachigen Kontext. Bern u. a.: Lang 2007

Vollstedt, Marina / Walter, Stephan: „Germanisten in die Wirtschaft“. Grundkenntnisse BWL, Fachsprache, interkulturelle Kompetenz und Berufsorientierung für Moskauer Philologiestudenten. In: Info DaF. Informationen Deutsch als Fremdsprache 34 (2007), Heft 1, 37–53

Wegner, Anke: 100 Jahre Deutsch als Fremdsprache in Frankreich und England. Eine vergleichende Studie von Methoden, Inhalten und Zielen. München: Iudicium 1999

Zentralstelle für das Auslandsschulwesen [www.auslandsschulwesen.de] (20.2.2013)

Zhang Yushu: Zur Rolle der Auslandsgermanistik. Am Beispiel der chinesischen Germanistik von heute. In: Valentin, Jean-Marie (Hrsg.): Akten des XI. Internationalen Germanistenkongresses Paris 2005 „Germanistik im Konflikt der Kulturen“. Band 1: Ansprachen, Plenarvorträge, Podiumsdiskussionen, Berichte. Bern u. a.: Lang 2007, 111–124

RUDOLF DE CILLIA

A 3 Die deutsche Sprache im geschlossenen deutschsprachigen Gebiet

Die deutsche Sprache gehört mit ihren rund 100 Millionen muttersprachlichen SprecherInnen (Ammon, 2008, 156) zu den 12 größten Sprachen der Welt und zu den am häufigsten gelernten Fremdsprachen (Lewis 2009 gibt 28 Millionen L2-SprecherInnen an). Deutsch ist auch die größte SprecherInnengruppe innerhalb der EU: 18 % der BürgerInnen sprachen 2005 Deutsch (gegenüber 12 % Englisch und Italienisch, 11 % Französisch, vor dem Beitritt Bulgariens und Rumäniens, Eurobarometer 2006, vgl. Huneke, A 02).

1 Das geschlossene deutsche Sprachgebiet

Das häufig so genannte „geschlossene deutsche Sprachgebiet in Mitteleuropa" (Ammon, 2006, 1765) der plurizentrischen/plurinationalen Sprache Deutsch (s. u.) erstreckt sich auf die nationalen „**Vollzentren**" der deutschen Sprache (Variantenwörterbuch des Deutschen – VWB = Ammon u. a., 2004) Deutschland D (im Folgenden werden die Abkürzungen des VWB verwendet), Österreich A, die deutschsprachige Schweiz CH und die „**Halbzentren**" Liechtenstein LIE, die autonome Provinz Bozen-Südtirol STIR, Luxemburg LUX und Ostbelgien BELG. In diesen Staaten ist die deutsche Sprache **Muttersprache** der Mehrheit der Bevölkerung (mit Ausnahme von LUX, wo dies Letzeburgisch ist) und staatliche **Amtssprache**: In D, A, LIE als solo-offizielle Amtssprache auf nationaler Ebene, in CH und LUX als ko-offizielle Amtssprache (neben Französisch, Italienisch und Rätoromanisch bzw. neben Französisch und Letzeburgisch), und regionale Amtssprache in der Provinz Bozen-Südtirol (neben Italienisch) und in der ostbelgischen „Deutschsprachigen Gemeinschaft" (neben Französisch). Von diesen Gebieten ist im folgenden Text die Rede, nicht jedoch von den angrenzenden Randgebieten, in denen Deutsch den Status eine **Minderheitensprache** besitzt wie z. B. in Dänemark (Nordschleswig) und Polen (Niederschlesien, Pommern), oder gar keinen offiziellen Status (Elsass-Lothringen in Frankreich).

Die relative Geschlossenheit des deutschen Sprachgebiets einerseits und die Verteilung auf mehrere angrenzende Staaten sowie der Varietätenreichtum andererseits erklären sich aus der historischen Entwicklung (zur Geschichte der deutschsprachigen Länder siehe Ammon 2006, 1765 f.). Die früher benutzte Bezeichnung „Binnendeutsch" für die Varietät in D, der die Peripherie in A und CH gegenübergestellt wurde, ist heute linguistisch überholt. Die deutsche Sprache wird nicht als monozentrisch, sondern meist als plurizentrisch/plurinational beschrieben mit den oben angeführten Voll- und Halbzentren (s. u.)

2 Die sprachliche Situation im deutschsprachigen Raum

Die sprachliche Situation im deutschsprachigen Raum ist durch eine reiche **dialektale Gliederung** gekennzeichnet, die von einer gemeinsamen Standardsprache überdacht wird, wobei häufig eine schwer zu operationalisierende Zwischenebene „Umgangssprache" angenommen wird. Die Dialekte werden einerseits nach den germanischen Stämmen bezeichnet (Alemannisch, Bairisch, Fränkisch, Sächsisch etc.), andererseits wird nach einem stark vereinfachten Schema das deutsche Sprachgebiet meist in nord-südlicher Richtung dreigeteilt (in Niederdeutsch für den Norden, Oberdeutsch für den Süden und Mitteldeutsch für das Gebiet dazwischen) und in west-östlicher Richtung zweigeteilt (also z. B. Westniederdeutsch für Nordniedersächsisch und West-/Ostfälisch oder Ostmitteldeutsch für Obersächsisch und Thüringisch, Ostoberdeutsch für das bairische Sprachgebiet, vgl. die Karte bei Ammon 2008, 160). Die Nord-Süd-Einteilung erfolgt im Wesentlichen nach den Ergebnissen der **Hochdeutschen Lautverschiebung** (zweite Lautverschiebung) und einigen anderen lautlichen und morphologischen Unterschieden, die Ost-Westeinteilung nach unterschiedlichen Merkmalen der Dialekte. Der erste Teil der hochdeutschen Lautverschiebung [harte Verschlusslaute – stimmlose Plosive wurden entweder zu Reibelauten (Frikativen) oder einer Kombination von Verschluss- und Reibelaut (Affrikaten), also p zu f/pf, t zu s/tz, k zu ch/kch; z. B. Ap zu Affe, Appel zu Apfel usw.] wurde für die Einteilung des deutschen Sprachgebiets besonders wichtig: Er wurde im Oberdeutschen vollständig, im Mitteldeutschen teilweise und in den niederdeutschen Dialekten gar nicht durchgeführt (Ammon 2008, 158f.). Die so genannte Benrather Linie ist die bekannteste Isoglosse, die die Grenze zwischen Nieder- und Mitteldeutsch auffächert. Sie ist insofern wichtig, als die deutsche Standardsprache im Wesentlichen auf den mittel- und oberdeutschen Dialekten beruht, die man terminologisch auch als **Hochdeutsch** zusammenfasst. Im folgenden ist daher auch von Deutsch im Sinne von Hochdeutsch die Rede, nicht jedoch von **Niederdeutsch**, das im Jahr 1999 durch die europäische Charta der Regional- und Minderheitensprachen – linguistisch nicht unumstritten – als Regionalsprache anerkannt wurde, aber über keine Standardvarietät verfügt und dessen Sprachgebiet im wesentlichen auch vom Standarddeutschen überdacht wird, wobei beim Terminus „Hochdeutsch" auch eine Bewertung und soziale Zuordnung mitschwingt. Für eine allgemeine Beschreibung von grammatischen Strukturen, Wortschatz und orthographischen Merkmalen der deutschen Sprache siehe Ammon 2008, 162–169.

Die deutsche Sprache ist auf der Ebene der Standardsprache an Varianten und Varietäten besonders reich („Das Deutsche ist wahrscheinlich die vielgestaltigste Sprache Europas, ...", Barbour/Stevenson 1998, 11), wofür die völlig andere historische Entwicklung des Deutschen auf Grund des Fehlens eines politischen Zentrums im Vergleich etwa zum Englischen mit London oder zum Französischen mit der Ile de France als Grund angeführt wird.

2.1 Die Sprachsituation in Deutschland

Deutsch ist in der BRD **Amtssprache**, allerdings nicht in der Verfassung verankert, was in den letzten Jahren gefordert wird (z. B. durch einen Artikel 22 a des Grundgesetzes „Die Sprache der Bundesrepublik Deutschland ist Deutsch", Limbach 2008, 34), aber z. B. in § 23 Verwaltungsverfahrensgesetz als solche festgelegt. Von den ca. 82 Mio EinwohnerInnen im Jahr 2008 besaßen 91,2 % die deutsche Staatsbürgerschaft, was in etwa die Zahl der muttersprachlichen SprecherInnen des Deutschen ausdrücken dürfte (Statistisches Bundesamt D 2011). Für die Verleihung der deutschen Staatsbürgerschaft sind Kenntnisse der deutschen Sprache nachzuweisen (auf dem Niveau A 2+/B 1 des GER; vgl. Glaboniat, E 3). Im Unterschied zu A und CH hat die deutsche Sprache in D keine ausgeprägte nationalsymbolische Funktion.

Neben der deutschen Mehrheitsbevölkerung leben auf dem Staatsgebiet die **anerkannten Minderheiten** der Sorben (im Süden Brandenburgs und Osten Sachsens, ca. 67.000), die dänische Minderheit (im Norden Schleswig-Holsteins, ca. 50.000), die Friesen (Nordfriesen, ca. 9000; Saterfriesen, ca. 2000, alle Zahlen nach Ammon 2006, 1769 f.), die nicht-territoriale Minderheit der Romanisprachigen (50.000, VWB, XLIV) und auch die schon erwähnten niederdeutschen Dialekte, die durch die europäische Charta als Minderheitensprache anerkannt wurden. Weiters sind die seit 2002 staatlich anerkannte Deutsche Gebärdensprache DGS zu erwähnen, die von ca. 80.000 Gehörlosen und 140.000 Schwerhörigen benutzt wird, so wie die durch die Migration entstandenen neuen Minderheiten, von denen die Türkischsprachigen mit über 3 Millionen (VWB, XLIV) die größte Gruppe darstellen, gefolgt von Serbischsprachigen, Italienern, Griechen, Polen und Kroaten (Ammon 2006, 1770).

Die regionale sprachliche Differenzierung der **sprachlichen Variation** innerhalb Deutschlands erfolgt in 6 Regionen (D-Nordost/D-Nordwest/Mittelost/Mittelwest/Südost/Südwest, VWB XLIII). Was das Verhältnis von Standard zu Dialekt betrifft, spricht man von „Dialektschwundgebieten" im Norden (Ammon 2006, 1768), von einem Dialekt-Standard-Kontinuum im mittel- und süddeutschen Raum (wie auch in A und STIR): in der Privatsphäre wird eher der Dialekt verwendet, in öffentlichen Sprachsituationen eher und schriftlich in der Regel Standard, wobei der Dialektgebrauch z. T. auch schichtspezifisch verteilt ist. Auch die Standardsprache ist durch den Akzent regional gekennzeichnet. Neuere Forschungen nehmen überregionale Sprechstandards an und versuchen diese empirisch zu erfassen (s. u.).

2.2 Die Sprachsituation in Österreich

Artikel 8 des Bundesverfassungsgesetzes legt fest, dass die deutsche Sprache die **Staatssprache** der Republik Österreich ist. Sie wird nach der Volkszählung VZ von 2001 von 88,6% der Wohnbevölkerung und 95,5% der StaatsbürgerInnen als Umgangssprache gesprochen (Statistik Austria 2002). Sowohl für eine unbefristete Niederlassung Angehöriger von so genannten Drittländern (über 5 Jahre) als auch für die österreichische Staatsbürgerschaft ist der Nachweis von Kenntnissen der deutschen Sprache auf dem Niveau B1 des GER erforderlich (Niederlassungs- und Aufenthaltsgesetz 2011). Der symbolische Wert der österreichischen Varietät der deutschen Sprache für die nationale Identität ist relativ hoch zu bewerten. Einerseits wurde bereits 1951 eine eigenes Österreichisches Wörterbuch mit den Besonderheiten des österreichischen Deutsch zur Dokumentation der sprachlichen Unabhängigkeit von Deutschland erstellt, andererseits anlässlich des EU-Beitritts von Österreich in einem Zusatzprotokoll (Protokoll Nr. 10) zum Beitrittsvertrag die Gleichwertigkeit von 23 Austriazismen mit den entsprechenden bundesdeutschen Ausdrücken verankert (z. B. *Erdäpfel – Kartoffeln, Marille – Aprikose*, siehe dazu de Cillia 1997; 2006)

Neben Deutsch werden auf österreichischem Staatsgebiet folgende anerkannten autochthonen **Minderheitensprachen** gesprochen: Slowenisch (nach der VZ 2001 ca. 25.000), Burgenlandkroatisch (ca. 19.550), Ungarisch (ca. 40.500), Tschechisch (ca. 18.000), Slowakisch (ca. 10.000), Romanès (Romani, ca. 6000), und auch die Österreichische Gebärdensprache ÖGS ist verfassungsmäßig als Minderheitsprache anerkannt (ca. 8000 BenutzerInnen). Von den allochtonen Minderheiten sind die Sprachen des ehemaligen Jugoslawien (Bosnisch, Kroatisch, Mazedonisch, Serbisch) die größte Gruppe (ca. 4,3% der Wohnbevölkerung) vor den Türkisch- und Kurdischsprachigen (ca. 2,3%, alle Zahlen nach Volkszählung 2001, de Cillia / Wodak 2006).

Die deutsche Standardsprache wird in der schriftlichen Kommunikation sowie bei formellen mündlichen Anlässen (wie Vorlesungen, Predigt, Rundfunknachrichten) verwendet, in der privaten Kommunikation dialektale Varietäten und Umgangssprache. Es existiert ein informeller Standard, der umso ausgeprägter ist, je informeller die Situation ist (VWB, XXXVI), und die sprachliche Situation ist wie im Süddeutschen durch ein Dialekt-Standard-Kontinuum gekennzeichnet – letzteres gilt im alemannischen Vorarlberg nur beschränkt. Regional kann man den Sprachgebrauch z. T. im Standard, v. a. aber in der Umgangssprache noch nach ostösterreichisch, westösterreichisch, südostösterreichisch und österreichische Mitte differenzieren (VWB, XXXVII).

2.3 Die Sprachsituation in der Schweiz

Von den 26 Kantonen der offiziell viersprachigen Schweiz sind 17 deutschsprachig, 3 zweisprachig (Deutsch, Französisch) und einer dreisprachig (Deutsch, Italienisch, Rätoromanisch). Die deutsche Sprache ist nach der Bundesverfassung der Schweizerischen Eidgenossenschaft von 1999 eine der vier „**Landessprachen**" (neben Französisch, Italienisch, Rätoromanisch, Artikel 4) und eine

von drei „**Amtssprachen**" (neben Französisch und Italienisch, Artikel 70), das
Rätoromanisch hat eine eingeschränkte Rolle als Amtssprache. Nach der letzten
Volkszählung von 2000 waren 63,7% der Wohnbevölkerung und 72,5% der
Staatsbürgerinnen deutschsprachig (Französisch: 21,0%; Italienisch: 4,3%;
Rätoromanisch: 0,6%; Anderssprachige: 1,6%; Lüdi/Werlen 2005, 8). Neben
den anerkannten Sprachen sprechen 9,8% der Bevölkerung **allochtone Minderheitensprachen** („Nichtlandessprachen", Lüdi/Werlen 2005, 7), wobei „Süd-
slawisch, Albanisch, Portugiesisch, Spanisch und Englisch" die sprecherstärks-
ten Gruppen sind (Haas 2006, 1781). Zu erwähnen ist schließlich noch die nicht
anerkannte, dialektal stark gegliederte Deutschschweizer Gebärdensprache
DSGS (ca. 6000 SprecherInnen). Für den Erwerb der Staatsbürgerschaft durch
Einbürgerung ist der Nachweis von Kenntnissen der Sprache des jeweiligen Lan-
desteils erforderlich – die konkrete Umsetzung regeln die Gemeinden.

Die Standardvarietät des Schweizerhochdeutsch fungiert „nur als sekundäres
Nationalsymbol" (Ammon 2006, 1767) – die zentrale identitätsbildende Rolle
übernimmt in der Schweiz der jeweilige Dialekt des **Schweizerdeutschen**
(Schwyzerdüütsch). Das deutschsprachige Gebiet der Schweiz ist von einer aus-
geprägten **Diglossie** zwischen Dialekt und Standardvarietät gekennzeichnet: es
gibt keinen fließenden Übergang von der einen Sprachform zur anderen. Der
Dialektgebrauch herrscht im Mündlichen in allen sozialen Schichten vor, die
Standardvarietät bleibt auf einige wenige eher förmliche Domänen beschränkt
(z. B. Predigt, Uni-Vorlesung, überregionale Rundfunknachrichten). Der Dialekt ist die Sprachform der Nähe, der Standard die Sprache der Distanz. Laut
Volkszählung 2000 sprachen 90,8% der Deutschschweizer in der Familie Dialekt, 91% aller Erwerbstätigen benutzten ihn im Beruf, davon rund 45% ausschließlich (Haas 2006, 1778), und es benutzten 6,8% Hochdeutsch, 37,5%
Schweizerdeutsch und 55,2% Schweizerdeutsch und Hochdeutsch als Schulsprache (Lüdi/Werlen 2005, 84). Dabei ist das Schweizerdeutsch stark regional differenziert – es existiert keine „Ausgleichsmundart", die als überregionaler Dialekt
fungieren könnte (Haas 2006, 1779), obwohl sich eine gewisse Annäherung der
Dialekte feststellen lasse.

2.4 Die deutsche Sprache in den Halbzentren

Liechtenstein ist ein deutschsprachiges Land, dessen Mehrheitsbevölkerung
Deutsch als Muttersprache hat. Deutsch ist solooffizielle Amtsprache und Nationalsprache, ohne dass es eine Verankerung in der Verfassung gäbe. Von den ca.
33.000 EinwohnerInnen sind 34% Ausländer, davon ein Teil wiederum deutschsprachig. Die Standardsprache ist vom Standarddeutsch der Schweiz beeinflusst,
was sich z. B. bei Besonderheiten im Wortschatz zeigt, und auch die Diglossie
zwischen Standard und Dialekt ist ähnlich der in der Schweiz.

In **Südtirol** ist Deutsch regionale staatliche Amtssprache der Autonomen Provinz Bozen-Südtirol. Bei der Volkszählung 2001 gehörten 69,38 % der deutschsprachigen Bevölkerung an, 26,3 % der italienischsprachigen und 4,3 % der ladinischsprachigen Bevölkerung. (Landesinstitut für Statistik 2002). Einflüsse des Italienischen zeigen sich v. a. in der amtlichen Terminologie und in Form von Entlehnungen (z. B. *Hydrauliker* für Installateur) und Lehnübersetzungen. Die Standardsprache ist die Form der schriftlichen Kommunikation und bei formellen mündlichen Anlässen, privat wird v. a. Dialekt gesprochen, wobei eher eine diglossale Situation festzustellen ist als ein Dialekt-Standard-Kontinuum.

In **Luxemburg** ist Deutsch nationale staatliche Amtssprache neben Französisch und Letzeburgisch – letzteres hat die Funktion einer Nationalsprache (Ammon 2006, 1765). Deutsch ist Einschulungssprache und neben Französisch Schulsprache. Die Standardsprache ist nahe dem Letzeburgischen, das durch Ausbau aus einem moselfränkischen Dialekt entstanden ist. Einflüsse in Form von Entlehnungen gibt es v. a. aus dem Französischen.

In **Ostbelgien** ist Deutsch regionale staatliche Amtssprache der „Deutschsprachigen Gemeinschaft", der Teil der Wallonie ist. Ca. 71.000 SprecherInnen des Deutschen machen 1,1 % der Bevölkerung Belgiens aus. Mündlich und schriftlich herrscht der Standard vor, teilweise auch in der Privatsphäre, es gibt ein Dialekt-Standard-Kontinuum und Einflüsse der französischen Sprache.

3 Die deutsche Standardsprache als plurizentrische / plurinationale Sprache

Eine „**plurizentrische**" (auch „**polyzentrische**") Sprache ist eine Sprache, die über mindestens zwei Standardvarietäten in verschiedenen Zentren verfügt, eine „**plurinationale**" Sprache ist eine plurizentrische Sprache, zu deren Zentren mindestens zwei Nationen zählen (zur Entstehung des Konzepts siehe Ammon 1995, 45 ff). Dabei wird von Vollzentren gesprochen, wenn die standardsprachlichen Besonderheiten in eigenen Nachschlagwerken festgehalten und autorisiert sind (z. B. D, A, CH) – beim Fehlen eines richtigen Zentrums der Standardisierung spricht man von „nationalen Halbzentren" (LIE, LUX, BELG, STIR, für eine ausführliche Darstellung siehe Ammon 1995, Clyne 2005). Eine „**nationale Variable**" ist eine Menge einander entsprechender einzelner Sprachformen, die in verschiedenen Nationen gelten, die konkreten Formen werden dann „**nationale Varianten**" genannt, die österreichischen „Austriazismen", die Schweizer „Helvetismen" und bundesdeutsche „Teutonismen" oder „Deutschlandismen".

Bei nationalen Varietäten herrschen häufig asymmetrische Verhältnisse zwischen D(dominanten)-Nationen, in unserem Fall der deutschen Varietät, und A(nderen)-Nationen (Dominant and Other varieties, Clyne 2005, 297). So betrachten die SprecherInnen der D-Nationen (z. B. D) ihre Varietät in der Regel als Standard, und beschreiben die Varietäten der anderen als Abweichungen, Nicht-Standard, exotisch, archaisch; oder Kultureliten der A-Nationen (z. B. österreichische SchriftstellerInnen) tendieren dazu, sich den Normen der D-Nationen zu unterwerfen. Es existiert häufig die Meinung, die Austriazismen und Helvetismen seien weniger korrektes Deutsch, und der Sprachkodex Deutschlands hat im Vergleich zu den Sprachkodices Österreichs und der Schweiz ein höheres Prestige. Muhr spricht in dem Zusammenhang von **sprachlichem Minderwertigkeitskomplex** und „sprachlicher Schizophrenie" bei SprecherInnen des österreichischen Deutsch (Muhr 2005, 18).

Die Unterschiede zwischen den Varietäten des Deutschen betreffen alle Ebenen der sprachlichen Analyse. Am wenigsten betroffen sind **Satzsyntax** und **Orthographie** (wo es am meisten Koordination zwischen den deutschsprachigen Ländern gibt; Ausnahme: das „ß" gibt es in der Schweiz nicht). Besonders auffällig sind die Unterschiede im **Lexikon** – dokumentiert im VWB –, wo man spezifische Varianten (diejenigen Formen, die in ihrer Verwendung auf eine Nation beschränkt sind, z. B. der *Bostitch* in der Schweiz für *Tacker* (D) und *Klammermaschine* (A)) und unspezifische, die nicht nur in einer Varietät vorkommen (z. B. *Blumenkohl* in CH und D für *Karfiol* in A), unterscheidet. Beispiele finden sich häufig im Bereich der Lebensmittelterminologie (A *Marille* – D, CH *Aprikose*, A *Faschiertes* D, CH *Hackfleisch*) und in der Sprache der Verwaltung: D *Anlieger* – D, CH *Anwohner* – A *Anrainer*; A, CH *Konsumentenschutz* – D *Verbraucherschutz*; A *Pensionsversicherung* – D *Rentenversicherung*; A, CH *Beilage* – D *Anlage*; A *Aufnahmestopp* – D, CH *Einstellungsstopp*. Die Unterschiede in den Halbzentren beschränken sich auf Wortschatz-Besonderheiten (Ammon, 2006, 1768), z. B. STIR *Hydrauliker* für *Installateur*; BELG, LUX *Postbüro* für *Postamt, Poststelle*; LUX *Schöffenrat* und BELG *Schöffenkollegium* für *Gemeindevertretung* oder LIE *Regierungssekretär/in* für *höchste/r Beamter/in der Landesverwaltung*.

In der **Aussprache** gibt es im Großteil des deutschen Sprachraums Abweichungen von der idealisierten deutschen „Hochlautung", so z. B. im österreichischen Deutsch Dialektangleichungsprozesse wie die Monophtongierung von ai und au. Unterschiede finden sich weiters in der **Morphologie**, z. B. des Substantivs beim Genusgebrauch (A *der* – CH, D *das Polster*), beim Pluralumlaut (A *Erlässe* – D, CH *Erlasse*), beim Fugen-s (A *Aufnahmsprüfung* – D, CH *Aufnahmeprüfung*), auch in der Flexion der Verben (z. B. CH *abspeisen/abgespiesen* – A, D *abspeisen/abgespeist*), beim **Tempusgebrauch** in der Vergangenheit (Perfekt als mündliche Erzählzeit im österreichischen Deutsch und im Süddeutschen generell). Schließlich werden **auch pragmatische Besonderheiten** festgestellt, etwa in Anrede und Titelgebrauch im österreichischen Deutsch (Kombination von vertrauter Anrede und Titel, „*Grüß Dich, Frau Hofrat*", de Cillia 2009) oder dass die Schweizer Kommunikationskultur stärker indirekt sei als die bundesdeutsche (Sieber 2001, 497).

Einige Autoren (z. B. Wolf 1994, Scheuringer 1996) halten eine Konzeptualisierung des Deutschen als „**pluriarealer**" Sprache für adäquater und verweisen v. a. auf standardsprachliche Unterschiede innerhalb Deutschlands zwischen Norden und Süden und innerhalb Österreichs zwischen Osten und Westen bzw. betonen die zahlreichen grenzüberschreitenden Gemeinsamkeiten, z. B. Übereinstimmungen zwischen Süddeutschland, Österreich und der Schweiz oder zwischen Vorarlberg, Liechtenstein und der Schweiz. Häufig ist jedoch ein und dieselbe Variante in dem einen Land Standard, in dem anderen Nonstandard. Pfrehms Spracheinstellungserhebung bei Muttersprachlern aus Bayern, Nord-/Mitteldeutschland und Österreich (Pfrehm 2007), in der er die Standardsprachlichkeit bestimmter nationaler Varianten einschätzen ließ, untermauert dies empirisch, indem er statistisch signifikante Unterschiede zwischen Österreich und Deutschland feststellt: „*heuer*", ein „Schibboleth für die österreichische Varietät", wird z. B. in Bayern genauso häufig verwendet, aber als Nonstandard beurteilt. Letztlich handelt es sich beim pluriarealen Konzept um eine andere Konzeptualisierung der sprachlichen Variation innerhalb der deutschen Sprache, deren Beschreibungs- und Erklärungsadäquatheit vor dem Hintergrund unterschiedlicher Annahmen über Sprache als soziales Phänomen zu beurteilen ist und die mit der plurizentrischen durchaus vereinbar ist. Ammon (2008, 162) weist ebenfalls darauf hin, dass derartige Gemeinsamkeiten „nicht ohne weiteres als standardsprachlich" gelten können und spricht von einem „**Gebrauchsstandard** in Süddeutschland", der nicht mit dem kodifizierten Standard übereinstimmt. Berend (2005) nimmt im Sinne einer von der Auslandsgermanistik oft eingeforderten realisteren Konzeptualisierung der deutschen Gegenwartssprache (z. B. Durrell 2003) vier sprechsprachliche regionale Gebrauchsstandards an - schriftferne, informelle Standards, die in etwa dem „colloquial english" entsprächen (Beispiele solcher sprechsprachlichen Varianten: „*eine – ne – a/e*" für ‹eine› oder „*nicht – nich – net*" für ‹nicht›). All das finde sich in keiner Grammatik des Deutschen und müsste im DaF-Unterricht berücksichtigt werden (ähnlich argumentiert Spiekermann 2005).

4 Plurizentrisches Deutsch und DaF/DaZ-Unterricht

Die Einbeziehung der nationalen Varietäten in den Unterricht betrifft alle Ebenen des DaF/DaZ-Unterrichts: Lehrinhalte, Didaktik und Methodik, Konzeption von Lehrwerken und Lehrmaterialien, Leistungsbeurteilung, Prüfen und Testen, die LehrerInnenaus- und weiterbildung etc. (de Cillia 2006; vgl. auch *Fremdsprache Deutsch* 37/2007). **Plurinationale Kooperation** zwischen den

DACH-Ländern auf dem Prüfungssektor findet etwa im Fall des Zertifikats Deutsch statt. Empirische Studien (Hägi 2006; Ransmayr 2006) zeigen jedoch, dass in der Praxis des DaF-Unterrichts die Plurizentrik noch wenig umgesetzt wird. Inwieweit die Varietäten im Unterricht berücksichtigt werden (sollen), hängt zunächst vom Ort des Lernens (nichtdeutschsprachiges Ausland oder ein Land der Zielsprache während eines Studienaufenthalts, welches Land?) und vom Lernniveau ab. Die Frage, welche Fertigkeiten, rezeptiv oder produktiv, erworben werden sollen, wird in der Regel wie folgt beantwortet: „Varietäten verstehen – einen mehr oder minder neutralen Standard sprechen und schreiben". Muhr (2000) empfiehlt, jene Variante des Deutschen zu erwerben, die einen möglichst großen Kommunikationsradius zur Verfügung stelle, das „Allgemeindeutsche", das die Schnittmenge der nationalen Varietäten des Deutschen ausmache, d. h. die Gemeinsamkeiten des ÖD, DD und CHD erfasse (Muhr 2000, 31). Das Prinzip „**überregional produzieren – regional rezipieren**" gilt auch für die Einbeziehung dialektaler Varietäten in den DaZ-Unterricht, z. B. dort, wo die dialektale Varietät auf Grund der diglossalen Situation wie in der Schweiz die dominante alltagssprachliche Varietät darstellt und wo rezeptive Kompetenz in dialektalen Varietäten zum sprachlichen Überleben gehört (vgl. Baßler/ Spiekermann 2001, Studer 2002).

Literatur

Ammon, Ulrich: Die deutsche Sprache in Deutschland, Österreich und der Schweiz. Das Problem der nationalen Varietäten. Berlin/New York: de Gruyter 1995

Ammon, Ulrich/Bickel, Hans/Ebner, Jakob/Esterhammer, Ruth/Gasser, Markus/Hofer, Lorenz/Kellermeier-Rehbein, Birte/Löffler, Heinrich/Mangott, Doris/ Moser, Hans/ Schläpfer, Robert/Schlossmacher, Michael/Schmidlin, Regula/Vallaster, Günter (2004): Variantenwörterbuch des Deutschen. Berlin/New York: de Gruyter 2004

Ammon, Ulrich/Dittmar, Norbert/Mattheier, Klaus J./Trudgill, Peter (Hrsg.): Sociolinguistics/Soziolinguistik. An International Handbook of the Science of Language and Society/Ein internationales Handbuch zur Wissenschaft von Sprache und Gesellschaft. 2. vollst. neu bearb. u. erw. Aufl., 3 Teilbände. Berlin/New York: de Gruyter 2005–2006

Ammon, Ulrich: Die deutschsprachigen Länder/The German-Speaking Countries. In: Ammon u. a. (Hrsg.), 3. Teilband, 2006, 1765–1772

Ammon, Ulrich: Deutsch (German). In: Ammon Ulrich/Harald Haarmann (Hrsg.): Wieser Enzyklopädie. Sprachen des europäischen Westens. Klagenfurt/Celovec: Wieser, Band I 2008, 155–172

Barbour, Stephen/Stevenson, Patrick: Variation im Deutschen. Soziolinguistische Perspektiven. Berlin/New York: de Gruyter 1998

Baßler, Harald/Spiekermann, Helmut: Dialekt und Standardsprache im DaF-Unterricht. Wie Schüler urteilen – wie Lehrer urteilen. In: Linguistik online 9 (2001) 2/01 [http://www.linguistik-online.de/9_01/BasslerSpiekermann.html]

Berend, Nina: Regionale Gebrauchsstandards – Gibt es sie und wie kann man sie beschreiben? In: Eichinger/Kallmeyer (Hrsg.) 2005, 143–170 de Cillia, Rudolf: „Alles bleibt, wie es ißt". Österreichs EU-Beitritt und die Frage des österreichischen Deutsch. In: Jahrbuch Deutsch als Fremdsprache 23 (1997), 239–258

de Cillia, Rudolf/Wodak, Ruth: Ist Österreich ein „deutsches" Land? Sprachenpolitik und Identität in der Zweiten Republik. Innsbruck-Wien-Bozen: Studien Verlag 2006

de Cillia, Rudolf: Varietätenreiches Deutsch. Deutsch als plurizentrische Sprache und DaF-Unterricht. In: Krumm, Hans-Jürgen/Portmann-Tselikas, Paul (Hrsg.): Begegnungssprache Deutsch – Motivation, Herausforderung, Perspektiven. Innsbruck-Wien-Bozen: Studien Verlag 2006, 51–65

de Cillia, Rudolf: Deutsch als plurizentrische Sprache und DaF/DaZ-Unterricht. In: Koskensalo, Annikki/Schild, Gerhard/Smeds, John (Hrsg): Culture in Language and Education. Kulturelle Herausforderungen. Berlin: Lit-Verlag 2009, 119–139

Clyne, Michael G.: Pluricentric Language/Plurizentrische Sprache. In: Ammon u. a. (Hrsg.), 1. Teilband 2005, 296–300

Durrell, Martin: Register, Variation und Fremdsprachenvermittlung. Zum Problem des Deutschunterrichts in Großbritannien. In: Stickel, Gerhard (Hrsg.): Deutsch von außen. Jahrbuch des IDS 2002. Berlin/New York: de Gruyter 2003, 239–258

Eichinger, Ludwig M./Kallmeyer, Werner (Hrsg.): Standardvariation. Wie viel Variation verträgt die deutsche Sprache? Jahrbuch des IDS 2004. Berlin/New York: de Gruyter 2005

Eurobarometer (2006) spezial 243, Welle 64,3. Brüssel: Europäische Kommission

Fremdsprache Deutsch 37: Plurizentrik im Deutschunterricht 2007

Haas, Walter: Die Schweiz/Switzerland. In: Ammon u. a. (Hrsg.), 3. Teilband 2006, 1772–1787

Hägi, Sara: Nationale Varietäten im Unterricht Deutsch als Fremdsprache. Frankfurt am Main: Lang 2006

Helbig, Gerhard/Götze, Lutz/Henrici, Gert/Krumm, Hans-Jürgen (Hrsg.): Deutsch als Fremdsprache. Ein internationales Handbuch. Berlin/New York: de Gruyter 2001

Landesinstitut für Statistik/Istituto Provinciale di Statistica: Info Nr. 17, August/Agosto 2002

Lewis, M. Paul (Hrsg.): Ethnologue: Languages of the World, Sixteenth edition. Dallas, Tex.: SIL International 2009. Online version: [http://www.ethnologue.com/]

Limbach, Jutta: Hat Deutsch eine Zukunft. Unsere Sprache in der globalisierten Welt. München: Beck 2008

Lüdi, Georges/Werlen, Iwar: Eidgenössische Volkszählung 2000. Sprachenlandschaft in der Schweiz. Neuchâtel: Bundesamt für Statistik 2005

Muhr, Rudolf: Österreichisches Sprachdiplom Deutsch. Lernzielkataloge. Wien: öbv&hpt 2000

Muhr, Rudolf: Language Attitudes and language conceptions in non-dominating varieties of pluricentric languages. In: Muhr, Rudolf (Hrsg.): Standardvariationen und Sprachideologien in verschiedenen Sprachkulturen der Welt. Standard Variations and Language Ideologies in Different Language Cultures around the World. Frankfurt am Main: Lang 2005, 11–20

Pfrehm, James W.: An empirical study of the pluricentricity of German: comparing German and Austrian nationals´ perception of the use, pleasentness, and standardness of Austrian standard and German standard lexical items. Phil. Diss. University of Wisconsin-Madison 2007

Ransmayr, Jutta: Der Status des Österreichischen Deutsch an nicht-deutschsprachigen Universitäten. Eine empirische Untersuchung. Frankfurt am Main u. a.: Lang 2006

Scheuringer, Hermann: Das Deutsche als pluriareale Sprache: Ein Beitrag gegen staatlich begrenzte Horizonte in der Diskussion um die deutsche Sprache in Österreich. In: Die Unterrichtspraxis/Teaching German 2 (1996) Heft 29, 147–153

Sieber, Peter: Das Deutsche in der Schweiz. In: Helbig u. a. (Hrsg.) 2001, 491–506

Spiekermann, Helmut: Regionale Standardisierung, nationale Destandardisierung. In: Eichinger/Kallmeyer (Hrsg.) 2005, 100–125

Statistik Austria: Volkszählung 2001. Hauptergebnisse I – Österreich, Wien, 2002

Statistisches Bundesamt: Zahlen und Fakten. [https://www.destatis.de/DE/ZahlenFakten/ GesellschaftStaat/Bevoelkerung/Bevoelkerung.html] (23.4.2011)

Studer, Thomas: Dialekte im DaF-Unterricht? Ja, aber … Konturen eines Konzepts für den Aufbau einer rezeptiven Varietätenkompetenz. In: Linguistik online 10 (2002) 1/02. [http://www.linguistik-online.de/10_02/studer.html]

Wiesinger, Peter: Das Deutsche in Österreich. In: Helbig u. a. (Hrsg.) 2001, 481–491

Wolf, Norbert Richard: Österreichisches zum österreichischen Deutsch. In: Zeitschrift für Dialektologie und Linguistik 61 (1994), 66–76

INGELORE OOMEN-WELKE

A 4 Deutsch in der Welt – außerhalb des deutschsprachigen Gebiets

1 Was ist deutsch?

Das Deutsche ist eine varietätenreiche, plurizentrische Sprache, die in mehreren Ländern Standardsprache ist (vgl. de Cillia, A 03). Von außen betrachtet ist die Lage des Deutschen unübersichtlich: Das größte Land des deutschen Sprachgebiets trägt den Namen Deutschland, und dieses Land scheint auch die deutsche Sprache für sich zu reklamieren. Daneben bestehen noch vier andere Länder mit Deutsch als offizieller Sprache; in allen fünf Ländern (Deutschland, Österreich, Schweiz, Liechtenstein, Luxemburg) existieren verschiedene Varietäten des Deutschen. Diese Namengebung macht es schwer, über das Deutsche zu sprechen, ohne sich gleichzeitig Missverständnissen auszusetzen. Vgl. dazu den Australier Michael Clyne (1995, 23):

> „The first (aspect) is a semantic confusion between *deutsch*/'German' pertaining to Germany, and *deutsch*/'German' pertaining to the pluricentric language. This is due to the fact that the states which unified under Prussia in 1871 chose the name *Deutschland* although there were some German-language areas outside the new nation-state. In the Austro-Hungarian Empire, the word 'German' or 'German-Austrian' was used to distinguish German speakers from the other ethnolinguistic groups".

2 Die Verbreitung des Deutschen als Muttersprache in Europa und der Welt

Die Wahrnehmung einer Sprache von außen hängt u. a. von der Zahl ihrer Sprecher ab, man spricht von der *numerischen Stärke* einer Sprache. Daher wird die Verbreitung des Deutschen zunächst quantitativ dargestellt.

Über das Deutsche als Muttersprache außerhalb des deutschen Sprachgebiets liegen keine genauen Zahlenangaben vor, weil sich Sprecher nicht einfach zählen lassen. Fast alle Sprecher außerhalb des deutschen Sprachraums sprechen noch eine andere Sprache, die Sprache des Landes, in dem sie leben. Sie leben in einer zweisprachigen Lebenswelt mit unterschiedlichen Sprachdomänen bei evtl. wechselnder dominanter Sprache: mal Deutsch, mal Spanisch etc. Wo Volkszählungen stattfinden und wo nach den Sprachen gefragt wird, bekennen sich Sprecher zu einer Sprache – oder eben aus verschiedenen Gründen auch nicht (Akzeptanz oder Nichtakzeptanz der Sprache in der Umgebung, Identifikation

mit oder Distanz zu einem Land dieser Sprache, vermutete Haltung des Inter-
viewers usw.). Die Selbsteinschätzung der eigenen Sprachpraxis und des Sprach-
vermögens sind nicht stabil, sondern differieren zu verschiedenen Zeitpunkten
erheblich, so dass die Statistiken selten valide sind. Außerdem hinken Statistiken
wegen Wanderungsbewegungen dem aktuellen Stand hinterher. Für viele Regionen liegen keine numerischen Angaben vor, so dass geschätzt wird. Dabei kann
es deutliche Unterschiede geben.

Im Folgenden werden einige Größenvorstellungen von Sprecherzahlen
(Deutsch als Muttersprache oder Zweitsprache) in deutschsprachigen Ländern
und in anderen Ländern Europas (abnehmend in Osteuropa) und der Welt gege-
ben: Es ist bekannt, dass im zusammenhängenden deutschensprachigen Gebiet [1]
ca. 90 Mio Sprecher Deutsch als Mutter- bzw. Erstsprache erwerben (vgl. de
Cilla, A 2). Außerhalb des deutschen Sprachgebiets finden wir in Ungarn 0,023
Mio, in Polen (grob geschätzt) 1,1 Mio, in Russland 0,8 Mio, in der Ukraine 0,04
Mio, in Rumänien 0,2 Mio, in den USA und Kanada 2,5 Mio, in Brasilien 0,5–
1,5 Mio, in Argentinien und Paraguay 0,5 Mio Sprecher des Deutschen als einer
Muttersprache sowie kleinere Gruppen von Lateinamerika über Südafrika bis
Australien. [2] In 25 Ländern der Welt leben also etwa 6,0–8,5 Mio Deutschspra-
chige außerhalb des deutschen Sprachgebiets, was im Vergleich mit Sprachen wie
Englisch oder Spanisch sehr wenig ist. Insgesamt schätzt Ammon (1991, 37) in
6,27–8,409 Mio weltweit, zusammen mit den Muttersprachlern im deutschen
Sprachraum ergibt das also ca. 97–99 Mio. Andere Schätzungen kommen teils zu
niedrigeren oder höheren Ergebnissen, bis zu 140 Mio; vgl. ausführlich Wiki-
pedia. Das deutsche Auswärtige Amt (das bundesdeutsche Außenministerium)
gibt auf seiner Homepage 2007 die Zahl der Muttersprachensprecher in Europa
mit 101 Mio, die Zahl der Erst- und Zweitsprachensprecher weltweit mit 125 Mio
an. Damit hat das Deutsche in Europa nach Russisch den größten Kommunikationsradius.

Entsprechend der numerischen Stärke, also der Zahl seiner Sprecher, nimmt
Deutsch damit unter den großen Muttersprachen weltweit Platz etwa 10 ein
(Crystal 1997, 289), nach Chinesisch, Englisch, Spanisch, Hindi/Urdu, Arabisch, Portugiesisch, Bengali, Russisch, Japanisch. Bei den Amtssprachen ergibt
sich eine ähnliche Platzierung, nur dass Französisch vorrückt, das für 220 Mio
Menschen Amtssprache ist (gegenüber 70 Mio frankophonen Muttersprachlern). Deutsch darf also mit ca. 100 Mio für Muttersprache und Amtssprache zu
den großen Sprachen der Welt gerechnet werden, auch wenn es beträchtlich hin-

---

[1] Früher sprach man vom „geschlossenen" deutschen Sprachraum. Ammon (1991, 36f.) nennt das
Gebiet „Amtssprachgebiet", er rechnet das Elsass nicht dazu. Der Terminus „zusammenhängend"
hier soll ausdrücken, dass Varietäten des Deutschen hier ohne Unterbrechung durch eine andere
Sprache gesprochen werden, wenngleich es innerhalb dieses Sprachgebiets Regionen mit Diglossie
gibt.
[2] Die Angaben sind kompiliert aus Ammon 1991, Clyne 1995, Bade 1992.

ter Englisch (350 Mio Muttersprache, 1.400–2.000 Mio Amtssprache) und Chinesisch (1.000 Mio Muttersprache und Amtssprache) zurückbleibt.

3 Der Rang des Deutschen in der Welt: die ökonomische Stärke

Die Sprecherzahl, also die numerische Stärke allein sagt nicht alles über die Bedeutung einer Sprache aus. Stark (1993, 189) kennt drei traditionelle Indikatoren für die internationale Stellung einer Sprache: politische Beziehungen, Wirtschaft, Wissenschaft und Bildung; heute komme noch die Unterhaltungskultur hinzu. Clyne (1995, 8 ff.) nennt den Kommunikationsradius, das funktionale Sprachpotenzial, die Investitionen in die Sprache, die Nachfrage nach der Sprache sowie die Effizienz, die die Sprache der Sprachgemeinschaft einbringen kann.[3] Insbesondere das Kriterium „Kommunikationsradius" zeigt im Vergleich die Bedeutung des Englischen, dem ein innerer, ein äußerer und ein expandierender (vehikulärsprachlicher) Kreis zuerkannt wird (Clyne 2000, 284). Mehrere dieser Aspekte gehen in die folgende Darstellung ein.

Ammon (1991, 47 f.)[4] ermittelt die internationale Stellung des Deutschen, indem er die numerische Stärke mit der ökonomischen Stärke (Wirtschaftskraft) multipliziert und die Angaben für die Länder mit Deutsch als Amtssprache oder mit deutschsprachigen Regionalgruppen addiert. Auf gleiche Weise kommt er zur internationalen Stellung anderer Sprachen (für die Zeit vor 1990). Sein Ergebnis damals: Deutsch hält mit 1.090 Mrd. $ den dritten Rang in der Welt nach Englisch (Rang 1 mit 4.271 Mrd $) und Japanisch (Rang 2 mit 1.277 Mrd. $), aber vor Russisch (Rang 4 mit 801 Mrd. $), Spanisch (Rang 5 mit 738 Mrd. $), Französisch (Rang 6 mit 669 Mrd. $), Chinesisch (Rang 7 mit 448 Mrd. $). Der Vergleich beider Faktoren zeigt, dass nach Ammon die ökonomische und numerische Stärke des Deutschen, Französischen, Italienischen, Russischen, Japanischen ziemlich ausgeglichen sind, während das Englische ökonomisch stärker ist als numerisch. Dies sei typisch für hoch entwickelte Länder. Das Chinesische dagegen erwies sich (vor ca. 20 Jahren!) als ökonomisch äußerst schwach im Vergleich mit seiner eigenen numerischen Stärke, aber auch im Vergleich mit der ökonomischen Stärke der übrigen genannten Länder.

Die Situation hat sich verändert, insbesondere da die europäischen Wirtschaften und Japan inzwischen Schwächen durchlebt haben, wogegen die Chinesische und andere asiatische Wirtschaften expandieren, aber auch das Russische wiedererstarkt. Der Wirtschaftskraft ihrer Sprecher nach dürfte die deutsche Sprache den berechneten dritten Rang daher vielleicht nicht langfristig behaupten.

---

[3] „(i) communication radius, (ii) functional potential of the language, (iii) investment in the language, (iv) demand for the language as an economic commodity, (v) what the language can on balance achieve for the language community".

[4] Leider ist die Aktualisierung des Werks bei Drucklegung noch nicht erschienen.

4 Die Stellung des Deutschen in der Welt: die kulturelle Kraft

Kulturelle Verflechtungen des Deutschen mit **Europa** durch vielfältige Kontakte seit der frühen Neuzeit beschreibt Thamer (1992). Das positive Bild, das Germaine de Staël vor 200 Jahren in ihrem Buch De l'Allemagne (1810) von deutscher Literatur und Bildung entwickelte, wurde in Frankreich und in den frankophonen Kolonien ungeachtet der Kriege mit geringen Abstrichen beibehalten (Diop 2000), natürlich mit Bezug auf die klassische deutsche Kultur.

Das Prestige der deutschen Sprache und Kultur in den **USA** galt im 19. Jahrhundert als hoch, gespeist durch Kraft und wissenschaftlich-technische Leistungen sowie durch fast 6 Mio Einwanderer aus dem deutschsprachigen Raum. Es gab aber auch Probleme, die teils zu Rückwanderung führten (vgl. Bretting u. a. 1992) oder im 20. Jahrhundert durch die Weltkriege und den deutschen Nationalsozialismus wuchsen. In **Kanada** wurde die „Peuplierung" durch Deutsche begrüßt, bis der erste Weltkrieg Aversionen gegen Deutschland und das Deutsche herbeiführte, die durch den Nationalsozialismus verschärft wurden (Sautter 1992).

Die Auswanderung Deutscher nach **Lateinamerika**, vor allem nach Brasilien und Argentinien, blieb erheblich geringer. Sie umfasste nach Bernecker/Fischer (1992) seit dem 19. Jahrhundert fünf Phasen mit Spitzen gegen Ende des 19. Jahrhunderts und dann wieder während der Krisenjahre nach dem Ersten Weltkrieg sowie während der Zeit des Nationalsozialismus. Erwänt sei, dass eine unbestimmte Zahl von NS-Tätern vor allem in Argentinien Unterschlupf fand. Großen Einfluss übte im 19. Jahrhundert die deutsche „Elitenwanderung" aus, die auf Zeit deutsche Kaufleute, Bankiers, Unternehmer, Ingenieure, Geisteswissenschaftler und Offiziere in städtische Marktzentren brachte, damit Handel und Gewerbe der Aufnahmeländer ankurbelte und das Prestige des Deutschen bei der einheimischen Oberschicht erhöhte (Bernecker/Fischer 1992). Elitenwanderung gibt es gegenwärtig aus allen deutschsprachigen Ländern in verschiedene Länder der Welt.

In **Osteuropa** bildeten Deutsche in vielen Ländern Minderheitengruppen, die in Städten und Dörfern altdeutsche Kulturtraditionen beibehielten und eigene Bildungssysteme aufbauten, dies bis ins 20. Jahrhundert, d. h. solange es in den sozialistischen Ländern möglich war. Lange Zeit wurde der Kraft und den wirtschaftlichen Leistungen der deutschen Minderheiten Respekt gezollt (Kap. 1 „Oststrme" in Bade 1992, 29 ff.). Die Hoffnung, Deutsch anstelle von Russisch könne nach dem Fall des Eisernen Vorhangs 1989/1990 in den MOEL[5] wieder zur Lingua franca werden (Földes 1995, 306), hat sich allerdings nicht in dem erwarteten Maße erfüllt, vgl. auch Nelde (2000, 134), und sie wird sich mit der nachwachsenden Generation auch nicht erfüllen (Földes 2000, 143).

---

[5] Mittel- und osteuropäische Länder

Auch in weitere Länder gab es Wanderungsbewegungen, z. B. aus dem Deutschen Reich seit dem 19. Jahrhunderts in die **Türkei**, das mit dieser wirtschaftlich und militärisch eng zusammenarbeitete. Die Elitenwanderung verstärkte sich nach 1933. Deutsche Akademiker konnten dort bei der Reform der türkischen Universitäten ab 1933 mitwirken, u. a. Ernst Reuter (Universal Lexikon 2000).

In den ehemaligen deutschen Kolonien **Afrikas** scheint das Ansehen Deutschlands und des Deutschen wenig gebrochen und die deutsche Sprache bewundert zu sein. Obwohl Deutsche in Afrika gering an Zahl und bei Bade (1992) nicht der Rede wert sind, werden deutsche Sprache und Kultur sowie deutsche Waren und Politik zum Beispiel in Togo und Kamerun, aber auch in anderen westafrikanischen Ländern wie Senegal mit hohem Prestige versehen (Diop 2000; Mbia 2004; Gueye 2004; Kangni 2007, Bassock 2011).

Zusammenfassend ist festzuhalten, dass die kulturelle Kraft des Deutschen von den Sprechern der deutschen Sprache und ihren Leistungen ausgeht. Während der Einfluss, den „kleine Leute" als Einwanderer auf die Aufnahmeländer ausüben, als geringer eingeschätzt wird oder sogar in Fremdenfeindlichkeit umschlagen kann, steigert die kulturelle Kraft der Eliten das Ansehen des Deutschen. Im Folgenden seien einzelne Bereiche genannt.

Die kulturelle Kraft der Unterhaltungs- und Informationskultur: Der Musik- bzw. Medienmarkt des deutschen Sprachgebiets hat international einen schwachen Wert. Andererseits verkaufen deutschsprachige Sender ihre Krimiserien ins Ausland („Le Tatort"). Die Feuilletons der größten deutschsprachigen Tageszeitungen bewirken im Ausland eine deutsche Kulturpräsenz (Steinfeld 2000, 234 f.). Die weltweiten Hörfunkdienste bedienen im Ausland lebende Deutsche, Österreicher, Schweizer und Interessenten der deutschen, österreichischen, Schweizer Sprache und Kultur. Sendungen über das entsprechende Land erfolgen auch in nichtdeutschen Sprachen. Inzwischen unterhalten die Sender auch Internetdienste. – Die kulturelle Kraft des deutschen Sports hat zugenommen.

Die kulturelle Kraft der Literatur in deutscher Sprache: Sie kann nach der Zahl der im Ausland verkauften deutschsprachigen Werke und nach der Zahl der Übersetzungen aus dem Deutschen beurteilt werden. Das bundesdeutsche Auswärtigen Amt gibt an (2006):

„Wirtschaftlich rangiert die deutsche Buchbranche unter den fünf größten Buchnationen; der deutsche Buchhandel erreicht einen Jahresumsatz mehr als 9 Milliarden Euro (2005). Die Frankfurter Buchmesse ist die weltweit größte Veranstaltung der Literatur- und Buchbranche. Das Auswärtige Amt stellt aus seinen Mitteln mehr als 7 Millionen Euro für die Förderung von Literatur, Übersetzungen und Druckpublikationen zur Verfügung. Ein großer Teil hiervon wird für die Versorgung von Bibliotheken und Lesesälen des Goethe Instituts, für Buchspenden und für literarische Begegnungsprogramme aufgewandt. (…) Der Förderung literarischer Übersetzungen wird daher große Bedeutung beigemessen; diese wurden im Jahr 2005 mit etwa 600.000 Euro unterstützt."

Die kulturelle Kraft von Wissenschaft und Bildung: Im 19. Jahrhundert galt Deutsch als Bildungs- und Wissenschaftssprache, in Osteuropa sogar als eine Lingua franca. Nach Stark (1993, 189) war das der Fall, weil

> „der deutschsprachige Raum einen überdurchschnittlich großen Beitrag zur Weltkultur und -zivilisation geleistet hat. Hier wurde das erste Buch gedruckt, hier nahm die Reformation ihren Ausgang, hier wurde eine Fülle von Erfindungen gemacht, die der ganzen Menschheit dienen. Der Entwicklungsstand in den Naturwissenschaften und in der Technik war über Jahrhunderte hinweg auf hohem Niveau, hier wurde das erste Automobil gebaut."

Deutsch war

> „um die Wende vom 19. zum 20. Jahrhundert nahe daran, ebenfalls zur Weltsprache zu werden. Während die anderen großen europäischen Sprachen durch Kolonialismus nach Übersee verpflanzt wurden, entfaltete Deutschland eine „sprachliche Strahlung vom Kontinent aus"
>
> (beide Zitate: Stark 1993, 190).

In den Wissenschaften erlangte Deutsch für mehrere Jahrzehnte den Status einer internationalen Sprache, von etwa 1871 bis zum Beginn des Zweiten Weltkriegs, mit einem Drittel aller wissenschaftlichen Nobelpreise, medizinischen Neuerungen, führenden Publikationen in Chemie, Jura, Soziologie, Philosophie und Psychologie. Diese Stellung verlor das Deutsche mit dem Nationalsozialismus wegen der Abwanderung von Eliten und wegen der Hinwendung der Welt zum Englischen, aber auch wegen des Rückgangs der deutschen Wissenschaft selbst (Stark 1993, 193 ff.). Mittlerweile haben die USA und andere englischsprachige Länder ihre Sprache vor allem den Natur- und Technikwissenschaften aufgeprägt, so dass hier am ehesten gelesen wird, was auf Englisch erscheint (vgl. auch Ammon 2001, 1372 f., Stickel 2000 a). Auch das derzeit beobachtbare Aufholrennen der deutschen Wissenschaft bedient sich vielfach der englischen Sprache, um international kompatibel zu sein, bis hin zu englischsprachigen Studiengängen. Weltweit wird Deutsch als Wissenschaftssprache in den 90er Jahren Rang 3 zugeordnet, in Konkurrenz mit Französisch und Russisch (Stark 1993, 195; Ammon 1991, 217 ff.; vgl. Ehlich 2006 b).

Die Attraktivität der Hochschulsysteme: Die Hochschulen der deutschsprachigen Länder ziehen eine Anzahl ausländischer Studierender und Gastdozenten an, auch durch ihre Stipendienprogramme. Für Deutschland wurden verschiedentlich Zahlen erhoben, u. a. von HIS (Hochschulinformationssystem Hannover. Hier: Publikation HIS Griesbach/Fuchs 2004). Die ausländischen Studierenden ohne in Deutschland erworbene Schulbildung, „Bildungsausländer" genannt, machten danach im WS 2002/03 mit 163.213 Köpfen 8,4% aller Studierenden aus, die „Bildungsinländer" mit 63.813 Köpfen 3,3%.[6] Von allen studierenden Bildungsausländern kamen 53% aus Europa, 29,1% aus Asien und 11,8% aus Afrika. Die Staaten, die die meisten Studierenden entsandten, sind

---

[6] Gesamtzahl der Studierenden in Deutschland: 1.938.811 Köpfe entsprechen 100%.

China (11,9% der Bildungsausländer), Polen (6,3%) und Bulgarien (5,8%). Deren häufigste Fächer waren Wirtschaftswissenschaften (gewählt von 14,5%) und Germanistik (gewählt von 12,6%). Damit nahm Deutschland hinter den USA und Großbritannien den dritten Rang ein.

> „Als Exportweltmeister führt China jährlich nicht nur Waren (…) aus, sondern auch 280 000 schlaue Köpfe. Drei Prozent davon landen in Deutschland und bilden die größte Gruppe ausländischer Studenten in Deutschland. Unter ihnen widmet sich ein großer Teil den Ingenieur- und Rechtswissenschaften (…). Im Jahr 2011 studierten 24 000 Chinesen an 370 deutschen Hochschulen.
> Mit einem Image aus Hightech, Spitzenqualität und Gewissenhaftigkeit genießt Deutschland einen guten Ruf in China (…). Der deutsche akademische Titel wird in China anerkannt als Beweis für Leistungsfähigkeit. (…) Klarer Vorteil: die überschaubaren Kosten, (…) und Stipendien des DAAD. (…) Die Studenten schlagen Brücken zwischen den beiden Ländern und schaffen es auch, Fremdes in die eigene Gesellschaft hineinzutragen und somit für mehr Toleranz zu sorgen.“
> (Jia Li, 25 J., Badische Zeitung vom 23. 6. 2012, S. 4)

Die **Schulsysteme** deutschsprachiger Länder gelten international nicht als besonders prestigeträchtig oder attraktiv. Allerdings schienen sie bislang in der Außensicht leistungsfähig, u. a. auch wegen der frühen Selektion. Diesem unkritischen Bild hat der UNO-Sonderberichterstatter für Bildung, Muñoz, nach seinem Deutschlandbesuch 2006 widersprochen, indem er das Bildungssystem in Deutschland als wenig chancengleich und zu früh selegierend charakterisierte (Spiegel-Online Schulspiegel 2006). Auffallend ist seit langem, dass ein großer Teil der Schülerschaft mit Deutsch als Zweitsprache zu wenig gefördert wird und geringer am Schulerfolg teilhat als der Durchschnitt. Allerdings hat das mittlere (Schweiz und Österreich) bis schlechte (Deutschland) Abschneiden der deutschsprachigen (incl. zweitsprachlichen) Schülerschaft bei PISA 2000 ohne Zweifel international dem Prestige des Deutschen weniger geschadet, als in den deutschsprachigen Ländern angenommen wird. Deutsch gilt nach wie vor als Bildungssprache und dient der Selektion (Földes 1995, 309; 2000, 151), auch wenn es vor allem in Westeuropa seltener als Fremdsprache gewählt wird.

Zum deutschen **Auslandsschulwesen** und zu den **Mittler-Organisationen** (vgl. Huneke, A 04). Als Organisationen der Multiplikation deutscher Sprache und Kultur anzusehen sind außerdem die weltweiten **Verbände** „Internationale Vereinigung für Germanisten“ (IVG) und „Internationaler Deutschlehrerverband“ (IDV). In den **Schulen** vieler Länder, aber längst nicht aller europäischen Länder, wird Deutsch meist als zweite oder dritte Fremdsprache angeboten, während die erste Fremdsprache weltweit in der Regel Englisch ist. Hoffmann (2000, 227) berichtet auch (ohne Jahr) Angaben von Eurostat, denen zufolge 88% aller Schüler in der EU Englisch lernten, 32% Französisch und 18% Deutsch. Strukturelle Maßnahmen wie der Wegfall der dritten Fremdsprache reduzieren hier und in anderen Ländern die DaF-Lernerzahlen erheblich. Insgesamt darf man für DaF festhalten: „(…) dass es sich offenbar nicht um ein Angebotsproblem handelt, sondern um ein Nachfrageproblem“ (Hoffmann 2000, 226).

Insgesamt zeigt sich seit den 2010er Jahren statistisch eine deutliche Zunahme der Zuwanderung insbesondere auch aus dem europäischen Raum; so kamen allein 2011 ca. 950 000 Zuwanderer, davon etwa 75 % aus europäischen Staaten, v. a. aus Polen und Rumänien (BAMF 2011, 17); aber auch aus Griechenland, Spanien und Italien fand eine verstärkte Zuwanderung statt (BAMF 2011, 21) . Diese Tendenz zur Zuwanderung bleibt auch erhalten, wenn man die Fortzüge berücksichtigt (BAMF 2011, 50). Angestiegen ist insbesondere auch der Anteil qualifizierter Facharbeiter und Fachkräfte mit Hochschulabschluss; auch bei dem Anteil ausländischer Studierender ist eine Zunahme zu beobachten.

5 Verfall des Deutschen?

Im Ausland werden Entwicklungstendenzen der deutschen Sprache (und Gesellschaft) und Sprachwandel oft entweder nicht wahrgenommen, oder sie werden als Niedergang der prestigeträchtigen Literatur- und Wissenschaftssprache des 19. Jahrhunderts angesehen. Innerdeutsche Tendenzen wie der Rückgang von Lexemen wie „Fräulein" oder gendergerechte Sprachformen werden oft nicht erfasst oder nicht verstanden, oder sie verwundern. Die Vielzahl der Entlehnungen aus dem Englischen sowie die Tendenz, hypotaktischen Satzbau zu meiden und, nicht nur in der gesprochenen Sprache, stilistisch niedrigere Sprachvarianten zu wählen, überhaupt die größere Akzeptanz soziolektaler und dialektaler Varianten im Binnendeutsch stößt im Ausland auf Skepsis oder wird als Verfall des „eigentlichen" Deutsch beurteilt. Ein Argument in der Kritik am Deutschen ist der entlehnte, internationale Wortschatz, der ent- und be-fremde.

Als gegenläufiger Trend wird in der Literatur zur deutschen Sprache die mangelnde Sprachloyalität der Sprecher des Deutschen hervorgehoben.[7] Die Österreicher seien wenig eigensprachbewusst und sprächen mit anderen am liebsten Englisch. Die Schweizer, wenn sie nicht Schwyzerdütsch sprächen, vermieden das Deutsche vor allem im Umgang mit Deutschen. Die intellektuellen Deutschen ihrerseits zeichnen sich nicht eben durch große Sprachloyalität aus, sie mäßen ihrer Sprache keinen großen Stellenwert bei und hielten sie für unlernbar; sie selbst lernten ganz gern andere Sprachen, je nach Mode und im Gegensatz zu Briten oder Franzosen.

6 Sprachenpolitik in Europa

Obwohl die deutschsprachigen Länder einiges zur Verbreitung der deutschen Sprache und Kultur in der Welt tun, hat Deutsch in Europa nicht die Geltung, die ihm nach seiner Stellung in der Welt zukäme. Sichtbar wird das an der Rolle der Sprachen in den europäischen Organisationen.[8]

---

[7] Kugler / Redder 2000, 128 f.; Duhamel 2000, 162; Stickel 2000b, 196; Triller 2000, 279; Földes 1995, 310 und 313–315; Stark 1993.

[8] Zu diesem Komplex und weiteren Fragen der europäischen Sprachenlage Siguan (2001).

Der **Europarat**, gegründet 1949, unterhält in Graz das 1994/95 gegründete „Europäische Fremdsprachenzentrum" EFSZ, besser bekannt als ECML oder CELV („European Center for Modern Languages" bzw. „Centre européen pour les langues vivantes"), „whose mission is to encourage **excellence** and **innovation** in language teaching and to help Europeans learn languages more efficiently" (Homepage ECML). Es ist allerdings verwunderlich, dass beim erklärten Ziel sprachlicher Vielfalt in Europa im ECML selbst als Arbeits- und Publikationssprachen überwiegend Englisch[9] und oft Französisch benutzt werden, neuerdings mit kleinsten Anteilen auch Deutsch (vgl. die Publikationsliste des ECML auf seiner Homepage). Regionale Sprachen werden als Studienobjekte, aber nicht als Arbeits- und Publikationssprachen zugelassen.

In der **Europäischen Union**, die ebenfalls die Sprachenvielfalt und das Recht der kleineren Sprachen in Verlautbarungen betont und über die SOKRATES-Programme fördert, besteht offensichtlich ein tiefer Zwiespalt zwischen deklarierten Zielen und Praxis. Die Praxis, Deutsch als Arbeitssprache intern in der Verwaltung und bei politischen Konferenzen zu benutzen, hat sich kaum etabliert, bedingt durch das Übergewicht des Französischen zu Anfang der EWG und sodann durch die numerische Dominanz anglophonen und frankophonen Personals (Hoffmann 2000, 227). Földes (1995, 312) konstatierte einen verdeckten Sprachenkrieg in der EU, der den tatsächlichen Sprachverhältnissen widerspreche. Ein Element im Sprachenkrieg ist nach Stark (1993, 189 f.) die „hartnäckige französische Sprachenpolitik, die einen Schwerpunkt der Außenpolitik und aller entwicklungspolitischen Aktivitäten Frankreichs bildet". Ihr sei es gelungen, den eher künstlichen als natürlichen Status des Französischen als zweite Sprache in vielen internationalen Organisationen aufrecht zu erhalten (Hoffmann 2000, 229). Aspektenreiche Darstellungen von Deutsch in der EU finden sich u. a. in Ehlich (2006a) und „Euro-Deutsch" der Mitteilungen des Deutschen Germanistenverbandes (2000). Grundsätzliche sprachendidaktische Überlegungen tragen Oomen-Welke / Krumm (2004) vor. Der aktuelle Stand ist gelegentlichen Pressepublikationen zu entnehmen, Schulke (2007, 4), die vermehrt Deutsch unter der deutschen Ratspräsidentschaft 2007 feststellt. Insgesamt wird deutlich, dass es auch die Präsenz von Personen ist (deutsch(sprachig)e Ratspräsidentschaft, deutsch(sprachig)e Präsidenz und Fraktionsführung im EU-Parlement usw.), die dem Deutschen hier Gehör und Gewicht verschafft. Bestehen bleibt allerdings die oft (u. a. von Ehlich (2006a, 72) aufgeworfene strukturelle Frage: Wer sollte in der EU für das Deutsche mit **einer** Stimme sprechen (so wie für das zentralistische Frankreich), da die deutschsprachigen Länder mehrere und zudem föderal organisiert sind?

---

[9] selbst als das United Kingdom / Vereinigte Königreich noch nicht Mitglied des ECML war, also vor 2003.

7 Schluss

Nach den von Clyne (1995, 8) genannten Kriterien befindet sich die deutsche
Sprache in Europa nicht in einer beklagenswerten Lage. Es wurde für den Kommunikationsradius der deutschen Sprache gezeigt: Ihr innerer Kreis ist nach
Russisch der größte in Europa, ihr äußerer und expandierender Kreis hingegen
nicht sehr bedeutend. Ihr funktionales Potenzial hat sich nach dem Zweiten
Weltkrieg wieder aufgebaut, so dass ausländische Studierende und Gastwissen-
schaftler in deutschsprachige Länder kommen und es wieder ausländische For-
schungsinstitute gibt, in denen Deutsch gesprochen wird usw. In der Jugend- und
Unterhaltungskultur bleibt das Englische uneinholbar. Ob sich Deutsch auf
lange Sicht hinter Englisch als Tourismussprache Nummer zwei positionieren
kann, ist fraglich. Deutschland zählt zu den Ländern, die die meisten Mittel für
Wissenschafts-, Sprach- und Kulturförderung im Ausland aufbringen, insbesondere durch seine großen Mittlerorganisationen. Die Zahl der Deutsch-als-
Fremdsprache-Lernenden in der Welt ist mit über 14 Mio beträchtlich (vgl.
Huneke, A 2). Allerdings ist die Stellung des Deutschen in der EU (und der
UNO) seinem Gewicht nicht angemessen.

„German is likely to continue to play an important role in the multilingual future
of Europe." (Clyne 1995, 19). Dennoch wird Deutsch das Englische in puncto
Weltgeltung nicht mehr erreichen können, und vermutlich wird es Rang drei in
der Welt nicht behaupten können. Der Rang als eine der großen Kultursprachen
in der Welt (unter anderen großen Kultursprachen wie Chinesisch, Französisch,
Japanisch, Russisch, Spanisch) ist dem Deutschen dagegen sicher. Allerdings
bleibt die auf politischer Ebene schwache Sprachloyalität der Deutschsprachigen
für die Außenwahrnehmung des Deutschen irritierend.

Literatur

Ammon, Ulrich: Die internationale Stellung der deutschen Sprache. Berlin: de Gruyter
    1991
Ammon, Ulrich: Die Verbreitung des Deutschen in der Welt. In: Helbig, Gerhard/Götze,
    Lutz/Henrici, Gert/Krumm, Hans-Jürgen: Deutsch als Fremdsprache. Ein internatio-
    nales Handbuch. 1. Halbband. Handbücher zur Sprach- und Kommunikationswissen-
    schaft Bd. 19, 1 u. 2. Berlin: de Gruyter 2001, 1368–1381
Auswärtiges Amt: Auswärtige Kultur- und Bildungspolitik, 2006 [http://www.auswaerti-
    ges-amt.de/diplo/de/Aussenpolitik/Kulturpolitik/Uebersicht.html]
    (28.5.2007; 2011 nicht mehr bedient)
Auswärtigen Amt (Hrsg.): Bericht der Bundesregierung zur Auswärtigen Kulturpolitik
    2005/2006. [http://www.auswaertiges-amt.de/diplo/de/Infoservice/Broschueren/AKBP-
    Bericht0506.pdf] (28.5.2007; 2011 nicht mehr bedient)
Bade, Klaus J. (Hrsg.): Deutsche im Ausland – Fremde in Deutschland. Migration in
    Geschichte und Gegenwart. München: Beck 1992

Bundesamt für Migration und Flüchtlinge: Migrationsbericht des Bundesamtes für Migration und Flüchtlinge im Auftrag der Bundesregierung (Migrationsbericht 2011). BAMF [http://www.bamf.de/DE/DasBAMF/Forschung/Ergebnisse/Migrationsberichte/migrationsberichte-node.html] (28.03.2013)

Bassock, Jacques: Mehrsprachigkeit und fremdsprachlicher Deutschunterricht. Beitrag zur Entwicklung eines Konzepts der Mehrsprachigkeit und der Bildungsreform für Kamerun. Kassel: Kassel University Press.

Barbour, Stephen/Stevenson, Patrick: Variation im Deutschen – Soziolinguistische Perspektiven. Berlin: de Gruyter 1998

Bernecker, Walther L./Fischer, Thomas: Deutsche in Lateinamerika. In: Bade (Hrsg.) 1992, 197–214

Bretting, Agnes: Mit Bibel, Pflug und Büchse: deutsche Pioniere im kolonialen Amerika. In: Bade (Hrsg.) 1992, 135–148

Clyne, Michael: The German Language in a Changing Europe. Cambridge: Cambridge University Press, 1995

Clyne, Michael: Englisch zwischen plurizentrischer Nationalsprache und internationaler Sprache. In: Ehlich u. a. (Hrsg.) 2000, 283–299

Crystal, David: The Cambridge Encyclopedia of Language. Cambridge: Cambridge University Press 1997

Deutsches PISA-Konsortium (Hrsg.): PISA 2000. Basiskompetenzen von Schülerinnen und Schülern im internationalen Vergleich. Opladen: Leske und Budrich 2001

Diop, El-Hadj Ibrahima: Das Selbstverständnis von Germanistikstudium und Deutschunterricht im frankophonen Afrika: vom kolonialen Unterrichtsfach zu eigenständigen Deutschlandstudien und zum praxisbezogenen Lernen. (Duisburger Arbeiten zur Sprach- und Kulturwissenschaft; Bd. 39) Frankfurt a. M.: Lang 2000

Duhamel, Roland: Fremdsprachenpolitik in Europa am Beispiel Belgien. Ein Denkanstoß. In: Euro-Deutsch 2000, 156–165

Ehlich, Konrad: Deutsch im sprachenpolitischen Kontext. In: Krumm, Hans-Jürgen/Portmann, Paul (Hrsg.): Begegnungssprache Deutsch – Motivation, Herausforderung, Perspektiven. Plenarvorträge der XIII. Internationalen Tagung der Deutschlehrerinnen und Deutschlehrer, Graz 2005. Innsbruck: Studienverlag 2006a, 67–79

Ehlich, Konrad (Hrsg.): Die Wissenschaft und ihre Sprachen. Frankfurt a. M.: Lang 2006b

Ehlich, Konrad: Europäische Sprachen im Zeitalter der Postnationalität. In: Euro-Deutsch 2000, 186–195

Ehlich, Konrad/Ossner, Jakob/Stammerjohann, Harro: Hochsprachen in Europa – Entstehung, Geltung, Zukunft. Freiburg: Fillibach 2000

Euro-Deutsch. Kontroversen um die Deutschsprachigkeit im europäischen Mehrsprachenraum. Dokumentation der Tutzinger Tagung 1999. Mitteilungen des Deutschen Germanistenverbandes (2000) Heft 2–3

Europäisches Fremdsprachenzentrum EFSZ/ECML/CELV. [http://www.ecml.at] (26.5.2008)

Földes, Csaba: Deutsch in Europa. Überlegungen zu Standort, Image und Perspektiven. In: Wirkendes Wort (1995) Heft 2, 305–317

Földes, Csaba: Deutsch als 'MOE-Sprache' aus ungarischer Sicht: Situation und Perspektiven. In: Euro-Deutsch 2000, 142–155

Glück, Helmut: Die Anfänge des DaF-Unterricht: Deutsch als Fremdsprache im Mittelalter und in der frühen Neuzeit. In: Euro-Deutsch 2000, 166–185

Griesbach, Heinz/Fuchs, Martin: „Wissenschaft weltoffen 2004". Aktuelle Informationen zur Attraktivität des Hochschulstandortes Deutschland. Kurzinformation HIS A 5. Hannover 2004. [http://www.his.de/pdf/pub_kia/kia200405.pdf] (28.5.2007)

Gueye, Ousmane: Fachdeutsch als Fremdsprache (FDaF) – Wirtschaftsbereich. Ein didaktisch-methodisches Konzept, dargestellt am Beispiel Senegal. Diss. Freiburg 2004. [http://opubsz-bw.de/phfr/volltexte/2007/6/] (28.5.2007)

Hoffmann, Hellmut: Deutsch im Innern der EU – aus Sicht des Auswärtigen Amtes. In: Euro-Deutsch 2000, 223–230

Internationaler Deutschlehrertag IDT 2009 [http://www.idt-2009.de/"] (29.5.2007)

Kangni, Togbé: Fremdsprache Deutsch in Togo und ihre Funktion im togolesischen Erziehungs- und Bildungssystem. Diss. Freiburg 2007. [http://opubsz-bw.de/phfr/volltexte/2007/22/]

Kugler, Hartmut/Redder, Angelika: Euro-Deutsch. Kontroversen um die Deutschsprachigkeit im europäischen Mehrsprachenraum. Vorwort zur Dokumentation der Tutzinger Tagung 1999. In: Euro-Deutsch 2000, 127–130

Mbia, Claude-Marie Roger: DaF-Unterricht in Afrika. Chancen Grenzen Möglichkeiten. Am Beispiel Kamerun. Diss. Freiburg 2004. [http://opubsz-bw.de/phfr/volltexte/2007/5/] (28.5.2007)

Nelde, Peter Hans: Deutsch im Kontext europäischer Mehrsprachigkeit. In: Euro-Deutsch 2000, 132–141

Oomen-Welke, Ingelore/Krumm, Hans-Jürgen : Sprachenvielfalt – eine Chance für den Deutschunterricht. In: Fremdsprache Deutsch (2004) Heft 31, 5–13

Sautter, Udo: Deutsche in Kanada. In: Bade (Hrsg.) 1992, 185–197

Schulke, Caroline: Sehnsucht nach mehr Deutsch in Brüssel. In: Badische Zeitung vom 24.5.2007, 4

Siguan, Miquel: Die Sprachen im vereinten Europa. Tübingen: Stauffenburg 2001

Spiegel-Online Schulspiegel 2006. [http://www.spiegel.de/schulspiegel/0,1518, 400118, 00.html] (28.5.2007)

Staël, Germaine de: De l'Allemagne. Paris: Charpentier 1844 (zuerst 1810, 1813)

Stark, Franz: Faszination Deutsch. Die Wiederentdeckung einer Sprache für Europa. München: Langen Müller 1993

Steinfeld, Thomas: Mehrsprachenkompetenz im Feuilleton. In: Euro-Deutsch 2000, 234–242

Stickel, Gerhard: Wissenschaftssprachen an deutschen Forschungsinstituten. In: Ehlich u. a. (Hrsg.) 2000a, 309–320

Stickel, Gerhard: Repräsentativerhebung zur 'Sprachbefindlichkeit' in Deutschland. In: Euro-Deutsch 2000b, 196–213

Thamer, Hans-Ulrich: In Europa zu Hause: Großbürgerliche Kultur und höfisches Leben. In: Bade (Hrsg.) 1992, 236–242

Triller, Ursula: Sprach- und Kulturförderung – aus der Sicht der gymnasialen Schulbildung. In: Euro-Deutsch 2000, 279–284

Universal Lexikon. Bertelsmann Lexikon Sonderausgabe für Reader's Digest. Bd. 14. Gütersloh/München: Bertelsmann Lexikon Vlg. 2000

B

Konzeptionelle Grundlagen
des Deutschen als Fremdsprache

PATRICK GROMMES

B 1 Fremd- und Zweitspracherwerb

1 Merkmale der Erwerbsprozesse

Beim Fremd- und Zweitspracherwerb, im Folgenden FSE und ZSE, geht es um
den Erwerb einer weiteren Sprache zusätzlich zur Erstsprache (zur Terminologie
vgl. Ahrenholz DTP 9, ²2010, 8ff.). Nach Ahrenholz unterscheiden sich diese
Erwerbstypen in Hinblick auf den Aneignungskontext, Aneignungsprozesse und
evtl. sozioökonomische Faktoren. ZSE ist demnach ein weitgehend ungesteuer-
ter Erwerbsprozess in zielsprachlicher Umgebung, der auch unter problematischen sozioökonomischen Rahmenbedingungen stattfinden kann. FSE findet
dagegen in nicht zielsprachlicher Umgebung und mithilfe unterrichtlicher Steuerung statt. Außerdem wird ihm häufiger ein höherer sozialer und Bildungsstatus
zugemessen. Diese Unterscheidung legen wir unserem Beitrag zugrunde.
Gemeinsam ist FSE und ZSE, dass sie mehr oder weniger zeitversetzt zum Erstspracherwerb einsetzen. Die Besonderheiten mehrfachen Spracherwerbs bleiben hier außer Acht (vgl. hierzu Hufeisen 2003; 2010).

Klein (³1992, 13) schreibt, dass Spracherwerb ein Prozess ist, „der

– bestimmten Gesetzmäßigkeiten unterliegt
– in Verlauf, Tempo und erreichbarem Endzustand von verschiedenen Faktoren
  bestimmt wird und
– bis zu einem gewissen Grade durch planmäßige Eingriffe – Unterricht – beein-
  flußt werden kann."

An dieser Definition sind im DaF/DaZ-Kontext die Gesetzmäßigkeiten des
Erwerbs und die Möglichkeit, in den Prozess einzugreifen, besonders interessant.

Die Gesetzmäßigkeiten des Erwerbs sind spätestens mit den Morpheme Order
Studies (z.B. Dulay/Burt 1973, Bailey u.a. 1974) und der Einführung des
Begriffs „Interlanguage" durch Selinker (1972) in den Fokus der ZSE-Forschung
gerückt. In den seitdem vergangenen fast vier Dekaden zeigt sich als generelles
Bild, dass Zweitsprachenlerner in Bezug auf bestimmte Sprachbereiche häufig
übereinstimmende Entwicklungsphasen durchlaufen. Ausprägung und Rolle
dieser Phasen im unterrichtlich gesteuerten FSE sind noch nicht abschließend
geklärt (vgl. Abschnitt 3 und Rost-Roth, E2 in diesem Band).

Beim ungesteuerten ZSE stehen Lerner vor der Aufgabe, die Strukturen der
Sprache ohne weitere Hilfen zu erkennen und aus dem Erfassten eigene Äußerungen zu konstruieren. Klein (³1992) nennt dies das Analyse- und das Synthese-
problem: die Komplexität des Inputs erschwert dessen Analyse erheblich und

führt zu systematischen Vereinfachungen bei der Produktion eigener Äußerungen. Fremdsprachenunterricht versucht dem gezielt zu begegnen durch strukturierten, curricular-progressiv organisierten Zugang zur Zielsprache im Rahmen der Unterrichtszeit. Das angebotene sprachliche Material soll dem Erwerbsstand des Lerners angemessen sein und ihn mittels eines zunächst beschränkten Formeninventars befähigen, eigene Äußerungen in vordefinierten Interaktionssituationen zu produzieren (vgl. auch Kotthoff, B2; Rost-Roth, B3).

2 Theorien

Es gibt bisher keine wirkliche, umfassende Theorie des Zweitspracherwerbs, sondern eine Reihe von Theorien, die im Grunde aber nur bestimmte einzelne Aspekte berücksichtigen (vgl. zu Erklärungsansätzen Mitchell u. a., ³2012). In frühen Untersuchungen ging es häufig um die Frage, ob Erst- und Zweitspracherwerb auf die gleichen – universalgrammatischen – Mechanismen zurückgreifen oder ob ZSE-Verläufe zwar innerhalb eines generativ-grammatischen Rahmens erklärt werden können, aber eben nicht mit dem Rückgriff auf die Universalgrammatik (UG). Exemplarisch für diese Art Fragestellungen und den sie umgebenden Diskurs ist die Arbeit von Schwartz/Sprouse (1996) zur Frage, welche Ausgangsbedingungen unter UG-Perspektive für den ZSE anzunehmen sind.

Schwartz/Sprouse (1996) fragen auch, ob und inwieweit grammatische Strukturen der Erstsprache den Aufbau der Zweitsprache beeinflussen. Sie gehen von vollem Zugriff auf erstsprachliche Strukturen aus, der zusammen mit einem ebenfalls vollen Zugriff auf die UG den ZSE ermöglicht. Erstspracheneinfluss und Transfer spielen in der ZSE-Forschung seit Lado's (1957) Kontrastivitätshypothese eine Rolle. Danach sollte ein systematischer Vergleich der Ausgangs- und der Zielsprache Aussagen über Lehr- und Lernprobleme ermöglichen. Dass dies zu einfach ist, zeigt u. a. die Darstellung in Hufeisen (2003). Danach scheinen zumindest subjektiv typologische Nähe oder Distanz zwischen der Erst- und Zweitsprache sowie evtl. weiteren Sprachen eine Rolle zu spielen.

UG-geprägte Ansätze führen Spracherwerb auf eine spezifische Spracherwerbsfähigkeit des Menschen zurück. Andere sehen Spracherwerb als Ausdruck der generellen kognitiven Fähigkeiten des Menschen an und versuchen, diesen mit Theorien des Lernens im weitesten Sinne zu erklären. Exemplarisch sind die „Cognitive Theory" von Barry McLaughlin (1987) und das „Competition Model" von Bates/MacWhinney (1987) zu nennen. Die „Cognitive Theory" geht davon aus, dass aufmerksamkeitsverbrauchende, bewusste Prozesse mit unbewussten, automatisierten Prozessen interagieren und dass es gilt, die bewussten Prozesse durch Üben in automatisierte Prozesse zu überführen. Das „Competition Model" geht davon aus, dass im Spracherwerb nach Form-Funktions-Zusammenhängen gesucht wird. Im Laufe dieses Prozesses werden konkurrierende Annahmen über diese Zusammenhänge gebildet. Je deutlicher die Evidenz im Input für eine Annahme spricht, umso stärker wird sie in dem entstehenden Netzwerk ausgezeichnet und kann sich als produktive Struktur festsetzen. Damit ist das „Competition Model" ein konnektionistisches Modell, das (neuronale) Netzwerke als Grundlage des Lernens annimmt.

Seit Beginn dieses Jahrhunderts nehmen diese Ansätze wie auch Weiterentwicklungen kognitivistischer Modelle an Bedeutung zu. Beispielhaft für letztere sind die „Processability Theory" von Pienemann (1998; 2007) sowie die „Associative-Cognitive-CREED-Theory (ACCT)" von Nick Ellis (2007). Die „Processability Theory" besagt, dass der ZSE-Prozess bestimmte, aufeinander aufbauende Stadien durchläuft, wobei zunächst nur kognitiv einfache Strukturen analysiert und produktiv eingesetzt werden können. Auf dieser Basis werden weitere Strukturen transparent, die zur nächsten Stufe führen. Die „Processability Theory" ist im Kontext von Deutsch als Fremdsprache viel diskutiert worden, weil sie eine „Teachability Hypothesis" beinhaltet, nach der nur unterrichtet werden sollte, was auch verarbeitet werden kann. Aguado (2008, 54–55) wendet aus didaktischer Sicht dagegen ein, dass entsprechende positive Unterrichtseffekte nicht belegt sind und dass praxistaugliche Methoden zur Sprachstandsfeststellung im Rahmen des Modells fehlen. Klein Gunnewiek (1997; 2000) findet in ihrer Studie zu niederländischen Deutschlernern gar Kontraevidenz; (vgl. Abschnitt 3).

Die ACCT schlägt eine Brücke von kognitivistischen zu konstruktivistischen Ansätzen. Sie versteht Spracherwerb als assoziativen, kognitiv verankerten Prozess, der alle dem Menschen zur Verfügung stehenden Lernprozesse nutzt. Spracherwerb gilt hier als „construction-based"; d. h. wortgroße oder phrasale Komponenten mit festen Form-Funktionsbezügen, so genannte Konstruktionen, erlauben eine Analyse des zielsprachlichen Inputs und stellen zugleich eine Ausgangsbasis der lernersprachlichen Produktion dar. Die ACCT betont ferner, dass im Spracherwerb sprachliche Strukturen im Zusammenspiel von Lernmechanismen, Wahrnehmungs- und Produktionsprozessen sowie den in der sozialen Interaktion präsentierten Sprachdaten hervorgebracht werden.

Damit erweist sich die ACCT als anschlussfähig an frühere Überlegungen von Vollmer (2001), der Kognition als Prozess betrachtet, der – je nach theoretischem Standpunkt – sowohl als konnektionistischer, informationsverarbeitender Prozess als auch als konstruktivistischer Vorgang aufgefasst werden kann. Lernende begreift er aber nicht als Systeme, sondern als Individuen, die Informationen nach eigenen Maßstäben aufnehmen und daraus ihre Lernersprache konstruieren. Eigene Wahrnehmungen und Einstellungen sind dabei Teil der Kognition und beeinflussen Lernprozess und Lernergebnis.

Die aktive, konstruierende Rolle der Lernenden wird in gebrauchsbasierten (usage-based) Modellen konkretisiert. Dass mit einem solchen Ansatz ZSE-Daten tatsächlich erklärt werden können, zeigt unter anderem Haberzettl

(2006). Ebenso zeigen schon Myles u. a. (1999), dass Lerner vorgefertigte Konstruktionen nutzen, um komplexere Strukturen auszudrücken. Dies gibt ihnen Raum, zunächst einfache eigene Strukturen zu entwickeln, die in der Folge ausgebaut werden. Schon Weinert (1994) setzt hier einen Akzent. In einer Untersuchung zum DaF-Erwerb zehn- bis sechzehnjähriger schottischer Schüler stellt sie fest, dass diese schon früh zielsprachliche Negationsstrukturen mit „kein" produzieren. Dabei greifen sie auf formelhafte Ausdrücke bzw. unterrichtlich vorgegebene Strukturbausteine zurück. Die Übertragung dieser Muster auf neue Kontexte im zweiten Erwerbsjahr scheint mit Einschränkungen zu gelingen (zu DaF und „chunks" s. auch Abschnitt 4).

3 Empirische Befunde

Im Folgenden werden einige Befunde der ZSE-Forschung referiert, die auch im DaF-Kontext stärker rezipiert werden bzw. für ihn relevant sind. Für einen ersten Überblick vgl. auch Ahrenholz (DTP 9, ²2010, 64 ff. und Ahrenholz 2012).

3.1 Befunde der Zweitspracherwerbsforschung

Auch heute noch werden die Befunde des ZISA-Projektes (Zweitspracherwerb italienischer (portugiesischer) und spanischer Arbeiter; Clahsen u. a. 1983) im Kontext von DaZ und DaF diskutiert. Im ZISA-Projekt wurden 45 erwachsene Migranten in einer Querschnittsstudie untersucht. Für den Syntaxerwerb wurde eine siebenstufige Erwerbsfolge aufgezeigt, wobei das Erreichen einer Stufe das Erreichen der jeweils vorhergehenden Stufe voraussetzt (Clahsen u. a. 1983, 158). Heute werden als Hauptstufen angenommen (vgl. zum Überblick über die Stufen Grießhaber 2012, 176):

1. Positionierung von Adverbialen vor dem Subjekt bei Drittstellung des Verbs
   dann er ist in in *wasser rein gegangen* (Beispiel aus Ahrenholz 2006, 231)
2. Separierung der finiten und infiniten Verbteile (*ist ... gegangen* im obigen Beispiel)
3. Inversion: bei Voranstellung von Adverbialen steht das Subjekt hinter dem finiten Verb
   Als erstes ist **der hund** *so rausgegangen* (ebenda, S. 230)
4. Verb-End in Nebensätzen.
   danke dass du mir geholfen **hast** (ebenda, S. 236)

Diese Befunde aus dem ungesteuerten Erwerb Erwachsener wirken u. a. in Pienemanns (1998) Processability Theory hinein. Das macht sie auch für DaF-Fragestellungen relevant, für die sie von Diehl u. a. (2000) untersucht wurden. Schließlich hat Grießhaber auf der Basis der ZISA-Befunde seine Profilanalyse als diagnostisches Instrument entwickelt (Grießhaber 2012). Grießhaber nimmt allerdings noch zwei weitere Stufen an, die auf höhere syntaktische Komplexität hindeuten.

Die Studie Second Language Acquisition by Adult Immigrants (Perdue 1993) wurde als Longitudinalstudie in fünf europäischen Ländern durchgeführt, mit dem Ziel, den ungesteuerten ZSE möglichst von Beginn zu dokumentieren und typische Verlaufsmuster zu bestimmen. Dabei interessierten neben syntaktischen Fragen insbesondere semantische und pragmatische Aspekte. Der wesentliche Befund ist, dass sich über alle untersuchten Sprachenpaare hinweg systematisch beschreibbare Erwerbsphasen ausmachen lassen. Diese werden als Lernervarietäten, also als eigenständige sprachliche Subsysteme, aufgefasst. Als erste kommunikativ effiziente Stufe zeigt sich dabei die Basisvarietät (Klein/ Perdue 1997), die komplexe Äußerungen zulässt, auch wenn grammatische Kategorien wie Finitheit noch nicht erworben sind. Statt einer zielsprachlichen Grammatik wenden die Lerner universale semantisch-pragmatische Prinzipien an. Erst in der anschließenden Post-Basisvarietät, die nicht von allen Lernern erreicht wird, beginnt eine Ausdifferenzierung der Lernervarietäten in Richtung der einzelnen Zielsprachen.

Darüber hinaus gibt es eine Reihe von Befunden aus dem erwachsenen oder kindlichen ZSE, die für DaF interessant sind. Hier seien sie nur kurz benannt: Deiktische Personalpronomen (1. und 2. Person) werden schneller gelernt als anaphorische (3. Person; Klein/Rieck 1982). Die Unterscheidung in Definitheit und Indefinitheit erfolgt relativ früh (Ose/Schulz 2010). Beim Kasuserwerb zeigt sich die Abfolge Nominativ, Akkusativ, Dativ, (Genitiv) (z.B. Kaltenbacher/ Klages 2006). Dabei werden Dativformen v. a. in Verbindung mit Präpositionen gelernt. Dies entspricht dem Input in gesprochenem Deutsch (Ahrenholz 2009). Relativsätze werden später in die Lernersprachen integriert als Adverbialsätze, und Partizipialattribute finden sich nur in weiter fortgeschrittenen Lernervarietäten (Grießhaber 2010). Syntax und andere Bereiche entwickeln sich parallel. Mit Grießhaber (2005) ist dabei festzuhalten, dass sich der genaue Zusammenhang in der Entwicklung der einzelnen Sprachbereiche noch nicht zeigen lässt.

3.2 Befunde zu Zweitspracherwerbsforschung in DaF-Kontexten

Die Befunde aus der ZSE-Forschung, insbesondere die im ZISA-Projekt erarbeiteten Erwerbsstufen, haben zu Untersuchungen geführt, in denen nach ihrer Bedeutung für den gesteuerten FSE gefragt wird. Recht früh untersuchte Rod Ellis (1989), ob sich die in ZISA festgestellte Erwerbsreihenfolge bestätigt, auch wenn die unterrichtliche Progression von dieser abweicht. Er konzentriert sich auf die o. g. Phasen 2 bis 4 im Erwerb des Deutschen durch englische Studierende. Im Unterricht seiner 39 über fünf Klassen verteilten Versuchspersonen werden diese Strukturen in anderer Abfolge und mit unterschiedlicher Gewichtung vermittelt. Dennoch setzt sich in Ellis' Daten die ZISA-Abfolge durch.

Für DaZ wurde die ZISA-Stufenfolge von Kuhs (1989) angewandt, die schriftliche Texte von Grundschülern griechischer Erstsprache untersucht. Auch Grießhaber (2010, 154) stellt fest, dass sich die Reihenfolge des Erwerbs „nicht willkürlich verändern" lässt. Bei der Entwicklung der Profilanalyse (u. a. Grießhaber 2005 und 2010), die sich als Diagnoseinstrument in DaZ bewährt hat und sicher auch für DaF bedeutsam ist, modifizierte und vereinfachte er die Stufenfolge für den Einsatz in der Schule. So lassen sich auch unterrichtliche Sprachangebote untersuchen.

Diesen augenscheinlich klaren Befunden stehen relativierende Befunde weiterer Studien gegenüber. So untersucht Klein Gunnewiek (1997; 2000) die Wirksamkeit der Verarbeitungsstrategien, die Pienemanns (1998) Processability Theory zugrunde liegen. Allerdings bezieht sie sich auf eine frühere Manuskriptfassung dieser Theorie. Ihre Daten gewinnt sie aus dem Deutscherwerb von 24 dreizehnjährigen Schülern verschiedener niederländischer Schultypen. Während Ellis (1989) nur zwei Messungen vornahm, erhebt Klein Gunnewiek Daten sieben Mal im Zeitraum von 28 Wochen. Dabei zeigt sich, dass sämtliche Erwerbsstufen, die den ZISA-Stufen vergleichbar sind, von Beginn an belegt sind. Unterschiede zeigen sich im Beherrschungsgrad und in einer großen individuellen Variation. Der Beherrschungsgrad entwickelt sich über die Zeit, die Verwendung einzelner Strukturen hängt dabei aber stark von der sprachlichen Aufgabe ab (Klein Gunnewiek 2000, 206). Dieser Befund führt vor dem Hintergrund der großen strukturellen Ähnlichkeiten zwischen der Ausgangssprache Niederländisch und der Zielsprache Deutsch zu dem Schluss, dass die relevanten Verarbeitungsbedingungen schon erstsprachlich gegeben seien. Ferner beobachtet Klein Gunnewiek, dass weitere erlernte Fremdsprachen ebenfalls einen Einfluss ausüben und dass nicht analysierte Strukturen den Ausgangspunkt für die Entwicklung lernersprachlicher Produktion bilden (Klein Gunnewiek 2000, 207/8).

Diehl u. a. (2000) sowie Terrasi-Haufe (2004) betrachten die bisher diskutierten Fragen aus schulischer Perspektive. Erstere sind eher daran interessiert, den Einfluss der bekannten Erwerbsfolgen im schulischen DaF-Erwerb gegenüber der curricularen Progression bzw. individuellen Faktoren festzustellen sowie einen Vergleich zum Erstspracherwerb in der Zielsprache Deutsch zu ziehen. Dagegen versucht Terrasi-Haufe eigene Gesetzmäßigkeiten des DaF-Erwerbs in der Schule zu eruieren.

Auf der Basis von Texten frankophoner Schülerinnen und Schüler in der Schweiz, die in zwei Wellen über zwei Jahre in den Jahrgängen vier bis zwölf erhoben wurden, analysieren Diehl u. a. (2000) u. a. den Erwerb der Wortstellung, der Verbalmorphologie und von Präpositionalphrasen. Exemplarisch seien zwei Befunde genannt (Diehl u. a. 2000, 111). Im deutschen Erstspracherwerb werden Finitum-Zweitstellung und Subjekt-Verb-Inversion nahezu gleichzeitig erworben. Bei den hier untersuchten französisch-sprachigen DaF-Schülern findet sich die Zweitstellung im ersten Erwerbsschritt, während die Inversion den letzten Schritt bildet. Demnach weichen die von Diehl u. a. (2000) gefundenen Erwerbsschritte von den ZISA-Stufen ab. Inversion erscheint zwar in Fragesätzen vor der Separierung der Verbteile, bildet aber eben in allen anderen Kontexten die letzte Phase. Damit erscheint die Inversion in Deklarativsätzen, auch bei Einsatz entsprechenden Unterrichtsmaterials, für frankophone Schüler als nicht lehrbar (Diehl u. a. 2000, 110). Abschließend halten sie fest, dass die Schüler während des gesamten Beobachtungszeitraumes stark auf so genannte „Chunks" zurückgreifen. „Chunks" sind im weitesten Sinne phrasale bis äußerungsgroße Strukturen in lernersprachlichen Produktionen, die vom Lerner nicht analysiert werden (können) und als ganze übernommen werden. Ihre Verwendung wird darauf zurückgeführt, dass unterrichtlich vermitteltes Wissen nicht unmittelbar in eigene Produktion überführt werden kann und dass ein Konflikt mit natürlichen Prozessen eine blockierende Wirkung hat. Die Verwendung von „Chunks" bietet dann einen komplexitätsreduzierenden Ausweg (Diehl u. a., 2000, 360/1). Aguado (2008, 55/56) kritisiert an dieser Position, dass „Chunks" nicht als bloße Vermeidungsstrategie zu sehen seien, sondern den Spracherwerb maßgeblich vorantreiben können.

Wie Diehl u. a. (2000) macht Terrasi-Haufe (2004) die Inversion als größeres Erwerbsproblem bei italienisch-sprachigen Schweizer DaF-Schülern aus. Bis zur Maturität (Abitur) sind alle Satzstrukturen erworben. Die Inversion nach vorangestellten Adverbialen, vor allem Konjunktionaladverbien, bleibt aber problematisch (Terrasi-Haufe 2004, 189). Interessant ist ferner die Beobachtung, dass die Lernersprachen sich nicht linear entwickeln und dass der Erwerb neuer Strukturen das bisherige System destabilisieren kann (Terrasi-Haufe 2004, 193).

4 Rolle der Instruktion

Kaltenbacher (2009, 44/5) stellt fest, dass die Spracherwerbsforschung im deutschsprachigen Raum lange auf den ungesteuerten Erwerb und Lernervarietäten als Produkte des Erwerbsprozesses fokussiert war und dabei zu wenig auf Fragen des Lernens und Lehrens geachtet hat (vgl. auch Ahrenholz 2009). Einige der entsprechenden Arbeiten wurden oben erwähnt. Dabei fielen zwei Dinge auf: Zweifel am Einfluss der Instruktion und die Rolle so genannter „Chunks" auch im unterrichtlichen Spracherwerb.

Zur Rolle und zum Wirkungsgrad von Instruktion liegen mit Rösch/Stanat (2011) und Felbrich u. a. (2012) neue Erkenntnisse aus dem Projekt BeFo (Bedeutung und Form – sprachsystematische und fachbezogene Förderung in der Zweitsprache) vor. In einer Interventionsstudie an Grundschulen scheinen formfokussierende Ansätze, im Sinne des „focus on form"-Ansatzes von Long (1991) in der DaZ-Förderung bessere Ergebnisse zu erzielen als ein „focus on meaning" nach Krashen/Terell (1983).

Mit Formfokussierung und ihrer Wirksamkeit in DaF setzt sich auch Schlak (2000) auseinander. Formfokussierung heißt zunächst nichts anderes als Aufmerksamkeit auf bestimmte Merkmale des Inputs zu lenken. Es wird angenommen, dass in reinen Immersionssituationen, aber auch in einem vorwiegend kommunikativ ausgerichteten Unterricht zu wenig Aufmerksamkeit im Sinne Schmidts (2001) erzeugt wird. Daher werden manche formalen Merkmale der Zielsprache unzureichend erworben (Schoormann/Schlak, 2010; 2011). Schoormann/Schlak (2010) diskutieren zunächst die Vorgehensweise bei so genannter proaktiver und reaktiver Formenfokussierung. Zu den proaktiven Formaten zählen Aktivitäten, die darauf gerichtet sind, Formen bewusst zu machen und sie im Input zu bemerken. Dafür bieten sich nach Schoormann/Schlak (2010, 17) Aufgaben an, die eine Form mit ihrer Bedeutung ins Zentrum stellen, aber eine klare Zielvorgabe haben, an authentische Aufgaben angelehnt sind und bei deren Bewertung der kommunikative Erfolg maßgebliches Kriterium ist. Reaktive Fokussierung liegt bei korrektivem Feedback etwa in Form von „recasts", die Lerneräußerungen aufgreifen und korrigierend reformulieren, vor (vgl. Rost-Roth, E 2 in diesem Band). Schoormann/Schlak (2010, 17) ziehen die Effizienz dieses Vorgehens in Zweifel, sagen aber, dass es im Sinne eines „Scaffolding", also der Unterstützung des Lerners durch beispielhafte Angebote von Lösungswegen, kommunikativ sinnvoll sein kann (2010, 18). Ihr eigentliches Anliegen ist aber, einen einseitig form-fokussierenden Unterricht abzulösen und stattdessen zwischen Form- und Bedeutungsfokussierung zu pendeln, je nachdem, auf welcher Seite sich gerade ein Übergewicht zeigt. So wird die Aufmerksamkeit immer wieder neu auf zu lernende Phänomene gelenkt. Dieser kognitive Aufwand führt im Sinne Schmidts (2001) zu Prozessen, die in das Langzeitgedächtnis eingreifen und dort zu einer Umstrukturierung der Lernersprache führen.

Umstrukturierungen lernersprachlicher Systeme beschäftigen auch den in der DaZ-Forschung wie in der Praxis bedeutsam gewordenen, an konstruktivistische Theorien angelehnten Ansatz des „chunk"-basierten Lehrens und Lernens. Aguado (2008, 57/8) sieht in der Verwendung von „Chunks" durch Lerner eine erhebliche Leistung, da ja ein solches Versatzstück in seiner Eigenschaft als Baustein und zugleich in seinen Verwendungsbedingungen erkannt werden muss. Diese Erkenntnisleistung gilt es auszunutzen. Einen Vorschlag dafür unterbreitet Handwerker (2008) mit Blick auf erwachsene Fremdsprachenlerner. Da es diesen im Gegensatz zu jüngeren Lernern nur noch eingeschränkt möglich ist, „Chunks" aufzubrechen, um damit im Sinne von Edmondson/House (³2006, 105) Routinen zu Grammatik werden zu lassen, muss ihnen die dem „Chunk" zugrunde liegende Konstruktion transparent gemacht werden. Dabei können sowohl zielsprachliche „Chunks" im Sinne von Kollokationen oder idiomatischen Ausdrücken herangezogen werden, als auch lernersprachliche Konstruktionen (Handwerker 2008, 56). Diese können in vorstrukturiertem Input konzentriert angeboten werden und sollen zunächst mit ihrem jeweiligen Kontext gespeichert werden. Sie werden dann auf ihre Basis reduziert. Diese wird semantisch und syntaktisch analysiert und schließlich in ein abstraktes Format gebracht. Dies dient dem Aufbau eines morphologischen Regelapparates. Dass auf diese Weise auch Form-Funktionszusammenhänge bewusst gemacht werden, ist wohl beabsichtigt und bindet diesen Ansatz an kognitivistische Ansätze mit Formfokussierung.

Literatur

Aguado, Karin: Wie beeinflussbar ist die lernersprachliche Entwicklung? In: Fremdsprache Deutsch 38 (2008) 53–58

Ahrenholz, Bernt: Methodische Verfahren der Zweitspracherwerbsforschung – zur Einführung. In: Ahrenholz, Bernt (Hg.): Einblicke in die Zweitspracherwerbsforschung und ihre methodischen Verfahren. Berlin: De Gruyter 2012, 1–26

Ahrenholz, Bernt: Erstsprache – Zweitsprache – Fremdsprache. In: Ahrenholz, Bernt/Oomen-Welke, Ingelore (Hrsg.): Deutsch als Zweitsprache. Deutschunterricht in Theorie und Praxis Bd. 9. Baltmannsweiler: Schneider Hohengehren [2]2010, 3–16

Ahrenholz, Bernt: Vom Nutzen der Zweitspracherwerbsforschung für die Ausbildung von Lehrerinnen und Lehrern. In: Zeitschrift für Literaturwissenschaft und Linguistik (LiLi) 39 (2009) Heft 153, 26–38

Ahrenholz, Bernt: Wortstellung in mündlichen Erzählungen von Kindern mit Migrationshintergrund. In: Ahrenholz, Bernt: Kinder mit Migrationshintergrund – Spracherwerb und Fördermöglichkeiten, Freiburg i. Br.: Fillibach 2006, 221–240

Bailey, Nathalie/Madden, Carolyn/Krashen, Stephen: Is there a „natural sequence" in adult second language learning? In: Language Learning 21 (1974), 235–245

Bates, Elisabeth/MacWhinney, Brian: Competition, Variation and Language Learning. In: MacWhinney, Brian (Hrsg.): Mechanisms of Language Acquisition. Hillsdale: Erlbaum 1987, 157–194

Clahsen, Harald/Meisel, Jürgen/Pienemann, Manfred: Deutsch als Zweitsprache. Der Spracherwerb ausländischer Arbeiter. Tübingen: Narr 1983

Diehl, Erika/Christen, Helen/Leuenberger, Sandra/Pelvat, Isabelle/Studer, Thérèse: Grammatikunterricht: Alles für der Katz? Tübingen: Niemeyer 2000

Dulay, Heidi C./Burt, Marina K.: Should We Teach Children Syntax? In: Language Learning, 23 (1973), Heft 2, 245–258

Edmondson, Willis J./House, Juliane: Einführung in die Sprachlehrforschung. Tübingen: Francke [3]2006

Ellis, Nick: The Associative-Cognitive CREED. In: Van Patten, Bill/Williams, Jennifer (Hrsg.): Theories in Second Language Acquisition: An Introduction. Cambridge: Cambridge University Press 2007, 77–95

Ellis, Rod: Are Classroom and Naturalistic Acquisition the Same? A Study oft he Classroom Acquisition of German Word Order Rules. In: Studies in Second Language Acquisition 11 (1989), 305–328

Felbrich, Anja/Stanat, Petra/Paetsch, Jennifer/Darsow, Annkathrin: Das Erkenntnispotenzial experimenteller Studien zur Untersuchung der Wirksamkeit von Sprachfördermaßnahmen. In: Ahrenholz, Bernt (Hg.): Einblicke in die Zweitspracherwerbsforschung und ihre methodischen Verfahren. Berlin: De Gruyter 2012, 145–172

Grießhaber, Wilhelm: Die Profilanalyse. In: Ahrenholz, Bernt (Hg.): Einblicke in die Zweitspracherwerbsforschung und ihre methodischen Verfahren. Berlin: De Gruyter 2012, 173–194

Grießhaber, Wilhelm: Spracherwerbsprozesse in Erst- und Zweitsprache. Eine Einführung. Duisburg: Universitätsverlag Rhein-Ruhr 2010

Grießhaber, Wilhelm: Sprachstandsdiagnose im Zweitspracherwerb:Funktional-pragmatische Fundierung der Profilanalyse. 2005. [http://spzwww.uni-muenster.de/griesha/pub/tprofilanalyse-azm-05.pdf] (am 10.7.2012)

Haberzettl, Stefanie: Konstruktionen im Zweitspracherwerb. In: Fischer, Kerstin/Stefanowitsch, Anatol (Hrsg.): Konstruktionsgrammatik: Von der Anwendung zur Theorie. Tübingen: Stauffenburg 2006, 55–77

Handwerker, Brigitte: *Chunks* und Konstruktionen – zur Integration von lerntheoretischem und grammatischem Ansatz. In: Estudios Filológicos Alemanes 15 (2008), 49–64

Hufeisen, Britta: L1, L2, L3, L4, Lx – alle gleich? Linguistische, lernerinterne und lernerexterne Faktoren in Modellen zum multiplen Spracherwerb. In: Baumgarten, Nicole/Böttger, Claudia/Motz, Markus/Probst, Julia (Hrsg.): Übersetzen, Interkulturelle Kommunikation, Spracherwerb und Sprachvermittlung – das Leben mit mehreren Sprachen. Festschrift für Juliane House zum 60. Geburtstag. In: Zeitschrift für Interkulturellen Fremdsprachenunterricht [Online], 8 (2003) Heft 2/3, 97–109

Hufeisen, Britta: Lernforschung Deutsch als zweite (und weitere) Sprache. In: Ahrenholz, Bernt/Oomen-Welke, Ingelore (Hrsg.): Deutsch als Zweitsprache. Deutschunterricht in Theorie und Praxis Bd. 9. Baltmannsweiler: Schneider Hohengehren ²2010, 385–394

Kaltenbacher, Erika: Vom Nutzen der Spracherwerbsforschung für die Sprachvermittlung. In: Zeitschrift für Literaturwissenschaft und Linguistik (LiLi) 39 (153) 2009, 39–59

Kaltenbacher, Erika/Klages, Hana: Sprachprofil und Sprachförderung bei Vorschulkindern mit Migrationshintergrund. In Ahrenholz, Bernt (Hrsg.): Kinder mit Migrationshintergrund – Spracherwerb und Fördermöglichkeiten. Freiburg i. Br.: Fillibach 2006, 80–97

Klein, Wolfgang: Zweitspracherwerb. Frankfurt/M.: Athenäum ³1992

Klein, Wolfgang/Perdue, Clive: The Basic Variety (or: Couldn't natural languages be much simpler?). In: Second Language Research 13 (1997), 301–347

Klein, Wolfgang/Rieck, Bert-Olaf: Der Erwerb der Personalpronomina im ungesteuerten Spracherwerb. In: Zeitschrift für Literaturwissenschaft und Linguistik 45 (1982), 35–71

Klein Gunnewiek, Lisanne: Gibt es eine bestimmte Erwerbssequenz bei Deutsch als Fremdsprache? In: Materialien Deutsch als Fremdsprache 46 (1997), 434–447

Klein Gunnewiek, Lisanne: Sequenzen und Konsequenzen. Zur Entwicklung niederländischer Lerner im Deutschen als Fremdsprache. Amsterdam: Rodopi 2000

Krashen, Stephen/Terrell, Tracy: The Natural Approach: Language acquisition in the classroom. Oxford/San Francisco: Pargamon/Alemany 1983

Kuhs, Katharina: Sozialpsychologische Faktoren im Zweitspracherwerb. Eine Untersuchung bei griechischen Migrantenkindern in der Bundesrepublik Deutschland. Tübingen: Narr 1989

Lado, Robert: Linguistics across cultures. Ann Arbor: University of Michigan Press 1957

Long, Michael H.: Focus on Form: A design feature in language teaching methodology. In: De Bot, Kees/Ginsberg, Ralph B./Kramsch, Claire (Hrsg.): Foreign language research in cross-cultural perspective. Amsterdam: John Benjamins 1991, 39–52

McLaughlin, Barry: Theories of Second Language Learning. London: Arnold 1987

Mitchell, Rosamond/Myles, Florence/Marsden, Emma: Second Language Learning Theories. Abigdon: Routledge 3 2012

Myles, Florence/Mitchell, Rosamond/Hooper, Janet: Interrogative Chunks in French L2. A Basis for Creative Construction? In: Studies in Second Language Acquisition 21 (1999), 49–80

Ose, Julia/Schulz, Petra: Was fehlt Jonas – Ein Taschentuch oder das Taschentuch? Eine Pilotstudie zum Artikelerwerb bei Kindern mit Deutsch als Zweitsprache. In: Rost-Roth, Martin (Hrsg.): DaZ – Spracherwerb und Sprachförderung Deutsch als Zweitsprache. Freiburg i. Br.: Fillibach 2010, 79–97

Pienemann, Manfred: Language Processing and Second Language Development: Processability Theory. Amsterdam: John Benjamins Publishing Company 1998

Pienemann, Manfred: Processability Theory. In: Van Patten, Bill/Williams, Jennifer (Hrsg.): Theories in Second Language Acquisition: An Introduction. Cambridge: Cambridge University Press 2007, 137–154

Perdue, Clive (Hrsg.): Adult Language Acquisition. Crosslinguistic Perspektives. 2 vol. Vol. I: Field methods. Voll II: The results. Cambridge; Cambridge University Press 1993

Rösch, Heidi/Stanat, Petra: Bedeutung und Form (BeFo): Formfokussierte und bedeutungsfokussierte Förderung in Deutsch als Zweitsprache. In Hahn, Natalia/Roelcke, Thorsten (Hrsg.): Grenzen überwinden mit Deutsch. Beiträge der 37. Jahrestagung DaF an der PH Freiburg (MatDaF Bd. 85). Göttingen: Universitätsverlag 2011, 149–161

Schlak, Thorsten: Adressatenspezifische Grammatikarbeit im Fremdsprachenunterricht: Eine qualitativ-ethnographische Studie. Hohengehren: Schneider Verlag 2000

Schmidt, Richard: Attention. In: Robinson, Peter (Hrsg.): Cognition and Second Language Instruction. Cambridge: Cambridge University Press 2001, 3–32

Schoormann, Matthias/Schlak, Torsten: Weiterentwicklung der Lernersprache auf der Basis der counter-balanced instruction – zum Spannungsverhältnis von formen- und inhaltsfokussierten Unterrichtsformen im Zweit und Fremdsprachenunterricht. In: Deutsch als Zweitsprache 1 (2010), 15–22

Schoormann, Matthias/Schlak, Torsten: Die Unterrichtskonzeption der counterbalanced instruction. In: Journal of Linguistics and Language Teaching 2 (2011) Heft 1, 129–168

Schwartz, Bonnie D./Sprouse, Rex A.: L2 Cognitive States and the Full Transfer/Full Access Model. In: Second Language Research 12 (1996) Heft 1, 40–72

Selinker, Larry: Interlanguage. In: IRAL X/2 (1972), 209–231

Terrasi-Haufe, Elisabetta: Der Schulerwerb von Deutsch als Fremdsprache. Eine empirische Untersuchung am Beispiel der italienischsprachigen Schweiz. Tübingen: Niemeyer 2004

Vollmer, Helmut J.: Kapitel 5. Untersuchungsfeld 1: Kognitive Aspekte. In: Vollmer, Helmut J./Henrici, Gert/Finkbeiner, Claudia/Grotjahn, Rüdiger/Schmid-Schönbein, Gisela/Zydatiß, Wolfgang: Lernen und Lehren von Fremdsprachen: Kognition, Affektion, Interaktion. Ein Forschungsüberblick. In: Zeitschrift für Fremdsprachenforschung (2) (2001) Heft 2, 43–61

Weinert, Regina: Some Effects of Foreign Language Classroom on the Development of German Negation. In: Applied Linguistics 15 (1994) Heft 1, 76–101

MARTINA ROST-ROTH

B 2 Interkulturelle Kommunikation

1 Lernziele, Relevanzbereiche und Entwicklungen

Die Befassung mit (inter-)kulturellen Aspekten ist für den Fremdsprachenunterricht in mehrfacher Hinsicht von Bedeutung, insofern Sprache, Sprachgebrauch
und Kultur in einer engen Verbindung stehen. Auch Fremdsprachenlernen und
die Ausbildung interkultureller Kompetenzen zeigen einen engen Zusammenhang (vgl. Müller-Jacquier, C9).

In Hinblick auf die Ausbildung interkultureller Kompetenzen im Fremdsprachenunterricht können eine kommunikativ-pragmatische Dimension und eine
sozialpolitische bzw. sozialpsychologische Dimension unterschieden werden
(vgl. Abb. 1):

	kommunikativ-pragmatische Dimension	sozialpolitische und sozialpsychologische Dimension/interkulturelles Lernen
Lernziel inter-kulturelle Kompetenz	Befähigung zu angemessenem kommunikati-ven Handeln/Interaktion in Kontakt mit Vertretern anderer kultureller Kontexte: a) produktive Fähigkeiten (um selbst angemessene Äußerungen produzieren zu können) b) rezeptive Fähigkeiten (um sprachliches Handeln angemessen interpretieren zu können)	– (Fremd-)Verstehen anderer Kulturräume und Bewusstwerdung der eigenen Kultur, Förderung der Verständigung in internatio-nalen bzw. multi-, inter- bzw. transkulturellen Kontexten, – interkulturelle Sensibilisierung und 'Cultural Awareness' – Befassung mit Migration
Unterrichtsinhalte	Einzelne Bereiche der Sprachverwendung: kulturkontrastive Semantisierungen von Wortschatz, Sprechhandlungen und Redewendungen, Verbindung von Sprache und Kultur – Pragmatische Aspekte der Sprachverwen-dung: Konventionen für situativ angemesse-nes interaktives Verhalten in anderen und eigenen kulturellen Kontexten – Bewusstmachung der Eigendynamik und Qualität von interkulturellen Kontaktsitua-tionen und zweit- bzw. fremdsprachlicher Interaktion	Auseinandersetzung mit eigenen und ande-ren Lebenswelten und Werteorientierungen (Religion, Familie, Gender/Geschlechter-rollen, Organisation privaten und öffent-lichen Lebens u. v. m.) – Auseinandersetzung mit anderen Kultu-ren/Literaturen, interkulturelle Hermeneu-tik – Problematisierung von Einstellungen und Stereotypen
Unterrichtskontext	kulturelle Prägung von Unterrichtsmaterialien/Lehrwerken, Lehr- und Lernmethoden	
	Unterrichtskommunikation als interkulturelle Kommunikation (Unterrichtende als Vertreter der Zielsprachenkultur, heterogene Lerngruppen)	

Abb. 1 Relevanzbereiche: Interkulturelle Kommunikation, interkulturelle Kompetenz
und Fremdsprachenunterricht.[1]

---

[1] Vgl. auch die Auseinandersetzung mit Aufgabenbestimmungen für den Fremdsprachenunterricht
in Rost-Roth (1996; 2003a). Für weitere Überblicke mit unterschiedlichen Zeitperspektiven und
Schwerpunktsetzungen Hinnenkamp (2000), Krumm (2007), Knapp (2007).

In Hinblick auf die kommunikativ-pragmatische Dimension ist der interkulturelle Ansatz als Weiterentwicklung bzw. auch Konsequenz einer kommunikativ orientierten Didaktik zu sehen, da kommunikatives Handeln auch immer als kulturell geprägtes Handeln zu verstehen ist. Hierzu gibt es seit den 1980er Jahren eine intensive Auseinandersetzung in der didaktischen Literatur (vgl. z. B. Rost-Roth 1996 und Müller-Jacquier, C 9). Auch im Gemeinsamen Europäischen Referenzrahmen für Sprachen (GER, vgl. Trim u. a. 2001, Glaboniat, E 2), der aktuelle fremdsprachendidaktische Konzeptionen auch als Standortbestimmungen dokumentiert, werden sprachliche Kompetenz und kulturelle Kompetenz eng aufeinander bezogen. Gleichwohl bleibt die Kritik am GER berechtigt, dass interkulturelle Aspekte bei den Deskriptoren und Kann-Bestimmungen zu wenig und nicht systematisch genug Berücksichtigung fanden.

In Hinblick auf interkulturelles Lernen (vgl. ausführlich Abschnitt 6) haben Ansätze zur Förderung von (Fremd-)Verstehen anderer Kulturkreise und der Bewusstwerdung der eigenen Kultur insbesondere in der deutschen Fremdsprachendidaktik bereits eine längere Tradition (eine ausführlichere Befassung mit dieser Zielsetzung findet sich bei Krusche 2002, Pommerin-Götze 2001, Holzbrecher [2]2010, Althaus 2010 sowie Müller-Jacquier, C 9). Aufmerksamkeit fanden auch Formen der Sprachvermittlung und kulturelle Prägungen von Lehr-Lern-Diskursen (vgl. Abschnitt 4). Relativ spät fand eine intensivere Auseinandersetzung mit dem Umstand statt, dass im Unterricht selbst interkulturelle Kommunikation stattfinden kann.

Insgesamt zeigen sich für die Auseinandersetzung mit interkultureller Kommunikation im Fremdsprachenunterricht Einflüsse von linguistischer Pragmatik, Gesprächsanalyse, interkultureller Pädagogik und interkultureller Germanistik sowie Verbindungen zu einer Interkulturalisierung der Landeskunde und 'Cultural Studies'. Hinzu kommt eine allgemeine Kompetenzorientierung im Bildungswesen, die auch für die Fremdsprachendidaktik die Förderung interkultureller Kompetenz fordert. Der Bereich interkulturelle Kommunikation gestaltet sich über Bezugsdisziplinen und Grundlagenforschung wie Sprachwissenschaft, Ethnographie der Kommunikation und Sprachlehr- und -lernforschung mit unterschiedlichen Fragestellungen und methodischen Ansätze sehr diversifiziert. Der folgende Überblick versucht, Einblick in die Breite des Spektrums und Entwicklungen in einige für den Fremdsprachenunterricht und speziell Deutsch als Fremdsprache relevante Bereiche zu geben.

2 Kulturtheoretische Konzepte und didaktische Konsequenzen

Mit dem Begriff der 'Kultur' werden sehr unterschiedliche Vorstellungen verbunden (für einen Überblick zu kulturtheoretischen Diskussionen vgl. Straub 2007, für eine speziell auf DaF bezogene Diskussion Barkowski 2001 oder Altmayer 2010). Die Entwicklung eines 'holistischen Kulturbegriffes', der alle Lebensbereiche umfasst und Alltagswelten einschließt, wurde auch für die Fremdsprachendidaktik bestimmend. Leitend für die aktuelle Kultur-Diskussion ist zudem der Anspruch, Kultur nicht als abgeschlossen und homogen zu betrachten, sondern fließende Übergänge und Heterogenität mitzudenken. Weiterhin ist Kultur nicht als äußerlich vorgegeben, sondern von Menschen (re)produziert zu sehen, insofern Bedeutungszuschreibungen und vor allem Perspektivität über Differenz-Erfahrung grundlegend für die Wahrnehmung von Kultur und kulturellen Unterschieden sind.

Relativ breit rezipiert wurde unter Bezugnahme auf Clifford Geertz (2006) ein semiotisches Kulturverständnis, das Kultur als System von Zeichen und Bedeutungen bzw. Sinnzuschreibungen betrachtet (für die Umsetzung im Bereich Deutsch als Fremdsprache vgl. Altmayer 2004, 126 ff.). Aufschlussreich in Hinblick auf interkulturelle Kommunikation und gesellschaftliche Wertungen ist in Anschluss an Bourdieu (1980) die Betrachtung von Sprache und Kommunikation als 'kulturelles Kapital' (vgl. hierzu auch Hinnenkamp 1989). Wimmer (2005) sieht Kultur in Auseinandersetzung mit Bourdieu, Foucault und Habermas als Resultat von Aushandlungsprozessen ('Kultur als Kompromiß'). Dieses Kulturverständnis impliziert, dass Zuschreibung von kulturellen Unterschieden auch mit sozialer Zuordnung und Grenzziehung verbunden und Kultur nur relational zu begreifen ist (vgl. hierzu auch Straub 2007, 17 f.).

Der Terminus 'interkulturell' verweist in engerem Sinne auf Kontaktsituationen und Interaktionen (zu Interkulturalität allgemein vgl. Barmeyer, 2010). Dabei können neue Handlungsformen ausgebildet werden, indem die Interaktionspartner Andersartigkeit antizipieren und sich auf diese einstellen (zu beobachten etwa bei wechselseitiger Ausrichtung von unterschiedlichen Begrüßungsformen wie Händeschütteln, Umarmungen, Verbeugungen etc. oder Mischformen). Auch über den Einfluss fremdsprachlicher Kompetenzen oder den Gebrauch einer Lingua Franca entstehen in sog. interkulturellen Überschneidungssituationen oder Interkulturen eigene Ausdrucksformen und Qualitäten (z. B. kann eine Entschuldigung oder höfliche Bitte oft nicht in der 'gewohnten' oder angestrebten Weise geäußert werden, weil hierzu sprachliche Mittel fehlen vgl. Rost-Roth 2003b; 2011).

Vielfach ist in Anbetracht von zunehmenden Globalisierungstendenzen von 'Transkulturalität' die Rede. Grundlegende Vorstellung ist, dass es zu einer Durchdringung und Verquickung unterschiedlichster Merkmale auf verschiedensten Ebenen kommen kann. Als Anzeichen für Transkulturalität werden Beispiele für materielle ebenso wie geistige Kultur angeführt – wie z. B. Kleidung, Architektur oder Musik, in denen sich sowohl Tendenzen der Globalisierung wie auch Tendenzen der Ethnisierung und Übernahme zeigen können (vgl. Welsch 1992).

Bezogen auf die Praxis des Fremdsprachenunterrichts zeigt sich nicht selten ein Widerspruch zwischen theoretischen Ansprüchen an differenzierte Kulturkonzepte und dem Problem, diesen auch in der Vermittlungspraxis gerecht zu werden. Das Postulat, die Auseinandersetzung mit Kulturalität nicht (wider besseres Wissen) in Festschreibungen und Pauschalisierungen münden zu lassen, stellt besondere Ansprüche an die Lehrenden (hierzu Byram 1989, 20).

3 Sprache und Kultur – Kommunikative Dimensionen

Für den Fremdsprachenunterricht ist die Verbindung zwischen Sprache und Kultur in mehrfacher Weise von Bedeutung: Es gibt einen engen Zusammenhang zwischen Sprache als Kommunikations- und Zeichensystem und Kultur sowie zwischen Sprachverwendung und Kultur.

In der Diskussion um ein sprachliches Relativitätsprinzip wird die Verbindung zwischen Sprache und Denken problematisiert. Dabei wird kontrovers gesehen, in welchem Ausmaß Wahrnehmungen über unterschiedliche Ausdrucksformen (wie z. B. bei Benennungen von Farben) geprägt sind. Auch wenn die Verbindungen nicht so eng sind, wie zunächst in Anschluss an Whorf (1972) angenommen, sind Zusammenhänge nicht kategorisch auszuschließen (vgl. Gumperz/ Levinson 1996). Auch Grammatikalisierungen von Raum- und Zeitkonzepten zeigen kulturelle Prägungen, z. B. unterscheidet das Deutsche im Prinzip sechs Tempusformen, in anderen Sprachen spielt hingegen die Unterscheidung zwischen 'Futur' und 'nicht Futur' eine größere Rolle (vgl. für einen kurzen Überblick Roche 2001, 30 f).

In Hinblick auf den fremdsprachlichen Unterricht gibt es verschiedene Versuche, Ebenen zur Beschreibung kultureller Unterschiede zu systematisieren. Oksaar (1988) sieht 'Kultureme' als Einheiten, die über 'Behavioreme' realisiert werden. Müller-Jacquier (2000) hat mit der Konzeption des Trainingsprogramms 'Linguistic Awareness of Cultures' verschiedene Bereiche von Kommunikation unterschieden und illustriert (für einen Überblick zu Trainingsansätzen im Bereich interkulturelle Kommunikation vgl. Rost-Roth 2007). Dies sind u. a.: Soziale Bedeutungen/Lexikon, Sprechhandlungen/Sprechhandlungssequenzen, Gesprächsorganisation/Konventionen des Diskursablaufs, Direktheit/ Indirektheit, Nonverbale Faktoren. Für diese Bereiche und ihr Zusammenspiel liegt bereits eine Vielzahl von Untersuchungen vor, die kultur- und sprachvergleichend vorgehen und/oder an empirischen Beobachtungen zu interkulturellen Kontakten ansetzen. Hierfür werden im Folgenden einige Beispiele benannt.

Wortbedeutungen und Semantik können sich im Kulturvergleich sowohl in Hinblick auf die Referenzbereiche und Denotationen als 'eigentliche' Bedeutungen als auch in Hinblick auf Konnotationen, d. h. mit diesen verbundene Gefühle und Wertungen, unterscheiden (vgl. Müller-Jacquier 2008). Als einfache Beispiele werden u. a. unterschiedliche Vorstellungen und Konzepte für Tierbezeichnungen oder unterschiedliche Konzeptionalisierungen von Begriffen wie 'Familie' oder auch 'Frühstück' u. Ä. angeführt. In Hinblick auf den Fremdsprachenunterricht und die Didaktik des Deutschen als Fremdsprache liegen hierzu bereits differenzierte Ansätze vor (wie die Didaktisierung von Suchfragen zur Erschließung von Bedeutungen in Müller 1994, 80, oder der Einsatz von Assoziogrammen, vgl. Roche 2001, 24).

In Hinblick auf kulturelle Unterschiede in der Sprachverwendung hat die Auseinandersetzung mit **Sprechhandlungen und 'kontrastiver Pragmatik'** bereits eine längere Tradition (für Beispiele vgl. Rost-Roth 1996). Auch bei unterrichtsbezogenen Sprechhandlungen können sich kulturelle Differenzen zeigen (s. Abschnitt 5). Übergeordnete pragmatische Prinzipien werden in Zusammenhang mit **Direktheitsgraden** und Höflichkeitstheorien diskutiert, wobei die Universalität der Prinzipien – insbesondere in Hinblick auf weniger indidividualistische und eher kollektivistisch orientierte Kulturen – strittig ist (Gu 1990, Matsumoto 1988).

Auch in Hinblick auf die Gestaltung umfassenderer Einheiten wie **Textsorten und Diskurstypen** zeigen sich Unterschiede (Günthner 2001). Dies gilt für den mündlichen Bereich wie z. B. Erzählungen oder Beschwerdevorträge ebenso wie für den schriftlichen Bereich (vgl. z. B. Kotthoff 2001 zu Vortragsstilen im deutsch-russischen Vergleich und Kotthoff 2009 zu Stipendien- und Antragstellungen im kulturübergreifenden Vergleich).

Unterschiede zeigen sich auch in der **Gesprächsorganisation** wie unterschiedlichen Ausprägungen von Schweigephasen und Gesprächspausen (z. B. Enninger 1987) oder Hörerverhalten (Liedke 1994 analysiert z. B. Unterschiede im deutsch-griechischen Vergleich, Günthner 1993 zeigt Unterschiede für deutsch-chinesisches Hörerverhalten und Rezipientenechos).

Unterschiede zeigen sich ebenso in Hinblick auf **Diskursstrategien** wie Argumentationen oder Äußerung von Dissens (vgl. hierzu auch die viel zitierten Schematisierungen von Wissenschaftsstilen bei Galtung 1985). Der Begriff der Diskursstrategie geht auf Gumperz (1982: 'Discourse Strategies') zurück, der sich u. a. mit 'Black English', und mit 'Asian English' befasst hat. Gumperz und die von ihm inspirierten Arbeiten der Interaktionalen Soziolinguistik zeigen, wie subtilere Aspekte des Kommunikationsverhaltens als 'Kontextualisierungshinweise' für Interpretationen fungieren. Durch unterschiedliche kulturelle Konventionalisierungen kann es zu Fehlkommunikation ('miscommunication') kommen. Dies gilt für **paraverbale und prosodische Aspekte** (Einsatz der Stimme und Intonation, wie z. B. Heben oder Senken der Stimme, Lautstärke und Betonung) ebenso wie für **nonverbale Aspekte** wie Blickverhalten, Mimik u. v. m.

4 Lehrmaterialien und Unterrichtsmethoden

Deutlich sichtbar sind bezogen auf Unterrichtsmaterialien seit 'Sichtwechsel' (Hog/Müller1984) und 'Sprachbrücke' (Mebus u. a. 1987) Tendenzen, Ansprüchen aus kulturtheoretischen Diskussionen wie Heterogenität, Transformation und Perspektivität Rechnung zu tragen (vgl. hierzu z. B. die Didaktisierung von Begrüßungsformen in der 'Sprachbrücke'). Allgemeinere Prinzipien interkultureller Sensibilisierung finden verstärkt Berücksichtigung (für einen Überblick Liedke, 1999; Brill 2005, 333 f). Auch in anderen Lehrwerken wie insbes. 'Dimensionen' (Jenkins u. a. 2002) findet sich eine stärkere interkulturelle Orientierung. Zunehmend werden auch im Internet Materialien bereitgestellt. Hinweise auf entsprechende Materialien liefert auch der 'deutsche Bildungsserver' (www.bildungsserver.de, Stichwort: Interkulturelle Materialsammlungen).

Die Sichtung von Lehrwerken und Unterrichtswerken zeigt, dass manche Problembereiche bereits recht gut didaktisch aufbereitet sind, beispielsweise Anredeformen. Andere Bereiche wurden bislang noch weniger didaktisiert, wie z. B. Zuhöreraktivitäten und Höflichkeitsgrade. Defizite zeigen sich auch in Bezug auf den Umgang mit Problempotenzialen interkultureller Kommunikation (zu Verständigungsproblemen in interkultureller Kommunikation vgl. Rost-Roth 1994). Auch Strategien zum Aufbau von 'common ground' als interaktive Bezugnahme auf Gemeinsamkeiten sollten als interkulturelle Kompetenzen für den immer wieder geforderten 'intercultural speaker' stärker gefördert werden.

5 Unterrichtskommunikation

Auch Unterrichtskommunikation selbst kann über bestimmte Konstellationen von Lehrenden und Lernenden Aspekte von Interkulturalität aufweisen. Heterogenität von Lerngruppen kann eine gewinnbringende Ressource zur Förderung der Wahrnehmung von kulturellen Unterschieden und Gemeinsamkeiten sein. Das Potenzial gemischtkultureller Lernkonstellationen wird in Formen des Sprachenlernens und -lehrens wie Tutoring oder Tandem zunehmend bewußt aufgegriffen (vgl. z. B. Bechtel 2003 zu deutsch-französischen Tandem-Interaktionen). Auch über Internet-Kontakte eröffnen sich vielfältige Möglichkeiten (vgl. z. B. Kleppin/Raabe 2000, 355 ff. oder Brammerts/Hedderich 1998).

Als Schwierigkeit und Herausforderung können sich unterschiedliche Rollenerwartungen an Lehrende und Lernende und der Umgang mit unterschiedlichen Lerntraditionen erweisen. Formen des Lehrens und Lernens sind in erheblichem Maße kulturell geprägt (für einen Überblick vgl. Eßer 2006). Dies zeigen auch Erfahrungsberichte von Lehrkräften aus dem Ausland (z. B. Kniffka 1995). Auch Ausprägungen von Gruppenunterricht können sich erheblich unterscheiden (vgl. z. B. Meeuwis/Sarangi 1994). Aufschlussreich sind auch differenziertere

Analysen zu einzelnen Aspekten der Unterrichtskommunikation wie zu Korrekturen (vgl. Kleppin 1989 zu unterschiedlichen Erwartungen deutscher und chinesischer Studierender oder Takahashi/Beebe 1993 zu japanisch-amerikanischen
Unterschieden).

6 Interkulturelle Kompetenz

'Interkulturelle Kompetenz' wird nicht nur als Lernziel des Fremdsprachenunterrichts gefordert, sondern ist auch als Schlüsselqualifikation Schlagwort für die
Wirtschaft sowie andere Arbeits- und Lebensbereiche (vgl. z. B. auch die Herausgabe von entsprechenden Materialien über die Landeszentralen für politische
Bildung wie Bolten 2007). Hinzu kommt eine ausgeprägte Kompetenzorientierung im Bildungssystem, die mit der Kultusministerkonferenz 2003 auch für die
Ausarbeitung von Bildungsstandards und Fremdsprachenunterricht leitend wird.

Konzeptualisierungen interkultureller Kompetenz sind so zahlreicheich und so
unterschiedlich wie die Bereiche und Interessen, denen sie entstammen. Während im angelsächsischen Raum über eine längere Tradition im wirtschaftlichen
Bereich Effizienz in Kompetenzförderung und -messung im Vordergrund steht,
ist für den deutschsprachigen Raum über Einflüsse der Hermeneutik und interkulturellen Germanistik eine skeptischere Auseinandersetzung mit Kulturkon-
zepten und Verstehensprozessen kennzeichnend (vgl. Hu/Byram 2009).

Interkulturelle Kompetenz umfasst in einer pragmatischeren Orientierung auch
strategisches Wissen. Knapp-Potthoff/Knapp (1990) unterscheiden Strategien
für Kommunikation mit begrenzten Mitteln sowie Strategien zur Vermeidung
bzw. Reparatur von Mißverstehen. Offen ist die Frage, ob Interkulturelle Kompetenz als eine homogene (Schlüssel-)Kompetenz oder als Konglomerat mehrerer Einzelkompetenzen zu konzeptualisieren ist. Byram (1997, 34) unterscheidet
fünf Bereiche:

- „*Knowledge*   of self and other; of interaction: individual and scocietal
                 (*savoirs*)“,
- „*Skills*   interpret and relate (*savoir comprendre*)“,
- „*Education*   political education, critical cultural awareness
                 (*savoir s'engager*)“,
- „*Skills*   discover and/or interact (*savoir apprendre/faire*)“,
- „*Attitudes*   relativising self, valuing other (*savoir être*)“.

Zentral ist weiterhin die Frage, inwiefern Entwicklungen bei der Ausbildung
interkultureller Kompetenz anzunehmen sind. Bennett (1993) hat eine Beschreibung von Stadien im Rahmen eines „Developmental Model of Intercultural Sensitivity" vorgelegt, die vielfach aufgegriffen wurde:

- *Denial:*   *Verleugnung kultureller Differenzen,*
- *Defense:*   *Verteidigung gegen kulturelle Unterschiede,*

- *Minimization:* Abschwächung von Differenzen,
- *Acceptance:* Akzeptieren kultureller Differenzen,
- *Adaption:* Anpassung an kulturelle Unterschiede,
- *Integration:* Aufnehmen von kulturellen Differenzen.

Hu/Byram (2009) sehen in Hinblick auf das Erfassen von interkultureller Kompetenz grundlegende Widersprüche: Im Rahmen der stark 'Kompetenz'-orientieren Bildungsdiskussion sowie Orientierung an wirtschaftlicher Effektivität werden verstärkt Instrumente zur Messung interkultureller Kompetenz gefordert, zugleich fehlt es aber noch an theoretischen Begründungen und empirischen Befunden, die Annahmen zu einzelnen Kompenten, Verbindungen oder Vorstellungen über Entwicklungsprozesse fundieren können. In Anbetracht dessen, dass 'Assessment' eine objektivierbare Einstufung voraussetzt, die jedoch (noch) nicht gegeben ist, plädiert Byram (1997) z. B. auch für eine Selbst-Evaluation und Portfolios, wie sie für den Council of Europe als 'Autobiography of Intercultural Encounters' entwickelt wurden.

7 Resümee

Zusammenfassend ist festzustellen, daß die Auseinandersetzung mit „interkultureller Kommunikation" und „Deutsch als Fremdsprache" sehr unterschiedliche Dimensionen und Relevanzbereiche des Fremdsprachenunterrichts betrifft und dass sehr unterschiedliche Konzeptualisierungen von interkultureller Kompetenz zu verzeichnen sind.

Vielfältig sind auch die Einflüsse, die sich in diesen Bereichen zeigen. Die Auseinandersetzung mit interkultureller Kommunikation ist dabei nicht zuletzt stark von gesellschaftspolitischen Entwicklungen beeinflusst, schon allein weil Fremdsprachenunterricht und die Befassung mit anderen Sprachen und Kulturen immer wesentlich durch wirtschaftliche und gesellschaftspolitische Beziehungen bestimmt ist – dies gilt auch für die Vermittlung von Deutsch als Zweit- und Fremdsprache im In- und Ausland.

In Hinblick auf die Ausbildung der Schlüsselqualifikation 'interkulturelle Kompetenz' im Fremdsprachenunterricht ist bedeutsam, dass Kommunikation und Sprache in sehr vielfältiger Weise kulturell geprägt sind. Verstärkte Aufmerksamkeit ist auf die Eigendynamik interkultureller Kontaktsituationen zu richten und auf die Spezifik, die mit fremdsprachlichen Kompetenzen und Beschränkungen einhergeht. Vor diesem Hintergrund bleibt die Auseinandersetzung mit Interkultureller Kommunikation zentral für eine fundierte Sprachvermittlung und Förderung interkultureller Kompetenzen, wobei gerade auch die theoretische Modellierung und empirische Fundierung der Vorstellung von 'kommunikativer' und 'interkultureller Kompetenz' weiterhin eine Herausforderung bildet.

Literatur

Ahrenholz, Bernt/Oomen-Welke, Ingelore (Hrsg.): Deutsch als Zweitsprache. Baltmannsweiler: Schneider Hohengehren ²2010 (Deutschunterricht in Theorie und Praxis
9)

Althaus, Hans-Joachim: Fremdbilder und Fremdwahrnehmung. In: Krumm u. a. 2010,
1423–1431

Altmayer, Claus: Kultur als Hypertext. Zu Theorie und Praxis der Kulturwissenschaft im
Fach Deutsch als Fremdsprache. München: Iudicium 2004

Altmayer, Claus: Konzepte von 'Kultur' im Kontext von Deutsch als Fremdsprache. In:
Krumm u. a. 2010, 1401–1412

Barkowski, Hans: 4xKultur. Annäherungen an einen Kulturbegriff im Kontext der Sprach-
lehr- und -lernforschung. In: Bolten, Jürgen/Schröter, Daniela (Hrsg.): Im Netzwerk
interkulturellen Handelns. Sternenfels: Verlag Wissenschaft und Praxis 2001, 114–121

Barmeyer, Christoph: Interkulturalität. In: Barmeyer, Christoph/Genkova, Petia/
Scheffer, Jörg (Hrsg.): Interkulturelle Kommunikation und Kulturwissenschaft. Grundbegriffe, Wissenschaftsdisziplinen, Kulturräume. Passau: Stutz 2010, 35–71

Bechtel, Mark: Interkulturelles Lernen beim Sprachenlernen im Tandem. Eine diskurs-
analytische Untersuchung. Tübingen: Narr 2003 (Gießener Beiträge zur Fremdsprachendidaktik)

Bennett, Milton J.: Towards a Developmental Model of Intercultural Sensitivity. In: Paige,
Michael R. (Hrsg.): Education for the Intercultural Experience. Yarmouth, ME: Intercultural Press 1993

Bolten, Jürgen: Interkulturelle Kompetenz. Landeszentrale für politische Bildung Thürin-
gen, Erfurt 2007; [http://www.thueringen.de/imperia/md/content/lzt/interkulturelle-
kompetenz.pdf] (10.7.2012); ²2012 (i. Ersch.)

Bourdieu, Pierre: Der sprachliche Markt. Questions de sociologie. Paris: de Minuit 1980

Brammerts, Helmut/Hedderich, Norbert: Lernen im Tandem per Internet. In: Jung, Udo
O. H./unter Mitarbeit von Heidrun Jung (Hrsg.): Praktische Handreichung für Fremdsprachenlehrer. Frankfurt/Main u. a.: Lang 1998, 251–259

Brill, Lilli Marlen: Lehrwerke, Lehrwerkgenerationen und die Methodendiskussion im
Fach Deutsch als Fremdsprache. Aachen: Shaker 2005

Byram, Michael: Cultural studies in foreign language education. Clevedon: Multilingual
Matters 1989

Byram, Michael S.: Teaching and assessing intercultural communicative competence.
Clevendon: Multilingual Matters 1997

Byram, Michael/Hu, Adelheid: Interkulturelle Kompetenz und fremdsprachliches Lernen. Modelle, Empirie, Evaluation. In: Hu, Adelheid/Byram, Michael: Intercultural
competence and foreign language learning: models, empiricism, assessment. Tübingen:
Narr 2009, 1–350

Enninger, Werner: What Interactants do with Non-Talk across Cultures. In: Knapp, Karl-
fried/Enninger, Werner/Knapp-Potthoff, Annelie (Hrsg.): Analyzing Intercultural
Communication. Berlin u. a.: Mouton de Gruyter 1987, 269–302

Eßer, Ruth: „Die deutschen Lehrer reden weniger und fragen mehr . . .". Zur Relevanz des
Kulturfaktors in DaF-Forschung und DaF-Praxis. In: Zeitschrift für interkulturellen
Fremdsprachenunterricht [Online] 11 (2006) Heft 3 [http://zif.spz.tu-darmstadt.de/jg-
11-3/beitrag/Esser1.htm] (19.01.2012)

Galtung, Johan: Struktur, Kultur und intellektueller Stil. Ein vergleichender Essay über sachsonische, teutonische, gallische und nipponische Wissenschaft. In: Wierlacher, Alois (Hrsg.): Das Fremde und das Eigene. München: Iudicium 1985, 151–193

Geertz, Clifford: Bemerkungen zu einer deutenden Theorie von Kultur. In: Geertz, Clifford (Hrsg.): Dichte Beschreibung. Beiträge zum Verstehen kultureller Systeme. Frankfurt/M.: Suhrkamp 2006, 7–43

Gu, Yueguo: Politeness Phenomena in Modern Chinese. In: Journal of Pragmatics 14 (1990), 237–257

Gumperz, John J.: Discourse Strategies. Cambridge: Cambridge University Press 1982

Gumperz, John J./Levinson, Stephen C. (Hrsg.): Rethinking Linguistic Relativity. Cambridge: Cambridge University Press 1996 (Studies in the Social and Cultural Foundations of Language 17)

Günthner, Susanne: Diskursstrategien in der interkulturellen Kommunikation. Analysen deutsch-chinesischer Gespräche. Tübingen: Niemeyer 1993

Günthner, Susanne: Kulturelle Unterschiede in der Aktualisierung kommunikativer Gattungen. In: Info DaF 28 (2001) Heft 1, 15–32

Hinnenkamp, Volker: Interaktionale Soziolinguistik und interkulturelle Kommunikation. Gesprächsmanagement zwischen Deutschen und Türken. Tübingen: Niemeyer 1989

Hinnenkamp, Volker: Studienbibliographie Sprachwissenschaft: Interkulturelle Kommunikation. Heidelberg: Groos 2000

Holzbrecher, Alfred: Interkulturelles Lernen. In: Ahrenholz/Oomen-Welke (Hrsg.) [2]2010, 118–130

Hog, Martin/Müller, Bernd-Dietrich: Sichtwechsel. Elf Kapitel zur Sprachsensibilisierung. Stuttgart: Klett 1984

Hu, Adelheid/Byram, Michael: Intercultural competence and foreign language learning: models, empiricism, assessment. Tübingen: Narr 2009

Jenkins, Eva-Maria/Fischer, Roland/Hirschfeld, Ursula: Dimensionen. Lehrwerk Deutsch als Fremdsprache. Ismaning: Hueber 2002

Kleppin, Karin: Gibt es kulturelle Unterschiede bei der Einschätzung und Bewertung von Korrekturverhalten im Fremdsprachenunterricht? Eine vergleichende Untersuchung Volksrepublik China – Bundesrepublik Deutschland. In: Königs, Frank G./Szulc, Aleksander (Hrsg.): Linguistisch und Psycholinguistisch orientierte Forschungen zum Fremdsprachenunterricht. Bochum: Brockmeyer 1989, 107–132

Kleppin, Karin/Raabe, Horst: Zur Helferrolle im Tandemdiskurs. In: Riemer, Claudia (Hrsg.): Kognitive Aspekte des Lehrens und Lernens von Fremdsprachen. Cognitive aspects of foreign language learning and teaching. Tübingen: Narr 2000, 354–372

Knapp, Karlfried: Interkulturelle Kommunikation. In: Karlfried Knapp u. a.: Angewandte Linguistik. Ein Lehrbuch. Tübingen: Francke [2]2007, 409–430

Knapp-Potthoff, Annelie/Knapp, Karlfried: Interkulturelle Kommunikation. In: Zeitschrift für Fremdsprachenforschung 1 (1990), 62–93

Kniffka, Hannes: Kulturspezifik: Elements of Culture-Contrastive Linguistics. Frankfurt/Main: Lang 1995, 99–182

Kotthoff, Helga: Vortragsstile im Kulturvergleich: Zu einigen deutschrussischen Unterschieden. In: Jakobs, Eva-Maria/Rothkegel, Annely (Hrsg.): Perspektiven auf Stil. Tübingen: Niemeyer 2001, 321–350

Kotthoff, Helga: Positionierungen in Stipendienanträgen: Zur interkulturellen Pragmatik einer akademischen Gattung. In: Info DaF 6 (2009) 483–499

Krumm, Hans Jürgen: Curriculare Aspekte des interkulturellen Lernens und der interkulturellen Kommunikation. In: Bausch, Karl-Richard/Christ, Herbert/Krumm, Hans-Jürgen (Hrsg.): Handbuch Fremdsprachenunterricht. Tübingen: Francke ⁵2007, 138–144

Krumm, Hans-Jürgen/Fandrych, Christian/Hufeisen, Britta/Riemer, Claudia: Deutsch als Fremd- und Zweitsprache. Handbücher zur Sprach- und Kommunikationswissenschaft. Band 2. Berlin: de Gruyter 2010

Krusche, Dietrich: Ist „Fremde" lehrbar? In: Barkowski, Hans/Faistauer, Renate (Hrsg.): ... in Sachen Deutsch als Fremdsprache. Baltmannsweiler: Schneider Verlag Hohengehren 2002, 387–396

Liedke, Martina: Die Mikro-Organisation von Verständigung. Diskursuntersuchungen zu griechischen und deutschen Partikeln. Frankfurt/Main u. a.: Lang 1994

Liedke, Martina: Interkulturelles Lernen in Lehrwerken Deutsch als Fremdsprache. In: Materialen Deutsch als Fremdsprache 52 (1999), 552–577

Matsumoto, Yoshiko: Reexamination of the Universality of Face. Politeness Phenomena in Japanese. In: Journal of Pragmatics 12 (1988), 403–426

Mebus, Gudula/Pauldrach, Andreas/Rall, Marlene/Rösler, Dietmar: Sprachbrücke 1 und 2. Deutsch als Fremdsprache. München: Klett 1987

Meeuwis, Michael/Sarangi, Srikant: Perspectives on Intercultural Communication: A Critical Reading. In: Pragmatics 4 (1994) Heft 3, 309–313

Müller, Bernd-Dietrich: Wortschatzarbeit und Bedeutungsvermittlung. Kassel: Langenscheidt 1994 (Fernstudieneinheit 8)

Müller-Jacquier, Bernd: Linguistic Awareness of Cultures. Grundlagen eines Trainingsmoduls. In: Bolten, Jürgen (Hrsg.): Studien zur internationalen Wirtschaftskommunikation. Leipzig: Popp 2000, 20–49

Müller-Jacquier, Bernd: Interkulturelle Kompetenz als Entschlüsselung von Zeichenbedeutungen. In: Deutschunterricht 5 (2008), 21–35

Oksaar, Els: Kulturemtheorie. Ein Beitrag zur Sprachverwendungsforschung. Göttingen: Vandenhoek & Ruprecht 1988

Pommerin-Götze, Gabriele: Interkulturelles Lernen. In: Helbig, Gerhard/Götze, Lutz/Henrici, Gert/Krumm, Hans-Jürgen (Hrsg.): Deutsch als Fremdsprache. Ein internationales Handbuch. 2. Halbband. Berlin/New York: de Gruyter 2001, 973–985. (Handbücher zur Sprach- und Kommunikationswissenschaft 19.2)

Roche, Jörg: Interkulturelle Sprachdidaktik. Eine Einführung. Tübingen: Narr 2001 (Narr Studienbücher)

Rost-Roth, Martina: Verständigungsprobleme in der Interkulturellen Kommunikation. Ein Forschungsüberblick zu Analysen und Diagnosen in empirischen Untersuchungen. In: Zeitschrift für Literaturwissenschaft und Linguistik 93 (1994), 9–45

Rost-Roth, Martina: Deutsch als Fremdsprache und interkulturelle Kommunikation. Relevanzbereiche für den Fremdsprachenunterricht und Untersuchungen zu ethnographischen Besonderheiten deutschsprachiger Interaktionen im Kulturvergleich. In: Zeitschrift für Interkulturellen Fremdsprachenunterricht [Online] 1 (1996) Heft 1 [http://www.ualberta.ca/german/ejournal/ejournal.html] (18.01.2012)

Rost-Roth, Martina: Förderung interkultureller Kompetenzen im Tertiärsprachenunterricht 'Deutsch nach Englisch'. In: Hufeisen, Britta/Neuner, Gerhard (Hrsg.): Mehrsprachigkeitskonzepte – Tertiärsprachen – Deutsch nach Englisch. Strasbourg: Council of Europe in Kooperation mit dem Goethe-Institut Inter Nationes 2003a, 51–84

Rost-Roth, Martina: Anliegensformulierungen: Aufgabenkomplexe und sprachliche Mittel. Analysen zu Anliegensformulierungen von Muttersprachlern und Nichtmuttersprachlerln am Beispiel von Beratungsgesprächen und Antragsbearbeitungs-Gesprächen im Hochschulkontext. In: Zeitschrift für interkulturellen Fremdsprachenunterricht (2003b) [http://www.ualberta.ca/german/ejournal/ejournal.html] (18.01.2012)

Rost-Roth, Martina: Intercultural Training. In: Kotthoff, Helga/Spencer-Oatey, Helen (Hrsg.): Handbook of Applied Linguistics, Vol. 7: Intercultural Communication. Berlin: Mouton de Gruyter 2007, 491–519

Rost-Roth, Martina: Formen und Funktionen von Interrogationen. Fragen in grammatischen Beschreibungen, empirischen Befunden und Lehrwerken für Deutsch als Fremdsprache. In: Linguistik online 49 (2011) Heft 5, 91–117

Straub, Jürgen (Hrsg.): Handbuch interkulturelle Kommunikation und Kompetenz. Grundbegriffe, Theorien, Anwendungsfelder. Stuttgart: Metzler 2007

Takahashi, Tomoko/Beebe, Leslie M.: Cross-Linguistic Influence in the Speech Act of Correction. In: Kasper, Gabriele/Blum-Kulka, Shoshana (Hrsg.): Interlanguage Pragmatics. New York u. a.: Oxford University Press 1993, 138–157

Trim, John/Coste, Daniel/North, Brian: Gemeinsamer europäischer Referenzrahmen für Sprachen: lernen, lehren, beurteilen. Berlin: Langenscheidt 2001 [http://www.goethe.de/Z/50/commeuro/i3.htm] (12.10.2012)

Welsch, Wolfgang: Transkulturalität. Lebensformen nach der Auflösung der Kulturen. In: Information Philosophie 20 (1992), 5–20

Whorf, Benjamin L.: Sprache, Denken, Wirklichkeit. Beiträge zur Metalinguistik und Sprachphilosophie. Reinbek bei Hamburg: Rowohlt 1972

Wimmer, Andreas: Kultur als Prozess. Zur Dynamik des Aushandelns von Bedeutungen. Wiesbaden: VS Verlag für Sozialwissenschaften 2005

HELGA KOTTHOFF

B 3 Interaktion als Bedingung des Sprachenlernens

1 Zweitspracherwerb[1] in Interaktionen

Unter „Interaktion" wird gemeinhin „wechselseitige Beeinflussung unter Anwesenden" verstanden. Daran sind auf jeden Fall Sprechen und Hören beteiligt, manchmal auch Lesen und Schreiben. Die hauptsächliche Erscheinungsform von Interaktion ist das Gespräch von Angesicht zu Angesicht mit seinen verbalen, para- und nonverbalen Anteilen; heute gibt es auch elektronische Kommunikationsformen wie „e-mail" oder „chat", die gleichfalls auf spezifische Adressaten zugeschnitten werden (Beißwenger 2007) und in denen Produktion und Rezeption von Äußerungen meist nur in geringfügiger zeitlicher Zerdehnung erfolgen.[2]

Seit Interaktionen aufgezeichnet und damit empirisch zugänglich gemacht werden können, haben sich eigene Felder von Interaktionsforschung herausgebildet, z. B. die Konversationsanalyse (siehe z. B. Knoblauch 2003) oder die funktionale Pragmatik (siehe z. B. Ehlich 1999). Im Mittelpunkt der Forschung steht in der Regel das institutionelle oder nichtinstitutionelle Gespräch unter ko-präsenten Kommunizierenden mit voller Sprachkompetenz, aber es gibt schon seit langer Zeit auch Interesse an der Frage, wie Spracherwerb und Zweitspracherwerb in Interaktionen funktionieren (McTear 1985; Hatch 1978) und welche Besonderheiten die Interaktion mit nichtnativen Sprechern aufweist. Schwab (2009, 11 f.) fasst eine Entwicklung zusammen, die in den letzten 15 Jahren in der Konversationsanalyse nahestehenden Kreisen stattgefunden hat und die vor allem in der angelsächsischen Welt unter „Conversation Analysis for Second Language Acquisition", kurz „CA for SLA" „ Spuren hinterlassen hat (etwa in The Modern Language Journal 88/4, 2004 und Heft 91, Focus Issue 2007).

Auch in der Fremdsprachendidaktik wirkt sich die Interaktionsforschung seit langem aus. Beherrschendes Paradigma war diesbezüglich zunächst der kommunikative Ansatz, wie er zu Beginn der siebziger Jahre des zwanzigsten Jahrhunderts Gestalt angenommen hat. Hymes gab mit seinem Aufsatz „On communicative competence" (1979) auch der Fremdsprachendidaktik entscheidende Impulse. Nicht primär korrekte Grammatik, sondern situationsadäquates kom-

---

[1] Zweitspracherwerb umfasst als Oberbegriff auch weitere Sprachen, die mit oder ohne Unterricht erworben wurden.
[2] Siehe Ehlich 1994 zum Faktor zeitlicher Zerdehnung und seinen Auswirkungen auf orate und literate Strategien.

munikatives Handeln sollte die Richtschnur in der Fremdsprachenvermittlung abgeben. Grammatikvermittlung wurde einer funktionalen Herangehensweise verpflichtet. Wie darüber hinaus der Zusammenhang von Grammatik und Interaktion in die Fremdsprachendidaktik eingehen könnte, blieb zunächst unklar.

Immer wieder wurde in der Geschichte der Zweitspracherwerbsforschung die Frage aufgeworfen, welche Rolle die Interaktion für den Erwerb spielt (Henrici 1995). Vor allem die pragmatisch und interaktionsanalytisch orientierte Spracherwerbs und -Sprachlehrforschung hat in den letzten 30 Jahren versucht, gesprächsstrategische Besonderheiten von Diskursen unter Lernern oder auch von Lernern im Kontakt mit Muttersprachlern zu beschreiben (Kasper/Blum-Kulka 1993; Mondada/Pekarek-Doehler 2007). Dabei konturierten sich Anforderungen, die der nativ-nichtnative Diskurs an die Interaktanten stellt. Um auch nur eine minimale Beteiligung von Lernern niedriger Niveaustufen der Fremdsprachenbeherrschung gewährleisten zu können, bedarf es einiger Anstrengung sowohl von Seiten der kompetenten als auch der sprachlernenden Sprecher(innen). Long (1983) hat als einer der ersten auf Kompensationsstrategien oder Transparenzmaßnahmen hingewiesen, mit denen Muttersprachler den Zusammenbruch der Kommunikation mit Lernern vermeiden. Für die Lernerin ist jede Äußerung (der „output" des Gegenübers) gleichzeitig ein „input" (bzw. was sie verarbeiten kann, gilt als ihr „intake"), der ihren Spracherwerb unterstützt. Um konversationell zu partizipieren, muss die Lernerin ihre sprachlichen Ressourcen möglichst geschickt einsetzen, kann sich z. B. an Formulierungen der Vorgängeräußerung anschließen. Abel (2000, 13) betont, dass man in der fremdsprachlichen Kommunikation neue Interaktionstechniken lerne. Bei defizitärem Verständnis der verbalen Botschaft entwickelt man beispielsweise Verfahren der Deutung, die sich stärker auf den gesamten Kontext und auf Mimik und Gestik des Gegenübers beziehen. Alle Ressourcen einer „kooperativen Semiosis" (Goodwin 2010; Kotthoff 2010b) werden genutzt.

1.1 Kinder

Wenn man davon ausgeht, dass sowohl L1- als auch L2-Erwerb in und durch Interaktion stattfinden können, in dessen Verlauf imitiert, ausprobiert und modifiziert wird, gerät zunächst der Erwerb formelhafter Sequenzen stärker in die Aufmerksamkeit der Forschung, denn inzwischen hat sich die Einsicht verbreitet, dass auch mündliche Interaktion in hohem Maße in Routinen abläuft. Wong-Fillmore (1976) schreibt formelhaften Sequenzen im Englisch-Erwerb von Erstklässlern aus Mexiko eine herausragende Bedeutung zu. In den Interaktionen mit kalifornischen Gleichaltrigen lernten die Kinder zunächst viele im Alltag wichtige Formeln einzusetzen, durchaus auch komplexere als „please" und „see you later." Sie verstanden die Formeln, weil sie in Alltags-und Spielhandlungen eingebettet geäußert wurden, deren Struktur für das Verständnis der Rede mitgenutzt werden konnte. Zunächst war für die Englisch lernenden Kinder selbst zentral, was man in der Interaktion mit den Formeln erreichen konnte (d. h. sie setzten formelhafte Rede ein, obwohl sie diese nur ungefähr verstanden hatten); erst lange nach dem ersten Aufnehmen und imitativen Einsetzen folgten das Segmentieren der einzelnen Komponenten und die Ableitung abstrakter Konstruktionen. In der spielerischen Kind-Kind-Interaktion ist es dem lernenden Kind eher als dem Erwachsenen unter seinesgleichen gestattet, Worte und Wendungen mehrfach zu wiederholen und mit ihnen zu spielen.

Wong-Fillmore leitete aus dieser Studie die Einsicht ab, dass Kinder nicht nur aus hirnphysiologischen Gründen gute Sprachenlerner sind, sondern sie gestalten Interaktionen auch lernerfreundlich, schon allein durch das hohe Zusammenspiel von Sprechen und Handeln in der Spielinteraktion. Generell plädiert sie dafür, dass die Zweitspracherwerbsforschung formelhaften Sprachgebrauch stärker fokussiert und in seiner Bedeutung für den späteren Ausbau der Syntax würdigt.

Jeuk (2003) und Oomen-Welke (2010) kommen zu einem weniger optimistischen Bild der Interaktionen zwischen sprachkompetenten und –nichtkompetenten Kindern.

Die mentalen Prozesse, die in frühen Phasen von Erst- und Zweitspracherwerb ablaufen, werden heute in gebrauchsbasierten Ansätzen weitgehend als Sequenzlernen aufgefasst (Ellis 2008). Im Erst- wie auch im nichtinstitutionellen Zweitspracherwerb suchen Lerner den Input nach Mustern ab, versuchen beispielsweise die Inhaltswörter zu finden und hochfrequente Kombinationen. Ortega (2009, 113 und Kap. 5) fasst gebrauchsbasierte Theorien zusammen, die Grammatikerwerb primär als induktives Verfahren sehen, verbunden mit Aufmerksamkeitslenkung auf saliente Merkmale in der Interaktion.

1.2 Erwachsene

Auch Aguado (2002) fasst Forschung zur Rolle sprachlicher Routinen für den L2-Erwerb zusammen. Soziale und kognitive Vorteile der Verwendung komplexer, vorgefertigter und automatisierter Sequenzen für die erfolgreiche Teilnahme an Interaktionen liegen zwar auf der Hand, aber die frühere L2-bezogene Diskursforschung bescheinigte Erwachsenen, formelhafte Sequenzen hauptsächlich kommunikationsstrategisch zu verwenden. Da heute große Gesprächskorpora zur Verfügung stehen, kann nachgewiesen werden, dass rekurrente Muster der Normalfall sind und dass die sprachliche Kreativität in muttersprachlichen Diskursen geringer ist als angenommen. Gespeicherte Chunks sorgen nicht nur für flüssiges Sprechen und für ein natürlich klingendes Sprachverhalten, sondern auch für Konstruktionenbildung durch Form-Bedeutungsverbindungen (Handwerker 2008).

In den siebziger Jahren des letzten Jahrhunderts wurde zunächst deutlich, dass Muttersprachler mit erwachsenen Lernern anders reden (siehe den Überblick in Rost, 1989). Ferguson (1975) prägte dafür den Begriff „foreigner talk" und verstand darunter ein simplifiziertes Register mit einfacher Syntax, langsamer Aussprache, Wiederholungen und feed-back-heischenden Mustern (dem „motherese" ähnlich). U. a. Hinnenkamp (1982) und Roche (1986) fanden heraus, dass in Deutschland zu diesem Register gegenüber Gastarbeitern mit geringer Deutschkompetenz auch ein hoher Einsatz von Infinitiven, Du-Anrede statt „Sie", Negation durch „nix", Lautstärkeerhöhung und Auslassungen gehören. Die Vereinfachungen erleichtern die Verständigung, wenn sie auf den Adressaten abgestimmt sind. Krashen (1985) lenkte seinen Blick auf den Fremdsprachenerwerb in ungesteuerten und gesteuerten Situationen und unterschied neben dem „foreigner talk" auch noch „teacher talk" und „interlanguage talk". Vor allem in „teacher talk" und „interlanguage talk" zeigte sich eine Art von Zuschnitt auf den Lerner. Um Lerner in Interaktionen einbeziehen zu können, stellen Muttersprachler ihnen viele ja/nein-Fragen (Hatch 1978), welche minimale Beteiligung garantieren. Strategien wie „slower rate of delivery", „more use of stress and pauses", „more careful articulation", „more well formed utterances", „shorter utterances", „more overt marking of grammatical relation" dienen ebenfalls dem besseren Einbezug und der positiven Unterstützung des Lerners im Gespräch (Larsen-Freeman/Long 1991, 125 f.). Bald wurde allerdings auf die Gefahr hingewiesen, dass Verwendungen sprachlicher Simplifizierung nicht unbedingt dem Erwerbsstadium entsprächen, in dem sich der Lerner befinde (Pienemann 1984).

Auch Kotthoffs vergleichende Analysen von Gesprächen unter Muttersprachlern und solchen zwischen Lernern und Muttersprachlern (1991) weisen darauf hin, dass native Sprecher(innen) ihren Sprechstil selbst gegenüber Deutschlernern mit hohem Sprachniveau stilistisch adaptieren. Sie hat argumentative Gespräche rund um Protestpetitionen in universitären Sprechstunden zwischen Lehrenden und muttersprachlichen Studierenden mit solchen verglichen, an denen deutschlernende Studierende beteiligt waren, und im Hinblick auf Modalität und Dissensgestaltung analysiert. Die Lerner(innen) aus USA, Nigeria, England und Irland hatten alle Englisch als Erstsprache und besuchten als Zeitstudenten Seminare an einer deutschen Universität. Ihre Schreib- und Lesefertigkeit wurde als „fortgeschritten" eingestuft. In Widerspruchssequenzen zwischen nativen Sprechern des Deutschen und Englischen fand Kotthoff viele Abschwächungs- und Verstärkungsverfahren wie Modalpartikeln (im Deutschen), abschwächende hedges (*irgendwie, eventuell* …), Kommentarparenthesen vom Typ *ich meine, ich finde* und Unterstreichungsverfahren (*auf jeden Fall, vor allen Dingen* …). Die fortgeschrittenen Lerner(innen) verwenden hingegen fast gar keine Modalpartikeln, während diese Wortart unter den Modalisierungsmitteln der muttersprachlichen Deutschsprecher(innen) am stärksten vertreten ist. Die Lerner(innen) verwenden aber fast doppelt so viele „hedges" wie die Muttersprachler und scheinen damit den Modalisierungsanforderungen des argumentativen Diskurstyps Genüge tun zu wollen. Auch Mittel der Unterstreichung finden sich in ihrer Rede überproportional.

Die deutschsprachigen Lehrenden setzen gegenüber den Lernern nur halb so viele Modalpartikeln ein wie gegenüber den muttersprachlichen Studierenden. Insgesamt modalisieren sie ihre Rede im nativ-nativen Diskurs signifikant stärker. Es zeigt sich somit ein „interlanguage register" einer unbewussten Akkomodation an die Lernersprache. Es mag dabei eine Rolle spielen, dass der nativ-nichtnative Diskurs als vage genug erlebt wird, sodass Muttersprachler(innen) sich gegenüber Sprachlernern eher um klare Aussagen bemühen (Kotthoff 1991), somit um eine Kommunikationsstrategie der Transparenzerhöhung. Der Gebrauch verstärkender Redemittel bleibt den Lernern gegenüber im Vergleich zu dem gegenüber den Muttersprachlern nämlich ähnlich. Mit einer Kommunikationsstrategie der Transparenzerhöhung ist das kompatibel. Mit ihrem modalisierungsarmen Input/Partnerrede erschweren die deutschen Muttersprachler allerdings den Lernern die Konfrontation mit dem „Normalstil" alltäglicher Interaktion.

2   Interaktion im Fremdsprachenunterricht

2.1 Unterricht im engeren Sinne

Fremdsprachenunterrichtliche Kommunikationsprozesse sind etwas Besonderes, weil im Unterricht die Fremdsprache gleichzeitig Unterrichtsmedium und Unterrichtsgegenstand ist (House 2000, 111). Eine Lehrperson agiert im Unterricht immer mindestens auf drei Ebenen, einer Sach- („academic task environment" nach Erickson 1982) und einer Prozessebene, zu der die Aushandlung der sozialen Partizipationsstruktur gehört, der kommunikativen Rollen also, in denen agiert wird; dazu kommt die Ebene der Form. Besonders im Fremdsprachenunterricht kann die Arbeit an der sprachlichen Form fast immer in den Vordergrund treten. Das betrifft auch die Arbeit an der pragmatischen Adäquatheit der fremdsprachlichen Äußerungen.

Interaktionelle und kognitive Prozesse sind als miteinander in Verbindung anzusehen (Edmonson 2000, 74; Henrici 2000, 106), was Herausforderungen für die Sprachlehrforschung mit sich bringt. Neuere Überblicksarbeiten (Mackey 2007; Mackey/Gass 2006) zeigen ansatzweise Zusammenhänge zwischen der Spezifik von Interaktionen und Fremdsprachenerwerb. Mit Allwright (1984) muss man zunächst bedenken, dass nicht identisch ist, was gelehrt wird und was gelernt. Interaktion stellt fremdsprachliche Kontexte bereit und schafft für die Lerner

Handlungsdruck, ihre Äußerungen kohärent und angemessen einzupassen. Günstig scheint zu sein, wenn Lerner(innen) aktiv und selbst initiativ sein dürfen und damit auch an Problemlösungen teilnehmen. Lehrerseitige Verfahren wie Hörersignale, Reformulierungen, Vervollständigungen, Fragen und Erklärungen können für Lerner(innen) Gerüste bauen („scaffolding"), die ihnen nicht nur Bestehen in der Interaktion sichern, sondern auch Erwerbsfortschritt. Tognini (2008) fand z. B. in ihren mehrmonatigen Studien zum Französisch- und Italienisch-Erwerb in kanadischen Schulklassen expansive Sonderformen von Lehrer-Feedback, die sehr geeignet waren, längere Sequenzen mit einer Schülerin zu entwickeln.

Hinsichtlich fremdsprachenunterrichtlicher Ablaufstrukturen werden laut Henrici (2000, 107) hohe Anforderungen an die interaktionalen Management-Fähigkeiten der am Interaktionsprozess Beteiligten gestellt, vor allem der Lehrpersonen (z. B. auch im Hinblick auf die Antizipation von Formulierungs- und Verstehensproblemen). Interaktion erleichtert das Fremdsprachenlernen auch dann, wenn nur eine bis mehrere Stunden in der Woche für die Fremdsprache zur Verfügung stehen (was in den meisten Schulen und Hochschulen dieser Welt außerhalb des zielsprachlichen Raums der Fall ist) (Philip/Tognini 2009).

House (1996) zeigt in einer Longitudinalstudie, dass das Erlernen der Formen, Funktionen und der Distribution sprachlicher Routinen im Fremdsprachenunterricht durch die Vergabe metapragmatischer Informationen, expliziter Erklärungen und Reflektionen über eigene Produkte gewinnt.

Chaudron (1988) und auch spätere Arbeiten gehen davon aus, dass leider 90 Prozent aller strukturierenden Äußerungen im Unterricht von Lehrpersonen gemacht werden. Hatch (1978) betonte schon den engen Zusammenhang zwischen dem Typus von Lehrerfrage und dem von Lernern maximal erreichbaren sprachlichen Level. Sie beklagt die Tendenz von Lehrenden, im Unterricht weitgehend Scheinfragen zu stellen, die nicht auf eine inhaltliche Antwort abzielen, sondern nur der Elizitation sprachlicher Formen dienen. Im Unterricht seien nur 14% der Fragen inhaltlich motiviert. Tognini (2008) fand in ihrer Studie, dass im schulischen Fremdsprachenunterricht Lerner-Lerner-Interaktionen sich oft auf Memorieren, Darbietung von Modell-Dialogen und Rollenspiele beziehen. An Hochschulen erweisen sich aufgabenzentrierte Interaktionen, in den Studierende Bedeutungen aushandeln können, als effizient (Philip/Tognini 2009, 255).

Kostrzewa (2009) vergleicht verschiedene Arbeiten zum „teacher talk" und führt Studien an, die belegen, dass inhaltliches Interesse und verständlicher Input, verbunden mit einer redundanten Verwendung von Wortmaterial und Strukturen und klarer Artikulation, gute Voraussetzungen für Lerneffekte im Unterrichtsgespräch sind (2009, 30).

Konversationsanalytiker erforschen Spezifika unterrichtlicher Kommunikation des Fremdsprachenunterrichts zunächst ohne den Anspruch, auch schon spezifische Lernprozesse der Schüler(innen) nachzuweisen (Becker-Mrotzek / Vogt 2001; Seedhouse 2004). Schwab (2009) stellt eine explorativ-interpretative Studie über 14 Englischstunden in der Klasse 8 und 9 einer Hauptschule vor (videografiert), die er mit offenen und teilstrukturierten Interviews sowohl der Schüler als auch der Lehrerin angereichert hat. Im Mittelpunkt seiner Forschungsfragen stehen die Arten der Schülerbeteiligung im lehrerzentrierten Unterrichtsdiskurs. In der Tradition der anthropologischen Linguistik und der Konversationsanalyse sieht er jede Schülerin gleichzeitig als Akteurin, die im Unterricht auf ihren Einsatz wartet, und als Zuhörerin, die dem Geschehen folgt (S. 375). Onstage und off-stage-Performanzen wechseln sich ab. Gleiches gilt für die Lehrperson. Er zeigt, wie die Lehrkraft die Schüler(innen) einbindet und wie diesen „eingebettete Sequenzen" gelingen. Phaseneinteilungen des Unterrichts nimmt allein die Lehrkraft vor. Auch Schwab findet häufig das vieldiskutierte dreischrittige Sequenzschema Initiation-Response-Feedback der Unterrichtsinteraktion, das aber auf ein qualifiziertes Feedback hinauslaufen kann, was einen eigenen Lerneffekt mit sich bringe. Ausführlich geht er auf Reparatursequenzen ein und findet dazu in seinen Aufzeichnungen viele Untertypen, ebenfalls mit Lerneffekten. Die Bedeutung von Schülerinitiativen wird an vielen Stellen deutlich. Einerseits demonstrieren sie strategische und pragmatische Kompetenzen, andererseits unterstreichen Schüler damit ihren klaren Beteiligungswillen. Der Unterricht fand ausschließlich auf Englisch statt.

Edmondson und House (2003, 244) fassen zusammen, dass kommunikative Interaktionen in der Zielsprache für den Spracherwerb (besonders für die Wortschatzentwicklung und die Flüssigkeit beim Sprechen) ohne Zweifel wichtig sind. Doch sei auch unbestritten, dass für regelgeleitete Aspekte einer Sprache fokussierte Aufmerksamkeit die Voraussetzung für deren Erwerb ist. Effizientes Sprachenlernen erfolge nicht mittels Interaktion allein. Auch sie betonen die Rolle des Feedbacks bei fremdsprachlichen Interaktionen im Unterricht, weil in natürlichen Erwerbskontexten formbezogenes Feedback rar sei (zu Korrekturen im FU vgl. auch Rost-Roth, E 1). Philip und Tognini (2009, 246f.) fassen Studien zusammen, die zeigen, dass eine direkte Herangehensweise an Korrektur Lernern tatsächlich eine Hilfe ist, vor allem der Typus „recast" (eine genau um die defizitären Elemente korrigierte Wiederholung der Schüleräußerung). Lerner(-innen) lernen unbedingt auch von Interaktionen, an denen sie selbst nicht aktiv mitwirken (die sog. „Mithörer-Hypothese", Müller 2007). Im Fremdsprachenunterricht können verschiedene Arten (semi)aktiver Teilnahme (interaktiv, sozial, kognitiv) in der Lerngruppe gestaltet werden. Dem Hörverstehen kommt im Lernen über Interaktion eine entscheidende Rolle zu, bei der alle Stützpunkte aus dem Vorwissen (top-down) und verständlichen Textteilen (bottom-up) genutzt werden, z.B. auch Interkomprehension aus anderen Sprachen (Marx 2005).

In Zukunft wird die Verbindung zwischen linguistisch-lerntheoretisch fundierten Ansätzen, die auf eine Optimierung der Verarbeitung fremdsprachlichen Inputs durch Chunking abzielen, und der konstruktionsgrammatischen Erfassung entsprechender Strukturen, wie z. B. Handwerker (2008) sie für den Erwerb von psychischen Wirkungsverben vorschlägt, sicher für eine stärkere Kopplung von Interaktions- und Erwerbsanalyse sorgen.

2.2 Registervielfalt im Unterricht

Wenn man an dem Anspruch festhält, authentische Interaktionen in den Unterricht zu integrieren, begegnet man der zielsprachlichen Registervielfalt und muss diese im Unterricht reflektieren. Deppermann (2004) und Ahrenholz (2010, 173) charakterisieren Spezifika mündlicher Produktionen, von Prosodie und Stimmqualität über Ellipsen und syntaktische Sonderformen, Abbrüche, Deixis im Kontext, Klitisierungen bis zu unmittelbarem Hörerbezug. Für alle Diskursfelder muss ein Unterschied zwischen konzeptioneller und medialer Mündlichkeit und Schriftlichkeit gemacht werden. Sowohl Erzählen mit all seinen Untertypen wie z. B. dem Berichten, als auch Erklären, Argumentieren, Kritisieren oder Rechtfertigen etc. finden sich im institutionellen Kontext (nicht nur der Schule) in einer formelleren Variante, die den Normen schriftlicher Praktiken näher steht (Kotthoff 2010).

Über die Vermittlung der Strukturen der gesprochenen Sprache im DaF-Unterricht gibt es heftige Kontroversen (Günthner 2011; Imo 2009). Während Durrell (2004) für Einbezug eintrat, stellt Richter (2002, 214) bezüglich der „Relevanz der Gesprochene-Sprache-Forschung für den DaF-Unterricht" fest, dass bei Lehrwerkautoren und DaF-Lehrern die Meinung vorherrscht, dass die Einbeziehung der Merkmale gesprochener Sprache die Sprachvermittlung verkomplizieren würde. Für unstrittig hält sie allerdings, dass der Bereich in der Lehrerausbildung eine wichtige Rolle zu spielen hat, müssen Lehrpersonen doch später die Äußerungen der Schüler(innen) einordnen. Günthner (2004) plädiert dafür, dass Sprachvermittlung in Bezug auf Sprachverwendung in unterschiedlichen Situationen und Gattungen des Alltags zu erfolgen hat. Somit ein Diktum der Ethnographie der Kommunikation (Hymnes 1979) ernst nehmend, kann man nicht mehr umhin, sprechsprachliche Realisierungen in Lehrwerke und in den Unterricht zu integrieren. Diese stellen spezifische Anforderungen an das Hörverstehen (Eckhardt 2009). Sprachliche Äußerungen müssen insgesamt als gehörte Information wahrgenommen werden und unterliegen dabei einem Analyseprozess in zwei Richtungen, einmal in Richtung Morphologie, zum anderen müssen aber auch Phraseme und Syntagmen mit ihren oraten Formen als solche erkannt und im Kontext zugeordnet werden.

Dass gesprochensprachliche Register nicht einfach eine Reduktion des Geschriebensprachlichen darstellen, dürfte u. a. der hohe Einsatz von Modalpartikeln belegen. Die Wortart, zu deren Semantik die Verankerung der Äußerung im Kontext gehört, ist seit langem als Lernproblem bekannt (Rost-Roth 1999, Stein 2009). In der Didaktik der Modalpartikeln wurde inzwischen ein konstruktionsgrammatisch ausgerichteter Vorschlag gemacht (Thurmair 2011), der auf prototypischen Äußerungen in prototypischen Kontexten basiert (z. B. *doch* und *mal* in Aufforderungen: *Komm doch! Hör doch mal!*).

2.3 Lernen und Interagieren im Tandem und per Internet

Lernen im Tandem (s. Wolff, F 10) befindet sich zwischen den Polen des ungesteuerten und des gesteuerten Sprachlernens (Herfurth 1993; Bechtel 2003, 268). „Tandem" ist ein Spracherwerbsverfahren, bei dem sich zwei Personen unterschiedlicher Muttersprache treffen, um wechselseitig die Muttersprache des Partners zu erwerben. Gleichzeitig ist es eine besondere Form interkultureller Kommunikation mit dem Vorteil, dass irritierendes Verhalten (beispielsweise im Bereich der Höflichkeit) sogar thematisiert werden kann (was in Alltagssituationen eher selten ist). In Tandemkursen nehmen Lerner(innen) abwechselnd unterschiedliche Rollen ein. In der Rolle von Fremdsprachenlernern bitten sie z. B. um Formulierungshilfen, fragen nach, testen Formulierungen. In der Rolle der Laienlehrperson korrigieren und moderieren sie, schlagen Formulierungen vor, achten auf den Einsatz bestimmter Strategien.

Apfelbaum (1993) und Rost-Roth (1995) haben aus diskursanalytischer Perspektive Interaktionen im Tandem und damit verbundene Erwerbspotentiale untersucht.

In den von Rost-Roth analysierten deutsch-italienischen Tandems konnten die Lerner(innen) ihr kommunikatives Spektrum schon dadurch erweitern, dass in den Austausch Handlungen wie Kochen, Essen, Spazierengehen usw. involviert waren. Die Vielfalt der Gesprächsformen und Gesprächsrollen zeigte die Tandem-Situationen als vielfältiger als traditionellen Unterricht. Formulierungshypothesen konnten getestet und bearbeitet werden. Die Lerner berichteten in der nachträglichen Konfrontation mit den aufgezeichneten Interaktionen, dass sie korrektive Feedbacks gut annehmen konnten, weil keine Sanktionen zu befürchten waren. Die Vielfalt der Kommunikationsformen beförderte morphosyntaktische Fähigkeiten allerdings wenig. Die Aushandlung verständlichen Inputs wurde als interaktive Leistung deutlich. Rezeptive Defizite fielen stärker auf als im Unterricht und forderten ebenfalls kompensatorische Kommunikationsstrategien.

Abschließend soll erneut erwähnt werden, dass computergestützte Umgebungen die Forderung nach möglichst intensiver Interaktion und Bedeutungsaushandlung mit nativen Sprechern unterstützen können (Müller-Hartmann 2003, 270), selbstverständlich die Gestaltung von Lernsequenzen und Form-Funktions-Aufbereitungen insgesamt. „Chats" (Beißwenger 2007) im Internet weisen mit ihrer

Dialogizität Komponenten der mündlichen Kommunikation (Sprecherwechsel, Rederecht, Sequenzialität) auf. Schuetze (2009) fasst Studien zusammen, die belegen, dass die neuen Medien, die in Fremdsprachenkursen eingesetzt werden, die Lerner nicht so stark ablenken, wie das oft angenommen wurde. Studierende nutzen die Medien u. a. als Chance, persönliche Bezüge zu den im Unterricht verhandelten Themen herzustellen.

Fazit: Interaktionen bieten unterschiedliche Lehr- und Lernpotentiale, die es für Lerner und Lehrpersonen zu nutzen, aufzubereiten und zu reflektieren gilt. Ein interaktionsorientierter Fremdsprachenunterricht stellt Grammatikerwerb keineswegs hinten an, sondern reflektiert einerseits das stilistische Potential grammatischer Formen, geht von einem Lernen über „Chunking" aus und bietet dafür Inventare von Form-Bedeutungspaaren. Zwischen der schriftsprachlichen Norm und dem Fehler erkennt er noch gesprochensprachliche Realisierungen an, deren Verwendung oftmals anzeigt, dass die Lernerin sich kürzlich im Land der Zielsprache aufgehalten und gut hingehört hat.

Literatur

Abel, Fritz: Interaktion und menschliche Sprachkompetenz. In: Bausch u. a. (Hrsg.) 2000, 11–20

Aguado, Karin: Formelhafte Sequenzen und ihre Funktionen für den L2-Erwerb. Zeitschrift für Angewandte Linguistik 37 (2002), 27–51

Ahrenholz, Bernt/Oomen-Welke, Ingelore (Hrsg.): Deutsch als Zweitsprache. Deutschunterricht in Theorie und Praxis Bd. 9. Baltmannsweiler: Schneider Hohengehren ²2010

Ahrenholz, Bernt: Mündliche Produktionen. In: Ahrenholz/Oomen-Welke (Hrsg.) ²2010, 173–189

Allwright, R.: The Importance of Interaction in the Classroom Language Learning. Applied Linguistics 5/2 (1984), 156–171

Apfelbaum, Birgit: Erzählen im Tandem. Tübingen: Narr 1993

Bachmann-Stein, Andrea/Stein, Stephan (Hrsg.): Mediale Varietäten. Gesprochene und geschriebene Sprache und ihre fremdsprachendidaktischen Potenziale. Beiträge zur Fremdsprachenvermittlung 2009 (Sonderheft 15)

Bausch, Karl-Richard/Christ, Herbert/Königs, Frank G./Krumm, Hans J. (Hrsg.): Interaktion im Kontext des Lehrens und Lernens fremder Sprachen. Tübingen: Narr 2000

Bausch, Karl-Richard/Christ, Herbert/Krumm, Hans-Jürgen (Hrsg.): Handbuch Fremdsprachenunterricht. Tübingen: Francke ⁴2003

Bechtel, Mark: Lernen im Tandem. In: Bausch u. a. (Hrsg.) ⁴2003, 266–269

Becker-Mrotzek, Michael/Vogt, Rüdiger: Unterrichtskommunikation. Tübingen: Narr 2001

Beißwenger, Michael : Sprachhandlungskoordination in der Chat-Kommunikation. Berlin/New York: de Gruyter 2007

Chaudron, Craig: Second Language Classroom. Cambridge University Press 1988

Deppermann, Arnulf: Mündlich kommunizieren. In: Knapp, Karlfried/Antos, Gert/Becker-Mrotzek, Michael (Hrsg.): Angewandte Linguistik. Ein Lehrbuch. Tübingen: Francke 2004, 295–298

Durrell, Martin: Deutsche Standardsprache und Registervielfalt im DaF-Unterricht. In: Neuland, Eva (Hrsg.): Variation im heutigen Deutsch: Perspektiven für den Sprachunterricht. Frankfurt/M.: Lang 2004, 111–123

Eckhardt, Andrea G.: Leistungsunterschiede im Hörverstehen bei Kindern deutscher und nichtdeutscher Herkunftssprache in Abhängigkeit von der Einbettung der Sprache in soziale Handlung. In: Schramm, Karen/Schroeder, Christoph (Hrsg.): Empirische Zugänge zu Spracherwerb und Sprachförderung in Deutsch als Zweitsprache. Münster: Waxmann 2009, 91–110

Edmondson, Willis: The Mississipi is flowing. Interaktion und Fremdsprachenerwerb. In: Bausch u. a. (Hrsg.) 2000, 68–77

Edmondson, Willis/House, Juliane: Interaktion beim Lehren und Lernen fremder Sprachen. In: Bausch u. a. (Hrsg.) 2003, 242–247

Ehlich, Konrad: Funktion und Struktur schriftlicher Kommunikation. In: Günther, Hartmut/Ludwig, Otto (Hrsg.): Schrift und Schriftlichkeit. Berlin/New York: de Gruyter 1994, 18–41

Ehlich, Konrad: Funktionale Pragmatik. Deutschunterricht in Japan 4 (1999), 4–24

Ellis, Nick: Usage-Based and Form-Focused Language Acquisition. In: Ellis, Nick/Robinson, Peter (eds.): Handbook of cognitive linguistics and second language acquisition. New York: Routledge 2008, 372–405

Erickson, Frederick: Classroom Discourse as Improvisation. In: Wilkinson, Louise Cherry (ed.): Communicating in the Classroom. New York/London: Academic Press 1983, 153–183

Ferguson, Charles: Towards a characterization of English foreigner talk. Anthropological Linguistics 17 (1975), Heft 1, 1–14

Goodwin, Charles: Constructing meaning through prosody in aphasia. In: Dagmar Barth-Weingarten/Elisabeth Reber/Margret Selting (eds.): Prosody in Interaction. Amsterdam: Benjamins 2010, 373–395

Günthner, Susanne: Grammatikalisierungs-/Pragmatisierungserscheinungen im alltäglichen Sprachgebrauch. In: Eichinger, Ludwig/Kallmeyer, Werner (Hrsg.): Standardvariation. Berlin: de Gruyter 2004, 181–216

Günthner, Susanne: Übergänge zwischen Standard und Non-Standard – Welches Deutsch vermitteln wir im DaF-Unterricht? In: Bulletin VALS-Asla 94 (2011), 27–47

Handwerker, Brigitte (2008): Chunks und Konstruktionen. Zur Integration von lerntheoretischem und grammatischem Ansatz. Estudios Filologicos Alemanes (2008) Heft 15, 49–64

Hatch, Evelyn M.: Discourse analysis and second language acquisition. In: Hatch, Evelyn M. (ed.): Second Language Acquistion. Rowley: Newbury House 1978, 401–435

Henrici, Gert: Spracherwerb durch Interaktion? Hohengehren: Schneider 1995

Henrici, Gert: Wer (Fremd)Sprachenerwerb sagt, muss auch Interaktion sagen. Anmerkungen zu einer zentralen Kategorie bei der Erforschung des Fremdsprachenerwerbs. In: Bausch u. a. (Hrsg.) 2000, 104–111

Herfurth, Hans-Erich: Möglichkeiten und Grenzen des Fremdsprachenerwerbs in Begegnungssituationen. Zu einer Didaktik des Fremdsprachenlernens im Tandem. München: Iudicium 1993

Hinnenkamp, Volker: Foreigner-Register und Tarzanisch: Eine vergleichende Studie über die Sprechweise gegenüber Ausländern am Beispiel des Deutschen und des Türkischen. Hamburg: Buske 1982

Hirschmann, Hagen: Orthografiefehler bei fortgeschrittenen Deutschlernern. Vortrag an der Humboldt-Universität Berlin 2009

House, Juliane: Developing pragmatic fluency in English as a foreign language: routines and metapragmatic awareness. Studies in Second Language Acquisition 18 (1996) 225–252

House, Juliane: Interaktion und Fremdsprachenunterricht. In: Bausch u. a. (Hrsg.) 2000, 111–118

Hymnes, Dell: On communicative competence. In: Brumfit, C. J./Johnson, K. (eds.): The communicative approach to language teaching. Oxford: Oxford University Press 1979, 5–26

Imo, Wolfgang: Gesprochene-Sprache-Forschung und DaF-Unterricht. In: Bachmann-Stein/Stein (Hrsg.) 2009, 39–63

Jeuk, Stefan: Erste Schritte in der Zweitsprache Deutsch. Eine empirische Untersuchung zum Zweitspracherwerb türkischer Migrantenkinder in Kindertageseinrichtungen. Freiburg: Fillibach 2003

Kasper, Gabriele/Blum-Kulka, Shoshana (eds.): Interlanguage Pragmatics. Oxford: Oxford University Press 1993

Knoblauch, Hubert: Konversationsanalyse. In: Bohnsack, Ralf/Marotzki, Winfried/Meuser, Michael (Hrsg.): Hauptbegriffe qualitativer Sozialforschung. Opladen: Leske & Budrich 2003, 105–109

Kotthoff, Helga: Lernersprachliche und interkulturelle Ursachen für kommunikative Irritationen. Linguistische Berichte 135 (1991), 375–397

Kotthoff, Helga: Gesprächsfähigkeit: Erzählen, Argumentieren, Erklären. In: Frederking, Volker/Huneke, Hans-Werner/Krommer, Axel/Meier, Christel (Hrsg.): Taschenbuch des Deutschunterrichts. Baltmannsweiler: Schneider Hohengehren 2010a, 177–201

Kotthoff, Helga: Further perspectives on cooperative semiosis: Comments on Charles Goodwin „Constructing meaning through prosody in aphasia". In: Dagmar Barth-Weingarten/Elisabeth Reber/Margret Selting (eds.): Prosody in Interaction. Amsterdam: Benjamins 2010b, 395–401

Kostrzewa, Frank: „Teacher Talk" – die Unterrichtssprache der Lehrenden. Effektive und weniger effektive Methoden im Vergleich. In: DaZ 4 (2009), 29–33

Krashen, Steven: The Input-Hypothesis.: Issues and Implications. London: Longman 1985

Larsen-Freeman, Diane/Long, Michael: An introduction to second-language-acquistion research. London/New York: Longman 1991

Long, Michael: Linguistic and Conversational Adjustments to the Non-Native Speakers. In: Studies in Second Language Acquisition 5 (1983), 177–193

Mackey, Alison (ed.): Conversational Interaction and Second Language Acquisition. Oxford: Oxford University Press 2007

Mackey, Alison/Gass, Susan: Pushing the methodological boundaries in interaction research: introduction. Studies in Second Language Acquisition 21 (2006), Heft 4, 169–178

Marx, Nicole: Hörverstehensleistungen im Deutschen als Tertiärsprache. Baltmannsweiler: Schneider Hohengehren 2005

McTear, Michael: Children's conversation. London: Blackwell 1985

Mondada, Lorenza/Pekarek-Doehler, Simona: Second Language Acquisition as Situated Practice: Task Accomplishment in the French Second Language Classroom. In: The Canadian Modern Language Review/La revue canadienne des langues vivantes 61 (2005) Number 4, 461–490

Müller, Andrea G. → Eckhardt, Andrea G.: Hörverstehen in der Zweitsprache Deutsch. In: Ahrenholz/Oomen-Welke (Hrsg.) ²2010, 253–264

Müller-Hartmann, Andreas: Lernen mit E-Mail und Internet. In: Bausch u.a. (Hrsg.) 2003, 269–272

Oomen-Welke, Ingelore: Deutsch als Zweitsprache im Kindergarten – Ergebnisse einer Langzeitstudie. (demn.)

Ortega, Lourdes: Second Language Acquisition. London: Hachette 2009

Philip, Jenifer/Tognini, Rita: Language acquisition in foreign language contexts. In: IRAL 47 (2009), 245–266

Pienemann, Manfred: Is language teachable? In: Australian Working Papers in Language Development 1.3 (1984), 52–79

Richter, R.: Zur Relevanz der Gesprochene-Sprache-Forschung für den DaF-Unterricht. Informationen Deutsch als Fremdsprache 4 (2002), 306–316

Roche, Jörg: Xenolekte. Struktur und Variation im Deutsch gegenüber Ausländern. Berlin/New York: de Gruyter 1989

Rost, Martina: Sprechstrategien in „freien Konversationen." Tübingen: Narr 1989.

Rost-Roth, Martina (u. Mitarb. v. Oliver Lechlmair): Sprachenlernen im direkten Kontakt. Autonomes Tandem in Südtirol. Meran: Alpha & Beta 1995

Rost-Roth, Martina: Der Erwerb der Modalpartikeln. Eine Fallstudie zum Partikelerwerb einer italienischen Deutschlernerin mit Vergleichen zu anderen Lernervarietäten. In: Dittmar, Norbert/Giacalone Ramat, Anna (Hrsg.): Grammatik und Diskurs/Grammatica e Discorso. Studi sull'acquisizione dell'italiano e del tedesco/Studien zum Erwerb des Deutschen und des Italienischen. Tübingen: Stauffenburg 1999, 165–209

Schuetze, Ulf: E-Mail und Chat: Ablenkung, Nutzen? In: Zielsprache Deutsch 36 (2009) Heft 2, 69–75

Schwab, Götz: Gesprächsanalyse und Fremdsprachenunterricht. Landau: Verlag empirische Pädagogik 2009

Seedhouse, Paul: The Interactional Architecture of the Language Classroom: A Conversation Analysis Perspective. London: Blackwell 2004

Stein, Stefan: Modalpartikeln im gesprochenen und geschriebenen Deutsch. In: Bachmann-Stein/Stein (Hrsg.) 2009, 63–87

Thurmair, Maria: Alternative Überlegungen zur Didaktik von Modalpartikeln. Deutsch als Fremdsprache (2010) Heft 1, 3–10

Tognini, Rita: Interaction in languages other than English classes in Western Australian primary and secondary schools. Doctoral dissertation. ORT: Edith Cowan University 2008

Wong-Fillmore, Lily: The second time around. Cognitive and social strategies in second language learning. Stanford: Stanford University 1976

INGELORE OOMEN-WELKE

B4 Sprachvergleich und Sprachbewusstheit

1 Einleitung

Besteht eine Dynamik der Gegenseitigkeit von Ausgangs- und Zielsprachen und ihrer jeweiligen Sprecher? Was haben die verschiedenen Ausgangssprachen mit dem Lernen von Deutsch als Fremdsprache (oder als Zweitsprache) zu tun, und was haben die Sprachlehrenden und die Sprecher des Deutschen mit den Ausgangssprachen der Lernenden zu tun?

Der vorliegende Beitrag beleuchtet den Sprachvergleich aus der Perspektive des Sprachlernens, aus der Perspektive der sprachlichen Interaktion und mit Blick auf die kognitiven Prozesse, die dabei entstehen.

Sprachenlernen: Wenn wir eine neue Sprache lernen, dann spielen die schon erworbenen Sprachen mit: eine sog. Muttersprache oder zwei Erstsprachen sowie die bisherigen Fremdsprachen (Oomen-Welke in DTP 9 [2]2010a, B1, 33f.). Manchmal ist das hilfreich, manchmal hinderlich. Wir können aber nicht umhin, die neue Sprache, hier DaF, zumindest in Teilen mit den bekannten Sprachen zu vergleichen, besonders am Beginn. (Vgl. hier Rösler D2, Abschnitt 6 und die Literatur dort.)

Aus dieser Gegebenheit macht die aktuelle Sprachendidaktik Konzepte einer „Didaktik der Sprachenvielfalt" oder „Mehrsprachigkeitsdidaktik" (Oomen-Welke DTP 9 [2]2010b, F4; 2010c; 2010d; Hufeisen 2010; Rothstein 2011). Sie zeigt, dass es möglich ist und wie es gelingen kann, die mitgebrachten Sprachen der Lernenden in Beziehung zu DaF zu setzen und dadurch das Deutschlernen zu unterstützen: indem die Sprachen und die Sprachvorstellungen der Lernenden zum Thema und zum Untersuchungsgegenstand im Sprachkurs und im Sprachunterricht werden und der kooperativen, vergleichenden Reflexion dienen.

Sprachliche Interaktion: Zum Sprachenlernen gehört der sprachliche Austausch, sei es mit der Lehrperson oder mit Muttersprachlern, aber auch mit Mitlernenden. Dabei äußern die Sprachlernenden oft Reflexionen, die Sprachvergleichendes zum Gegenstand haben. Wenn Sprecher der Zielsprache ein offenes Ohr für Beobachtungen und Fragen und für das Anliegen sowie Bereitschaft zum Dialog zeigen, vertieft das die Aufmerksamkeit der Lernenden auf die neue Sprache und die Auseinandersetzung mit ihr und führt zu Sprachwissen und Sprachbewusstheit, die wiederum für den Sprachlernprozess förderlich sind. Besonders deutlich wird das in Tandem-Situationen, in denen sich Sprecher verschiedener Erstsprachen gegenseitig Phänomene ihrer Sprache erklären (vgl. in diesem Band Wolff, F10; auch Rost-Roth, B2; Kotthoff, B3).

Sprachvergleich: In diesem Artikel, der an Oomen-Welke ([2]2010a in DTP 9: DaZ) anschließt, werden Grundlagen wie die Zugehörigkeit zu Sprachfamilien nicht wiederholt.[1] Vielmehr werden Anregungen für das Vergleichen von Sprachen durch DaF-Lernende gegeben und dafür zunächst die sprachlichen Sachverhalte im Hintergrund aufbereitet – kurz, also nicht als Ersatz für Grammatiken der Einzelsprachen. DaF-LehrerInnen benötigen Grundkenntnisse darüber, wie Sprachen verfahren können; vgl. die neueren Kurzdarstellungen einzelner nichtdeutscher Ausgangssprachen bei Colombo-Scheffold u. a. ([2]2010) mit vierzehn (meist) europäischen Sprachen incl. Türkisch und Kurdisch; Schader (2011) mit 14 Sprachen incl. Arabisch, Kurdisch, Tamil, Thai, Türkisch; Krumm u. a. (2010) mit ca. 30 Sprachen weltweit; s. auch The World Atlas of Language Structures (WALS), hg. v. Dryer / Haspelmath 2005, online 2011 mit „76492 datapoints for 2678 languages".

2 Präkonzepte beim DaF-Lernen

Folgendes dürfte bekannt sein: Manches lernt man durch Beobachtung und „imitierendes Mittun" (Bauer [9]2006), manches durch vielfache Übung, manches durch Einsicht in die Zusammenhänge des Lerngegenstandes und ggf. durch seine Kontrastierung mit anderen Gegenständen. Das „imitierende Mittun" sollte für das Lernen nicht unterschätzt und nicht als „nur nachgemacht" niedrig bewertet werden, zumal in vielen Lernkontexten die Musterbildung der Einsicht und dem funktionalen Verhalten vorausgeht (mittels Tun oder Verhalten im gegebenen Rahmen: Gestik übernehmen; zielsprachliche Intonation versuchen; mit der Zeitung im Café sitzen, auch wenn man sie noch nicht ganz lesen kann). – Lernen bereitet Schwierigkeiten, wenn die vorhandenen subjektiven Vorstellungen und das implizite Wissen der Lernenden nicht berücksichtigt werden, wenn offen oder verdeckt gegen sie gearbeitet wird, wenn etwa die Lehrperson zu vergleichenden Äußerungen der Lernenden sagt: „Das spielt jetzt keine Rolle. / Bleiben Sie beim Thema / beim Deutschen." Mehr Erfolg verspricht dagegen das **Einbeziehen** solcher Präkonzepte in den Lernkontext, insbesondere wenn die Lernenden am Entdecken der Spezifika der Gegenstände aktiv beteiligt sind.

Auch beim Lernen von Fremdsprachen ist das so. Von der ersten Unterrichtsstunde an (und vielleicht schon vorher) suchen Lernende neuronale Andockstellen für den neuen Lernstoff, indem sie Neues mit dem Vorhandenen verbinden und vergleichen. Internationale Wörter (*Kaffee*), Eselsbrücken (*Auf dem wo hupft der Floh* für die Unterscheidung von frz. *où – wo*? und frz. *ou – oder; Wer*

---

[1] Neu verwiesen sei auf Grzega (2012) und die Literatur dort, z. B. Hinrichs u. a. (2009). Grzega gibt eine Einführung in einzelne Aspekte von Sprachen und Kulturen Europas samt ihrer Geschichte.

nämlich *mit H schreibt, ist dämlich.*) und semiotische Nebenkodierungen (Bilder, Gesten) sollen das Andocken gewährleisten und tun das meist auch.

Die Konfrontation mit einer anderen Sprache löst kognitive und affektive Aktivitäten aus: Die Lernenden finden eine Einstellung zu den wahrgenommenen Sprachphänomenen und bewerten diese (*gefällt mir – gefällt mir nicht; ist ja niedlich – blödes Wort; hört sich an wie X . . .*). Sie versuchen, das neue Phänomen zu durchschauen und mit bekannten Spracherscheinungen in Erst- oder Fremdsprache zu vergleichen, wie Wildenauer-Józsa (2005, 131 ff.) zeigt. Allerdings haben sie selten die Gelegenheit, diese Kognitionen im Kurs / Unterricht zum Ausdruck zu bringen und mit anderen zu teilen, um kooperativ weiterzukommen. Im Gegenteil, meist bleiben sie damit allein, finden auf Fragen keine Antwort und erleben Unzufriedenheit.

In diesem Artikel dagegen geht es um das mehr oder weniger bewusste Anknüpfen an implizite und explizite Vorstellungen und Wissensbestände beim Sprachenlernen und, so weitergehend, den Ausbau des Wissens, insbesondere bei Deutsch als Fremdsprache (DaF). Eine Methode dafür ist der Sprachvergleich, das Vergleichen zu lernender Elemente und Strukturen mit denen anderer bekannter Sprachen. Ausgehend von Beispielen spontanen Vergleichens durch DaF-Lernende werden Sprachthemen ermittelt und kognitive Eigenaktivitäten vorgeschlagen. Zuvor werden in Abschnitt 3 einige Charakteristika des Deutschen benannt, die besondere Stolpersteine bilden. Auf diese beziehen sich die in Abschnitt 4 skizzierten Vorschläge sprachvergleichenden Arbeitens und der Bewusstwerdung der Lernenden.

3 Charakteristika des Deutschen

Ausgewählte Bereiche des Deutschen, die Schwierigkeiten beim DaF-Lernen darstellen können, werden im Folgenden kurz benannt. Für die genauere Darstellung sei auf die Grammatiken verwiesen. Hier wird nur umrissen, was ihre Schwierigkeit ausmacht.

3.1 Lautung des Deutschen

DaF-Anfänger stolpern über die Lautung des Deutschen. Einerseits benutzt das Deutsche evtl. mehr und andere Phoneme als manch andere Sprachen; die Duden-Grammatik (2005, 34 f.) gibt für das Deutsche 21 Konsonantenphoneme (ohne Affrikaten) und 16 Vokalphoneme an; andere Quellen nennen geringere Phonembestände und unterscheiden nach zentralen und peripheren Phonemen (Willi 2004, 489; Grzega 2012, 144 ff.). Gerundete Vokale wie /ü/ und /ö/ gibt es in manchen germanischen (Englisch) und romanischen Sprachen (Italienisch, Spanisch) nicht, nicht im Griechischen und in slawischen Sprachen, nicht im Japanischen und im Chinesischen; dagegen sind sie im Türkischen und Ungarischen häufig.

Andererseits ist der Silbenbau des Deutschen mit seinen Konsonantenhäufungen am silbischen Anfangsrand (*Pflaume, Straße*) und am Endrand (*Angst, aufgehängt, Sumpf, er horcht*) schwierig zu artikulieren und auch zu durchschauen. Ein Beispiel für Konsonantenhäufung an beiden Positionen ist *Strumpf*. Ähnliche Schwierigkeiten haben Deutschsprechende mit dem Anfangsrand im Tschechischen. Oft werden die Schwierigkeiten durch Simplifizieren bzw. Ersetzen gelöst, z.B. von Sprechern des Vietnamesischen: *Angst → An* oder *Ang*, von Sprechern des Polnischen *über → iber* usw.

Aus Konsonantenhäufung kann sich darüber hinaus bei der Rezeption ergeben, dass DaF-Lernende Wörter mit denselben Vokalen und ähnlichen Konsonanten nicht unterscheiden können; das ganze Wort wird durch die Konsonanten unübersichtlich, (nicht nur) deswegen wird der Vokal als Signal wahrgenommen. Beispiele für Verwechslungen sind *Brett* und *Blech*, *Pfütze* und *pflücken*, *Bürste* und *Brüste*. Pflaum (2003) hat seiner Sammlung „194 Sätze aus der Zwischengrammatik" den Untertitel gegeben „Zahnwürste und Bratbürste"; weitere Beispiele findet man im Buch, z.B. *Fahrrad* und *Pfarrer*.

Der ästhetische Eindruck, den das Deutsche mit den Konsonantenhäufungen erweckt, wird oft als dynamisch, aber auch als schwerfällig und hart beschrieben, zumal viele Konsonanten behaucht werden und dadurch kraftvoll, aber nicht elegant wirken.

3.2 Die Artikel des Deutschen als Deklinationsanzeiger

Das Deutsche ist eine Artikelsprache, wie andere, aber nicht alle indoeuropäischen Sprachen (vgl. Oomen-Welke DTP 9 ²2010a, 41 f.; vgl. z.B. Glinz 1994, 19 ff.). Artikel sind die häufigsten Wörter des Deutschen (Kühn 1979; Wortschatz Leipzig 2001). DaF-Lernende artikelloser Sprachen erfahren von Anfang an, dass es obligatorische Artikel gibt, und sind oft mit dem Artikelgebrauch und seiner Hauptfunktion, Definitheit und Indefinitheit (sowie Generik/Generalisierung) der Nominalgruppe zu signalisieren, bereits durch das Englische vertraut. Der Artikel im Deutschen ist zusätzlich mit drei teils schwierigen grammatischen Kategorien aufgeladen: Genus, Kasus, Numerus. Damit wird das Problem der schwer zu erlernenden deutschen Deklination vor allem am Artikel sichtbar (daneben auch an den attributiven Adjektiven).

(1) Die **Numerus**angabe an sich erscheint logisch und einfach; evtl. ist ihre (redundante?) Mehrfachmarkierung an Artikel, Nomen und ggf. attributivem Adjektiv ein Problem bei der Sprachproduktion.

(2) Die **Kasus**markierung der Nominalgruppe am Artikels ist vielfältig und mit Homonymie/Synkretismus behaftet (vgl. Duden-Grammatik 2005, 266); den 16 grammatischen Kasusformen – je 4 Kasusformen für die drei Genera

und den Plural [2] – stehen nur sechs Lautformen gegenüber: *der, des, dem, den, die, das*; jede Form ist mehrdeutig, *der* und *die* haben jeweils vier grammatische Bedeutungen, die anderen Artikelformen je zwei. Das erfordert von DaF-Lernern jeweils eine Analyse, weil das Erkennen der Kasusform zum Verständnis einer Äußerung notwendig ist: <u>Den</u> *Antrag auf* <u>die</u> *Einrichtung* <u>der</u> *Mailkonten erteilt* <u>die</u> *zuständige Stelle* <u>den</u> *Antragstellern auf* <u>dem</u> *Formblatt.*

(3) Das **Genus** der Nomina erfordert genusbestimmte Formen des Artikels; für die drei Genera stehen drei genusbestimmte Artikelparadigmen zur Verfügung, und hinzukommt das genusneutrale Artikelparadigma des Plurals. Das deutsche Genussystem unterscheidet sich von anderen Sprachen, die ohne Genus (bzw. mit Einheitsgenus) oder mit zwei Genera auskommen, wie die meisten romanischen Sprachen, und/oder die auch im Plural die Genera unterscheiden (Sg. *el, la*; Pl. *los, las* im Spanischen).

(4) Das **Genus** der deutschen Nomina und damit des Artikels erscheint willkürlich, wo es nicht dem natürlichen Geschlecht des bezeichneten Gegenstandes entspricht. Zwar wird versucht, phonologische, morphologische, semantische Regularitäten als Gruppenmerkmale heranzuziehen, an denen das Genus erkannt werden kann; vgl. Duden-Grammatik (2005, 154 ff.). Sichere Entscheidungen erlauben diese Kategorien aber häufig nicht. Allerdings folgt das Genus auch in anderen flektierenden Sprachen nicht einheitlichen Gesichtspunkten.

Das deutsche Deklinationssystem und der Artikel als sein wesentlicher Anzeiger machen eine Hauptschwierigkeit in DaF aus. Deshalb verwundert die Äußerung einer 16-jährigen DaF-Lernerin mit arabischer Muttersprache nicht:

„Immer hab Probleme mit die Artikel \ weil sie * möchte Deutsch schwer machen \ und wann nicht so viele Artikel gibt * ist Deutsch * echt leicht \ " (* = Minipause; \ = Senken der Stimme)

3.3 Wortschatz und Wortbildung im Deutschen

Anfänger vergleichen bewusst den Wortschatz einer neuen Zielsprache und einer bekannten Sprache, und sie tun das auf zwei Weisen: zum einen bilden sie Sprachbrücken (Mnemotechnik zum Memorieren, z.B. Lautähnlichkeiten zwischen L1 und DaF: *Auf* <u>Wiedersehen!</u> erinnert Ungarn an <u>Viszontlátásra!</u>; oder falsche Kognaten wie *armut heißt auf Türkisch Birne* (Wildenauer-Józsa 2005, 136), zum andern knüpfen sie an bekannte Wörter früher gelernter Sprachen an, zum Beispiel an Englisch, und nutzen es als Brücke zur neuen Sprache (*garden* → *Garten, swim, swam, swum* → *schwimmen, schwamm, geschwommen*). Für

---

[2] Wenn man im Plural kein Einheitsgenus sieht, sondern eine Genusdifferenzierung in mask, fem, neutr mitdenkt, sind es sogar 24 mögliche Kasusformen.

Sprachbrücken kommen auch Internationalismen in Frage (*Ozean, Migration, Datum, spezialisieren, Balkon, Stress*).

Es ist ein produktiver Ansatz, die Verbindung zwischen den schon gelernten und zu lernenden Sprachen herzustellen (vgl. Baur/Hufeisen 2011). Das geht am Anfang oft einfach über den Wortschatz, und diese Strategie wird viel genutzt, wie Wildenauer-Józsa (2005) aus Äußerungen junger DaF-Lerner ermittelt hat. Nach ersten Grundlagen wird das mentale Lexikon der Zielsprache, das Wortschatzgedächtnis, umfangreicher und bildet einen vernetzten Speicher, in dem assoziative und strukturelle Verbindungen entstehen: Sachfelder, Ablaufschemata, Kollokationsfelder, Wortfelder, Bewertungsnetze, Assoziationsnetze aus jeweils mehreren Wörtern (Oomen-Welke/Kühn ²2010, 146f.). Die Vernetzung ist anfangs schwächer und wird mit mehr Sprachkontakt entsprechend ausgebaut.

Beim Ausbau des Wortschatzes spielt die Wortbildung eine entscheidende Rolle, da Konversion/Wortartwechsel, Komposition/Zusammensetzung und Derivation/Ableitung im Deutschen intensiv zur Wortschatzerweiterung genutzt werden. Die Kurzwortbildung als eigenes Muster sei erwähnt.

Bei der **Konversion** erfolgt ein Wortartwechsel ohne Verwendung von (Wortbildungs-) Affixen (*gehen* → *das Gehen, nein* → *dein Nein, Öl* → *ölen, schlafen* → *der Schlaf*). Verben erhalten Verbsuffixe. Konversion ist im Deutschen häufig und bei DaF insofern schwierig in der Rezeption, als die grammatische Position des betr. Worts erfasst werden muss, um die Äußerung zu verstehen (*Schlaf gut! – Der tiefe Schlaf bringt Erholung.*).

Die **Komposition** (Zusammensetzung aus zwei wortfähigen Bestandteilen) dient primär der semantischen Differenzierung des Grundworts/Determinatum; das Bestimmungswort/Determinans ist einem Attribut äquivalent. Im Deutschen entstehen durch Komposition Doppelwörter mit oder ohne Fuge, eben Komposita, die ihrerseits wieder mit anderen zusammengesetzt werden können: *steinreich, schwarzblau, Geburtstagsfeier, Kinderwagen, Fahrradgepäckträger, Krankenhaus, Versicherungsbeitrag, Krankenhaustagegeldversicherung*. Die dadurch bewirkte Wortlänge macht diese Wörter für DaF-Lernende rasch unübersichtlich. Die meisten Komposita sind Determinativkomposita, also linksverzweigend bei rechts stehendem Grundwort, s. o. Dagegen sind Kopulativkomposita (aus zwei gleichberechtigten Bestandteilen: *Strumpfhose, Schneematsch, Matschschnee*) seltener. Andere Sprachen lösen den Bedarf an Ausdruck vielfach durch Juxtaposition/Nebeneinanderstellen oder Attribut (*road map, washing machine, lave-vaisselle*) oder präpositionale Verknüpfung (*machine à laver*) oder durch eigene Lexeme (*bike, vélo, hospital, pants, collants*).

Die **Derivation** eines Worts mittels Affix ermöglicht die semantische Differenzierung innerhalb einer Wortart (*lieb* → *lieblich*) oder die Ableitung eines Worts von einer Wortart in eine andere (*lieb → lieben, lieb → Liebe, übersetzen → Übersetzung, suchen → besuchen, versuchen, untersuchen*). Verbbildungen mit trennbarem Halbpräfix/trennbarer Partikel (*aussuchen: Suchen Sie sich etwas Schönes aus!*) werden als eigene Verbbildung zwischen Derivation und Komposition angesiedelt (vgl. Duden-Grammatik 2005, 706 und Eisenberg [2]2004b, 254 f.).

Das Deutsche macht von all diesen Mitteln reichen Gebrauch, doch für DaF können sie ein Problem werden. Beispiele von Pflaum (2003, 34 und 4): *Nicht alle Menschen sind kinderlieblich – Kepler war kurzsichtig wegen eine kindische Krankheit.*, wo der semantische Unterschied zwischen Simplexform *lieb* und derivierter Form *lieblich* bzw. den Derivaten *kindlich-kindisch* nicht erkannt wird.

Ein syntaktisches (satztopologisches) Problem, das wir aus anderen Sprachen so nicht kennen, besteht für DaF bei den trennbaren Verben/Partikelverben im Gegensatz zu den nicht-trennbaren Präfixverben. Da die Betonungsregel (Stammbetonung: Präfix ist nicht trennbar, *bekommen* – Initialbetonung: trennbare Partikel, *mitkommen*) auf dem unteren DaF-Niveau noch kaum greift, müssen die Partikel auswendig gelernt werden: *ab, an, auf, aus, bei, ein, mit, nach, vor, zu* ... Kompliziert ist diese Wortbildungsart, weil manche Wörter als Präfix und als Verbpartikel auftreten können: *um* in *umstellen* und *umstellen* ...

3.4 Satztopologie

In den letzten Beispielen ging es implizit bereits um die Topologie im deutschen Satz, die den Wörtern und Wortgruppen ihren Platz zuweist. Kurz gesagt, ist die Position des finiten Verbs/der Personalform und seiner infiniten Mitverben fest, und diese Position bestimmt in vollständigen Sätzen die Satzart: finite Verbform an erster Stelle → Entscheidungsfrage oder Aufforderung; finite Verbform an zweiter Stelle → Aussage oder, bei W-Fragewort an erster Stelle, Ergänzungsfrage; finite Verbform an letzter Stelle → Wunschsatz oder Nebensatz mit Konjunktion. (Zu Entscheidungsfragen im Sprachvergleich s. Oomen-Welke [2]2010a, 42 f.; 2011, 54 ff.)

Charakteristisch für das Deutsche sind Verbkomplexe, bei denen die verbalen Teile nicht zusammenstehen, sondern getrennt sind und auch nicht immer in derselben Reihenfolge auftauchen: *ist ... geschwommen; dass er ... geschwommen ist; hat ... schwimmen wollen; wollte ... schwimmen.* Die häufige Distanzstellung der Verbalteile wird als *Satzklammer* bezeichnet, weil wichtige Informationen bzw. Nominalgruppen von zwei Verbalteilen umklammert werden.

Die Nominalgruppen dagegen haben innerhalb und außerhalb der Verbklammer variable Plätze, die jedoch nicht ganz willkürlich besetzt werden können. Wenn das Subjekt einer Aussage nicht in Erstposition steht, ist sein Platz normaler-

weise direkt hinter dem finiten Verb (Ausführlich s. Eisenberg 2004a, Kap. 13.
Zum mündlichen Sprachgebrauch Thurmair B 6, bes. Abschnitt 2.4.).

Für Deutsch als Fremd- und Zweitsprache wurden die akzeptable Verwendung
der Satzklammer und der Inversion oft als Kriterien der Niveaubestimmung verwendet (Meisel u. a. 1979; Clahsen u. a. 1983; Diehl u. a. 2000; Grießhaber
2010). Es scheint so, dass die zielsprachliche Satztopologie ein Sprachstandsindi-
kator ist, je älter die Lernenden sind und je stärker sie gesteuert lernen. Junge
Kinder mit reichem Input lernen stärker ungesteuert nach dem Hören und
erwerben die Satztopologie meist ohne Probleme.

3.5 Passiv

Im Deutschen wird das Passiv, je nach Textsorte, in etwa 5–10% der Sätze verwendet, während *man* in anderen Sprachen andere Mittel *findet*/während in
anderen Sprachen andere Mittel *gefunden werden.* Auch einige andere Sprachen
kennen die Aktionsart Passiv, unterscheiden jedoch nicht deutlich zwischen Vor-
gangs- (dt. mit Auxiliar *werden*) und Zustandspassiv (dt. mit Auxiliar *sein*), und
gebrauchen das Passiv nicht so häufig. Wie verbreitet Konstruktionen mit leicht
bis deutlich passivischer Semantik (per gleichgesetztem Adjektiv: *Sein Charakter ist unleidlich. Meine Neigung ist erklärlich. Ein solcher Entschluss ist nicht
ratsam.*; per Reflexivverb: *Dieses Buch liest sich leicht.*; per Gleichsetzungsverb
plus Infinitiv mit *zu: Das Ergebnis bleibt abzuwarten.*) in anderen Sprachen sind,
ist schwierig generell zu sagen. Vgl. zum Deutschen Eisenberg (2004a, 124–136).
Für DaF-Lernende sind die Feinheiten eher schwer zu verstehen und am ehesten
durch Antrainieren von Satzmustern zu lernen. Eisenberg (2004a, 134ff) sieht
die Leistung weniger im agensabgewandten Ausdruck als in der Thema-Rhema-
Struktur von Textteilen.

4 Didaktische Folgerungen:
vom Sprachproblem zur Sprachbewusstheit

Manche der dargestellten Sprachstrukturen werden von Lernenden thematisiert
und in Eigenaktivität vergleichend bearbeitet. Die Didaktik der Sprachenvielfalt (Oomen-Welke [2]2010b) zeigt Möglichkeiten, wie die spontane Aufmerksamkeit der Lernenden als Lerninteresse verstärkt werden kann, wie Lehrende darin
Thematisierungsvorschläge entdecken und aufgreifen können und damit, von
den Beiträgen der Lernenden selbst ausgehend, gemeinsam mit ihnen an den
Sprachvorstellungen arbeiten können. Ihrerseits können sie bei allen Sprachthemen die Sprachvorstellungen der Lernenden abrufen und mitspielen lassen. Ein
solches Arbeiten entspricht den gegenwärtigen didaktischen Prinzipien insofern,
als für die Lernenden bedeutsame Fragen, die ja teils von ihnen selbst kommen,

bearbeitet werden und sie dadurch Selbstwirksamkeit erfahren: Ihre Interessen, Fragen, Überlegungen spielen eine Rolle! Das Ergebnis ist durchweg erhöhte Aufmerksamkeit im Unterricht und auf die Sprachstrukturen, was Lernbewusstheit erzeugt (vgl. Kotthoff, B3, Abschn. 2, die auch auf internationale Studien verweist).

Freilich ist dies mit Anfängern schwierig, die sich in Deutsch nur begrenzt ausdrücken können. Der/Die Lehrende kann die Initiative ergreifen und von Anfang an den Sprachvergleich provozieren. Ein Beispiel wäre das sog. „Sprachencafé", bei dem die Teilnehmer (in einem Land oder, spannender, aus mehreren Ländern) die deutsche Begrüßung üben zusammen mit ihren üblichen Begrüßungen: Sie bewegen sich im Raum und begrüßen die anderen auf Deutsch und in anderen Sprachen mit den jeweiligen Begrüßungsritualen. Von da ab wissen sie, dass neben der Zielsprache die mitgebrachten Sprachen gefragt sind und mitspielen. Die verschiedenen Erstsprachen und schon vorhandenen Fremdsprachen können ab jetzt immer wieder helfend auftreten, oft als Vergleichsform an der Tafel. Dass lässt sich hier nicht systematisch darstellen, weil die Beispiele partner- und situationsabhängig sind.

Als Orientierungsrahmung/als Muster für SprachlehrerInnen empfehlen sich folgende Verhaltensweisen:

(1) eigene Mitteilungen der Lernenden über andere Sprachen zulassen, nicht abwehren;

(2) sensible Wahrnehmung der Sprachmitteilungen der Lernenden, aufmerksames Zuhören und Anerkennen der Mitteilung/Frage;

(3) möglichst den Inhalt der Bemerkung als Vorschlag zur Thematisierung im Kurs/Unterricht verstehen und dieses Thema bei nächster Gelegenheit aufgreifen;

(4) vorhandenes Sprachwissen der Lernenden immer wieder abrufen, die dazu aufgefordert werden, ein Mittel der deutschen Sprache mit dem Äquivalent in anderen Sprachen zu vergleichen;

(5) Sprachthemen erforschen, z.B. durch Quantifizierung ihres Vorkommens in verschiedenen Textsorten und Sprachen, durch Erforschung ihrer Leistung für den Ausdruck;

(6) Portfolio zur Dokumentation wichtiger Sprachfragen (vgl. Oomen-Welke 2010d).

Im Folgenden seien dazu inhaltliche Vorschläge, ausgehend von den genannten Charakteristika des Deutschen, skizziert. Sie sollen zeigen, wie beim Sprachlernen sowohl die Sprachaufmerksamkeit als auch – darauf aufbauend – die Sprachbewusstheit vertieft werden können und wie Lernbewusstheit entsteht. Falls Lernende selbst solche Fragen thematisieren, ist der Aufhänger vorgegeben. Aber auch die Lehrperson kann die sprachvergleichenden Themen einbringen.

Lautung im Sprachvergleich: Die Lautung ist der erste Aufhänger für die Sprach-aufmerksamkeit, und sie kann immer wieder zum Thema werden. In frühen Pha-sen vergleichen die Lernenden den Lautbestand und vergleichen ihn eigenver-antwortlich mit ihren früher gelernten Sprachen: Welche Laute gibt es in allen, welche nicht in allen Sprachen? Z. B. stimmloses und stimmhaftes /s/ als [s] und [z]? und wie schreibt man das? Die Graphie der Zischlaute ist in den Sprachen mit lateinischem Alphabet recht verschieden geregelt; der Vergleich kann von der Schreibung des [š] ausgehen: /sch, sh, ch, s, ş, š/ oder davon, wie das /s/ der Grafie gelesen wird: als [s], als [z], als [š] ... Ähnliche Vergleiche lohnen bei den Plosiv- und Frikativlauten.

Eine andere Frage ist die der Konsonantenhäufungen, wie oben beschrieben. Dazu haben die Lernenden oft viel eigene Überlegung beizutragen.

Andererseits ist interessant, ob ein Wort nur aus einem einzigen Laut/nur aus Vokalen/nur aus Konsonanten bestehen kann und welche Silbenbauformen vor-herrschen: KVKV (K = Konsonant, V = Vokal) oder KKVK ... (Beispiele in Oomen-Welke 2011; vgl. Grzega 2012, 144 ff.).

Der Artikel im Deutschen und in anderen Sprachen: Eine Gruppe französischer Lehramtsstudierender fand die drei Genera des deutschen Artikels überflüssig, da ja das Französische deutlich zeige, wie gut man mit zwei Genera auskomme. Dem entgegneten Anglophone und Turkophone, es gehe ganz gut auch ganz ohne Genus und sogar ganz ohne Artikel. Im sanft moderierten Gespräch entwi-ckelten sich die Erkenntnisse, was der Artikel für das Deutsche leiste (Signale-bene, Textebene mit Kohärenzmarkierung, Ebene des Stils) und dass nicht nur durch individuelle Eingriffe bestimmt werden könne, wie eine Sprache sich ent-wickle. Der von den Lernenden erstellte Vergleich der Formparadigmen des Artikels in den Artikelsprachen vertieft die eigene Bewusstheit, dies insbeson-dere auch bei Synkretismus.

Wortbildung: Bei ihren aktuellen Themen können Lernende eigenständig Kom-posita und Derivate zu Grundwörtern suchen samt den Entsprechungen in den Sprachen, die in der Lerngruppe vertreten sind. Neologismen als Möglichkeiten sind willkommen und dürfen erklärt werden; es steckt ja Sinn dahinter. Einsicht in verschiedene Formen des Wortbaus festigt die zielsprachlichen Bildungen und vertieft die Sprachbewusstheit, zumal das Gespräch untereinander das Tun begleitet.

Satztopologie im Vergleich: Umstellungen/Permutationen schärfen die stilisti-sche Bewusstheit DaF-Lernender. Sie sind u. a. bei trennbaren Verben/Partikel-verben eine gute Übung. Die Lernenden erproben die Satztopologie anfangs an Einzelsätzen in Verbindung mit Betonungsübungen und durch Permutation. Sie finden entsprechende Mittel in anderen ihnen vertrauten Sprachen, die weniger mit Betonung arbeiten, z. B. Extrapositionen/Ausklammerungen und evtl. deren Umrahmungen (*C'est la dame que j'ai vue*.) Interessant werden die

Stellungsmöglichkeiten in schriftlichen Texten, wo es keine Betonung gibt: Was leistet die Wortstellung im Deutschen dort, und was entspricht dem in anderen Sprachen? Dabei wird auch die Leistung des Artikels mit seiner grammatischen Anzeigefunktion vertieft.

Passiv in Texten: Eine Beschäftigung mit dem Passiv kann darin bestehen, seiner Häufigkeit in verschiedenen Sprachen nachzugehen: Arbeitsteilig kann die Lerngruppe in verschiedenen Textsorten zählen, wie oft das Passiv vorkommt. Daraus ergibt sich die Frage, warum es im Deutschen relativ häufig ist. Ja, warum? Die besonderen Perspektiven, die das Passiv ermöglicht, sind schwer in Regeln zu fassen. DaF-Lernende können sich einige Gebrauchsnormen durch Textvergleiche aneignen (*On le trouva après trois jours. – Nach drei Tagen fand man ihn./Nach drei Tagen wurde er gefunden./Gefunden wurde er nach drei Tagen.*) und besprechen, welchen Mehrwert das Passiv (oder die Stellung) im Deutschen bewirken kann. Solche Funde gelten nicht allgemein, aber gerade das gemeinsame Herantasten kann Sprachsensibilisierung ausmachen. Gleichzeitig festigt sich die Form der Passivsätze dadurch, dass die Lernenden sich mit ihnen beschäftigen.

5 Ergebnis

Die hier kurz angerissenen Möglichkeiten, eigene Vorstellungen und Überlegungen DaF-Lernender für die Sprachreflexion zu nutzen, ihnen mehr Reflexionsstoff anzubieten und sie weitgehend autonom und kooperativ an Sprachfragen arbeiten zu lassen, macht aus Betroffenen Beteiligte: Sie erfahren, dass es um ihr eigenes Lernen geht. Sie können sich für Themen und auch Methoden entscheiden, die ihnen bedeutsam erscheinen, und erleben in der Gruppe Selbstwirksamkeit. Das Bedürfnis nach Selbständigkeit und Kooperation scheint eine universal-menschliche Eigenschaft zu sein (Tomasello 2010). Stellenweise kommt der DaF-Unterricht langsamer voran; das Deutschlernen profitiert jedoch vom so entstehenden Engagement und von der Vertiefung. Ein wesentlichen Faktor dabei ist das Gegenseitige des sprachlichen Interesses: Durch Einbeziehen und Anerkennen der Erstsprachen machen DaF-Lehrpersonen ihr Interesse an den Sprachen und den Lernenden deutlich und respektieren deren Denken.

Literatur

Ahrenholz, Bernt/Oomen-Welke, Ingelore (Hrsg.): Deutsch als Zweitsprache. Deutschunterricht in Theorie und Praxis Bd. 9. Baltmannsweiler: Schneider Hohengehren [2]2010

Bauer, Joachim: Warum ich fühle, was du fühlst. Intuitive Kommunikation und das Geheimnis der Spiegelneurone. München: Heyne [9]2006

Baur, Rupprecht S./Hufeisen, Britta (Hrsg.): „Vieles ist sehr ähnlich". Individuelle und gesellschaftliche Mehrsprachigkeit als bildungspolitische Aufgabe. Baltmannsweiler: Schneider Hohengehren 2011

Clahsen, Harald/Meisel, Jürgen M./Pienemann, Manfred: Deutsch als Zweitsprache. Der Spracherwerb ausländischer Arbeiter. Tübingen: Narr 1983

Colombo-Scheffold, Simona/Fenn, Peter/Jeuk, Stefan/Schäfer, Joachim (Hrsg.): Ausländisch für Deutsche. Sprachen der Kinder – Sprachen im Klassenzimmer. Freiburg: Fillibach [2] 2010

Diehl, Erika/Christen, Helen/Leuenberger, Sandra/Pelvat, Isabelle/Studer, Thérèse: Grammatikunterricht: Alles für die Katz? Untersuchungen zum Zweitspracherwerb Deutsch. Tübingen: Niemeyer 2000

Dryer, Matthew S./Haspelmath, Martin/Gil, David/Comrie, Bernard (Hrsg.): The World Atlas of Language Structures. Oxford: Oxford University Press 2005. [online 2011 über http://wals.info/] (23.3.2013)

Duden – Die Grammatik, hg. v. der Dudenredaktion. Duden Bd. 4. Mannheim: Dudenverlag [7] 2005

Eisenberg, Peter: Der Satz. Grundriß der deutschen Grammatik. Stuttgart: Metzler [2] 2004a

Eisenberg, Peter: Das Wort. Grundriß der deutschen Grammatik. Stuttgart: Metzler [2] 2004b

Glinz, Hans (1994): Grammatiken im Vergleich. Tübingen: Niemeyer 1994

Grießhaber, Wilhelm: Linguistische Grundlagen und Lernermerkmale bei der Profilanalyse. In: Rost-Roth, Martina: DaZ-Spracherwerb und Sprachförderung Deutsch als Zweitsprache. Freiburg: Fillibach 2010, 17–31

Grzega, Joachim: Europas Sprachen und Kulturen im Wandel der Zeit. Eine Entdeckungsreise. Tübingen: Stauffenburg 2012

Hinrichs, Uwe/Reiter, Norbert/Tornow, Siegfried (Hrsg.): Eurolinguistik: Entwicklung und Perspektiven. Wiesbaden: Harrassowitz 2009

Hufeisen, Britta (Hrsg): Mehrsprachigkeitsdidaktik. In: Jahrbuch Deutsch als Fremdsprache Bd. 36. München: Iudicium 2010, Teil II, 75–317

Kühn, Peter: Der Grundwortschatz. Bestimmung und Systematisierung. Reihe Germanistische Linguistik RGL 17. Tübingen: Niemeyer 1979

Krumm, Hans-Jürgen/Fandrych, Christian/Hufeisen, Britta/Riemer, Claudia (Hrsg.): Deutsch als Zweit- und Fremdsprache. Ein internationales Handbuch. Berlin: de Gruyter 2010

Meisel, Jürgen M./Clahsen, Harald/Pienemann, Manfred: On determining developmental stages in natural second language acquisition. In: Wuppertaler Arbeitspapiere zur Sprachwissenschaft 2 (1979) 1–53

Oomen-Welke, Ingelore: Sprachen vergleichen auf eigenen Wegen: Der Beitrag des Deutschunterrichts. In: Rothstein, Björn (Hrsg.): Sprachvergleich in der Schule. Thema Sprache – Wissenschaft für den Unterricht, Bd. 1. Baltmannsweiler: Schneider Hohengehren 2011, 49–70

Oomen-Welke, Ingelore: Deutsch und andere Sprachen im Vergleich. In: Ahrenholz/Oomen-Welke (Hrsg.) [2] 2010a, 33–48

Oomen-Welke, Ingelore: Didaktik der Vielsprachigkeit. In: Ahrenholz/Oomen-Welke (Hrsg.) [2] 2010b, 479–492

Oomen-Welke, Ingelore: Sprachförderung durch Erkunden von Sprachen: Präkonzepte und Selbststeuerung, Reflexion und Kompetenzerwerb durch Sprachvergleich. In: Der Deutschunterricht 6/2010c, 69–80

Oomen-Welke, Ingelore: Sprachliche und kulturelle Vielfalt im Deutsch als Zweitsprache-Unterricht. In: Krumm u. a. (Hrsg.) 2010d, 1106–1115

Oomen-Welke, Ingelore/Kühn, Peter: Sprache und Sprachgebrauch untersuchen. In: Bremerich-Vos, Albert/Granzer, Dietlinde/Behrens, Ulrike/Köller, Olaf (Hrsg.): Bildungsstandards für die Grundschule: Deutsch konkret. Berlin: Cornelsen-Scriptor ²2010, S. 139–184

Pflaum, Stefan: ich hab mein Herz kompliziert oder Zahnwürste und Bratbürste. 194 Sätze aus der Zwischengrammatik und 68 Gedichte. Freiburg: Fillibach 2003

Rothstein, Björn (Hrsg.): Sprachvergleich in der Schule. Thema Sprache-Wissenschaft für den Unterricht, Bd. 1. Baltmannsweiler: Schneider Hohengehren 2011

Schader, Basil: Deine Sprache – meine Sprache. Handbuch zu 14 Migrationssprachen und zu Deutsch. Zürich: Lehrmittelverlag 2011

Tomasello, Michael: Warum wir kooperieren. edition unseld 36. Berlin: Suhrkamp 2010

Wildenauer-Józsa, Doris: Sprachvergleich als Lernerstrategie. Eine Interviewstudie mit erwachsenen Deutschlernenden. Freiburg: Fillibach 2005

Willi, Urs: Phonetik und Phonologie. In: Linke, Angelika/Nussbaumer, Markus/Portmann, Paul R.: Studienbuch Linguistik. Reihe Germanistische Linguistik RGL 121. Tübingen, Niemeyer ⁵2004, 461–501

Wortschatz: Downloads Wortlisten. Leipzig 2001. [http://wortschatz.uni-leipzig.de/html/wliste.html] (am 26.7.2011)

MARIA THURMAIR

B 5 Gesprochene Sprache und Deutsch als Fremdsprache

1 Gesprochene und geschriebene Sprache [1]

Dass sich gesprochene und geschriebene Sprache oft deutlich voneinander unterscheiden, erfährt jeder Lernende früher oder später: muttersprachliche Kinder beim Erwerb des Schriftsystems, nicht-muttersprachliche Lerner im Allgemeinen spätestens dann, wenn sie mit *native speakers* in direkten Kontakt kommen. Nun wird mit dem Begriff „gesprochene" bzw. „mündliche Sprache" oft Unterschiedliches bezeichnet; hilfreich ist hier die von Koch und Österreicher (1985) eingeführte Unterscheidung zwischen medialer und konzeptioneller Mündlichkeit bzw. Schriftlichkeit. Mediale Mündlichkeit meint das Medium – also Sprache, die gesprochen wird; konzeptionelle Mündlichkeit meint eine andere Dimension, nämlich die der Nähekommunikation (im Unterschied zur Distanzkommunikation). Nicht alle Vorkommen mündlich gesprochener Sprache weisen die typischen Nähe-Kennzeichen auf: Man vergleiche ein Gespräch unter Freunden mit einem Vorstellungsgespräch und dieses mit einer Vorlesung. Umgekehrt gibt es auch medial schriftliche Texte mit Nähe-Kennzeichen, etwa private E-Mails. Zwischen konzeptioneller Mündlichkeit und konzeptioneller Schriftlichkeit bestehen also graduelle Übergänge, so dass etwa eine (gesprochene) Predigt näher am Schriftlichkeits- bzw. Distanzpol liegt als etwa ein Mutter-Tochter-Gespräch beim Abendessen. Eine in dieser Hinsicht differenzierte Weiterentwicklung von Koch und Österreicher liegt im Modell des Nähe- und Distanzsprechens von Ágel und Hennig vor, das es ermöglicht, einzelne Diskursarten hinsichtlich ihrer Nähemerkmale, die verschiedenen Parametern zugeordnet werden, zu bestimmen bzw. zueinander in Beziehung zu setzen (s. dazu etwa Ágel/Hennig 2007b, Hennig 2006). Eine Veränderung des Modells von Koch und Österreicher in der medialen Dimension (mündlich synchron und asynchron, schriftlich quasisynchron und asynchron) schlägt Dürscheid (2003) vor, um den neuen Kommunikationsformen Rechnung zu tragen. „Gesprochene Sprache" ist also ein Konzept mit einem prototypischen Kern und vielfältigen Übergängen. Prototypische Vorkommen gesprochener Sprache erfolgen dialogisch, spontan, in raumzeitlicher Kopräsenz von Sprecher und Hörer und damit linear in der Zeit; der zeitliche Aspekt spielt – u. a. wegen der Flüchtigkeit, der Irreversibilität, der Begrenztheit des Gedächtnisses, der Planung beim Sprechen

---

[1] Dieser Beitrag wurde im Frühjahr 2010 fertiggestellt

– eine große Rolle, was die Möglichkeiten der Planung, der Produktion, aber auch der Rezeption betrifft. Darüber hinaus ist die typische gesprochene Sprache auch von einer stärkeren Variabilität und einer geringeren Normiertheit gekennzeichnet (zu den grundsätzlichen Kennzeichen s. Schwitalla 2006, Kap. 3; Fiehler 2005). Und schon immer galt die gesprochene Sprache als derjenige Bereich, in dem am häufigsten und evidentesten von bestimmten festgeschriebenen Normen 'abgewichen' wurde. Gemessen wurde die gesprochene Sprache dabei an der Norm der geschriebenen Sprache, die auch für den Fremdsprachenunterricht als „Standardnorm" gilt. Die Forschungen zur gesprochenen Sprache gehen dagegen von spezifischen Normen aus, bisweilen wird auch eine eigene „Grammatik der gesprochenen Sprache" angenommen (s. die einschlägigen Beiträge in Ágel/Hennig 2007a, Fiehler 2005).

2 Kennzeichen der gesprochenen Sprache

Im Folgenden sollen wesentliche und typische Kennzeichen der (prototypisch verstandenen) gesprochenen Sprache angeführt werden, wie sie in der einschlägigen Literatur genannt werden. Im Wesentlichen sind diese Kennzeichen im Unterschied zur geschriebenen Sprache entwickelt – eine Sichtweise, die vielleicht aus theoretischer Perspektive problematisch sein mag, aus der Sicht von DaF allerdings durchaus plausibel ist. Dabei lassen sich Unterschiede zwischen der gesprochenen und der geschriebenen Sprache feststellen, bei denen Formen oder Strukturen unterschiedlich frequent sind (etwa im Bereich der Syntax), und solche, bei denen bestimmte Formen oder Strukturen nur in einem Bereich auftreten und im anderen nicht akzeptabel sind (das gilt vor allem für bestimmte Erscheinungen der gesprochenen Sprache, die normativ nicht dem geschriebenen Standard entsprechen). Die im Folgenden angeführten Kennzeichen bewegen sich – parallel zum Verständnis des Konzepts der gesprochenen Sprache – einmal im Bereich medialer Spezifik, zum anderen im Bereich der stärkeren Nähesprachlichkeit.[2]

2.1 Phonetische Ebene

Gesprochene Sprache, medial verstanden, umfasst natürlich die phonetisch-phonologische Ebene, über deren Relevanz für den Fremdsprachenunterricht keine Diskussion nötig ist (vgl. Reinke, C1), aber auch die parasprachliche Ebene. Die hier weiter anzuführenden Spezifika sind solche, in denen sich eine gesprochene Sprache der Nähekommunikation manifestiert; hier werden dann üblicherweise genannt: Elisionen, d.h. Auslassungen, z.B. des Konjugations-

---

[2] Die im Folgenden angeführten Beispiele sind authentisch; sie sind der zitierten Literatur und eigenen Sammlungen entnommen und der üblichen Orthographie angepasst.

suffixes in der 1. Ps. Sg. (*ich mach/komm/sag*), eines Verschlusslauts am Ende (*nich, is, sin*), des Stammvokals beim Artikel (*ne tolle Nummer*), die Klitisierung von *es* (*wie gehts*), bestimmte Verschmelzungen von Artikel und Präposition (*mitm, fürn*) oder anderen Formen (*was machstn da, wennst kommst*) (s. dazu Schwitalla 2006, Kap. 4; Kotthoff, B 3, Abschn. 2.2). Zu nennen sind auch Erscheinungen, die auf unterschiedliche regionale Varietäten zurückzuführen sind (*der isch da, wir ham, wennsch kommsch, inner Kürche/Kerche*) und deren rezeptive Kenntnis im Übrigen für DaF-Lerner durchaus von Bedeutung sein kann.

2.2 Lexikalische Ebene

Als Kennzeichen der gesprochenen Sprache lassen sich auf lexikalischer Ebene unterschiedliche Bereiche feststellen: zunächst einmal sind deiktische Ausdrücke zu nennen, deren spezifische Verwendung auf der Kopräsenz der Kommunikationspartner beruht. Dann sind Ausdrücke anzuführen, die grundsätzlich dem umgangssprachlichen Register zugeordnet werden und in der gesprochenen Sprache – verstanden als Nähekommunikation – problemlos ihren Platz finden, wie etwa im Bereich der Verben *kriegen, labern, nerven*. Weiter finden sich in der gesprochenen Sprache typischerweise Ausdrücke, die stärker emotional sind, etwa Mittel der Augmentation (Steigerungen wie *hammerhart, Mordshitze* etc.), aber auch Flüche, Ausrufe und Ähnliches. Zum anderen sind hier alle diejenigen sprachlichen Mittel zu erwähnen, die mit der spezifischen dialogischen Kommunikationssituation zu tun haben: das sind zum einen Modalpartikeln wie *doch, denn, mal*, aber auch Diskurs- bzw. Gesprächspartikeln wie *ja, hm, also, ne?, äh, okay*, die u. a. als Bestätigungs-, Fortsetzungs-, Rückmelde-, Beendigungssignale eingesetzt werden können und somit Diskurse steuern. Zu nennen sind schließlich auch umfangreichere Formulierungsroutinen wie *ich sag mal, ehrlich gesagt* (vgl. Kotthoff, B 3).

2.3 Morphosyntaktische Ebene

Auf der morphosyntaktischen Ebene ist für die gesprochene Sprache zum einen der geringere Gebrauch verschiedener Strukturen typisch: so tritt weniger Konjunktiv auf (insbesondere in der indirekten Rede); was Tempus betrifft, so gibt es – vielleicht auch regional bedingt – ebenfalls Verschiebungen, etwa wird in der gesprochenen Sprache weniger Präteritum verwendet, aber mehr Plusquamperfekt oder sogenannte Doppelformen (*ich war in der Stadt gewesen und hatte den dort getroffen gehabt*); Passivformen sind sicher seltener als in der geschriebenen Sprache. Auf der anderen Seite gibt es morphosyntaktische Formen, die in der gesprochenen Sprache auftreten (vgl. Oomen- elke, B 4, Abschn. 3.5) : z. B. das sog. Dativ-Passiv , insbesondere mit *kriegen* als Hilfsverb (*wenn du so weiter machst, kriegst du das Handy noch weggenommen*); daneben auch der sogenannte *am*-Progressiv (*ich bin am kochen/ich bin die Suppe am kochen*). Im Bereich der Deklination sind typischerweise Dativ- und Akkusativformen von sog. schwachen Nomina und Pronomina endungslos (*ich kenne einen Student; die hilft niemand*); attributive Genitive werden vermieden und stattdessen ein präpositionaler Anschluss mit von verwendet oder auch der Dativ mit possessivem Bezug auf das Nomen im Kern (*die Rede vom Minister; dem Minister seine Rede*). Possessiva verzichten oft auf die Fernkongruenz (*jede Klasse hat seinen Lehrer*). In der gesprochenen Sprache, insbesondere im jugendsprachlichen Register, sind auch Konversionen typisch, das führt dann zu Formen wie *das abe Bein, das sieht hammer aus, sich schrott lachen*.

2.4 Syntaktische Ebene

Erscheinungen auf der syntaktischen Ebene, die als typisch gesprochensprachlich angesehen werden, sind ganz wesentlich auf die kognitiven und interaktiven Bedingungen prototypischer mündlicher Kommunikation zurückzuführen. Auer (2000; 2007) spricht treffend von einer on-line-Syntax mit Linearität in der Zeit, Synchronisierung der Handlungsabläufe zwischen den Kommunikationspartnern und an Mustern (*constructions*) orientiertem Ablauf.

2.4.1 Stärker formal-grammatisch betrachtet sind zunächst spezifische Stellungserscheinungen zu nennen, die insbesondere an den Rändern von „Sätzen" (ein durchaus umstrittener Begriff) vorkommen. Typisch und häufig in der gesprochenen Sprache sind die sogenannten Herausstellungen (vgl. dazu schon Altmann 1981): vor dem Satz sind dies z. B. Linksversetzungen, bei denen ein Satzglied vor dem Vorfeld steht und pronominal im Satz selbst wieder aufgenommen wird (*die neuen Tarife, die sind ja wirklich unglaublich billig*) oder das sogenannte Freie Thema (*apropos Diät: ich koche jetzt ohne Fett*). Funktion dieser Strukturen ist die spezifische Präsentation eines Themas, wodurch dem Kommunikationspartner die thematische Orientierung erleichtert und seine Aufmerksamkeit gesteuert wird. Am Satzende typisch für gesprochene Sprache sind Rechtsversetzungen (*da sind wir zum Essen gegangen, mein Kollege und ich*) oder auch Nachträge (*er hat sie in ein Restaurant eingeladen, piekfein und sündteuer*), die ganz generell verschiedenartige Informationen nachliefern, präzisieren oder spezifizieren.

2.4.2 Eine weitere Erscheinung der Syntax der gesprochenen Sprache sind Ausklammerungen, bei denen Elemente aus dem Mittelfeld in das Nachfeld gestellt werden; das reduziert die durch die Klammerstruktur entstehende Gedächtnisbelastung für Sprecher wie Hörer (*man kann schon hören solche Beispiele*). Während Herausstellungen der Norm der geschriebenen Sprache entsprechen, aber in der gesprochenen Sprache wesentlich frequenter sind, beginnen bei den

Ausklammerungen unter normativem Gesichtspunkt die Fälle, in denen die Syntax der gesprochenen Sprache nicht unbedingt der Norm der geschriebenen entspricht. Dies gilt auch für Fälle der doppelten Vorfeldbesetzung, bei denen bestimmte Adverbien (etwa ein Konjunktionaladverb), ein wenn-Satz oder ein *um*-Infinitiv zusammen mit einem anderen Satzglied (meist dem Subjekt) ohne Pause und intonatorisch integriert das Vorfeld besetzen (vgl. dazu Auer 1997): *allerdings die Fenster müssten heute fertig werden; wenn ich ehrlich bin ich habe keine Lust mehr; um es deutlich zu sagen er hat keine Chance.*

2.4.3 Eine weitere Erscheinung der gesprochensprachlichen Syntax sind „Ellipsen": Dieser Begriff wird insbesondere in der Forschung zur gesprochenen Sprache sehr kontrovers diskutiert, da damit meist ein Konzept der Reduktion bzw. Ergänzbarkeit und somit ein durchaus als problematisch angesehener Vollständigkeitsbegriff zugrunde liegt. Ellipsen sind dann gesprochensprachliche Erscheinungen, denen kein im schriftsprachlichen Sinne verstandener vollständiger „Satz" zugrunde liegt. Theoretisch wird versucht, derartige Konstruktionen der gesprochenen Sprache anders zu erklären. Zu differenzieren sind folgende Fälle: Kommunikativ vollständige Äußerungen, die nicht „satz"förmig sind (*her mit den Nägeln!*), Fälle, in denen situativ präsente Elemente nicht verbalisiert werden (*da rauf, nicht die linke!*) oder Handlungszusammenhänge eindeutig sind (*einen kleinen Braunen ohne*) und sogenannte Adjazenzellipsen (*Was gibts? – Nudelauflauf. – Schon wieder? – Immer noch!*).

2.4.4 Rege wissenschaftliche und didaktische Diskussionen hervorgerufen haben die keineswegs nur in der gesprochenen Sprache auftretenden Konjunktionen wie *weil, obwohl, wobei* mit dem Verb in zweiter Position, wie z.B. *sie muss das erwähnen, weil das ist das Auffallendste*. Hier liegt keine syntaktische Veränderung vor, sondern – wie verschiedene Untersuchungen (vgl. etwa Wegener 1993; Günthner 2002) gezeigt haben – eine semantische Entwicklung, bei der Bedeutungsdifferenzierungen der Konjunktionen mit einer syntaktischen Differenzierung einhergeht. Unter normativem Gesichtspunkt und aus der DaF-Perspektive ist dies eine der besonders intensiv problematisierten Erscheinungen (vgl. dazu auch Thurmair 2005).

2.4.5 Eine weitere Reihe von typisch gesprochensprachlichen Erscheinungen hat vor allem damit zu tun, dass Sprechen prozesshaft in der Zeit verläuft: Der Sprecher plant, während er spricht. Dies kann zu Neubearbeitungen, Wiederholungen, Umformungen u. a. führen, etwa zu Anakoluthformen, d. h. Konstruktionsabbrüchen und Konstruktionswechseln, zu Korrekturen oder Wiederholungen oder zu Apokoinu-Konstruktionen (d. h. Drehsätzen; vgl. genauer Schwitalla 2006, 83 ff.); ein Beispiel mit mehreren dieser Kennzeichen: *wenn Sie … vom Hauptbahnhof in München … mit zehn Minuten, ohne dass Sie am Flug-*

hafen noch einchecken müssen, dann starten Sie im Grunde genommen am Flug-hafen ... am ... am Hauptbahnhof in München starten Sie Ihren Flug ... zehn Minuten ... Solche Erscheinungen werden häufig als Performanzerscheinungen bezeichnet und können – unter normativem Aspekt – durchaus auch als fehler-haft angesehen werden. Allerdings ist dies eine kontrovers diskutierte Frage: Auch wenn man Erscheinungen der gesprochenen Sprache vernünftigerweise nicht an der Norm der geschriebenen Sprache messen kann, so ist doch unklar, ob überhaupt und wo Abweichungen von einer Norm der gesprochenen Sprache anzusetzen sind (vgl. zu dieser Frage Breindl/Thurmair 2003).

2.5 Diskurspragmatische Ebene

Auf der diskurspragmatischen Ebene lassen sich ebenfalls spezifische gespro-chensprachliche Erscheinungen feststellen, wobei natürlich davon ausgegangen werden muss, dass verschiedene Diskursarten unterschiedliche Mittel aufweisen können. Zu nennen sind hier spezifische Formulierungsverfahren wie etwa Wie-derholungen, die der Bekräftigung, der Verständnissicherung, der Hörerbestäti-gung, als Aufmerksamkeitssignal u. a. dienen können (vgl. Schwitalla 2006, Kap. 7). Andere Formulierungsverfahren sind etwa das Ankündigen, die Para-phrase, das Code-Switchen (z. B. zwischen dialektnäheren und weniger nahen Formen). Auch parasprachliche Mittel (Lautstärke, Geschwindigkeit, stocken-des Sprechen etc.) können diskurspragmatisch funktional sein. Weiter lassen sich hier auch Fälle von typischen festen Ausdrücken, formelhaften Routinen fest-stellen, die insbesondere in der gesprochenen Sprache diskurspragmatisch zu verschiedenen Zwecken eingesetzt werden; etwa *na und ob! schön/nett/super, dass ...! der und freundlich/verständnisvoll/sparsam!* Hier wie auch bei den oben erwähnten Formulierungsroutinen lässt sich ein umfangreiches Reservoir für die gesprochene Sprache feststellen, das seit einiger Zeit etwa im Rahmen der *construction grammar* intensiver erforscht wird (vgl. dazu Günthner/Imo 2006; Imo 2007); viele dieser Konstruktionen könnten sicher im DaF-Unterricht gewinnbringend vermittelt werden.

3 Gesprochene Sprache und DaF

Die Berücksichtigung der „gesprochenen Sprache" im Lehr- und Lernprozess des Deutschen als Fremdsprache ist eine im In- wie im Ausland viel und durchaus kontrovers diskutierte Frage. Die Nichtberücksichtigung etwa der gesprochenen Sprache, aber auch anderer Varietäten wird dabei zum einen pädagogisch begründet (keine Überforderung der Lerner) und zum anderen mit der „Ideolo-gie des Standards" (Durrell 2006). Man muss hier allerdings – angesichts der im Vorangegangenen geschilderten Vielfalt und Heterogenität der Phänomene – auf sprachlicher Seite und auch methodisch-didaktisch differenzieren (vgl. dazu Günthner 2000; Breindl/Thurmair 2003).

Ein konservativer Standpunkt, wonach nur die am schriftsprachlichen Standard orientierten Regeln, die die Lerner gelernt haben, gültig sind und alles, was sonst so zu hören (oder manchmal auch zu lesen) ist, schlicht falsch sei, ist normativ sicher zu streng und würde bedeuten, völlig davon abzusehen, dass es in jeder Sprache Variationen gibt – kontextbedingt, registerbedingt, funktional oder regional bedingt. Solche Ansichten sind heute auch kaum mehr zu finden. Angemessen und vernünftig scheint es anzuerkennen, dass Sprachen Variationen aufweisen und dass verschiedene Varianten sprachlicher Ausdrücke und Strukturen in unterschiedlichen Textsorten und Diskursen, Situationen oder Registern angemessen und funktional sind. Das ist zunächst eine Erkenntnis, die sich Lehrende zu vergegenwärtigen haben; mit der Konsequenz, dass die Verwendung dieser Varianten durch die Lernenden in den entsprechenden Situationen auch nicht sanktioniert werden darf. Die gesprochene Sprache ist eine prominente Varietät und ist – etwa im Unterschied zu den Fachsprachen oder zu Dialekten – für relativ viele Lernergruppen relevant; sie weist eine Vielzahl von Kennzeichen auf (lexikalische Elemente wie bestimmte Partikeln, syntaktische Kennzeichen und ganz allgemein die Wahl eines bestimmten Nähe-Registers), die in den entsprechenden Kommunikationssituationen auch akzeptiert werden müssen. Nun ist es für Muttersprachler sicherlich einfacher zu beurteilen, inwieweit bestimmte Erscheinungen in der gesprochenen Sprache noch als spezifische Gebrauchsnormen zu akzeptieren sind und ab wann wirklich von (meist performanzbedingten) Fehlern zu sprechen ist. Aber auch für Muttersprachler sind diese Grenzen durchaus fließend, da sie meist nicht nur den Einflüssen der jeweiligen spezifischen Gespräch1ssituation unterliegen, sondern oft auch individuellen und subjektiven Wertungen. Für nicht-muttersprachliche Lehrkräfte ist dies selbstverständlich weitaus schwieriger. Erfahrungsgemäß zeigen diese aber eher zu wenig als zu viel Toleranz gegenüber den Charakteristika der gesprochenen Sprache.

Auch Lernende sollen natürlich die typischen Erscheinungen der gesprochenen Sprache kennen – das ist angesichts des immer noch gültigen Globalziels der „Kommunikativen Kompetenz" bzw. der „sprachlichen Handlungsfähigkeit" nur plausibel –, aber auch hier muss man weiter differenzieren.

Grundsätzlich sind die sprachlichen Charakteristika der gesprochenen Sprache und ihre Berücsichtigung im DaF-Unterricht zielgruppenabhängig unterschiedlich relevant: wichtiger etwa im Zielsprachenland als im Ausland und wichtiger eher für Lerner, die mit Nähesprache intensiv in Berührung kommen, also z. B. jugendliche Lerner. Performanzbedingte, abweichende Erscheinungen wie Anakoluthe, Wiederholungen u. Ä. brauchen im Unterricht sicher nicht thematisiert zu werden, wohl aber andere Kennzeichen wie etwa die Spezifika der on-line-Syntax oder die Charakteristika der lexikalischen und der morphosyntaktischen Ebene als besondere und funktionale Ausdrucksmöglichkeiten der gesprochenen Sprache (bzw. einer Sprache der Nähe). Auch die diskurspragmatischen Ausdrucksmittel, die spezifische sprachliche Handlungen im Diskurs anzeigen, bzw. spezifische Formulierungsroutinen sollten im Fremdsprachenunterricht thematisiert werden. Angesichts des sprachlichen Angebots in neueren Lehrmaterialien aus Deutschland ist dieser Aspekt im Allgemeinen ausreichend berücksichtigt, so dass die noch von Durrell (2006, 114f.) geäußerte Befürchtung, Lerner, die die Gebrauchsnormen des „gesprochenen Deutsch gebildeter Sprecher" nicht vermittelt bekämen, würden u. U. auffällige und möglicherweise stigmatisierende Verstöße begehen, für den Inlandsbereich so nicht mehr zutreffend ist.

Methodisch-didaktisch wäre schließlich noch im Einzelfall zu entscheiden, ob Phänomene nur rezeptiv oder auch produktiv zu behandeln sind: Während für lexikalische Spezifika der gesprochenen Sprache wie etwa Partikeln oder auch für registertypische Ausdrucksweisen (etwa bei Routineformeln oder Phraseologismen) eine produktive Kompetenz unverzichtbar ist, gilt dies für andere Phänomene (etwa für *weil* mit Verb-Zweit-Stellung oder doppelte Vorfeldbesetzung) weniger.

Die rezeptive Kenntnis der angesprochenen Charakteristika erfolgt am besten über authentische Hörtexte, die auch eine gewisse Bandbreite bieten sollten. Diese authentischen Hörtexte sollten (nur) gehört bearbeitet und nicht verschriftet werden – das wäre sonst eine problematische Übertragung in ein anderes Medium, die den spezifischen Gebrauchsnormen nicht gerecht würde. Auf diese Weise kann eine situationsadäquate rezeptive Kenntnis entstehen, die bei Bedarf in produktive Fertigkeiten überführt werden kann. Allerdings darf im Zusammenhang mit dem produktiven Gebrauch gesprochensprachlicher Charakteristika durch Lerner die Normseite nicht außer Acht gelassen werden. Lerner müssen bei bestimmten sprachlichen Erscheinungen eine Art stilistischen 'Warnhinweis' mitgeliefert bekommen: Die Formen kommen aus der gesprochenen Sprache und sollten auch nur dort produziert werden, sie haben also einen deutlich geringeren Geltungsbereich; denn Lerner müssen damit rechnen, Sprechern des Deutschen (Mutter- wie Nichtmuttersprachlern) zu begegnen, die entsprechende Strukturen eben doch sanktionieren – weil sie nicht die Toleranz von (muttersprachlichen) Linguisten aufbringen. Und deshalb sollten Lerner im Zweifelsfall primär diejenigen Varianten einer Sprache erwerben, die überregionale und überindividuelle Akzeptanz haben.

Literatur

Ágel, Vilmos/Hennig, Mathilde (Hrsg.): Zugänge zur Grammatik der gesprochenen Sprache. Tübingen: Niemeyer 2007a

Ágel, Vilmos/Hennig, Mathilde: Überlegungen zur Theorie und Praxis des Nähe- und Distanzsprechens. In: Ágel/Hennig 2007, 179–214 (= 2007b)

Altmann, Hans: Formen der „Herausstellung" im Deutschen. Rechtsversetzung, Linksversetzung, Freies Thema und verwandte Konstruktionen. Tübingen: Niemeyer 1981

Auer, Peter: Formen und Funktionen der Vor-Vorfeldbesetzung im gesprochenen Deutsch. In: Schlobinski, Peter (Hrsg.): Syntax des gesprochenen Deutsch. Opladen: Westdeutscher Vlg. 1997, 55–92

Auer, Peter: On line-Syntax – Oder: was es bedeuten könnte, die Zeitlichkeit der mündlichen Sprache ernst zu nehmen. In: Sprache und Literatur 85 (2000), 43–56

Auer, Peter: Syntax als Prozess. In: Hausendorf, Heiko (Hrsg.): Gespräch als Prozess. Tübingen: Narr 2007, 95–124

Breindl, Eva/Thurmair, Maria: Wie viele Grammatiken verträgt der Lerner? Zum Stellenwert einer „Grammatik der gesprochenen Sprache" (nicht nur) für Deutsch als Fremdsprache. In: Deutsch als Fremdsprache 40 (2003), 87–93

Durrell, Martin: Deutsche Standardsprache und Registervielfalt im DaF-Unterricht. In: Neuland, Eva (Hrsg.): Variation im heutigen Deutsch: Perspektiven für den Sprachunterricht. Frankfurt/M.: Lang 2006, 111–122

Dürscheid, Christa: Medienkommunikation im Kontinuum von Mündlichkeit und Schriftlichkeit. Theoretische und empirische Probleme. In: Zeitschrift für Angewandte Linguistik 38 (2003), 37–56

Fiehler, Reinhard: Gesprochene Sprache. In: Duden. Die Grammatik. 7., neu erarb. Aufl. Mannheim: Dudenverlag 2005, 1175–1256

Günthner, Susanne: Grammatik der gesprochenen Sprache – eine Herausforderung für Deutsch als Fremdsprache? In: Info DaF 27 (2000), 352–366

Günthner, Susanne: Konnektoren im gesprochenen Deutsch: Normverstoß oder funktionale Differenzierung? In: Deutsch als Fremdsprache 39 (2002), 67–74

Günthner, Susanne/Imo, Wolfgang (Hrsg.): Konstruktionen in der Interaktion. Berlin: de Gruyter 2006

Hennig, Mathilde: Grammatik der gesprochenen Sprache in Theorie und Praxis. Kassel: University Press 2006

Imo, Wolfgang: Construction Grammar und Gesprochene-Sprache-Forschung. Tübingen: Niemeyer 2007

Koch, Peter/Österreicher, Wolfgang: Sprache der Nähe – Sprache der Distanz. Mündlichkeit und Schriftlichkeit im Spannungsfeld von Sprachtheorie und Sprachgeschichte. In: Romanistisches Jahrbuch 36 (1985), 15–43

Schwitalla, Johannes: Gesprochenes Deutsch. Eine Einführung. Berlin: Erich Schmidt 2006

Thurmair, Maria: „Aber man spricht doch ganz anders heute!"? Wortstellungsvariationen der gesprochenen Sprache im DaF-Unterricht. In: Fremdsprache Deutsch 32 (2005), 42–48

Wegener, Heide: weil – das hat schon seinen Grund. Zur Verbstellung in Kausalsätzen mit weil im gegenwärtigen Deutsch. In: Deutsche Sprache 21 (1993), 289–305

C

Kompetenzbereiche und Unterricht
in Deutsch als Fremdsprache

KERSTIN REINKE

C1 Phonetik

1 Terminologie und Bezugsgrößen

Im Bereich Deutsch als Fremdsprache (DaF) verwendet man die Bezeichnungen Phonetik und Aussprache(schulung) häufig synonym und meint damit: didaktisch-methodische Prinzipien der Vermittlung einer normgerechten Aussprache auf Basis phonetischer und phonologischer Grundlagen. Phonetik und Phonologie sind zwei miteinander im engen Zusammenhang stehende Wissenschaftsbereiche, die sich mit der gesprochenen Sprache (Segmentalia und Suprasegmentalia) befassen. Das Interesse der Phonetik ist auf die Artikulation von Lauten, deren Wahrnehmung und akustische Struktur sowie auf lautübergreifende Prozesse gerichtet. Die Phonologie beschäftigt sich dagegen mit der Funktion segmentaler und suprasegmentaler Einheiten im Sprachsystem und ermittelt z. B. das Phoneminventar einer Sprache auf Basis bedeutungsunterscheidender (distinktiver) Merkmale (wie z. B. fortis vs. lenis bei /k/ *Kabel* vs. /g / *Gabel*). Gegenstand der Phonologie sind die Phoneme – als distinktive Merkmalsbündel –, die auf den realen Sprachlauten basieren. Gegenstand der Phonetik sind gesprochene Laute und Lautfolgen, in denen neben distinktiven Merkmalen noch weitere artikulatorische, akustische Merkmale interessant sind, die den Klang prägen und modifizieren und z. B. eine betonte Silbe als Ganzes von unbetonten Silben unterscheiden. Beide Wissenschaftszweige sind für Ausspracheschulung von großer Relevanz.

Für die Kategorie lautübergreifender Prozesse existiert in der Wissenschaft eine terminologische Vielfalt, die sich auch in DaF-Lehrwerken widerspiegelt. Häufig werden die Begriffe Suprasegmentalia (d. h. segment- bzw. lautübergreifende Merkmale), Prosodie (Akzent, Pausen, Intonation etc.) synonym verwendet als Sammelbegriff für die Komplexphänomene Akzentuierung, Melodisierung, Pausierung/Gliederung, manchmal zuzüglich Rhythmus und Koartikulation (zur Diskussion der genannten Termini im Zusammenhang mit dem DaF-Unterricht (vgl. Hirschfeld/Neuber 2010, 10ff.).

Basis der Ausspracheschulung ist die sogenannte Standardaussprache einer der drei Standardvarietäten des Deutschen (vgl. Abschn. 5.1), das als plurizentrische Sprache angesehen wird. Die phonetischen Unterschiede zwischen den Standardvarietäten in Österreich, der deutschsprachigen Schweiz und in der Bundesrepublik Deutschland sind auditiv zwar deutlich wahrnehmbar, jedoch nicht übermäßig groß und sie beeinträchtigen nicht die gegenseitige Verständlichkeit. Die folgenden Ausführungen orientieren sich an der für die Bundesrepublik

Deutschland kodifizierten Aussprachenorm, da diese am besten beschrieben ist und weil sie fast ausschließlich in Lehr- und Lernmaterialien für DaF verwendet wird.

2 Der Stellenwert der Phonetik im Unterricht

Der Stellenwert der Phonetik in DaF-/DaZ-Unterricht und -Lehrwerken ist eng verknüpft mit der Methodenentwicklung des Fremdsprachenunterrichts. Bis 1970 war eine normgerechte Aussprache ausgewiesenes Unterrichtsziel (zur Aussprachenorm vgl. Kap. 5), wenn auch Ausspracheschulung meist ausschließlich Imitation vorgesprochener Muster bedeutete. Mit dem Beginn der „kommunikativen Phase" in den 1970er Jahren verschwand die Phonetik fast völlig aus Curricula, Handbüchern, Lehrwerken und Unterricht, denn Ausspracheübungen wurden als kommunikationshemmend angesehen. Vorwiegend betraf diese Einschätzung jedoch die Situation in Westdeutschland und Westeuropa, die sich von der Situation in Ostdeutschland und Osteuropa unterschied. Hier wurde weiterhin größerer Wert auf eine normgerechte Aussprache gelegt. Am damaligen Herder-Institut (Universität Leipzig) entstanden z. B. wissenschaftliche Arbeiten zu diversen Themen der Ausspracheschulung, und man erarbeitete auf dieser Basis phonetische kontrastive Analysen zur Ermittlung interferenzbedingter Ausspracheprobleme als Handreichung für DaF-Lehrende. Zudem wurden phonetische Vorkurse entwickelt, die der Fossilierung von Aussprachefehlern zuvorkommen sollten, und es entstanden Übungsmaterialien für Sprachlabore.

Seit 1990, mit dem Beginn der sogenannten konstruktivistischen Methode des Fremdsprachenunterrichts (vgl. zu den Phasen des FU Reiss-Held/Busch, D 1), hat die Phonetik an Stellenwert gewonnen. Phonetik spielt eine größere Rolle in der Lehreraus- und fortbildung, fast kein Lehrwerk verzichtet auf Ausspracheübungen, Phonetik war/ist Themenschwerpunkt in wissenschaftlichen Zeitschriften zur DaF-Problematik (Babylonia 2/2011; Zeitschrift für Deutsch als Fremdsprache ab Heft 3/2012) und es sind viele nützliche Zusatzmaterialien erschienen (z. B. Fischer 2007; Hirschfeld/Reinke 2007, 2009; Reinke 2011, 2012, u. a.). Vereinzelt wurden und werden auch digitale Möglichkeiten genutzt (CD-Roms, internetbasierte Übungsprogramme, z. B. Hirschfeld/Reinke/Reinke 2013: Phonetik Simsalabim Online). Besonders kontrollierbare Hörübungen, Nachsprechübungen sowie die auditive und visuelle Präsentation der korrekten Lautbildung lassen sich auf diese Weise gut realisieren (zur Problemdiskussion vgl. Richter 2000, 73 ff.).

Auch der Gemeinsame Europäische Referenzrahmen (GER 2001) und die dazugehörigen Profile Deutsch (Glaboniat u. a. 2005) integrierten Phonetik/Phonologie in ihre Anforderungen und messen ihr im Rahmen des Erwerbs aller kom-

munikativen (d. h. linguistischen, soziolinguistischen, pragmatischen) Sprachkompetenzen einen hohen Stellenwert zu. Es gibt jedoch auch kritisch zu ver-
merkende Punkte: So sind die Anforderungen bezüglich der Beherrschung einer
normgerechten Aussprache äußerst vage formuliert (bspw. ab Sprachniveaustufe
B1: Erreichen einer „klaren und natürlichen Artikulation und Intonation",
GER 2001, 117). Herauszubildende Kompetenzen hinsichtlich der zu bewälti-
genden lautlichen und prosodischen Muster werden zwar beschrieben (GER
2001, 108), doch wird dabei völlig außer Acht gelassen, dass suprasegmentale
Parameter (Akzentuierung, Rhythmus) einen höheren Stellenwert für die Kommunikation besitzen als segmentale. Weiter werden zwar ansatzweise methodische Hinweise für die Vermittlung phonetischer Kompetenzen gegeben – diese
sind jedoch völlig unzureichend und beziehen sich i. d. R. auf imitatorische
Übungsformen (GER 2001, 150). Auch wird die Problematik von ausgangsspra-
chenbedingten Interferenzen nicht berücksichtigt, obwohl diese hauptverant-
wortlich für den sog. fremden Akzent sind. Und dem Zusammenhang der Phonetik mit anderen Teilfertigkeiten (Sprechen, Lesen, Hören) sowie der sinnvollen Verknüpfung mit anderen Sprachkompetenzen wird kaum Bedeutung beigemessen (vgl. dazu Hirschfeld / Reinke 2012).

3 Ursachen für Ausspracheschwierigkeiten in der Fremd- und Zweitsprache

3.1 Interferenzen

Die Hauptursache für Ausspracheprobleme in der Fremdsprache sind Unterschiede zwischen den Phonem- und Lautsystemen (Segmentalia) und den suprasegmentalen Systemen (z. B. Regeln der Akzentuierung, Melodisierung, Gliederung) in Ausgangs- und Zielsprache der Lernenden.

Phonemisch-phonetische Kategorien (z. B. die Fähigkeit, im Deutschen distinktiv bedeutsame Vokalquantitäten zu unterscheiden) werden ebenso wie suprasegmentale Regularitäten im Laufe des Erstspracherwerbs als sprachenspezifi-
sche funktionale Muster für die Wahrnehmung (Perzeption) und Artikulation
erworben und automatisiert. Diese weitgehend unbewusst ablaufenden Vor-
gänge wirken beim Erlernen einer Fremdsprache auch dann fort, wenn sie für die
Fremdsprache nicht passend sind.

Fehler, die aus der Verschiedenheit der Phonem- bzw. Lautsysteme sowie suprasegmentalen Gesetzmäßigkeiten zwischen Ausgangs- und Fremd-/Zielsprache
resultieren, bezeichnet man als Interferenzen oder Interferenzfehler (negativer
Transfer von einem Sprachsystem auf ein anderes). Man unterscheidet dabei verschiedene Interferenztypen (vgl. Hirschfeld 2001, 85 f.; Oomen-Welke B 4):

1. Phonem- und Lautkategorien werden nicht erkannt und unterschieden (z. B. lange und kurze Vokalquantität bei *Staat – Stadt*), d. h. Lernende können solche Phonem- und Lautunterschiede, die in ihrer Muttersprache nicht relevant (d. h. nicht distinktiv) sind, weder korrekt auditiv wahrnehmen noch angemessen produzieren.

2. Unbekannte Phoneme bzw. Laute werden durch ähnlich erscheinende ersetzt, und zwar entweder durch Ersatzlaute aus der Ausgangssprache der Lernenden oder aus der Zielsprache (z. B. Ersatz der Ö-Laute durch E- oder O-Laute). Darüber hinaus sind auch Ersatzlaute aus vorher gelernten Fremdsprachen (z. B. aus dem Englischen) möglich bzw. Laute, die aus individuellen, aber missglückten Artikulationsbemühungen der Lerner resultieren.

3. Phoneme oder Laute werden hinzugefügt (z. B. Einfügen eines Sprossvokals in *braten* → *beraten*) oder

4. auch weggelassen (z. B. Auslassen des [s] in *bleibst* → *bleibt*).

5. Schriftbildinterferenzen kommen vor, wenn gleiche Schriftzeichen in beiden Sprachen mit abweichendem Phonemwert verwendet werden (z. B. wird <z> im Englischen als stimmhafter S-Laut [z] und im Deutschen als Affrikate [ts] gesprochen).

6. Sehr störend sind Interferenzen im Bereich der Suprasegmentalia, wie z. B. Akzentuierungsfehler (Betonung falscher Silben, Verwendung falscher Betonungsmittel) in Wörtern und Sätzen.

Besonders kommunikationsbeeinträchtigend wirken dabei v. a. solche Interferenzfehler, die den suprasegmentalen Bereich oder die phonemische Ebene betreffen (z. B. Ersatz des [œ] in *Töchter* durch [ɔ] in *Tochter*). Jedoch können auch phonetische Fehler die Kommunikation stark beeinträchtigen, wie u. a. fehlende Reduktion von Endsilben, die vor allem den typischen Sprechrhythmus des Deutschen enorm verändern kann.

Interferenzfehler sind weitgehend vorhersagbar, und zwar auf der Basis phonetischer kontrastiver Vergleiche des Deutschen mit der jeweiligen Ausgangssprache der Lernenden (vgl. Hirschfeld/Kelz/Müller 2012). Dabei sind folgende Aspekte interessant (vgl. Hirschfeld 2006, 104 ff.):

1. Suprasegmentalia:
   – Rhythmustyp: silbenzählend (d. h. alle Silben folgen einander in relativ gleichmäßigen zeitlichen Abständen wie z. B. im Spanischen) vs. akzentzählend (d. h. die akzentuierten Silben haben zueinander einen annähernd gleichen zeitlichen Abstand wie z. B. im Deutschen)
   – Regeln der Wortakzentuierung: fester und/oder beweglicher Wortakzent (im Deutschen ist der Wortakzent sowohl fest, d. h. für die Wortakzentuierung existieren verbindliche Regeln, als auch beweglich, d. h. je nach Regel sind Wortakzente auf der ersten, zweiten, dritten, n-ten Silbe möglich: **ar**beiten, be**ar**beiten, buchsta**bie**ren, Stu**dent**)

- Regelungen zur Satz- und Äußerungsakzentuierung, Melodisierung, Gliederung u. a. m. Hinsichtlich der Melodisierung ist z. B. für das Deutsche in vielen Aussagesätzen eine nach der letzten Akzentsilbe stark fallende Melodie typisch, während z. B. im Russischen die Melodie zum Satzende hin allmählich absinkt.
- Koartikulationsregeln, z. B. in Bezug auf Stimmhaftigkeitsassimilation: progressiv vs. regressiv. Im Deutschen erfolgt die Stimmhaftigkeitsassimilation bei aufeinander folgenden Fortis- und Leniskonsonanten stets progressiv. Ein stimmloser Fortiskonsonant überträgt seine Stimmlosigkeit auf den nachfolgenden Leniskonsonanten, wodurch beide Konsonanten stimmlos realisiert werden, z. B. in *Eisbecher, Stuttgart, Dresden*. In den meisten anderen Sprachen ist eine regressive Stimmhaftigkeitsassimilation typisch, wodurch beide Konsonanten stimmhaft klingen.

2. Allgemeiner Klangeindruck: Von welchen allgemeinen phonetischen Merkmalen (z. B. Spannungsgrad der Artikulationsmuskulatur) wird der Klangeindruck der Sprache bestimmt? Deutsch verfügt z. B. im Gegensatz zu Polnisch oder Französisch über wenige Nasallaute und wird im Vergleich zu Spanisch mit einem viel höheren Spannungsgrad der Artikulationsmuskulatur realisiert.

3. Phonotaktik: einfachere vs. kompliziertere Silbenstruktur; Kombinationsmöglichkeiten für Phoneme und Laute. Deutsch weist z. B. eine relativ variantenreiche Silbenstruktur auf, d. h. es gibt sowohl einfache Silben, die nur aus einem Vokal bzw. Konsonant+Vokal bestehen (*E-sel, Tee*), als auch Silben, die an- und auslautende Konsonantencluster enthalten (*Strumpf*). Viele andere Sprachen (z. B. Chinesisch) haben dagegen einen sehr regelmäßigen Silbenbau mit hauptsächlich offenen Silben (Konsonant + Vokal).

4. Vokale:

   - Vokalarm (z. B. Arabisch mit nur 6 Vokalen) vs. vokalreich (z. B. Deutsch und Finnisch mit 16 Vokalen).
   - Relevanz der Vokalquantität, ggf. in Verbindung mit der Vokalqualität (im Deutschen unterscheidet man kurze ungespannte und lange gespannte Vokale, im Estnischen kurze, lange und überlange Vokale. In vielen Sprachen existiert weder die Quantitäts- noch die Qualitätsdistinktion).
   - Lippenrundung bei Vorderzungenvokalen (Ö- und Ü-Laute) vorhanden? Ö- und Ü-Laute wie im Deutschen weisen auch einige andere Sprachen wie z. B. das Türkische und das Französische auf. In vielen anderen Sprachen gibt es diese Laute nicht (vgl. Oomen-Welke, B 4, 3.1).
   - fester Vokalneueinsatz möglich? Der feste Vokaleinsatz bzw. Glottisschlageinsatz oder Vokalneueinsatz wie in *be|enden, beim|Essen* ist für das Deutsche oft typisch bei Vokalen bzw. Diphthongen im Silben- und Wortanlaut. Zwar wird er aus verschiedenen Gründen zuweilen weggelassen bzw. fehlt er in der österreichischen Standardvariante. Aber es gibt Wortgruppenpaare, in denen dieser Unterschied relevant ist, z. B. *beim Messen – beim | Essen*. In den meisten anderen Sprachen beginnt die Vokalartikulation bei Vokalen im Silbenanlaut immer weich und allmählich.

5. Konsonanten:

   - Konsonantenarm vs. konsonantenreich? Das Polnische weist z. B. 35 Konsonanten auf und ist damit konsonantenreicher als das Deutsche mit 21 Konsonanten. Unterschieden werden muss aber auch der Konsonantenanteil in den Silben. Hier gehört Deutsch eindeutig zu den konsonantenreichen Sprachen, vgl. Punkt 3.

- Fortis-lenis- vs. stimmhaft-stimmlos-Konstellation bei Plosiven und Frikativen. Deutsch unterscheidet Plosive und Frikative nach dem Grad der Artikulationsspannung in gespannte Fortis- bzw. ungespannte Leniskonsonanten, z. B. [p–b], [f–v]. Fortiskonsonanten sind immer stimmlos. Leniskonsonanten können, müssen aber nicht stimmhaft sein. Die meisten anderen Sprachen unterscheiden Plosive und Frikative in stimmhafte und stimmlose Konsonanten.
- Spezifische Besetzung des Konsonantensystems: Frikative, Plosive, Nasale usw. (Deutsch hat z. B. mehr Frikative als britisches Englisch und weniger Nasale als Polnisch.)

3.2 Lernerspezifik

Neben Interferenzerscheinungen als Hauptursache für Ausspracheprobleme in der Fremdsprache sind lernerspezifische Probleme zu beachten. Dazu muss man sich mit den Lern- und Kommunikationsgewohnheiten befassen, mit denen die Lernenden in ihrer Sozialisation konfrontiert waren. Wie effektiv Ausspracheübungen sein können, hängt u. a. davon ab, inwieweit mündliche Kommunikation generell und im Unterricht in der Heimatkultur der Lernenden positiv konnotiert ist, wie mit Abweichungen von etablierten Normen und mit Fehlern umgegangen wird, ob Sprechen vor Publikum ein lustbetontes oder eher angstbesetztes Thema ist, ob man besonderen Wert auf (formale) Korrektheit der Äußerung legt usw.

Bekannt ist, dass sogenannte psychische Barrieren (Dieling 1992, 23) es Lernenden erschweren, manche lautlichen und suprasegmentalen Muster der Fremdsprache zu erwerben. Grundsätzlich ist die Sprechweise ein identitätsstiftendes Merkmal der Persönlichkeit, das nicht ohne weiteres aufgegeben wird. Mehr oder weniger bewusst halten Lernende so an ihrer gewohnten Sprechweise fest und lehnen vor allem fremde rhythmische Muster ab, die z. T. stark emotional wirksam sind. Manche Artikulationsgesten (z. B. die typische Vorstülpung der Lippen bei gerundeten Vokalen im Deutschen) können Lernenden auch peinlich vorkommen.

Ebenso spielt der Faktor Alter eine Rolle. Meist fällt es sehr jungen Lernenden besonders leicht, eine neue (Aus-)Sprache ohne hörbaren fremden Akzent zu erlernen. Von der früheren strikten Überzeugung, ab einem bestimmten Alter (meist ab der Pubertät) sei es unmöglich, eine fremde Sprache akzentfrei zu erlernen, ist man jedoch wieder abgerückt (vgl. Hirschfeld 2003, 198 f.).

4 Auswirkungen von Ausspracheschwierigkeiten Lernender

In erster Linie beeinträchtigen Aussprachedefizite die Verständlichkeit der Lernenden. Da phonetische Signale im Kontext verbaler und nonverbaler Signale stehen, verhindert zwar nicht jedes fehlerhafte phonetische Signal die Verständlichkeit. Jedoch haben Lernende neben phonetischen meist noch andere linguistische (z. B. lexikalische, grammatische) Defizite in der Fremdsprache, so dass phonetisch fehlerhafte Äußerungen nicht durch Rückgriff auf andere linguistische Informationen entschlüsselt werden können. Empirische Untersuchungen von Hirschfeld (1994, 157 f.) haben gezeigt, dass in besonderem Maße fehlerhafte Akzentuierung (v. a. Wortakzentuierung) und abweichende Vokalquantitäten in Akzentsilben die Verständlichkeit beeinträchtigen. Insgesamt gilt der für jede Sprache typische Sprechrhythmus (mit spezifischen Gliederungsgewohnheiten und einer besonderen Abfolge und Gestaltung nichtakzentuierter und akzentuierter Silben) als bedeutsame aufmerksamkeitslenkende Größe (vgl. Stock 2000, 6). Schon geringfügige Abweichungen vom gewohnten Muster können hier zu größeren Verstehensproblemen führen.

Oft muss zum Erreichen von Verständlichkeit ein (zu) hohes Maß an Aufmerksamkeit von den Hörern aufgewendet werden, v. a. auf die formalen Aspekte, so dass inhaltliche Informationen verloren gehen, Hörern Anstrengung abverlangt wird und sie mit Ermüdung, abnehmender Toleranz sowie Akzeptanz reagieren.

Phonetische Mittel übertragen neben inhaltlichen Informationen auch spezifische Sprecherintentionen (z. B. Informieren, Überzeugen), Persönlichkeitsattribute (z. B. Sympathie), Emotionen (z. B. Freude) und Stellungnahmen zur Äußerung, zur Situation und zum Kommunikationspartner (z. B. Zuneigung). Bei DaF-Lernenden kann der auf Interferenzen aus der Muttersprache basierende fremde Akzent zu nicht intendierten Wirkungen führen. Dies konnten empirische Untersuchungen z. B. für DaF-Lernende mit russischem Akzent belegen (vgl. Untersuchungen von Reinke 2007; 2008; 2011), die aufgrund ihrer Sprechweise z. T. als weniger kompetent und sicher eingeschätzt wurden als deutsche Muttersprachlerinnen.

Aussprachedefizite haben darüber hinaus auf die Lernenden selbst erhebliche Auswirkungen. Sie verhindern bzw. erschweren kommunikatives Handeln (verstehendes Hören, Sprechen, Lesen und Schreiben) und führen zu Hemmungen und Unsicherheiten in der Kommunikation.

5   Didaktische und methodische Fragestellungen

5.1 Basis und Lernziel der Ausspracheschulung

Die bzw. eine Aussprachenorm (Standardaussprache), die in den Medien gesprochen wird, bildet die Basis der Ausspracheschulung. Sie ist überregional, institutionalisiert, allgemein akzeptiert und kodifiziert (in Aussprachewörterbüchern zur in der Bundesrepublik Deutschland gesprochenen Standardaussprache, z. B. Mangold 2006; Krech/Stock/Hirschfeld/Anders 2009). Darüber hinaus müssen Lernende auch mit funktionalen und emotionalen Varianten der Aussprache (z. B. Sprechweise beim Vortrag vs. Smalltalk) sowie – rezeptiv – mit ausgewählten regionalen Varianten und den in Österreich und in der Schweiz gesprochenen Standardvarietäten vertraut gemacht werden (dazu de Cillia, A 3).

Das Lernziel in Bezug auf die Aussprache hängt davon ab, welche Standardvarietät die Basis der Ausspracheschulung bildet, wie nahe Lernende einer normgerechten Aussprache kommen sollen oder wollen, ob ein fremder Akzent in Kauf genommen wird oder nicht. Weiter sind perzeptive von produktiven Fertigkeiten der Lernenden zu unterscheiden – bspw. sollen bestimmte regionale Varianten zwar verstanden, aber nicht unbedingt selber produziert werden. Stets ist das Lernziel in Abhängigkeit vom Ausbildungsziel der Lernenden zu sehen: So werden im Zusammenhang einer touristischen Reise die Ansprüche an eine normgerechte Aussprache geringer sein, als wenn eine spätere Tätigkeit als Dolmetscher oder Deutschlehrer angestrebt wird.

5.2 Fehlerkorrektur und Leistungsbewertung

Das Problem der Fehlerkorrektur ist in Bezug auf die Ausspracheschulung aus folgenden Gründen besonders prekär: Aussprachefehler sind i. d. R. nicht bewusst, daher besonders hartnäckig und rasch fossilierend. Zudem bedeutet jede Korrektur an der Sprechweise auch einen Eingriff in die Persönlichkeit des Lernenden. Lehrende benötigen, um Fehler erkennen und korrigieren zu können, Kenntnisse über die phonetischen Systeme des Deutschen und der Ausgangssprache der Lernenden, Fertigkeiten im funktionalen Hören (d. h. sie müssen am auditiven Klang erkennen, worauf der Fehler beruht) und didaktisches Geschick zur Fehlerkorrektur. Korrekturen sollten gezielt, empathisch und zum richtigen Zeitpunkt (z. B. nicht während eines Spiels) erfolgen. Lehrende müssen ein Repertoire an Korrekturmöglichkeiten kennen – ständige Wiederholung fehlerhafter Sequenzen ist nicht hilfreich, weil damit Fehler eher noch gefestigt werden.

Die Bewertung von Ausspracheleistungen ist problematisch, da sie von vielen Faktoren abhängt wie z. B. von der Ausgangssprache der Lernenden, von ihren Talenten und von den angebotenen Übungsmöglichkeiten. Unbedingt sollten Lernende aber regelmäßig Rückmeldungen zu ihren Ausspracheleistungen bekommen (vgl. Dieling/Hirschfeld 2000, 43 ff.).

5.3 Allgemeine Prinzipien des Ausspracheunterrichts

Folgenden Prinzipien sind bei der Gestaltung des Ausspracheunterrichts zu berücksichtigen (vgl. Dieling/Hirschfeld 2000, 63 und andere Veröffentlichungen von Hirschfeld und Reinke, s. u. Literatur):

– Phonetik muss in den Unterricht integriert und mit anderen (linguistischen) Teilbereichen verknüpft werden (z. B. Lexik immer mit Informationen zum Akzentvokal einführen).

- Übungen zur Aussprache müssen in den kommunikativen Kontext eingebettet werden (z. B. rhythmische Strukturen mit kommunikativen Formen wie *Guten Tag. Wie geht's?* üben).

- Bei der Ausspracheschulung müssen alle (kommunikativen) Möglichkeiten ausgeschöpft werden, wie Mimik, Gestik, Bewegungen (z. B. Rhythmus mit Gesten unterstreichen), Visualisierungen (z. B. Rhythmuspunkte: *Guten Tag* – ●●●) und Assoziationen (z. B. Alltagsgeräusche imitieren wie Hauchgeräusch für [h]).

- Korrektes Hören phonologischer und phonetischer Kategorien muss mit geeigneten Hörübungen kontrolliert werden (vgl. 5.4.2).

- Phonetikübungen sind viel mehr als reine Imitation. Wichtig sind methodische Vielfalt und abwechslungsreiche Übungen, Humor und Spaß.

5.4 Mittel und Methoden der Ausspracheschulung

5.4.1 Phonetische Übungsthemen

Im Hinblick auf die Bedeutsamkeit der einzelnen phonetischen Aspekte für die Kommunikation ist folgende Reihenfolge der Bearbeitung phonetischer Themen vorzuschlagen: 1. Wort- und Wortgruppenakzentuierung (als Basis für den Rhythmus); 2. Rhythmus und Gliederung; 3. Sprechmelodie; 4. Vokallänge (und -spannung); 5. Ö- und Ü-Laute; 6. Vokalneueinsatz; 7. Konsonantenspannung und Stimmbeteiligung (fortis/stimmlos – lenis/stimmhaft bzw. entstimmlicht durch Assimilationserscheinungen); 8. Ich- und Ach-Laut; 9. Hauchlaut [h]; 10. R-Laute (frikativ – vokalisiert); 11. Assimilationen (z. B. der Endung -en, der Stimmbeteiligung) (vgl. Hirschfeld 2005, 518).

5.4.2 Übungsformen

Optimal orientiert man sich an einer erprobten Übungstypologie, die folgende Prinzipien berücksichtigt:

1. Zuerst sollte phonologisches/phonetisches Hören – als Basis für eine gute Aussprache – geübt werden.

2. Auch Übungen zur Aussprache folgen dem Prinzip vom Einfachen zum Schwierigen.

3. Die Übungen sollten schrittweise von der bewussten Fokussierung auf den Aspekt Aussprache hinführen zur Integration der Übungen in den kommunikativen Kontext, so dass sich letztlich Ausspracheübungen nur noch wenig von anderen Übungen unterscheiden. Folgende Reihenfolge wird vorgeschlagen (vgl. Dieling/Hirschfeld 2000, 47 ff.):

A Hören und ggf. Bewusstmachen
- Vorbereitende Hörübungen (Eintauchübungen, die das phonetische Thema einführen)
- Bewusstmachen des phonetischen Problems, ggf. anhand der Eintauchübung
- Kontrollierbare Hörübungen zur Diskrimination (Unterscheiden von phonemischen/phonetischen Kategorien) und Identifikation (Wiedererkennen einer spezifischen phonemischen/phonetischen Kategorie)
- Komplexe und angewandte Hörübungen, die letztlich zum verstehenden Hören führen.

B (Aus-)Sprechen
- Einfaches und kaschiertes Nachsprechen vorgegebener Stimuli zum Automatisieren des phonetischen Aspekts – dabei möglichst langweilige, sinnleere Imitationsübungen vermeiden.
- Produktive (Aus-)Sprechübungen, in denen z. B. Phonetikübungen mit grammatischen, orthographischen, lexikalischen, landeskundlichen und anderen Aspekten verknüpft werden, oder die als Partner- und Dialogübung durchgeführt werden und die spielerischen Charakter haben
- Angewandte Aussprechübungen wie das Vorlesen eigener bzw. fremder Texte, Vortragen literarischer Texte, freies Sprechen, szenisches Gestalten.

5.4.3 Hilfsmittel und Methoden

Hilfsmittel dienen der effektiveren Behebung von Ausspracheproblemen und orientieren sich an den Bedürfnissen und Interessen der Lernenden. Zur Verfügung stehen

1. Gestische und taktile Mittel (Köperbewegungen und –gesten, um z. B. Vokallängen anzuzeigen, den Rhythmus zu unterstützen und die Bildung stimmhafter Laute am Kehlkopf zu fühlen);
2. Visuelle Mittel (z. B. Spiegel zur Kontrolle der Mundbewegung, Abbildungen von Lippen- und Zungenstellungen bei spezifischen Lauten, Transkriptionszeichen, Markierungen von Rhythmus und Melodie);
3. Auditive und audiovisuelle Mittel (CD-Geräte zum Abspielen von Übungen und gesprochenen Mustern und zur Fehleranalyse, DVD, Computer usw.);
4. Gegenstände (z. B. Papier zur Demonstration der Behauchung bei Fortisplosiven) (vgl. Dieling/Hirschfeld 2000, 87 ff.).

In Bezug auf besondere Methoden ist zu sagen, dass es die Methode nicht geben kann, da stets alle bisher genannten Faktoren zu berücksichtigen sind. Viele der veröffentlichten Methoden können jedoch im Ausspracheunterricht neben anderen genutzt werden. Zu nennen sind u. a. die Rhythmusmethode (Fischer 2007), bei der Aussprache über rhythmische Sprechstücke geübt wird; die

Gestenmethode (Velickova 1993), bei der mit Hilfe eines festen Gestensystems das Abstoßen von den Artikulationsgewohnheiten der eigenen Muttersprache trainiert wird; die Brumm-Methode (Cauneau 1995), bei der rhythmisch-melodische Muster durch Frequenzbeschneidung verdeutlicht und nachvollziehbar gemacht werden.

6 Ausblick

Insgesamt sind im Bereich der Phonetik DaF trotz mancher Fortschritte noch einige Defizite zu konstatieren (vgl. u. a. Hirschfeld/Reinke 2012, 132): Viele der Ausspracheübungen in DaF-Lehrwerken sind immer noch nicht genügend didaktisch-methodisch durchdacht und nicht ausreichend auf die Lernenden zugeschnitten (Ausgangssprache, Alter, Lernstand, Ausbildungsziel). Die Varianten- und Varietätenbreite der deutschen Aussprache wird zuwenig berücksichtigt. Lehrende verfügen nicht über ausreichende Grundlagenkenntnisse (phonetisch/phonologisch, didaktisch-methodisch). Es gibt noch immer eine Reihe offener Forschungsfragen, v. a. im Hinblick auf Probleme des Ausspracheerwerbs und der Aussprachevermittlung und auf die Beurteilung und Wirkung des fremden Akzents. Bisherige Ergebnisse der genannten Fragestellungen müssen verstärkt Eingang in die DaF-Praxis finden.

Literatur

Cauneau, Ilse: Hören, Brummen, Sprechen. Handbuch. Angewandte Phonetik im Unterrichtsfach „Deutsch als Fremdsprache". Stuttgart: Klett 1995

Dieling, Helga/Hirschfeld, Ursula: Phonetik lehren und lernen. Fernstudieneinheit 21. Berlin u. a.: Langenscheidt 2000

Dieling, Helga: Phonetik im Fremdsprachenunterricht Deutsch. München: Langenscheidt 1992

Fischer, Andreas: Deutsch lernen mit Rhythmus. Leipzig: Schubert 2007

Gemeinsamer europäischer Referenzrahmen für Sprachen. München: Langenscheidt 2001

Glaboniat, Manuela/Müller, Martin/Rusch, Paul: Profile deutsch. München: Langenscheidt 2005

Hirschfeld, Ursula: Kontrastive Phonologie und Phonetik – Ziele, Probleme, Grenzen. In: Bense, Gertrud/Meiser, Gerhard/Werner, Edeltraud (Hg.): August Friedrich Pott. Beiträge der Halleschen Tagung anlässlich des 200. Geburtstages von August Friedrich Pott (1802–1887). Frankfurt am Main u. a.: Peter Lang 2006, 101–111. (Hallesche Sprach- und Textforschung Band 9)

Hirschfeld, Ursula: Phonetische Probleme im Fremdsprachenunterricht. In: van Leewen, Eva C. (Hrsg.): Sprachenlernen als Investition in die Zukunft. Wirkungskreise eines Sprachlernzentrums. Festschrift für Heinrich P. Kelz zum 65. Geburtstag. Tübingen: Narr 2005, 513–528

Hirschfeld, Ursula: Phonologie und Phonetik in Deutsch als Fremdsprache. In: Altmayer, Claus/Forster, Roland (Hrsg.): Deutsch als Fremdsprache: Wissenschaftsanspruch – Teilbereiche – Bezugsdisziplinen. Frankfurt/M. u. a.: Lang 2003, 189–233

Hirschfeld, Ursula: Der „fremde Akzent" in der interkulturellen Kommunikation. In: Bräunlich, Margret/Neuber, Baldur/Rues, Beate (Hrsg.): Gesprochene Sprache – transdisziplinär. Festschrift zum 65. Geburtstag von Gottfried Meinhold. Frankfurt/M. u. a.: Lang 2001, 83–91

Hirschfeld, Ursula: Untersuchungen zur phonetischen Verständlichkeit Deutschlernender. Frankfurt/M.: Hector 1994. (Forum Phoneticum, Bd. 57)

Hirschfeld, Ursula/Kelz, Heinrich P./Müller, Ursula (Hrsg.): Phonetik international. Von Albanisch bis Zulu. Kontrastive Studien für Deutsch als Fremdsprache. [Online: www.phonetik-international.de/p-phonetik/] Waldsteinberg: Popp 2012

Hirschfeld, Ursula/Neuber, Baldur: Prosodie im Fremdsprachenunterricht Deutsch – ein Überblick über Terminologie, Merkmale und Funktionen. In: Zeitschrift für Deutsch als Fremdsprache (2010) Heft 1, 10–16

Hirschfeld, Ursula/Reinke, Kerstin (Hrsg.): Zeitschrift für Interkulturellen Fremdsprachenunterricht [Online http://www.ualberta.ca/~german/ejournal/33/] (12.2.2007)

Hirschfeld, Ursula/Reinke, Kerstin/Stock, Eberhard: Phonothek intensiv. München: Langenscheidt 2007

Hirschfeld, Ursula/Reinke, Kerstin: 33 Aussprachespiele. Stuttgart: Klett 2009

Hirschfeld, Ursula/Reinke, Kerstin: Integriertes Aussprachetraining in DaF/DaZ und der gemeinsame europäische Referenzrahmen für Sprachen. In: Zeitschrift für Deutsch als Fremdsprache (2012) Heft 3, 131–138

Hirschfeld, Ursula/Reinke, Kerstin/Reinke, Dietmar: Phonetik Simsalabim Online. 2013. (Phonetik-Kurs [Online http://www.simsalabim.reinke-eb.de/index.html])

Krech, Eva-Maria/Stock, Eberhard/Hirschfeld, Ursula/Anders, Lutz-Christian: Deutsches Aussprachewörterbuch. Berlin: de Gruyter 2009

Mangold, Max: Das Aussprachewörterbuch. Duden 6. Mannheim: Bibliographisches Institut 2006

Reinke, Kerstin: Deutsch einfach aussprechen. Phonetischer Einführungskurs. Leipzig: Schubert 2011

Reinke, Kerstin: Phonetiktrainer A 1 – B 1. Stuttgart: Klett 2012

Reinke, Kerstin: Zur Wirkung phonetischer Mittel in sachlich intendierter Sprechweise bei Deutsch sprechenden Russen. Frankfurt/M.: Lang 2008 (Hallesche Schriften zur Phonetik 26)

Reinke, Kerstin. Zur emotionalen Wirkung phonetischer Mittel bei DaF-Lernenden. In: Zeitschrift für Interkulturellen Fremdsprachenunterricht [Online http://www.ualberta.ca/~german/ejournal/33/] (12.2.2007)

Reinke, Kerstin: Fremder Akzent – von der auditiven Wahrnehmung zur Deutung der Persönlichkeit. In: Babylonia. Zeitschrift für Sprachunterricht und Sprachenlernen. (2011) Heft 2, 73–79

Richter, Regina: Selbstgesteuerter Ausspracheerwerb via Multimedia. Lerntheoretische und fertigkeitsbezogene Anforderungen an multimediale Lernumgebungen. In: Zeitschrift für Deutsch als Fremdsprache (2000) Heft 2, 73–81

Stock, Eberhard: Zur Untersuchung und Beschreibung des Sprechrhythmus im Deutschen. In: Zeitschrift für angewandte Linguistik (2000) Heft 32, 3–18

Veličkova, Ludmila: Die Vermittlung phonologischer Distinktionen mit einem Gestensystem. In: Zeitschrift für Deutsch als Fremdsprache (1993) Heft 4, 253–258

THOMAS GRIMM / NORBERT GUTENBERG

C2 Hörverstehen

1 Ein Modell des Hörverstehens

Im kommunikativen Fremdsprachenunterricht gilt das Hörverstehen als eine sehr wichtige Fertigkeit, die beachtliche Anforderungen an die Lernenden stellt und daher im Unterricht intensiv trainiert werden muss (vgl. Müller 2008 jetzt Eckhardt ²2010, DTP 9, C 10).

Der Begriff von Hörverstehen, den wir vorstellen und von dem wir ausgehen wollen, wurde in Gutenberg 1989, 1988/89, 1998 und 2001 entwickelt. Dieser geht seinerseits zurück auf H. Geißner 1984, 1986, 1988 sowie auf U. Geißner 1984, Slembek 1984, 1985 und Stoffel 1979. Gegenüber der genannten Literatur enthält diese Darstellung, außer gelegentlichen terminologischen Änderungen, konzeptuell insofern Innovationen, als sie zum ersten Mal einen Modellierungs-versuch der intrasubjektiven Prozesse gibt (vgl. auch Forster 1997, 55). Zur sprechwissenschaftlichen Grundlage dieses Konstrukts gehört, dass es nur im Rahmen eines dialogischen Situationsmodells denkbar ist (vgl. Kotthoff, B 3 in diesem Band).

Die Alltagssprache unterstellt, dass 'Meinen' und 'Sagen', analog dazu 'Hören' und 'Verstehen', zwei getrennte Prozesse sind, die nacheinander stattfinden, so dass etwa zuerst ein intrasubjektiver Konstruktionsprozess von 'Meinen' einen vollständigen Plan des intendierten Inhalts (WAS) entwickele, der erst an-schließend sprachlich-sprecherisch ausformuliert würde (WIE). Entsprechend würde dann erst nach Abschluss einer rein auditiven Rezeption des vom Spre-cher geäußerten WIE durch den Hörer ('Hören') ein intrapsychischer Rekon-struktionsprozess ('Verstehen') zum verstandenen WAS führen. Dem sollen die 'Hören' und 'Verstehen' und 'Meinen' und 'Sagen' zusammenfassenden Termini 'Hörverstehen' und 'Sprechdenken' entgegenwirken: Nicht erst nach mentaler Vervollständigung eines gemeinten WAS beginnt ein Sprecher den sprachlich-sprecherischen Formulierungsprozess, nicht erst nach Ende des Hörens beginnt ein Hörer das Verstehen, sondern die Termini 'Sprechdenken' und 'Hörverste-hen' akzentuieren die Gleichzeitigkeit, das Ineinandergreifen, die Interdepen-denz der Prozesse von Sinn-Intendieren, Sprachlich-Formulieren und Sprech-schall-Erzeugen, von Schall-Hören und Sinn-Deuten.

Es gibt eine unaufhebbare Differenz zwischen gemeintem und verstandenem WAS, das nur intersubjektiv und damit allein in der empirischen Realität des WIE existiert. Zwar führt der jeweilige Sprechdenkprozess zu genau diesem

WIE als dem Produkt seiner Äußerungsabsicht (und anderer nicht-intentionaler, aber dennoch sich äußernder Kräfte), aber das vom Hörer schließlich rekonstruierte WAS ist gleichermaßen auch Produkt seiner zwar soziokulturell determinierten, aber dennoch eigenen 'Hörmuster' und 'Hörverstehensmuster' eines je individuellen Hörverstehensprozesses. Zwar mag ein 'Ja, du hast genau verstanden, was ich gemeint habe' oder mehr noch ein 'du hast mich ganz verstanden' beglückend sein. Das kann dennoch nicht darüber hinwegtäuschen, dass kein noch so gelingender Verständigungsprozess die fundamentale hermeneutische Differenz aufzuheben vermag; darin liegt begründet, dass Sinn als 'Gesamtsinn' gesehen werden muss: Er kann weder mit dem subjektiv Gemeinten noch mit dem subjektiv Verstandenen, schon gar nicht mit dem objektiv Gesagten vollständig identifiziert werden. Er existiert vielmehr darin, dass durch die je konkrete historische Sprech-Hörsituation das Verstehen dieses Gehörten und das Meinen dieses Gesagten vermittelt sind. Ihr intersubjektives Aufeinanderbezogensein konstituiert den Gesamtsinn.

Sowenig Verstandenes und Gemeintes restlos identifiziert werden können, sowenig ist es möglich, Gesagtes und Gehörtes gleichzusetzen. Setzt man das Gesagte gleich mit dem sprachlichen WIE der Äußerung (Wortwahl und Satzbau), so kann diese nur gehört (und verstanden) werden aus dem tatsächlich hörbaren Sprechschall, der nicht nur die Sprachgestalt laut werden lässt ('linguistischer Sprechschall'), sondern auch, und in Interdependenz mit dem sprachrealisierenden Anteil, eine Vielzahl anderer nicht-sprachlicher 'Bedeutungen' realisiert (Affekt-, Situations-, Rollen- und andere Muster). Der geäußerte Sprechschall ist nun das, was dem Hörer als Ausgangspunkt eines nicht minder komplexen Hörverstehensprozesses gegeben ist, an dessen Ende eine subjektive Rekonstruktion des vom Sprecher Gemeinten (und nicht intentional Gemeinten, aber Geäußerten) durch den Hörer steht. Genau wie auf Sprecherseite der schließlich hörbare Sprechschall Aktualisierung eines Komplexes von Sprechmustern ist, so ist auch hier das verstandene WAS das Ergebnis der Aktualisierung eines Komplexes von korrespondierenden Hör- und Hörverstehensmustern. Wesentlich ist die Tatsache, dass der Gesamtprozess von der auditiven Perzeption des Sprechschalls in einem subjektiven Verarbeitungsprozess (teils intentional, teils nicht-intentional gesteuert) zur subjektiven (Re)Konstruktion eines Sinnes führt, der zwar bezogen ist auf den intendierten Sinn des Sprechers und das tatsächlich Geäußerte, aber dennoch Produkt der Hörerinterpretation bleibt. Diesen Prozess nennen wir 'Hörverstehen'. Dabei ist wichtig, was weiter unten noch deutlicher wird, dass dieser Interpretationsprozess nicht erst nach vollständiger auditiver Perzeption, sondern mit Beginn des Hörens schon einsetzt und darum als ein spiralförmiger Prozess von Verstehen – Antizipieren – Verstehen – Antizipation korrigieren – Verstehen usw. gesehen werden muss.

Die besondere Schwierigkeit bei Überlegungen zum Prozess von Sprechdenken und Hörverstehen ist nun die Tatsache, dass es sich bei beiden um empirische intrasubjektive Sprechoperationen und -handlungen handelt. Sie sind zwar unbestreitbar real, aber als intrapsychische Prozesse sind sie der Beobachtung und Beschreibung nicht unmittelbar zugänglich. Alle Aussagen über Stufen, Abfolgen, Phasen von Sprechdenken und Hörverstehen können daher nur als Rekonstruktionen gelten, die mehr oder weniger Plausibilität für sich beanspruchen können.

Grob werden dabei drei Stufen unterschieden: 1. Hören als auditive Perzeption des geäußerten Sprechschalls; 2. Verstehen des Gesagten als (Re)Konstruktion der sinnkonstitutiven Strukturen des Sprechschalls, also die Interpretation des Gehörten als Realisation von Mustern: Hier werden die Wörter und Sätze, Spannbögen und Sinnkerne, die die Gesamtsprechhaltung ausdrückenden Affekte und andere Muster erkannt (= Verstehen A); 3. Verstehen des Gemeinten als (Re)Konstruktion des mit dem Gesagten (2.) Intendierten oder unbewusst Mitausgedrückten (= Verstehen B): Der Hörer 'erkennt' Ausspruchsziel und Ausspruchsplan des Sprechers, versteht, was er 'meint', daraus und aus dem Deuten der Gesamtsprechhaltung kann er darüber hinaus auch 'den Sprecher verstehen'.

Das Aufeinanderfolgen der Schritte 'Hören', 'Verstehen A', 'Verstehen B' sollte nicht suggerieren, der Prozess des Hörverstehens spiele sich in dieser groben Folge ab. Mit dem Beginn des Hörens als dem physiologischen Decodieren physikalischer Merkmale des Sprechschalls setzt auch schon 'die mentale Interpretation des Gehörten' ein. Auch die beiden Stufen dieser mentalen Interpretation finden nicht nacheinander statt, sondern Stufe B setzt unmittelbar mit Stufe A ein. Zudem werden auch innerhalb der Stufen sofort mit der Rekonstruktion des ersten Wortes, des Beginns des Spannbogens, der ersten identifizierten Schwere, des ersten zur Gesamtsprechhaltung gehörenden Ausdrucks Hypothesen gebildet über den Fortgang der Äußerung, also Wortlaut, Sinnkern, Spannbogen und Gesamtsprechhaltung der Gesamtäußerung antizipiert (Stufe A); dies führt auf Stufe B zu einer Hypothese über den gesamten Ausspruchsplan und das Ausspruchsziel des Sprechers, die nur z. T. auf der Rekonstruktion des Geäußerten, zum anderen Teil aber auf Antizipationen beruht, mithin selbst eine Antizipation ist. Die Antizipationen beruhen auf Hörmustern. Da die Antizipation von Ausspruchsplan und -ziel sich auf das Verstehen der Stufe A der weiteren Merkmale auswirkt, diese beeinflusst, ebenso wie die fortdauernde Einwirkung der aktuellen Sprech-Hör-Situation, ist ebenso einsichtig, dass bei nicht gelingendem Sprechdenken bzw. nicht gelingender Aktualisierung der Sprechmuster und bei Inkongruenz der Muster von Sprecher und Hörer der Hörverstehensprozess gefährdet ist, da der Hörer zunächst immer funktionierende und kongruente Sprechdenkprozesse und Sprechmuster stillschweigend voraussetzt. Nur analytisches Hörverstehen ist in der Lage, Defizite rekonstruktiv auszugleichen, indem es nicht nur hört und versteht, was der Sprecher sagt, sondern auch wie er es hätte äußern müssen, um angemessen zu äußern, was er wirklich meint. Entsprechendes gilt für die Aktualisierung der Hörmuster und den Hörverstehensprozess selbst, der ebenfalls Fehlfunktionen aufweisen kann.

2 Hörverstehen in der Fremdsprache: Eigenschaften und didaktische Konsequenzen

Beim Hörverstehen, also der Informationsaufnahme aus der gesprochenen Sprache, spielt sich ein aktiver, interpretativer Verarbeitungsprozess ab, der simultan und interdependent in zwei Richtungen verläuft: sowohl aufsteigend, d. h. vom sprachlich-auditiven Material aus werden die Bedeutungen der Wörter, Sätze, Texte erschlossen (Verstehensebene A), als auch absteigend, d. h. das Verstehen wird von dem Vorwissen und den Sinnerwartungen des Hörers – in direkter Kommunikation etwa aufgrund des Situationskontextes – gelenkt (Verstehensebene B). Der Erfolg des Versuches eines Lernenden des Deutschen als Fremdsprache, diese beiden Ebenen miteinander in Bezug zu setzen, hängt von mehreren Faktoren ab (Klein 1984, 70 f., 74 ff.): Bei einer gesprochenen Äußerung handelt es sich üblicherweise um einen Lautstrom, in dem viele Wörter nicht oder kaum durch Pausen akustisch voneinander getrennt sind (besonders bei Verschleifungen), was die Identifikation der Wörter oder Mehrworteinheiten erschwert. Auch wenn eine Phonemfolge richtig gehört wurde, ist es oft zweifelhaft, ob es sich dabei um ein Wort oder nur um eine Wortsilbe handelt. Lautlich werden meist Inhaltswörter durch die Prosodie und den Ort (am Anfang oder am Ende der Äußerung bzw. unmittelbar vor und hinter den Pausen) hervorgehoben. Die Funktionswörter dagegen werden oft nicht herausgehört, ihr Beitrag zur Bedeutung bleibt unerkannt. Sprechen verhallt unaufhaltsam: Der Hörer kann es nicht anhalten, er kann nicht innehalten oder zurückspringen wie beim Lesen und muss sich dem Tempo anpassen. Er läuft daher stets Gefahr, den Anschluss zu verlieren und frustriert aufzugeben. Dieses Risiko besteht, solange das erforderliche Sprach- und Weltwissen noch lückenhaft bzw. noch nicht automatisiert ist. Ferner erschweren typische Merkmale des Sprechens, wie Elisionen, Reparaturen, aber auch verschiedene Varietäten, z. B. Dialekte, das Verständnis (vgl. Thurmair, B 5). Zudem beeinflussen die Erstsprachen die Hörleistungen in der Fremdsprache durch positiven und negativen Transfer: So erleichtern Internationalismen oft das Hörverstehen, während es beispielsweise dann erschwert wird, wenn 'falsche Freunde' vorkommen (la *fiche* – der *Fisch*) oder zwei deutsche Phoneme in der L 1 des Lernenden Allophone sind (/l/, /r/), so dass Unterschiede nicht herausgehört und Wörter verwechselt werden. Endlich können kulturbedingte Deutungsmuster verursachen, dass die Parallelinformation anders gedeutet wird, als das in der Zielkultur üblich ist (*danke* ohne *ja* oder *nein*). Aus dem Gesagten ergeben sich folgende didaktische Konsequenzen:

1) Aufgrund der Vielfalt an auditiven Informationen, der Schwierigkeiten der Zerlegung des Lautstromes in kleine Informationseinheiten und der Flüchtigkeit des Sprechens sind Hörübungen für die Lernenden oft mit Stress verbunden. Im Unterricht sollte daher auf eine entspannt-sachorientierte Atmosphäre Wert gelegt werden. „Dazu gehört auch, dass die Kontrolle des Hörverständnisses nicht in den Vordergrund gestellt wird (...). Aufgaben sollten vielmehr den Charakter von Hilfestellungen haben und das Hören vorbereiten und begleiten." (Huneke/Steinig 2000, 109).

2) Die Frage, welche der beiden Verarbeitungsrichtungen die wichtigere ist, ist nicht ein für alle Mal zu entscheiden, sondern hängt von situativen und personellen Faktoren ab: So ist beispielsweise die aufsteigende Verarbeitungsrichtung dann besonders wichtig, wenn die vorgängigen Sinnerwartungen durch den Text enttäuscht werden und der Hörer sich schleunigst korrigieren muss (Tsui/Fullilove 1998). Daher ist dieser Ebene auch im Unterricht viel Aufmerksamkeit zu schenken, etwa in Form von Übungen zum Erkennen von Schlüsselwörtern oder Konnektoren. Darüber hinaus ist die Entscheidung, in welchem Ausmaß Übungen zu den beiden Verarbeitungsrichtungen im Unterricht eingesetzt werden, vom Sprachstand einer Gruppe abhängig: So sollte bei Anfängern zunächst die aufsteigende, bei Fortgeschrittenen dann eher die absteigende Verarbeitung im Vordergrund stehen. Ferner unterscheidet sich das Vorwissen – sowohl das Sprachwissen als auch das Weltwissen – von Hörer zu Hörer, und einzelne Hörer messen den beiden Verarbeitungsrichtungen – bewusst oder unbewusst – einen unterschiedlichen Stellenwert zu bzw. wenden verschiedene Strategien an. Als didaktische Konsequenz ergibt sich daraus die Aufgabe, die Lernenden für den ihnen gemäßen Lernstil und die adäquaten Lernstrategien zu sensibilisieren (Flowerdew/Miller 2005, 87).

3) Der Lehrende sollte die Herkunftssprache(n) und -kultur(en) der Lernenden kennen, um typische erstsprachbedingte Interferenzen vorhersehen und darauf gezielt reagieren zu können.

4) Verstehen ist nicht immer gleich: „In Abhängigkeit von Verstehensabsicht und Text hören wir so extensiv wie möglich und so intensiv wie nötig." (Solmecke 1992, 5). Man unterscheidet das globale Verstehen, das sich auf die Hauptaussage eines Textes richtet, vom selektiven Verstehen, das gezielt auf Einzelinformationen achtet, und vom detaillierten Verstehen, das sämtliche Einzelheiten erfassen möchte. Lernende wollen meist alles verstehen und geben, wenn ihnen dies nicht gelingt, entnervt auf. Dieser unrealistische Anspruch muss systematisch mit Übungen zum globalen bzw. selektiven Verstehen relativiert werden. Das lässt sich auch durch eine andere Überlegung begründen: Wird im Unterricht eine Aufgabe zu einem gehörten Text gestellt, muss der Lernende Verste-

hensfähigkeit und Gedächtnisleistung unter Beweis stellen. Werden jedoch Behalten und Verstehen zu stark konfundiert (Solmecke 1992, 9), gibt eine nicht erfolgreich absolvierte Übung dem Lehrenden keine Hinweise, woran das Missverstehen liegt und wie er didaktisch gegensteuern soll. Daher empfiehlt es sich, lange Texte passagenweise rezipieren zu lassen und gehörte Texte nicht zu detailliert oder sogar nach dem genauen Wortlaut abzufragen. Es sind also Übungen zum globalen Verstehen vorzuziehen. Bei Aufgaben zum detaillierten Verstehen sollte man sich auf sehr wenige Fragen beschränken. Generell ist es ratsam, den Lernenden die Hörziele im Vorhinein mitzuteilen (Bimmel/van de Ven 1992, 12).

3 Hörverstehensübungen

Die Übungen zur Schulung des Hörverstehens werden in der Forschung nach verschiedenen Kriterien kategorisiert bzw. unterschiedlichen Ansätzen zugeordnet. So unterscheidet Segermann (2003, 296–298) zwischen einem wissensbasierten Komponenten- und Stufenmodell sowie einem tätigkeitsbasierten Integrationsmodell. Jenes baut unter Einsatz isolierter Komponentenübungen (z. B. zur Lautdiskriminierung, zum Erkennen von Schlüsselwörtern oder syntaktischen Strukturen) und an den Leistungsstand der Lernenden angepasster didaktisierter Texte die Hörverstehenskompetenz der Lernenden nach und nach auf. Dieses setzt von Anfang an auf echte, also nicht didaktisierte, vom Anspruch her deutlich über dem Produktionsniveau der Lernenden liegende Texte. Storch dagegen unterscheidet zwischen datengeleiteten Übungen, Speicherübungen und Übungen zum antizipierenden Hören (Storch 1999, 141–152). Bei beiden Autoren wird jedoch der Aufbau von Gesprächskompetenz vernachlässigt und keine Verbindung zur Sprechwissenschaft hergestellt. Wir wollen hier kein alternatives, umfassendes Modell von Hörverstehensübungen entwickeln, sondern für drei Bereiche, das Einhören in die L2, das antizipierende Hören und das Hören im Gespräch, typische Übungen und Unterrichtsformen vorstellen.

Am Anfang des gesteuerten Erwerbs der L2 stehen phonetisch-phonologische Übungen, mit denen die Lernenden für die klanglichen Merkmale der Fremdsprache sensibilisiert werden. Dieses Einhören soll die Lernenden mit dem Phoneminventar, den Gesetzen der Betonung und der Intonation der L2 vertraut machen. Dadurch lernen sie auch die affektive Seite der Sprache kennen und sind frühzeitig in der Lage zu verstehen, wie Gefühle ausgedrückt werden (Cauneau 1992, 11). Stellvertretend für Übungen zum Einhören insgesamt soll am Beispiel des Erwerbs der Phoneme gezeigt werden, welchen Kriterien dabei Rechnung getragen werden sollte. Mit Minimalpaaren, also Wortpaaren, die sich nur in einem einzigen Phonem unterscheiden, lassen sich lautlich kontrastierende Elemente differenzieren und diskriminieren. Diese Übungsform wurde in

Zeiten der audiolingualen Methode häufig eingesetzt. Heute verwirft man diese Methode zwar, allerdings wird gegenwärtig keine andere mit Alleinvertretungs-anspruch an ihre Stelle gesetzt, vielmehr vertritt man einen offenen und integra-tiven Ansatz, der den Einsatz einer Vielzahl von Übungen und Übungsformen erlaubt (Flowerdew/Miller 2005, 18). Eine Übung mit Minimalpaaren kann daher in einem Sprachkurs durchaus ihren Platz haben, sofern sie eine weitere Anforderung erfüllt: Wo immer möglich sollten im Unterricht authentische Texte eingesetzt werden, also lebens- und alltagsnahe. Phantasie- oder Nonsenswörter sollten daher in Übungen mit Minimalpaaren nicht verwendet werden. Stattdes-sen kann man etwa Nachnamen einsetzen (Hirschfeld 1992, 17).

Die Forderung, so oft wie möglich im Unterricht von authentischen Texten Gebrauch zu machen, ist nicht nur inhaltlich, sondern auch sprachlich gemeint: Sollen die Lernenden am Ende eines Sprachkurses nicht ausschließlich ihren Lehrer verstehen, ist es unumgänglich, dass sie mit verschiedenen Stimmen, Sprechgeschwindigkeiten, Varietäten vertraut gemacht werden. Es ist umstrit-ten, in welchem Ausmaß diese Varianten eingesetzt werden sollen, z. B. herrscht keine Einigkeit darüber, ob auch Dialekte oder Hintergrundgeräusche zu hören sein sollen. Klar ist nur, dass keine falsch gesprochenen Äußerungen verwendet werden dürfen, weil diese von den Lernenden evtl. imitiert würden. Auf alle Fälle ergibt sich aus der Forderung nach authentischen Texten, dass man den Ler-nenden eine beachtliche Hörleistung abverlangt. Man sollte daher im Unterricht nicht ausschließlich Hörtexte einsetzen und danach Verständnisfragen stellen. Das hieße die Verstehenskompetenz zu testen, anstatt sie systematisch zu lehren und aufzubauen. Vielmehr muss der Lehrende die Aufgaben, die vor und nach dem Hören sowie währenddessen zu absolvieren sind (Dahlhaus 1994, 125 f.), auf den Schwierigkeitsgrad und die Hörziele abstimmen. Dazu gehört insbeson-dere, dass die Lernenden entlastet werden, indem man sie vorab an die Thematik heranführt und ihnen auf diese Weise hilft, Sinnerwartungen aufzubauen, in deren Licht das Verstehen leichter fällt. Zu diesem Zweck kann man etwa den relevanten Wortschatz durch Assoziogramme aktivieren oder einführen, zum Hörtext gehörende Bilder im Lehrwerk analysieren lassen oder Hörtexte mehr-fach mit jeweils anderen Aufgabenstellungen rezipieren lassen: So kann beim ersten Hören der situative Rahmen geklärt werden, d.h. die Aufmerksamkeit gilt der Sprechatmosphäre, der Prosodie und vor allem den Nebengeräuschen (Bauer 1992, 24). Erst danach geht man zu den inhaltlichen Aussagen über. Bei weiter fortgeschrittenen Lernenden kann die Anzahl solcher Hilfestellungen reduziert und die Textlänge erhöht werden.

Hörverstehen ist nicht nur deswegen eine zentrale Fertigkeit, weil es den Ler-nenden das gesprochene Wort der Fremdsprache erschließt, sondern auch, weil es insbesondere im Anfängerunterricht die Grundlage für das eigene (Nach-)-Sprechen ist: ohne richtiges Hören kein richtiges Sprechen (Forster 1997, 56).

Die enge Verbindung dieser beiden Fertigkeiten zeigt sich auch daran, dass im Gespräch das Hörverstehen für den Sprecher an Signalen der Hörer erkennbar wird: Man gibt dem Sprecher nämlich vokal (z. B. *mhm, ah*) bzw. extraverbal (z. B. Achselzucken, Nicken) Rückmeldungen, bevor man selbst die Rolle des Sprechers ergreift. Zur Konversation fähig ist man also nur, wenn man das Hören mit dem Sprechen verbindet und die kulturspezifischen Regeln des Sprecherwechsels verinnerlicht hat. Daher ist es sinnvoll, im Fremdsprachenunterricht Hören und Sprechen als zwei Aspekte der mündlichen Kommunikation von Angesicht zu Angesicht zu betrachten und gemeinsam einzuüben (Forster 1997; Kotthoff, B 3 in diesem Band). Zur Schulung der Gesprächskompetenz lassen sich der kontrollierte Dialog oder das Feedback-Geben einsetzen. Am kontrollierten Dialog sind drei Teilnehmer beteiligt. Zwei sprechen miteinander, der dritte überwacht die Einhaltung der Regeln. Der erste Teilnehmer trägt eine Aussage vor. Der zweite muss genau zuhören und sie sinngemäß wiederholen, bevor er seine Meinung dazu formuliert. Dann muss der erste Teilnehmer zuhören, paraphrasieren, kommentieren usw. Diese Übung schult das genaue Zuhören und deckt Verstehensprobleme auf. „Alle Teilnehmer dieser Übung erfahren sehr rasch manchmal Bestürzendes über ihre Zuhörgewohnheiten und damit auch Hörverstehensfähigkeiten." (Forster 1997, 318). Ähnlich verlangt das Feedback-Geben genaues Zuhören und die Formulierung der Empfindungen, die eine Äußerung ausgelöst hat. Solche Übungen schulen Hörverstehen und Sprechdenken gemeinsam. Dadurch wird die „gesprächspädagogische Entwicklung von für das Miteinandersprechen relevanten Fähigkeiten" (Forster 1997, 100) erreicht.

Literatur

Bauer, Hans Ludwig: Hören ohne Angst. Atmosphärische Hörszenen und Hörbriefe. In: Fremdsprache Deutsch (1992) Heft 7, 24–27

Bimmel, Peter/van den Ven, Mariet: Verstehen üben, verstehen lernen. In: Fremdsprache Deutsch (1992) Heft 7, 12–16

Cauneau, Ilse: Hören. Brummen. Sprechen. Angewandte Phonetik im Unterricht Deutsch als Fremdsprache. München: Klett 1992

Dahlhaus, Barbara: Fertigkeit Hören. Berlin, München, Wien u. a.: Langenscheidt 1994 (Fernstudieneinheit 5)

Flowerdew, John/Miller, Lindsay: Second Language Listening. Theory and Practice. Cambridge u. a.: Cambridge University Press 2005

Forster, Roland: Mündliche Kommunikation in Deutsch als Fremdsprache: Gespräch und Rede. St. Ingbert: Röhrig 1997 (zugl. Diss. Saarbrücken 1997)

Geißner, Hellmut: Über Hörmuster. In: Gutenberg (Hrsg.) 1984, 13–56

Geißner, Hellmut: Sprecherziehung. Didaktik und Methodik der mündlichen Kommunikation. Frankfurt/M.: Scriptor ² 1986

Geißner, Hellmut: Sprechwissenschaft. Theorie der mündlichen Kommunikation. Frankfurt/M.: Scriptor ²1988

Geißner, Ursula: Hören und Beurteilen. 'Wer Ohren hat zu hören, der höre.' Mt. 13,43. In: Gutenberg (Hrsg.) 1984, 127–147

Gutenberg, Norbert (Hrsg.): Hören und Beurteilen. Frankfurt/Main: Scriptor 1984 (Sprache und Sprechen 12)

Gutenberg, Norbert: Sprechdenken – Hörverstehen – Leselehre. In: Informationen Deutsch als Fremdsprache 15 (1988/1989) Heft 2, 3–24; sowie in: Eggers, Dietrich (Hrsg.): Didaktik Deutsch als Fremdsprache. Hörverstehen – Leseverstehen – Grammatik. Regensburg: AKDaF 1989, 51–78

Gutenberg, Norbert: Einzelstudien zu Sprechwissenschaft und Sprecherziehung. Arbeiten in Teilfeldern. Göppingen: Kümmerle 1998, 425–462

Gutenberg, Norbert: Einführung in Sprechwissenschaft und Sprecherziehung. Frankfurt/M.: Peter Lang 2001

Huneke, Hans-Werner/Steinig, Wolfgang: Deutsch als Fremdsprache. Eine Einführung. Berlin: Erich Schmidt ²2000

Hirschfeld, Ursula: Wer nicht hören will ... Phonetik und verstehendes Hören. In: Fremdsprache Deutsch (1992) Heft 7, 17–20

Klein, Wolfgang: Zweitspracherwerb. Eine Einführung. Königstein/Ts.: Athenäum 1984

Segermann, Krista: Übungen zum Hörverstehen. In: Bausch, Karl-Richard/Christ, Herbert/Krumm, Hans-Jürgen (Hrsg.): Handbuch Fremdsprachenunterricht. Tübingen, Basel: Francke 2003, 4., vollst. neu bearb. Aufl., 295–299

Slembek, Edith: Leseverstehen und Hörverstehen, zwei vernachlässigte Grundleistungen in der Kommunikation. In: Gutenberg (Hrsg.) 1984, 57–77

Slembek, Edith: Über den Prozeß des Mißverstehens. In: Schweinsberg-Reichart, Ilse (Hrsg.): Performanz. Frankfurt am Main: Scriptor 1985 (Sprache und Sprechen 15), 133–147

Solmecke, Gert: Ohne Hören kein Sprechen. In: Fremdsprache Deutsch (1992) Heft 7, 4–11

Stoffel, Rainer M.: Sprechdenken und Hörverstehen. In: Praxis Deutsch (1979) Heft 33, 51–55

Storch, Günther: Deutsch als Fremdsprache. Eine Didaktik. Theoretische Grundlagen und praktische Unterrichtsgestaltung. München: Fink 1999

Tsui, Amy B. M./Fullilove, John: Bottom-up or Top-down Processing as a Discriminator of L2 Listening Performance. In: Applied Linguistics 19 (1998) Heft 4, 432–451

NICOLA WÜRFFEL

C3 Leseverstehen

1 Einleitung

Die Förderung des Leseverstehens ist eine wichtige Aufgabe des Fremdsprachenunterrichts. Was aber macht eine Lesefertigkeit aus? Antworten auf diese Frage werden in der Forschungsliteratur aus zwei Perspektiven heraus gegeben: Zunächst betrachtet man, wie Lesen überhaupt funktioniert, und greift dabei auf die Ergebnisse aus der Forschung zum Lesen in der Erstsprache zurück. Dann versucht man, die Unterschiede zwischen einem muttersprachlichen und einem fremdsprachlichen Lesen zu erfassen, um darauf aufbauend die Charakteristika des fremdsprachlichen Lesens beschreiben zu können. Beides dient wiederum als Grundlage dafür, didaktisch-methodische Vorschläge zu formulieren, wie die Lesefertigkeit in der Fremdsprache gefördert werden kann.

Die „fast ins Unübersichtliche angewachsene empirische Fachliteratur zum Lesen in der Mutter- und Fremdsprache" (Ehlers 1999, 11) macht es allerdings nicht gerade einfach, in kompakter Form die wichtigsten Ergebnisse zum Leseverstehen und zu seiner Förderung im DaF-Unterricht zusammenzufassen. Hinzu kommt, dass seit dieser Feststellung von Ehlers noch einmal gut 10 Jahre vergangen sind, in denen dem Lesen durch die starke Verbreitung der digitalen Informations-, Kommunikations- und Publikationsmedien weitere interessante Aspekte zugewachsen sind. Trotzdem wird im folgenden Artikel versucht, zunächst wichtige Grundlagen der Forschung zum Leseverstehen im Bereich Deutsch als Fremdsprache darzustellen. Anschließend werden Möglichkeiten zur Förderung des Leseverstehens vorgestellt und zum Abschluss wird ein besonderes Augenmerk auf die Herausforderungen und die Möglichkeiten gelegt, die durch einen Einsatz digitaler Medien für das fremdsprachliche Lesen entstehen können.

2 Ebenen des Leseverstehens

Fragt man nach klassischen Aufgaben zur Förderung des Leseverstehens im DaF-Unterricht, dann fallen vielen als Erstes die 'Fragen an den Text' ein – als Übung mit geschlossenen Richtig/Falsch-Fragen, mit denen häufig Details aus dem Text erfragt werden, oder als offene Aufgabe, die vom Lernenden z.B. das Zusammenfassen ganzer Absätze des Texts verlangt. Tatsächlich würde die Forschung hier aber eher von einer Förderung des Textverstehens sprechen.

Schon 1998 hat Ehlers auf die fehlende Differenzierung zwischen den eigentlichen Lese- und den höherstufigen Verstehensprozessen in der Forschung zum fremdsprachigen Lesen hingewiesen sowie auf die geringe Beachtung, die in der Fremdsprachenforschung (aber auch der Fremdsprachendidaktik) dem in der muttersprachlichen Leseforschung vollzogenen „Wandel der Lesetheorie" hin zu einer stärkeren Betrachtung der Bedeutung der zeichenbasierten Grundfertigkeiten geschenkt wird (vgl. Ehlers 1998, 177 f.); daran hat sich bis heute wenig geändert. Es erscheint deshalb wichtig zu unterstreichen, dass Leseverstehen eben nicht nur Textverstehen ist, sondern dass es auch den eigentlichen Leseprozess zu betrachten gilt, bei dem man drei Ebenen unterscheiden kann:

> Dazu gehört auf der untersten Ebene das Erkennen von Buchstaben und Wörtern sowie die Erfassung der Wortbedeutungen, auf mittlerer Ebene das Herstellen semantischer und syntaktischer Relationen zwischen den Wortfolgen und auf der Textebene die satzübergreifende Integration von Sätzen zu umfassenden Bedeutungseinheiten sowie der Aufbau einer kohärenten Struktur der globalen Gesamtbedeutung eines Textes (Christmann/Groeben 1999, 148).

Diesbezüglich besteht in der Literatur Einigkeit. Wie sich die einzelnen Prozesse innerhalb der Ebenen und Ebenen übergreifend in Hinblick auf ihren Ablauf und die gegenseitige Beeinflussung verhalten, wird allerdings kontrovers diskutiert: Das 'modulare Modell' favorisiert ein sequenzielles Ablaufen der einzelnen Prozesse ohne gegenseitige Beeinflussung, das 'interaktive Modell' ein paralleles Ablaufen in zeitlicher Überlappung mit gegenseitiger Beeinflussung. Die Konkretisierung der beiden Modelle wird im Folgenden im Hinblick auf die drei Ebenen erläutert.

1.1 Wortebene

Auf der Ebene der Worterkennung bedeutet die Anwendung des 'interaktiven' Modells, dass sich der (Satz-)Kontext erleichternd auf den lexikalischen Zugriff auswirkt: Der höhere Teilprozess beeinflusst den niedrigeren. Nach dem 'modularen' Modell vollzieht sich die Worterkennung kontextfrei, da die Teilsysteme (eingekapselt) unabhängig voneinander ablaufen und die höheren Verarbeitungsprozesse sogar erst dann beginnen, wenn die Verarbeitung auf den niedrigeren Ebenen abgeschlossen ist. Das modulare Modell konnte durch Ergebnisse zahlreicher Untersuchungen eher gestützt werden als das interaktive, was bedeutet, dass das externe Wissen und die Erwartungen des Lesenden seine Verarbeitung zwar durchaus beeinflussen, aber nicht auf allen Ebenen (vgl. die Überblicke zu den einzelnen Studien bei Ehlers 1998, 27 ff. oder Christmann/Groeben 1999, 151 f.). Insgesamt scheint die Verarbeitung auf der Wortebene ein flexiblerer Prozess zu sein, als ihn die beiden Modelle beschreiben. Lesende stützen sich durchaus auf den Kontext, um ein ihnen unbekanntes oder mehrdeutiges Wort zu entschlüsseln – ihr Lesetempo wird dadurch aber deutlich ver-

langsamt. Als effizienter (d. h. auf dieser Ebene: schneller und genauer) Lesen-
der wird deshalb einer bezeichnet, der – im besten Fall in einem automatisierten
Prozess – eindeutige Wörter datengeleitet erkennt und den Kontext dazu nicht
benötigt; der aber, wenn er auf ein mehrdeutiges oder unbekanntes Wort stößt,
flexibel reagiert und z. B. Strategien der Kontextnutzung einsetzt. Bei einem
weniger effizienten Lesenden liegen die Probleme auf dieser Ebene vor allem bei
den sprachlichen Prozessen, d. h. der Zuordnung von schriftlich Gedrucktem zu
Gesprochenem, und bei der Worterkennung (vgl. Ehlers 1998, 74 f.).

2.2 Satzebene

Auf der Ebene der Satzverarbeitung ist in der Forschung diskutiert worden, ob
die semantische und die syntaktische Verarbeitung mit einer zeitlichen Priorität
für die Syntax oder ob beide parallel unter Rekurs auf Semantik und Pragmatik
ablaufen (vgl. Christmann/Groeben 1999, 154). Hier wird inzwischen für einen
'natürlichen' (d. h. für einen weder unter Laborbedingungen noch aufgabenge-
steuert ablaufenden) Leseprozess angenommen, dass zunächst eine semantische
Analyse erfolgt und diese (vor allem bei semantisch mehrdeutigen Sinnstruktu-
ren) durch 'so viel' syntaktische Analyse ergänzt wird, wie für die Lese- und Ver-
stehensziele und die Textsorte vom Lesenden als notwendig erachtet wird (vgl.
Ehlers 1998, 43). Auch dies läuft bei einem effektiven Lesenden automatisiert
ab, ohne Zuwendung von Aufmerksamkeit und ohne Anwendung von Wissen;
sie kommen erst ins Spiel, wenn Verständnisprobleme auftauchen.

2.3 Textebene

Auf der dritten Ebene schließlich, der Textebene, ist vor allem dem Vorgang des
Inferierens große Aufmerksamkeit geschenkt worden. Sind Texte klar strukturiert, d. h. gibt der Text dem Lesenden klare Hinweise, wie Sätze und Textteile
aufeinander zu beziehen sind, so laufen die Prozesse der dritten Ebene meist rei-
bungslos und der Lesende stellt die satzübergreifenden Zusammenhänge her.
Beim Fehlen solcher Hinweise muss der Lesende eigene Schlussfolgerungen ziehen, also inferieren (vgl. Christmann/Groeben 1999, 158). Leseprobleme auf
der Textebene können sich zwar auch aus einer unzureichenden Ausbildung der
Grundfertigkeiten auf den ersten beiden Ebenen ergeben, oft liegen die Probleme aber in anderen Bereichen: Dem Lesenden fehlen Wissen oder die ausreichende Motivation, er verfolgt aufgrund einer Kosten-Nutzen-Abwägung
andere Ziele, oder sein Leseprozess wird durch fehlende oder mangelhafte Inferenzen und/oder Elaborationen gestört. Unter 'Elaboration' wird ganz allgemein die Verknüpfung von vorhandenem Wissen mit gegebenen Informationen
verstanden (zu einer Problematisierung der Begriffsvielfalt in der Literatur vgl.
Würffel 2006, 64).

3 Modelle des Textverstehens

Neben den Diskussionen über die beim Lesen ablaufenden Teilprozesse wird die Leseforschung bestimmt durch Versuche, die zwischen Lesendem und Text ablaufenden Interaktionen in einem Modell zu beschreiben. Dabei wird entweder die Text- oder die Leserseite oder aber die Beidseitigkeit der Interaktion akzentuiert (für eine Beschreibung der einzelnen Modelle vgl. Würffel 2006, 65 f.). Das bekannteste und am weitesten entwickelte Modell in diesem Bereich ist das Situationsmodell von Van Dijk und Kintsch (1983, 336 ff.). In diesem Modell wird die Nutzung von Textinformationen wie auch der leserseitigen Wissensbestände als strategischer, flexibler, von der Leserintention gesteuerter, in einem spezifischen sozio-kulturellen Kontext stattfindender Prozess angesehen. Der Lesende benutzt beim Lesen ganz unterschiedliche Strategien (vgl. Abschnitt 5), um den Text zu verstehen - beeinflusst zum einen durch interne Faktoren wie Wissen, Intention, Emotionen und Motivation sowie zum anderen durch externe Faktoren wie Text, Anforderungen und Aufgabenstellung.

4 Fremdsprachliches Lesen

Die dargestellten Ergebnisse zu den Teilprozessen des Lesens wie auch die zum Textverstehen als einer Leser-Text-Interaktion stammen zumeist aus der muttersprachlichen Leseforschung und sind von dort auf die fremdsprachliche Leseforschung übertragen worden. Die Unterschiede zwischen dem mutter- und dem fremdsprachlichen Leseprozess bestehen vor allem darin, dass die (Fremd-)Sprachkompetenz zu einem entscheidenden Faktor wird. Mangelnde Kenntnisse der Fremdsprache (aber z. B. auch mangelndes Wissen um die andere Kultur) lassen die Anzahl der zu ziehenden Inferenzen ansteigen und beeinträchtigen den Leseprozess sowie das Verständnis, indem sie Letzteres entweder vollständig verhindern oder aber Ressourcen auf den unteren Ebenen binden, die dann für höherstufige Verstehensprozesse nicht mehr oder nur eingeschränkt zur Verfügung stehen. Gleichzeitig hat die Forschung aber auch gezeigt, dass mangelnde Sprachkenntnisse durch eine in der Erstsprache erworbene (universelle?) Lesefähigkeit in gewissem Maße ausgeglichen werden können – inwieweit, ist noch nicht eindeutig geklärt (vgl. für einen Überblick Schramm 2001, 81 ff.). Zumindest für Anfänger kann festgehalten werden, dass z. B. die Übertragung von muttersprachlichen Strategien der Kontextnutzung allein ihren Leseprozess noch nicht effektiver macht – dafür ist auch eine gewisse Basis an L2-Wissen notwendig: „Reading may well be a psychological guessing game. But words are the toys you need to play it right." (Laufer 1997, 31 f.).

Es erscheint deshalb sinnvoll, bei der Vermittlung einer Lesekompetenz für L2-Lernende von Beginn an sowohl die zeichenbasierten Grundfertigkeiten (wie die Graphem-Phonem-Zuordnung, die kontextfreie Worterkennung, das Herstellen referentieller und das Erfassen propositionaler Beziehungen sowie die syntaktische Analyse) als auch höherstufige Verstehensprozesse (d. h. die postlexikalischen, konzeptgeleiteten Verarbeitungen wie Inferenzen, Elaborationen, das Bilden und das Testen von Hypothesen etc.) gleichermaßen zu fördern.

5 Lesestrategien

Strategien sind optionale, kognitive Handlungen, die der Lernende bewusst oder unbewusst intentional zur Beeinflussung seines Wissenserwerbs, zur Bewältigung von Lernaufgaben bzw. zum Erreichen seines Lernziels einsetzt. Unterscheiden lassen sich im Bereich der Lernstrategien kognitive und metakognitive Strategien, Strategien zur Selbstunterstützung und zum Ressourcenmanagement. In der Literatur wird zum Teil zwischen Strategie und Technik unterschieden, wobei z. B. das Unterstreichen als Technik eingeordnet werden würde. Sowohl die dabei zugrundegelegte Unterscheidung zwischen Handlungsplan und Teilhandlung als auch die zwischen mentaler und externer bzw. manifester Aktivität (vgl. Zimmermann 1997) erweisen sich bei einer näheren Betrachtung aber als problematisch, da beide Konzepte auf Vereinfachungen beruhen, die weder einer genaueren theoretischen Betrachtung noch einer empirischen Anwendung standhalten (vgl. Würffel 2006, 80). Spezifische Lesestrategien finden sich vor allem im Bereich der kognitiven Strategien: Lernende verwenden beim Lesen fremdsprachliche Bedeutungs-Determinierungsstrategien, nutzen grammatische Regeln, übersetzen und greifen auf fremdsprachliche Textverstehensstrategien zurück. Tabelle 1 gibt einen Überblick über kognitive Lesestrategien, die sich bei fremdsprachlichen Lesenden empirisch nachweisen lassen. In vielen Lesestrategielisten taucht auch das Inferieren als Stragie auf (vgl. u. a. O'Malley/Chamot 1990, 137 ff.). Wie in Würffel 2006 ausführlicher dargestellt, erscheint es sinnvoller, Inferieren als eine Funktion mehrerer Strategien (nämlich verschiedener Bedeutungs-Determinierungs- und Verstehensstrategien) anzusehen und nicht als eigene Strategie (vgl. Würffel 2006, 88). Eine detaillierte Übersicht über diese Strategien sowie über metakognitive Strategien, Strategien zur Selbstunterstützung und zum Ressourcenmanagement, die Lernende zur Unterstützung ihrer Leseprozesse einsetzen, findet sich in Würffel (2006).

Tab. 1: Kognitive Lesestrategien

Kognitive Lesestrategie	
Fremdsprachliche Bedeutungs-Determinierungsstrategien	– Übersetzen aus dem Vorwissen – Suche nach einer L1-Kognate, einem Internationalismus oder einem ähnlichen Wort in der L1 – Semantisches Assoziieren – Wortanalyse (z. B. Flexionsmorpheme ermitteln zur besseren Worterkennung) – Satzanalyse (satzübergreifende Verbindungen, Konnektoren, Proformen erkennen) – Nutzung des Kontextes – Reformulieren der Bedeutung – Selbstinitiiertes Korrigieren
Nutzung grammatischer Regeln (z. B. für die Satzanalyse)	– Nachlesen grammatischer Regeln – Induktion – Deduktion – Transfer – Selbstinitiiertes Korrigieren
Übersetzen auf Satz- und Textebene	– Wort-für-Wort-Übersetzen – Ignorieren unbekannter Wörter
Fremdsprachliche Textverstehensstrategien	– Vorhersagen – Gruppieren und Ordnen von Informationen (z. B. Wichtiges von Unwichtigem unterscheiden, Textstruktur(en) erkennen, unterstreichen, Diagramme erstellen) – Nutzung von Bildinformationen – Einsetzen von Lesestilen – Nachlesen – Erfassen eines Themas oder Schlüsselkonzepts – Zusammenfassen – Elaborieren

6 Förderung von Lesekompetenz

Eine Förderung der Lesekompetenz kann und sollte verschiedene Ebenen betreffen. Wie in Abschnitt 2 besprochen, sollte sie sowohl auf der Ebene der eigentlichen Leseprozesse (bei denen in weiten Teilen eine Automatisierung angestrebt wird) als auch auf der Ebene der höherstufigen Verstehensprozesse ansetzen. Auf beiden Ebenen sollten möglichst anhand unterschiedlicher Textsorten sowohl Wissensbestände (Wortschatz, rezeptive Grammatik; vgl. Heringer, 1989) vermittelt werden als auch ein Training spezifischer Lesestrategien und ein allgemeines Lernstrategietraining stattfinden. Zu Letzterem gehört, dass den Lernenden

- metakognitive Steuerungsstrategien (wie Strategien zur Planung, zur Aufmerksamtkeitsfokussierung oder zur Steuerung) und

- Kontrollstrategien (zum Bewusstmachen, Überprüfen und Bewerten) vermittelt,

- Strategien zur Selbstuntcrstützung wie solche zur Selbstmotivierung oder zur Selbstverstärkung bewusst gemacht und

- Strategien zum Ressourcenmanagement (zu denen u. a. sowohl die Schaffung eigener Ressourcen gehört als auch die Nutzung externer Ressourcen wie Wörterbücher, aber auch Mitlernende oder Lehrende) aufgezeigt werden.

Die Förderung der Strategien kann in einem rekursiven Vierschritt erfolgen:

1) Bewusstmachung des vorhandenen Strategiewissens durch einen Erfahrungsaustausch oder auch durch eine Aufgabenbearbeitung,

2) Reflexion der eingesetzten Strategien,

3) Präsentation alternativer strategischer Verhaltensweisen,

4) Erprobung dieser Verhaltensweisen anhand von gezielten Aufgaben und Abgleich der Erfahrungen mit der Anwendung (vgl. Tönshoff 2007, 333).

Auch der Einsatz von Lesetagebüchern und Leseportfolios hat sich bewährt (vgl. Bertschi-Kaufmann 2007, 104 f.).

Eine Förderung sollte zudem in Hinblick auf das Leseinteresse stattfinden, da die Lesemotivation eine wichtige Voraussetzung darstellt, damit Lesende überhaupt Anstrengungen unternehmen, an ihrer Lesekompetenz zu arbeiten. Ansprechende Texte sollten deshalb genauso selbstverständlich sein wie die Berücksichtigung geschlechtsbezogener Leseinteressen (so schlägt Frederking vor, die Lesemotivation von Jungen über den Einsatz elektronischer Formen der Literatur- und Sprachbegegnung zu fördern, vgl. Frederking 2004, 46 ff.). Das Angebot unterschiedlicher Textsorten wiederum kann nicht nur das Leseinteresse fördern, sondern auch das Verständnis: So hilft eine sich aufbauende Textsortenkompetenz den Lernenden, verständnisfördernde Erwartungen an den Text zu aktivieren (vgl. Stahl 2006); außerdem gibt es Bestrebungen, Vorschläge für eine didaktische Progression von bestimmte n Textsorten zu formulieren, die auf der zunehmenden Komplexität eines verstehensrelevanten grammatischen Phänomens beruhen (vgl. Sorrentino 2009).

7 Übungen und Aufgaben zur Förderung der Lesekompetenz

Lernende werden in ihrem Leseprozess durch unterschiedliche Aufgaben und Übungen gefördert. Ein erster Schritt ist das Aktivieren des Vorverständnisses, um auf diese Weise den anschließenden Verstehensprozess zu erleichtern: Bei den Lernenden werden z. B. Assoziationen abgefragt, oder sie werden zum Entwickeln von Hypothesen anhand von Bildern, Titeln oder Stichwörtern aufgefordert.

Verschiedene Übungen unterstützen die Lernenden bei der Texterschließung, indem sie sie u. a. zu verschiedenen Inferierungstätigkeiten anregen, ihnen helfen, Hypothesen zu bilden, Wichtiges von Unwichtigem zu unterscheiden etc. Dazu gehören z. B.

- Zuordnungsübungen, bei denen Überschriften und Textteile, Fakten und Zahlen, Aussagen und Personen einander zugeordnet werden,
- Übungen, bei denen fehlende Informationen in Tabellen, Sätzen oder in Flussdiagrammen ergänzt werden,
- Übungen, bei denen die auf den Text zutreffenden Aussagen identifiziert (z. B. in Form von Multiple-Choice-Übungen),
- Texte rekonstruiert oder
- diese in Abschnitte eingeteilt werden müssen, zu denen dann Überschriften gefunden werden müssen.

Auch durch Fragen zum Inhalt des Textes können Lernende in ihrem Leseverstehen unterstützt werden – diese werden häufig aber auch zur Kontrolle des Textverstehens eingesetzt. Als Aufgaben, die dem Anbahnen einer Anschlusskommunikation und damit vor allem dem Zweck der Elaboration dienen, eignen sich solche, in denen weiterführende Informationen verarbeitet werden müssen oder die in offener Diskussionen oder kreative Schreibaufgaben münden (vgl. Biechele u. a. 2004, 42).

8 Einsatz digitaler Medien zur Förderung des Lesens

Digitale Medien (vgl. hier Rösler / Würffel, D 6) können auf mehreren Ebenen auf das Leseverstehen von DaF-Lernenden einwirken: Zum einen erfordert das Lesen digital dargebotener Texte vom Lesenden zusätzliche Teilkompetenzen, sodass Lernende neben der traditionellen Lesekompetenz auch noch Medienkompetenz brauchen. Beide Kompetenzen überschneiden sich zum Teil, zum Teil ergänzen sie sich aber auch. So setzt für Frederking/ Krommer/Maiwald (2008) eine erfolgreiche Lesesozialisation eine reflexiv verarbeitete Mediensozialisation voraus bzw. muss von dieser begleitet werden. Umgekehrt wiederum gilt nach Ansicht der Autoren, dass kompetente Lesende kompetentere Medienutzende sind. Für Groeben und Hurrelmann gehört zur Medienkompetenz auch die Entwicklung medienspezifischer Rezeptionsmuster, verstanden als technologisch-instrumentelle und kognitive Fertigkeiten (vgl. Groeben/Hurrelmann 2002, 165 ff.). Wie sich diese Rezeptionsmuster von denen unterscheiden, die auf Schrifttexte auf Papier angewendet werden, ist allerdings bisher nur in Ansätzen erforscht. Als grundlegende Unterschiede, die dem fremdsprachlichen Lesenden das Lesen zusätzlich erschweren können, werden genannt:

- die Non-Linearität von Hypertexten: In Hypertexten ist die Progression des Lesenden an die Existenz von Texteinheiten (d. h. den einzelnen Webseiten) und an verbindende Links gebunden. Der Lesende muss deshalb permanent Entscheidungen treffen und aktiv werden, um von einer zu einer anderen Texteinheit zu gelangen – er konstruiert damit seinen eigenen Text, und kohärente Textstrukturen kommen erst durch die Interaktivität zwischen Computer und Lesendem zustande (vgl. Suñer 2008, 2 f.). Dies ermöglicht eine höhere Flexibilität des Lesenden, es birgt aber auch Gefahren (wie die der Enträumlichung von Texten, vgl. Wingert 1996, 201, oder das Gefühl der Desorientierung, vgl. Krings 2000, 218) und Herausforderungen (wie die Notwendigkeit, in Hypertexten eine mentale Kohärenz bilden zu müssen). In vielen Studien wird deshalb auf die Bedeutung unterstützender Maßnahmen hingewiesen, wie Bereitstellen einer hierarchischen Linkstruktur, von Inhaltsübersichten und/oder grafischen Darstellungen der Programmstruktur – wobei diese allerdings in Hinblick auf Unterschiede der Lernenden und ihre kognitiven Lernstile hin konzipiert werden sollten und in ihrer Effektivität nicht nur von diesen Faktoren abhängen, sondern auch von den Lernzielen, den Aufgaben und dem Vorwissen der Lernenden (vgl. Plass 1998, 41 und Müller-Kalthoff 2006, 30);

- der „Guckkasteneffekt" beim Lesen von Texten am Computer, der durch Hardware-Eigenschaften des Mediums hervorgerufen wird: Die Größe der Bildschirme erlaubt häufig nur eine begrenzte Sichtbarkeit von Texteilen. Dies erschwert nicht nur die Anwendung von Lesestilen wie dem überfliegenden Lesen ganzer Texte oder dem Suchen nach gezielten Informationen, sondern führt ebenfalls zu Problemen bei der Überblicksgewinnung und der Kohärenzbildung (vgl. Krings 2000, 212 f.);

- die Möglichkeit zur Einbindung verschiedener Darstellungsformen in die Texte: Hier liegen inzwischen differenzierte Studien zu den Vor- und Nachteilen von parallelen Angeboten von Schrift und Bild oder Ton für fremdsprachliche Lesende mit unterschiedlichen Lernstilen und unterschiedlichem Vorwissen vor (vgl. die Übersicht in Würffel 2006, 132 ff.).

In Studien ließen sich zwar keine signifikanten Unterschiede in der Lerneffektivität von digitalem Lernmaterial im Vergleich mit Lernmaterialien auf Papier nachweisen (was vor allem daran lag, dass diese Studien häufig einen sehr generellen Charakter hatten und weder nach spezifischen Medieneigenschaften noch nach Lernsituationen oder Lernereigenschaften unterschieden, vgl. für einen Überblick Würffel 2006, 125 f.). Dennoch ist unbestritten, dass sich die Fertigkeit Lesen durch den Einsatz digitaler Medien beim DaF-Lernen besonders gut unterstützen lässt. Im Internet finden sich dafür sowohl alle Formen traditioneller Aufgaben und Übungen zum Leseverstehen (vgl. Abschnitt 7) als auch Formen, bei denen versucht wird, den Mehrwert des darbietenden Mediums zu nutzen (wie z. B. die Übungsform 'Lesen auf Zeit' oder das Arbeiten mit verschiedenen Textebenen, bei dem Texte oder Bilder erst auf Knopfdruck erscheinen, womit sich eine Hypothesenbildung unterstützen lässt; vgl. für Beispiele zu allen Formen von Aufgaben und Übungen Biechele u. a., 2004, 42 ff.).

Literatur

Bertschi-Kaufmann, Andrea: Lesekompetenz. Leseleistung. Leseförderung. Grundlagen, Modelle und Materialien. Velber u. a.: Friedrich u. a. 2007

Biechele, Markus / Rösler, Dietmar / Ulrich, Stefan / Würffel, Nicola: Internet-Aufgaben. Deutsch als Fremdsprache. Stuttgart: Klett 2004

Christmann, Ursula / Groeben, Norbert: Psychologie des Lesens. In: Franzmann, Bodo (Hrsg.): Handbuch Lesen. München: Saur 1999, 145 – 223

Ehlers, Swantje: Lesetheorie und fremdsprachliche Lesepraxis. Aus der Perspektive des Deutschen als Fremdsprache. Tübingen: Narr 1998

Ehlers, Swantje: Zum Wandel in der Lesetheorie und seine Folgen für die Fremdsprachendidaktik. In: Zeitschrift für Fremdsprachenforschung 10 (1999) Heft 2, 177 – 207

Frederking, Volker: Lesen und Leseförderung im medialen Wandel. Symmedialer Deutschunterricht nach Pisa. In: Frederking, Volker / Abraham, Ulf (Hrsg.): Themen-Schwerpunkt Lesen und Symbolverstehen. München: kopaed 2004, 37 – 66

Frederking, Volker / Krommer, Axel / Maiwald, Klaus: Mediendidaktik Deutsch. München: kopaed 2008

Groeben, Norbert / Hurrelmann, Bettina (Hrsg.): Medienkompetenz. Voraussetzungen, Dimensionen, Funktionen. Weinheim u. a.: Juventa 2002

Heringer, Hans J.: Lesen lehren lernen. Eine rezeptive Grammatik des Deutschen. Tübingen: Niemeyer 1989

Krings, Hans P.: Das Medium ist nicht die Message – zur Entwicklung von computergestützten fremdsprachlichen Lesekursen. In: Helbig, Beate (Hrsg.): Sprachlehrforschung im Wandel: Beiträge zur Erforschung des Lehrens und Lernens von Fremdsprachen. Festschrift für Karl-Richard Bausch zum 60. Geburtstag. Tübingen: Stauffenburg 2000, 205 – 220

Laufer, Batia: The lexical plight in second language reading: Words you don't know, words you don't think you know, and words you can't guess. In: Coady, James / Huckin, Thomas (Hrsg.): Second Language Vocabulary Acquisition. Cambridge: Cambridge University Press 1997, 20 – 34

Müller-Kalthoff, Thiemo: Vorwissen und Navigationshilfen beim Hypertextlernen. Münster: Waxmann 2006

O'Malley, Michael J. / Chamot, Anna U. Learning Strategies in Second Lanuage Acquisition. Cambridge: Cambridge University Press 1990

Plass, Jan L.: Design and evaluation of the user interface of foreign language multimedia software: a cognitive approach. In: Language Learning & Technology 2 (1998) Heft 1, 35 – 45

Schramm, Karen: L2-Leser in Aktion. Der fremdsprachliche Leseprozeß als mentales Handeln. Münster: Waxmann 2001

Sorrentino, Daniela: Der rezeptionsgrammatische Ansatz am Beispiel der Nominalphrase. Vorschlag einer didaktischen Progression bei der Wahl wirtschaftsbezogener Textsorten für italienische DaF-Lernende. In: Foschi Albert, Marina/Hepp, Marianne (Hrsg.): Texte – Lesen. Ansichten aus der polnischen und italienischen DaF-Didaktik. Pisa: Jacques e i suoi quaderni 2009

Stahl, Thomas: Textsortenbezogenes Lesen im Fremdsprachenunterricht. In: Info DaF 33 (2006) Heft 5, 480–493

Suñer, Ferran: Instruktionale Designmaßnahmen beim Lesen in der Fremdsprache: Die Rolle der Visualisierungen beim Lesen von Hypertexten. In: Zeitschrift für Interkulturellen Fremdsprachenunterricht 13 (2008) Heft 2, (18 S.) [http://zif.spz.tu-darmstadt.de/jg-13-2/allgemein/beitra36.htm] (5.5.2013)

Tönshoff, Wolfgang: Lernerstrategien. In: Bausch, Karl-Richard/Christ, Herbert/ Krumm, Hans-Jürgen (Hrsg.): Handbuch Fremdsprachenunterricht. Tübingen u. a.: Francke ⁵2007, 331–335

van Dijk, Tein A./Kintsch, Walter: Strategies of discourse comprehension. London: Academic Press 1983

Wingert, Bernd: Kann man Hypertexte lesen? In: Matejovski, Dirk/Kittler, Friedrich (Hrsg.): Literatur im Informationszeitalter. Frankfurt: Campus 1996, 182–218

Würffel, Nicola: Strategiengebrauch bei Aufgabenbearbeitungen in internetgestütztem Selbstlernmaterial. Tübingen: Narr 2006

Zimmermann, Günther: Anmerkungen zum Strategiekonzept. In: Rampillon, Ute/Zimmermann, Günther (Hrsg.): Strategien und Techniken beim Erwerb fremder Sprachen. Ismaning: Hueber 1997, 95–113

DIRK SKIBA

C 4 Vom Schreiben zur Textproduktion

1 Funktionen des Schreibens: Schreiben als Mittler- und Zielfertigkeit

Schreiben ist nicht gleich Schreiben. Um die Vielzahl unterschiedlicher Schreib-aktivitäten klassifizieren zu können, unterscheidet die fremdsprachliche Schreibdidaktik zunächst, ob das Schreiben im Unterricht lediglich als Mittel für einen anderen Zweck dient oder ob das Schreiben ein bestimmtes kommunikatives Ziel verfolgt (vgl. Kast 2003, 8). Zur *Mittlerfertigkeit* gehören Schreibaktivi-täten, die den Lernprozess begleiten und unterstützen, was beispielsweise dann geschieht, wenn Lerner Wörter auf- und abschreiben, Lücken ausfüllen, schrift-lich Fragen zu einem Text beantworten, Diktate schreiben, etc. Das Schreiben hat hier eine Lern- und Übungsfunktion. Demgegenüber ist Schreiben eine *Ziel-fertigkeit*, wenn Lerner Texte anfertigen, die eine erkennbare kommunikative Funktion erfüllen. Die Schreibaktivitäten führen dann zu einer textvermittelten Kommunikation mit einem fingierten oder realen Empfänger. Dies geschieht im Unterricht etwa dann, wenn Lerner einen Lebenslauf oder einen Brief in der Fremdsprache schreiben. Diese mitteilungsbezogene Form des Schreibens stand lange nicht im Zentrum des Schreibunterrichts, erst mit der „kommunikativen Wende" der Fremdsprachendidaktik seit etwa Mitte der 1970er Jahre werden Lerner durch entsprechende Übungsangebote gezielt darauf vorbereitet, in der Fremdsprache schriftlich zu interagieren (vgl. Kast 2003, 11), indem etwa kom-munikative Kontexte in Form von Szenarien vorgegeben werden, in denen Ler-ner mit ihren Texten handeln. Die Hinwendung zum kommunikativen Schreiben zeigt sich auch in der Konzeption von Schreibseminaren. Der traditionelle Auf-satzunterricht, wie er in vielen Ländern noch curricular verankert ist, wird mehr und mehr abgelöst durch adressatenspezifische Lehrangebote zum berufsbezo-genen, wissenschaftlichen oder kreativen Schreiben.

2 Schreibübungen und Schreibaufgaben

Die Unterteilung des Schreibens in eine Mittler- und Zielfertigkeit findet eine Entsprechung in der für den handlungsorientierten Fremdsprachenunterricht maßgeblichen Unterscheidung von Übungen und Aufgaben: *Schreibübungen* dienen vor allem der Schulung sprachlicher Fertigkeiten in den Bereichen Gram-matik, Lexik und Orthographie. *Schreibaufgaben* sind demgegenüber komplexe

Handlungsangebote, die Lernende veranlassen, sich in der Zielsprache zu
äußern und in ihr zu interagieren, „wobei die Aufmerksamkeit den Bedeutungen, den zu lösenden Problemen, dem auszuhandelnden Sinn und nicht den
sprachlichen Formen gilt" (Legutke 2010, 17).

Tab. 1: Ziele und Formen von Schreibübungen und Schreibaufgaben

	Ziele	Form
Instrumentelle Schreibübungen	Training von Wortschatz, Orthographie und Gram-matik	Übungen mit stark steuerndem Charakter, z. B. Lückenübungen, Satzergänzungen, Satzschaltta-feln, Diktate, etc.
Präkommunikative Schreibübungen	Vorbereitung einer kom-munikativen Aufgabenstel-lung	Übungen mit steuerndem Charak-ter, z. B. Entwurf eines Flussdia-gramms als Sprechvorlage, Ord-nen von Textbausteinen, Beant-worten von Fragen zu einem Text, etc.
Kommunikations-simulierende Schreibaufgaben	Produktion eines schriftli-chen Textes nach zielspra-chigen Mustern im Unter-richt	Aufgaben mit steuerndem Cha-rakter, z. B. Schreiben eines Kom-mentars nach Stichwortvorgaben, Schreiben eines Briefes nach Vor-gaben, etc.
Kommunikative Schreibaufgaben	Produktion eines schriftli-chen Textes zur Verwen-dung in lebensweltlichen Zusammenhängen	Weitgehend ungesteuerte Aufga-ben, z. B. Schreiben und Abschi-cken eines Briefes oder einer Email, Schreiben und Halten einer Rede, etc.

Die Übersicht in Tabelle 1 zeigt, dass bei Schreibübungen anders als bei Schreibaufgaben noch keine Texte entstehen. Die instrumentellen, nicht-kommunikati-
ven Schreibübungen begleiten und unterstützen den Lernprozess ganz allgemein. Präkommunikative Schreibübungen bereiten demgegenüber gezielter auf
mündliche oder schriftliche Sprachproduktionen vor. Beim kommunikationssi-
mulierenden Schreiben entstehen dann bereits Texte, mit der Besonderheit, dass
sie Lerner nicht in Realsituationen verwenden. Diese Aufgaben fordern zu
sprachlichem Probehandeln auf, um den Gebrauch zielsprachiger Textmuster zu
trainieren. Demgegenüber findet beim kommunikativen Schreiben tatsächliche
Kommunikation statt, entweder im Klassenraum, wenn Lerner ihre Texte an
Lehrer oder Kommilitonen richten, oder im Rahmen von Projekten und Praxis-
erkundungen, wenn Texte Adressaten außerhalb des Klassenraums erreichen.

Übungen und Aufgaben werden in der Didaktik vor allem unterschieden, um Schreibaktivitäten sinnvoll aufeinander abzustimmen und zu staffeln. Das im gesteuerten Fremdsprachenunterricht erforderliche Üben einzelner Strukturen und Sprachintentionen wird eingebunden in Lernsequenzen, die in die Bewältigung komplexer kommunikativer Aufgaben münden. Ein zentrales Qualitätsmerkmal des handlungsorientierten Schreibunterrichts besteht demnach darin, Übungen und Aufgaben in eine überschaubare Abfolge zu bringen, an deren Ende die Produktion eines adressatenspezifischen, kohärenten Textes mit erkennbarer Textfunktion steht.

3 Modellierungen des Textproduktionsprozesses

Maßgeblich zum Verständnis von Textproduktionsprozessen haben die Untersuchungen von Hayes/Flower (1980) beigetragen. Ihr Erkenntnisinteresse bestand nicht darin, Prinzipien eines kommunikativen Schreibunterrichts zu entwickeln, vielmehr untersuchten sie die übergeordnete Frage, welche kognitiven Prozesse während der Produktion eines Textes zusammenwirken. Ihr Modell (Abb. 1) erfasst daher Prozesse bei der Bewältigung von Schreibaufgaben und nicht von Schreibübungen.

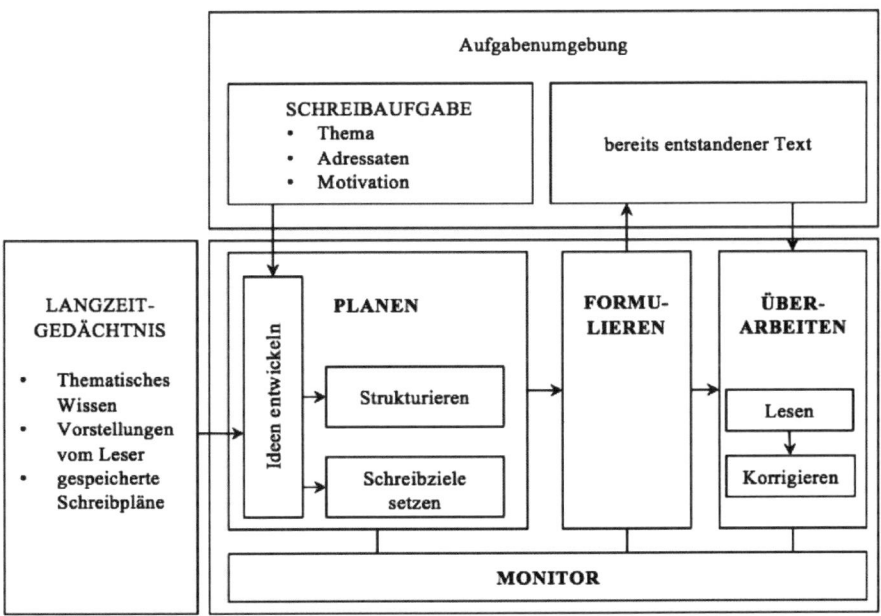

Abb. 1 L1-Textproduktionsmodell nach Hayes/Flower (1980, 10; Übersetzung D.S.)

Das Modell zeigt verschiedene Komponenten, die bei Textproduktion zusammenwirken. Der Gesamtprozess ist in eine bestimmte Aufgabenumgebung eingebettet, wodurch äußere Faktoren (Schreibaufgabe, Thema, Adressat) und innere Faktoren (Motivation) vorgegeben sind. Beim Schreiben greift der Schreiber auf sein im Langzeitgedächtnis gespeichertes thematisches Wissen, sein Adressaten- und Textmusterwissen zurück. Der eigentliche, von einem Monitor überwachte Schreibprozess besteht aus den Teilprozessen Planen, Formulieren und Überarbeiten. Diese Phasen – und das ist das eigentlich Neue an dem Modell – werden begrifflich zwar getrennt, jedoch betonen Hayes/Flower, dass die Phasen rekursiv verbunden sind und weitgehend parallel verlaufen. Der Schreiber ist demnach permanent „verstrickt in das Gewirr seiner Gedanken, in die Schwierigkeit, sie zu ordnen, schriftlich zu formulieren und dabei zu überprüfen, ob die beabsichtigte Wirkung auch erzielt wurde" (Weinhold 2000, 40). Das Schreiben erscheint somit als komplexe Anstrengung, der ein Schreiber mit geeigneten Problemlösungsstrategien begegnet.

In der Folgezeit ist dieses Modell der L1-Textproduktion um Charakteristika des Schreibens in L2 (vgl. Börner 1989, 355; Skiba 2008a, 63; Grießhaber 2008, 232) erweitert worden.

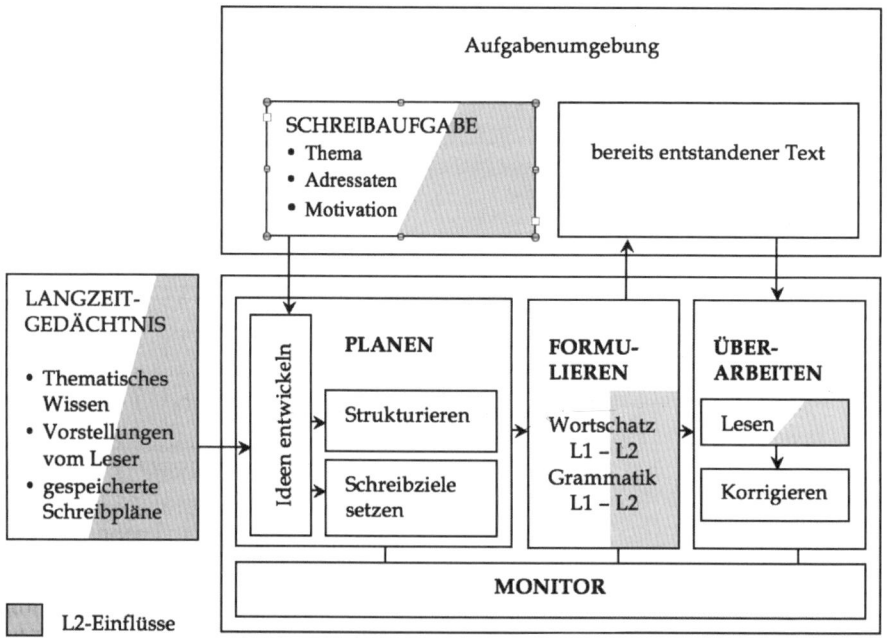

Abb. 2 L2-Textproduktionsmodell nach Grießhaber (2008, 232, Übersetzung D. S.)

Das Modell nach Grießhaber in Abbildung 2 zeigt typische L2-Einflüsse (grau markiert) auf verschiedenen Ebenen des Schreibprozesses. So muss ein Fremdsprachenlerner eine typischerweise in L2 gestellte Schreibaufgabe zunächst interpretieren, wobei sich vorgegebene Themen und Erwartungen des Adressaten (i. e. des Lehrers) deutlich von seinen Erfahrungen beim Schreiben in der Erstsprache unterscheiden können (vgl. Skiba 2008a, 62 f.). Weiterhin deutet das Modell an, dass Fremdsprachenlerner häufig Wissensbestände in mehreren Sprachen gespeichert haben, was beim Schreiben zu Vermischungen führen kann. Inhaltliche und strukturelle Planungen werden nach dem Modell überwiegend in L1-Strukturen vollzogen, für deren Umsetzung dann geeignete lexikalische und syntaktische L2-Mittel gesucht werden, die oft nur unzureichend zur Verfügung stehen. Entsprechend mühevoll gestaltet sich der gesamte Formulierungsprozess. Unsicherheiten treten ebenfalls beim Überarbeiten auf, weil L2-Lerner häufig nur über eine begrenzte Kompetenz verfügen, Texte gemäß L2-Normen zu korrigieren (vgl. Grießhaber 2008, 233).

Für die L2-Schreibdidaktik bietet Grießhabers Adaption des Hayes-Flower-Modells vielfältige Anknüpfungspunkte, da es ebenfalls dem Problemlösungs-Paradigma verpflichtet ist (vgl. auch Börner 1989, 353). Es benennt besonders problemanfällige Komponenten, die im Unterricht durch geeignete Übungsangebote gezielt fokussiert werden können. Es deutet außerdem an, dass die Ausbildung einer umfassenden Schreibkompetenz nur gelingen kann, wenn einzelne Teilkompetenzen (Planungs-, Formulierungs- und Überarbeitungskompetenz) gezielt entwickelt werden (vgl. Kast 2003, 116–125). Es gibt jedoch auch eine Reihe gewichtiger Einwände gegen die Modellierung des Schreibprozesses in Anlehnung an Hayes / Flower:

- Die Modelle ignorieren individuelle, habitualisierte Schreibstrategien.

- Die Modelle differenzieren weder zwischen Kindern und Erwachsenen noch zwischen Novizen und Experten.

- Die Modelle abstrahieren von verschiedenen Textsorten und unterstellen, dass bei der Produktion eines jeden Textes prinzipiell ähnlich geplant, formuliert und überarbeitet wird.

- Die Modelle unterstellen, dass Schreiben immer allein erfolgt. Kooperative Sozialformen, die den Alltag eines modernen Fremdsprachenunterrichts prägen, werden nicht abgebildet.

Aus didaktischer Perspektive sind die Modellierungen des Textproduktionsprozesses daher zu präzisieren und zu differenzieren.

4 Schreibstrategien

Empirische Untersuchungen zeigen, dass Schreiber ganz unterschiedliche Strategien anwenden, die jede für sich zielführend sein können. Paradigmatisch stehen sich zwei Typen von Schreibern gegenüber: Die „Top-down-Schreiber" (Molitor-Lübbert 1996) entwerfen vor der Niederschrift ihres Textes eine Gliederung, an der sie sich während des gesamten Schreibprozesses orientieren. Diese „Strukturfolger" (Bräuer 2009, 56) überwachen den Schreibprozess genau und reflektieren vermutete Erwartungen des Adressaten. Diese Schreiber produzieren übersichtlich gegliederte Texte, die von Lehrern tendenziell gut bewertet werden. Demgegenüber beginnen „Bottom-up-Schreiber" (Molitor-Lübbert 1996) mit der Textproduktion ohne weitreichende Vorplanung. Bei diesen „Strukturschaffern" (Bräuer 2009, 56) kristallisiert sich erst während des Schreibens eine lose Textstruktur heraus. Kennzeichnend für diese Schreiber ist, dass sie beim Schreiben zu subjektiv bedeutsamen Erkenntnissen gelangen, ohne sich an möglichen Erwartungen des Adressaten zu orientieren. Ihre Texte vermitteln häufig einen ungeordneten Eindruck und werden von Lehrern daher tendenziell schlechter bewertet.

Zu vergleichbaren, sehr differenzierten Befunden gelangt Ortner (2000) in seiner Untersuchung individueller Schreibstrategien von professionellen Schreibern. Einige schreiben ihre Texte ohne langes Nachdenken und ohne Zwischenkorrekturen, andere planen akribisch und verfassen anhand eines Plans schrittweise einen Text. Wieder andere beginnen ständig mit neuen Textteilen und lassen alte liegen, wieder andere fertigen mehrere Versionen eines Textes an. Insgesamt identifiziert Ortner zehn Schreibstrategien, von denen ein systematisches Top-Down-Verfahren, wie es viele Schreibdidaktiker aufgrund des Modells von Hayes/Flower vorschlagen (Material sammeln, Ideen entwickeln, Text planen, formulieren und überarbeiten), nur eine von vielen möglichen Strategien ist, die professionelle Schreiber erstaunlicherweise nicht streng befolgen.

Die genannten Untersuchungen zeigen, dass sich einzelne Textproduzenten im Verlauf ihrer Schreibsozialisation unterschiedliche Schreibstrategien aneignen. Diese habitualisierten Strategien folgen individuellen Lern- und Arbeitsgewohnheiten und ermöglichen es, auf verschiedenen Wegen zum Ziel zu gelangen. Grundsätzlich ist daher eher davon abzuraten, Fremdsprachenlernern eine verbindliche Schreibstrategie anzuempfehlen. Vielmehr empfiehlt sich, im Unterricht den Einsatz verschiedener Strategien im Wechsel einzuüben, damit Lerner die für sie geeigneten Strategien entdecken können. Die Schreibdidaktik sollte hierbei berücksichtigen, dass die Wahl einer Schreibstrategie auch vom Stand der Schreibentwicklung und von den jeweiligen Textmustern abhängt.

5 Schreibentwicklung

Bereits Bereiter/Scardamalia (1987) gehen davon aus, dass Kinder im Verlauf ihrer Schreibsozialisation verschiedene Strategien anwenden. Hierbei stützen sie sich auf folgende Beobachtungen (vgl. Becker-Mrotzek 1997, 95 f.): Kinder beginnen sofort zu schreiben und passen ihre Texte kaum an die Bedürfnisse von Adressaten an. Für sie bedeutet Schreiben in erster Linie, vorhandenes thematisches Wissen mitzuteilen (knowledge-telling). Später rufen sie nicht nur Wissen ab, sie bearbeiten in ihren Texten Problemstellungen, indem sie Wissen kritisch verarbeiten (knowledge-transforming). Zwischen diesen Stufen der Schreibentwicklung können einige Zwischenstufen angenommen werden: Kinder schreiben zunächst nur das auf, was ihnen einfällt (assoziativ-expressiv), danach richten sie sich nach Schreibkonventionen (normorientiert), später berücksichtigen sie auch die Leserperspektive (kommunikativ) und können Geschriebenes differenziert beurteilen (authentisch) und das Schreiben zur Erkenntnisgewinnung einsetzen (heuristisch). Die Abfolge dieser Stadien ist nicht zwingend, so können manche Kinder bereits leserorientiert schreiben, obwohl sie sich erst auf der Stufe des assoziativen Schreibens befinden (vgl. Fix 2006, 53 f.). Grundsätzlich warnt die L1-Schreibdidaktik davor, starre Stufenfolgen anzunehmen und sich bei curricularen Planungen an diesen zu orientieren. So ist es zwar sinnvoll, zu Beginn der Schreibentwicklung das assoziative Schreiben zuzulassen und es schrittweise zu strukturieren, gleichzeitig sollten jedoch individuelle Unterschiede beachtet, einzelne Aspekte des Entwicklungsprozesses gezielt beleuchtet und in realen Schreibsituationen integrativ angewendet werden (vgl. Fix 2006, 56f).

Diese Folgerungen gelten weit mehr noch für die L2-Schreibdidaktik, insbesondere im Unterricht mit erwachsenen Lernern, da sich diese in der Erstsprache bereits ein Repertoire unterschiedlicher Schreibformen angeeignet haben und entsprechende kommunikative Bedürfnisse verfolgen. So werden sie bereits im Anfängerunterricht versuchen, adressaten- und normorientiert zu schreiben und damit Ziele „höherer" Erwerbsstufen zu realisieren. Diese Bedürfnisse zu ignorieren und mit L2-Schreibnovizen allein das assoziative Schreiben zu trainieren, hieße, die Lerner zu infantilisieren. Andererseits haben auch weit fortgeschrittene L2-Schreiber oft das Bedürfnis, Wissen einfach mitzuteilen. Die Bereitstellung entsprechender lexikalischer und grammatischer Mittel zum kowledge-telling ist daher auch im Unterricht mit fortgeschrittenen Lernern didaktisch sinnvoll.

Was allgemein zu den Schreibstrategien ausgeführt wurde, gilt auch hier: Die in der Literatur rekonstruierten Stadien der L1-Schreibentwicklung geben nur eine sehr grobe Orientierung für die Progression von Schreibaufgaben im L2-Unterricht. Lehrer sollten sich weniger an Stadien als vielmehr an den jeweils realisierten kommunikativen Absichten orientieren und je nach L2-Kompetenz der Lerner und situativem Kontext auf „spätere" und „frühere" Stadien flexibel eingehen. Die gewählten Schreibstrategien greifen dabei die Anforderungen der Stadien auf: Planungsprozesse treten beim assoziativen Schreiben eher in den Hintergrund, anders als etwa beim heuristischen Schreiben, wo die eigenen Gedanken strukturiert werden sollten.

6 Textsortenspezifisches Schreiben

Auch die gewählte Textsorte bestimmt den Einsatz einer Schreibstrategie. Grundsätzlich erscheint zwar jeder Text als Exemplar einer bestimmten Textsorte (Brinker 1997, 126), aber Textsorten sind unterschiedlich stark normiert, was wiederum Auswirkungen auf den Schreibprozess hat. Während etwa ein tabellarischer Lebenslauf oder ein Bewerbungsschreiben im Deutschen festen Vorgaben folgt, bestehen bei privaten Emails oder Essays viel größere Freiräume (vgl. Skiba 2008b, 96f.). Für die Schreididaktik bedeutet dies: Nur bei stark normierten Textsorten sollten Lerner angeleitet werden, Texte unter Einsatz von Top-Down-Schreibstrategien nach bestimmten Mustern zu schreiben. Bei weniger normierten Textsorten kann es den Lernern hingegen selbst überlassen werden, wie sie ihre Texte organisieren und welcher Schreibstrategie sie folgen.

Ferner ist davon auszugehen, dass Textsorten kulturell markierte Muster des Sprachgebrauchs sind (vgl. Fix u. a. 2001) und eigenkulturell erworbenes Textmusterwissen die Textproduktion in L2 beeinflussen kann. Damit eine unreflektierte Übertragung eigenkultureller Textmuster keine Missverständnisse verursacht, sollten Lernende im Unterricht für formale, funktionale und sprachliche Unterschiede analoger Textsorten sensibilisiert werden (vgl. Adamzik 2005, 205). Um dieses übergeordnete Lernziel zu realisieren, liegen für den Einsatz im Unterricht diverse Handbücher (vgl. Lenk 2006) und kontrastive Lehrwerke (vgl. Ni u. a. 1995) vor.

7 Wissenschaftliches Schreiben

Eine besondere Zielgruppe des DaF-Unterrichts sind Studierende, die in Deutschland ein Studium aufnehmen möchten bzw. aufgenommen haben. Eines der zentralen Lernziele des studienvorbereitenden L2-Unterrichts besteht darin, sie an universitäre Arbeitstechniken und Textsorten heranzuführen (vgl. Bisle-Müller, F8). Auch ausländische Studierende, die im Herkunftsland bereits einen ersten berufsqualifizierenden Abschluss erworben haben, bedürfen häufig einer intensiven studienbegleitenden Förderung, besonders dann, wenn sie sich im Rahmen ihres Bachelorstudium auf den L2-Erwerb konzentriert und kaum wissenschaftlich gearbeitet haben.

Die deutsche Wissenschaftssprache lernen ausländische Studierende zunächst rezeptiv als Teil eines fremden Sozialisationssystems kennen, in dem alltagssprachliche Äußerungen oft nicht angemessen sind: „Die Aufgabe des Studierenden besteht darin, die Fremdheit nach und nach durch Aneignung einer wissenschaftssprachlichen Kompetenz zu überwinden." (Feilke/Steinhoff 2003, 118). Besonders schwer fällt es Studierenden, sich die sprachlich differenten Register der deutschen Wissenschaftssprache anzueignen, besonders im Bereich der Lexik (vgl. Thurmair 1995, 248), um kompetent mündlich und schriftlich zu interagieren. Diesen Prozess unterstützen viele neuere Lehrmaterialien (vgl. etwa Theuerkauf/Steinmetz 2009; Schäfer/Heinrich 2010), die speziell für den Einsatz in Schreibseminaren mit ausländischen Studierenden entwickelt worden sind.

Besonders hohe Anforderungen an L2-Lerner stellt die universitäre Textsorte „schriftliche Seminararbeit", zu deren zentralen Merkmalen es gehört, Fachwissen nicht nur wiederzugeben, sondern es in Diskurse einzuordnen und kritisch zu kommentieren. Wie empirische Untersuchungen belegen, tendieren ausländische Studierende dazu, in ihren Seminararbeiten aus der Fachliteratur lediglich zu zitieren (vgl. Cotelo 2008, 272). Für diese zögerliche Haltung, Positionen der Fachwissenschaft kritisch zu hinterfragen, dürften wiederum kulturelle Gründe eine gewichtige Rolle spielen.

8 Kollaboratives Schreiben

Die traditionelle Form des Aufsatzunterrichts, bei der Lerner in Einzelarbeit Texte produzieren, die anschließend vom Lehrer bewertet werden (vgl. Hornung 2002, 266), wird zu Lern- und Übungszwecken mehr und mehr durch Formen des kollaborativen Schreibens ersetzt (vgl. bereits Faistauer 1997). Der Grundgedanke vieler Übungsangebote besteht darin, einzelne Phasen des Textproduktionsprozesses zu entkoppeln und Lerner zu Interaktionen beim Planen, Formulieren und Revidieren anzuleiten (vgl. Würffel 2008, 4 f.). Als Organisationsform für das kollaborative Schreiben bieten sich Schreibkonferenzen an, deren klassischer Ablaufplan vorsieht:

- die individuelle Themenfindung und Erstellung eines Manuskripts,
- die schrittweise erfolgende Arbeit am Text zu inhaltlichen, stilistischen und orthografischen Aspekten mit zwei Schreibpartnern,
- die Endredaktion des Manuskripts durch den Lehrer und
- eine Lesung im Klassenplenum (vgl. Spitta 1999, 43).

Dieses Grundschema ist vielfach variiert worden. Beispielsweise können Lerner in einer literarischen Schreibwerkstatt auf einer Lernplattform ihre Texte wechselseitig kommentieren, korrigieren und redigieren, bevor der Seminarleiter eine Endkorrektur vornimmt und eine Lesung im Plenum erfolgt (vgl. Skiba 2009, 147). Bei diesen Formen des kollaborativen Schreibens erhalten Lerner durch Peers zeitnahe Rückmeldungen, die sie bei weiteren Schritten der Textproduktion berücksichtigen können. Vor allem lernen sie Techniken der Textüberarbeitung, wodurch sie ihre Schreibkompetenz erhöhen und auf Anforderungen in vielen Berufsfeldern vorbereitet werden (vgl. Woodmansee 2000, 308).

9 Computergestütztes Schreiben

Bislang ignoriert die schulische Schreibdidaktik weitgehend, dass L2-Lerner ihre Texte außerhalb des Unterrichts im Regelfall am Computer erstellen. Das Festhalten am Primat des Handschreibens im Unterricht kann auf die fehlende mediale Ausstattung vieler Schulen, auf eine mangelnde Medienkompetenz vieler Lehrer und eine faktische Nicht-Berücksichtigung elektronischer Schreibwerkzeuge in den gängigen DaF-DaZ-Lehrwerken zurückgeführt werden. Dabei ist evident, dass moderne Textverarbeitungsprogramme ganz neue Formen der Textproduktion erlauben und viele schreibunterstützende Hilfen anbieten (Überprüfung von Rechtschreibung und Grammatik, Nachschlagen von Synonymen und Antonymen im Thesaurus, automatische Silbentrennung etc.). Auch die gemeinsame Arbeit an Texten wird unterstützt, wenn Schreibpartner in Dokumente Kommentare einfügen und Änderungen vornehmen, die von den Autoren berücksichtigt oder verworfen werden können. Viele Lerner verwenden bei der L2-Textproduktion auch kostenfreie Übersetzungstools, obgleich die Ergebnisse die Erwartungen heute leider nur selten erfüllen können. Da die verfügbaren Textverarbeitungs- und Übersetzungsprogramme nicht „automatisch" bessere Texte entstehen lassen, wird es eine der dringlichen Aufgabe der zukünftigen Schreibdidaktik sein, L2-Lerner im Umgang mit zielsprachigen Textverarbeitungsprogrammen und Übersetzungstools zu unterweisen und diese sinnvoll in den Unterricht zu integrieren.

Literatur

Adamzik, Kirsten: Textsorten im Fremdsprachenunterricht. Theorie und Praxis. In: Adamzik, Kirsten/Krause, Wolf-Dieter (Hrsg.): Text-Arbeiten. Textsorten im fremd- und muttersprachlichen Unterricht an Schule und Hochschule. Tübingen: Narr 2005, 205–237

Becker-Mrotzek, Michael: Schreibentwicklung und Textproduktion. Der Erwerb der Schreibfertigkeit am Beispiel der Bedienungsanleitung. Opladen: Westdeutscher Verlag 1997

Bereiter, Carl/Scardamalia, Marlene: Knowledge telling and knowledge transforming in written composition. In: Rosenberg, Seldon (Hrsg.): Advances in applied psycholinguistics. Vol. 2. Reading, writing and language learning. Cambridge: Cambridge University Press 1987, 142–175

Börner, Wolfgang: Didaktik schriftlicher Textproduktion in der Fremdsprache. In: Krings, Hans/Antos, Gerd (Hrsg.) Textproduktion. Ein interdisziplinärer Forschungsüberblick. Tübingen: Niemeyer 1989, 348–376

Bräuer, Gerd (Hrsg.): Scriptorium. Ways of Interacing with Writers and Readers. A Professional Development Program. Freiburg i. Br.: Fillibach 2009

Brinker, Klaus: Linguistische Textanalyse. Eine Einführung in Grundbegriffe und Methoden. Berlin: Erich Schmidt, [4]1997

Cotelo, Kristin Stezano: Verarbeitung wissenschaftlichen Wissens in Seminararbeiten ausländischer Studierender. Eine empirische Sprachanalyse. München: iudicium 2008

Faistauer, Renate: Wir müssen zusammen schreiben! Kooperatives Schreiben im fremdsprachlichen Deutschunterricht. Innsbruck: Studien Verlag 1997

Feilke Helmut/Steinhoff, Torsten: Zur Modellierung der Entwicklung wissenschaftlicher Schreibfähigkeiten. In: Ehlich, Konrad/Steets, Angelika (Hrsg): Wissenschaftlich schreiben: Lehren und lernen. Berlin/New York: de Gruyter 2003, 112–128

Fix, Martin: Texte schreiben. Schreibprozesse im Deutschunterricht. Paderborn: Schöningh UTB 2006

Fix, Ulla/Habscheid, Stephan/Klein, Joseph (Hrsg.): Zur Kulturspezifik von Textsorten. Tübingen: Stauffenburg 2001

Grießhaber, Wilhelm: Schreiben in der Zweitsprache Deutsch. In: Ahrenholz, Bernt/Oomen-Welke, Ingelore (Hrsg.): Deutsch als Zweitsprache. Deutschunterricht in Theorie und Praxis Band 9. Baltmannsweiler: Schneider Hohengehren 2008, 228–238

Hayes, John R./Flower, Linda S.: Identifying the organization of writing processes. In: Gregg, L. W./Steinberg, E. R. (Hrsg.) Cognitive Processes in Writing. Hillsdale: Erlbaum 1980, 3–30

Hornung, Antonie: Zur eigenen Sprache finden. Modell einer plurilingualen Schreibdidaktik. Tübingen: Niemeyer 2002

Kast, Bernd: Fertigkeit Schreiben. Berlin u. a.: Langenscheidt [5]2003 (Fernstudieneinheit 12)

Legutke, Michael: Aufgabe, Aufgabenorientierung. In: Barkowski, Hans/Krumm, Hans-Jürgen (Hrsg.): Fachlexikon Deutsch als Fremd- und Zweitsprache. Tübingen/Basel: Francke 2010, 17

Lenk, Hartmut E. H.: Praktische Textsortenlehre. Ein Lehr- und Handbuch der professionellen Textgestaltung. Helsinki: Yliopistopaino, [4]2006

Molitor-Lübbert, Sylvie: Schreiben als mentaler und sprachlicher Prozess. In: Günther, Hartmut/Ludwig, Otto (Hrsg.). Schrift und Schriftlichkeit: Ein interdisziplinäres Handbuch. Berlin/New York: de Gruyter 1996, 1005–1027

Ni Renfu/Hua Zongde/Lehker, Marianne/Otte, Susanne: Texte verfassen. Aufsatzbuch für Deutschlernende Bd. I-II. Nanjing: Verlag der Universität Nanjing 1995

Ortner, Hanspeter: Schreiben und Denken. Tübingen: Niemeyer 2000

Schäfer, Susanne/Heinrich, Dietmar: Wissenschaftliches Arbeiten an deutschen Universitäten. Eine Arbeitshilfe für ausländische Studierende im geistes- und gesellschaftswissenschaftlichen Bereich. München: iudicium 2010

Skiba, Dirk: Schriftliches Argumentieren in der Fremdsprache. Eine explorativ-interpretative Untersuchung von Interimstexten chinesischer Deutschlerner. Tübingen: Narr 2008a

Skiba, Dirk: Out of focus. Zu Prämissen und didaktischen Implikationen der Kontrastiven Rhetorik. In: Dituria. Zeitschrift für germanistische Sprach- und Literaturwissenschaft Tirana (2008b) Heft 5, S. 91–99

Skiba, Dirk: Kollektives Schreiben auf Lernplattformen. Eine Projektskizze. In: Kadzadej-Zalvani, Brikena/Riecke, Jörg/Röhling, Jürgen/Skiba, Dirk (Hrsg.): Dituria. Zeitschrift für germanistische Sprach und Literaturwissenschaft Tirana (2009) Heft 6, 141–149.

Spitta, Gudrun: Schreibkonferenzen in Klasse 3 und 4. Ein Weg vom spontanen Schreiben zum bewußten Verfassen von Texten. Frankfurt/M.: Cornelsen Scriptor ⁵1999

Thurmair, Maria: Doppelterminologie im Text oder: hydrophob ist wasserscheu. In: Kretzenbacher, Heinz L./Weinrich, Harald (Hrsg.): Linguistik der Wissenschaftssprache. Berlin/New York: de Gruyter 1995, 247–280

Theuerkauf, Judith/Steinmetz, Maria: AssisThesis. Qualitative Anforderungen an wissenschaftliche Arbeiten an der TU Berlin 2009. [http://www.textlabor.tu-berlin.de/uploads/media/AssisThesis_Studierendenversion.pdf] (12.01.2012)

Weinhold, Swantje: Text als Herausforderung. Zur Textkompetenz am Schulanfang. Mit 296 Schülertexten aus Klasse 1. Freiburg i. Br.: Fillibach 2000

Woodmansee, Martha: Der Autor-Effekt. Zur Wiederherstellung von Kollektivität. In: Jannidis, Fortis/Lauer, Gerhard/Martines, Matias/Winko, Simone (Hrsg.): Texte zur Theorie der Autorschaft. Stuttgart: Reclam 2000, 298–314

Würffel, Nicola: Kooperatives Schreiben im Fremdsprachenunterricht: Potentiale des Einsatzes von Social-Software-Anwendungen am Beispiel kooperativer Online-Editoren 2008 [http://zif.spz.tu-darmstadt.de/jg-13-1/beitrag/Wuerffel1.htm] (04.08.2012)

PETER KÜHN

C 5 Wortschatz

1 Wortschatz und Wortschatzdidaktik: Tradition und Neuansätze

Unter „Wortschatz" versteht man gemeinhin die Gesamtmenge aller Wörter und Wortverbindungen einer Sprache oder eines Sprecher/Schreibers zu einem bestimmten Zeitpunkt. Dabei ist allerdings strittig, was konzeptionell als „Wort" bzw. „Wortverbindung" gilt und was alles zum Wortschatz zu zählen ist. Unklar ist beispielsweise, in welchem Umfang Komposita und Ableitungen mitgezählt werden, in welchem Ausmaß die fachsprachliche, sondersprachliche oder regionale Lexik berücksichtigt wird oder wie ausführlich spontansprachliche Ausdrücke (z. B. Adhoc-Bildungen) und veraltete Wörter oder auch Interferenzen und Entlehnungen mitgerechnet werden. Die Schwankungen zeigen sich besonders bei quantitativen Angaben (zum Wortschatzumfang vgl. auch Best 2000; Haß-Zumkehr 2001, 381ff.; Földes 2001): Das dokumentarisch angelegte bedeutungsgeschichtliche Wörterbuch von Jacob und Wilhelm Grimm verzeichnet rund 320.000 Stichwörter (Bartz/Burch/Christmann 2004, 73) die großen allgemeinsprachlichen Wörterbücher der deutschen Gegenwartssprache liegen bei der Wortschatzaufnahme weit auseinander (Duden. Universalwörterbuch (2001, Cover): 140.000, Wahrig-Burfeind (2006, Cover): über 260.000, die neuen großen Lern(er)wörterbücher des Deutschen dagegen scheinbar eng zusammen (Langenscheidt Großwörterbuch (2003, IV): 66.000, Pons Großwörterbuch (2006, Cover): rund 77.000, Wahrig-Burfeind (2008, 5): 70.000) – allerdings lassen sich bei den Lern(er)wörterbüchern auch große Schwankungen feststellen (Pons Basiswörterbuch (1999, V): ca. 8.000, Duden. Standardwörterbuch (2002, 5): rund 18.500, Hueber Wörterbuch (2003, 5): über 11.200). Trotz der Zahlenangaben und der verkaufsträchtigen Benennungen („Universalwörterbuch", „universelles Standardwerk", „Globalwörterbuch", „Großwörterbuch", „Handwörterbuch", „Kompaktwörterbuch", „Standardwörterbuch", „Basiswörterbuch" usw.) dürfen keine direkten Schlussfolgerungen auf die Qualität des jeweiligen Wortschatzes bzw. des Wörterbuches gezogen werden.

Auch bei der Angabe des individuellen Wortschatzes sind wir immer noch auf ungenaue Angaben und Schätzungen angewiesen: „Der allgemein gebräuchliche deutsche Wortschatz umfasst rund 75.000, der aktive Wortschatz des einzelnen Sprechers im Durchschnitt rund 8–10.000 Lexeme" (Glück 1993, 697). Der „Durchschnittssprecher verfügt über einen Wortschatz von ca. 6000 bis 10000

Wörtern" (Bußmann 2002, 755). Für 3- bis 5-jährige einsprachig-deutsche Schulanfänger werden ebenfalls ein sogenannter Mitteilungswortschatz von 5000 bis 9000 und ein Verstehenswortschatz von 10000 bis 14000 Wörtern festgestellt (Kiese-Himmel 2005). Unterschiedlich sind auch die Angaben über den sogenannten Grundwortschatz. Gemeint ist derjenige Auswahlwortschatz, der aus den häufigsten (gebrauchten) Wörtern besteht und der als Garant für das Verstehen und die Verständigung angepriesen wird: „mit den ersten 1000 Wörtern unserer Sprache können wir mehr als 80 % des Wortschatzes aller Normaltexte erfassen; mit den zweiten 1000 weitere 8 bis 10 %, mit den dritten nochmals etwa 4 %, mit den vierten noch 2 % und mit den fünften ebenfalls 2 %. Die ersten 4000 Wörter machen somit durchschnittlich 95 % des Wortschatzes aller Normaltexte und Alltagsgespräche aus, die zweiten 4000 Wörter etwa 2 bis 3 %, alle übrigen nicht mehr als 1 bis 2 %" (Oehler/Heupel 1975, 3). Diese Zahlenräume sind allerdings kaum abgesichert (vgl. Tschirner 2005; Koesters Gensini 2009).

Das uneinheitliche Zahlenbild verdeutlicht auf der einen Seite die unsichere Forschungslage und ein eklatantes Forschungsdefizit, auf der anderen Seite zementieren die Zahlen und Zahlenräume die Vorstellung, der Wortschatz sei etwas, was man vor allem quantitativ festlegen, eingrenzen und (aus)lernen könnte. Metaphorisch suggeriert der Wortschatzbegriff etwas Teures, Wertvolles und Kostbares, das quantifizierbar ist und das man besitzt. Aus diesem Grunde werden Wortschatz und Wörterbuch gerne als Räume konzeptionalisiert: sie werden verglichen mit Taubenschlägen, Schatzkammern, Dachböden oder Bibliotheken (vgl. Aitchison 1997, 40ff.). Der Wortschatz des Wörterbuches wird zudem gleichgesetzt mit demjenigen Wortschatz, den Sprecher/Schreiber in kommunikativen Kontexten gebrauchen oder verstehen. Grundwortschätze werden als abgrenzbares und überschaubares Lernquantum immer noch geschätzt. Das Konzept von Zentrum und Peripherie, mit dem man die Wortschatzfrage lösen möchte, und Grundwortschatzlisten sind jedoch m.E. weitgehend überlebt (vgl. zur Kritik Kühn 1990).

Auch die bisherige Wortschatzdidaktik ist der statischen Konzeption verpflichtet: Die traditionelle „Wortkunde" war ausgerichtet auf die Vermittlung geschichtlicher Kenntnisse über Wörter und Wortbedeutungen (vgl. Helmers 1970, 269ff.). Die synchronisch ausgerichtete Wortschatzvermittlung seit den 1960er Jahren zielt auf die Erarbeitung und Strukturierung von Wortfeldern. Gerade die Didaktisierung der Wortfeldtheorie überträgt und festigt das statische Wortschatzkonzept im Bereich der Wortschatzvermittlung: In der Wortfeldtheorie werden die Wörter in der Fläche betrachtet, die Wortfeldordnung spiegelt eine Lückenlosigkeit des Wortschatzes vor, Wortfelder sind genau abgegrenzt, die Mitglieder des Wortfeldes sind quantifizierbar, die Strukturen des Wortfeldes sind logisch konzipiert (Über- und Unterordnung, Synonymie, Antonymie), die Bedeutungen der Wörter ergeben sich aus ihren Beziehungen zu den

direkten Wortfeldverwandten usw. Sowohl im Unterricht Deutsch als Erstsprache (vgl. z. B. Gewehr 1974) als auch im Unterricht Deutsch als Fremdsprache
(vgl. z. B. Ferenbach/Schüßler 1970) bestand die Wortschatzdidaktik lange Zeit
in der Adaption der klassischen Wortfeldtheorie in den konkreten Sprachunterricht (vgl. alternativ Steinhoff 2009, 7). Darüber hinaus schenkte man lange Zeit
wortschatzdidaktischen Konzepten wenig Aufmerksamkeit – wahrscheinlich
wird darauf vertraut, dass der Wortschatzerwerb eher über ein inzidentelles (bei-
läufiges) Lernen erfolgt (vgl. jedoch Ulrich 2007, Praxis Deutsch 2009, Steinhoff
2009). Bezeichnenderweise enthalten deutschdidaktische Standardwerke bis
2010 keine Artikel über Wortschatz und Wortschatzdidaktik. Dies gilt für den
Bereich Deutsch als Erstsprache (vgl. z. B. Bredel u. a. 2003 oder Steinig/
Huneke 2007); mit DTP 7 (Pohl/Ulrich DTP 7, 2011) liegt aber inzwischen eine
umfangreiche Arbeit zum Wortschatz im Deutschunterricht vor. Für Deutsch als
Fremdsprache gibt es hingegen schon länger die Berücksichtigung der Wortschatzarbeit (vgl. Löschmann 1993; Müller 1994; Bohn 1999; Kühn 2000; Koeppel 2010; vgl. den Überblick bei Köster 2010; für den Unterricht Deutsch als
Zweitsprache vgl. Schmidt 2002; Apeltauer [2]2010).

2 Wortschatzwende: Konstruktivistische und kompetenzorientierte Wortschatzarbeit

Mit der „Wortschatzwende" zum Ende der 1980er Jahre (vgl. Hausmann 1987)
kommt im Zuge eines stärker kommunikativ und lernpsychologisch ausgerichteten Fremdsprachenunterrichts (vgl. z. B. Bausch/Christ/Königs 1995) Bewegung in die Wortschatzdidaktik und -methodik. Auch im Bereich Deutsch als
Fremdsprache ist diese Wortschatzwende erkennbar, u. a. an

(a) der einsetzenden Diskussion über die Lern(er)lexikographie und die vielfältigen Möglichkeiten der Wörterbuchbenutzung (vgl. z. B. Wiegand 1998; 2002;
zusammenfassend Kühn 2010a),

(b) der Zunahme von Publikationen, die sich mit dem Wortschatzlehren und
-lernen beschäftigen (vgl. z. B. Hausmann 1993; Löschmann 1993; Müller 1994;
Kühn 2000; Köster 2010) und

(c) an der Vokabularisierung der Lehrwerke und einem stärkeren Angebot an
Unterrichtsmaterialien (vgl. z. B. Häublein/Müller/Rusch 1995; zusammenfassend Kühn 2010b).

Die Wortschatzdidaktik und -methodik hat damit eine neue theoretische Fundierung erfahren und eine neue Qualität gewonnen. Es ist vor allem zunächst die
fremdsprachendidaktische Diskussion, die in Anlehnung an die internationale
Forschung (vor allem Aitchison 1997) den Blick auf gedächtnis- und lernpsychologische Aspekte des lexikalischen Lernens gerichtet hat (vgl. z. B. Quetz 1990;

Scherfer 1993; Kielhöfer 1994; Neveling 2004; Koeppel 2010). Kognitive Psychologie und konstruktivistische Lernpsychologie liefern wichtige Anregungen auf
die Frage, wie man die Wörter des Wortschatzes lernen, behalten, erinnern und
wieder abrufen kann. Im Mittelpunkt dieser Diskussion steht die Modellierung
des mentalen Lexikons, in dem der Wortschatz netzwerkartig strukturiert ist.
Die Netzwerkmodellierung umfasst dabei ein Set an verschiedenartiger Vernetzung:

▸ In **Sachnetzen** wird der Wortschatz unter enzyklopädischen und soziokulturellen Aspekten zusammengestellt, wobei unterschiedliche Teilnetze denkbar
   sind: räumliche, zeitliche, sequenzielle, dependenzielle usw.: *Bahnhof, Bahn-
   steig, Schalter, Bahnhofshalle* oder *Kiosk* bilden beispielsweise ein Sachfeld;
   Bildwörterbücher verzeichnen Sachnetze.

▸ Äußerst produktiv ist auch die Vernetzung von Wörtern in **Ablaufmustern**,
   Frames oder Skripts, denn in solchen Abläufen spiegeln sich unsere lebens-
   weltlichen Wahrnehmungen, Erfahrungen und Interpretationen über Perso-
   nenbeziehungen, Sachkonstellationen und Handlungsabläufe. Eine schemao-
   rientierte Ablaufreihe wäre z. B. *der Zug hat Verspätung, der Zug fährt (in
   den Bahnhof) ein, er hält, der Zug hat einen kurzen Aufenthalt, die Fahrgäste
   steigen aus und ein, die Zugtüren schließen, der Zug fährt ab, er rollt aus dem
   Bahnhof, nimmt Fahrt auf* usw.; Stilwörterbücher enthalten gelegentlich
   solche Ablaufmuster.

▸ In **Kollokationsnetze**n werden Wörter miteinander in Beziehung gesetzt, die
   in bestimmten Situationen erwartbar gemeinsam vorkommen. Typisch sind
   die sogenannten lexikalischen Solidaritäten (*Hunde bellen*), aber auch cha-
   rakteristische Adjektiv-Substantiv-Verbindungen: *ein vollbesetzter, überfüll-
   ter, voller, leerer, fahrplanmäßiger, verspäteter, ausgefallener Zug.*

▸ In **paradigmatischen Netzen** werden die Wörter wortartenbezogen nach
   sprachspezifischen Merkmalen zusammengestellt. Paradigmatische Vernetzungen liegen vor als Synonyme *(Zug-Eisenbahn)*, Antonyme *(halten ↔ anfahren)*, Hyponyme *(Zug: Personenzug, Güterzug)*, Meronyme
   (Zug: Achse, Stromabnehmer). Paradigmatische Vernetzungen finden sich in
   Synonymiken, Antonymiken oder Thesauri.

▸ In **Wortfamilien** werden Wörter quer über andere Netze nach morphologischen Gesichtspunkten vernetzt: *fahren, Fahrer, Fahrt, Fuhre, abfahren,
   anfahren, umfahren, Hinfahrt, Rückfahrt* usw. Wortfamilienwörterbücher
   verzeichnen solche Vernetzungen.

▸ **Bewertungsnetze** enthalten Wörter, die auf der Basis ihres konnotativen
   Gebrauchs miteinander verknüpft sind: *essen, dinieren, tafeln, futtern,
   mampfen, reinhauen, fressen* usw. Synonymiken und vor allem distinktive
   Synonymiken enthalten konnotative Vernetzungen.

▸ In **Assoziationsnetzen** werden die Wörter besonders unter dem Aspekt von Eigenerfahrungen und subjektiven Wahrnehmungen zusammengestellt: *Bahn, Verspätung, Dienstreise* usw.

Für die Konzeption des mentalen Lexikons konstitutiv ist, dass jedes Wort gleichzeitig Element verschiedener Netze sein kann bzw. ist. Daraus folgt zwangsläufig, dass mit dem Umfang des Wortschatzes auch die Vielfältigkeit seiner Vernetzung steigt. Je mehr Wörter ein Schüler kennt, desto einfacher ist es, neue dazuzulernen nach dem Motto: Ein Wort gibt das andere.

Es ist weiterhin die Diskussion um die Kompetenzorientierung des Sprachenunterrichts, die – im Kontext des Gemeinsamen europäischen Referenzrahmens und der Einführung der Bildungsstandards – dazu geführt hat, Wörter in Texten und Handlungskontexten zu betrachten: Der Wortschatz wird als Werkzeug angesehen. Die Wörter werden, Werkzeugen gleich, dazu verwendet, kommunikative Fähigkeiten und Fertigkeiten zu realisieren. Im Bereich von Deutsch als Erstsprache liegen bereits Ansätze vor, die Wortschatzdidaktik und -methodik integrativ auf die zentralen Kompetenzbereiche des Deutschunterrichts („Sprechen und Zuhören", „Schreiben", „Lesen – mit Texten und Medien umgehen" und „Sprache und Sprachgebrauch untersuchen") zu beziehen (vgl. Kühn 2007; 2009; Steinhoff 2009; Feilke 2009).

Diese Neuorientierung der Wortschatzdidaktik und -methodik hat einschneidende Konsequenzen. Einige seien kurz umrissen:

(1) Die Orientierung der Wortschatzarbeit am Wortschatz, an Wörterbüchern oder Wort„räumen" scheint aus lernpsychologischer Sicht wenig erfolgversprechend: Jean Aitchison (1997, 13) hat herausgestellt, dass zwischen den Wörtern in unserem Kopf und den Wörtern in Wörterbüchern „wenig Ähnlichkeit" besteht, auch wenn sich die dort enthaltenen Informationen teilweise überschneiden. Wörterbücher sind normalerweise alphabetisch aufgebaut, sie enthalten eine begrenzte Menge an Wörtern, und die Wörter eines Wörterbuches werden in der Regel isoliert aufgerufen und betrachtet. „Der größte Unterschied zwischen einem Wörterbuch und dem mentalen Lexikon besteht jedoch darin, dass letzteres zu jedem Eintrag mit viel, viel mehr Informationen aufwarten kann" (Aitchison 1997, 16): das mentale Lexikon enthält eine „Mammutstruktur" (Aitchison 1997, 18). Es ist daher eine didaktische Einbahnstraße, wenn wir die Wortschatzarbeit danach orientieren, wie die Wörter in Wörterbüchern verwaltet werden. Es gilt dagegen der Umkehrschluss: Wörterbücher werden für die Wortschatzarbeit umso nützlicher, je eher sie sich den Strukturen des mentalen Lexikons angleichen. Hier hat die Lernerlexikographie noch viele Aufgaben vor sich.

(2) Die Hinweise auf die Wortschatzentwicklung bei Kindern (vgl. z. B. Apeltauer [2]2010) erweisen es als zweckmäßig, traditionelle lexikologisch-lexikographische Differenzierungen aufzugeben. So sollte die Unterscheidung zwischen

aktivem und passivem Wortschatz, den Sprecher/Schreiber besitzen, uneinge-
schränkt aufgegeben werden. Diese Begriffe entsprechen nicht den psychisch-
physischen Realitäten, denn auch bei der Aktivierung passiver Wortschatzkompetenzen ist der Lernende durchaus aktiv. Verstehen ist ein konstruktiver Prozess. Die Kompetenzorientierung des Wortschatzgebrauchs legt es dagegen
nahe, zwischen einem Mitteilungswortschatz und einem Verstehenswortschatz
zu unterscheiden. Der Mitteilungswortschatz umfasst denjenigen Wortschatz,
der beim Sprechen und Schreiben genutzt wird; der Verstehenswortschatz enthält diejenigen Wörter, die beim Hören und Lesen verstanden werden. Erfahrungsgemäß ist der Verstehenswortschatz immer größer als der Mitteilungswortschatz. Allerdings liegen auch hier keine genauen Erkenntnisse vor, es scheinen
weitere Präzisierungen notwendig (z. B. die Rolle der Wortbildung, die Differenzierung und Spezifizierung des jeweiligen Wortschatzes, der Wortschatz in der
(konzeptuellen) Mündlichkeit oder Schriftlichkeit). Die bisherigen Forschungen
konzentrieren sich vor allem auf den Erwerb und die Beschreibung des Mittei-
lungswortschatzes (vgl. z. B. Ott 1997; Meibauer/Rothweiler 1999; Apeltauer
[2]2010; Ulrich 2006a; 2006b; Überblick bei Steinhoff 2009, 12–17).

(3) Wortschatzarbeit ist Textarbeit – alles andere bleibt Konstrukt. Diese wortschatzdidaktische Maxime (vgl. Hausmann 1993) ist zwar programmatisch allgemein akzeptiert, es mangelt jedoch noch immer an ihrer didaktischen Fundierung und unterrichtspraktischen Umsetzung. Die wenigen wortschatzdidaktischen Vorschläge sind – allen Beteuerungen zum Trotz – nicht kommunikativ und
kompetenzorientiert (vgl. z. B. Löschmann 1993). Dies zeigt auch die Unterrichtspraxis: Wortschatzübungen sind – bis auf wenige Ausnahmen (z. B. teilweise Häublein/Müller/Rusch 1995) – immer noch kontextisolierte, wort- oder
satzbezogene Einsetz- oder Ergänzungsübungen (z. B. Ferenbach/Schüßler
2007; vgl. den Überblick bei Bohn/Schreiter 2000). Vorherrschend ist ein Wort-
schatzdrill: Wortschatzaufgaben sind sprachstrukturell und -systematisch statt
kommunikativ, deduktiv statt induktiv, lehrer- und lehrbuchzentriert statt lerner-
orientiert, reproduktiv statt kreativ – und vor allem kaum text(sorten)bezogen
und auf das produktive und rezeptive Sprachhandeln der Lernenden hin angelegt (vgl. zu dieser Kritik auch Steinhoff 2011). Fazit: Wörter sind „keine Lückenfüller syntaktischer Strukturen, sondern Aktivposten der sprachlichen Kommunikation und Kompetenz" (Steinhoff 2011, 589). Mittlerweile gibt es alternative
wortschatzdidaktische Ansätze und Vorschläge, die Wortschatzarbeit kompetenzorientiert, kommunikativ und kreativ anzugehen (vgl. z. B. vorbildlich Honnef-Becker 2000; 2002, Steinhoff 2011; vgl. zusammenfassend Kühn 2010a; b).

(4) Die Textorientierung der Wortschatzarbeit steht in engem Zusammenhang
mit der Orientierung auf die zentralen Kompetenzbereiche des Sprachunterrichts. Die Wortschatzarbeit soll integrativ ausgerichtet sein auf das Lesen und
Hören sowie das Schreiben und Sprechen. Die Wortschatzarbeit muss folglich

beim Sprachgebrauch der Lernenden ansetzen und auf den Aufbau, den Ausbau und die Konsolidierung ihrer schriftlichen und mündlichen Sprachhandlungskompetenz funktionalisiert sein. Eine kompetenzorientierte Wortschatzdidaktik sollte also von Texten ausgehen und auch wieder zu Texten führen. Es bietet sich daher an, eine rezeptive und eine produktive Wortschatzarbeit zu unterscheiden: Die rezeptive Wortschatzarbeit bezieht sich auf das Verstehen und Erklären von Wörtern und Formulierungen aus Texten, bei der produktiven Wortschatzarbeit geht es um die Anwendung und den Gebrauch des Wortschatzes in entsprechenden Texten bzw. Textsorten und Situationen. So wie die Semantisierung mit der Lese- und Hördidaktik korreliert, so muss die produktive Wortschatzdidaktik mit der Sprech- und Schreibdidaktik in Beziehung gesetzt werden (vgl. für den Bereich von Deutsch als Erstsprache die Hinweise bei Steinhoff 2009; für Deutsch als Fremdsprache den Überblick bei Kühn 2010b).

(5) Auf der Basis lernpsychologischer Ansätze werden im Bereich der Fremdsprachenphilologien Vorschläge gemacht, die Kommunikation über Wortschatzfragen terminologisch strenger zu fassen. Dabei geht es weniger um reine Normierungsvorschläge, sondern darum, lernpsychologische und konstruktivistische Ansätze terminologisch zu spiegeln: Stork (2003, 39) schlägt z.B. vor, die Gesamtheit aller wortschatzdidaktischen und -methodischen Prozesse als „Wortschatzaneignung" zu bezeichnen. Sie differenziert weiterhin den ungesteuerten „Wortschatzerwerb" von der fremdgesteuerten „Wortschatzarbeit" und vom selbstgesteuerten „Vokabellernen". Erfolgt die fremdgesteuerte Wortschatzarbeit aus Sicht der Lehrenden, so wird dies als „Wortschatzvermittlung" bezeichnet, aus der Sicht der Lernenden dagegen als „Wortschatzlernen". Solche terminologischen Vorschläge könnten helfen, die vielen, teils idiosynkratischen, Daten und Untersuchungen zu bündeln und aufeinander zu beziehen.

3 Wortschatzdidaktischer Dreischritt: semantisieren – vernetzen – (re)aktivieren

In der Forschung existiert eine Vielzahl von Begriffen, mit denen versucht wird, die Wortschatzaneignung durch die Lernenden „einzufangen": „Wortschatzarbeit", „Wortschatzerwerb", „Wortschatzvermittlung", „Wortschatzlernen", „Wortschatzerweiterung", „Wortschatzübung", „Wortschatzwiederholung", „Wortschatzvertiefung", „Bedeutungserwerb", „Bedeutungserschließung", „Bedeutungsvermittlung", „Semantisierung", „Semantisierungsprozess" oder „Vokabellernen". Hinter all diesen Termini stehen bestimmte wortschatzdidaktische Interessen und Schwerpunkte (vgl. Köster 2001; Stork 2003, 14ff.). Es scheint daher wenig hilfreich, diese Aspekte der Wortschatzarbeit zu normieren. Vorteilhaft wäre es allerdings, diese Aspekte in ein Modell zu integrieren, das dem natürlichen Erwerbsverlauf der Wortschatzaneignung und darüber hinaus einer kompetenzorientierten, kommunikativen und kreativen Wortschatzdidaktik entspricht.

Aktuell diskutiert wird ein „wortschatzdidaktischer Dreischritt", der es dem Lernenden zunächst ermöglicht, Wörter und Formulierungen in seinen Verstehenswortschatz aufzunehmen und in ihren Mitteilungswortschatz zu integrieren (vgl. Kühn 2000). Das Modell des wortschatzdidaktischen Dreischritts führt von der Semantisierung über die Vernetzung zur (Re)Aktivierung des Wortschatzes:

(1) In der Phase der Semantisierung und Erarbeitung geht es darum, den Wortschatz aus authentischen Texten zu entschlüsseln. Dabei sind unterschiedliche Entschlüsselungsprozeduren denkbar: vom Inferieren der Wortbedeutungen aus dem Kontext bis hin zu Wörterbuchkonsultationen (vgl. hierzu Müller 1994). Für den Fremdsprachenunterricht essentiell sind dabei auch Semantisierungsprozesse, die auf der Basis einer interkulturellen Semantik kulturspezifische Bedeutungsunterschiede deutlich werden lassen (vgl. hierzu Kühn 2006).

(2) Die Aneignung und Verarbeitung des Wortschatzes erfolgt in Form netzwerkartiger Gruppierungen und Zusammenstellungen der Wörter – möglichst in lernerautonomen Wörter-Werkstätten (vgl. hierzu Wolff 2000). Die Orientierung an der Organisation und Wirkungsweise des mentalen Lexikons ermöglicht es, den Wortschatz optimal zu speichern und abzurufen.

(3) In der dritten Phase des lexikographischen Dreischritts erfolgt die (Re)Aktivierung des Wortschatzes in seiner adressaten-, intentions- und situationsspezifischen Verwendung in Texten und Textsorten, insbesondere in Schreibprozessen (vgl. hierzu Honnef-Becker 2000; Steinhoff 2010).

Eine solche Wortschatzarbeit ist kein zusätzliches didaktisches Additum, sondern ein integratives Bindeglied zwischen den zentralen sprachlichen Kompetenzbereichen Hören und Lesen sowie Sprechen und Schreiben.

Literatur

Aitchison, Jean: Wörter im Kopf. Eine Einführung in das mentale Lexikon. Aus dem Englischen von Martina Wiese. Tübingen: Niemeyer 1997

Apeltauer, Ernst: Wortschatzentwicklung und Wortschatzarbeit. In: Ahrenholz, Bernt/ Oomen-Welke, Ingelore (Hrsg.): Deutsch als Zweitsprache. Deutschunterricht in Theorie und Praxis Bd. 9. Baltmannsweiler: Schneider Hohengehren [2]2010, 239–252

Bartz, Hans-Werner / Burch, Thomas / Christmann, Ruth / Gärtner, Kurt / Hildenbrandt, Vera / Schares Thomas / Wegge, Klaudia: Wie das Deutsche Wörterbuch in den Computer kam. In: Deutsches Wörterbuch. Elektronische Ausgabe der Erstbearbeitung von Jacob Grimm und Wilhelm Grimm. Bearb. v. Bartz, Hans-Werner / Burch, Thomas / Christmann, Ruth / Gärtner, Kurt / Hildenbrandt, Vera / Schares, Thomas / Wegge, Klaudia. Frankfurt/M.: Zweitausendeins 2004, 73–90

Bausch, Karl-Richard/Christ, Herbert/Königs, Frank G./Krumm, Hans Jürgen (Hrsg.): Erwerb und Vermittlung von Wortschatz im Fremdsprachenunterricht. Arbeitspapiere der 15. Frühjahrskonferenz zur Erforschung des Fremdsprachenunterrichts, Tübingen: Narr 1995

Best, Karl-Heinz: Unser Wortschatz. Sprachstatistische Untersuchungen. In: Hoberg, Rudolf/Eichhoff-Cyrus, Karin (Hrsg.): Die deutsche Sprache zur Jahrtausendwende. Sprachkultur oder Sprachverfall? Mannheim u. a.: Dudenverlag 2000, 35–52

Bohn, Rainer: Probleme der Wortschatzarbeit. Fernstudieneinheit. Berlin u. a.: Langenscheidt 1999

Bohn, Rainer/Schreiter, Ina: Wortschatzarbeit in den Sprachlehrwerken Deutsch als Fremdsprache: Bestandsaufnahme, Kritik, Perspektiven. In: Kühn 2000, 57–98

Bredel, Ursula/Günther, Hartmut/Klotz, Peter/Ossner, Jakob/Siebert-Ott, Gesa (Hrsg.): Didaktik der deutschen Sprache. Ein Handbuch. 2 Bde. Paderborn u. a.: Schöningh 2003

Bußmann, Hadumod (Hrsg.): Lexikon der Sprachwissenschaft. Stuttgart: Kröner ³2002

Duden. Universalwörterbuch: Deutsches Universalwörterbuch. Hrsg. v. Wissenschaftlichen Rat der Dudenredaktion: Klosa, Annette / Kunkel-Razum, Kathrin / Scholze-Stubenrecht, Werner/Wermke, Matthias. Mannheim: Bibliographisches Institut, ⁴2001

Duden. Standardwörterbuch Deutsch als Fremdsprache. Hrsg. v. Wissenschaftlichen Rat der Dudenredaktion: Wermke, Matthias / Kunkel-Razum, Kathrin / Scholze-Stubenrecht, Werner. Mannheim u. a.: Bibliographisches Institut 2002

Feilke, Helmuth: Wörter und Wendungen: kennen, lernen, können. In: Praxis Deutsch 36 (2009) Heft 218, 4–13

Ferenbach, Magda/Schüßler, Ingrid : Wörter zur Wahl. Wortschatzübungen Deutsch als Fremdsprache. Neubearbeitung. Stuttgart: Klett ²2007 (1. Aufl. 1970)

Földes, Csaba: Was gilt als Großwörterbuch? Zur Problematik der Größenklassen von Sprachlexika. In: Korhonen, Jarmo (Hrsg.): Von der mono- zur bilingualen Lexikografie für das Deutsche. Frankfurt/M. u. a.: Lang 2001, 31–42

Gewehr, Wolf: Lexematische Strukturen. Zur Didaktik der Wortfeldtheorie und der Wortbildungslehre. München: Ehrenwirth 1974

Glück, Helmut (Hrsg.): Metzler Lexikon Sprache. Stuttgart/Weimar: Metzler 1993

Haß-Zumkehr, Ulrike: Deutsche Wörterbücher. Brennpunkt von Sprach- und Kulturgeschichte. Berlin: de Gruyter 2001

Hausmann, Franz-Josef: Die Vokabularisierung des Lehrbuchs oder: die Wortschatzwende. Präsentation und Vermittlung von Wortschatz in Lehrwerken für den Französischunterricht. In: Die Neueren Sprachen 86 (1987), 426–445

Hausmann, Franz Josef: Ist der deutsche Wortschatz lernbar? Oder: Wortschatz ist Chaos. In: Informationen Deutsch als Fremdsprache (InfoDaF) 20 (1993), 471–485

Helmers, Hermann: Didaktik der deutschen Sprache. Einführung in die Theorie der muttersprachlichen und literarischen Bildung. Darmstadt: Wiss. Buchgesellschaft ⁵1970

Hernig, Marcus: Deutsch als Fremdsprache. Eine Einführung. Wiesbaden: Verlag für Sozialwissenschaften 2005

Häublein, Gernot/Müller, Martin/Rusch Paul/Scherling, Theo/Wertenschlag, Lukas: Memo. Wortschatz- und Fertigkeitstraining zum Zertifikat Deutsch als Fremdsprache. Lehr- und Übungsbuch. Berlin u. a.: Langenscheidt 1995

Honnef-Becker, Irmgard: Die Benutzung des de Gruyter Wörterbuchs Deutsch als Fremdsprache in Situationen der Textproduktion. In: Wiegand 2002, 623–646

Honnef-Becker, Irmgard: Wortschatzarbeit in der Schreibwerkstatt: Plädoyer für eine textbezogene Wortschatzdidaktik. In: Kühn 2000, 149–177

Hueber Wörterbuch Deutsch als Fremdsprache. Das einsprachige Wörterbuch für Kurse der Grund- und Mittelstufe. Redaktionelle Leitung: Kunkel-Razum, Kathrin, Kraif, Ursula, Tomaszewski, Andreas. Ismaning: Hueber 2003

Kielhöfer, Bernd: Wörter lernen, behalten und erinnern. In: Neusprachliche Mitteilungen 47 (1994), 211–220

Kiese-Himmel, Christiane: AWST-R Aktiver Wortschatztest für 3- bis 5-jährige Kinder. Revision. Göttingen: Hogrefe 2005

Kliewer, Heinz-Jürgen/Pohl, Inge (Hrsg.): Lexikon Deutschdidaktik. Bd. 2. Baltmannsweiler: Schneider Hohengehren 2006

Koeppel, Rolf: Deutsch als Fremdsprache. Spracherwerblich reflektierte Unterrichtspraxis. Baltmannsweiler: Schneider Hohengehren 2010

Köster, Lutz: Wortschatzerwerb und Wortschatzvermittlung. In: Krumm u. a. 2010, 1021–1032

Koesters Gensini, Sabine E.: Der deutsche Grundwortschatz zwischen Lexikologie und Sprachdidaktik. In: Zeitschrift Deutsch als Fremdsprache 46 (2009) Heft 4, 195–202

Krumm, Hans-Jürgen/Fandrych, Christian/Hufeisen, Britta/Riemer, Claudia (Hrsg.): Deutsch als Fremd- und Zweitsprache. Ein internationales Handbuch. Berlin/New York: de Gruyter 2010

Kühn, Peter: Das Grundwortschatzwörterbuch. In: Hausmann, Franz Josef/Reichmann, Oskar/Wiegand, Herbert Ernst/Zgusta, Ladislav (Hrsg.): Wörterbücher. Dictionaries. Dictionnaires. Ein internationales Handbuch der Lexikographie. Zweiter Teilband. Berlin/New York: de Gruyter 1990, 1353–1364

Kühn, Peter (Hrsg.): Wortschatzarbeit in der Diskussion. Hildesheim u. a.: Olms 2000

Kühn, Peter: Kaleidoskop der Wortschatzdidaktik und -methodik. In: Kühn 2000, 5–28

Kühn, Peter: Interkulturelle Semantik. Nordhausen: Bautz 2006

Kühn, Peter: Rezeptive und produktive Wortschatzkompetenzen. In: Willenberg, Heiner (Hrsg.): Kompetenzhandbuch für den Deutschunterricht. Baltmannsweiler: Schneider Hohengehren 2007, 159–167

Kühn, Peter: Sprache untersuchen und erforschen. Grammatik und Wortschatzarbeit neu gedacht. Standards und Perspektiven. Für die Jahrgänge 3 und 4. Berlin: Cornelsen/Scriptor 2009

Kühn, Peter: Wörterbücher/Lernerwörterbücher. In: Krumm u. a. 2010a, 304–315

Kühn, Peter: Materialien für das Wortschatzlehren und -lernen. In: Krumm u. a. 2010b, 1252–1258

Langenscheidt Großwörterbuch Deutsch als Fremdsprache. Das einsprachige Wörterbuch für alle, die Deutsch lernen. Neubearbeitung. Hrsg. v. Götz, Dieter / Haensch, Günther / Wellmann, Hans. In Zusammenarbeit mit der Langenscheidt-Redaktion. Berlin u. a.: Langenscheidt 2003

Löschmann, Martin: Effiziente Wortschatzarbeit. Alte und neue Wege. Arbeit am Wortschatz: integrativ, kommunikativ, interkulturell, kognitiv, kreativ. Frankfurt/M. u. a.: Lang 1993

Meibauer, Jörg/Rothweiler, Monika (Hrsg.): Das Lexikon im Spracherwerb. Tübingen u. a.: Francke 1999

Müller, Bernd-Dietrich: Wortschatzarbeit und Bedeutungsvermittlung. Berlin u. a.: Langenscheidt 1994

Neveling, Christiane: Wörterlernen mit Wörternetzen. Eine Untersuchung zu Wörternetzen als Lernstrategie und Forschungsverfahren. Tübingen: Narr 2004

Oehler, Heinz / Heupel, Carl: Grundwortschatz Deutsch. Essential German. Alemán fundamental. Stuttgart: Klett 1975

Ott, Margarete: Deutsch als Zweitsprache. Aspekte des Wortschatzerwerbs. Frankfurt M. u. a.: Lang 1997

Pohl, Inge / Ulrich, Winfried: Wortschatzarbeit. Deutschunterricht in Theorie und Praxis (DTP) Bd. 7, hg. v. Winfried Ulrich. Baltmannsweiler: Schneider Hohengehren 2011

Pons Basiswörterbuch Deutsch als Fremdsprache. Das einsprachige Lernerwörterbuch. Vollständige Neuentwicklung. Bearb. v. Hecht, Dörthe / Schmollinger, Annette. Stuttgart: Klett 1999

Pons Großwörterbuch Deutsch als Fremdsprache. Bearb. v. Cyffka, Andreas / Mönkemöller, Frank / Haverkamp-Balhar, Susanne / Heinold, Simone / Hippe, Elke / Löhle, Silke / Lacatena, Martina / Weißmüller, Julia. Stuttgart: Klett 2006

Praxis Deutsch. Wörter und Wendungen. Heft 218 / 2009

Quetz, Jürgen: Wortschatzarbeit – vom Lerner her betrachtet. In: Leupold, Eynar / Petter, Yvonne (Hrsg.): Interdisziplinäre Sprachforschung und Sprachlehre. Festschrift für Albert Raasch zum 60. Geburtstag. Tübingen: Narr 1990, 183 – 195

Scherfer, Peter: Überlegungen zu einer Theorie des Vokalblernens und –lehrens. In: Börner, Wolfgang / Vogel, Klaus (Hrsg.): Wortschatz und Fremdsprachenerwerb. Bochum: AKS-Verlag 1993, 185 – 216

Schmitt, Claudia: Wörter lernen in der Fremdsprache. Das Lexikon im ungesteuerten und gesteuerten Zweitsprachenerwerb. In: Dittmann, Jürgen / Schmidt Claudia (Hrsg.): Über Wörter. Grundkurs Linguistik. Freiburg: Rombach 2002, 335 – 357

Steinhoff, Torsten: Unterrichtsideen zur textorientierten Wortschatzarbeit. Aneignung und Gebrauch lexikalischer Mittel. In: Pohl / Ulrich 2011, 577 – 591

Steinhoff, Torsten: Wortschatz – eine Schaltstelle für den schulischen Spracherwerb? In: Siegener Papiere zur Aneignung sprachlicher Strukturformen (SPASS) Heft 17. Siegen: Universitätsdruck 2009

Steinig, Wolfgang / Huneke, Hans-Werner: Sprachdidaktik Deutsch. Eine Einführung. Berlin: Schmidt 3 2007

Stork, Antje: Vokabellernen. Eine Untersuchung zur Effizienz von Vokabellernstrategien. Tübingen: Narr 2003

Tschirner, Erwin: Korpora, Häufigkeitslisten, Wortschatzerwerb. In: Heine, Antje / Hennig, Mathilde / Tschirner, Erwin (Hrsg.): Deutsch als Fremdsprache. Konturen und Perspektiven eines Faches. Festschrift für Barbara Wotjak zum 65. Geburtstag. München: Iudicium 2005, 133 – 149

Ulrich, Winfried: Wortschatzerweiterung. In: Kliewer / Pohl 2006a, 823 – 826

Ulrich, Winfried: Wortschatzvertiefung. In: Kliewer / Pohl 2006b, 826 – 828

Ulrich, Winfried: Wörter. Wörter. Wörter. Wortschatzarbeit im muttersprachlichen Deutschunterricht. Baltmannsweiler: Schneider Hohengehren 2007

Wahrig-Burfeind, Renate (Hrsg.): Wahrig. Deutsches Wörterbuch. Mit einem Lexikon der Sprachlehre. Gütersloh / München: Wissen Media Verlag 8 2006

Wahrig-Burfeind, Renate: Wahrig. Großwörterbuch Deutsch als Fremdsprache. Gütersloh / München: Wissen Media Verlag 2008

Wiegand, Herbert Ernst (Hrsg.): Perspektiven der pädagogischen Lexikographie des Deutschen I. Untersuchungen anhand von „Langenscheidts Großwörterbuch Deutsch als Fremdsprache". Tübingen: Niemeyer 1998

Wiegand, Herbert Ernst (Hrsg.): Perspektiven der pädagogischen Lexikographie des Deutschen II. Untersuchungen anhand des „de Gruyter Wörterbuchs Deutsch als Fremdsprache". Tübingen: Niemeyer 2002

Wolff, Dieter: Wortschatzarbeit im Fremdsprachenunterricht: Eine kognitivistisch-konstruktivistische Perspektive. In: Kühn 2000, 99–124

CHRISTIAN FANDRYCH

C6 Grammatik

1 Grundfragen

Grammatikbezogene Grundlagen werden im Fach Deutsch als Fremdsprache u. a. benötigt für die Formulierung von Lernzielen, die Auswahl von Lernstoff, die Entwicklung von Curricula und Lernmaterialien, die Lernberatung sowie für den konkreten Unterrichtsprozess, in dem die Qualität von Lerneräußerungen eingeschätzt und Leistungen gemessen werden. Allerdings divergieren die Auffassungen darüber, wie zentral grammatikbezogenes Wissen ist bzw. auf welche Weise und wie explizit es thematisiert werden soll. Für die DaF-Lehrerausbildung und bei der Konzipierung von Studiengängen spielen diese Fragen eine entscheidende Rolle (vgl. Fandrych 2010). Dabei geht es auch um Kontroversen nicht nur in DaF, sondern in Sprachlern- und -erwerbstheorien, in der Sprachdidaktik wie in konkreten Praxiszusammenhängen: Wie soll Grammatik vernünftigerweise im Fremdsprachenunterricht vorkommen? Hilft explizite Grammatikvermittlung überhaupt beim Spracherwerb, sollte Grammatik eher nebenbei, implizit, anhand möglichst authentischer Kommunikationssituationen erworben werden? Gilt die Antwort für alle Lehr- und Lernkontexte, muss man zwischen Kindern, Jugendlichen und Erwachsenen, zwischen Lernsituationen in deutschsprachiger und nicht-deutschsprachiger Umgebung unterscheiden? Derartige Fragen sind „seit undenklichen Zeiten das beliebteste Streitobjekt der Praktiker, Didaktiker und Linguisten" (Rall 2001, 880; für einen Überblick über Spracherwerbstheorien und explizite Sprachvermittlung VanPatten/Williams 2006; für einen historischen Abriss zur Bewertung des expliziten Grammatikunterrichts Rall 2001, 880–881). Mehrheitlich scheinen sich jedoch vermittelnde Positionen durchzusetzen (vgl. Börner/Vogel 2002; Wolff/Riedner 2003; Babylonia 2003/2; Hinkel/Fotos 2002; Fotos/Hossein 2007; Rösler, D2).

Grammatische bzw. grammatikbezogene Fragestellungen spielen neben der Frage nach der expliziten oder impliziten Grammatikvermittlung im Unterricht auch in vielen anderen Bereichen der institutionellen Fremdsprachenvermittlung eine zentrale Rolle: Die Frage der Beschreibung sprachlicher Kompetenzen ist etwa bei der Formulierung von Richtlinien, Niveaubeschreibungen und Testformaten in den Blick gerückt: Hier wurde teilweise auch kritisch hinterfragt, welche Vorstellungen von sprachlicher Kompetenz den verschiedenen Niveaubeschreibungen etwa im „Gemeinsamen Europäischen Referenzrahmen" zu Grunde liegen (vgl. die Beiträge in Bausch u. a. 2003; Fandrych/Thonhauser 2008; s. auch Glaboniat, E2). Insgesamt hat sich die traditionelle (und eher enge) Vorstellung von „Grammatik" als einer tendenziell isoliert-autonomen Kompetenz erweitert zugunsten der Einbeziehung von pragmatisch-textuellen sowie sprechwissenschaftlich-rhetorischen Dimensionen von Sprachkompetenz (vgl. etwa die Beiträge in Linke u. a. 2003; kritisch dazu Helbig 2007; zur Frage der Bildungssprachlichkeit bzw. Textkompetenz vgl. die Beiträge in Schmölzer-Eibinger / Weidacher 2007). So wurde die vormals häufig recht strikt gezogene Grenze zwischen Sprachsystem und Sprachverwendung – nicht zuletzt durch die Lernerperspektive – relativiert. Eine ganze Reihe von grammatischen Phänomenen kann ohne den Bezug auf Größen wie „Text" bzw. „mündlicher Diskurs" nicht adäquat erklärt und auch erworben werden (Celce-Murcia 2002; Fandrych / Thurmair 2011). Die Reduktion von „Grammatikwissen" auf die Morphosyntax scheint daher eng, problematisch und vorläufig.

Der vorliegende Beitrag will in die Vielschichtigkeit der Forschungsfragen, -methoden und -ergebnisse einführen und ausgewählte Aspekte diskutieren.

2 Aspekte des Grammatikerwerbs

Mit Grammatikerwerb bezieht man sich in der Forschung auf die sukzessive kognitive Verankerung von zielsprachlichen (Grammatik-)Strukturen. Eine Struktur gilt als erworben, wenn sie nicht nur in formelhafter Weise mithilfe von begrenztem lexikalischen Material (*chunks*, s. u.), sondern vielmehr produktiv zur Bildung nicht-routinisierter sprachlicher (Teil-)Handlungen verwendet werden kann. Grammatikerwerbsforschung stellt also die Frage, über welchen Regelbestand Lernende (meist bei der Sprachproduktion) zu einem gewissen Zeitpunkt verfügen und wie sich dieser Regelbestand sukzessive verändert – und unter welchen Bedingungen dies geschieht. Erkenntnisse über die individuellen Verläufe des Grammatikerwerbs könnten Aufschlüsse darüber geben, wie der Erwerb optimal gefördert werden kann (etwa durch Sprachunterricht). Dabei stellt sich die grundsätzliche Frage, wie (un)abhängig Grammatikerwerb von den verschiedenen Variablen (wie Alter, Muttersprache, Lernkontext, Umgebung, Motivation, emotionale Faktoren, Bildung etc.) ist. Einige dieser Fragen sollen im Folgenden kurz diskutiert werden.

2.1 Grammatikerwerb und Alter

Zwar wird heute die Hypothese einer bestimmbaren Altersschwelle (*critical period*), nach der man eine neue Sprache nicht mehr vollständig und (nahezu) muttersprachlich erlernen kann, differenzierend gesehen (Grießhaber 2009); dennoch ist unbestritten, dass das Alter, in dem mit dem Erlernen einer neuen Sprache begonnen wird, ein wichtiger Faktor ist. Frühe Mehrsprachigkeit scheint auch beim Erlernen weiterer Sprachen einen positiven Einfluss zu haben (vgl. Grießhaber 2009, 123–127). Allerdings sind auch beim frühen (Zweit-)-Spracherwerb große Unterschiede zwischen erfolgreicheren und weniger erfolgreichen Erwerbsverläufen festzustellen (vgl. Grießhaber 2009, 121). Im Erwachsenenalter könnten die häufig anzutreffenden individuellen Unterschiede, was den Spracherwerbserfolg angeht, in einem Zusammenhang mit der Fähigkeit stehen, zusätzliche neuronale Ressourcen für den Spracherwerb zu nutzen (vgl. Grießhaber 2006). Auch nimmt der Einfluss der Erstsprache(n) auf das Erlernen weiterer Sprachen offenbar mit dem Alter zu (vgl. Ahrenholz [2]2010, 71). Jüngere Lerner verfügen dafür noch nicht oder nur teilweise über eine voll ausgebildete Erstsprache, sind noch deutlich in ihrer kognitiven und psychischen Entwicklung begriffen und haben auch häufig noch kein ausreichendes schulgrammatisches Metawissen aufgebaut (Tschirner 2001, 107 bezeichnet dies als „kulturgrammatische Kompetenz"), was natürlich Konsequenzen für die Grammatikdarstellung und -vermittlung hat. Wo eine solche kulturgrammatische Kompetenz noch nicht oder noch nicht in ausreichendem Maße aufgebaut ist, muss bei der Grammatikvermittlung indirekter bzw. impliziter vorgegangen werden (dort spielen etwa Regelerklärungen oder ein sprachvergleichendes Vorgehen eine geringere Rolle). Umgekehrt sind erwachsene Lerner häufig auch dann an grammatischer Regelerklärung interessiert, wenn zweifelhaft ist, dass diese Regeln (etwa aufgrund ihrer geringen Reichweite oder Zuverlässigkeit, s. u.) für ihre unmittelbare Sprachverwendung hilfreich sind.

2.2 Grammatische Erwerbssequenzen

Schon seit geraumer Zeit wird die Frage kontrovers diskutiert, ob es beim Sprachenlernen – unabhängig von Kontext, Alter, der Muttersprache oder von anderen Variablen – feste Erwerbsreihenfolgen bezüglich bestimmter grammatischer Phänomene gibt, die mit der menschlichen Kognition einerseits, der Struktur der zu erlernende Sprache andererseits zusammenhängen. Wenn solche Erwerbssequenzen nachweisbar wären, hätte dies wichtige Konsequenzen für den Fremdsprachenunterricht – wenn auch noch keinesfalls ausgemacht ist, welche Konsequenzen dies im Einzelnen wären (s. u.). Auch im deutschen Kontext wurden in der Vergangenheit wichtige empirisch angelegte Erwerbsstudien durchgeführt (zu Deutsch als Zweitsprache vgl. den Überblick bei Ahrenholz [2]2010; wichtige Ansätze zu DaF finden sich in Börner/Vogel 2002). Einschränkend muss gesagt werden, dass die meisten Studien sich auf den vorschulischen und (früh-) schulischen Bereich beziehen und nicht ohne weiteres auf erwachsene Lernerinnen und Lerner in den unterschiedlichsten Lernkontexten übertragbar sind.

Meist stand bei den Erwerbsstudien eine kleine Zahl zentraler syntaktischer und morphologischer Phänomene im Vordergrund, v. a. die Wortstellung (vgl. die früheren Studien, über die bei Pienemann 1998 und Clahsen 1985 berichtet wird;

in jüngerer Zeit etwa Diehl u. a. 2000; Haberzettl 2005; Grießhaber 2006) sowie
der Erwerb der Nominalflexion (Genus-, Kasus-, Numerusmarkierungen in der
Nominalphrase, vgl. u. a. Wegener 1995 und 2005; Diehl u. a. 2000). Die im Rahmen der Erforschung des (selbstgesteuerten) Spracherwerbs von Arbeitsmigranten in den 80er und 90er Jahren entwickelten Modelle relativ fester Erwerbsreihenfolgen bestimmter morphosyntaktischer Erscheinungen (vgl. den Überblick
bei Grießhaber 2006, 7–12; Pienemann 1998) wurden in den neueren Studien
v. a. anhand jüngerer Lernerinnen und Lerner überprüft. Ein wichtiger Indikator
ist danach die Satzgliedstellung, die nach den Ergebnissen etwa von Grießhabers
Studie auch zur Profilanalyse des Sprachstands insgesamt aussagekräftig ist
(Grießhaber 2007). Dabei lassen sich folgende Erwerbsstufen unterscheiden:

4) Nebensätze mit finitem Verb in Endstellung: …, dass es so schwarz ist.
3) Subjekt nach finitem Verb nach vorangestellten Adverbialien: Dann brennt die.
2) Separierung finiter/infiniter Verbteile: Und ich habe dann geweint.
1) Finites Verb in einfachen Äußerungen: Ich versteh.
0) Bruchstückhafte Äußerungen, ohne finites Verb: anziehn Ge/

(vgl. Grießhaber 2007, 186, 189)

Die Ergebnisse wurden anhand einer Studie, die schriftliche Texte von franko-
phonen Schülerinnen und Schüler in der Schweiz untersuchte, im Wesentlichen
bestätigt (vgl. Diehl u. a. 2000), wobei es allerdings beim Erwerb der Nebensatz-
Wortstellung und bei der „Inversion" einige divergierende Ergebnisse gab (vgl.
Diehl/Pistorius 2002, 228). Haberzettl (2005), die – ähnlich wie Grießhaber –
Kinder mit Türkisch und Russisch als Muttersprache untersucht, kommt allerdings zu dem Ergebnis, dass die Erstsprache offenbar doch einen erheblichen
Einfluss auf die Erwerbsreihenfolge und auf die Schwierigkeit einzelner gram-
matischer Phänomene hat: Das Türkische als Verb-Letzt-Sprache scheint zu
bewirken, dass Kinder mit Türkisch als Erstsprache zunächst eine Verb-Letzt-
Phase im Deutschen durchlaufen, gefolgt von einer Verb-Objekt-Phase, sie
haben auch mit der Bildung der Verbklammer insgesamt weniger Probleme.
Kinder mit Russisch (mit Verb-Objekt-Reihenfolge) als Erstsprache hatten im
Vergleich wesentlich größere Probleme beim Erwerb der Verbklammer und der
Nebensatzwortstellung.

Die Schweizer Studie (Diehl u. a. 2000) fand für einige andere sprachliche Mittel
wiederum keine festen Erwerbsreihenfolgen (etwa bei Genus, Numerus und
Adjektivflexion), während Wegener (2005) annimmt, dass je nach Regularität,
Salienz und Validität eines grammatischen Phänomens bzw. einer grammati-
schen Regel unterschiedliche Erwerbsprinzipien genutzt werden: Irreguläre
Numerusmorpheme (-er und -(e)) werden offenbar aufgrund ihrer sehr hohen
Frequenz ganzheitlich (lexikalisch) gelernt, es wird also keine Regel ausgebildet,
während bei den restlichen Numerusmorphemen -en als einfachstes, weil auch

salientestes und validestes Numerusmorphem vor den anderen Numerusmorphemen erworben wird.

Was daraus für die Grammatikdidaktik, das Korrekturverhalten und auch die Testentwicklung geschlossen werden kann, wird kontrovers diskutiert. Eine grundlegende Konsequenz solcher Studien ist sicherlich, dass häufig zu hohe Erwartungen an die Erwerbsgeschwindigkeit gerade im produktiven Bereich (Sprechen und Schreiben) existieren (und zwar sowohl auf Seiten der Lehrenden als auch der Lernenden). Gerade im Anfängerstadium ist Sprachlernen auch deutlich **lexikalisch** geprägt, werden Strukturen zunächst ganzheitlich-formelhaft gelernt (vgl. Multhaup 2002). Wenn genügend formelhafte oder mit prägnanten Beispielen verknüpfte Strukturen bzw. „Konstruktionen" (vgl. N. Ellis 2003) gelernt wurden, hilft das in einem späteren Stadium bei der erklärenden und stärker analytischen Grammatikarbeit (zum *Chunking* vgl. Aguado 2002; Handwerker/Madlener 2009). Andererseits kann aus der Erkenntnis über die Existenz einiger basaler **produktiver** Erwerbsstufen nicht direkt auf die Rolle und Relevanz **rezeptiver Kenntnisse** bzw. früher Aufmerksamkeitsschulung geschlossen werden, wie dies teils vorschnell erfolgte (etwa bei Diehl/Pistorius 2002, 227). Auch hier wird man die individuellen und institutionellen Lernbedingungen, das Alter, die Interessen und die Lernziele der Lernenden mit berücksichtigen müssen, wenn über das Maß und die Rolle von expliziter Grammatikvermittlung entschieden wird.

2.3 Einflüsse der Muttersprache

Die Muttersprache scheint die Schnelligkeit des Erwerbs und zu einem gewissen Grad die Reihenfolge der Erwerbsstufen zu beeinflussen. Wo Sprache rein kommunikativ vermittelt wird, werden bestimmte zielsprachige Strukturen nicht oder nicht angemessen erworben: Die Erstsprache verhindert, dass bestimmte, weniger saliente und frequente Phänomene der Zielsprache wahrgenommen und prozessiert werden (vgl. Ellis 2007). Dass die Erstsprache den Erwerb grammatischer Phänomene abkürzen kann, ist für den Genuserwerb (vgl. Wegener 2005), die Verbstellung (vgl. Haberzettl 2005) oder auch den Kasuserwerb (vgl. Kwakernaak 2002) nahegelegt worden. Viele Studien deuten auf durch die Kommunikationstradition bewirkte Prägungen bestimmter sprachlicher Handlungen, Muster, Routinen hin, die zu Interferenzen in der Zielsprache führen (vgl. für die Wissenschaftssprache etwa Clyne 1993; Fandrych/Graefen 2002; Kaiser 2002; Thielmann 2009; für den Bereich der kontrastiven Pragmatik vgl. Hohenstein/Kameyama 2010). Daher sollten die Lernenden nicht nur mit genügend Input versorgt werden, damit sie nicht unzutreffende Hypothesen bilden (etwa die Verb-Objekt-Wortstellung übergeneralisieren), sondern sie müssen auch auf die Besonderheiten der deutschen Grammatik aufmerksam werden (auf die Verbklammer des Deutschen und die Variabilität der Stellung des Subjekts, vgl.

die Beiträge in Fandrych 2005). Ferner ist es ein dringendes Forschungsdesiderat des Faches, den Zusammenhang zwischen der rezeptiven und produktiven Grammatikkompetenz näher zu erforschen (vgl. Portmann-Tselikas 2003; das Konzept der Verstehensgrammatik bei Neuner 1995).

3 Dimensionen und Grundprinzipien der Grammatikvermittlung

Im Folgenden sollen einige wichtige Dimensionen und Prinzipien der Grammatikvermittlung, großenteils basierend auf Spracherwerbsforschung, Sprachlehr- und –lernforschung sowie Aktionsforschung, überblicksartig dargestellt werden.

3.1 Dimensionen der Grammatikvermittlung

Grammatikvermittlung orientiert sich am Sprachstand der Lernenden. Zu ihr gehören die Auswahl von sprachlichen Mitteln für sprachliche Handlungen und kommunikative Ziele (der *Input*), daneben die Auswahl und Gestaltung von Aufgaben, die auf wichtige sprachliche Charakteristika aufmerksam machen (Förderung des *Intake*), die Entwicklung von Aufgabenformen und Übungen für die jeweiligen grammatischen Strukturen, sowie geeignete Formen der Rückmeldung (einschließlich der Fehlerkorrektur). Sie ermöglichen den Lernenden, zwischen selbst produzierten (oder: verstandenen) Strukturen und den zielsprachlichen Strukturen zu unterscheiden (*noticing the gap*, vgl. u. a. N. Ellis 2007). Da wegen der Verbindung von Form und Bedeutung praktisch alle Spracharbeit **auch** Grammatikvermittlung ist, unterscheidet man heute zwischen (a) stärker und (b) eher beiläufig auf Grammatik fokussierendem Unterricht (vgl. zum Prinzip der engen Verbindung von Form und Bedeutung R. Ellis 2002; Multhaup 2002; DeKeyser 2009; Tschirner 2010).

Phasen mit stärkerer Fokussierung auf die Grammatik sind insbesondere deswegen notwendig, weil (gerade erwachsene) Lerner sonst wichtige Merkmale der Zielsprache übersehen bzw. überhören würden: Häufigkeit und Salienz der grammatischen Strukturen im dargebotenen Material spielen für den Grammatikerwerb eine zentrale Rolle (vgl. Fandrych/Tschirner 2007; N. Ellis 2009; Tschirner 2010). Wo die Frequenz niedrig und/oder die Salienz gering ist (letzteres ist etwa bei den Endungen der deutschen Nominalgruppe der Fall), sind aufmerksamkeitssteuernde Verfahren von zentraler Bedeutung (vgl. Portmann-Tselikas 2003; Luchtenberg 2008; zum Begriff des *noticing* vgl. Schmidt 1995). Je nach Lernergruppe wird die Entscheidung, ob die Aufmerksamkeit a) explizit (mithilfe von Erklärungen und Regelvermittlung oder eher b) implizit (mithilfe von geschickten Aufgabenstellungen, auch mit signalgrammatischen Mitteln, erfolgen soll, durchaus unterschiedlich beantwortet werden (etwa auch in Abhängigkeit von Alter und Lerngewohnheiten). Einig ist man sich in der neueren Forschung darin, dass explizite Grammatikvermittlung kein Selbstzweck sein darf (sondern eine „dienende Funktion" haben soll, vgl. Königs 2004, 46), weil deklaratives Grammatikwissen nicht umstandslos in praktische Sprachkompetenz umsetzbar ist (vgl. die verschiedenen Modelle des *weak interface* etwa bei N. Ellis 2007 sowie die ausführlichere Diskussion bei Schlak 2004). Weitere in jüngerer Zeit vorgeschlagene aufmerksamkeitsorientierte Formen der Grammatikarbeit sind die Produktionsorientierung (*pushed output*), die bei den Lernenden zu tieferer Verarbeitung und zur Wahrnehmung noch bestehender sprachlicher Defizite führt (Swain 1995), Rückmeldungen verschiedener Art zu Lerneräußerungen (etwa Spiegelung von Lerneräußerungen) sowie kooperative Erarbeitung von Aufgaben und kooperative Revisionen von Aufgabenbearbeitungen (vgl. Schmölzer-Eibinger 2007; Schramm 2007).

3.2 Lerner- und Lernzielorientierung

Grundlage der konkreten Gestaltung von Curricula sowie Materialien und Unterrichtsplänen ist eine genaue Analyse des Lernerprofils, der (persönlichen wie institutionellen) Lernsituation und der spezifischen Lernziele. Wichtige Lernerfaktoren sind außer den in Abschnitt 2 genannten Variablen Lernstile und –traditionen (von eher kognitiv-grammatikbezogenen und auf Memorisieren orientierten Lernstilen bis hin zu sehr kommunikativ oder selbstgesteuert orientierten Stilen und Traditionen), Motivation und mögliche Verwendungsdomänen für die Zielsprache. Die Erfahrung zeigt etwa, dass erwachsene Lerner explizite grammatische Arbeit häufig für wichtig und notwendig halten, da sie ihnen Sicherheit vermittelt (vgl. Fotos 2002; Schlak 2004, 65–74). Deklaratives grammatikbezogenes Wissen kann als Werkzeug zur Autonomie angesehen werden: Nur mit einem Mindestmaß an grammatischem Wissen können Lernende auch selbstständig an der Verbesserung ihrer Sprachkompetenz arbeiten, indem sie etwa Hilfsmittel wie Wörterbücher und Lernergrammatiken verwenden oder in Tandem-Situationen ihre sprachlichen Defizite oder Fragen thematisieren (Fandrych 2000).

3.3 Rezeptive und produktive Grammatikarbeit

Nicht selten verbindet sich mit impliziter oder expliziter Grammatikvermittlung die Erwartung, dass eingeführte grammatische Strukturen dauerhaft zu einem Teil der Lernerkompetenz würden. Diese Annahme ist in den letzten Jahren grundlegend kritisiert worden (vgl. etwa Portmann-Tselikas 2001 und 2003): Zum einen, weil der Grammatikerwerb im produktiven Bereich nicht beliebig steuerbar ist und nicht beliebig beschleunigt werden kann; zum anderen, weil die Sprachverarbeitungs- und Aufmerksamkeitskapazität der Lernenden begrenzt ist. Portmann-Tselikas (2003) plädiert u. a. aus diesem Grund für eine stärkere

Berücksichtigung der **rezeptiven** Kompetenz und der Bewusstmachung, die Voraussetzung für den *intake* und damit die Möglichkeit des Grammatikerwerbs ist. Gefragt sind für die produktive Grammatikarbeit kommunikativ reizvolle Aufgaben (zur Diskussion um den aufgabenorientierten Fremdsprachenunterricht vgl. u. a. Bausch u. a. 2006).

Es fehlt allerdings an Lehr- und Übungsmaterial, bei dem rezeptiv-sensibilisierende Arbeit mit Grammatik im Vordergrund steht, und das differenzierter zwischen rezeptiv wichtiger und produktiv möglicher Sprachkompetenz unterscheidet (ein Beispiel dafür bei Lauterbach 2005).

Vergleichendes Arbeiten kann die Lernmotivation stärken, da die Erstsprache und alle weiteren Sprachen auch beim Erlernen des Deutschen eine wichtige Rolle spielen, ob bewusst oder unbewusst (vgl. Fandrych 2005; Oomen-Welke B 4 und DTP 9, ²2010, B 1)

3.4 Regeln und Regelmäßigkeiten

Das Angebot von grammatischen Regeln verdient besondere Beachtung: Dienen Regeln oder die Erklärung von Regelhaftigkeiten als direkte Hilfe bei der Produktion oder eher zur Orientierung über einen Sprach- bzw. Grammatikausschnitt? Gerade erwachsene Lerner haben häufig das Bedürfnis, einen Überblick zu bekommen, wie bzw. ob ein Phänomen in eine Systematik passt (vgl. DeKeyser 2009), was häufig übersehen wird. Unterscheiden kann man zwischen Regeln, die memorisiert werden sollen und solchen, die dem Nachschlagen bzw. der Orientierung dienen.

Daneben wird häufig die Frage diskutiert, was eine Regel „schwierig" oder „leicht" macht. Dietz (2003) unterscheidet hier genauer zwischen **formaler** und **funktionaler Schwierigkeit, Kontextabhängigkeit, impliziertem Wissen** und **Regelkomplexität.** Die häufig recht pauschal gestellte Frage, ob nur „leichte" Regeln den Grammatikerwerb fördern oder auch „schwierigere" (vgl. Schlak 2003) muss – auch in Hinsicht auf die erwähnte Funktion der Regel – differenziert untersucht werden. Als wichtige Kriterien für die Auswahl von grammatischen Regeln nennt Schlak (2003) die Kriterien **Häufigkeit, Zuverlässigkeit und Reichweite** auf der Basis korpusbasierter sprachwissenschaftlicher Analysen der jeweiligen Sprachdomänen.

Bei der Regeldarstellung nutzen die meisten Lehrwerke und Lernergrammatiken bzw. „didaktischen Grammatiken" (vgl. dazu Thurmair 2010, 300 f.) neben metasprachlichen Regelerklärungen Tabellen, graphische Hervorhebungen, Diagramme und inzwischen auch induktiv orientierte Aufgaben zur Regelfindung und -formulierung. Die Terminologie bleibt uneinheitlich: Zwar liegt vielen Grammatikdarstellungen das Valenzkonzept zu Grunde, doch schon dort fehlt Einheitlichkeit, folglich auch in den Grammatikteilen von Lehrwerken oder in den Lernergrammatiken. In den letzten Jahren verwenden selbst valenz-basierte Darstellungen wieder stärker traditionelle grammatische Begriffe, nicht zuletzt wegen ihrer weiten Verbreitung. Die in den letzten Jahrzehnten auch im Kontext des Faches Deutsch als Fremdsprache entwickelten funktionalen und textgrammatischen Ansätze und Beschreibungsmodelle müssen noch stärker für die Sprachdidaktik nutzbar gemacht werden. Dies gilt etwa für deiktische und phorische Elemente (vgl. Thurmair 2003; Graefen 2003), für Tempus (vgl. Willkop 2003), für die Negation (vgl. Adamzik 2004), für Textsortenspezifik und grammatische Mittel allgemein (vgl. Fandrych/Thurmair 2011). Zuletzt sollte betont werden, dass bisher in den Grammatikdarstellungen die Tatsache, dass viele sprachliche Strukturen den kompetenten Sprechern formel- oder konstruktionshaft zur Verfügung stehen (also auch als Ganzes abgespeichert sind und abgerufen werden), zu wenig Berücksichtigung findet. Erste Vorschläge dazu, *Chunking* stärker zum Gegenstand der Sprachvermittlung zu machen, liegen vor (vgl. etwa Handwerker/Madlener 2009), hier gilt es, sowohl empirisch-korpusbasiert als auch in Bezug auf den Grammatikerwerb die Rolle von Chunks noch besser zu untersuchen und entsprechende Erkenntnisse in der Grammatikvermittlung umzusetzen.

Literatur

Adamzik, Kirsten: Zur Behandlung der Negation in Übungsgrammatiken für Deutsch als Fremdsprache. In: Kühn, Peter (Hrsg.): Übungsgrammatiken Deutsch als Fremdsprache. Linguistische Analysen und didaktische Konzepte. Regensburg: FaDaF 2004, 345–401

Aguado, Karin: Formelhafte Sequenzen und ihre Funktionen für den L2-Erwerb. In: Zeitschrift für Angwandte Linguistik 37 (2002), 27–49

Ahrenholz, Bernt: Zweitspracherwerbsforschung. In: Ahrenholz/Oomen-Welke (Hrsg.) ²2010, 64–80

Ahrenholz, Bernt/ Oomen-Welke, Ingelore (Hrsg.): Deutsch als Zweitsprache. Deutschunterricht in Theorie und Praxis Bd. 9. Baltmannsweiler: Schneider Hohengehren ²2010

Bausch, Karl-Richard/Burwitz-Melzer, Eva/Königs, Frank G./Krumm, Hans-Jürgen (Hrsg.): Aufgabenorientierung als Aufgabe. Arbeitspapiere der 26. Frühjahrskonferenz zur Erforschung des Fremdsprachenunterrichts. Tübingen: Narr 2006

Babylonia-Themenheft: Die Grammatikvermittlung im Fremdsprachenunterricht (2003) Heft 2

Börner, Wolfgang/Vogel, Klaus (Hrsg.): Grammatik und Fremdsprachenunterricht. Tübingen: Narr 2002

Bausch, Karl-Richard/Christ, Herbert/Königs, Frank G./Krumm, Hans-Jürgen (Hrsg.): Der Gemeinsame europäische Referenzrahmen für Sprachen in der Diskussion. Tübingen: Narr 2003

Celce-Murcia, Marianne: Why it Makes Sense to Teach Grammar in Context and Through Discourse. In: Hinkel/Fotos (Hrsg.) 2002, 119–133

Clahsen, Harald: Profiling second language development: A procedure for assessing L2 proficiency. In: Hyltenstam, Kenneth/Pienemann, Martin (Hrsg.): Modelling and Assessing Second Language Acquisition. Clevedon: Multilingual Matters 1985, 283–331

Clyne, Michael: Pragmatik, Textstruktur und kulturelle Werte. Eine interkulturelle Perspektive. In: Schröder, Hartmut (Hrsg.): Subject-oriented Texts. Language for Special Purposes and Text Theory. Berlin: de Gruyter 1993, 49–67

DeKeyser, Robert M.: Cognitive-Psychological Processes in Second Language Learning. In: Long/Doughty (Hrsg.) 2009, 119–138

Diehl, Erika/Christen, Helen/Leuenberger, Sandra: Grammatikunterricht – Alles für die Katz? Tübingen: Niemeyer 2000

Diehl, Erika/Pistorius, Hannelore: Grammatik am Wendepunkt. Überlegungen zu einer Neubestimmung des Unterrichtsgegenstands „Grammatik". In: Deutsch als Fremdsprache 39 (2002), Heft 4, 226–231

Dietz, Gunther: Zur Unterscheidung von 'leichten' und 'schweren' Regeln. In: Deutsch als Fremdsprache 40 (2003) Heft 3, 148–154

Ellis, Nick C.: Constructions, Chunking and Connectionism. The Emergence of Second Language Structure. In: Doughty Catherine J./ Long, Michael H. (Hrsg.): The Handbook of Second Language Acquisition. Malden, M. A.: Blackwell 2003, 63–103

Ellis, Nick C.: The weak interface, consciousness, and form-focused instruction: mind the doors. In: Fotos, Sandra/Hossein, Nassaj (Hrsg.): Form-focused instruction and Teacher Education. Oxford: OUP 2007, 17–34

Ellis, Nick C.: Optimizing the Input: Frequency and Sampling in Usage-Based and Form-Focused Learning. In: Long/Doughty (Hrsg.) 2009, 139–158

Ellis, Rod: The Place of Grammar Instruction in the Second/Foreign Language Curriculum. In: Hinkel/Fotos (Hrsg.) 2002, 17–34

Fandrych, Christian: Ist der Kommunikative Ansatz im Fremdspracheunterricht an seine Grenze gekommen? In: German Studies at Aston. Newsletter for teachers of German in GB and Ireland, 1 (2000), 2–12

Fandrych, Christian: Zur Textlinguistik des Vorfelds. In: Thurmair/Willkop (Hrsg.) 2003, 173–196

Fandrych, Christian (Hrsg.): Ordnung und Variation in Satz und Text. Themenheft Fremdsprache Deutsch Heft 32, Stuttgart: Klett 2005

Fandrych, Christian: Sprachliche Kompetenz im „Referenzrahmen". In: Fandrych, Christian/Thonhauser, Ingo (Hrsg.): Fertigkeiten – separiert oder integriert? Zur Neubewertung der Fertigkeiten und Kompetenzen im Fremdsprachenunterricht. Wien: Praesens 2008, 13–33

Fandrych, Christian: Grundlagen der Linguistik im Fach Deutsch als Fremd- und Zweitsprache. In: Krumm u. a. (Hrsg.) 2010, 173–188

Fandrych, Christian/Graefen, Gabriele: Text-commenting devices in German and English academic articles. In: Multilingua 21 (2002), 17–43

Fandrych, Christian/Tschirner, Erwin: Korpuslinguistik und Deutsch als Fremdsprache: Ein Perspektivenwechsel. In: Deutsch als Fremdsprache 44 (2007) Heft 4, 195–204

Fandrych, Christian/Thurmair, Maria: Textsorten im Deutschen: Linguistische Analysen aus sprachdidaktischer Perspektive. Tübingen: Stauffenburg 2011

Fotos, Sandra: Structure-Based Interactive Tasks for the EFL Grammar Learner. In: Hinkel/Fotos (Hrsg.) 2002, 135–154

Graefen, Gabriele: Zur Debatte um den Grammatikunterricht. In: Wolff/Riedner (Hrsg.) 2003, 181–201

Grießhaber, Wilhelm: Sprachstandsdiagnose im kindlichen Zweitspracherwerb: Funktional-pragmatische Fundierung der Profilanalyse. Arbeiten zur Mehrsprachigkeit, Universität Hamburg 1, SFB 538, 2006

Grießhaber, Wilhelm: Grammatik und Sprachstandsermittlung im Zweitsprachenerwerb. In: Köpcke/Ziegler (Hrsg.) 2007, 185–198

Grießhaber, Wilhelm: Kompensatorische Ressourcennutzung im L2-Erwerb. In: Schramm, Karen/Schröder, Christoph (Hrsg.): Empirische Zugänge zu Spracherwerb und Sprachförderung in Deutsch als Zweitsprache. Münster: Waxmann 2009, 111–129

Haberzettl, Stefanie: Der Erwerb der Verbstellungsregeln in der Zweitsprache Deutsch durch Kinder mit russischer und türkischer Muttersprache. Tübingen: Niemeyer 2005

Handwerker, Brigitte/Madlener, Karin: Chunks für Deutsch als Fremdsprache. Theoretischer Hintergrund und Prototyp einer multimedialen Lernumgebung. Hohengehren: Schneider Verlag 2009

Helbig, Gerhard: Gibt es eine „performative Wende" in der Linguistik? Anspruch, Möglichkeiten und Grenzen. In: Deutsch als Fremdsprache 44 (2007) Heft 1, 6–10

Hinkel, Eli/Fotos, Sandra (Hrsg.): New Perspectives on Grammar Teaching in Second Language Classrooms. Mahwah/NJ: Erlbaum 2002

Hohenstein, Christiane/Kameyama, Shinichi: Kontrastive Analyse Japanisch-Deutsch. In: Krumm u. a. (Hrsg.) 2010, 593–601.

Kaiser, Dorothee: Wege zum wissenschaftlichen Schreiben: eine kontrastive Untersuchung zu studentischen Texten aus Venezuela und Deutschland. Tübingen: Stauffenburg 2002

Königs, Frank G: Grammatikvermittlung im Trend – Trends der Grammatikvermittlung. Beobachtungen zu Rolle und Gestaltung der Grammatikvermittlung im Fach Deutsch als Fremdsprache. In: Kühn (Hrsg.) Regensburg 2004, 40–78

Köpcke, Klaus-Michael/Ziegler, Arne (Hrsg.): Grammatik in der Universität und für die Schule. Tübingen: Niemeyer 2007

Kühn, Peter (Hrsg.) Übungsgrammatiken Deutsch als Fremdsprache. Linguistische Analysen und didaktische Konzepte. Regensburg: 2004 (= Materialien Deutsch als Fremdsprache 66)

Krumm, Hans-Jürgen/Fandrych, Christian/Hufeisen, Britta/Riemer, Claudia (Hrsg.): Deutsch als Fremd- und Zweitsprache. Ein internationales Handbuch. Berlin u. a.: de Gruyter 2010

Kwakernaak, Erik: Nicht alles für die Katz. Kasusmarkierung und Erwerbssequenzen im DaF-Unterricht. In: Deutsch als Fremdsprache 39 (2002) Heft 3, 156–166

Lauterbach, Stefan: Wortstellung hören! – Ja, kann man das? Zum Aufbau grammatischer Hörmuster. In: Fandrych (Hrsg.) 2005, 37–41

Linke, Angelika/Portmann, Paul R./Ortner, Hanspeter (Hrsg.): Sprache und mehr. Ansichten einer Linguistik der sprachlichen Praxis. Tübingen: Niemeyer 2003

Long, Michael H./Doughty, Catherine J. (Hrsg.): The Handbook of Language Teaching. Chichester: Wiley-Blackwell 2009

Luchtenberg, Sigrid: Language Awareness. In: Ahrenholz/Oomen-Welke (Hrsg.) [2]2010, 107–117

Multhaup, Uwe: Grammatikunterricht aus psycholinguistischer und informationsverarbeitender Sicht. In: Börner/Vogel (Hrsg.) 2002, 71–97

Neuner, Gerhard: Verstehensgrammatik – Mitteilungsgrammatik. In: Gnutzmann, Claus/ Königs, Frank G. (Hrsg.): Perspektiven des Grammatikunterrichts. Tübingen: Narr 1995, 147–166

Oomen-Welke, Ingelore: Deutsch und andere Sprachen im Vergleich, In: Ahrenholz/ Oomen-Welke (Hrsg.) ² 2010, 33–48

Picncmann, Manfred: Language Processing and Second Langauge Development: Processability Theory. Amsterdam: Benjamins 1998

Portmann-Tselikas, Paul: Sprachaufmerksamkeit und Grammatiklernen. In: Portmann-Tselikas, Paul/Schmölzer-Eibinger, Sabine (Hrsg.): Grammatik und Sprachaufmerksamkeit. Innsbruck: Studienverlag 2001, 9–48

Portmann-Tselikas, Paul: Aufmerksamkeit statt Automatisierung. Überlegungen zur Rolle des Wissens im Fremdsprachenunterricht. In: German as a Foreign Language 3 (2003), Heft 2, 29–58 (http://www.gfl-journal.de/2-2003/portmann-tselikas.pdf)

Rall, Marlene: Grammatikvermittlung. In: Helbig, Gerhard/Götze, Lutz/Henrici, Gert/ Krumm, Hans-Jürgen (Hrsg.): Deutsch als Fremdsprache. Ein internationales Handbuch, 2. Halbband, Berlin: de Gruyter 2001, 880–886

Raupach, Manfred: „Explizit/implizit" in psycholinguistischen Beschreibungen – eine unendliche Geschichte? In: Börner/Vogel (Hrsg.) 2002, 99–117

Schlak, Torsten: Die Auswahl grammatischer Lernziele: Linguistische, psycholinguistische und didaktische Perspektiven. Zeitschrift für Interkulturellen Fremdsprachenunterricht 8 (2003) Heft 1, 14 Seiten. (http://www.ualberta.ca/~german/ejournal/schlak4.htm)

Schlak, Torsten: Zur Rolle expliziter Grammatikvermittlung im universitären DaF-Unterricht: Eine qualitativ-ethnographische Fallstudie. In: German as a Foreign Language 4 (2004), Heft 2, 40–80 (http://www.gfl-journal.de/2-2004/schlak.pdf)

Schmidt, Richard: Consciousness and foreign language learning: a tutorial on the role of attention and awareness in learning. In: Schmidt, Richard (Hrsg.): Attention and awareness in foreign language learning. University of Hawaiï at Manoa, Second language teaching and curriculum center 1995, 1–63

Schmölzer-Eibinger, Sabine/Weidacher, Georg (Hrsg.): Textkompetenz. Eine Schlüsselkompetenz und ihre Vermittlung, Tübingen: Narr 2007

Schmölzer-Eibinger, Sabine: Lernen in der Zweitsprache. Grundlagen und Verfahren der Förderung von Textkompetenz in mehrsprachigen Klassen, Tübingen: Narr 2008

Schramm, Karen: Grammatikerwerb beim zweitsprachlichen Erzählen in der Grundschule. In: Köpcke/Ziegler (Hrsg.) 2007, 199–221

Swain, Merrill: Three functions of output in second language learning. In: Cook, Guy/ Seidlhofer, Barbara (Hrsg.): Principles and Practice in Applied Linguistics: Studies in Honour of H. G. Widdowson. Oxford: Oxford University Press 1995, 125–144

Thielmann, Winfried: Deutsche und englische Wissenschaftssprache im Vergleich. Hinführen – Verknüpfen – Benennen. Heidelberg: Synchron-Verlag 2009

Thurmair, Maria: Referenzketten im Text: Pronominalisierungen, Nicht-Pronominalisierungen und Renominalisierungen. In: Thurmair/Willkop (Hrsg.) 2003, 197–219

Thurmair, Maria/Eva-Maria Willkop (Hrsg.): Am Anfang war der Text. 10 Jahre Textgrammatik der deutschen Sprache. München: iudicium 2003

Thurmair, Maria: Grammatiken. In: Krumm u. a. (Hrsg.) 2010, 293–304

Tschirner, Erwin: Kompetenz, Wissen, mentale Prozesse: Zur Rolle der Grammatik im Fremdsprachenunterricht. In: Funk, Hermann/Koenig, Michael (Hrsg.): Kommunikative Fremdsprachendidaktik – Theorie und Praxis in Deutsch als Fremdsprache. Festschrift für Gerhard Neuner zum 60. Geburtstag. München: iudicium 2001, 106–125

Tschirner, Erwin: Grammatikerwerb. In: Hoshii, Makiko/Kimura, Goro Christoph/Ohta, Tatsuya/Raindl, Marco (Hrsg.): Grammatik lehren und lernen im Deutschunterricht in Japan – empirische Zugänge. München: iudicium 2010, 13–29

VanPatten, Bill/Jessica Williams (Hrsg.): Theories in Second Language Acquisition. London: Routledge 2006

Wegener, Heide: Die Nominalflexion des Deutschen – verstanden als Lerngegenstand. Tübingen: Niemeyer 1995

Wegener, Heide: Komplexität oder Kontrastivität der L2 – worin liegt das Problem für DaZ/DaF? ODV-Zeitschrift, Publikationen des Oraner Deutschlehrerverbands 12 (2005), 91–114

Willkop, Eva-Maria: Anwendungsorientierte Textlinguistik. Am Beispiel von Textsorten, Isotopien, Tempora und Referenzformen. German as a Foreign Language 3 (2003), Heft 3, 83–110 (www.gfl-journal.de/3-2003/willkop.pdf) (20.11. 2012)

Wolff, Armin/Riedner, Renate (Hrsg.): Grammatikvermittlung, Literaturreflexion, Wissenschaftspropädeutik, Qualifizierung für eine transnationale Kommunikation. Regensburg: FaDaF 2003 (Materialien DaF 70)

UWE KOREIK

C7 Landeskunde

1 Einleitung

Es ist seit langem unbestritten, dass Sprachvermittlung immer auch Kulturvermittlung bedeutet, weil das Erlernen einer Sprache zugleich den Zugang zu einer
neuen Welt, anderen Werten und Wertvorstellungen, anderen Einstellungen und
Verhaltensweisen eröffnet.

Für die Vermittlung kultureller Inhalte über Land und Leute des Zielsprachenlands hat sich seit den 1960er Jahren im Sprachunterricht und in der Sprachleh-
rerausbildung als Begriff „Landeskunde" durchgesetzt und bisher hartnäckig
gehalten. Allerdings hat es zahlreiche Versuche einer Begriffsänderung gegeben:
Entweder wurde der Wortbestandteil „-kunde' als nicht ausreichend wissenschaftlich gesehen, weil eher mit „Heimatkunde" oder touristischen Informationen assoziiert, oder es wurde darauf verwiesen, dass der Begriff wohl „Land",
jedoch nicht „Leute" mit einschließe, um deren Verhaltensweisen, Traditionen
und Mentalitäten aber vor allem gehe. Die diskutierten Alternativen Realienkunde, Kulturkunde, Kulturlehre, Kulturstudien, interkulturelles Lernen, German Studies u. a lassen vermuten, dass sich das Problem nicht in Benennungen
erschöpft, weil sich dahinter jeweils spezifische Konzepte für Inhalte und deren
Vermittlung sowie übergeordnete Zielsetzungen verbergen; so kommt es zu
einem „nicht unwichtigen, aber ermüdenden Kampf um den richtigen bzw.
durchsetzbaren Begriff" (Koreik 2009, 3). Das ist nicht neu; seit dem zweiten
Drittel des 19. Jahrhunderts finden in den Philologien in regelmäßigen Abständen intensive Auseinandersetzungen über Aufgabe und Rolle der Landeskunde
im Rahmen der Fremdsprachenvermittlung und seltener auch der Fremdspra-
chenlehrerausbildung statt.

> Die 'Landeskunde-Diskussion' könnte man seit ihren Anfängen als Abfolge exklusiv
> behaupteter Ansätze kennzeichnen, als 'Pendelschwungbewegungen' von realisti-
> schen zu idealistischen Zielen, von anwendbarem Wissen zu individueller Bildung,
> von Fertigkeiten zu Fähigkeiten, von pädagogisch zu politisch legitimierten oder
> gesetzten Zielen – und vice versa (Simon-Pelanda 2001, 48).

Ein weiterer – und vielleicht sogar der entscheidende – Hintergrund für die diskutierte Begriffsvielfalt ist die Tatsache, dass selten die verschiedenen Ebenen,
die der Begriff abdecken soll, systematisch auseinandergehalten wurden:

• Sprachunterricht mit integrierten landeskundlichen Inhalten oder auch reiner
  Landeskundeunterricht (wie in einigen Ländern Teil des Curriculums)

- Landeskunde als Bestandteil der Lehreraus- und -fortbildung
- Landeskunde und deren Vermittlung als Forschungsbereich des Faches Deutsch als Fremd- und Zweitsprache

Hinzu kommt, dass Landeskundeunterricht einen gewissen Anteil an „staatlicher Fremdsprachenpolitik" (Simon-Pelanda 2001, 42) enthält oder, wie Althaus (2009, 136) anmerkt, in gewisser Weise in die „Auswärtige Kulturpolitik" eingebettet ist, zu der es in der „Konzeption 2000" heißt, dass sie Kultur aus Deutschland als Teil der europäischen Kultur vermittle und Deutschland als Kulturstaat im Dialog mit der internationalen Gemeinschaft der Staaten gekennzeichnet sei. Erst recht deutlich wird der politische Einfluss, wenn man sich die von verschiedenen Verlagen erstellten Unterrichtsmaterialien für die im Rahmen der Integrationskurse vorgeschriebenen, zunächst dreißig-, dann fünfundvierzig- und inzwischen sechzigstündigen Orientierungskurse anschaut, in denen nach Vorgaben des Bundesamtes für Migration und Flüchtlinge BAMF die „Vermittlung von Alltagswissen sowie von Kenntnissen der Rechtsordnung, der Kultur und der Geschichte in Deutschland, insbesondere auch der Werte des demokratischen Staatswesens der Bundesrepublik Deutschland und der Prinzipien der Rechtsstaatlichkeit, Gleichberechtigung, Toleranz und Religionsfreiheit" (BAMF 2007, 6) die Aufgabe ist. Folge ist eine wenig kritische, zwar an den Zielen orientierte, jedoch deutlich affirmative Darstellung Deutschlands (vgl. Grünewald 2010, 1487–1488).

2 Der Kulturbegriff

Häufig wird in Veröffentlichungen im Fach Deutsch als Fremdsprache mit einem vagen Kulturbegriff operiert, der alles umfassen kann und letztlich vom Rezipienten selbst gefüllt werden muss. Im Rahmen der Auswärtigen Kulturpolitik wird von einem erweiterten Kulturbegriff ausgegangen, der über die Artefakte aus Kunst, Musik und Literatur hinaus auch alltagskulturelle Phänomene in den Blick nimmt. Gelegentlich bezieht man sich auf die aus der Ethnologie stammende Definition von Clifford Geertz, der in „Dichte Beschreibung" (1973; dt. 1983) folgendermaßen formuliert: „Der Kulturbegriff, den ich vertrete (...), ist wesentlich ein semiotischer. Ich meine mit Max Weber, daß der Mensch ein Wesen ist, das in selbstgesponnene Bedeutungsgewebe verstrickt ist, wobei ich Kultur als dieses Gewebe ansehe. Ihre Untersuchung ist daher keine experimentelle Wissenschaft, die nach Gesetzen sucht, sondern eine interpretierende, die nach Bedeutungen sucht" (Geertz 1995, 9). Auch diese Definition erweist sich „bei genauerem Hinsehen als problematisch, weil die Metapher vom „Bedeutungsgewebe' zwar prinzipiell die subjektive Sicht der Beteiligten hervorhebt, allerdings viel zu allgemein und ungenau ist, als dass sie für konkrete Kultur-

analysen, insbesondere in Bezug auf komplexe Industriegesellschaften, wirklich
taugen" würde (Altmayer 2010, 1407).

3 Entwicklungslinien der Landeskundediskussion

In älteren Darstellungen der „Entwicklungslinien" der *Landeskunde* (u. a.
Christ 1979; Neuner 1994; Koreik 1995) wird versucht, eine Entwicklung im
Sinne eines linearen Fortschritts von klassischen zu aktuellen Ansätzen und Kon-
zepten zu beschreiben (vgl. im Folgenden: Koreik/Pietzuch 2010, 143–149).
Dabei ergibt sich kurzgefasst etwa folgendes Muster (vgl. didaktische Konzepti-
onen bei Reiß-Held/Busch, D 1):

Der Tradition des an der Altphilologie angelehnten Sprachunterrichts galten
Grammatikvermittlung und die Übersetzung literarischer Klassiker als höchstes
Ziel. Dagegen betonte die ursprüngliche „Realienkunde" vor allem der letzten
beiden Jahrzehnte des 19. Jahrhunderts den Nützlichkeitswert des Wissens über
Land und auch Leute als Fortschritt. Auf sie folgt die „Kulturkunde", die einen
umfassenden Vergleich zweier (oder mehrerer) „Kulturen" anstrebt. Es war nun
nicht mehr das Ziel, enzyklopädisches und auch an realen Handlungsbedarfen
orientiertes Faktenwissen zu vermitteln, sondern die Zielsprachenkultur in ihrer
Gesamtheit zu betrachten und damit das *Wesen* des fremden Landes und Volkes
im Kontrast zum eigenen zu verstehen. Daran schloss sich fast übergangslos eine
der nationalsozialistischen Rassenideologie entsprechende deutsche „Wesens-
schau" an. Nach dem zweiten Weltkrieg versuchte man zunächst, an eine entpoli-
tisierte „Kulturkunde" anzuknüpfen, bei der die hohen kulturellen Errungen-
schaften tendenziell in den Vordergrund traten. „Re-Education" in der BRD
und die „Erziehung zur sozialistischen Persönlichkeit" in der DDR bildeten die
Hintergrundfolien. Erst in den späten 1960er Jahren wurde das zu dieser Zeit
weniger thematisierte Konzept der „Kulturkunde" durch die „Landeskunde"
abgelöst. Wichtige Wegmarken bei der Weiterentwicklung waren u. a.:

- Bocks (1974) sozialwissenschaftlich fundierte Positionsbestimmung, kontrastiv und mit dem Ziel der Emanzipation
- darauf aufbauend die Stuttgarter Thesen (Robert-Bosch-Stiftung und
  Deutsch Französisches Institut 1982)
- das Kernkonzept der ABCD-Thesen (1990), an deren Erarbeitung Vertreter
  der BRD, DDR, Österreichs und der Schweiz zusammen wirkten
- die sogenannte Tübinger „Integrative Landeskunde" (Mog/Althaus 1992),
  bei der exemplarisch die USA und Deutschland aus dem Blickwinkel verschiedenen Wissenschaften verglichen wurden
- sowie das einflussreiche, von Weimann und Hosch entwickelte und zunächst
  von Pauldrach (1992) abgedruckte Strukturmodell, welches systematisch

kognitive, kommunikative und interkulturelle „Landeskunde" unterschied und das häufig aufgegriffen wurde, auch wenn klar war, dass diese Ansätze kaum in Reinkultur auftreten.

Schon zwei Jahre vorher lag ein wichtiger linguistisch und kommunikationswissenschaftlich orientierter Forschungsüberblick zum Thema Interkulturelle Kommunikation von Knapp und Knapp-Potthoff (1990) vor. In der weiteren Entwicklung wurde und wird die Diskussion zunehmend bestimmt durch Schlagworte wie interkulturelle Kommunikation, interkulturelles Lernen und interkulturelle Kompetenz(en) sowie durch diverse kulturwissenschaftliche Ansätze (Schmenk 2006), die in Nachbardisziplinen – z. B. der Anglistik – an Bedeutung gewinnen.

Insgesamt lässt sich die Diskussion um die Landeskunde nicht einfach linear historiographisch erfassen (vgl. auch Altmayer/Koreik 2010b), sondern ist als Diskursstrang in der Auseinandersetzung um Sprach- und Kulturerwerb in einem größeren Zusammenhang zu sehen, vor allem angesichts der internationalen Diskussion (z. B. Byram 1997). Zugleich ist festzustellen, dass sich alte Motive und Argumentationsstränge auch in neuen Argumentationsmustern widerspiegeln und mit neuen Erkenntnissen oder aktuellen Zeitströmungen verbunden werden.

4 Landeskundeunterricht

Die Zeiten, in denen einerseits Sprachvermittlung betrieben und davon losgelöst Faktenwissen über das Zielsprachenland vermittelt wurde, sind weitgehend passé, wenn auch in manchen Ländern noch spezielle Landeskundeveranstaltungen – allerdings eher an Hochschulen – bestehen, in denen Faktenwissen über Geschichte, politische Institutionen, Geografie usw. gelehrt wird. Zumeist jedoch ist die Landeskunde in den Sprachunterricht integriert. Das schlägt sich auch in vielen Lehrwerken nieder, die im Zielsprachenland erstellt sind. Dass die Rolle der Lehrkraft sich tendenziell geändert hat – „Weg von der Rolle des Wandelnden-Lexikons hin zum Moderator" (Hackl 1997: 241) –, gilt allerdings nicht weltweit. Mit dieser Forderung geht die nach einem selbständigen Lerner einher, vgl. das Schlagwort „Lernerautonomie". Im Landeskundeunterricht lässt sich die Selbstständigkeit des Lerners vor allem durch gezielte Recherche- und Projektarbeit erreichen. Die Möglichkeiten des Internets erlauben schon seit Jahren eine intensivere „Partizipation an der Sprach- und Lebenswelt des anderen Landes" (Groenewold 2005: 516), indem Lernerrecherchen systematisch in die Vermittlung landeskundlicher Themen einbezogen werden und damit zugleich eigenständiges Lernen gefördert wird. Diese Recherchearbeit kann systematisch in Simulationen eingehen, in denen Teilnehmer landeskundliches Hintergrundwissen erarbeiten und kommunikativ umsetzen müssen (Groenewold 1988,

Koreik 1993), oder es dient zur Vorbereitung von simulierten Verhandlungen, bei denen es insbesondere auch um Kommunikationsstile und um (evtl. über den deutschsprachigen Raum hinausgehendes) kulturell geprägtes Verhalten geht (Genadieva u. a. 1997; Hunstiger 2010).

Fordcrungen für einen guten Landeskundeunterricht unterliegen Mode- und Zeitströmungen, aber die tatsächlichen Effekte des Unterrichts inklusive des Verhaltens der Lehrperson sind bisher kaum systematisch empirisch erforscht. Eine wesentliche Forderung für den Unterricht stammt auch hier nach wie vor aus den ABCD-Thesen 1990:

> Primäre Aufgabe der Landeskunde ist nicht die Information, sondern Sensibilisierung sowie die Entwicklung von Fähigkeiten, Strategien und Fertigkeiten im Umgang mit fremden Kulturen. Damit sollen fremdkulturelle Erscheinungen besser eingeschätzt, relativiert und in Bezug zur eigenen Realität gestellt werden. So können Vorurteile und Klischees sichtbar und abgebaut sowie eine kritische Toleranz entwickelt werden. (ABCD-Thesen 1990)

Damit wurde eine Trendwende dokumentiert, die auch mit der Erkenntnis zu tun hat, dass sich die Totalität der gesellschaftlichen Wirklichkeit sowieso nicht im landeskundlichen Unterricht abbilden und vermitteln lässt. Stattdessen wird themenorientiert und exemplarisch gearbeitet, Wahrnehmung und Reflektion werden geschult und dabei die traditionelle Faktenvermittlung in den Hintergrund gestellt. Der Tendenz, Wissensvermittlung als untergeordnetes Ziel zu sehen, ist Schücking allerdings bereits 1927 mit folgenden Argumenten entgegen getreten:

> „Es klingt sehr gut: Nicht Kenntnis, sondern Erkenntnis! Nicht Wissen, sondern Fähigkeit zur Fragestellung! Aber Erkenntnis setzt zunächst einmal eine gewisse Kenntnis, die Fähigkeit zur Fragestellung setzt auch Wissen voraus." (Schücking 1927: 10)

In einem modernen, in den Sprachunterricht integrierten Landesunterricht wird auch in Zukunft folgendermaßen unterrichtet werden müssen: adressatenspezifisch und in Abhängigkeit von Lehrzielen und den jeweiligen Curricula sowie den damit verbundenen Prüfungen und Tests (zu Letzteren vgl. Glaboniat, E2). Immer entsteht eine Gratwanderung zwischen informierendem, kommunikativem, zur Lernerautonomie hinführendem, auf Interaktion setzendem und auf interkulturelle Lernziele hinarbeitendem Unterricht, dessen Schwerpunktsetzung (im Rahmen der institutionellen Vorgaben) maßgeblich von der jeweiligen Lehrkraft vorgenommen werden muss.

Als gängiges Fortbildungsmaterial gilt zurzeit immer noch die Fernstudieneinheit „Didaktik der Landeskunde" (Biechele/Padroś 2003), in der der interkulturelle Ansatz favorisiert wird. Man geht „von der Einsicht aus, dass Wahrnehmung und Interpretation der Zielkultur immer auf dem Hintergrund der jeweils eigenen Kultur stattfindet". Das „Verstehen über kulturelle Grenzen hinweg" werde zu einer „Entdeckungsreise in die andere Kultur [...], bei der gleichzeitig die eigenen kulturellen Voraussetzungen bewusst gemacht werden sollen" (Biechele/Padroś 2003, 91). Altmayer weist darauf hin, dass damit „Eigenes" per se als „Eigenkulturelles" gesehen werde. „Lerner nehmen Fremdes demnach nicht etwa auf der Basis ihrer eigenen (individuellen und auch potenziell individuell verschiedenen) Interpretationsgrundlagen oder aus ihrer eigenen Perspektive wahr, sondern gelten vorab schon als 'kulturell' präformiert" (2006, 49). In am interkulturellen Ansatz ausgerichteten Arbeiten wird zum einen häufig zu stark davon ausgegangen, dass in der Kommunikation zwischen Vertretern mit unterschiedlichem kulturellen Hintergrund zwangsläufig mehr Missverständnisse auftreten müssten als bei Vertretern, die aus dem gleichen Land stammen, und es wird zum anderen häufig eine kulturelle Homogenität angenommen, die nicht selten Nationalstaaten zugeordnet wird. Das schlägt sich dann in Lehrwerken nieder, wenn von „den Deutschen" oder etwa „den Japanern" die Rede ist. Die Fachdiskussion ist inzwischen eher davon bestimmt, sich kritisch mit dem viele Jahre beherrschenden, in sich nicht homogenen und die Wirklichkeit viel zu stark vereinfachendem „Paradigma" des Interkulturellen auseinanderzusetzen (z. B. Hu 1999, Altmayer 2006). In diesem Zusammenhang steht auch die sich durchsetzende Erkenntnis, dass nicht nur in Lehrwerken mit viel zu simplifizierenden, immer noch nationalstaatlich geprägten Landesbildern operiert wird, die den unterschiedlichen gesellschaftlichen Gruppen in einer durch Globalisierung und Hybridisierung geprägten Welt schon lange nicht mehr gerecht werden. Dies korrespondiert mit der Kritik an dem Konzept der „Kulturstandards", wie sie u. a. von Thomas (1993) mit dem Ziel der Vorbereitung auf Kulturkontakte propagiert werden (vgl. Althaus 2009, 133). Auch wenn sich nach wie vor kulturell determinierte Prädispositionen feststellen lassen, scheint eine schablonenartige Behandlung des Themas Kulturkontakt nicht mehr angemessen. Im Landeskundeunterricht muss differenzierend gearbeitet werden.

5 Landeskundeausbildung

Es gibt keine klare Konzeption, wie die Landeskunde-Ausbildung in BA- und MA-Studiengängen auszusehen hat. Auch in diesem Bereich stellt sich die Frage, inwieweit – zumindest exemplarisch – grundlegende Wissensbestände vermittelt werden sollen, wenn Studienanfänger zu geringe Kenntnisse mitbringen (in Geschichte, Geografie, Literatur, Politik u. a.), um eine fundierte Metadiskussion über theoretische und theoriegeleitete Ansätze führen zu können. Dies gilt auch für MA-Studiengänge, weil hier Studierende aus unterschiedlichen Studiengängen und Ländern mit einer sehr heterogenen Vorbildung aufeinander treffen. Althaus (2009, 133) stellt fest, dass dort, wo früher eher landeskundlich-themenorientierte Seminare entsprechender Studiengänge angeboten wurden, neuerdings eher Angebote unter der Etikette der „interkulturellen Kommunikation" zu finden seien. Dies verdeutlicht allenfalls einen Modetrend, gibt aber keine Antwort auf die Frage, wie ein sinnvolles Ausbildungsangebot für das komplexe Fach Deutsch als Fremd- und Zweitsprache auszusehen hätte. Gleichwohl ist zu konstatieren, dass Forschungsergebnisse in den nächsten Jahren Rückwirkungen auch auf die Ausbildungsinhalte haben dürften. Dabei gilt es zu berücksichtigen, dass Studierende zu Beginn eines Studiums nicht (mehr) über die umfassende Allgemeinbildung in den gesellschaftswissenschaftlichen Fächern verfügen, die eine Landeskundeausbildung ausschließlich auf der theoretischen und methodisch-didaktischen Ebene zulässt.

6 Forschung im Bereich Landeskunde

Im Bereich der Forschung hinkt die Landeskunde anderen Bereichen des Fachs – wie der Zweitsprachenerwerbsforschung – nach wie vor hinterher, was vor allem auch mit der späten professionellen Etablierung dieses Bereichs des Fachs zu tun hat. Erst seit Mitte des letzten Jahrzehnts gibt es die ersten Professuren. Es gibt folglich keine nennenswerte Tradition empirischer Forschung. Bisherigen Arbeiten wie die Dissertationen von Röttger (2004) über interkulturelles Lernen im DaF-Unterricht in Griechenland und Basteck (2004) über die Landeskunde in Spanien (vgl. Basteck, G 10) oder der quantitativ angelegten, sehr gründlichen und soliden, aber letztlich hinsichtlich des Aussagegehalts wenig ergiebigen Untersuchung von Grünewald (2005) über das Deutschenbild japanischer Deutschlerner sowie der umfassenden Längsschnittstudie von Ertelt-Vieth (2005) zu Veränderungen des Deutschlandbilds russischer Schüler durch einen Schüleraustausch stehen zurzeit nur programmatische Projekte gegenüber (vgl. Altmayer/Koreik 2010a). Es sind allerdings Entwicklungen in diesem Feld absehbar, die sich vor allem im Bereich der qualitativen Forschung ergeben dürften. Notwendig sind weitere Longitudinalstudien, in denen mit diskursanalytischen Verfahren oder dem Ansatz der Grounded Theory Einstellungen, Einstellungsveränderungen, kulturelle Deutungsmuster und deren Bedingungsfaktoren qualitativ erforscht werden.

Literatur

ABCD-Thesen. In: Fremdsprache Deutsch 3 (1990), 60–61

Althaus, Hans-Joachim: Was müsste man nicht alles wissen! – Landeskunde als Teildisziplin im Studium Deutsch als Fremdsprache. In: Joachimsthaler, Jürgen/Kotte, Eugen (Hrsg.): Theorie ohne Praxis – Praxis ohne Theorie? Kulturwissenschaften im Spannungsfeld zwischen Theorie, Didaktik und kultureller Praxis. München: Meidenbauer 2009, 131–142

Altmayer, Claus / Koreik, Uwe: Empirische Forschung zum landeskundlich-kulturbezogenen Lernen in Deutsch als Fremdsprache. Einführung in den Themenschwerpunkt. In: Zeitschrift für Interkulturellen Fremdsprachenunterricht 15 (2010a) Heft 2, 1–6. Abrufbar unter [http://zif.spz.tu-darmstadt.de/jg-15-2/beitrag/AltmayerKoreik.pdf]

Altmayer, Claus / Koreik, Uwe: Geschichte und Konzepte einer Kulturwissenschaft im Fach Deutsch als Fremdsprache. In: Krumm u. a. (Hrsg.) 2010b, 1377–1390

Altmayer, Claus: Konzepte von *Kultur* im Kontext von Deutsch als Fremd- und Zweitsprache. In: Krumm u. a. 2010, 1401–1412

Altmayer, Claus: Kulturelle Deutungsmuster als Lerngegenstand. Zur kulturwissenschaftlichen Transformation der Landeskunde. In: Fremdsprachen Lehren und Lernen 35, 2006, 44–59

Basteck, Elisabeth F.: Civilización. Landeskundliche Lehre im deutschen Philologiestudium an spanischen Universitäten. Freiburg: Diss. Pädagogische Hochschule 2004. Abrufbar unter www.freidok.ub.uni-freiburg.de/ volltexte/1805

Biechele, Markus / Padroś, Alicia: Didaktik der Landeskunde. Berlin u. a.: Langenscheidt 2003 (Fernstudieneinheit 31)

Bock, Hans Manfred: Zur Neudefinition landeskundlichen Erkenntnisinteresses. In: Robert Picht (Hg.): *Perspektiven der Frankreichkunde*. Tübingen: Niemeyer 1974, S. 13–22

Bundesamt für Migration und Flüchtlinge (BAMF) (Hrsg.): Curriculum für einen bundesweiten Orientierungskurs. Nürnberg: BAMF 2007

Byram, Michael: Teaching and Assessing Intercultural Communicative Competence. Clevedon: Multilingual Matters 1997

Christ, Herbert: Landeskundeunterricht im Rahmen des Fremdsprachenunterrichts. In: Kleine, Winfried (Hrsg.): Perspektiven des Fremdsprachenunterrichts in der Bundesrepublik Deutschland. Frankfurt/M. u. a.: Diesterweg 1979, 74–83

Ertelt-Vieth, Astrid: Interkulturelle Kommunikation und kultureller Wandel. Eine empirische Studie zum russisch-deutschen Schüleraustausch. Tübingen: Narr 2005 (Giessener Beiträge zur Fremdsprachendidaktik)

Geertz, Clifford: Dichte Beschreibung. Beiträge zum Verstehen kultureller Systeme. Frankfurt a. M.: Suhrkamp, 4. Aufl. 1995

Genadieva, Zwete / Hartung, Regine / Koreik, Uwe: Fiktive Verhandlungssituationen im interkulturell ausgerichteten Wirtschaftsdeutschunterricht. In: Zielsprache Deutsch, 28 (1997) 4, 191–201

Groenewold, Peter: Läßt sich ein Land lernen wie eine Fremdsprache? Überlegungen zu einem – unerlaubten – Vergleich. In: Information Deutsch als Fremdsprache 32 (2005) Heft 6, 515–527

Groenewold, Peter: Simulationen für interkulturelles Lernen. Landeskundliches Lernen und Spracharbeit mit Hilfe erfundener Figuren. In: Jahrbuch Deutsch als Fremdsprache 14 (1988), 259–281

Grünewald, Matthias: Bilder im Kopf. Eine Longitudinalstudie über die Deutschland- und Deutschenbilder japanischer Deutschlerner. München: Iudicium 2005

Grünewald, Matthias: Landeskundliche Gegenstände: Politik und Gesellschaft . In: Fandrych u. a. 2010, 1483–1491

Hackl, Wolfgang: Die Rolle der Landeskunde in der Deutschlehrerausbildung. Grundlagen und Beispiele einer differenzierten Landeskunde der deutschsprachigen Länder. In: Wolf, Armin / Tütgen, Giesela / Liedtke, Horst (Hrsg.): Gedächtnis und Sprachenlernen. Prozeßorientiertes Fremdsprachenlernen. Deutschlehrerausbildung in West- und Osteuropa. Eine deutsche Literatur: AutorInnen nichtdeutscher Muttersprache. Regensburg 1997, 233–244 (Materialien Deutsch als Fremdsprache 46)

Hu, Adelheid: Interkulturelles Lernen. Eine Auseinandersetzung mit der Kritik an einem umstrittenen Konzept. In: Zeitschrift für Fremdsprachenforschung 10 (1999) Heft 2, 277–303

Hunstiger, Agnieszka: Die EU hautnah erleben: Die Adaptation eines EU-Planspiels für den berufsbezogenen DaF-Unterricht. In: Informationen Deutsch als Fremdsprache 37 (2010) Heft 5, 452–469

Knapp, Karlfried/Knapp-Potthoff, Annelie: Interkulturelle Kommunikation. In: Zeitschrift für Fremdsprachenforschung 1 (1990), 62–93

Koreik, Uwe/Pietzuch, Jan Paul: Entwicklungslinien landeskundlicher Ansätze und Vermittlungskonzepte. In: Krumm u. a. 2010, 1440–1453

Koreik, Uwe: „Und dann plötzlich (. . .) war Kulturkunde Trumpf". Zur zukünftigen Rolle der Landeskunde bzw. Kulturstudien im Fach Deutsch als Fremdsprache in einer veränderten Hochschullandschaft. In: Informationen Deutsch als Fremdsprache 36 (2009), 3–34

Koreik, Uwe: Biographiesimulationen im Landeskundeunterricht. In: Deutsch als Fremdsprache 4 (1993), 219–226

Koreik, Uwe: Deutschlandstudien und deutsche Geschichte. Die deutsche Geschichte im Rahmen des Landeskundeunterrichts für Deutsch als Fremdsprache. Baltmannsweiler: Schneider 1995

Krumm, Hans-Jürgen/Fandrych, Christian/Hufeisen, Britta/Riemer, Claudia (Hrsg.): Deutsch als Fremd- und Zweitsprache. Ein internationales Handbuch. Berlin/New York: de Gruyter 2010

Mog, Paul/Althaus: Die Deutschen in ihrer Welt: Tübinger Modell einer integrativen Landeskunde. Berlin u. a.: Langenscheidt 2 1993

Neuner, Gerhard: Fremde Welt und eigene Erfahrung – zum Wandel der Konzepte von Landeskunde für den fremdsprachlichen Unterricht. In: Gerhard Neuner (Hrsg.): Fremde Welt und eigene Erfahrung – Konzepte von Landeskunde im fremdsprachlichen Deutschunterricht. Kassel: Universität Gesamthochschule Kassel 1994, 14–39 (Kasseler Werkstattberichte zur Didaktik Deutsch als Fremdsprache 3)

Pauldrach, Andreas: Eine unendliche Geschichte. Anmerkungen zur Situation der Landeskunde in den 90er Jahren. In: Fremdsprache Deutsch 6 (1992), 4–15

Robert-Bosch-Stiftung/Deutsch Französisches Institut: „Landeskunde" und „Interkulturelles Lernen". Stuttgarter Thesen 1982 [www.oldenbourg.de/osv/zeitschriften/fsu/pdf/pfu_05_70_71.pdf] (13.2.2013)

Röttger, Evelyn: Interkulturelles Lernen im Fremdsprachenunterricht. Das Beispiel Deutsch als Fremdsprache in Griechenland. Hamburg: Kovać 2004

Schmenk, Barbara: Kraut und Rüben? Kulturwissenschaftliche Ansätze und mögliche Implikationen für die Fremdsprachenforschung. In: Hahn, Angela/Klippel, Friederike (Hrsg.): Sprachen schaffen Chancen. [. . .] München u. a.: Oldenbourg 2006, 267–278

Schücking, Levin L.: Die Kulturkunde und die Universität. In: Die neueren Sprachen 1, XXXV (1927), 1–16

Simon-Pelanda, Hans: Landeskundlicher Ansatz. In: Helbig, Gerhard/Götze, Lutz/Henrici, Gert/Krumm, Hans-Jürgen (Hrsg.): Deutsch als Fremdsprache. Ein internationales Handbuch, Berlin/New York: de Gruyter, 2001, 41–55 (Handbücher zur Sprach- und Kommunikationswissenschaft 19. 1–2)

Thomas, Alexander (Hrsg.): Kulturvergleichende Psychologie. Eine Einführung. Göttingen: Hogrefe 2 1993

BERND MÜLLER-JACQUIER

C 8 Interkulturelle Didaktik

1 Ausgangslage

Die interkulturelle Fremdsprachendidaktik (iFSD) entstand in den 1980er Jahren im Zuge der wirtschaftlich und bildungspolitisch bewirkten Zunahme interkultureller interpersonaler Begegnungen. Sie fordert mit Blick auf die entstehende Alltäglichkeit von Fremderfahrungen (Hunfeld 1998) und auf entsprechende Anforderungen zur Bewältigung interkultureller Situationen eine durchgängige Einbeziehung von Fremdperspektiven bei der Vermittlung sprachlich-kultureller Lerngegenstände (Hog/Müller 1978; resümierend vgl. Hu 1999) und eine Förderung interkultureller kommunikativer Kompetenzen (Müller 1990; resümierend vgl. Bosse 2011).

Bezüglich der Beschreibung und Umsetzung dieser Lernzielbereiche orientiert sich die iFSD pädagogisch an der konstruktivistischen Erwachsenenbildung (Mezirow/Arnold 1997), xenologisch an der interkulturellen Hermeneutik (Hunfeld 1998; Bredella 1995), psychologisch an der kulturvergleichenden Sozialpsychologie (Matsumoto u. a. 2007); mit Bezügen auf Deutschland als fremde Kultur (vgl. Schroll-Machl 2002) und kulturwissenschaftlich an der Lingualandeskunde (Abendroth-Timmer 1998, 114 f.) und den rekonstruierenden Textanalyseverfahren (Altmayer 2004). Bei Operationalisierungen ihrer Unterrichtsziele, der Frage also, wie Deutschlernende ihre Kompetenzen sprachlich zum Ausdruck bringen und damit evaluierbar machen können (Stichwort: interkulturelle Kompetenzen), ist die iFSD auf Disziplinen angewiesen, die sich mit Gesprächskompetenzen unter der Bedingung von Interkulturalität beschäftigen. Als Teildisziplinen wurden bislang rezipiert: Die linguistische Pragmatik und Angewandte Gesprächsforschung (u. a. Lüger 1995; umfassend: Becker-Mrotzek/Brünner 2009 für Muttersprachler) sowie die Erforschung von Assessment Centers (vgl. Bosse 2011).

Auch wenn keine deduktiven Ableitungen solcher Referenzbereiche auf die iFSD vorgenommen werden können, bleibt unverständlich, wie wenig ihre Potenziale bisher ausgeschöpft wurden. Vor allem die ausbleibende Rezeption der empirischen Gesprochenen-Sprache-Forschung (Fiehler 2005) führt regelmäßig zu paradoxen Erklärungen: Bezeichnungen, Handlungen oder Gesprächsstrukturierungen werden durch Methoden der Kontrastiven Linguistik als sprachliche Funktionsäquivalente dargestellt, im Unterricht jedoch tendenziell kulturalisierend als Ausdruck spezifischer fremder Wertorientierungen ausgewiesen.

Prinzipiell sind sprachliche Ausdrucksformen jedoch auch Indikatoren für persönliche oder situationsspezifische Interaktionsbedingungen. Daher taugt die Verwendung einer anderen sprachlichen Konvention allein nicht als Beleg für „(Inter-)Kulturelles". Im Gegenteil: Die iFSD hat auch die Aufgabe, präreflexive Kulturalisierungen unterschiedlicher sprachlicher Konventionen als „fundamentalen Attributionsfehler" (vgl. Bosse 2011) zu entlarven.

Beide Aspekte, xenologische Zugänge zu curricular vorgegebenen Lerngegenständen und kompetenzbezogene Groblernziele mit ihren strategischen und interaktionsbezogenen Teilzielen sind Spezifika der iFSD. Sie bedingen einander (s. u.). Doch wurden sie bislang in vielen didaktischen Beiträgen nur punktuell weiterentwickelt und teilweise so verwässert, dass die Rede von einer interkulturellen Didaktik pleonastische Züge annahm: Immer dann, wenn Lernende mit einer fremden Sprache L$_2$ und Kultur K$_2$ in Berührung kommen, geschehe interkulturelles Lernen (vgl. dazu Hu 1999). Solche metaphorischen Umschreibungen, ein bis heute anhaltender Mangel an empirischen Arbeiten und ungenügende konzeptuelle Rahmen für die vielen „interkulturellen" Lehrmaterialien, Unterrichtsentwürfe oder Austausch-Projekte erfordern einen genauen Blick auf die Rede von der Interkulturalität didaktischer Vorgehensweisen.

2 Entstehung und Grundverständnis

Als praktische Ziele einer interkulturellen Didaktik gelten die konstruktive Auseinandersetzung mit Fremdem im Allgemeinen und die Bewältigung interkultureller Kommunikationssituationen mit fremdkulturellen Partnern. Was entsprechende Lernzielcluster wie „Kulturverstehen" und „Handeln-Können unter der Bedingung von Interkulturalität" trotz einiger Gemeinsamkeiten trennt, sind die Rollen der Lernenden: Als beteiligte Beobachter in authentischen Situationen des Zielsprachenlands müssen sie sich Fremdes aneignen – ohne, wie Hu kritisch darlegt, „essentialistische Identitätskonzepte" und ohne „Dichotomien zwischen Eigenem und Fremdem zu verstärken" (1997, 48f.). Als TeilnehmerInnen in pädagogisch motivierten Lernumgebungen haben sie entsprechende Lernergebnisse unter Testbedingungen zu dokumentieren (s. u.). Und in der Praxis müssen sie interkulturelle Kommunikationsprozesse als Teilhaber/innen mitsteuern und dabei auch die Re-Aktionen von Gesprächspartnern auf eigene Ausdrucksweisen evaluieren können. Diese Anforderungen gehen über Fragen der klassischen Kontrastiven Linguistik und Pragmatik hinaus: Lerngegenstand der iFSD ist nicht nur die Erarbeitung sprachlich-kultureller Differenz, sondern auch deren potenzielle situative Wirkung. Entsprechend geht es sowohl im Unterricht (vgl. Bachmann u. a. 1996) als auch in der Praxis um situationsbezogene Bestimmungen sprachlich-kultureller Differenz, also um Deutungsleistungen und um sprachlich-interaktive Strategien der Be-/Deutungsaushandlung.

3 Voraussetzungen und Gegenstände interkultureller Fremdsprachendidaktik

Spezifischer Gegenstand der iFSD sind also nicht isolierte Sprach- und Kultur-kontrastierungen, sondern die Zusammenhänge zwischen fremden Zeichen und ihren Deutungen in Interaktionsprozessen. Handlungsrelevant werden solche Interpretationen in der interkulturellen interpersonalen Kommunikation. Dort etablieren sich in einer gegebenen „gemeinsamen" Interaktionssituation min-destens zwei unterschiedliche Systeme sprachlicher Produktions- und Interpre-tationskonventionen, die prinzipiell in gleichem Maße Gültigkeit beanspruchen. Die verwendeten Regeln gebrauchen Interagierende in der Regel präreflexiv; gleichzeitig betrachten sie sie als prinzipiell erschließbar, was wiederum einen hohen Aufwand an Deutungsarbeit und entsprechende Bewusstmachungen in fremdsprachendidaktischen Lernkontexten erfordert. Dabei geht es nicht um ein „richtiges" Erfassen und Interpretieren kultureller Lerngegenstände oder ein adäquates Sich-Ausdrücken-Können. Vielmehr rückt die „systematische, mehrfachreflexive und auf Selbständigkeit verwiesene Auseinandersetzung [...] mit eigenen und fremden Deutungen [...]" (Arnold/Siebert 1997, zit. nach Nazarkiewicz 2010) in den Vordergrund. Deren Ziel ist es nicht, routinierte Deu-tungen von Wirklichkeit zu verändern, wie dies in einigen Fremdsprachencurri-cula und „critical incident"-basierten Trainingsmaterialien angestrebt wird. Viel-mehr gilt es, die Wahrnehmungs- und Handlungspotenziale durch eine „Plurali-sierung der Auslegungen einer Handlungssituation" zu erweitern.

Doch auch solche mehrperspektivischen Deutungen interkultureller Kommuni-kation weisen eine Präferenz für kulturelle Attributionen auf: Co-Interagierende ebenso wie ForscherInnen, LehrwerkautorInnen oder WeiterbildnerInnen füh-ren Ausdrucksformen, die für fremdsprachenspezifische Sprechkonventionen stehen, tendenziell auf unterschiedliche, als kulturspezifisch angesehene Ein-stellungen zurück, auch wenn sie gleiche Interaktionsfunktionen erfüllen. Als Beispiel für solche „Kulturalisierungen" unterschiedlicher Sprechkonventionen dient die folgende Positionierung:

> „Ziel des interkulturellen Lernprozesses ist die Befähigung, sich und seine Gefühle und Einstellungen unter Berücksichtigung der möglicherweise individuell und anderskulturell geprägten Wahrnehmung des Gesprächspartners diesem zu vermit-teln und umgekehrt dessen Äußerungen innerhalb eines anderen kulturellen Rah-mens zu erfassen." (Abendroth-Timmer 2001, 135–136)

An solchen Erklärungsparadigmen kann man nicht kritisieren, dass sie auf die „Fremdkultur" als Erklärungsressource für erwartungswidriges sprachliches Handeln verweisen. Bevor jedoch kulturspezifische Einstellungen, Handlungs- oder Wertorientierungen als Bestimmungen für Sprech-Unterschiede herange-zogen werden können, müssen die zugrunde liegenden Handlungen bestimmt werden. Denn erst nach einer Rekonstruktion dessen, was Co-Interagierende beim Gebrauch bestimmter sprachlicher Ausdrücke „getan" haben, kann ihr Handeln weiter gedeutet werden. Bemühungen des Erschließens sprachlicher Handlungen aus verschiedenkulturellen Deutungsperspektiven stellen einen wesentlichen Teil der Übungsformen einer iFSD dar.

4 Übungsformen und Deutungsdiskurse

Viele sog. 'interkulturelle' Fortbildungsprofile im Bereich DaF sind auf individuelle Sensibilisierungen ausgerichtet (vgl. u. a. die Angebote des Goethe-Instituts zur 'Erlebten Landeskunde'; Bischoff u. a. 1999). Auch ohne Weiterbildung konsultieren die meisten Lehrkräfte die oft sehr ausführlich erstellten Anleitungen in den Handbüchern nicht (Jandok / Müller-Jacquier 2008). So werden für die „aufklärerisch" klingenden Ansprüche der iFSD die folgenden beiden Faktoren konstitutiv:

(a) Lehrmaterialien (Übungsformen): Die spezifischen Übungsformen einer iFSD verlangen ein hohes Maß an metakognitiven und -sprachlichen Aktivitäten. Ausdruck und Koordination sprachlich-kultureller Interpretationen erster und zweiter Ordnung sind Belege für bestimmte kognitive Verfahren der vergleichenden, mehrperspektivischen Deutungsarbeit (s. u.). Beides, das **Vergleichen** und das **Deuten**, sind Routinen des Umgangs mit der Alltagswirklichkeit und damit praxisrelevant. Bei der Bearbeitung von Fremderfahrungen weisen sie jedoch grundsätzliche Schwächen auf: Vielen Vergleichen über kulturelle Grenzen hinweg fehlt es an der Angabe des „tertium comparationis", des jeweiligen Vergleichskriteriums. Und fast alle Deutungen verzichten auf die **Perspektiven-Aufdeckung**, also auf die Angabe der Evaluationsstandpunkte. Lehrende müssen daher im Unterricht zum einen die sprachlichen Formen des Vergleichens (Müller 1986) und Deutens (Nazarkiewicz 2010, 145) beschreiben und im Unterrichtsgespräch entsprechende Operationen bewusst machen. Dies kann u. a. durch gezielte Irritationen bewirkt werden, durch didaktisch angelegte „Befremdungen" (Nazarkiewicz 2010, 150 f.) also, die sprachspezifische Normalitätserwartungen und kulturengebundene Deutungsmuster als Referenzhorizonte offen legen.

In vielerlei Hinsicht bleibt bis heute die Frage offen, ob ganz spezifische Lehrmaterialien für die o. g. Lernergebnisse vonnöten sind. Generell können Unterrichtsmaterialien beides fördern, also lediglich Kontraste erarbeiten, sie quantitativ mit Rückgriff auf sprachlich-kulturelle Erfahrungen der Kursteilnehmer/innen erweitern (vgl. die landläufige Aufforderung: „Und wie ist es in Ihrem Land?") oder zusätzlich Wirkungen festgestellter Unterschiede im Unterrichtsgespräch entfalten. Dazu gibt es inzwischen in allen FS-Lehrwerken das, was Jenkins u. a. (2000) „interkulturelle Fenster" nennen, also in die Progression eingestreute „interkulturelle Lerneinheiten". Ihre Themen beziehen sich vor allem auf unmittelbar sichtbare Unterschiede im nonverbalen Handeln (u. a. Fingerzeichen für Zahlenangaben, Konventionen des Körperabstands, Kleidungsregeln, Symbole oder Etikette/Rituale). Weiterhin erarbeiten sie unterschiedliche Realisierungskonventionen für Sprechhandlungen (u. a. jdn. einladen, jdm. etwas anbieten, etwas zurückweisen, ein Kompliment machen) oder kulturspezifische Bedeutungen, Funktionen oder symbolische Gehalte (u. a. Farben, Mahlzeiten, Zeitangaben, Verwandtschaftsbeziehungen oder Haustiere). Methodisch ähneln sich die Vorgehensweisen, indem sie als Bearbeitungsaufgabe Sprach- und Kulturvergleiche initiieren. Verbleiben sie bei der Auswertung in Gegenüberstellungen von Phänomenen, so kann man nicht von einer interkulturellen Didaktik sprechen, sondern eher von einer sprach- und kulturkontrastiven. „Interkulturell" wird der Lernprozess dann, wenn durch weitere Aufgaben mögliche oder tatsächliche Wirkungen der aufgezeigten Unterschiede auf Beteiligte aus unterschiedlichen Kulturen erarbeitet werden. So ist es ein Unterschied, verschiedene symbolische Gehalte von Farben zu konstatieren oder aber befremdende Evaluationen der aufgefassten Unterschiede einzubeziehen. Auch treten unterschiedliche Konventionen des Anbietens und Annehmens/Ablehnens von Speisen oder Getränken erst dann aus dem Bereich der Kontrastiven Pragmatik heraus, wenn Anpassungen des Handelns an vermutete Konventionen, metasprachliche bzw. implizit ausgedrückte Reaktionen auf nicht erfüllte Normalitätserwartungen und/oder Aushandlungen von Konventionen thematisiert werden (Casper-Hehne 2010). Müller (1995) entwickelt dazu ein Progressionsmodell anhand linguistisch bestimmter Problemtypen, die in interkulturellen Situationen fälschlicherweise als Ausdruck unterschiedlicher Einstellungen („Mentalitäten") aufgefasst und bearbeitet werden. Lehrwerke, die solche Wirkungsprozesse zum Reflexionsgegenstand machen, waren in der Regel kurstragend und durchgehend auf die Vermittlung interkultureller Kompetenzen angelegt (Mebus u. a. 1987; Bachmann u. a. 1995 ff.).

Wie Unterschiede im sprachlichen Handeln und kulturbezogenen Deuten systematisch initiiert werden können, wird im Folgenden anhand von Übungsformen aus beiden Unterrichtsansätzen skizziert. Sie wurden mit Blick auf die Übertragbarkeit auf unterschiedliche Sprachstufen, Zielgruppen oder Fremdsprachen ausgewählt. In einer Lektion illustrieren Mebus u. a. (1987), wie aus einer vordergründig vergleichenden Vorgehensweise (Leitfrage der Grundstufen-Lektion: „Wie groß ist Ihre Familie?") ein interkultureller Lernprozess initiiert werden kann: Die Lektion besteht aus Interviews zur Frage, was „Familie" sei. Deutschsprachige und Personen aus der fiktiven Kontrastkultur „Lilaland" bestimmen den Begriff, indem sie verschiedene Komponentencluster aufzählen, und zwar zwischen „Wir sind zwei: meine Tochter und ich. Ich bin geschieden" bis „Wir sind sechzehn Personen: mein Onkel ..." (1987, 52 f.). Lernziel ist es

jedoch nicht, einen „richtigen" oder „den deutschen" Begriff von Familie zu vermitteln, sondern kulturspezifische Familienkonzepte zu illustrieren und mögliche fremdperspektivische Wirkungen zu erarbeiten. Zu letztgenannten Zweck
werden stilisierte Kommentarfiguren mit spezifischen Aufgaben für den intendierten Deutungsdiskurs in der Klasse eingefügt: eine Figur stößt den definitori-
schen Diskussionsteil „Manifestationen von X als Lerngegenstand" an (durch:
„Das ist aber eine kleine Familie"), eine andere den Teil „Evaluation der
Erscheinungsform von X" (durch: „Wirklich? Bei uns ist das normal") und eine
weitere befragt die kategoriale Zuordnung (durch: „Ist das eine Familie?"). Mit
Hilfe solcher Fragen aus Eigen- und Fremdperspektiven, durch **metakommunikative Reaktionen** (hier: Verweis auf ein Tabu mit „Darüber möchte ich nicht
sprechen") sowie durch evaluierende Reaktionen auf landeskundliche Informationen eröffnen die Kommentarfiguren gezielt ein kultur- und deutungsverglei-
chendes Unterrichtsgespräch, in dem mehrperspektivische Aneignungsprozesse
stattfinden.

(b) Unterrichtsgespräche: In der iFSD dient das Unterrichtsgespräch zur Überprüfung und Festigung ihrer spezifischen Lernziele. Durch dialogische Lehr-/
Lernformen – in Hunfelds Terminologie: „verstehende Gespräche" – entwickelt
sich das für Sprach- und Kulturvergleiche typische experimentelle Abgleichen
von Interpretationen sprachlich-kultureller Fremde. Erst im Austausch von
Hypothesen werden „die prinzipielle Setzung und individuelle oder kulturelle
Voreingenommenheit [...] und die vorgewußte Einstellung des einzelnen als
eine, zunächst legitime Möglichkeit von Erleben und Werten des je Anderen"
(Hunfeld 1998, 66; Hervorh. i. O.) als Reflexionsgegenstände zugänglich.
Grundlagen eines solchen „transkulturellen Sprechens" sind bestimmte, kognitiv und sprachlich zielführende Verfahren und Übungen (Nazarkiewicz 2010,
144f.), die die Entwicklung interkultureller kommunikativer Kompetenzen
anregen und sie für Lehrende und ForscherInnen zugänglich machen.

Als einer der ganz wenigen Fremdsprachendidaktiker geht Reuter empirisch
dem Anspruch des Fremdsprachenunterrichts nach, der „in unterrichts*interner*
Kommunikation in ausgewählte Typen unterrichts*externer* Kommunikation einführen und einüben will" (1997). Dazu analysiert er die „Multiperspektivität in
Aktion" (1997, 133f.), die sich im Unterrichtsgespräch und einer Reihe von Rol-
lenspielen ergibt. Anhand der Konzeption und didaktischen Modellierung des
Lehrwerks *Sprachbrücke* (Mebus u. a. 1987) erläutert er eine „Systematik der
Leerstelle", die den Lernenden ermöglicht, ihre Perspektiven auf die Lernin-
halte einzubringen und damit das Ziel des Unterrichts zu verfolgen, nämlich „die
übereifrige Imitation deutschen Musterverhaltens zugunsten eines reflektierten
Umgangs mit erwartbarem Verhalten deutschsprachiger Personen vor allem im
Herkunftsland der Lernerinnen zurückzudrängen" (Reuter 1997, 62).

Letztendlich kann man Reuter zustimmen, wenn er fordert, dass man dann, wenn man über Kommunikationsprobleme im Unterricht spricht, auch wissen müsse, um welche es sich handelt: „Empirifizierung und Reflexivierung greifen hier ineinander. Was 'mündliche Kommunikation' anbetrifft, so schaut man sich Fälle ihres unterrichtsexternen Vorkommens an und vergleicht sie mit jenen Fällen, die bislang im Unterricht als Abbilder der Wirklichkeit präsentiert wurden. Auf der Grundlage dieser Befunde überlegt man weiter, wie Unterricht beschaffen sein muss, der sich tatsächlich mit dokumentierten Fällen mündlicher Kommunikation beschäftigen will." (Reuter 1997, 216).

Während Reuter überzeugend dokumentiert, wie klassische Muster der Unterrichtskommunikation metasprachliche Problematisierungen interkultureller Kommunikationssituationen behindern, zeigen neuere Studien (Nazarkiewicz 2010 und Bosse 2011) anhand des Bildungsformats „interkulturelles Training", wie sprach- und kulturreflexive Lernprozesse so angeleitet werden können, dass KursteilnehmerInnen fallübergreifende Spezifika interkultureller Kommunikation extrahieren und auf außerunterrichtliche Situationen übertragen lernen. Bosse (2011) entwickelt ein Konzept für interkulturelle Lernumgebungen, das Lernen als situierte Aktivität begreift, indem es an „lebensweltlich relevanten Problembereichen" (Kammhuber 2000, 78) ausgerichtet wird. Zur Unterstützung von Transfers auf unterrichtsexterne Kommunikationsprozesse fordert sie die Schaffung multipler Kontexte im Unterricht, die „durch die mehrdimensionale Darstellung von Lerngegenständen" konstruiert werden, verbunden mit entsprechenden „multiplen Perspektiven". Diese letzteren werden realisiert, „wenn die Lernumgebung als Forum gestaltet ist, in dem die Teilnehmenden unterschiedliche Sichtweisen auf einen Lerngegenstand kennenlernen und sich darüber austauschen können." (Bosse 2011, 61). Damit solche Beiträge nicht in Reihungen biographischer Fremdkulturerfahrungen enden, muss eine iFSD sie in einen strukturierten Lernprozess überführen: „Die Reflexion der Teilnehmer richtet sich auf das habitualisierte institutionelle Handeln der eigenen Berufsgruppe und wird durch die sensibleren und aufnahmefähigeren Teilnehmer vorangetrieben. [...] Es ist also die Gruppe, die mit ihrer Interaktion innerhalb des Trainings Lernprozesse vollzieht." (Lambertini / ten Thije 2004, 182). Wie Deutungsleistungen aus dem Unterrichtsgespräch gezielt in ein konstruktives Deutungslernen überführt werden können, zeigt Nazarkiewicz im Detail anhand ihrer Analysen der auf interkulturelle Kompetenzen angelegten Gesprächsmoderation (2010, 145).

5 Ausblick

Bisher hat sich die iFSD vor allem um zielführende Lehr- und Übungsmaterialien, didaktische Anleitungen für Lehrende, Weiterbildungsmaterialien oder den Einbezug authentischer interkultureller Dialogsituationen gesorgt. Reuter (1997) glaubt jedoch nicht, dass man z. B. über die Menge empirischer Beschreibungen interpersonaler Kommunikation den Anforderungen authentischer interkulturellen Interaktionen immer näher kommt, und er relativiert die pädagogische Hoffnung zu wissen, „[...] wie *der* Unterricht beschaffen sein muss, in dem man einwandfrei in einwandfreie Formen unterrichtsexterner Kommunikation einführt" (Reuter 1997, 295; Hervorh. i. O). Für die Qualität interkultureller Kommunikation gilt eben generell, dass sie wegen ihres Variantenreichtums nicht nur ein gutes Sprachwissen, sondern auch Sprech- besser: Interaktionskompetenzen erfordert, die auf die Erschließung mehr oder weniger konventionalisierter sprachlicher Ausdrucksformen ausgerichtet sind. Auch aus dieser Sicht wird das o. g. Plädoyer einer iFSD unterstrichen, über curricular und unterrichtspraktisch angeleitete Prozesse der Auseinandersetzung mit der fremden deutschen Sprache und Kultur eine hypothetische Bestimmungskompetenz der Verhältnisse zwischen sprachlichen Formen und handlungsbezogenen Funktionen zu erarbeiten. So überraschend es klingen mag: Die Bandbreite hypothetischen Erschließens ist der wichtigste Indikator zur Bestimmung interkultureller kommunikativer Kompetenz, nicht das kontrastive Kulturwissen. Entsprechend ergeben sich als Unterrichtsaktivität für die Lehrenden das **Management von Perspektiven und kulturellen Erwartungs- und Bewertungsstrukturen**. Solche „Rahmungen" werden als Schnittpunkte zwischen individueller und kollektiver Deutungspraxis gesehen (Nazarkiewicz 2010, 168). Als Ort für interaktive Bedeutungsaushandlungen eröffnet also letztendlich das Unterrichtsgespräch mit seinen sowohl routinisierenden als auch kreativ-weiterentwickelnden Eigenschafen die spezifischen, sprachlich-kulturellen Lern- und Transferpotenziale einer iFSD.

Literatur

Abendroth-Timmer, Dagmar: Der Blick auf das andere Land. Ein Vergleich der Perspektiven in Deutsch-, Französisch- und Russischlehrwerken. Tübingen: Narr 1998

Abendroth-Timmer, Dagmar: Konzepte interkulturellen Lernens und ihre Umsetzung in Lehrwerken. In: Meißner, Josef/Reinfried, Marcus: Bausteine für einen neokommunikativen Französischunterricht. Lernerzentrierung, Ganzheitlichkeit, Handlungsorientierung, Interkulturalität, Mehrsprachigkeitsdidaktik. Tübingen: Narr 2001, 135–149

Altmayer, Claus: 'Cultural Studies'. Ein geeignetes Theoriekonzept für die kulturwissenschaftliche Forschung im Fach Deutsch als Fremdsprache? In: Zeitschrift für Interkulturellen Fremdsprachenunterricht [Online] (2004) 3, 14ff. Unter: [http://zif.spz.tu-darmstadt.de/jg-09-3/beitrag/Altmayer3.htm] (15.04.2012)

Arnold, Rolf/Siebert, Horst: Konstruktivistische Erwachsenenbildung. Von der Deutung zur Konstruktion von Wirklichkeit. Baltmannsweiler: Schneider 1997

Bachmann, Saskia/Gerhold, Sebastian/Müller, Bernd-Dietrich/Wessling, Gerd: Sichtwechsel Neu. Mittelstufe Deutsch als Fremdsprache. Band 1–3. Stuttgart: Klett Edition Deutsch 1995ff.

Bachmann, Saskia/Gerhold, Sebastian/Wessling, Gerd: Aufgaben- und Übungstypologie zum interkulturellen Lernen mit Beispielen aus Sichtwechsel – neu. In: Zielsprache Deutsch 27 (1996) Heft 2, 77–91

Becker-Mrotzek, Michael/Brünner, Gisela (Hrsg.): Analyse und Vermittlung von Gesprächskompetenz. Frankfurt/M. u. a.: Lang ²2009

Bischof, Monika/Kessling, Viola/Krechel, Rüdiger: Landeskunde und Literaturdidaktik. Fernstudienangebot Deutsch als Fremdsprache und Germanistik. Berlin: Langenscheidt 1999

Bosse, Elke: Qualifizierung für interkulturelle Kommunikation: Trainingskonzeption und -evaluation. München: Iudicium 2011

Bredella, Lothar/Christ, Herbert (Hrsg.): Didaktik des Fremdverstehens. Tübingen: Narr 1995

Bredella, Lothar/Christ, Herbert/Legutke, Michael K. (Hrsg.): Thema Fremdverstehen. Arbeiten aus dem Graduiertenkolleg 'Didaktik des Fremdverstehens'. Tübingen: Narr 1997, 34–54

Casper-Hehne, Hiltraud: Interkulturelle Kommunikation aus sprachwissenschaftlicher Perspektive. Kritische Reflektion der Forschungsansätze und Forschungsergebnisse im deutsch-indischen Zusammenhang. In: Casper-Hehne, Hiltraud/Gupte, Niteen (Hrsg.): Kommunikation über Grenzen. Aktuelle Ansätze zur interkulturellen Verständigung. Göttingen: Universitätsverlag 2010, 1–27

Fiehler, Reinhard: Mündliche Kommunikation. In: Becker-Mrotzek, Michael (Hrsg.): Mündliche Kommunikation und Gesprächsdidaktik. Baltmannsweiler: Schneider Hohengehren 2009, 25–51 (DTP 3)

Fiehler, Reinhard: Gesprochene Sprache. In: Duden. Die Grammatik. Mannheim: Dudenverlag ⁷2005, 1175–1256

Hog, Martin/Müller, Bernd-Dietrich: Sprachsensibilisierung. Zum Problem nicht-linearer Lernprozesse im Fremdsprachenunterricht. In: Jahrbuch Deutsch als Fremdsprache Bd. 4 (1978), 138–157

Hu, Adelheid: Interkulturelles Lernen. Eine Auseinandersetzung mit der Kritik an einem umstrittenen Konzept. In: Zeitschrift für Fremdsprachenforschung Heft 2 (1999), 277–303

Hu, Adelheid: Warum 'Fremdverstehen'? Anmerkungen zu einem leitenden Konzept innerhalb eines 'interkulturell' verstandenen Sprachunterrichts. In: Bredella, Lothar/Christ, Herbert/Legutke, Michael K. (Hrsg.): Thema Fremdverstehen. Arbeiten aus dem Graduiertenkolleg 'Didaktik des Fremdverstehens'. Tübingen: Narr 1997, 34–54

Hunfeld, Hans: Die Normalität des Fremden. Vierundzwanzig Briefe an eine Sprachlehrerin. Waldsteinberg: Popp 1998

Jandok, Peter/Müller-Jacquier, Bernd: Ein wissens- und strategiebezogenes Instrument zur Lehrwerkanalyse. In: Lüger, Heinz-Helmut/Rössler, Andrea (Hrsg.): Wozu Bildungsstandards? Zwischen Input- und Outputorientierung in der Fremdsprachenvermittlung. Landau: Verlag Empirische Pädagogik 2008, 151–173

Jenkins, Eva Maria / Fischer, Roland / Hirschfeld, Ursala / Hirtenlehner, Maria / Clalüna, Monika / Kammhuber, Stefan: Interkulturelles Lehren und Lernen. Wiesbaden: Deutsche Universitätsverlag, 2000

Kammhuber, Stefan: Interkulturelles Lehren und Lernen. Wiesbaden: Deutscher Universitätsverlag 2000.

Krummheuer, Götz: Lernen mit „Format". Elemente einer interaktionistischen Lern-
theorie. Diskutiert an Beispielen mathematischen Unterrichts. Weinheim: Deutscher
Verlag 1992

Lambertini, Lucia/Thije, Jan d. Ten: Die Vermittlung interkulturellen Handlungswissens
mittels der Simulation authentischer Fälle. In: Becker-Mortzek/Brünner (Hrsg.) ²2009,
175–199

Lüger, Heinz-Helmut (Hrsg.): Beiträge zur Fremdsprachenvermittlung. Gesprächsanalyse
und Gesprächsschulung. Konstanz ²1995

Matsumoto, David/Seung Hee, Yoo/LeRoux, Jefferey A.: Emotion and intercultural
adjustment. In: Kotthoff, Helga/Spencer-Oatey, Helen (Hrsg.): Handbook of intercultural communication. Berlin/New York: Mouton de Gruyter 2007, 77–97

Mezirow, Jack/Arnold, Karl: Transformative Erwachsenenbildung. Baltmannsweiler:
Schneider Hohengehren 1997

Mebus, Gudula/Pauldrach, Andreas/Rall, Marlene/Rösler, Dietmar: Sprachbrücke.
Deutsch als Fremdsprache. München: Klett 1987ff.

Müller, Bernd-Dietrich: Interkulturelle Verstehensstrategien. Vergleich und Empathie. In:
Neuner, Gerhard (Hrsg.): Kulturkontraste im DaF-Unterricht. München: Iudicium
1986, 33–84

Müller, Bernd-Dietrich: Interkulturelle Didaktik. In: Goethe-Institut München (Hrsg.):
Lehrwerkanalyse. Handbuch für die Spracharbeit, Teil 3. München: Goethe-Institut,
91–92

Müller, Bernd-Dietrich: Steps Towards an Intercultural Methodology for Teaching Foreign
Languages. In: Sercu, Lies (Hrsg.): Intercultural Competence. A New Challenge for
Language Teachers and Trainers in Europe. Vol I: The Secondary School. Aalborg:
Aalborg Univ. Press 1995, 71–116

Nazarkiewicz, Kirsten: Interkulturelles Lernen als Gesprächsarbeit. Wiesbaden: VS Verlag
für Sozialwissenschaften 2010

Reuter, Ewald: Mündliche Kommunikation im Fachfremdsprachenunterricht. Zur Empiri-
sierung und Reflexivierung mündlicher Kommunikationstrainings. München: Iudicium
1997

Schroll-Machl, Sylvia: „Die Deutschen – Wir Deutsche". Fremdwahrnehmung und Selbst-
bild im Berufsleben. Göttingen: Vandenhoeck & Rupprecht 2002

D

Methodik, Medien, Kultur
und / in / für
Deutsch als Fremdsprache

SONJA REISS-HELD / BIRGIT BUSCH

D 1 Didaktik und Methodik des Deutschen als Fremdsprache

Didaktik und Methodik werden meist als Dichotomie gefasst. Die Methodik beschäftigt sich danach mit den Vermittlungswegen, dem *Wie*, die Didaktik dagegen mit den Inhalten und Prinzipien, dem *Was* sowie dem *Warum* des Lernens. Didaktik ist die Theorie der Bildungsinhalte, ihrer Struktur und Auswahl (Klafki 1958/1964). Eine didaktische Analyse (Klafki 1958/1964) stellt als ihre Kernfrage (kurz gefasst): Welche Inhalte/Was und warum und für welche Lernenden?, dadurch erfolgen didaktische Interpretation, Begründung und Strukturierung des Unterrichtsinhalts im Hinblick auf die konkrete Unterrichtsplanung, woran sich die Unterrichtsmethodik anschließt. Diese Prinzipien haben bis heute Gültigkeit.

Vielau (1985, 10) spricht z. B. von *Methodik*, „wenn auf der Basis bestimmter didaktischer Prämissen ein faktorenübergreifendes Handlungskonzept des Lehrens und Lernens entwickelt wird", während es ihm bei der *Didaktik* „um Theorie und Ideologie des Fremdsprachenunterrichts, die gesellschaftlichen Funktionen, das fachliche/fachübergreifende Ideengerüst, die Ziele usw. geht". Sein *Warum* erfasst also Aspekte wie gesellschaftliche Entwicklungen, wissenschaftliche Erkenntnisse, Bildungsideale, Erziehungsvorstellungen, Sprachenpolitik, Schulsysteme oder unterrichtliche Rahmenbedingungen.

1 Zur Diskussion: Methoden und Ansätze im Fremdsprachenunterricht

In der fremdsprachenbezogenen Fachliteratur werden allerdings Begriffe wie „Didaktik", „Ansatz", „Prinzip", „Verfahren", „Technik" oder „Approach" teilweise synonym zu „Methode" verwendet, teilweise über- oder untergeordnet (vgl. Rogina 2006; zum Methodenbegriff der ehemaligen DDR vgl. Neuner 1993, 14; Weinig 1995, 240). Edmondson/House (2006, 113) definieren „Fremdsprachenlehrmethode" als ein „zumindest teilweise konkretes didaktisches 'Paket', durch das Lehrziele, Lehrkonzept, Lehrprinzipien, Übungsformen und möglicherweise exemplarische Materialien vorgegeben sind. (...) Eine Methode ist eine festgelegte und systematische Vorgehensweise, ein planmäßiges Verfahren bei der Fremdsprachenvermittlung". Damit wird jedoch eine terminologische Unterscheidung auf zwei Ebenen nötig: einerseits „Methode/ Methodologie" als Gesamtheit des Lehrens und Lernens (Oberbegriff), andererseits „Methode/Unterrichtsmethodik", die konkrete Lehr- und Lernverfahren bezeichnet.

Lohnend scheint insbesondere ein Blick auf die Konkurrenz zwischen „Ansatz"
und „Methode" (vgl. Brill 2005, 153; Schroth-Wiechert 2001, 18f.). „Ansätze"
als weichere Varianten von „Methode" genießen nach Rogina (2006) in der neueren Zeit undogmatische und damit positive Konnotationen. Als charakteristi-
sche Merkmale von Ansätzen werden ganz generell die Vielfalt von Einflüssen,
eine größere Offenheit und Flexibilität im Unterrichtsprozess gesehen, wie sie
den Fremdsprachenunterricht (FSU) heute kennzeichnen, in der Vergangenheit
jedoch nicht zu finden waren Brill 2005, 153; Rogina 2006, 38). Daraus erklären
sich Bezeichnungen wie „kommunikativer" oder „interkultureller" Ansatz.

Im folgenden Überblick über Methoden und Ansätze, die den DaF-Unterricht
seit über 100 Jahren nachhaltig beeinflussten[1], ist Folgendes zu beachten:

a. Die methodischen Entwicklungslinien in diesem Bereich sind in hohem
   Maße verknüpft mit der Methodendiskussion in der allgemeinen Fremdsprachendidaktik (v. a. Englisch, Französisch).

b. Oftmals bestehen differente Auffassungen über Zeitraum, Resonanz sowie
   über die Tatsache der Existenz einer eigenständigen Methode ganz generell.[2]
   Methoden sind häufig aus der gängigen Lehrpraxis post eventu rekonstruiert
   worden, und häufig lassen sich Mischformen feststellen.

c. Unterschieden werden muss außerdem zwischen wissenschaftlicher Theoriebildung und praktischer Umsetzung wie z.B. in der Konzeption von Curricula oder Lehrwerken. Oft reagierte die Unterrichtspraxis zeitverzögert auf
   neue Ideen, und dies wiederum in unterschiedlichen Kontexten (schulischer/
   universitärer oder außerschulischer Bereich, z.B. Goethe-Institut, Privatschulen; In- und/oder Ausland; dazu Funk, E3).

d. Zur Feststellung der Wirkung der theoretischen Diskussionen auf die Unterrichtspraxis ist ein Blick auf die im Laufe der Zeit konzipierten Lehrwerke
   notwendig.

2   Ein historischer Überblick

2.1 Grammatik-Übersetzungsmethode

Die Grammatik-Übersetzungsmethode des gymnasialen neusprachlichen
Unterrichts im 19. Jahrhundert ist aus der klassischen Unterrichtsmethode zur
Vermittlung der lateinischen und altgriechischen Sprache hervorgegangen. Ziel

---

[1] Siehe dazu auch Neuner/Hunfeld 1993; Weinig 1995; Huneke/Steinig 2005; Henrici 2001; Brill
     2005. In Bezug auf alternative Methoden oder Ansätze, die weniger große Verbreitung fanden, sei
     auf einschlägige Abhandlungen (z.B. Thomas 1987; FLuL 25 (1996); Ortner 1998; Reher-Rose
     2000) verwiesen.

[2] Dies betrifft v. a. die „direkte," die „kognitive" und die „vermittelnde" Methode (vgl. Henrici 2001;
     Huneke/Steinig 2005; Neuner/Hunfeld 1993; Edmondson/House 2006; Brill 2005).

des Unterrichts war es, anspruchsvolle literarische Texte der Zielsprache verstehen und übersetzen zu können, was eine formale Verstandesschulung und eine höhere geistige Bildung bewirken sollte (vgl. Tanger 1888, 12). Hörverstehen, Aussprache oder dialogische Sprechfertigkeiten spielten keine Rolle. Die fremde Sprache war nur Unterrichtsgegenstand, unterrichtet aber wurde in der Muttersprache der Lernenden mit folgenden Lehrformen und Unterrichtsmethoden: Lehrerzentrierung; Übersetzen von meist inhaltlich unverbundenen Einzelsätzen; (grammatisch korrektes) Erschließen literarischer Texte, auch als Vorlage für normrichtiges Schreiben; Auswendiglernen des Wortmaterials durch zweisprachig angelegte Vokabellisten und grammatischer Regeln nach der lateinischen Schulgrammatik, auch wenn sich diese als nicht kompatibel mit der deutschen Sprache erwies, usw. So orientierte sich etwa die Reihenfolge der Nomendeklination in der Elementary German Grammar (Otto [20] 1990) an der lateinischen Grammatik (Genitiv vor Dativ und Akkusativ), und nicht an der Häufigkeit dieser Formen im tatsächlichen Gebrauch (vgl. Weinig 1995, 246).

Noch im letzten Drittel des 19. Jahrhunderts setzte allerdings eine Diskussion darüber ein, ob der neusprachliche Unterricht im Vergleich zum altsprachlichen nicht andere Ziele und Methoden entwickeln und v. a. die aktive mündliche Sprachbeherrschung anstelle der Grammatik in den Vordergrund stellen müsse (vgl. Weinig 1995, 248). Diese Überlegungen führten zu einer Reform des Sprachunterrichts, die als „induktive" oder „direkte Methode" für die nächsten 50 Jahre wegweisend bleiben sollte.

2.2 Direkte Methode

Durch die Elemente der Anschaulichkeit, Ganzheitlichkeit, Situationsorientiertheit und stärkeren Lernerorientierung gilt die direkte Methode (DM) als typisch reformpädagogisches Konzept. Die Bezeichnung „direkt" (auch „Anti-Grammatik-/Reform-/natürliche/Methode" u. a., vgl. Neuner/Hunfeld 1993, 33) ist in zweifacher Hinsicht zu verstehen. Zum einen sollte die Sprache ohne Umweg über die Muttersprache gelernt werden, zum anderen ohne explizite Grammatikregeln. Diese sollten vielmehr, wenngleich sie weiterhin die Progression des Lehrstoffes bestimmten, induktiv erworben werden. Ähnlich wie beim Erwerb der Muttersprache sollte der Schüler im Laufe der Zeit ein Gefühl für richtige oder falsche Strukturen entwickeln. An die Stelle „höherer" Literatur trat die Vermittlung alltagssprachlicher mündlicher Fertigkeiten durch imitative Lernformen (vgl. Deutsch lernen – leicht gemacht 1946) mit Frage-Antwort-Schemata und inhaltlich banalen Deklarativsätzen: „*Was ist das? – Das ist ein Tisch. Der Tisch ist braun. Was ist das? – Das ist eine Lampe . . .*" (Kessler 1946 Lehrbuch, 11). In einem strikt einsprachigen Unterricht sollten die Schüler Dialoge sprechen und nachspielen, Lieder und Reime auswendig lernen sowie Fragen zu Bildern und Texten im Lehrbuch beantworten und so ihre mündlichen

Fertigkeiten schulen. Explizite Ausspracheübungen unterstützten diesen Hör-/
Sprechansatz und wiesen dem Lehrer als Ausprachevorbild eine wichtige Rolle
zu. Der Wortschatz sollte unter Einbeziehung der unmittelbaren Umgebung des
Schülers und durch entsprechende Bilder oder Handlungen anschaulich und in
konkrete Situationen eingebettet vermittelt werden.

Die DM scheint heute durch das Ausklammern eines als erwachsenengerecht
geltenden kognitiven Zugriffs auf die Sprache prinzipiell eher für Kinder geeignet zu sein. Dennoch erfuhr sie auch im Erwachsenenbereich besonderen
Zuspruch, wie v. a. in den weltweit verbreiteten Berlitz-Schulen (vgl. Eggers
1994, 84). Überdauert haben z. B. auch die Satzschalttafeln (z. B. in Gesprochenes Deutsch 1939; auch heute in Themen aktuell 2003; Optimal 2008), die neben
anderen Verfahrensweisen die DM als Wegbereiterin für die audiolinguale
Methode (ALM) und audiovisuelle Methode (AVM) ausweisen (vgl. Apelt 1991,
165 f.).

2.3 Audiolinguale und audiovisuelle Methode

Als Ursprung der audiolingualen (= Hör-Sprech-) Methode (auch „Army
Method", „Pattern Method" u. a., vgl. Henrici 2001, 844) gilt das sogenannte
„Army Specialised Training Program" der 40er Jahre in den USA (Brill 2005,
135). Ähnlich der direkten Methode förderten diese Trainings in Intensivsprach-
kursen die Ausbildung mündlicher Fertigkeiten durch dialogische Sprachmuster-
übungen.

Diese neue fremdsprachendidaktische Ausrichtung wurde durch den in der
Nachkriegszeit anhaltenden Bedarf an Fremdsprachen (internationale Handelsbeziehungen, Tourismus, wissenschaftlicher und kultureller Austausch) unterstützt. Durch die Einführung und intensive Nutzung neuer Technologien wie
Tonträger und Sprachlabore konnte sie sich schließlich etablieren (in der BRD in
den 60er Jahren).

Der Einführung der ALM wird eine revolutionäre Wirkung (Apelt 1991, 181;
Müller-Küppers 1991, 9) auf die weitere Entwicklung des FSU im zwanzigsten
Jahrhundert zugeschrieben, da sie (ebenso wie die DM) entschieden mit der Tradition der GÜM brach, und erstmals auf neue und solide linguistische (Struktu-
ralismus) und lernpsychologische (Behaviorismus) (vgl. Apelt 1991; Brill 2005)
Erkenntnisse zurückgriff. Strukturelemente der Sprache wurden nun segmentiert und klassifiziert und relevante Sprachmuster („patterns") herausgefiltert,
die im Unterricht mit einem „Stimulus-Response-Verfahren" eingeübt wurden.
Den sichersten Weg zum Sprachkönnen sah R. Lado („Language Teaching"
1964) im Aneignen dieser Sprachmuster durch Substitutions-, Transformations-
und Erweiterungsübungen sowie im Vor- und Nachsprechen und Auswendiglernen von Beispielsätzen. Charakteristika dieses Konzepts waren der Vorrang
des Mündlichen vor dem Schriftlichen, die grundlegende Einsprachigkeit des n

Unterrichts, die Orientierung an Alltagssituationen mit dialogischen Texten, das Einüben von Sprachmustern und der Aussprache mit Unterstützung technischer Hilfsmittel wie des Sprachlabors und der weitgehende Verzicht auf grammatische Erläuterungen bei gleichzeitig linearer grammatischer Progression (vom Einfachen zum Komplexen).

Dasselbe gilt für die unabhängig von der ALM durch P. Guberina und P. Rivenc (vgl. Weinig 1995, 252) Mitte der 50er Jahre in Frankreich für den Französischunterricht entwickelte audiovisuelle Methode, die in den 70er Jahren in der BRD adaptiert wurde (z. B. Auf deutsch bitte! 1969). Der entscheidende Unterschied zur ALM liegt in der konsequenten Verbindung von Bild und Sprache und damit der Einbeziehung außersprachlicher Semantisierungshilfen.

Der geringe Anteil expliziter Regelerklärungen wurde jedoch als nachteilig für den Erwachsenenunterricht betrachtet. Kritikpunkte waren außerdem das reproduktive Lernverhalten, die Monotonie des Unterrichts sowie die fehlende Authentizität der Lehrbuchdialoge (Neuner/Hunfeld 1993, 66; Henrici 2001, 845). Die ALM/AVM, die zunächst mit etwas Verspätung im schulischen FSU, aber auch im DaF-Unterricht des Auslands Anklang gefunden hatte, konnte sich daher nicht dauerhaft durchsetzen.

Vielmehr wurde dem behavioristischen zunächst ein kognitives, auf Einsicht in sprachliche Strukturen gegründetes Konzept entgegengestellt, wonach der Lerner auf der Basis einer endlichen Zahl von Regeln kreativ beliebig viele Äußerungen produzieren und verstehen könne. Dieses Konzept des „cognitive code learning" (Zimmermann 1977, 101; „kognitive Methode" nach Henrici 2001), das sich auf Noam Chomskys Theorie der generativen Transformationsgrammatik GTG) berief, scheiterte aber aufgrund der nicht erkennbaren Anwendbarkeit der GTG am Widerstand der Fremdsprachenpraktiker.

Der DaF-Unterricht der Nachkriegszeit wurde schließlich ebenso wie der schulische FSU (Henrici 2001, 845) durch eine methodische Mischform („vermittelnde Methode" bei Henrici 2001; Neuner/Hunfeld 1993) dominiert, die der gesellschaftlichen Entwicklung und den veränderten unterrichtlichen Rahmenbedingungen (z. B. Einsprachigkeit bei sprachlich heterogenen Zielgruppen) angepasst wurden. Das bekannteste Lehrwerk für den DaF-Bereich dieser Zeit (vgl. Eggers 1994, 91), die Deutsche Sprachlehre für Ausländer (1955) hielt einerseits an der Systematik der Grammatikvermittlung im Sinne der GÜM fest, übernahm aber andererseits zwischenzeitlich etablierte Übungsformen der neueren Zeit (direkte Methode/ALM) und orientierte die Inhalte stärker an den Lernerbedürfnissen.

2.4 Kommunikativer Ansatz

Seinen gesellschaftspolitischen Nährboden fand der kommunikative Ansatz in der Bundesrepublik im anhaltend verstärkten Bedarf an Fremdsprachen durch internationale Mobilität (Tourismus, Globalisierung, Entstehen der Europäischen Gemeinschaft), in der „Bildungsreform" Mitte der 60er Jahre (Bender 1979, 23 ff.; Neuner / Hunfeld 1993, 83) sowie im Entstehen neuer Gruppen von Fremdsprachenlernenden (z. B. Erwachsene an Volkshochschulen).

Den entscheidenden Anstoß für eine Neuorientierung lieferte die Pragmalinguistik Anfang der 70er Jahre, welche die gesellschaftliche Bedingtheit und Wirkung sprachlichen Handelns betonte. Sprache und Sprechen wurden nun nicht primär als Formensystem, sondern als Aspekt menschlichen Handelns aufgefasst. Das übergeordnete Lernziel „kommunikative Kompetenz" hatte einschneidende Konsequenzen für die Lehrwerkskonzeptionen (z. B. Deutsch aktiv 1979):

a. Themen und Inhalte wurden nicht mehr der Grammatikprogression untergeordnet, sondern bekamen einen eigenen hohen Stellenwert.

b. Die Reihenfolge der grammatischen Inhalte folgte in einer kommunikativen Didaktik pragmatisch-funktionalen Erwägungen (Perfekt vor Präteritum) (vgl. Neuner / Hunfeld 1993, 97).

c. Die neuen Lehrmaterialien verfolgten die Frage, welche Grammatik und Redemittel notwendig seien, um bestimmte und frequente Sprechakte zu realisieren.

d. Der Unterricht wurde durch lernerorientierte Sozialformen wie Partner- und Gruppenarbeit ergänzt. Der Lerner wurde stärker als Partner in der Unterrichtskommunikation gesehen (vgl. Apelt 1991, 227).

Allerdings führte die vorrangige Zielsetzung, nämlich die sprachliche Bewältigung von möglichst authentischen Alltagssituationen, zu einer Vernachlässigung des schriftlichen Bereichs (Lesen, Schreiben), zu einer begrenzten Textsortenauswahl sowie zu dem Problem, dass Sprechintentionen, deren Progression oft willkürlich festgelegt wurde, nicht immer mit einer sinnvollen Grammatikprogression konform gingen (vgl. Neuner / Hunfeld 1993, 97 f.). So ist seit Mitte der 90er Jahre auch wieder ein verstärkter Rückgriff auf eine systematisch eingeführte Grammatik zu verzeichnen (Brill 2005, 291). Darüber hinaus betonen Neuner / Hunfeld (1993, 106), dass „kommunikative Kompetenz" nicht überall auf der Welt dasselbe bedeutet. Sie postulieren als Weiterentwicklung des kommunikativen Ansatzes einen „Interkulturellen Ansatz", der die kulturelle Ausgangssituation der Lerner berücksichtigt.

3 Postkommunikativer Fremdsprachenunterricht

Untersuchungen zum **ungesteuerten** Zweitspracherwerb ab den 70er Jahren (vgl. Ahrenholz, DTP 9, B 3, 68 f.) gaben Hinweise darauf, dass Sprachlernprozesse eigenen, nicht von außen beeinflussbaren Gesetzmäßigkeiten folgen, so dass das Sprachenlernen unter verändertem Blickwinkel zu betrachten ist. Die Überlegung, ob die Steuerung des Lernprozesses im Unterricht diesen natürlichen Regularitäten möglicherweise zuwiderläuft, führte aber zu heftigen Kontroversen in den 80er Jahren, welche die Übertragbarkeit der Ergebnisse auf den FSU zum Gegenstand hatte (exemplarisch Bausch/Königs 1983) – eine Frage, die etwa in der Untersuchung von Diehl u. a. (2000) wieder aktuell wurde.

Auch die Rolle des Lerners im Lerngeschehen wurde zunehmend beachtet. Insbesondere mit dem von Selinker Anfang der 70er Jahre vorgestellten Lernersprachenkonzept wurde es möglich, den Lerner als eine Persönlichkeit mit Entscheidungsspielraum zu sehen, der seinen Lernprozess durch entsprechende Strategien zumindest teilweise steuern kann (vgl. Königs 2004, 516).

Das zunehmende Interesse an mentalen Prozessen brachte die Einsicht, dass bestimmte Verfahrensweisen des Unterrichts wie z. B. handlungsorientiert-ganzheitliche vs. kognitive oder prozess- vs. ergebnisorientierte Verfahren vergleichend erforscht und daraus Unterrichtsprinzipien abgeleitet werden sollten und sich der Unterricht an der psychischen und kognitiven Verfasstheit des Lerners orientieren muss (vgl. Henrici 2001, 851). Vertreter der Kognitionswissenschaften gehen davon aus, dass „Wahrnehmen, Verstehen und Lernen (...) in hohem Maße als konstruktive Operationen verstanden werden [müssen]", die jeder „auf der Grundlage seines jeweils individuellen Erfahrungswissens vollzieht" (Wolff 1994, 408). Der Radikale Konstruktivismus gar postuliert, dass (sprachliches) Wissen nicht einfach „vermittelt" werden kann, sondern dass der Lerner dieses ausschließlich durch Veränderung der kognitiven Struktur individuell konstruiert (vgl. Holstein/Wildenauer-Józsa, DTP 9, B 4, 82 f.).

Kognitivistische und konstruktivistische Ansätze unterscheiden sich grundlegend in der Annahme der Bedeutung von Konstruktion und Instruktion. Während kognitivistische Ansätze fragen, welche Hilfen der Lehrer zur optimalen Verarbeitung und Vernetzung der Informationen geben muss, und damit implizit von der Steuerbarkeit des Lernprozesses ausgehen, gestehen streng konstruktivistische Theorien dem Lehrer allenfalls eine Beraterrolle zu.

Die zunehmende Konzentration auf den Lerner und seine individuellen Lernvorgänge finden im Schlagwort der Lernerautonomie ihren Ausdruck. Darunter wird die Fähigkeit des Lernenden verstanden, „seine Lernziele, den Inhalt und die Lernprogression bestimmen zu können, Lernmethoden und Techniken auszuwählen und das Gelernte bewerten zu können." (Wolff 1994, 426). Da autonomes Verhalten aus der Sicht des Radikalen Konstruktivismus eine (in der Praxis häufig nicht gegebene) starke Motivation und Selbständigkeit des Lerners voraussetzt und da die Unwirksamkeit von Instruktionsmechanismen auch empirisch nicht belegt ist (vgl. Königs 2004, 523), finden sich in der Praxis eher Mischformen, die konstruktive und instruktive Elemente kombinieren. Moderner FSU ist demnach durch folgende Aspekte gekennzeichnet (vgl. Möller Runge/Burbat 2005):

a. Rolle des Lehrers und des Lerners

Die Aufgabe des Lehrers als Lernberater besteht darin, die Voraussetzungen für ein optimales selbständiges Sprachlernen zu schaffen. Der Förderung der Lernerautonomie wird in verschiedenen offenen Unterrichtskonzeptionen in jeweils anderer Gewichtung entsprochen. Während etwa der Lerner im aufgabenorientierten Unterricht (vgl. Praxis Fremdsprachenunterricht 4 (2005)) v.a. bestimmte Probleme lösen soll, verlangen die Szenariendidaktik (vgl. Piepho 2003) oder der Projektunterricht (vgl. Schart 2003) auch eine größere Mitbestimmung bei der Auswahl der Inhalte und Vorgehensweisen. Im Konzept „Lernen durch Lehren" nach Jean Pol Martin oder im Tandem-Lernen (vgl. Wolff, F 11; Decker/Oomen-Welke, DTP 9, D 2, 337) wiederum haben die Lernenden abwechselnd die Vermittler- und Lernerrolle inne. In vielen Ansätzen übernehmen die Lernenden eine zunehmend größere Verantwortung für ihren Lernfortschritt, den sie selbständig in Portfolios dokumentieren und reflektieren sollen. Diese Organisationsformen sorgen für eine höhere Komplexität und Authentizität der Lerninhalte, erfordern kooperative Lernformen und ermöglichen die Integration verschiedener Fertigkeiten.

b. Nicht-linearer Spracherwerb

Der Aspekt, dass Fehler im Lernprozess unausweichlich und oft instruktionsresistent sind, wurde ab den 90er Jahren (exemplarisch Bleyhl 2005) unter dem Stichwort des „linearen" bzw. „nicht linearen" Lernens für den schulischen FSU im Hinblick auf die schulischen Konsequenzen weitergeführt. Hauptgedanke ist dabei – in Anlehnung an Gesetzmäßigkeiten des Erstspracherwerbs – die Frage, in welcher Komplexität Strukturen angeboten werden müssen, um dem Lerner das Bilden zielsprachig korrekter Hypothesen zu ermöglichen, und in welchem Umfang diese Strukturen bewusst zu machen sind. In diesem Zusammenhang wurde auch die Rolle des Lehrbuchs im FSU diskutiert (exemplarisch Gießing 2004).

c. Language Awareness

Language Awareness (Sprachbewusstheit) wurde Mitte der 80er Jahre als neues Konzept für den muttersprachlichen Unterricht (vgl. Wolff 1994, 424), in den 90er Jahren auch für den interkulturellen Deutschunterricht entdeckt (Oomen-Welke [2] 2006; DTP 9, F 4; Luchtenberg DTP 9, B 6; zur Problematik des Begriffs vgl. Knapp-Potthoff 1997). Unter „Sprachbewusstheit" wird die Fähigkeit des Lerners verstanden, Reflexionen über Besonderheiten der Sprache und ihre Funktion anzustellen, welche an metasprachlichen Operationen sichtbar werden (Oomen-Welke [2] 2006, 453). Möglichkeiten zur Entwicklung und zum Ausbau von Sprachbewusstheit, die in vielen Ansätzen als unabdingbar für autonomes Lernen betrachtet wird (vgl. Luchtenberg, DTP 9, B 6, 108), werden z.B. gesehen im entdeckenden und forschenden Lernen (vgl. Wolff 1994, 425), sei es durch Einsatz von bereit gestelltem Material oder durch didaktische Nutzung von sprachbezogenen Lerneräußerungen (vgl. Oomen-Welke ²2006, 457 ff.). In aktuellen DaF-Lehrwerken zeigen sich diesbezügliche Ansätze in interkulturellen Sprachvergleichen oder in der induktiven Erarbeitung von Grammatikregeln z. B. in „Mittelpunkt" (2007), „Optimal" (2008), „Aspekte" (2007), „Genial" (2002). Sprachreflektierende Ausrichtungen unter Einbeziehung der Erstsprache finden sich z. B. in den Lehrwerken „Blaue Blume" (2002) und „Berliner Platz" (2002) sowie in der Tertiärsprachendidaktik (vgl. Neuner u. a. 2009). Zunehmend präsentieren moderne Lehrwerke auch Einheiten zu Verstehens- und Lernstrategien (im Sinne von „Sprachlernbewusstheit"), wobei implizit davon ausgegangen wird, dass dieses Wissen auch lerneffektiv eingesetzt werden kann (zur Problematik dieser Annahme vgl. Möller Runge / Burbat 2005, 361; Königs 2004, 526).

d. Interkulturelle Aspekte
Lernerorientierung bedeutet auch, die kulturellen Gewohnheiten und Erfahrungen der Lernenden in den Lernprozess zu integrieren, so dass der Lerner diese mit der fremden Kultur abgleichen kann. Als typisches Lehrwerk, das interkulturelle Kommunikationssituationen und -rituale aufgreift, gilt die „Sprachbrücke" (1993). Auch in neueren Lehrwerken (z. B. „Aspekte", „Mittelpunkt") spielen solche Vergleichsaspekte eine zunehmende Rolle. Allerdings reduziert sich „Interkulturelle Kompetenz" auf einfache kulturvergleichende Fragestellungen (Typ „Wie ist X in Ihrem Land?"), die kognitiv-informationsorientiert angeboten werden (vgl. Brill 2005, 349). Die regionalen Lehrwerke greifen einen Vergleich der Lebenswelten durchgehend auf, z. B. in Westafrika „Ihr und wir" (vgl. Diop, G 1). Interaktionsorientierte Aspekte und die Vermittlung von Strategien für spezifisch interkulturelle Kontaktsituationen spielen dagegen noch eine untergeordnete Rolle. Dasselbe gilt für sprachbezogene interkulturelle Aspekte, die zwar in Form interkultureller Wortschatzarbeit eingebunden werden wie z. B. in Sprachbrücke (1993) und Sichtwechsel (1987), nicht jedoch als Konzept einer interkulturellen Grammatik (Traore 2008; s. aber Sprachvergleich, Oomen-Welke, B4) oder im interkulturellen Vergleich von Textsorten (vgl. Möller Runge / Burbat, 2005, 363) oder Diskursstrategien (House 1997).³ (Vgl. Müller-Jacquier, C9).

e. Authentizität des Fremdsprachenlernens
Während im kommunikativen Unterricht der 80er Jahre z. B. durch Rollenspiele oder Einbezug verschiedener Textsorten auf die Bewältigung realer Kommunikationssituationen vorbereitet werden sollte, geht es in der postkommunikativen Phase verstärkt um die Förderung kommunikativer Fertig-

---

³ Die Problematik der Begriffe „Interkulturelle Kompetenz" und „Interkulturelle Kommunikation" und ihre Relevanzbereiche im DaF-Unterricht werden u. a. diskutiert in Rost-Roth (1996) und House (1997); vgl. Rost-Roth, B 2 in diesem Band.

keiten durch authentisches Sprachhandeln, z. B. in der Partner- und Gruppenarbeit, in Diskussionen oder Recherchearbeiten (z. B. in „Aspekte"). Weiter gehende Ansätze wie Projektarbeit, dramapädagogisches Arbeiten, kreative Schreibverfahren, Email-Partnerschaften oder das inhaltsbasierte Fremdsprachenlernen werden vereinzelt umgesetzt, sind aber weniger in den DaF-Lehrwerken selbst zu finden (vgl. Karagiannakis, F 12; Wolff, F 11; Skiba, C 5). Während in den 90er Jahren die Fertigkeiten Hören und Sprechen (vor Lesen und Schreiben) als Erbe der ALM dominierten, wird nun der Kombination aller Fertigkeiten anstelle des gestuften Erwerbs der Vorzug gegeben (vgl. Krumm 2001).

4 Ausblick

Die postkommunikative Didaktik ist dem Prinzip der Lernerorientierung ein gutes Stück näher gekommen. Neben dem berufsorientierten FU (vgl. Weissenburg, F 6) eröffnen digitale Medien wie z. B. Internet, Chatkommunikation, E-Learning-Kurse oder SMARTboards neue Möglichkeiten (vgl. Rösler/ Würffel, D 6). Desiderate und Entwicklungspotentiale zeigen sich z. B. in der Ausbildung des Lehrers zum Lernberater (Königs 2004), in der Orientierung an spezifischen Lernvoraussetzungen und -bedürfnissen heterogener Lerngruppen (vgl. Krumm 2001), in der Methodik und Didaktik des Deutschen als zweiter oder dritter Fremdsprache (Neuner u. a. 2009; Fremdsprache Deutsch 1, 1999) sowie in der Methodik und Didaktik des FSU im Rahmen des Konzepts „Erziehung zur Mehrsprachigkeit" (Marx 2007). Nicht zuletzt stehen empirische Untersuchungen und Feldforschungen zur Frage aus, inwieweit die (post-)kommunikativen Ansätze zu tatsächlichen Veränderungen in der konkreten Unterrichtspraxis geführt haben (vgl. Brill 2005, 233).

Literatur

Ahrenholz, Bernt/Oomen-Welke, Ingelore (Hrsg.): Deutsch als Zweitsprache, Baltmannsweiler: Schneider Hohengehren [2]2010 (Deutschunterricht in Theorie und Praxis DTP Band 9)

Ahrenholz, Bernt: Zweitspracherwerbsforschung. In: Ahrenholz/Oomen-Welke [2]2010, 64–80

Apelt, Walter: Lehren und Lernen fremder Sprachen. Grundorientierungen und Methoden in historischer Sicht. Berlin: Volk und Wissen 1991

Bausch, K.-Richard/Königs, Frank G.: „Lernt" oder „erwirbt" man Fremdsprachen im Unterricht? Zum Verhältnis von Sprachlehrforschung und Zweitspracherwerbsforschung. In: Die neueren Sprachen 82 (1983) Heft 4, 308–336

Bender, Jutta: Zum gegenwärtigen Stand der Diskussion um Sprachwissenschaft und Sprachunterricht. Frankfurt a. M. u. a.: Diesterweg 1979

Bleyhl, Werner: Fremdsprachenlernen – „gesteuert" oder nach den Prinzipien des Muttersprachenerwerbs? In: Praxis Fremdsprachenunterricht (2005) Heft 3, 2–7

Brill, Lilli Marlen: Lehrwerke, Lehrwerkgenerationen und die Methodendiskussion im Fach Deutsch als Fremdsprache. Aachen: Shaker 2005

Decker, Yvonne/Oomen-Welke, Ingelore: Methoden für Deutsch als Zweitsprache. In: Ahrenholz/Oomen-Welke ²2010, 324–342

Diehl, Erika/Christen, Helen/Leuenberger, Sandra: Grammatikunterricht: Alles für die Katz? Untersuchungen zum Zweitsprachenerwerb Deutsch. Tübingen: Niemeyer 2000

Edmondson, Willis J./House, Juliane: Einführung in die Sprachlehrforschung. Tübingen u. a.: Francke ³2006

Eggers, Dietrich: Zur Geschichte und zum Selbstverständnis des Faches Deutsch als Fremdsprache aus der Sicht der Hochschulen und Universitäten der Bundesrepublik Deutschland. In: Ehnert, Rolf/Schröder, Hartmut (Hrsg.): Das Fach Deutsch als Fremdsprache in den deutschsprachigen Ländern. Frankfurt a. M.: Lang 1994, 83–102

Fremdsprache Deutsch. Zeitschrift für die Praxis des Deutschunterrichts: Deutsch als zweite Fremdsprache. Hufeisen, Britta (Hrsg.). (1999) Heft 1 [http://www.hueber.de/seite/pg_hefte_fsd]

Fremdsprachen Lehren und Lernen (FLuL), Themenschwerpunkt Innovativ-alternative Methoden. Henrici, Gert / Zöfgen, Ekkehart (Hrsg.) (1996)

Gießing, Jürgen: Zankapfel „Lehrbuch". Für und wider ein etabliertes Unterrichtsmittel. In: Praxis Fremdsprachenunterricht (2004) Heft 2, 82–84

Henrici, Gert: Lehren als didaktisch-methodischer Gegenstand II: Methoden des Deutsch als Fremdsprache-Unterrichts. In: Helbig, Gerhard / Götze, Lutz / Henrici, Gert / Krumme, Hans-Jürgen (Hrsg.): Deutsch als Fremdsprache. Ein internationales Handbuch. Berlin: de Gruyter 2001, 841–853

Holstein, Silke/Wildenauer-Józsa, Doris: Wissenskonstruktion und Lernmotivation. In: Ahrenholz/Oomen-Welke ²2010, 81–94

House, Juliane: Zum Erwerb interkultureller Kompetenz im Unterricht des Deutschen als Fremdsprache. In: Zeitschrift für Interkulturellen Fremdsprachenunterricht 1/3 (1997) [http://zif.spz.tu-darmstadt.de/jg-14-1/navigation/startueberdiezif.htm] (Stand 16.3.2009)

Huneke, Hans-Werner/Steinig, Wolfgang: Deutsch als Fremdsprache. Eine Einführung. Berlin: Schmidt 2005

Klafki, Wolfgang: Didaktische Analyse als Kern der Unterrichtsvorbereitung. Erster Abdruck in: Die Deutsche Schule (1958) Heft 10; wieder in: Klafki, Wolfgang: Studien zur Bildungstheorie und Didaktik. Weinheim: Beltz 1964, 126–153

Knapp-Potthoff, Annelie: Sprach(lern)bewußtheit im Kontext. In: Fremdsprachen Lehren und Lernen, Themenschwerpunkt Language awareness (1997), 9–23

Königs, Frank G.: Sprachlehrforschung: gestern, heute – und morgen? In: Info DaF 31 (2004) Heft 5, 513–532

Krumm, Hans-Jürgen: Die sprachlichen Fertigkeiten: isoliert – kombiniert – integriert. In: Fremdsprache Deutsch 24 (2001), 5–12

Lernen durch Lehren – Die LdL Community, begründet v. Martin, Jean Pol. [http://ldl.mixxt.de/] (am 20. 2. 2013)

Luchtenberg, Sigrid: Language Awareness. In: Ahrenholz/Oomen-Welke ²2010, 107–117

Marx, Nicole: Interlinguales Erschließen von Texten in einer unbekannten germanischen Fremdsprache. In: Zeitschrift für Fremdsprachenforschung 18 (2007) Heft 2, 165–182

Möller Runge, Julia/Burbat, Ruth: DaF Lernen und Lehren im neuen Millennium: kon-
struktiv, kommunikativ und kohärent. In: Info DaF 32 (2005) Heft 4, 359–369

Müller-Küppers, Evelyn: Dependenz-/Valenz- und Kasustheorie im Unterricht Deutsch
als Fremdsprache. In: Materialien Deutsch als Fremdsprache (1991) Heft 36. (Fachverband Deutsch als Fremdsprache)

Neuner, Gerhard/Hunfeld, Hans: Methoden des fremdsprachlichen Deutschunterrichts.
Eine Einführung. Berlin u. a.: Langenscheidt 1993 (Fernstudieneinheit 4)

Neuner, Gerhard/Hufeisen, Britta/Kursisa, Anta/Marx, Nicole: Deutsch als zweite
Fremdsprache. München: Langenscheidt 2009 (Fernstudieneinheit 26)

Oomen-Welke, Ingelore: Entwicklung sprachlichen Wissens und Bewusstseins im mehr-
sprachigen Kontext. In: Bredel, Ursula/Günther, Hartmut/Klotz, Peter/Ossner, Jacob
/ Siebert-Ott, Gesa (Hrsg.): Didaktik der deutschen Sprache. Ein Handbuch, Bd. 1.
Paderborn: UTB Schöningh ²2006, 452–463

Oomen-Welke, Ingelore: Didaktik der Sprachenvielfalt. In: Ahrenholz/Oomen-Welke
²2010, 479–492

Ortner, Brigitte: Alternative Methoden im Fremdsprachenunterricht. Lerntheoretischer
Hintergrund und praktische Umsetzung. Ismaning: Max Hueber 1998

Piepho, Hans-Eberhard: Lerneraktivierung im Fremdsprachenunterricht. Hannover u. a.:
Schroedel 2003

Reher-Rose, Silke: Die Analyse suggestopädischer Lehrerfortbildung und ihre Eignung für
die Ausbildung von Fremdsprachenlehrern. Frankfurt a. M. u. a.: Lang 2000

Rogina, Irena: Rund um den Begriff „Methode". Eine Untersuchung in der Fachliteratur
des Fremdsprachenunterrichts. In: Deutsch als Fremdsprache (2006) Heft 1, 34–39

Rost-Roth, Martina: Deutsch als Fremdsprache und Interkulturelle Kommunikation. In:
Zeitschrift für Interkulturellen Fremdsprachenunterricht, 1 (1996) Heft 1
[http://zif.spz.tu-darmstadt.de/jg-14-1/navigation/startueberdiezif.htm]
(Stand 17.4.2013)

Schart, Michael: Was ist das eigentlich: Projektunterricht? – Ein fiktives Gespräch über
eine vage Idee. In: Info DaF 30 (2003) Heft 6, 576–593

Schroth-Wiechert, Sigrun: Deutsch-als-Fremdsprache-Unterricht ohne Lehrwerk für heterogene LernerInnengruppen im Zielsprachenland unter besonderer Berücksichtigung
des interkulturellen Ansatzes. Frankfurt a. M.: Lang 2001

Tanger, Gustav: Muß der Sprachunterricht umkehren? Ein Beitrag zur neusprachlichen
Reformbewegung im Zusammenhange mit der Überbürdungsfrage. Berlin: Langenscheidt 1888

Thomas, Uwe: Alternative Fremdsprachenvermittlungsmethoden. Eine Untersuchung
ihrer Möglichkeiten und Grenzen. Berlin: Express Edition 1987

Traore, Salifou: Interkulturelle Grammatik. Konzeptionelle Überlegungen zu einer Grammatik aus eigener und fremder Perspektive im Deutschen als Fremdsprache. Frankfurt:
Lang 2008

Vielau, Axel: Spracherwerb, Sprachlernen, Sprachlehrmethodik; Thesen zur Methodologie des Fremdsprachenerwerbs. In: Englisch Amerikanische Studien (EAST) (1985)
Heft 1, 9–30

Weinig, Paul: „Sin ze leren an als verdrissen": Deutsch als Fremdsprache – ein Fach und
seine Methoden. In: Handwerker, Brigitte (Hrsg.): Fremde Sprache Deutsch. Tübingen:
Narr 1995, 239–262

Wolff, Dieter: Der Konstruktivismus: Ein neues Paradigma in der Fremdsprachendidaktik. In: Die neueren Sprachen 93 (1994) Heft 5, 407–429

Zimmermann, Günther: Grammatik im Fremdsprachenunterricht. Frankfurt/M. u.a.: Diesterweg 1977

Lehrwerke

Griesbach, Heinz/Schulz, Dora: Deutsche Sprachlehre für Ausländer. München: Max Hueber [15] 1962

Kessler, Hermann: Deutsch lernen – leicht gemacht. Deutsches Sprachlehrbuch für Anfänger. Neufassung des Buches Deutsch für Ausländer von Walter Weber. Salzburg: Verlag für Wirtschaft und Kultur 1946

Klee, Wolfhart/Gerken, Magda: Gesprochenes Deutsch. Leipzig: Friedrich Brandstetter [33] 1945

Neuner, Gerhard/Schmidt, Rainer/Wilms, Heinz/Zirkel, Manfred: Deutsch aktiv 1. Ein Lehrwerk für Erwachsene. Berlin u.a.: Langenscheidt 1979

Otto, Emil: Elementary German grammar: method Gaspey-Otto-Auer. Revised by F.R. Mattis. Heidelberg: Groos [20] 1990

Schulz, Dora/Griesbach, Heinz/Lund, Morten: Auf Deutsch bitte! München: Max Hueber Verlag 1969

„Postkommunikative" Lehrwerke (Auswahl):

Aufderstraße, Hartmut/Bock, Heiko/Mertens, Meinolf: Themen 1 aktuell. Kursbuch und Arbeitsbuch. Ismaning: Max Hueber 2003

Daniels, Albert/Breslauer, Christine: Mittelpunkt B2 und C1.Deutsch als Fremdsprache für Fortgeschrittene. Barcelona u.a.: Klett Sprachen 2007; 2008

Eichheim, Hubert/Tesařová, Lea: Blaue Blume. Deutsch als Fremdsprache. Ismaning: Hueber 2002

Funk, Hermann/Keller, Susy/Castine, Joseph: Genial. Deutsch als Fremdsprache für Jugendliche. Berlin u.a.: Langenscheidt 2002

Hartenburg, J./Kone, M./Ouattara, M. u.a.: Ihr und Wir I (1992), II und III (1993), IV (1995). Hamburg: Heinevetter. Neubearb. Bar-le-Duc: Saint-Paul France 1997

Hog, Martin/Müller, Bernd-Dietrich/Wessling, Gerd: Sichtwechsel. 11 Kapitel zur Sprachsensibilisierung. Stuttgart: Klett 1987

Koithan, Ute/Ochmann, Nana/Schmitz, Helen/Sieber, Tanja: Aspekte. Mittelstufe Deutsch. Berlin und München: Langenscheidt 2007

Lemcke, Christine/Rohrmann, Lutz : Berliner Platz. Berlin u.a. Langenscheidt 2002

Mebus, Gudula u.a: Sprachbrücke. Stuttgart: Klett 1993

Müller, Martin/Schmitz, Helen: Optimal, Arbeitsbuch A1. Berlin u.a.: Langenscheidt 2008

DIETMAR RÖSLER

D 2 Lehrmaterial für Deutsch als Fremdsprache

1 Lehrmaterial als Teil des sprachlichen Inputs

Lernende nehmen beim Fremdsprachenlernen aus unterschiedlichen Quellen sprachlichen Input auf: aus direkten Gesprächen mit Muttersprachlern oder Nichtmuttersprachlern in der Zielsprache oder medial vermittelt durch die Lektüre von Büchern, Zeitungen oder Seiten im Internet, durch das Hören und Sehen von Monologen oder Gesprächen in Radio, Film und Fernsehen, im Chat oder in Podcasts usw. Je stärker ihr Fremdsprachenlernen gesteuert im Klassenzimmer stattfindet, desto wichtiger wird der Teil des Inputs, der in Lehrmaterialien bereitgestellt wird. Lehrmaterialien existieren als gedruckte Texte, als Audio- oder Videodateien, digital oder analog. Sie beschäftigen sich mit bestimmten sprachlichen oder landeskundlichen Aspekten, sie können extra für den Lernprozess produziert oder als gefundene Texte in das Klassenzimmer transportiert werden.

2 Lehrmaterial und Lehrwerk

Wenn Lehrmaterial über die Beschäftigung mit bestimmten Teilaspekten hinaus den Anspruch hat, den Lernprozess für einen bestimmten Zeitraum zu begleiten oder gar zu steuern, die Vielfalt der sprachlichen Phänomene abzudecken und unter didaktischen Gesichtspunkten miteinander in Beziehung zu bringen, spricht man von Lehrwerken. Ein Lehrwerk besteht normalerweise aus verschiedenen Bestandteilen, bezieht sich auf einen bestimmten zu erreichenden Sprachstand und ist für bestimmte Zielgruppen verfasst. Die inhaltliche Abgrenzung von Lehrmaterial und Lehrwerk wird im Sprachgebrauch allerdings nicht konsequent durchgehalten.

Lehrwerke orientieren sich an vorhandenen Curricula oder Prüfungen. Der enge Bezug, den Lehrwerke zur didaktischen Diskussion haben, hat dazu geführt, dass man von vier Lehrwerkgenerationen spricht, die sich durch ihre Zuordnung zu verschiedenen didaktischen Ansätzen unterscheiden (Bezug zur Grammatik-Übersetzungs-Methode, zur audiolingualen / audiovisuellen Methode, zum kommunikativen und zum interkulturellen Ansatz; vgl. Reiß-Held/Busch, D 1). Lehrwerke können eine stark unterrichtsdeterminierende Funktion haben, sie können aber auch als eine Art Steinbruch verwendet werden, aus dem eine für eine konkrete Unterrichtssituation passende Lektion herausgebrochen wird. Lehrwerke stehen im Verdacht, Lehrende und Lernende zu gängeln. Die in ihnen präsentierte Sprache hat einen schlechten Ruf ('Lehrbuchsprache'), der daher rührt, dass die Texte hauptsächlich der Anfängerebene durch die kontrollierte Einführung von Wortschatz und Grammatik (Progression) oft wenig authentisch klingen und thematisch banal sein können. Dass Lehrwerke trotz all dieser Kritik im Leben von Lehrenden und Lernenden eine wichtige Rolle spielen, liegt daran, dass sie versuchen, durch die Portionierung von Sprache und Informationen über den zielkulturellen Raum den Lernenden das Lernen zu erleichtern – ob dies immer gelingt, ist eine der Fragen, die in der Fremdsprachendidaktik über Jahrzehnte immer wieder und mit sehr unterschiedlichen Resultaten diskutiert wird (vgl. als einführenden Überblick Rösler 2012, 32–49; Krumm/Ohms-Duszenko 2001).

3 Bestandteile von Lehrwerken

Lehrwerke bestehen aus verschiedenen Teilen: aus einem Leitprodukt, das Hauptbuch, Kursbuch, Lernerbuch oder Schülerbuch genannt wird, aus einem oder mehreren Arbeitsbüchern, aus Glossaren, Ton- oder Videokassetten, manchmal auch aus weiteren Begleitbüchern und Zusatzmaterialien. Früher gehörten zu Lehrwerken als Zusatzmaterial auch Foliensammlungen, diese werden inzwischen nicht mehr angeboten. Neben diesen Bestandteilen, die an die Lernenden gerichtet sind, gibt es ein Buch, das sich an die Lehrenden richtet und unterschiedlich benannt wird: Lehrerhandreichungen, Lehrerhandbuch, Lehrerheft. Diese Bücher für die Lehrenden reichen von dünnen Büchlein, die nicht viel mehr sind als kommentierte Lösungsschlüssel, bis hin zu umfangreichen Büchern, die das Wort Handbuch verdienen und die ausführlich in die Arbeit mit dem Lehrwerk einführen.

Auf den ersten Blick verwirrend kann es sein, dass Lehrwerke, die dasselbe sprachliche Niveau als Ziel angeben, unterschiedlich umfangreich zu sein scheinen: so kann man z. B. für das Erreichen der Niveaustufe B1 Lehrwerke in zwei oder drei oder sogar fünf Bänden kaufen. Die Unterscheidung von zwei oder drei Bänden ist auf die Einschätzung der Verlage zurückzuführen, welche Anzahl von Bänden für passend für die Organisation der Sprachkurse bestimmter Anbieter gehalten wird. Es kann durchaus sein, dass ein Lehrwerk parallel in zwei oder drei Bänden angeboten wird. Findet man Lehrwerke bis zur Niveaustufe B1 in fünf oder mehr Bänden angeboten, ist es wahrscheinlich, dass in diesen Lehrwerken Arbeitsbuch und Kursbuch integriert sind und sich im Hinblick auf die Anzahl der Bücher insgesamt gar nicht von anderen Lehrwerken, die z. B. aus drei Kursbüchern und drei dazugehörenden Arbeitsbüchern bestehen, unterscheiden.

4 Digitales Lehrmaterial

Zu einem Lehrwerk gehört heute auch, dass es eine digitale Komponente umfasst, in Form einer CD und/oder als Online-Material. Über diese Einbindung von digitalen Medien in das klassische Lehrwerk hinausgehend wird durch das Aufkommen der digitalen Medien die Rolle von Lehrwerken generell neu diskutiert unter folgenden Fragestellungen:

– Inwieweit sollten Lehrwerke in Zukunft konsequent digitale Lehrwerke sein? Inwieweit sind sie als solche wie bisher ein ausschließlich an Bildungsinstitutionen zu verkaufendes Produkt? Können sie mit einer Tutorierungskomponente konzipiert werden, wodurch die traditionell klare Grenze zwischen Materialmachern/Verlagen und Lehrenden/Unterrichtsanbietern durchlässig würde?

– Wenn Lehrwerke als aus Datenbanken generierte Lehrwerke 'on demand' gedacht werden (vgl. Rösler 2008), könnte dann die Diskussion um den fehlenden Zielgruppenbezug (s. u.) entschärft werden? Solche Lehrwerke sollten die positiven Seiten von Lehrwerken, ihre Strukturiertheit und ihre steuernde, aber nicht gängelnde Komponente beibehalten, gleichzeitig aber eine weitergehende inhaltliche Selbstbestimmung der Lernenden zulassen. (Digitales Lehrmaterial wird ausführlich in Rösler/Würffel, D 5, behandelt).

5 Zielgruppen

Für die Benennung des zu erreichenden Sprachniveaus orientieren sich die DaF-Lehrwerke inzwischen überwiegend am Europäischen Referenzrahmen, wobei die Frage, wie sinnvoll dieser für Lernerpopulationen außerhalb des europäischen Raums eigentlich ist, kaum diskutiert wird (vgl. Funk 2007). Die klassische Zweiteilung von Grundstufen- und Mittelstufenlehrwerken ist übersetzt worden in Lehrwerke, die die Niveaustufen A1 bis B1 des Referenzrahmens abdecken, und solche, die ab B2 verwendet werden können.

Dass Lehrwerke angeben, auf welchem Sprachstand sie einsetzen und zu welcher Niveaustufe sie hinführen, ist selbstverständlich. Andere Informationen dazu, für welche Lernenden ein Lehrwerk geeignet ist, sind hingegen manchmal nur wenig differenziert angegeben. Fast immer vorhanden ist eine Zielgruppenangabe im Hinblick auf das Alter der Lernenden: es finden sich Lehrwerke für den kindlichen Erwerb, Lehrwerke für Jugendliche und Lehrwerke für Erwachsene, wobei der Bereich Erwachsene meist nicht weiter untergliedert wird und auch das, was unter 'Jugendliche' verstanden wird, durchaus nicht einheitlich ist. Ebenfalls immer vorhanden ist eine Festlegung, ob es sich um ein allgemeinsprachliches oder ein fachsprachliches Lehrwerk handelt: hierbei ist das allgemeinsprachliche Lehrwerk der unmarkierte Fall, d.h. es wird nicht extra erwähnt, dass es sich um ein solches handelt, nur bei einem fachsprachlich orientierten Lehrwerk wird dies explizit gemacht. Fachsprachlichen Lehrwerken ist gemein, dass sie sich auf ein bestimmtes Fach beziehen. Sie unterscheiden sich darin,

- ob es sich eher um ansonsten allgemeinsprachliche Lehrwerke handelt, die im lexikalisch-landeskundlichen Bereich eine fachliche Orientierung haben, wie z. B. Deutsch für den Bereich Tourismus,
- oder um sehr spezielle fachsprachliche Lehrwerke, die mit einer Einschränkung auf bestimmte Fertigkeiten einhergehen, wie z. B. Lehrwerke, die die Lesefähigkeit von Fachwissenschaftlern bezogen auf deutschsprachige Texte ihres Faches fördern.

Das Handbuch von Buhlmann/Fearns (2000) gibt einen guten Überblick über die Arbeit mit fachsprachlichen Materialien. Eine Sammlung von sprachlichen Phänomenen, wie sie Bernstein 1990 vornimmt, zeigt, was man besonders beachten muss, wenn man die Grammatik des Deutschen in reinen Lesekursen betrachtet.

Auch eine Festlegung, ob ein Lehrwerk für Lernende geschrieben ist, die sich innerhalb des deutschsprachigen Raums aufhalten, oder ob es außerhalb des deutschsprachigen Raums eingesetzt werden soll, wird nicht immer vorgenommen, was zu Problemen bei der Differenzierung von Lehrwerken für die Bereiche Deutsch als Zweit- und Fremdsprache (s. u.) führt.

6 Einsprachige und kontrastive Lehrwerke

Unterscheiden kann man Lehrwerke auch danach, ob es sich um einsprachige Lehrwerke oder kontrastive Lehrwerke handelt, wobei die Charakterisierung durch das Stichwort 'kontrastiv' eine große Bandbreite von Varianten aufweist. „Kontrastiv" nennen sich nicht nur Lehrwerke, die im Bereich von Wortschatz- und Grammatikvermittlung explizit vergleichend sind oder implizit Übungen kontrastiv ausrichten, sondern auch Lehrwerke, die im Prinzip eigentlich einsprachig sind, aber eine ausgangssprachliche Metasprache haben. Außerdem gibt es Mischformen, z. B. Lehrwerke, die aus einsprachigen Kursbüchern und kontrastiven Arbeitsbüchern bestehen.

Es gibt keine Antwort auf die Frage, ob einsprachige oder kontrastive Lehrwerke generell eher zu empfehlen sind. Die Unterscheidung in einsprachige und kontrastive Lehrwerke geht zumeist einher mit der Produktion des Lehrwerkes innerhalb oder außerhalb des deutschsprachigen Raums. Damit verbunden ist auch die Tatsache, dass die Autoren außerhalb des deutschsprachigen Raums stärker auf die jeweiligen Lerntraditionen eingehen können, die Autoren innerhalb des deutschsprachigen Raums zumeist stärker die aktuellen zielsprachlichen Didaktikentwicklungen in ihre Materialgestaltung einbeziehen.

Zu den Begründungen für die Arbeit mit im deutschsprachigen Raum hergestell-
ten, komplett einsprachigen Lehrwerken gehört der Verweis darauf, dass der
Unterrichtsprozess ohnehin immer einsprachig verlaufen sollte. Dass dies keine
unproblematische Annahme ist, zeigen Arbeiten, die auf die Bedeutung der von
den Lernenden beherrschten weiteren Sprachen für das Fremdsprachenlernen
verweisen (vgl. Butzkamm/Caldwell 2009; Chaudhuri 2009; Rösler 2010;
Oomen-Welke, B4; [2]2010, B1). Kritisch festzuhalten ist zumindest, dass ein ein-
sprachiges Lehrwerk weder auf die sprachlichen und kulturellen Kenntnisse der
Lernenden noch auf die bisher gemachten Sprachlernerfahrungen eingehen
kann. Lediglich die Tatsache, dass in den allermeisten Fällen Deutschlernende
inzwischen Deutsch als zweite, dritte oder vierte Fremdsprache lernen (nach
Englisch als erster Fremdsprache) ist in die Gestaltung mancher Lehrwerke eingegangen (vgl. Hufeisen/Neuner 2003).

7 Regionalisierte Lehrwerke und Lehrwerkadaption

Wenn man der Auffassung ist, dass dieses fehlende Eingehen auf die Kulturen
und Lerngewohnheiten der Lernenden sei ein Manko, jedoch aus unterschiedlichen Gründen kein vor Ort erstelltes kontrastives Lehrwerk vorhanden ist, dann
bietet es sich an, vorhandene einsprachige Lehrwerke genauer auf die Lernenden zuzuschneiden. Dies geschieht zum einen vor Ort, indem Lehrende das
Material adaptieren (vgl. Rösler 1984), es kann aber auch dadurch geschehen,
dass die Lehrwerkmacher selbst sogenannte Regionalisierungen produzieren,
ein Vorgehen, dass vor allen Dingen Ende der 1970er, Anfang der 1980er Jahre
als Versuch diskutiert wurde, stärker lernerbezogenes Material zu generieren
(vgl. z.B. Gerighausen/Seel 1984; vgl. ein Beispiel bei Diop, G1). Regionalisierungen können auf sehr unterschiedlichen Ebenen liegen – die Unterschiede reichen von einer Art verkaufsförderndem Feigenblatt, das das Lehrwerk im Prinzip unverändert lässt, aber Instruktionen in die Ausgangsprachen übersetzt, bis
hin zu tatsächlichen Versuchen, durch regionale Arbeitsbücher auf die Sprache
und Kultur der Lernenden einzugehen. Je weniger die Regionalisierung nur ein
Marketingkonzept für einsprachige Lehrwerke ist, desto stärker nähert das
Lehrwerk sich dem Konzept eines kontrastiven, in der Region der Lernenden
erstellten Lehrwerks an (vgl. z.B. die Diskussionen in Abel 1988 oder Jung
2005).

8 Alternativen zur Arbeit mit Lehrwerken

Lehrwerke sind zwangsläufig zielgruppen*un*genau in dem Sinne, dass sie nicht
zur konkreten Lernergruppe vor Ort passen. Deshalb hat es im Laufe der fremdsprachendidaktischen Diskussion des 20. Jahrhunderts immer wieder Versuche
gegeben, dieser Zielgruppenungenauigkeit der Lehrwerke ein Material ent-

gegenzusetzen, das **für** spezielle Gruppen oder sogar **von** konkreten Lernergruppen selbst produziert wird. Derartige Versuche, beeinflusst von prinzipiellen Positionen zum Lernen wie denen von Freinet, Freire oder Rogers (vgl. z. B. Curran 1972), haben gegenüber kommerziellen Lehrwerken fast immer den Vorteil, dass sie im Hinblick auf die Inhalte näher an den Lernenden sind und zu einer Stärkung der Selbstbestimmung des Fremdsprachenlernens auf der inhaltlichen Ebene beitragen. Selbstproduziertes Material unterliegt allerdings leicht der Gefahr, die nötige Komplexität auf thematische Belange zu reduzieren, während professionelle Lehrwerke komplexe Gesamtheiten darstellen, die unterschiedliche sprachsystembezogene Erwägungen (Aussprache, Wortschatz, Grammatik, Pragmatik, landeskundliche Plurizentrik) sowie eine Vielfalt von Übungen und Arbeits- und Sozialformen und eine möglichst lernerrelevante Themenauswahl in eine produktive Balance zu bringen versuchen.

Je stärker Lehrmaterial auf die Lernenden bezogen ist und je stärker die Lernenden selbstbestimmt an der Auswahl oder der Gestaltung des Lehrmaterials mitarbeiten können, desto größer ist die Chance für einen motivierenden Unterricht; je mehr sich Teilaspekte des komplexen Gebildes Lehrwerk verselbständigen, desto größer ist die Gefahr, dass andere Teilaspekte nicht adäquat unterstützt werden. Je besser Lehrende ausgebildet und je besser die materielle Ausstattung und das Zeitbudget der Lehrenden sind, desto eher wird es möglich, vom vorgegebenen Lehrwerk abzuweichen. Je schwächer Lehrende ausgebildet sind, je weniger Zeit sie zur Vorbereitung haben usw., desto stärker wird das kommerzielle Lehrwerk den Unterricht prägen oder bestimmen. Die vieldiskutierte Spanne der Funktion von Lehrwerken – vom Steinbruch bis zur Unterrichtsdeterminierung – hat hier ihren Ursprung; beides sind Verwendungsweisen von Lehrwerken, die in unterschiedlichen Konstellationen unterschiedlich sinnvoll sind. In vielen Fällen wird eine Mittelposition sinnvoll sein: die Adaption von Lehrwerken an die Zielgruppe, die die Grundstruktur eines Lehrwerks beibehält, große Energie in die Auswahl des am besten bzw. am wenigsten geeigneten Lehrwerks für eine konkrete Gruppe steckt und danach versucht, durch Weglassen, Umschreiben, Neuschreiben, gegen den Strich lesen usw. das Lehrwerk für die jeweilige Lernergruppe möglichst passend zu machen (vgl. Rösler 1984).

9 Lehrwerke für Deutsch als Zweit- und Fremdsprache

Die Begriffe Deutsch als Fremdsprache und Deutsch als Zweitsprache werden in der fachdidaktischen Diskussion nicht immer sauber getrennt, und die Zuordnung ist auch nicht ganz einfach (vgl. Ahrenholz [2] 2010, A 1; Überblick in Rösler 2012, 23–32). Bezogen auf Lehrmaterialien und Lehrwerke ist Deutsch als Zweitsprache eine Art Sammelbezeichnung für Zielgruppen, die im Laufe der letzten 40 Jahre oft als 'Gastarbeiter', 'Aussiedler', 'Ausländerkinder' usw. bezeichnet worden sind (vgl. den Rückblick über die für diese Gruppen entwickelten Materialien von Kuhs 2002 und aktuell Kuhs ²2010, D1). Zu Beginn der Migrationsphase wurden für die damals sog. 'Gastarbeiter' klassische Deutsch als Fremdsprache Lehrwerke eingesetzt, diese erwiesen sich für diese Lernergruppe als ungeeignet (vgl. Barkowski u. a. 1980). Anders als DaZ-Lehrwerke können DaF-Lehrwerke zumeist von einem homogenen Sprachstand der Lernenden ausgehen, den sog. Nullanfängern.

10 Lehrmaterialanalyse

Die in der Bundesrepublik Deutschland zunächst hauptsächlich für die Fremdsprachen Englisch und Französisch betriebene Lehrmaterialanalyse (vgl. Neuner 1979 und später Kast/Neuner 1994) erhielt Ende der 1970er Jahre im Fach Deutsch als Fremdsprache großen Auftrieb durch ein vom Auswärtigen Amt in Auftrag gegebenes Gutachten über vorhandene DaF-Lehrwerke. Dieser Auftrag führte dazu, dass erstmals intensiv über Kriterien für die Analyse von Lehrwerken diskutiert wurde und dass Lehrwerke nach diesen Kriterien in den sog. Mannheimer Gutachten (vgl. Kommission für Lehrwerke DaF 1978 und Engel/Krumm/Wierlacher 1979) auch tatsächlich analysiert wurden. Etwas später wurde mit der Analyse von Lehrwerken für eine spezielle Zielgruppe, für ausländische Arbeiter (vgl. Barkowski u. a. 1980), die Lehrwerkanalyse durch eine weitere große Unternehmung vorangetrieben. Diese beiden umfangreichen Lehrmaterialanalyseprojekte für Deutsch als Fremd- und Zweitsprache haben größere Kontroversen ausgelöst (vgl. z. B. die in Heft 2 (1978) der Zeitschrift *Zielsprache Deutsch* abgedruckten Beiträge). Den Mannheimer Gutachten, die wie keine andere lehrmaterialanalytische Unternehmung zuvor darauf bestanden haben, dass Lehrmaterialien offen legen sollten, für welche Zielgruppe sie gedacht sind, wurde vorgeworfen, ihnen gelinge es selber nicht, die Zielgruppe ihrer Gutachten festzulegen.

Nach dieser ersten großen Anstrengung zerfaserte die Lehrmaterialanalyse in Deutschland. Sie ist weiterhin aktiv durch die Rezensionen von Neuerscheinungen in Fachzeitschriften, sie funktioniert durch gelegentliche auf Lehrwerkanalyse fokussierte Forschungsarbeiten, aber vor allem zeigt sie sich in einer Vielfalt von Einzelarbeiten zu sprachlichen und landeskundlichen Fragestellungen (vgl. hier Koreik, C7), die auch (aber nicht nur) lehrmaterialanalytisch arbeiten. Systematisch lässt sich die Lehrmaterialanalyse in drei Teilbereiche unterteilen. Diachrone Lehrwerkanalyse vollzieht Entwicklungslinien nach, rezeptionsanalytische Lehrwerkanalyse erforscht in empirischen Untersuchungen, wie Lernende mit bestimmten Lehrwerken oder Teilen von Lehrwerken wie z. B. Übungen oder Aufgaben umgehen (vgl. z. B. Würffel 2006), und die werkanalytische Lehrwerkanalyse diskutiert Lehrwerke anhand von aus der fachdidaktischen Diskussion entstehenden Kriterien. Diachrone und rezeptionsanalytische Arbeiten sind dabei verglichen mit werkanalytischen in der Minderheit.

Literatur

Abel, Brigitte: Wie kulturspezifisch sind regionale Lehrwerke? Die regionalen Ausgaben des Lehrwerks *Deutsch konkret*. In: Jahrbuch Deutsch als Fremdsprache (1988) Heft 14, 238–258

Ahrenholz, Bernt: Erstsprache – Zweitsprache – Fremdsprache. In: Ahrenholz/Oomen-Welke ²2010, 3–16

Ahrenholz, Bernt/Oomen-Welke, Ingelore (Hrsg.): Deutsch als Zweitsprache. Deutschunterricht in Theorie und Praxis Bd. 9. Baltmannsweiler: Schneider Hohengehren, ²2010

Barkowski, Hans/Fritsche, Michael/Göbel, Richard/von der Handt, Gerhard/Harnisch, Ulrike/Krumm, Hans-Jürgen/Kumm, Sigrid/Menk, Antje-Katrin/Nikitopoulos, Pantelis/Werkmeister, Manfred: Deutsch für ausländische Arbeiter. Gutachten zu ausgewählten Lehrwerken. Königstein: Scriptor 1980

Bernstein, Wolf Z.: Leseverständnis als Unterrichtsziel. Heidelberg: Groos 1990

Buhlmann, Rosemarie/Fearns, Anneliese: Handbuch des Fachsprachenunterrichts. Tübingen: Narr ⁶2000

Butzkamm, Wolfgang/Caldwell, John A. W.: The Bilingual Reform. A Paradigm Shift in Foreign Language Teaching. Tübingen: Narr 2009

Chaudhuri, Tushar: Die Bedeutung der mehrsprachigen Ausgangssituation für die Grammatikvermittlung im Unterricht Deutsch als Fremdsprache in Indien. Tübingen: Narr 2009

Curran, Charles A.: Counseling-Learning. A Whole-Person Model for Education. New York. London: Grune & Stratton 1972

Engel, Ulrich/Krumm, Hans-Jürgen/Wierlacher, Alois: Mannheimer Gutachten zu ausgewählten Lehrwerken Deutsch als Fremdsprache Band 2. Heidelberg: Groos 1979

Funk, Hermann: Gemeinsamer europäischer Referenzrahmen und die Entwicklung von DaF-Lehrwerken – von Theorie und Praxis. In: Eßer, Ruth/Krumm, Hans-Jürgen (Hrsg.): Bausteine für Babylon: Sprache, Kultur, Unterricht. Festschrift zum 60. Geburtstag von Hans Barkowski. München: Iudicium 2007, 242–253

Gerighausen, Josef/Seel, Peter C.: Der fremde Lerner und die fremde Sprache. Überlegungen zur Entwicklung regionalspezifischer Lehr- und Lernmaterialien für Länder der Dritten Welt. In: Jahrbuch Deutsch als Fremdsprache (1984) Heft 10, 126–162

Hufeisen, Britta/Neuner, Gerhard (Hrsg.): Mehrsprachigkeitskonzept - Tertiärsprachenlernen – Deutsch nach Englisch. Graz: Europäisches Fremdsprachenzentrum 2003

Jung, Young-Soon: Interkulturelle Konzeption eines Deutschlehrwerks für koreanische Lerner. Eine Fallstudie zur Entwicklung kulturell und regional adaptierter Lehrwerke anhand der Anredeformen. München: Iudicium 2005

Kast, Bernd/Neuner, Gerhard (Hrsg.): Zur Analyse, Begutachtung und Entwicklung von Lehrwerken für den fremdsprachlichen Deutschunterricht. Berlin u. a.: Langenscheidt 1994

Kommission für Lehrwerke DaF: Mannheimer Gutachten zu ausgewählten Lehrwerken Deutsch als Fremdsprache. Heidelberg: Groos 1978

Krumm, Hans-Jürgen/Ohms-Duszenko, Maren: Lehrwerkproduktion, Lehrwerkanalyse, Lehrwerkkritik. In: Helbig, Gerhard u. a. (Hrsg): Deutsch als Fremdsprache. Ein internationales Handbuch. 2. Halbband. Berlin New York: de Gruyter 2001, 1029–1041

Kuhs, Katharina: Lehrwerke und Unterrichtsmaterialien für die schulische Vermittlung und Förderung von Deutsch als Zweitsprache. In: Ahrenholz/Oomen-Welke ²2010, 315–323

Kuhs, Katharina: Lehrwerkanalyse und Lehrwerkforschung in 'Deutsch lernen' 1975–2000. In: Deutsch als Zweitsprache (2002) Extraheft, 34–39

Neuner, Gerhard: Lehrwerkanalyse und -kritik als Aufgabenfeld der Fremdsprachendidaktik - zur Entwicklung seit 1945 und zum gegenwärtigen Stand. In: Neuner, Gerhard (Hrsg.): Zur Analyse fremdsprachlicher Lehrwerke. Frankfurt/M. u. a.: Lang 1979, 5–39

Oomen-Welke, Ingelore: Deutsch und andere Sprachen im Vergleich. In: Ahrenholz/Oomen-Welke ²2010, 33–48

Rösler, Dietmar: Lernerbezug und Lehrmaterialien Deutsch als Fremdsprache. Heidelberg: Groos 1984

Rösler, Dietmar: Deutsch als Fremdsprache mit digitalen Medien - Versuch einer Zwischenbilanz im Jahr 2008. In: Info DaF 35 (2008) Heft 4, 373–389

Rösler, Dietmar: The integration of language and contents in foreign language degree courses at university level. In: Forum Sprache (2010) Heft 3, 10–16

Rösler, Dietmar: Deutsch als Fremdsprache. Eine Einführung. Stuttgart: Metzler 2012

Würffel, Nicola: Strategiegebrauch bei Aufgabenbearbeitungen in internetgestütztem Selbstlernmaterial. Tübingen: Narr 2006

WERNER BIECHELE

D 3 Literatur und Literaturdidaktik in Deutsch als Fremdsprache: Zur Aktualität des Gegenstandes

1 Zum Gegenstand und seiner Bedeutung

Der interkulturelle Ansatz seit den 1990er Jahren des vorigen Jahrhunderts hat insbesondere die Bedeutung literarischer Texte, sowohl im fremdsprachlichen als auch im muttersprachlichen Unterricht, für die Förderung eines gelingenden interkulturellen Dialogs durch interkulturelles Lernen ins Blickfeld gerückt. Der kompetente Fremdsprachenlerner zeichnet sich heute auch dadurch aus, wie es ihm gelingt, den sozialen Prozessen von Kultur in literarischen Texten nachzugehen und diese zu begreifen (Biechele 2009, 35 ff.). Interkulturelle Kompetenz als Lehr- und Lernziel fremd- und muttersprachlichen Literaturunterrichts ist das Stichwort, Interkulturalität als Haltung und Einstellung, die sich in Prozessen interkultureller Begegnung herausbildet, hier wie da wichtiges Erziehungsziel. Die Verbindung von sprachlichem und kulturbezogenem Lernen ist heute nicht nur aus sprachdidaktischer, sondern auch aus politischer Sicht hochaktuell. Roche geht so weit zu behaupten, „ein Kulturverständnis, das Kultur als irrelevant für den Spracherwerb ansieht," verfehle „die Bedürfnisse des Sprachunterrichts", und er sieht im Lehren und Lernen von Fremdsprachen „eines der wichtigsten politischen Instrumente unserer Zeit, auch wenn diese Tatsache von Politikern weitgehend ignoriert und ihre Signifikanz von Sprachlehrerinnen und -lehrern häufig verkannt wird" (Roche 2001 4). Diese beiden wichtigsten Ziele, Sprachkompetenz und interkulturelle Kompetenz, lassen sich über literarische Texte besonders gut vermitteln, wenn wir zur Erschließung der Texte hermeneutische Verfahren nutzen. Die Hermeneutik ist ein Verfahren, „das in grammatischen Zusammenhängen zugleich den empirischen Gehalt von [...] Lebensverhältnissen erschließt (Habermas 1968, 218). Menschen schätzen an Literatur, dass diese sie mit ihren Fragen an das Leben nicht allein lässt. Im Unterrichtsprozess ist es didaktisch-methodisch Aufgabe des Lehrenden, die rezipierenden Lerner dahin zu führen, die literarischen Texten innewohnenden Fragen als Gesprächsangebote anzunehmen (vgl. auch Reiß-Held/Busch, D 2). In einem solchen Unterricht muss sich das Verstehen in der Dialektik von Lenkung durch den Text und Freiheit der Deutung vollziehen; angemessenes, am Text belegbares Interpretieren im Sinne einer kritischen Hermeneutik bei der Vielfalt der Interpretationsansätze immer Ziel sein.

Als prinzipielle Aspekte der Literaturvermittlung im Fach DaF müssen gelten, dass der literarische Text auch im DaF-unterrichtlichen Diskurs einen Anspruch darauf hat, entschlüsselt zu werden und dass die Lerner durch sachkundige Unterrichtsgestaltung mit Konventionen des Deutens von Literatur vertraut gemacht und ihnen damit entsprechende Werkzeuge zum Entschlüsseln der versteckten Botschaften der Texte in die Hand gegeben werden.

Beispiel 1:

Matthias Schreiber
Demokratie

Ich will.
Du willst.
Er will.
Was wir wollen,
geschieht.
Aber was geschieht,
will keiner von uns.

(Schreiber 1985, 120)

Es reicht nicht, diesen Text für die Konjugation von *wollen* zu nutzen. Der Ideengehalt des Textes fordert es geradezu ein, mit den Lernern über Demokratie zu reden; über deren Vorzüge ebenso wie über deren „grundsätzlich unlösbare Widersprüche und Konflikte" (Herzinger 1997, 100).

Interkulturelle Zielsetzungen im Fremdsprachenunterricht sind heute in ihrer Bedeutung unstreitig; was im fremdsprachlichen Literaturunterricht gelernt werden sollte, ist „Fremdheit zu ertragen, andere Ausdrucks- und Lebensformen als andere Möglichkeiten des Menschseins ernst zu nehmen und diese sowie Unterschiede in den Lebensumständen nach ihrer Berechtigung zu befragen" (Griesmayer/Wintersteiner 1996, 7). Exemplarisch sei Willis Edmondson genannt, der nach eigener Aussage lange Zeit eine kritische Einstellung zur interkulturellen Didaktik hatte, dann aber bekannte: „Ich vertrete den Standpunkt, dass kulturelle bzw. interkulturelle Einsichten durchaus ein Gewinn für den Fremdsprachenunterricht sind, wenn sie sich aus einer spracherwerbsrelevanten Auseinandersetzung mit Aspekten der Zielsprache ergeben" (Edmondson 2002, 355).

2 Der literarische Text im Unterricht Deutsch als Fremdsprache

Der Umgang mit Literatur ist ein gesellschaftlicher Vorgang, ist künstlerisch-schöpferische Tätigkeit sowohl durch den Autor als auch durch den Leser. Die Entstehungskultur wirkt auf den literarischen Text des Autors, der Text wirkt in die Kultur des Lesers. Literatur, die „auf angemessene Weise von der Komplexität des Subjekts, der Welt und des Lebens spricht, über die wir uns über unser Dasein in der Welt und über unser Gegenübersein zur Welt, also über uns selbst verständigen" (Braungart 2004, 303), stellt, verbunden mit einem kompetenten Umgang mit den Texten, einen hohen Wert für Bildung und Erziehung dar. Die Literaturdidaktik im Allgemeinen und die fremdsprachliche im Besonderen hat die Aufgabe, den literarischen Text in seinem Bezug zum Lerner, zu den Lernkontexten und -traditionen sowie zu seinem Schwierigkeitsgrad, seinem Aufbau und seinen Inhalten zu analysieren und im Hinblick auf die angestrebten Lehr- und Lernziele zu bewerten. Literatur im Fach Deutsch als Fremdsprache schließt in besonderem Maße Texte ein, die den interkulturellen Dialog auslösen können. Der kulturelle Wert eines literarischen Textes ergibt sich aus seiner Mehrfachkodierung innerhalb einer plural verstandenen Welt, Literatur identifiziert in diesem Verständnis nicht, sie eröffnet Reflexionsräume. Wichtig für das Lernen mit literarischen Texten im FU ist der Begriff der „Symbolischen Kompetenz". Er wurde von der US-amerikanischen Germanistin Claire Kramsch geprägt (Riedner/Dobstadt 2001, 22 ff.; vgl. D 4) und als wichtiges Lernziel für einen zeitgemäßen Fremdsprachenunterricht bestimmt. Literarische Texte im Fach DaF werden danach nicht zur Identitätsstiftung in Anspruch genommen, sondern für ein Aushandeln kultureller Differenzen. Sie bieten, so verstanden, Möglichkeiten, die Motivation der Lerner für Literatur zu befördern. Ein solcher Ansatz baut auf der Subjektivität der Prozesse kultureller Annäherung auf und strebt Sensibilisierung durch Differenzierung an. Die in der fremden Kultur beobachteten und den Beobachter befremdenden Handlungen und Einstellungen bewirken Aktivität, deren Wahrnehmung sowohl das Aufbrechen von Vertrautheiten als auch das Verstehen ermöglichen kann, beides ist für den Austausch zwischen den Kulturen wichtig (Biechele 2008, 22 ff.). Anders als z. B. bei Volkmann u. a., die interkulturelle Kompetenz „als differenziertes Wissen über die zum größten Teil ungeschriebenen Verhaltens- und Kommunikationsmuster der anderen Kultur" begreifen (Volkmann u. a. 2002, 7), sollte der literarische Text als Medium genutzt werden, eigene Erfahrungen mit der Beurteilung von Menschen aus anderen Kulturen am Text zu untersuchen und auf Stereotypie und Wirklichkeit hin zu überprüfen.

Beispiel 2:

Beat Brechbühl
Aus dem Branchenbuch

Garagenbau

Unsere Autogaragen
müssen sauber & geheizt sein
nicht so
wie in Anatolien Indien
Indochina
die Wohnungen und Häuser
der Leute

(Brechbühl 1989, 101)

Was lässt sich den Lernern mit diesem Text vermitteln?

Der Text baut einen Gegensatz auf zwischen Eigenem (in diesem Falle Schwei-
zern) und Fremdem (in diesem Falle Bewohner asiatischer Länder). Der
Betrachter nimmt – ethnozentristisch – seine Lebensweise zum Maßstab für die
Sicht auf das Andere, fremd Erscheinende, stülpt das eigene Weltverständnis
dem Text über. Die daraus resultierende Arroganz verstellt den Blick für eine
realistische Betrachtung des Fremden, Anderen und schließt dessen Anerkennung aus.

Anerkennung heißt aber, „den Anderen ernst zu nehmen, gerade auch dadurch,
dass man sich mit ihm auseinandersetzt. Die Bereitschaft dazu setzt freilich auch
eine kritische Haltung gegenüber dem eigenen Orientierungssystem voraus,
einen geschärften Blick für die Rationalitätsdefizite und Widersprüche in der
eigenen Kultur und Gesellschaft, Wachsamkeit gegenüber den eigenen Wahrnehmungsgewohnheiten" (Auernheimer 2000, 22). Die Perspektive zu wechseln
und die Welt auch aus anderen kulturellen Blickwinkeln zu sehen, also aus der
Perspektive der jeweils fremden Kultur, das schließt ein, erkennen zu können,
dass die eigene Wahrnehmung der Welt von den soziokulturellen Faktoren des
eigenen Lebensbereichs geprägt ist. Genau diese Wachsamkeit gegenüber den
eigenen Wahrnehmungsgewohnheiten regt der Text an, wenn er, seinen Lesern
den Spiegel vorhaltend, ironisch geistige Überlegenheit demonstriert; ohne das
Wissen um diese Ironie wäre der Text überhaupt nicht zur Vermittlung interkultureller Kompetenz geeignet. Und diese Ironie ließe sich den Lernern nicht vermitteln, setzte man sich im Unterricht nicht mit der Botschaft des Textes auseinander. Rösch ist sehr zuzustimmen, wenn sie mit Blick auf die Auswahl literarischer Texte konstatiert: „Will man im interkulturellen Literaturunterricht nicht
nur zur, sondern auch durch Literatur erziehen, sollten Werke mit Konfliktstoff
ausgewählt werden, die die Lernenden in Erstaunen versetzen und eine konfron-
tative Anschlusskommunikation einfordern" (Rösch 2011, 348).

Eine Literaturvermittlung, die die Beschreibung der subjektiven Erfahrungen
mit Fremdheit zum Gegenstand des Unterrichts macht und in der Auseinandersetzung mit dem Fremden, Anderen die Lerner zu Empathie, Rollendistanz und
Ambiguitätstoleranz anhält, wird zu Interkulturalität als Haltung und Einstellung und damit zu interkultureller Kompetenz als wichtiger Schlüsselqualifikation führen, einer Schlüsselqualifikation, die befähigt, die Begrenztheit der eigenen Perspektive zu erfahren und kritisch zu reflektieren, Alternativen zu eigenen
Verhaltensmustern zu erdenken und Fremdheit/Andersheit auszuhalten und zu
tolerieren. Solche Formen perspektivischen Sehens mit Hilfe literarischer Texte
zu vermitteln, gehört zu den in ihrer Bedeutung nicht zu unterschätzenden Aufgaben des Deutsch als Fremdsprache-Unterrichts.

Esselborn hat die „Voraussetzungen zur systematischen Grundlegung einer
interkulturellen Literaturdidaktik" (Esselborn 2003, 480ff.) dargestellt; ihm ist

grundsätzlich zuzustimmen, wenn er die neuen Konzepte für die fremdsprachliche Literaturdidaktik an der muttersprachlichen Literaturdidaktik orientiert sieht und diese als Teil des literarischen, des wissenschaftlichen und des bildungspolitischen Diskurses zugleich auf die allgemeine Pädagogik und Erziehungswissenschaft und besonders auf die aktuelle Theoriediskussion der Literaturwissenschaft verwiesen sieht (Esselborn 2003, 481). Die Literaturdidaktik bewegt sich in einem Spannungsfeld von Literaturwissenschaft, Schule (Unterricht) sowie Bildungs- und Lerntheorien. Die Vermittlung von Literatur im muttersprachlichen wie im fremdsprachlichen Unterricht kann einen wichtigen Beitrag zur Stiftung kultureller Kohärenz leisten, hier zwischen der aktuellen Lebenswelt der Lerner und der historischen Tradition, dort zwischen der fremdkulturellen Lebenswelt des Textes und der eigenkulturellen Welt der Lerner.

Die besonderen Potenzen erklären sich aus der Funktion von Literatur „als Träger landeskundlicher Inhalte", die Einblicke in „Lebensformen, soziale Hierarchien, Konventionen und Formen bürgerlichen Selbstverständnisses gewähren" (Ehlers 2001, 1335), und deren spezifischem Modellcharakter, der sich aus der Tatsache ergibt, dass „literarische Texte ihr Modell von 'Welt' nicht so [präsentieren], dass sie als erkannt und durchschaut vor uns erscheint, sondern indem sie uns selbst in Prozesse der Erfahrungsbildung darin verstricken" (Krusche 2002, 394).

Es geht insbesondere

- um Methoden/Modelle, im Zentrum von deren Interesse nicht nur der literarische Text selbst, sondern auch die literarischen Kommunikationsprozesse zwischen dem deutschsprachigen Text und den fremdkulturellen Rezipient/inn/en stehen,
- die also diese Dimensionen der literarischen Texte zur Entfaltung bringen, statt sich nur um stilistische Besonderheiten oder formale Merkmale sprachlicher Art zu kümmern.

Nehmen wir als Beispiele zwei Leichenreden von Kurt Marti (Marti 1969, 32 und 34, die wir hier nicht abdrucken können). Die beiden Texte haben Lebenshaltungen und -einstellungen zum Gegenstand, die in ihrer künstlerischen Verdichtung als exemplarisch für Menschen in den deutschsprachigen Ländern in Mitteleuropa gelten dürfen und insofern auch direkter Ausdruck unserer Zeit und deren inneren Zustandes sind.

In beiden Texten werden unterschiedliche Möglichkeiten der Lebensgestaltung dargestellt. Die Lernenden werden sich spontan zu den Texten und ihrer provozierenden Gegenüberstellung äußern, darüber hinaus lässt sich mit den Lernern ins Gespräch kommen über Impulse wie

Welche Art zu leben gefällt Ihnen/gefällt Ihnen nicht?
Mögen Sie die im Fokus der Leichenreden stehenden Menschen?

Sammeln Sie dafür Argumente/Gegenargumente (auch in Gruppen)!
Wie soll man leben?

Der Unterricht mit literarischen Texten muss insgesamt zum Erwerb von Fähigkeiten und Fertigkeiten der Lerner führen, Texte möglichst vielfältig in
Gebrauch zu nehmen im Gespräch, über Anregungen zum Schreiben oder durch
szenische Verfahren der Gestaltung. Vergleiche fiktiver Texte, die die Lehrperson entwirft, mit den Aussagen des jeweiligen konkreten Textes bieten gute Möglichkeiten der Kontrolle des Textverständnisses. Das fremdsprachliche Gespräch
über Literatur wird zur sprachlichen Übung mit literarischen Texten, wenn verschiedene Stellungnahmen artikuliert, vergleiche mit anderen Meinungen gezogen und so die jeweils eigenen Auffassungen überprüft werden können.

Lerner erleben die deutschen Texte als Zeugnisse einer noch fremden Kultur, mit
denen sie aber ausgehend von der eigenen, ihnen vertrauten Kultur umgehen.
Ziel der Arbeit mit literarischen Texten muss Erfahrungslernen sein, als Ergebnis einer Erkundung, die sich in der interkulturellen Begegnung vollzieht und in
der Differenzen überhaupt erst erzeugt werden. Interkulturelle Kommunikation
funktioniert wesentlich über die Anerkennung der Differenz, ganz im Verständnis Gutjahrs, für die Interkulturalität als übergreifendes Bildungs- und Erziehungsziel „nicht Interaktion im Sinne von je kulturell Eigenem" meint, „sondern
auf ein intermediäres Feld" zielt, „das sich im Austausch der Kulturen als Gebiet
neuen Wissens herausbildet und erst dadurch wechselseitige Differenzidentifika-
tion ermöglicht" (Gutjahr 2002, 352 f.).

3 Textauswahl und Kanonfrage

Veränderte Perspektiven auf Literaturwissenschaft und Literaturdidaktik haben
auch die Überlegungen zu einem Kanon möglicher Texte für den (nicht nur)
fremdsprachlichen Literaturunterricht und deren Auswahl beeinflusst. Der im
19. Jahrhundert als Ausdruck bildungsbürgerlicher Vorstellungen von einer
deutschen Kulturnation begründete, von Exklusivität bestimmte Lektürekanon
ist seit den 1960er Jahren von Überlegungen geprägt, die den Status der traditionellen Philologien und des literarischen Kanons neu bestimmen. Im Fach DaF
werden seit den 1990er Jahren literarische Texte nicht mehr im Rahmen eines
Kanons deutschsprachiger Literatur in seiner traditionellen Form, sondern in
dem Rahmen ihres Stellenwertes für den sprachlichen und kulturellen Entwicklungsprozess der Adressaten ausgewählt. Es rücken Texte in den Blickpunkt, die
sich vom herkömmlichen Kanon, orientiert allein an der Poetizität der Texte und
ihrer Zurechnung zur Hochkultur, entfernen. Wichtiger als Art und Umfang des
Textkanons ist eine Methodologie des Umgangs mit Texten; fremdsprachige
Deutschlerner sollten anfangs Sprachmittel kennen lernen, die ihnen helfen,

über sich und ihre Welt zu sprechen, ausgehend von Themen, die sich ihrer Erfahrungswelt erschließen, dies unter Einbeziehung von literarischen Texten. Nicht allein der pragmatische Wert von Sprache ist von Bedeutung, sondern mindestens ebenso deren Bildungswert. Wichtig im Sprachunterricht ist der Lerner als handelnde Person, als verstehendes Wesen wie als Teilhaber an der sprachlichen Kommunikation. Der Lerner steht im Mittelpunkt des Interesses, nicht die Vermittlung von kulturellem Wissen in welchem Verständnis auch immer.

Als Instrument der kulturellen Sinnbildung und Sozialisation muss der Kanon seine formativen Funktionen immer wieder erneuern. Es ist notwendig, Texte auszuwählen, die in ihrem Sinnangebot plausibel auf die geschichtliche Situation, in der die Lerner leben, zu beziehen sind. Literarische Texte sind in diesem Verständnis auszuwählen mit Blick auf ihren Stellenwert im sprachlichen und kulturellen Entwicklungsprozess der Adressaten. Sie sind immer wieder kritisch zu überprüfen mit Blick auf die Wirkung von Texten in Lesern und auf die kulturwissenschaftliche Frage nach den Interaktionen von Mensch und Literatur in sozialen Zusammenhängen. Nicht die ästhetische Isolierung, sondern der Blick auf deren soziokulturelle Einbettung kann die kulturvermittelnde Dimension literarischer Texte wirksam werden lassen. Durch die Darstellung von Menschen und deren konkreten Erfahrungen kann interkulturelle Literatur, die kulturelle Interdependenzen zum Gegenstand hat, Fremdes emotional erfahrbar und in ihrer Allgemeingültigkeit nachvollziehbar machen.

Die zwei folgenden Texte entsprechen diesem Anspruch, sie behandeln das Problem des Fremdseins von unterschiedlichen Standpunkten des jeweils Fremden aus:

Beispiel 3

Said
Brief eines Emigranten

Ich krieche mühsam hierher,
setze mich geräuschvoll hin,
strecke meine Gefühle von mir,
nehme viel Platz ein –
und werde nicht benötigt.

(Said 1990, 18)

Beispiel 4

Senol Akkilic
Ein Wiener anderer Sorte

Ich bin ein Wiener anderer Sorte:
Ein bisschen Kebab,
Ein bisschen Sachertorte.
Schau nicht auf meinen Namen,
Frag nicht woher ich bin.
Ich bin ein Mensch aus Wien.

(Akkilic 1999, 26)

Relevant für die fremdsprachliche Literaturdidaktik ist ein am Text belegbares Interpretieren im Verständnis einer interkulturellen Hermeneutik, die methodisch „im Spannungsfeld zwischen ästhetischem Lesen, soziokulturellen Determinanten des Lesens und interkulturellem Verstehen" zu sehen ist (Mecklenburg 2008, 12). Die für den fremdsprachlichen Unterricht mit Literatur relevan-

ten Texte sollten immer wieder neu vom Lehrenden für die konkrete Unterrichtssituation ausgewählt werden, statt sich an gegebenen Kanones zu orientieren. Dazu gehören

- Texte, die Fremdheitsthematik und Minderheitensituationen darstellen,
- Texte, die literarische Bezichungen und Parallelen zwischen den deutschsprachigen Literaturen und denen des Kulturraumes der Adressaten offenbaren,
- Texte, die ausdrücklich kontrastiv zur kulturellen Tradition der Lerner/inn/en
  stehen;
- Reiseliteratur, Migrationsliteratur und deutsche Minderheitenliteraturen sind
  wichtige Quellen.

Zu heutiger interkultureller Weltliteratur gehören postkoloniale Literaturen,
Literaturen von Minderheiten und Migranten, die durch Kulturgrenzen sowie
deren Thematisierung und Überschreitung geprägt sind, oder Texte, in denen in
der Inszenierung von Kulturthemen menschliche Universalien entdeckt und zum
Brückenschlag zwischen Text- und Leserkultur führen (Biechele 2010, 149;
223 f.). Beispiele für solche Universalien sind:

- Toleranzkultur
- Fragen sozialer Gerechtigkeit
- Die globale Tyrannei des Profitstrebens
- Zivilisationskritik, Umweltproblematik
- Geschlechterrollen und -rechte

Besondere Bedeutung für den interkulturellen Fremdsprachenunterricht haben
weiterhin Kulturthemen, die Opler als in allen Kulturen inhärente und diese gleichermaßen konstituierende, verhaltensbestimmende, explizite oder implizite
dynamische Einstellungen definiert hat (Opler 1969, 609). Auch hier ist es wichtig, Texte zu wählen, die sowohl an der Repräsentativität für die zu vermittelnde
Kultur ausgerichtet sind als auch an der Relevanz für den lesenden Lerner als
Adressaten. Alle angeführten Texte zum Kulturthema „Fremdheit" gehören in
diesen Rahmen, der Vorteil des thematischen Ansatzes liegt in der den Dialog
zwischen Angehörigen verschiedener Kulturen eröffnenden Anschließbarkeit
der Lebenswelten. Wie eng die Verknüpfung zwischen fremdsprachlichem und
muttersprachlichem Literaturunterricht sein kann, wird an der Realität in vielen
deutschen Klassenzimmern deutlich; in denen sitzen heute kaum Lerner mit
gleicher kultureller Prägung, und das ist ein internationales Phänomen.

4 Ausblick

Interkulturelle Kompetenz gehört in einer globalisierten Welt zu den wichtigen
Schlüsselqualifikationen. Sie soll die Menschen befähigen, die Begrenztheit der

eigenen Perspektive zu erfahren, kritisch zu reflektieren und daraus Konsequenzen für das eigene Handeln in der Welt abzuleiten. Hofmann hat dieser Erkenntnis in seinem Lehrbuch über interkulturelle Literaturwissenschaft hohe gesellschaftliche Bedeutung zugewiesen: „Die Aufnahme von Fremdem in das Eigene, die Offenheit für Fremdverstehen und Fremderfahrung ist als eine Schlüsselqualifikation aller gegenwärtigen Gesellschaften anzusehen, und insofern ist die Einsicht in die Mechanismen der Aufnahme von Fremdem von entscheidender Bedeutung für die kompetente Teilnahme an gesellschaftlichen, kulturellen, sozialen und ökonomischen Prozessen" (Hofmann 2006, 18). Solche Formen perspektivischen Sehens mit Hilfe von Literatur zu vermitteln, gehört zu den in ihrer Bedeutung nicht zu unterschätzenden Aufgaben auch des Fremdsprachenunterrichts. Interkultureller (Literatur-)Unterricht, wenn Texte in ihm mehr sein sollen als landeskundliche Dokumente oder Übungsplätze für Sprachlernen, steht und fällt mit einer Form von Kommunikation, in der die eigenen ästhetisch-kulturellen Selbstverständlichkeiten abgestreift und fremdkulturelle Einstellungen und Werthaltungen mit den eigenen vermittelt werden. Die Menschheit im 21. Jahrhundert muss einerseits die Differenz der verschiedenen Kulturen zu bewahren und zu respektieren lernen und gleichzeitig einen Konsens über grundsätzliche Normen der gegenseitigen Anerkennung und Koexistenz entwickeln. Der Fremdsprachenunterricht ist ein Ort, an dem Bildung und Erziehung in diesem Verständnis vermittelt werden können, indem über die Vermittlung von Wissen über fremde Kulturen Verstehen angeleitet und Verständnis für das Fremde, Andere geweckt wird. Literarische Texte im FU bieten dafür beste Möglichkeiten, wenn man ihre Potenziale umfassend nutzt.

Literatur

Akkilic, Senol: Ich bin Kurde. In: Niederle, Helmuth A. (Hrsg.): Die Fremde in mir. Lyrik und Prosa der österreichischen Volksgruppen und Zuwanderer. Klagenfurt u. a.: Hermagoras 1999, 26

Auernheimer, Wolfgang: Grundmotive und Arbeitsfelder interkultureller Bildung und Erziehung. In: Interkulturelles Lernen. Bonn: Bundeszentrale für politische Bildung 2000, 18–34

Biechele, Werner: „Liebe ist … wenn alles so leicht wird!" Kulturthemen als Gegenstand literarischer Texte im fremdsprachlichen (Literatur-)Unterricht. In: Kadzadej, Brikena / Kristo, Ema / de Matteis, Mario / Röhling, Jürgen (Hrsg.): Methodik und Didaktik für den Deutschunterricht (DaF). Oberhausen: Athena 2008, 21–32

Biechele, Werner: Was zeichnet einen idealen Fremdsprachenlerner aus? Interkulturelle Kompetenz – eine Schlüsselqualifikation als Lehr- und Lernziel im fremdsprachlichen (Literatur-) Unterricht. In: Kadzadej, Brikena / Riecke, Jörg / Röhling, Jürgen / Skiba, Dirk (Hrsg.): Dituria. Zeitschrift für germanistische Sprach- und Literaturwissenschaft. Tirana (2009) Heft 6, 35–46

Biechele, Werner: Kanon, Nationalliteratur. In: Barkowski, Hans/Krumm, Hans-Jürgen (Hrsg.): Fachlexikon Deutsch als Fremd- und Zweitsprache. Tübingen / Basel: Francke 2010

Braungart, Wolfgang: Gute Texte, schlechte Texte. In: Schlechte Literatur. Mitteilungen des Deutschen Germanistenverbandes, Jg. 51 (2004) Heft 3, 292–303

Brechbühl, Beat: Garagenbau. In: neue deutsche literatur. Monatsschrift für Literatur und Kritik 37 (1989), Heft 12, 101

Edmondson, Willis: Literatur und interkulturelles Lernen: ein Perspektivenwechsel. In: Barkowski/Faistauer (Hrsg.): ... in Sachen Deutsch als Fremdsprache. Festschrift für Hans-Jürgen Krumm zum 60. Geburtstag. Hohengehren: Schneider 2002, 355–374

Ehlers, Swantje: Literarische Texte im Deutschunterricht. In: Helbig, Gerhard/Götze, Lutz/Henrici, Gerd/Krumm, Hans-Jürgen (Hrsg.): Deutsch als Fremdsprache. Ein internationales Handbuch. 2. Halbband. Berlin/New York: de Gruyter 2001, 1334–1345

Esselborn, Karl: Interkulturelle Literaturdidaktik. In: Wierlacher, Alois/Bogner, Andrea (Hrsg.): Handbuch interkulturelle Germanistik. Stuttgart/Weimar: Metzler 2003, 480–486

Griesmayer, Norbert/Wintersteiner, Werner: Literatur als Angelegenheit des Volkes ... In: Informationen zur Deutschdidaktik ide 20 (1996) Heft 3, 4–7

Gutjahr, Ortrud: Alterität und Interkulturalität. Neuere deutsche Literatur. In: Benthin, Claudia/Velten, Hans Rudolf (Hrsg.): Germanistik als Kulturwissenschaft. Eine Einführung in neue Theoriekonzepte. Reinbek: Rowohlt 2002, 345–369

Habermas, Jürgen: Erkenntnis und Interesse. Frankfurt a.M.: Suhrkamp 1968

Herzinger, Richard: Jenseits des Prinzips Hoffnung. Liberalismus nach der Utopie. In: Jucker, Rolf (Hrsg.): Zeitgenössische Utopieentwürfe in Literatur und Gesellschaft. Zur Kontroverse seit den achtziger Jahren. Amsterdam u.a.: Rodopi 1997, 93–117

Hofmann, Michael: Interkulturelle Literaturwissenschaft. Eine Einführung. Paderborn: Fink 2006

Krusche, Dietrich: Ist Fremde lehrbar? In: Barkowski/Faistauer (Hrsg.) 2002, 387–396

Marti, Kurt: Leichenreden. Neuwied/Berlin: Luchterhand 1969

Mecklenburg, Norbert: Das Mädchen aus der Fremde. Germanistik als interkulturelle Literaturwissenschaft. München: iudicium 2008

Opler, Edward Morris: Kulturthemen. In: Bernsdorf, Wilhelm (Hrsg.): Wörterbuch der Soziologie. Stuttgart: Kröner 1969, 609

Riedner, Renate/Dobstadt, Michael (Hrsg.): Fremdsprache Literatur. Fremdsprache Deutsch (2011) Heft 44

Roche, Jörg: Interkulturelle Sprachdidaktik. Eine Einführung. Tübingen: Narr 2001

Rösch, Heidi: Inter- oder transkulturelle Literaturdidaktik? In: Barkowski, Hans/Demmig, Silvia/Würz, Ulrike (Hrsg.): Deutsch bewegt. Entwicklungen in der Auslandsgermanistik und Deutsch als Fremdsprache. Dokumentation der Plenarvorträge der XIV. Internationalen Tagung der Deutschlehrerinnen und Deutschlehrer. IDT Jena-Weimar 2009. Baltmannsweiler: Schneider Hohengehren 2011, 341–351

Said: Brief eines Emigranten. In: Dann schreie ich, bis Stille ist. Gedichte. Tübingen: Heliopolis 1990, 18

Schreiber, Matthias: Demokratie. Zit. nach: Butzkamm, Wolfgang: Literarische Texte als Sprachlerntexte. In: Heid, Manfred (Hrsg.): Literarische Texte im kommunikativen Fremdsprachenunterricht. New Yorker Werkheft. München: Goethe-Institut 1985, 114–131

Volkmann, Laurenz/Stierstorfer, Klaus/Gering, Wolfgang (Hrsg.): Interkulturelle Kompetenz. Konzepte und Praxis des Unterrichts. Tübingen: Narr 2002

MICHAEL DOBSTADT / RENATE RIEDNER

D4 Grundzüge einer Didaktik der Literarizität für Deutsch als Fremdsprache

1 Literaturdidaktische Ansätze in Deutsch als Fremdsprache – ein Überblick

Wie bereits ein kurzer Blick auf aktuelle DaF-Lehrwerke zeigt, ist die Arbeit mit literarischen Texten heute zwar nicht zentraler, aber doch selbstverständlicher Teil des Deutsch als Fremdsprache-Unterrichts. Der gegenwärtige Stellenwert von Literatur wurzelt dabei in einem wieder erstarkten Interesse der Fremdsprachendidaktik an Literatur seit Mitte der 1970er Jahre, nachdem literarische Texte mit dem Übergang zur audiolingualen und audiovisuellen Fremdsprachendidaktik in den 50er Jahren zunächst fast vollständig aus dem Fremdsprachenunterricht verdrängt worden waren (vgl. Ehlers 2010; zu den didaktischen Ansätzen Reiß-Held/Busch, D1). Das neue Interesse an Literatur speiste sich aus einer grundsätzlichen methodischen Kritik an der audiolingualen/audiovisuellen Fremdsprachendidaktik und an deren einseitiger Betonung mündlicher Sprechfertigkeiten in Alltagszusammenhängen, deren Vermittlungsmedium primär einfache und extra für den Fremdsprachenunterricht erstellte Dialoge waren; diese waren auch für die erste Phase der kommunikativen Methode des Fremdsprachenunterrichts noch prägend. Der „Langeweile" eines solchen Sprachunterrichts – so das viel zitierte Diktum Harald Weinrichs (1985) – sollte mit der Einbeziehung auch komplexerer 'authentischer' Texte, einem breiten Angebot verschiedener Textsorten und der gleichmäßigen Förderung produktiver und rezeptiver Fertigkeiten zu Leibe gerückt werden. Obwohl Weinrich sein Plädoyer für den Einsatz von Literatur vor allem mit dem aus Roman Jakobsons Sprachtheorie abgeleiteten Argument begründete, dass deren literarisch-ästhetische Sprachverwendung es erlaube, „das Interesse zwischen den Wörtern und den Sachen, den Sätzen und den Handlungen in die Schwebe zu bringen" (Weinrich 1985), wurde ein solcher Fokus in der sich in den 1980er Jahren entwickelnden Literaturdidaktik nicht weiter verfolgt. In Bezug auf diese kann zwischen einer kommunikativ-handlungsorientierten und einer interkulturellen Richtung differenziert werden. Während erstere auf die produktions- und handlungsorientierte Literaturdidaktik des muttersprachlichen Deutschunterrichts zurückgriff (für DaF vgl. Kast 1994 und Koppensteiner 2001), stützte sich letztere auf Ansätze der interkulturellen Germanistik (im Überblick Wierlacher/Bogner 2003) und der Didaktik des Fremdverstehens (u.a. Bredella/Christ 1995). Theoretische

Basis für beide Ansätze bildete (mit unterschiedlicher Schwerpunktsetzung) die Literaturtheorie der Rezeptionsästhetik, die das spezifische Kennzeichen literarischer Texte darin sieht, dass deren Deutung in besonderer Weise vom Leser abhängt (vgl. Riedner 2010).

Die Fernstudieneinheiten zur Literatur im Deutsch als Fremdsprache-Unterricht (Ehlers 1992) bzw. zu Landeskunde und Literaturdidaktik (Bischof u.a. 1999) beziehen Elemente interkultureller Literaturdidaktik ein; immer wieder neu aufgelegt spielen sie z.T. bis heute im Rahmen von Lehrerfortbildungen eine wichtige Rolle. Dagegen sind Aufgabenstellungen in aktuellen DaF-Lehrwerken zumeist in stärkerem Maße von der kommunikativ-handlungsorientierten Richtung geprägt.

Das unbestreitbare Verdienst beider Ansätze ist es, der Literatur einen neuen Stellenwert im DaF-Unterricht verschafft zu haben. Auffällig ist jedoch, dass das literarische Moment der Literatur, d.h. die ästhetische Form ihrer Sprachverwendung: ihre Literarizität, in der literaturdidaktischen Reflexion, vor allem aber in den konkreten Aufgabenstellungen kaum eine Rolle spielte (und bis heute kaum spielt). Exemplarisch zu heutigen Lehrwerken siehe Dobstadt/Riedner (2011b, 104). Dass literarische Texte Sprache in ästhetischer Weise verwenden, wird von den Vertreter/inne/n dieser Didaktiken zwar nicht geleugnet, doch lokalisieren sie diese Ästhetik in der Regel nur in einer unspezifischen semantischen Offenheit der Texte, um diese dann so gut wie ausschließlich als Bedingung für angeregte bzw. anregende Lesergespräche, für produktionsorientierte Aufgaben und als Voraussetzung für kulturspezifische Lektüren zu nutzen (vgl. Biechele, D3). Literarische Texte fungieren daher in der Regel als bedeutungsvoller Input, der die Sprachproduktion anregen soll, deren ästhetischer Sprachverwendung selbst jedoch wenig Aufmerksamkeit geschenkt wird. Systematisch ausgeblendet wird dabei, was Literarizität mit Blick auf den Fremdsprachenunterricht ausmacht: (1) die Bedeutungsrelevanz der Form, (2) die Uneigentlichkeit literarischen Sprechens und (3) dessen transkulturelles Potential; die spezifischen Lernchancen, die sich mit der Literarizität für den Fremdsprachenunterricht verbinden, bleiben dadurch weitgehend ungenutzt. Dem gegenüber wird in den letzten Jahren in kritischer Auseinandersetzung mit der bisherigen Literaturdidaktik in Deutsch als Fremdsprache eine literaturdidaktische Perspektive konturiert, die mit dem Begriff einer 'Didaktik der Literarizität' gefasst wurde (vgl. u.a. Dobstadt 2009 und Dobstadt/Riedner 2011a; 2011b). Eingebunden ist diese in einen breiteren Diskussionszusammenhang von Theorieentwürfen und Praxiskonzeptionen für die Arbeit mit Literatur in Deutsch als Fremdsprache, die systematisch nach dem Potential ästhetischer Sprachverwendung für den Fremdsprachenunterricht fragen und darauf ausgerichtet sind, „das semiotische Spiel literarischer Texte nicht nur als 'notwendiges Übel' in Kauf zu nehmen, sondern als Surplus in den Mittelpunkt zu rücken" (Ewert u.a. 2011, 7).

Vielfältige Möglichkeiten einer didaktischen Konkretisierung finden sich in Heft 44 (2011) der Zeitschrift *Fremdsprache Deutsch*.

Im Folgenden soll der zugrunde gelegte Begriff von Literarizität zunächst am Beispiel eines Textes von Ernst Jandl erläutert werden; im zweiten Schritt wenden wir uns dann den Lernchancen zu, die sich mit einer stärkeren Berücksichtigung dieser Kategorie verbinden; im dritten Schritt werden literatur- und sprachdidaktische Konsequenzen thematisiert.

2 Aspekte literarischer Sprachverwendung

Ernst Jandl (1970): ottos mops

otto mops trotzt
otto: fort mops fort
ottos mops hopst fort
otto: soso

otto holt koks
otto holt obst
otto horcht
otto: mops mops
otto hofft

ottos mops klopft
otto: komm mops komm
otto mops kommt
otto mops kotzt
otto: ogottogott

2.1 Form

Dass bei diesem Text die Form eine besondere Rolle spielt, springt sofort ins Auge, ablesbar an der Dominanz des o, der Kleinschreibung, der Wiederholungsstruktur, die den Text prägt. Entscheidend ist dabei, dass die Form nicht neutral ist, sondern eine Rolle bei der Bedeutungsbildung spielt: In *ottos mops* tritt uns der sprichwörtliche 'kleine Mann' entgegen, dessen Leben sich in einem engen Umfeld abspielt (begrenzt durch das o), relativ ereignislos ist („holt Koks", „holt Obst"), wenig oder gar keine Sozialkontakte aufweist (sein einziger Freund ist ein Hund); das sich – auch dafür steht das o – im monotonen Kreis permanenter Wiederholungen dreht. Aber das ist nur die eine Seite. Die Wiederholungsstruktur auf der graphischen Ebene und die reduzierte Syntax stehen in Spannung zur lautlichen Ebene des Gedichts: Beim Vorlesen wird sehr schnell deutlich, dass jedes o anders klingt. Dadurch löst sich die vermeintliche Monotonie des Textes wieder auf; besser: sie gerät in eine vieldeutige Spannung, die der Spannung zwischen einer äußerlich einförmigen, aber innerlich vielschichtigen Existenz entspricht, deren Horizont zwar begrenzt, deren Gefühls- und Beziehungsleben aber intensiv und komplex ist. Die Reduktion auf der einen und die Komplexität auf der anderen Seite erweisen sich also nicht als sich ausschließende Gegensätze. Dabei ist der springende Punkt, dass dieser Effekt im Text an keiner Stelle benannt und ausgesagt wird. Vielmehr wird er durch das Zusammenspiel der formalen Ebenen des Textes performativ erzeugt, wobei der Leser mit seiner individuellen lautlichen Realisierung des Textes bei seinem Zustandekommen eine entscheidende Rolle spielt. Daraus folgt: Die 'Bedeutung' des Textes wird in *ottos mops* als ein Effekt von Form und deren Realisierung im Akt des (Vor-)Lesens sichtbar, sie geht dem Text nicht voraus. Dass dies ein Schlüsselprinzip literarischer Bedeutungsbildung ist, hat der Lyriker Robert Gernhardt unterstrichen: „Nur besteht die Kunst des Dichters nicht darin, seine Empfindungen oder Gedanken in Reime zu kleiden, sondern in seiner Fähigkeit, Sätze, Worte und Reimwörter so zu arrangieren, daß sie Gedanken oder Empfindungen suggerieren, im Glücksfall sogar produzieren." (Gernhardt 1990, 22)

2.2 Uneigentlichkeit

Ein solches Sprechen, bei dem die Form im Mittelpunkt steht und der Sinn ihr Effekt ist, ist uneigentlich; insofern alles Sprechen uneigentlich ist, bei dem ein Sprecher nicht direkt und ohne Umschweife sagt, was er meint; bei dem er sich bei seinen Formulierungen also nicht am zu übermittelnden Inhalt seiner Botschaft, sondern an formalen Kriterien orientiert (z. B. daran, dass nur der Vokal o benutzt werden darf). Ein solches Sprechen räumt der – kunstvollen – Zusammenstellung von Zeichen Vorrang ein vor dem (vermeintlich) umstandslosen Ausdruck von Bedeutung; es lenkt – ganz im Sinne der Poetizitätsdefinition von Jakobson (1972) – auf diese Weise die Aufmerksamkeit auf die Zeichen und deren Arrangement und – zumindest zunächst – weg von ihrer Bedeutung. In *ottos mops* liegt dabei eine – auf den ersten Blick – noch verhältnismäßig einfache Realisierung dieses Prinzips vor. Vorrang für die Form bedeutet jedoch mehr, als sich nur an klanglichen Prinzipien zu orientieren; die literarische Rede kann sich auch in Beziehung setzen zu weiteren Formen wie Satz-, Sprach-, Denk-, Rede- und Textmustern; zu ganzen Diskursen und Weltbildern, die sie imitiert, zitiert, parodiert. Literatur operiert letztlich immer mit uneigentlicher Rede, steckt stets voller Anspielungen und Zitate; ist letzten Endes selbst nichts anderes als eine Rede in permanenten Anführungszeichen, da es keine Position in ihr gibt, die autoritativ sprechen und die der Relativierung entgehen kann; von der aus gesehen der literarische Text eine verbindliche, endgültige Bedeutung zugewiesen erhält. Damit lässt sich nun auch angeben, was es heißt, mit Literatur literarisch umzugehen: Es heißt, ihre Sprache nicht (mehr) – wie wir es mit Texten gewöhnlich tun – als transparentes Glas aufzufassen, durch das sich ihre Bedeutung unverstellt zeigt, sondern es heißt, dieses Glas selber in Augenschein zu nehmen, weil wir unterstellen, dass dieses 'Glas' die Bedeutung und die Wirkung des Textes in eminenter Weise konfiguriert. Texte so wahrzunehmen, heißt damit erstens: Jedes ihrer Elemente muss als bedeutsam, keines darf als zufällig angesehen werden; 'Fehler' weisen literarische Texte nicht auf. Es heißt zweitens, dass Leser nie mit dem Lesen und Deuten zu Ende kommen, weil niemand – auch der Autor nicht – alle Bezüge kontrollieren kann, in die sein Text tritt und treten wird, vgl. Umberto Ecos Bemerkung zu seinem Roman *Der Name der Rose*: „Der Text ist da und produziert seine eigenen Sinnverbindungen." (Eco 1986, 13).

Auch wenn also unterstellt werden muss, dass bei einem literarischen Text nichts zufällig ist, ist damit nicht gesagt, dass es die eine, 'richtige' Interpretation gibt; ganz im Gegenteil: Gerade weil die Bedeutung dem Text nicht vorausgeht, sondern sein Effekt ist, kann die Frage nach der 'richtigen' Interpretation nicht mehr sinnvoll gestellt werden.

2.3 Transkulturalität

In Teilen der fremdsprachlichen Literaturdidaktik und in herkömmlichen Ansätzen zu Literatur und Landeskunde ist es üblich, schematisch zwischen den „eigenkulturellen [Voraussetzungen des Lesers; MD/RR] und den fremdkulturellen Voraussetzungen des Textes" zu unterscheiden (Bischof u. a. 1999, 21). Mit einer literarischen Lektüre wie oben ist dagegen ausgeschlossen, literarische Texte als Ausdruck der „Seh- und Erfahrungsmuster eines bestimmten kulturellen Raumes" (Ehlers 1992, 13) zu lesen.

Denn wenn literarische Rede uneigentliche Rede ist, dann ist es unmöglich, sie mit einer spezifischen Kultur zu identifizieren; vielmehr stellt sie kulturelle Bedeutungen aus, zitiert sie, spielt mit ihnen, arrangiert sie neu und anders. Auch der sog. 'kulturelle Kontext' eines literarischen Textes ist dem literarischen Spiel nicht entzogen, er stellt nur eine weitere Dimension der literarischen Bedeutungsbildung dar, die wie alle anderen Dimensionen nicht einfach gegeben, sondern selbst Ergebnis von und Anlass für (ständige Um-)Interpretationen ist (vgl. Dobstadt/Riedner 2012). In diesem Sinne sind literarische Texte 'transkulturell', d.h. sie sind prinzipiell auch für Angehörige anderer 'Kulturen' lesbar; und d.h. prinzipiell auch von fremdsprachigen Lernern. Nicht das Kriterium der – vermeintlichen oder tatsächlichen – kulturellen Nähe oder Distanz ist daher ausschlaggebend für die Erschließbarkeit fremdsprachiger literarischer Texte, sondern die Bereitschaft und die Fähigkeit der Lerner/Leser, sich auf eine literarische Lektüre einzulassen (vgl. İpşiroğlu/Mecklenburg 1992; Teepker 2009 und hierzu Dobstadt 2011); was aber wiederum nicht besagt, dass literari-

sche Texte damit auch schon transkulturell verständlich wären. Letztlich stellt
sich das Problem der (Un-)Verständlichkeit (vgl. Horn 2008, 366) eines literarischen Textes nicht nur in der Fremdsprache, sondern auch in der Muttersprache.

3 Zum Potential literarischer Sprachverwendung im Rahmen des Fremdspracherwerbs

Welche Lernchancen sich mit einer Orientierung an der Literarizität von Texten
verbinden, deutet die folgende Bemerkung der Schriftstellerin Brigitte Kronauer an: „Die prinzipielle Unauflöslichkeit von Form und Inhalt wird von der
Poesie nicht verschleiert." (Kronauer 1998, 179). Kronauer stellt hier die These
auf, dass die Bedeutungsbildung nicht-literarischer Texte im Prinzip in der gleichen Weise funktioniert wie in literarischen Texten; dass also auch bei jenen die
Form eine entscheidende Rolle spielt, mit der Implikation, dass wir es auch bei
nicht-literarischen Texten mit ähnlich komplexen Sinnbildungsprozessen und
-effekten zu tun haben wie bei literarischen Texten, nur dass diese den Sprachbe-
nutzern „verschleiert" bleiben; wohingegen die Literatur genau diese Mechanismen vorführt und dadurch anschaulich macht. Dass diese Mechanismen nicht
auf die Sprache der Literatur beschränkt sind, sondern die Sprache als solche
kennzeichnen und ausmachen, vertritt schon Jakobson (1972) in seiner Poetizitätsdefinition, die Poetizität als eine allgemeine Sprachfunktion bestimmt. Literatur ermöglicht damit nicht nur eine besondere Spracherfahrung, insofern sie
dem Leser (und Hörer, s. o. *ottos mops*) die 'poetische' Kraft der Sprache in
besonderer Weise spürbar macht, sondern sie regt zugleich zu einer Sprachreflexion an, die über den Bereich des im engeren Sinne Literarischen hinausweist
und relevant ist für das Verständnis von und für den Umgang mit Sprache überhaupt.

Die amerikanische Germanistin Claire Kramsch hat in zahlreichen Arbeiten der
letzten Jahre die Bedeutsamkeit dieser Einsichten für den Fremdsprachenunterricht des 21. Jahrhunderts herausgestellt (u. a. Kramsch 2006). Nach Kramsch
sind die heutigen Gesellschaften linguistisch und kulturell heterogen; der sprachliche Input, mit dem sich die Angehörigen dieser Gesellschaften auseinanderzusetzen haben, stammt aus den unterschiedlichsten Quellen, besteht aus Interpretationen und Re-Interpretationen; er lässt sich aufgrund seiner vielfältigen, auch
inkompatiblen Bezüge nicht mehr so ohne Weiteres mit einer eindeutigen
Bedeutung identifizieren (eine andere Frage ist natürlich, ob dies je möglich
war). Für die Bewältigung der damit verbundenen kommunikativen Herausforderungen reiche – so Kramsch – die herkömmliche kommunikative Kompetenz
nicht mehr aus; vielmehr bedürfe es einer „symbolic competence" (Kramsch
2006 und Kramsch/Whiteside 2008). Die genaue Bestimmung dieses Begriffes
steht zwar noch aus, doch lässt sich sagen, dass er für ein Bündel von rezeptiven

und produktiven Fähigkeiten steht, die bisher nur zum Teil in fremdsprachendidaktischen Konzepten verankert sind: etwa die Fähigkeit, die Bedeutungsrelevanz der Form zu erkennen und mit ihr umzugehen; die Fähigkeit, Bedeutung als diskursives Konstrukt zu begreifen; die Bereitschaft, sich auf die Aushandlung von Bedeutung im Diskurs – im Bewusstsein ihrer Unabschließbarkeit – einzulassen; die Fähigkeit, sich sprachlich im Rahmen komplizierter kultureller Bezüge zu positionieren. Für den Erwerb dieser Kompetenz ist Kramsch zufolge eine Fokusverlagerung zentral: Lerner sollen sich nicht mehr in erster Linie auf die Ermittlung von Bedeutung konzentrieren, sondern auch und vor allem auf die Bedeutungsbildung und ihre Mechanismen: „Today it is not sufficient for learners to know how to communicate meanings; they have to understand the practice of meaning making itself." (Kramsch 2006, 251). Literatur lenke dabei in besonderer Weise die Aufmerksamkeit auf die Mechanismen der Bedeutungsbildung; indem sie mit Bedeutungszuweisungen spielt, diese nie ganz affirmiert, sondern sie und ihr Zustandekommen ausstellt, ist sie besonders geeignet zur Vermittlung von „symbolic competence".

Kramschs Ansatz ist nicht so neu, wie es aus deutscher Perspektive erscheinen mag; in English as a Foreign Language (EFL) werden schon seit den achtziger Jahren Konzepte entwickelt, die die literarische Seite der Sprache dezidiert für Sprachlernzwecke zu nutzen suchen (vgl. Carter/McRae 1996; McRae 2008); und auch im Fach DaF sind ähnliche Überlegungen schon von Weinrich u. a. angestellt worden. Dass sie nicht durchschlagend wirksam werden konnten, dürfte nicht zuletzt an dem für den Fremdsprachenunterricht bisher fast ausschließlich dominierenden instrumentellen, auf eine eindeutige Bedeutungsfestschreibung ausgerichteten Sprach- und Kommunikationsverständnis liegen, das auch den Gemeinsamen Europäischen Referenzrahmen prägt, der seit Beginn des Jahrhunderts die Entwicklung von Lehr- und Lernmaterial sowie von Curricula maßgeblich bestimmt. Dem Phänomen ästhetischer Sprachverwendung steht der Referenzrahmen entsprechend ratlos gegenüber (vgl. Europarat 2001, 61; kritisch dazu Dobstadt/Riedner 2011b, 99–101; siehe aber auch schon Barkowski 2003, 26). Eine intensivere Berücksichtigung der literarischen Seite der Sprache im Rahmen einer Didaktik der Literarizität würde dabei durchaus zur globalen Zielsetzung des Referenzrahmens passen, denn auch der Didaktik der Literarizität geht es darum, die sprachliche Handlungskompetenz des Lerners zu steigern. Doch würde sie zugleich zentrale Aspekte seines Sprachverständnisses in Frage stellen. Dabei kann sie sich auf Entwicklungen berufen, die die Fremdsprachendidaktik in den letzten Jahren verändert haben; dazu zählen beispielsweise die kulturwissenschaftliche Umorientierung der Landeskunde des Faches Deutsch als Fremdsprache auf der Basis eines bedeutungsorientierten Kulturbegriffs (Altmayer 2004) oder die Diskussion über neue Lernziele wie das der „Diskursfähigkeit" (Hallet 2008) in der Fachdidaktik Englisch; diese Veränderungen

artikulieren (in einer im Einzelnen zu differenzierenden Weise) ein wachsendes
Bewusstsein für den verdeckt poetischen Grund von Sprache (vgl. Frank 1984,
601) und Kultur (vgl. Horn 2008, 380) und darüber hinaus die Überzeugung, dass
der Fremdsprachenunterricht diesen Einsichten Rechnung tragen muss. Dabei
wird nicht gefordert, den literarischen Text erneut in den Mittelpunkt des
Sprachunterrichts zu rücken; nicht einmal, den Anteil literarischer Texte im
Fremdsprachenunterricht deutlich zu steigern. Es geht vielmehr um eine Veränderung der Perspektive: ausgehend von einer vertieften Reflexion auf Sprache
einerseits, auf die heutigen kommunikativen Notwendigkeiten andererseits die
Perspektive der Literarizität im Sprachunterricht grundsätzlicher als bisher zur
Geltung zu bringen.

4 Konsequenzen für den Fremdsprachenunterricht

Abschließend sollen einige Konsequenzen der Didaktik der Literarizität für den
Fremdsprachenunterricht und darüber hinaus für das Fach Deutsch als Fremdsprache skizziert werden.

1. Literarizität sollte von Anfang an im Unterricht des Deutschen als Fremdsprache als eine der Grundfunktionen von Sprache erfahrbar gemacht werden.
So plädieren wir für eine Arbeit mit Literatur bereits auf den Niveau-Stufen A1/
A2, für die sich nicht zuletzt literarische Texte anbieten, die mit einem über-
schaubaren lexikalischen und grammatischen Inventar gleichzeitig eine hohe
semantische Komplexität erzeugen und Lernern damit die Erfahrung ermöglichen, bereits auf einem einfachen Sprachniveau komplexe Texte lesen und für
sich selbst produktiv machen zu können. Auf den unteren Sprachniveaus kann
man dabei ausnutzen, dass eine an der Literarizität orientierte Spracharbeit die
Aufmerksamkeit auf die Form und – zunächst nicht – auf die Bedeutung lenkt, so
dass Klang und Rhythmus in den Vordergrund und der Sinn in den Hintergrund
treten können. Auf den höheren Niveaus kann der Unterricht dagegen stärker
auf die spezifische semantische Komplexität, die ebenfalls aus der Aufmerksamkeit auf die Form folgt, fokussieren. Wichtig ist dabei, dass man als Lehrende/r
beide Aspekte im Blick hat und nicht den einen zugunsten des anderen ausblendet. Kritisch ist demgegenüber der Ansatz des Referenzrahmens zu bewerten,
Literatur nur auf den hohen Sprachniveaus vorzusehen und damit eine Progression vom Nicht-Literarischen als dem vermeintlich einfachen, 'natürlichen'
Sprachgebrauch zum Literarischen als komplexem Ausnahmefall und Abwei-
chung zu unterstellen. Wie auf einem höheren Sprachniveau – unter veränderten
Vorzeichen – insbesondere die produktive Arbeit mit Übersetzungen für eine
Sensibilisierung der Lerner für Literarizität genutzt werden kann, haben
Kramsch/Huffmaster (2008) in anregender Weise gezeigt. Eine Sensibilisierung
für Literarizität kann darüber hinaus auch durch die Arbeit mit anderen Medien
wie z. B. dem Film (hierzu u. a. Bürner-Kotzam 2011) erfolgen.

2. Eine wichtige Grundlage für die Didaktik der Literarizität ist die Infragestellung des alltäglichen, an der Informationsübermittlung orientierten Sprach- und Kommunikationsverständnisses (vgl. Kramsch/Huffmaster 2008), das von einer klaren Trennung zwischen Form und Inhalt, neutraler und nicht-neutraler, eigentlicher und uneigentlicher, natürlicher – d. h. kunstloser – und Kunst-Sprache ausgeht (vgl. Frank 1984, 514). Alle diese Trennungen haben ihren Hintergrund, ihre Funktion, ihren Sinn, sind aber – wenn verabsolutiert – nichtsdestoweniger problematisch – man denke z. B. an die grundlegende Metaphorizität und Zitathaftigkeit auch des alltäglichen, vermeintlich 'eigentlichen' und 'authentischen' Sprechens (vgl. Hall 2001, 77). Ein Unterricht, der Literarizität als eine der Grundfunktionen von Sprache begreift, wird sich darum bemühen, diese Trennungen spielerisch in Frage zu stellen, ohne darüber ein linguistisches Seminar halten zu müssen, das in den Fremdsprachenunterricht nicht hinein gehört.

3. Im Unterricht wäre Wert zu legen auf einen Umgang mit der Fremdsprache, der sein Genügen nicht bloß in der Bedeutungsermittlung und -fixierung findet, sondern der die Lerner auch für die komplexen Prozesse der Bedeutungsbildung und in eins damit für die permanente Verschiebung von Bedeutung sensibilisiert; und damit für die Vielschichtigkeit, Konstruiertheit und die allenfalls temporäre Fixierbarkeit von (sprachlicher) Bedeutung überhaupt. Hierfür bieten sich nicht zuletzt Transformationsübungen an, wie sie auch in der handlungs- und produktionsorientierten Literaturdidaktik zum Einsatz kommen, die jedoch im Rahmen einer Didaktik der Literarizität die Aufmerksamkeit der Lerner konsequent auf den Formaspekt von Sprache zu lenken hätten. Anregungen und Modelle finden sich bei Belke (2007) sowie bei Kramsch/Huffmaster (2008).

4. Bei der Textauswahl für einen Fremdsprachenunterricht, der sich an den Prinzipien der Didaktik der Literarizität orientiert, wäre nicht die Zugehörigkeit zum Kanon das entscheidende Kriterium; denn es geht weniger um bestimmte Autor/inn/en, auch nicht um bestimmte 'Literaturen' wie die zuletzt in fremdsprachendidaktischen Zusammenhängen prominente sog. 'Migrationsliteratur' oder die 'interkulturelle Literatur' (diese Bezeichnungen sind aus der Perspektive der Didaktik der Literarizität eher problematisch); es geht auch nicht um die Vermittlung von Bildungswissen und noch weniger um die Pflege nationaler Kulturgüter; vielmehr geht es um Texte, die sich für eine literarische Spracharbeit eignen. Weil deren Eignung aber nicht zuletzt (wenn auch nicht ausschließlich) von einem literarizitätsorientierten Blick auf die Texte abhängt, gibt es von ihnen viel mehr, als man denkt.

Literatur

Altmayer, Claus: Kultur als Hypertext. Zu Theorie und Praxis der Kulturwissenschaft im Fach Deutsch als Fremdsprache. München: iudicium 2004

Barkowski, Hans: *Skalierte Vagheit* – der europäische Referenzrahmen für Sprachen und sein Versuch, die sprachliche Kommunikationskompetenz des Menschen für Anliegen des Fremdsprachenunterrichts niveaugerecht zu portionieren. In: Bausch, Karl-Richard (Hrsg.): Der gemeinsame europäische Referenzrahmen für Sprachen in der Diskussion. Arbeitspapiere der 22. Frühjahrskonferenz zur Erforschung des Fremdsprachenunterrichts. Tübingen: Narr 2003, 22–28

Belke, Gerlind: Poesie und Grammatik. Kreativer Umgang mit Texten im Deutschunterricht mehrsprachiger Lerngruppen. Baltmannsweiler: Schneider Hohengehren 2007

Bischof, Monika/Kessling, Viola/Krechel, Rüdiger: Landeskunde und Literaturdidaktik. Berlin u. a.: Langenscheidt 1999

Bredella, Lothar/Christ, Herbert (Hrsg.): Didaktik des Fremdverstehens. Tübingen: Narr 1995

Bürner-Kotzam, Renate: Literarisches und kinematographisches Erzählen. In: Fremdsprache Deutsch (2011) Heft 44, 41–46

Carter, Ronald/McRae, John (Hrsg.): Language, Literature and the Learner. Creative Classroom Practice. London u. a.: Longman 1996

Dobstadt, Michael: 'Literarizität' als Basiskategorie für die Arbeit mit Literatur in DaF-Kontexten. Zugleich ein Vorschlag zur Neuprofilierung des Arbeitsbereichs Literatur im Fach Deutsch als Fremdsprache. In: Deutsch als Fremdsprache 46 (2009) Heft 1, 21–30

Dobstadt, Michael: Rezension v. Frauke Teepker: Literatur im Fremdsprachenunterricht – DaF. Eine Fallstudie zur Subjektivität des Lesens und Verstehens. Marburg: Tectum 2009. In: Deutsch als Fremdsprache 48 (2011) Heft 1, 254–255

Dobstadt, Michael/Riedner, Renate: Fremdsprache Literatur – Neue Konzepte zur Arbeit mit Literatur im Fremdsprachenunterricht. In: Fremdsprache Deutsch (2011a) Heft 44, 5–14

Dobstadt, Michael/Riedner, Renate: Überlegungen zu einer Didaktik der Literarizität im Kontext von Deutsch als Fremdsprache. In: Ewert/Riedner/Schiedermair (Hrsg.) 2011b, 99–115

Dobstadt, Michael/Riedner, Renate: Vieldeutige Texte – vieldeutige (Kon-)Texte. Von der Dynamisierung der Text-Kontext-Beziehung zur Erweiterung kultureller Handlungskompetenz. In: Hess-Lüttich, Ernest/Albrecht, Corinna/Bogner, Andrea (Hrsg.): Re-Visionen. Kulturwissenschaftliche Herausforderungen interkultureller Germanistik. Frankfurt/M. u. a.: Lang 2012, 371–388

Eco, Umberto: Nachschrift zum 'Namen der Rose'. Deutsch von Burkhart Kroeber. München: dtv 1986

Ehlers, Swantje: Lesen als Verstehen. Berlin u. a.: Langenscheidt 1992

Ehlers, Swantje: Literarische Texte im Deutsch als Fremd- und Zweitsprache-Unterricht: Gegenstände und Ansätze. In: Krumm u. a. 2010, 1530–1544

Europarat/Rat für kulturelle Zusammenarbeit: Gemeinsamer Europäischer Referenzrahmen für Sprachen: lernen, lehren, beurteilen. Berlin: Langenscheidt 2001

Ewert, Michael/Riedner, Renate/Schiedermair, Simone (Hrsg.): Deutsch als Fremdsprache und Literaturwissenschaft. Zugriffe – Themenfelder – Perspektiven. München: iudicium 2011

Frank, Manfred: Was ist Neostrukturalismus? Frankfurt/M.: Suhrkamp 1984

Fremdsprache Literatur, hg. von Michael Dobstadt und Renate Riedner. Fremdsprache Deutsch (2011) Heft 44

Gernhardt, Robert: Gedanken zum Gedicht. Zürich: Haffmanns 1990

Hall, Geoff: The Poetics of Everyday Language. In: CAUCE, Revista de Filología y su Didáctica (2001) Heft 24, 69–86

Hallet, Wolfgang: Diskursfähigkeit heute. Der Diskursbegriff in Piephos Theorie der kommunikativen Kompetenz und seine zeitgemäße Weiterentwicklung für die Fremdsprachendidaktik. In: Legutke, Michael K. (Hrsg.): Kommunikative Kompetenz als fremdsprachendidaktische Vision. Tübingen: Narr 2008, 76–96

Horn, Eva: Gibt es Gesellschaft in Texten? In: Reckwitz, Andreas/Möbius, Stephan (Hrsg.): Poststrukturalistische Sozialwissenschaften. Frankfurt/M.: Suhrkamp 2008, 363–381

İpşiroğlu, Zehra/Mecklenburg, Norbert: „Und wenn er nicht gestorben ist, dann schmollt er noch heute". Türkisch-deutsche *Pankraz*-Notate. In: Jahrbuch Deutsch als Fremdsprache 18 (1992), 449–464

Jakobson, Roman: Linguistik und Poetik. In: Ihwe, Jens (Hrsg.): Literaturwissenschaft und Linguistik. Eine Auswahl. Texte zur Theorie der Literaturwissenschaft. Bd. 1. Frankfurt/M.: Athenäum 1972, 99–135

Jandl, Ernst: ottos mops. In: der künstliche baum. Neuwied: Luchterhand 1970, 58

Kast, Bernd: Literatur im Anfängerunterricht. In: Fremdsprache Deutsch (1994) Heft 11, 4–13

Koppensteiner, Jürgen: Literatur im DaF-Unterricht. Eine Einführung in produktiv-kreative Techniken. Wien: öbv et hpt 2001

Kramsch, Claire: From Communicative Competence to Symbolic Competence. In: The Modern Language Journal 90 (2006) Heft 2, 249–252

Kramsch, Claire/Huffmaster, Michael: The Political Promise of Translation. In: Fremdsprachen Lehren und Lernen (FLuL) (2008) Heft 37, 283–297

Kramsch, Claire/Whiteside, Anne: Language Ecology in Multilingual Settings. Towards a Theory of Symbolic Competence. In: Applied Linguistics 29 (2008) Heft 4, 645–671

Kronauer, Brigitte: Das Eigentümliche der poetischen Sprache. In: Schafroth, Heinz Friedrich (Hrsg.): Die Sichtbarkeit der Dinge. Über Brigitte Kronauer. Stuttgart: Klett-Cotta 1998, 175–186

Krumm, Hans-Jürgen/Fandrych, Christian/Hufeisen, Britta/Riemer, Claudia (Hrsg.): Deutsch als Fremd- und Zweitsprache. Ein internationales Handbuch. Handbücher zur Sprach- und Kommunikationswissenschaft 35.2. Berlin u.a.: de Gruyter 2010

McRae, John: What Is Language and What Is Literature? Are They the Same Question? An Introduction to literature with a small 'l' and five skills English. In: Fremdsprachen Lehren und Lernen (FLuL) (2008) Heft 37, 63–80

Riedner, Renate: Literatur, Kultur, Leser und Fremde – Theoriebildung und Literaturvermittlung im Fach Deutsch als Fremd- und Zweitsprache. In: Krumm u.a. 2010, 1544–1554

Teepker, Frauke: Literatur im Fremdsprachenunterricht – DaF. Eine Fallstudie zur Subjektivität des Lesens und Verstehens. Marburg: Tectum 2009

Weinrich, Harald: Von der Langeweile des Sprachunterrichts. In: Ders.: Wege der Sprachkultur. München: dtv 1985, 265–289

Wierlacher, Alois/Bogner, Andrea: Handbuch Interkulturelle Germanistik. Stuttgart: Metzler 2003

LUTZ KÖSTER

D 5 Film

Eine merkwürdige Diskrepanz ist festzustellen: Das weltweite fachdidaktische
Interesse am Einsatz von Filmen im DaF-Unterricht nimmt kontinuierlich zu –
auf der Internationalen Deutschlehrertagung 2009 wurden zwei Dutzend Erfahrungsberichte zum Einsatz von Langfilmen, Daily Soaps, Kurzfilmen und Literaturverfilmungen vorgestellt und rezeptive und produktive Verfahren diskutiert
–, es trifft vermutlich aber auch immer noch zu, dass Lehrende den Filmeinsatz
eher scheuen (Chudak 2007) und Filme „eine bescheidene Rolle" (Harms 2005,
254) als Lückenfüller spielen, ein „stiefmütterliches Dasein" (Thaler 2010, 142)
in Unterricht (und Forschung) führen. Tatsächlich findet man in der fremdsprachendidaktischen Literatur zur Methodik des Filmeinsatzes sehr gute Argumente für die Arbeit mit Filmen in einem fertigkeits- und handlungsorientierten,
auf Kognition und Emotion zielenden Fremdsprachenunterricht, der auch kulturspezifische Wahrnehmungen fokussiert.

1 Gründe und Ziele der Arbeit mit Filmen

Was Filme sind, ihre Technik, Geschichte und ihr gesellschaftlicher Konsum, ihr
Kunstcharakter sowie ihre Theorie, soll hier nicht behandelt werden, es liegen
vorzügliche einführende Darstellungen vor wie die von Monaco (2008). Generell kann man davon ausgehen, dass besonders Jugendliche und junge Erwachsene vielfältige Erfahrungen mit ihnen haben; sie sind die typischen Kinogänger
weltweit, sie verfügen über entsprechende Sehgewohnheiten – und sie schätzen
Filme als eine attraktive Variante herkömmlicher (schulischer) Textsorten
(Chudak 2007).

Ausgangspunkt für weitere unterrichtsbezogene Argumente soll ein Zitat von
Inge C. Schwerdtfeger sein, die mit ihrer 1989er Publikation die Weiterentwicklung der Filmdidaktik entscheidend beeinflusst hat:

> Ich stelle die These auf, dass Filme und vor allem die mit ihnen verbundenen Übun-
> gen und Unterrichtsmethoden es vermögen, ein anderes Gefüge von kognitiven und
> emotionalen Kräften in den Schülern anzusprechen und eine andere Äußerungsbe-
> reitschaft der Schüler zu schaffen, als sie bisher im Fremdsprachenunterricht vor-
> herrschte. Ich sehe eine Verknüpfung zwischen allgemeiner Neugier, Neugier am
> Menschen, Lust, über Menschen zu sprechen, und Filmeinsatz und den mit ihm ver-
> bundenen Übungsformen und Methoden im Fremdsprachenunterricht. (Schwerdt-
> feger 1989, 20).

Neben der Attraktivität des Mediums und der Motivation seitens der Lernenden
sind folgende Begründungen (Surkamp 2004, Biechele 2006, Thaler 2010) zu
nennen, die auch als Ziele des Filmeinsatzes aufgefasst werden können:

– Filme trainieren die „übersehene 5. 'Fertigkeit'" Seh-Verstehen (Schwerdt-feger 1989, 24) bzw. das Hör-Seh-Verstehen (Raabe 1997, Biechele 2006), das heute auch im Rahmen von „film literacy" diskutiert wird.

– Filme werden im Wechselspiel von Emotion und Kognition erlebt, fordern aufgrund der Darstellung von „Welt" zu persönlichen Reaktionen und Stellungnahmen heraus.

– Filme sind authentische Kulturprodukte, die die Zielsprache kontextualisieren und auch nonverbale und paraverbale Aspekte von Kommunikation zeigen.

– Filme ermöglichen interkulturelles Lernen, eine Reflexion eigen- und fremdkultureller Phänomene sowie eine Bewusstmachung monokultureller Einstellungen und Haltungen.

– Filme fördern den Ausbau transmedialer Kompetenzen – wenn der Film nicht nur als sekundäres Vergleichsmedium der Lektüre nachgeordnet ist und als LiteraturVERfilmung angesehen wird.

– Filme sind, da sie nun digital verfügbar sind (DVD, Internet/Flash z. B. *You-Tube*), vielfältig einsetzbar, in rezeptiven (einfache Schnittprogramme wie *WindowsMovieMaker*) und deutlich verstärkt auch produktiven Übungsformen (Digicam, Handy).

– Filme verlangen eine mediendidaktische, analytische Beschäftigung mit ihren Gestaltungsmitteln, die zu einer adäquaten, auch evaluativen Rezeptionskompetenz führt.

2 Filmanalyse

Ein filmreflexiver DaF-Unterricht beruht auf filmischer Interpretationskompetenz, d. h. auf Aufmerksamkeit und Entautomatisierung. Das audio-visuelle Zeichensystem Film muss, will man der Spezifik dieses Mediums gerecht werden, analytisch behandelt werden; nur die Entschleunigung des Blicks erzeugt Aufmerksamkeit und größere Verarbeitungstiefe (Raabe 1997), und nur wenn die Fähigkeit zur Filmanalyse entwickelt wird, kann der Lernende Funktionen und Wirkungspotential der Zeichen verstehen – und sie auch genießend erfahren.

Zu den ästhetischen Mitteln gehören das Visuelle (Bildraum, Einstellungsgrößen, Kameraperspektiven, Kamerabewegungen), das Auditive (Sprache, Geräusch, Musik) und das Narrative (Montage, Sequenz, Plot und die durch Zuschauer inferierte Story). Ausführlichere Hinweise zu diesen und weiteren Aspekten findet man in Hickethier (2007) und in den Veröffentlichungen von Steinmetz (2005; 2008; 2012), die elementares Filmwissen mit Filmsequenzen (DVDs) verbinden.

„Sinnzuweisung wird (...) sowohl durch den audiovisuellen Text gesteuert als auch durch das persönliche und kulturell geprägte Welt- und Erfahrungswissen des Zuschauers." (Blell/Lütge 2004, 402; zur kognitionspsychologischen Einbindung vgl. Biechele 2006). Ein solches kulturgeprägtes Wissen stellen die Genres dar, narrative Grundmuster, die die Rezeptionshaltung beeinflussen (Bsp. Western, Krimi, Berlin-Filme ..., die Ost-West-Geschichte mit Teilung, Flucht, Darstellung unterschiedlicher Lebenswelten).

Ein angemessenes filmspezifisches Vokabular muss den Lernenden zur Verfügung gestellt werden: Es soll dabei helfen, die Fähigkeiten des „Hinsehens" und „Zuhörens" (Badstübner-Kizik 2005) als Handlungsstrategien neu zu entdecken.

Methodische Tricks sind die Thematisierung von Filmfehlern (Metzger 2002) und von „schlechte(n) Filme(n)" (Holzmann 2003); sie demystifizieren das Medium, sie sensibilisieren für das Zeichensystem, künstlerisch zweitrangige Filme transportieren darüber hinaus sehr offensichtlich zeitgenössische Wertvorstellungen (Bsp. Heimatfilm).

3 Auswahl und Filmgattungen

Die Auswahl geeigneter Filme zum Einsatz im DaF-Unterricht richtet sich generell nach den üblichen didaktischen Kriterien für Unterrichtsmaterialien wie inhaltliche und sprachliche Angemessenheit und Lernzielbezug. Es ist im Sprachunterricht naheliegend und legitim, Aufgaben und Übungen zu allen Fertigkeiten in die Filmarbeit zu integrieren, besonders natürlich zur Wortschatzerweiterung, vielleicht auch zum Üben der Grammatik (Imperfekt; vgl. Goethe-Institut Brüssel zu „Schultze gets the Blues"; URL[1]). Die Schulung des extensiven Hörens hat Priorität im Fremdsprachenunterricht (Dahlhaus 1994), deshalb sind Aufgaben zum globalen und selektiven Hörverstehen dem detaillierten Hören fast immer vorzuziehen.

Diskutierenswert erscheinen zwei übergeordnete Auswahlkriterien: GER-Niveaustufe (vgl. Glaboniat, E 3) und Schulung interkultureller Kompetenz.

Bereits auf GER-A 1 werden kurze **didaktische Filme** eingesetzt: Sie sind in neuere DaF-Lehrwerke integriert (Bsp. „studio d A 1"; „Aussichten A 1.1"; „geni@l A 1" mit einem „Videotrainer A 1"), haben z. T. Spielfilmcharakter und trainieren Hör-Seh-Verstehen. Lerner erkennen früh, dass das bewegte Bild das Verstehen der Sprache entlastet und steuert, und sie lernen Lehrwerkpersonen in ihrem landeskundlichen Umfeld kennen.

Ab GER-A2 können authentische **Kurz(spiel)filme** auch für die fremdsprachliche Fertigkeitsschulung sinnvoll eingesetzt werden; Welke (2007) nennt die Vorteile von Kurzfilmen, die eine Laufzeit von 2 bis 40 Minuten haben können: Reduktion der Erzählung bei gleichzeitiger Komplexität der filmischen Mittel, offener Einstieg und Schluss, Möglichkeit wiederholten Hör-Sehens in einer Unterrichtseinheit. Viele Kurzfilme sind auf DVD verfügbar, etwa auf „Feine Deutsche Kurzwaren", die den schon oft didaktisierten „Schwarzfahrer" (D'Alessio, 2000) enthält. Das Goethe-Institut hat eine DVD „Kurz & Gut macht Schule" herausgegeben, die Abschlussarbeiten an Filmhochschulen zusammenstellt – diese stellen übrigens eine wichtige Quelle guter Kurzfilme dar –, Didaktisierungen zu den neun Kurzfilmen sind im Internet verfügbar (URL[2]). Von einer Arbeitsgruppe der Universität Cádiz stammt eine DVD mit Kurzfilmen samt Didaktisierungen („Kurzfilme im DaF-Unterricht"). Im Internet gibt es eine Reihe von Seiten, die geeignete, nicht didaktisierte Kurzfilme zur Verfügung stellen, etwa „DigiTales" (URL[3]) Stummfilme zu migrationsspezifischen Themen, die eine Vertonung (als innerer Monolog, Dialog, durch Off-Sprecher) nahe legen. Ob man solche Seiten wie „YouTube" nutzt, hängt auch von den Erwartungen ab, die man an geeignete Filme stellt: Sind sie auf einem hinnehmbaren professionellen Niveau gemacht, sind sie thematisch anschlussfähig, können sie Neugierde und Spannung hervorrufen, vermitteln sie eine deutsche Innenperspektive oder eine Fremdperspektive auf Deutschland, wenn es sich um außerhalb Deutschlands gedrehte Filme handelt?

Das zweite Auswahlkriterium betrifft das Lernziel der interkulturellen Kompetenz; noch immer wird häufig ein starrer Kulturbegriff vertreten (und ist in Filmen realisiert), in dem Kulturalität durch Homogenität gekennzeichnet ist (zur Kritik vgl. Rathje 2006). Demgegenüber weist Horstmann (2010) auf das transkulturelle deutsche Kino mit Regisseuren wie Fatih Akin hin, für die Mehrfachzugehörigkeiten jedes Menschen, Veränderungen von Identitäten und (spielerischer) Umgang damit wichtige Themen heutiger Filme sind (zum filmischen Migrationsdiskurs vgl. Halft 2010).

Eine wichtige Filmgattung bilden natürlich weiterhin die **Langfilme** (mit Blick auf das zuletzt Gesagte z.B. Kebab Connection); thematische Listen erleichtern die Auswahl (URL[4]), ausführliche Filmhefte, auch mit DaF-Bezug, stellen verschiedene Institutionen bereit: Bundeszentrale für politische Bildung (URL[5]), Irish Film Institute (URL[6]), Goethe-Institut Mailand („Filmrucksack 1 & 2"; URL[7]). Den Vorteilen der Arbeit mit authentischen Langfilmen auf GER-B1/2 – Darstellung von Menschen und ihrer Geschichte, Entwicklung von Charakteren; umfassender landeskundlicher Dokumentationswert (Bleicher 2004) – stehen Bedenken besonders hinsichtlich der Länge gegenüber; D'Alessio (2000) empfiehlt die Bearbeitung sog. Sequenzen, die „immer den Filmanfang, die Einführung der Protagonisten, die Wendepunkte der Geschichte und das Ende" (III) umfassen. Am Ende der Einheit solle aber immer der ganze Film gesehen werden. Denkbar, analog zur Lektüre literarischer Ganzschriften, wäre aber auch die Anschaffung des Films für alle Lerner und die Bearbeitung bestimmter Aufgaben außerhalb des DaF-Unterrichts.

Animationsfilme sowie **Stummfilme** haben bestimmte Eigenschaften, die sie interessant machen für Sprachlernkontexte. „Balance", „Quest", „Blossoming of the Stones" sind animierte Filme, die auf klare Handlung und Denken in Bildern angelegt sind, eindeutige Botschaften vermitteln und bereits Kindern verständlich sind. Kinder und Jugendliche können solche Filme mit überschaubarem Aufwand selbst produzieren (URL[8]). Stummfilme verlangsamen aufgrund heute ungewohnter filmischer Mittel wie niedriger Schnittfrequenz das Sehverstehen, vermeiden das Problem der Bild-Ton-Schere und erzwingen geradezu produktive Verfahren etwa der Nachvertonung (Bsp. „Menschen am Sonntag").

TV-Formate wie **Nachrichtensendungen** (Schumann 2004) und **Werbespots**, didaktisiert für alle Niveau- und Altersstufen (Zayas Martínez 2001), sind fertigkeitsorientiert und kulturkontrastiv einsetzbar, neben Produktwerbung können auch Spots einer Kampagne gegen Rechtsradikalismus (URL[9]) aufbereitet werden. **Dokumentarfilme** sind „begehrtes landeskundliches Material im Fremdsprachenunterricht" (Brandi 1996, 85), stellen aber eine ebenfalls mehrfach gefilterte Wirklichkeit dar, so dass Brandi in ihrer Reflexion dokumentarischer Filme einen Schwerpunkt auf filmanalytische Aspekte legt. Nicht didaktisierte Filme findet man in großer Zahl beispielsweise auf den Internetseiten der Mediatheken von ZDF, ARD und der anderen Fernsehsender. Einen auf Filme übertragbaren Fragenkatalog zur Beurteilung der landeskundlichen Inhalte – Repräsentativität, Wirkung, Sensibilisierung etc. – haben Macaire/Hosch (1996, 99) vorgelegt. Nur recht wenige didaktisierte Filme werden von DaF-Verlagen angeboten (Bsp. „Bilderbogen D-A-CH" 2008).

Musikvideoclips bieten in ihrer Kombination von Film, Musik und Text zwar den Prototyp problematischer Bild-Ton-Beziehungen – Rumianowska (2009) verweist auf die lediglich fragmentarische Erfassung der Texte –, genau dies aber ist Ausgangspunkt für methodische Überlegungen, die Clips zuerst ohne Ton zu sehen und auf Lerneffekte zu setzen, wenn alle drei Faktoren wieder zusammengebracht werden; das detaillierte Hören ist übrigens auch und besonders bei Liedern nicht angebracht (zur Methodik Thaler 1999; Linke 2006). Den größten Teil aller Clips stellen die sog. Performance-Videoclips mit Konzertaufnahmen o. Ä.; gerade aber die narrativen Videoclips, in denen Schauspieler/Musiker eine Geschichte visualisieren, die sich zum Text und zur Musik eigenständig verhält, sind motivierend und gut verwendbar (Bsp. Wolfsheim: „Kein Zurück"; Die Ärzte: „Deine Schuld"; T. Raumschmiere: „Wer bist du?"; Samy Deluxe: „Weck mich auf").

Literaturverfilmungen sollen schließlich ein wenig ausführlicher betrachtet werden, da sie, folgt man der didaktischen Literatur, die beliebteste Filmgattung im Unterricht darstellen und häufig als Abschluss der Lektüre eines 'Klassikers' lediglich gezeigt, nicht aber in ihrem Potential wahrgenommen werden. Gerade sie können jedoch den Ausgangstext eindrücklich interpretieren, wie es in den

Schlussminuten des „Taugenichts" (Sinkel 1977) brillant geschieht: Das Bild (Regen) kommentiert den Ton (Thema „Liebe"), der vor seiner Verantwortung fliehende Taugenichts wird von seiner Braut wieder eingefangen – im Standbild sieht man ihre Vampirzähne leuchten. In der Typologie filmischer Adaption von Literatur ist die interpretierende Adaption diejenige, die am stärksten eigenständige filmspezifische Mittel einsetzt und sich von der literarischen Vorlage 'befreit' (Gast 1993). Es bietet sich an, die filmische Adaption literarischer Texte unter dem offeneren Begriff der Transmedialität zu fassen, weil er den Medienwechsel und die damit verbundenen eigenständigen medialen Realisierungen impliziert. Fruchtbar sind Vergleiche verschiedener Adaptionen (5 x „Effi Briest"; vgl. Kanzog 1993) oder die Thematisierung textueller Adaption (Ausgangstext, „Easy Reader") mit dem medialen Wechsel von Text und Hörspiel und Film („Kai aus der Kiste").

Im Kontext der Auslandsgermanistik sollte auch der Begriff des Filmkanons diskutiert werden; Referenzobjekte sind meisterhafte Filme von großer kultureller Bedeutung, die über filmgeschichtliche Epochen (international prägend: der deutsche Expressionismus 1916–1926) vermittelt werden könnten. Mit explizitem Deutschland-Bezug werden regelmäßig die 'wichtigsten' Filme ausgewählt und herausgegeben (Bspe. „Edition Deutscher Filme"; „Parallelwelt: Film. Ein Einblick in die DEFA").

4 Methodisches Vorgehen

Über die vielfältige Schulung des Hör-Seh-Verstehens (filmanalytische Aufgaben) hinaus können alle rezeptiven und produktiven Fertigkeiten in die Spracharbeit mit Filmen einbezogen werden, wobei sich geschlossene (Ausfüllen einer Beobachtungstabelle) und offene Aufgaben (filmisches Rollenspiel; Herfurth 2007) ergänzen können.

Nicht zu vergessen ist, dass Lernern neben filmanalytischen Ausdrücken Vokabular zur differenzierten Beschreibung (Bsp. Nonverbalia, Personeneigenschaften) und zur Versprachlichung von Emotionen zur Verfügung gestellt werden sollte. Ein weiterer Planungsaspekt betrifft die Berücksichtigung verschiedener Bild-Ton-Relationen; sie können parallel, potenzierend, modifizierend oder divergent realisiert sein. Nicht nur die sog. Bild-Ton-Schere erfordert ein getrenntes Bearbeiten beider Kanäle, die Trennung von Bild und Ton ist ein probates Verfahren zum Trainieren des globalen Hörverstehens und dient dem Aufbau von Erwartungshaltungen oder Wahrnehmungs- und Interpretationsübungen (Gestik, Geräusche usw.).

Einen Überblick über den Gesamtaufbau eines Films verschafft der Sequenzplan, der die Sequenzen als Handlungseinheiten beschreibender Art umfasst, Teil der o. g. Filmhefte ist oder angefertigt werden sollte. Das Präsentationsverfahren ist abhängig von Film, Lernzielen und Zeitaufwand: Im Blockverfahren wird der ganze Film vorgeführt, im Intervallverfahren der Film in Sequenzen unterteilt und sukzessive gezeigt, im Sandwichverfahren wird mit ausgewählten Sequenzen plus Versprachlichungen (Bsp. Drehbuchauszügen) oder Verbildlichungen (Bsp. Standbildern) nicht gezeigter Sequenzen gearbeitet, im Sequenzverfahren werden nur eine Sequenz oder wenige wichtige Sequenzen präsentiert (zu letztem Verfahren Bleicher/Schott/Schott-Bréchet 2003; zu Vor-/Nachteilen vgl. Thaler 2010, 144). Der in einigen fachdidaktischen Veröffentlichungen vertretenen Auffassung, nur Ausschnitte von 3 bis 5 Minuten Länge einzusetzen, ist entgegenzuhalten, dass eine derart häufige Unterbrechung des Sehens eben nicht das wünschenswerte globale und selektive Hör-Seh-Verstehen schult und offeneren und kreativen Arbeitsformen entgegensteht.

Die digitale Verfügbarkeit auf DVD stellt methodisch nutzbare Features bereit wie verschiedene Sprachversionen, Untertitelung in der Muttersprache oder der Zielsprache Deutsch, Zusatzmaterial (Bonus), direkten Zugriff auf Sequenzen, problemlose Erstellung von Standbildern (mit Hilfe der Präsentationssoftware direkt von der DVD).

In der Praxis bewährt hat sich eine Phasierung, die drei Schritte filmischer Arbeit umfasst; je nach Intention und Länge bspw. des Kurzfilms kann auf die 2. Phase verzichtet werden: Aufbau von Erwartungshaltung und Antizipation (VOR), nicht nur bei komplexen Filmen/Sequenzen eine (arbeitsteilige) Bearbeitung von Aufgaben zum aktiven Hör-Sehen (WÄHREND), Verständnissicherung und Interpretation (NACH). Einige sprachbezogene Aktivitäten sollen hier stichwortartig aufgeführt werden, die zu ergänzen sind durch Brandi (1996) und Surkamp (2004) sowie für Nachrichtensendungen durch eine Seite des Goethe-Instituts (URL[10]).

– VOR: Titel des Films und Assoziationen, Erfinden einer eigenen Geschichte; Filmtext (Stichwörter oder Transkript) auf Wortkarten oder Bildkarten mit Filmfotos und Bilden einer Geschichte; Fotos aus dem Film und Fragen zur dargestellten Situation; Vorführen von Ton/Geräuschen (oder Musik) ohne Bild; Recherche zum Film im Internet; Ordnen eines Sequenzplans; Trailer und assoziatives Schreiben.

 WÄHREND: Film stoppen (ggf. mehrfach) und Fragen zum Dargestellten: Person beschreiben, Handlung, Begründung für Handlung, Fragen zum weiteren Verlauf; Beobachtungsaufgaben zu den Personen, zur Handlung, zu den Situationen; Film ohne Ton: Schilderung der Handlung, Schreiben von Dialogen; Wahr-/Falsch-Fragen; Text-/Bild-Puzzle; Stationenlernen mit ausgewählten Sequenzen (Salokannel 2007).

– NACH: Auf Beobachtungsaufgaben aus Phase 2 zurückkommen; Vorgeschichte/Nachgeschichte erzählen; Erzählen oder szenische Realisierung aus der Perspektive von Filmpersonen (Vorgabe: Standbilder); Filmkritik (Handlung & Wertung) schreiben; Brief (mit Fragen) an den Regisseur formulieren; Schreiben einer E-Mail an Filmpersonen; Lückentext mit Wortschatz-/Grammatikaufgaben; Verfassen einer Filmkritik; Erstellen eines Filmplakats; Trailer und Neuvertonung; Schnitt eines neuen Trailers.

Zur produktiv-kreativen Arbeit liegt eine Vielzahl von Vorschlägen vor, so kann man Lehrbuchdialoge zu einem Filmscript umschreiben, dies schließlich als Film realisieren; weitergehende Anregungen zur produktiven Videoarbeit in einem interkulturellen Ansatz stellt Timmermann (2012) bereit. In einem filmreflexiven Unterricht kann bspw. textbasiert ein Drehbuch zur Verfilmung von Ilse Aichingers Kurzgeschichte „Das Fenster-Theater" erstellt werden, in das Reflexionen zu allen filmischen Darstellungsmitteln einfließen (vgl. Vorschläge in URL[11]); dann ist der Blick geöffnet für den genialen Kurzfilm „Das Fenstertheater", der eindrucksvoll belegt, dass Film eine Kunstform ist, und der in knapp 4 Minuten mit seinen visuellen und akustischen Mitteln, ohne Worte, eine kohärente Geschichte erzählt.

Anmerkung

Zu beachten sind landesspezifische urheberrechtliche Bedingungen für das Vorführen. Im Zweifel sollten Medienzentren oder das Goethe-Institut (Vorführlizenzen) kontaktiert oder ein Klassensatz angeschafft werden.

Literatur

Badstübner-Kizik, Camilla: Hinsehen, Zuhören und Fragen – „Alte" Medien und „vergessene" Kompetenzen? In: Blell, Gabriele/Kupetz, Rita (Hrsg.): Fremdsprachenlernen zwischen Medienverwahrlosung und Medienkompetenz. Beiträge zu einer kritisch-reflektierenden Mediendidaktik. Frankfurt/M.: Lang 2005, 131–150

Biechele, Barbara: Film/Video/DVD in Deutsch als Fremdsprache – Bestandsaufnahme und Perspektiven. In: Barkowski, Hans/Wolff, Armin (Hrsg.): Umbrüche. Regensburg: FaDaF, 2006, 309–328

Bleicher, Thomas: Filmlesefähigkeit. Zur wechselseitigen Erhellung des Kultur- und Filmverständnisses im Bereich Deutsch als Fremdsprache. In: Jahrbuch Deutsch als Fremdsprache 30 (2004), 273–283

Bleicher, Thomas/Schott, Peter/Schott-Bréchet, Sylvie (Hrsg.): Der Neueste Deutsche Film. St. Augustin: Gardez! 2003 (Sequenz 14. Jahrbuch für Filmdidaktik)

Blell, Gabriele / Lütge, Christiane: „Sehen, Hören, Verstehen und Handeln. Filme im Fremdspracheunterricht". In: Praxis Fremdsprachenunterricht 1 (2004) Heft 6, 402–405 und 430

Brandi, Marie-Luise: Video im Deutschunterricht. Eine Übungstypologie zur Arbeit mit fiktionalen und dokumentarischen Filmsequenzen. Berlin: Langenscheidt 1996 [mit 2 DVDs]

Chudak, Sebastian: Der deutsche Film auf Erfolgskurs! Warum nicht auch im Deutsch-als-Fremdsprache-Unterricht? In: Fremdsprache Deutsch (2007) Heft 36, 14–16

Dahlhaus, Barbara: Fertigkeit Hören. Berlin: Langenscheidt 1994

D'Alessio, Germana: Deutsche Spielfilme der neunziger Jahre. Arbeitsheft für den Unterricht. München: Goethe-Institut 2000

Gast, Wolfgang: Film und Literatur. Analysen, Materialien, Unterrichtsvorschläge. Frankfurt/M.: Diesterweg 1993

Halft, Stefan: Wandel deutsch-türkischer Konstellationen im filmischen Migrationsdiskurs. In: gfl-journal 11 (2010) Heft 3 (www.gfl-journal.de)

Harms, Michael: Augen auf im Fremdsprachenunterricht – psychologische und didaktische Aspekte des Lernens mit Bildmedien. In: Duxa, Susanne/Hu, Adelheid/Schmenk, Barbara (Hrsg.): Grenzen überschreiten. Menschen, Sprachen, Kulturen. Festschrift für Inge Christine Schwerdtfeger zum 60. Geburtstag. Tübingen: Narr 2005, 245–256

Herfurth, Hans-Erich: „Die fetten Jahre sind vorbei." In: Fremdsprache Deutsch (2007) Heft 36, 42–46

Hickethier, Knut: Film- und Fernsehanalyse. Stuttgart: Metzler ⁴2007

Holzmann, Christian: Plädoyer für den schlechten Film. In: ide Informationen zur Deutschdidaktik 27 (2003) Heft 4, 45–52

Horstmann, Susanne: Förderung von interkultureller Kompetenz durch Auseinandersetzung mit Filmen? In: Chlosta, Christoph/Jung, Matthias (Hrsg.): DaF integriert: Literatur – Medien – Ausbildung. Göttingen: Universitätsverlag 2010, 59–71 (Materialien Deutsch als Fremdsprache 81)

Kanzog, Klaus: Viermal Effi. Grundsätzliches zum Vergleich der Verfilmungen von Fontanes Effi Briest. In: Jørgensen, Sven-Aage/Schepelern, Peter (Hrsg.): Verfilmte Literatur. Kopenhagen: Fink 1993, 68–80

Linke, Gabriele: Kulturelles Lernen mit Musikvideoclips und Film. In: Praxis Fremdsprachenunterricht 3 (2006) Heft 5, 40–45

Macaire, Dominique/Hosch, Wolfram: Bilder in der Landeskunde. Berlin: Langenscheidt 1996

Metzger, Klaus: Goof! Fehler in Filmen als Bausteine für eine „Schule des Film-Sehens". In: Praxis Deutsch (2002) Heft 175, 19–21

Monaco, James: Film verstehen. Kunst, Technik, Sprache, Geschichte und Theorie des Films und der Medien. Reinbek: Rowohlt ¹⁰2008

Raabe, Horst: „Das Auge hört mit". Sehstrategien im Fremdsprachenunterricht. In: Rampillon, Ute/Zimmermann, Günther (Hrsg.): Strategien und Techniken beim Erwerb fremder Sprachen. Ismaning: Hueber 1997, 150–172

Rathje, Stefanie: Interkulturelle Kompetenz – Zustand und Zukunft eines umstrittenen Konzepts. In: Zeitschrift für Interkulturellen Fremdsprachenunterricht 11 (2006), Heft 3 (http://zif.spz.tu-darmstadt.de)

Rumianowska, Agnieszka: Der Einsatz der Populärkultur im Fremdsprachenunterricht. Eine empirische Untersuchung am Beispiel von Musikvideoclips. In: Deutsch als Fremdsprache 46 (2009) Heft 1, 38–44

Salokannel, Claudia: Good Bye, Langeweile. In: Fremdsprache Deutsch (2007) Heft 36, 36–41

Schumann, Adelheid: Medienkompetenz durch Medienvergleich: Französische und deutsche Fernsehnachrichten im Französischunterricht. In: Bosenius, Petra/Donnerstag, Jürgen (Hrsg.): Interaktive Medien und Fremdsprachenlernen. Frankfurt/M.: Lang 2004, 163–175

Schwerdtfeger, Inge C.: Sehen und Verstehen. Arbeit mit Filmen im Unterricht Deutsch als Fremdsprache. Berlin: Langenscheidt 1989

Steinmetz, Rüdiger: Filme sehen lernen. 1–3. Frankfurt/M.: Zweitausendeins 2005/2008/2012

Surkamp, Carola: Teaching Films: Von der Filmanalyse zu handlungs- und prozessorientierten Formen der filmischen Textarbeit. In: Der Fremdsprachliche Unterricht Englisch 38 (2004), Heft 68, 2–8

Thaler, Engelbert: Musikvideoclips im Englischunterricht. München: Langenscheidt 1999

Thaler, Engelbert: Filmdidaktik. In: Hallet, Wolfgang/Königs, Frank G. (Hrsg.): Handbuch Fremdsprachendidaktik. Seelze-Velber: Klett/Kallmeyer 2010, 142–146

Timmermann, Waltraud: Interkulturelles Lernen durch produktive Videoarbeit: Ansätze und Ziele. In: Zeitschrift für Interkulturellen Fremdsprachenunterricht 17 (2012) Heft 1 (http://zif.spz.tu-darmstadt.de)

Welke, Tina: Ein Plädoyer für die Arbeit mit Kurzfilmen im Unterricht. In: Fremdsprache Deutsch (2007) Heft 36, 21–25

Zayas Martínez, Francisco (Hrsg.): MagaZin. Material für DaF (2001) Heft 6

Filme und Filmsammlungen

Balance (D 1989, Christoph und Wolfgang Lauenstein)

Bilderbogen D-A-CH (Berlin: Langenscheidt, 2008)

Blossoming of the Stones (D 1998, Michael Betz und Alvar Siefert)

Edition Deutscher Filme (Berlin: Arthaus, 2009)

Effi Briest: Der Schritt vom Wege (D 1939, Gustav Gründgens); *Rosen im Herbst* (D 1955, Rudolf Jugert); *Effi Briest* (DDR 1970, Wolfgang Luderer); *Fontane Effi Briest* (D 1974, Rainer Werner Fassbinder; *Effi Briest* (D 2009, Hermine Huntgeburth)

Feine Deutsche Kurzwaren (Hamburg: Bitfilm, 2003)

Das Fenstertheater (D 1992, Johannes Fluhr)

Kai aus der Kiste (DDR 1988, Günter Meyer)

Kebab Connection (D 2004, Anno Saul)

Kurz & Gut macht Schule (München: Goethe-Institut, 2005)

Kurzfilme im DaF-Unterricht (Berns, Anke; Zayas Martínez, Francisco. Universidad de Cádiz, o.J.)

Menschen am Sonntag (D 1930, Robert Siodmak, Edgar Ulmer, Billy Wilder)

Parallelwelt: Film. Ein Einblick in die DEFA (Bonn: Bundeszentrale für politische Bildung, 2006)

Quest (D 1996, Thomas Stellmach und Tyron Montgomery)

Schultze gets the Blues (D 2003, Michael Schorr)

Schwarzfahrer (D 1992, Pepe Danquart)

Taugenichts (D 1977, Berhard Sinkel)

Internet-Adressen

(URL[1]) http://www.goethe.de/ins/be/bru/lhr/mat/dkt/de2015915.htm

(URL[2]) www.goethe.de/filmschule

(URL[3]) www.digitales.org

(URL[4]) www.lernort-kino.de

(URL[5]) www.bpb.de

(URL[6]) www.irishfilm.ie

(URL[7]) http://filmrucksack.supsi.ch/frs/show_list.php

(URL[8]) www.trickfilm-festival.de

(URL[9]) www.gesichtzeigen.de

(URL[10]) www.goethe.de/Z/jetzt/dejleh.htm

(URL[11]) www.mediaculture-online.de

DIETMAR RÖSLER / NICOLA WÜRFFEL

D6 Digitale Medien

1 Einleitung

Im Verlauf des 20. Jahrhunderts ist eine zunehmende Medialisierung des Fremdsprachenlernens zu verzeichnen. Das Sprachlabor und die mit ihm einherge-
hende audiolinguale Methode, die zunehmende Arbeit mit audiovisuellem
Material und nicht zuletzt die analogen Medienverbünde sind hierfür Beispiele,
und ein Blick auf die fachdidaktische Diskussion zeigt, wie unterschiedlich die
Rolle des Medieneinsatzes dabei gesehen wurde (vgl. Rösler 2007, 206–210; vgl.
auch Reiß-Held/Busch, C1). Mit dem Aufkommen der digitalen Medien hat die
Medialisierung des Fremdsprachenlehrens und -lernens einen neuen Schub
erhalten. Dieser manifestiert sich auf den verschiedensten Ebenen, diskutiert
werden – aus einer stärker fremdsprachendidaktischen Perspektive heraus – das
neue Verhältnis von Selbstlernen und Lernen in sozialen Gruppen, neue Formen
kooperativen Lernens, die Qualität und die Rolle von Lehrmaterial und damit
ebenso der Umgang mit authentischen Materialien sowie – aus einer stärker
mediendidaktischen Perspektive heraus – der Nutzen verschiedener digitaler
Medien und Werkzeuge bzw. ihrer Kombinationen für spezifische Lern- und
Lehrziele. Auch auf den ersten Blick eher allgemeine Diskussionen wie die der
Lehrerrolle, die um Lernerautonomie oder die um Lernertexte sind mehr oder
weniger intensiv mit Fragen des Einsatzes der digitalen Medien verbunden.
Hinzu kommt, dass in der Bildungsdebatte das klassische Leitparadigma des
Schriftsprachenerwerbs als Grundposition vom Konzept der „multiliteracy"
(vgl. New London Group 1996) abgelöst worden ist.

Medialisierungsschübe bringen Verselbständigungen mit sich: Durch den sogenannten motivationalen Extraprofit sorgen frühe Anwendungen technischer
Neuheiten dafür, dass Lernende mit großer Begeisterung mit den jeweiligen
Medien arbeiten. Diese Besonderheit der frühen Anwendung verfliegt, sobald
das Medium Alltag geworden und eine genuin didaktische Begründung für die
Verwendung nicht gegeben ist. Mit dem jeweils neuen Medium verknüpfen sich
anfangs zumeist sowohl irrationale Ablehnung als auch unhaltbar hohe Erwartungen, die zu entsprechenden Enttäuschungen führen. Erst nach einiger Zeit
wird es möglich, die Funktion des Mediums für das Fremdsprachenlernen ange-
messener einzuschätzen. Ebenfalls problematisch an der didaktischen Diskussion um den Einsatz digitaler Medien im Fremdsprachenunterricht erscheint die
Tatsache, dass Mediennutzungen oft als Sonderfall, als Innovation etc. behandelt werden und dabei häufig nicht bedacht wird, dass der jeweilige Medienein-

satz in eine lange Linie von didaktischen Diskussionen eingeordnet werden muss: Kooperationen von Lernergruppen gab es als Klassenkorrespondenzen auch schon vor E-Mail-Partnerschaften, authentisches Material kann man nicht erst seit den Zeiten des Internet den Lernenden zugänglich machen usw.

Um die Forschungsdiskussion zum Einsatz digitaler Medien im Fremdsprachenunterricht in kompakter Form abzubilden, werden in diesem Artikel drei unterschiedliche Herangehensweisen gewählt, die den oben beschriebenen Ebenen entsprechen: In Abschnitt 2 wird eine systematische Übersicht über die verschiedenen digitalen Medien und Werkzeuge gegeben, die für das Fremdsprachenlernen eingesetzt werden, um anschließend in Abschnitt 3 einen besonderen Fokus auf die digitalen Lernmedien zu legen und deren Möglichkeiten und Grenzen für das Fremdsprachenlernen auszuloten; in Abschnitt 4 wird der Aspekt des kooperativen Lernens mit digitalen Medien beleuchtet, um auf diese Weise zu verdeutlichen, wie sich zentrale Punkte des Fremdsprachenunterrichts durch den Einsatz digitaler Medien verändern können. Nicht behandelt werden die Veränderungen, die sich für das Lehrer- und Tutorenverhalten ergeben (vgl. dazu ausführlich Rösler/Würffel 2010).

2 Systematisierung von digitalen Medien und Werkzeugen für den Einsatz beim DaF-Lernen

In Anlehnung an Mitschian (2004) kann man bei der Systematisierung von digitalen Medien und Werkzeugen die drei folgenden Ebenen unterscheiden und dabei versuchen, technische mit methodisch-didaktischen Aspekten zu verknüpfen: Auf einer ersten technischen Ebene differenziert man, ob die Anwendung offline oder online erfolgt (ob also ein Internetanschluss notwendig ist oder nicht). Auf einer zweiten Ebene unterscheidet man zwischen einem Medium (d.h. einen Informationsträger, der „aus Verbindungen von Zeichen- und Symbolsystemen mit einer jeweils dazu passenden Präsentationsform" besteht (Mitschian 2004, 13) und einem Werkzeug (ohne Inhalt) und beantwortet damit die Frage, ob die jeweilige Anwendung mit Inhalten verknüpft ist oder nicht. Auf einer dritten Ebene fokussiert man den methodisch-didaktischen Aspekt stärker und fragt danach, ob es sich um authentisches Material, um für Lernzwecke hergestelltes (adaptiertes) oder um mit einem Lernverfahren verknüpftes (methodisiertes) Material handelt. Tabelle 1 zeigt, wie nach einer derartigen Klassifizierung Medien und Werkzeuge unterschieden werden können.

Da wir den Bereich der digitalen Medien in Abschnitt 3 ausführlicher behandeln werden, soll an dieser Stelle nur auf die digitalen Werkzeuge eingegangen werden, die im DaF-Unterricht genutzt werden können. Zu den authentischen Offline-Werkzeugen gehören die in kommerzieller Form genauso wie in kostenlosen Open-Source-Varianten vorliegenden, weitverbreiteten Textverarbeitungs-,

Tab. 1: Elektronische Medien und Werkzeuge für den DaF-/DaZ-Unterricht
(nach Würffel 2010)

	Offline	Online
Authentische Medien	Hörbücher; Spielfilme/Dokumentationen auf CD-ROM/DVD	Weblog-Tagebücher; Podcasts (z. B. der Deutschen Welle); Wikipedia; Online-Lexika; Videoclips; Sprachkorpora
Adaptierte Medien	Elektronische Wörterbücher oder Kinderlexika auf CD-ROM/DVD	Online-Grammatiken; Online-Wörterbücher
Methodisierte Medien	Lernsoftware auf CD-ROM/DVD	Lernprogramme; Lehrbuch-Erweiterungen
Authentische Werkzeuge	Textverarbeitungsprogramme; Präsentationsprogramme; Strukturierungsprogramme (zum Erstellen von Mindmaps)	E-Mail; Foren; Chat; Instant Messaging mit Sprach- oder Videomessaging; Audio- oder Videokonferenzen; Kooperative Editoren (u. a. Wikis); Weblogs; Podcasts
Adaptierte Werkzeuge		Lernplattformen
Methodisierte Werkzeuge	Autorenprogramme; Vokabeltrainer	Autorenprogramme; Vokabeltrainer; E-Portfolio

Präsentations- und Strukturierungsprogramme: Auch für das Sprachenlernen spielen Programme wie Word, Power-Point oder Mindmanager inzwischen sowohl auf Seiten der Lehrenden, als auch auf Seiten der Lernenden (die vor allem gerne auf die integrierte Korrekturfunktion zurückgreifen oder mit dem eingebauten Thesaurus arbeiten) eine wichtige Rolle.

Deutlich weniger verbreitet, aber durchaus nützlich sind Werkzeuge, die der Gruppe der methodisierten Werkzeuge zugerechnet werden, die also mit einem Lernverfahren verknüpft sind: Hierzu werden die Autorenprogramme gezählt. Autorenprogramme sind Anwendungen, mit denen man interaktive Aufgaben und Übungen erstellen kann, die offline oder online am Computer oder zum Teil ausgedruckt auf Papier bearbeitet werden können. Auch ihre Anwendung ist keineswegs auf Lehrende beschränkt, die damit Materialien für ihre Lernenden erstellen können; sinnvoll erscheint auch der Gebrauch durch Lernende, die sich damit gegenseitig zusätzliche Übungsmöglichkeiten schaffen können. Das bekannteste kostenlose und leicht zu bedienende Programm ist in diesem Bereich weiterhin „HotPotatoes".

Deutlich größere Bedeutung für den DaF-Unterricht haben aber die Online-Werkzeuge, die besonders unter den Begriffen Web 2.0-Anwendungen oder Social Software in den vergangenen Jahren gesteigerte Aufmerksamkeit in der Fachdiskussion gefunden haben. Dies spiegelt einmal mehr das oben beschriebene Phänomen des 'Innovationsbonus' wieder, der den angeblich neuen Anwendungen bzw. dem Web 2.0 als dem neuen 'Mitmachnetz' zugesprochen wird. Tatsächlich hat die Fremdsprachendidaktik Online-Werkzeuge seit Beginn des Internet dafür genutzt, Lernende miteinander in Kontakt zu bringen (vgl. Abschnitt 4) und interkulturelle soziale Netzwerke zu schaffen; auch die Publikationsfunktion des Internet wurde für das Sprachenlernen schon sehr lange bewusst genutzt – ein Mitmachnetz war das Internet im DaF-Unterricht also schon seit Jahrzehnten und damit lange vor dem Hype um das Web 2.0. Online-Werkzeuge wie E-Mail, Foren, Chats, Audio- und Videokonferenzsysteme gehören zu den authentischen Online-Werkzeugen, die schon länger erfolgreich eingesetzt werden und zu denen eine relativ breite Forschungsbasis existiert (vgl. Würffel 2010); neuere wie Podcasts, Blogs, Wikis oder 3D-Welten versprechen noch andere Vorteile, etwa die Möglichkeit zur Förderung spezifischer Fertigkeiten (vgl. zu Podcasts u. a. Schmidt 2009, zu Wikis Würffel 2008, zu 3D-Welten Biebighäuser 2011; für einen Überblick vgl. Würffel 2010) oder die Unterstützung kooperativer Arbeitsformen. Auch die adaptierten Online-Werkzeuge wie Lernplattformen oder E-Portfolios gewinnen immer mehr an Bedeutung, da sie in der Regel eine Anzahl authentischer Online-Werkzeuge in einem geschützten Lernraum zur Verfügung stellen. Das ist vor allem im Hinblick auf den Aspekt der Öffentlichkeit sinnvoll, der bezogen auf Lehr-Lernkontexte sowohl positiv genutzt werden, aber auch negative Auswirkungen haben kann (vgl. dazu genauer Teil 4), weshalb die Arbeit in geschützten Systemen häufig die sichere Variante für alle Beteiligten darstellt.

3 Digitale Lehrmedien bzw. -materialien

Bei den digitalen Lehrmedien bzw. Lehrmaterialien kann man grob didaktisierte (adaptierte oder methodisierte) von nichtdidaktisierten (authentischen) Medien bzw. Materialien abgrenzen.

Auf der Ebene des didaktisierten digitalen Lehrmaterials ist wiederum zu unterscheiden zwischen lehrwerkbegleitenden und lehrwerkunabhängigen Materialien. Lehrwerkbegleitende Materialien existieren inzwischen zu fast allen Lehrwerken; es gibt sie kostenpflichtig und kostenfrei, online und offline sowie von sehr unterschiedlicher Qualität. In rein digitaler Form – ob online oder offline – existieren für den Bereich Deutsch als Fremdsprache noch eher selten vollständige Angebote wie Deutsch-Uni Online; in hoher Zahl finden sich aber inzwischen einzelne Übungen, landeskundliche Teilbereiche usw. Einen guten Überblick über vorhandene Online- Materialien findet man auf den Seiten des Instituts für internationale Kommunikation.

Vorteilhaft ist, dass die digitale Distribution von Material kostengünstiger ist, sodass gerade im Bereich der Lehrmaterialproduktion diejenigen Elemente von Lehrwerken, die nicht besonders profitabel sind (wie z. B. methodisierte Offline-Medien wie Glossare, Lehrerhandbücher etc.) differenzierter produziert und verteilt werden könnten. Ob dies eines Tages tatsächlich geschehen wird und inwieweit daraus im Laufe der Zeit eine zielgruppengenauere Produktion von Lehrmaterial entstehen könnte, vielleicht sogar ein mit den Konzepten Kern und Peripherie arbeitendes „Lehrwerk on demand", ist heute noch nicht einschätzbar (vgl. dazu genauer Rösler 2008).

Auf der Ebene des Übens erlaubt die Interaktivität der digitalen Medien eine Unmittelbarkeit der Rückmeldung, die in einem gedruckten Arbeitsbuch so nicht gegeben ist. Dieser prinzipielle Vorteil digitaler Übungen ist im Alltag mit einigen problematischen Nebenwirkungen behaftet. Auf Grund der vorhandenen Formate waren die Übungsmöglichkeiten zunächst eingeschränkter, als dies didaktisch notwendig gewesen wäre; beliebte Autorenprogramme (wie z. B. das oben erwähnte „Hot Potatoes") erlauben hauptsächlich die Produktion geschlossener Übungen. Das unmittelbare Feedback bei Übungen ist also einerseits ein großes Plus auf Grund der sofortigen Rückmeldung, gleichzeitig ist die Qualität des Feedback besonders bei Aufgaben und Übungen, die nicht geschlossen sind, eine Achillesferse. Offene Aufgaben erhalten, wenn sie nicht an einen menschlichen Online-Tutor weitergeleitet werden, als automatisches Feedback oft nur eine Musterlösung, die gerade nicht auf die konkreten Lernereingaben eingeht (vgl. für einen Überblick über die verschiedenen Feedbackvarianten Rösler 2007, 177–194 oder Puskas 2008).

Neben Lehrmaterial, das speziell als didaktisches Material produziert worden ist und digital distribuiert wird, ist das Internet eine Quelle für Materialien, die nicht speziell für den Unterricht produziert worden sind, in diesen aber Eingang finden können. Auf derartige Materialien referiert man oft mit der Bezeichnung 'authentische Medien bzw. Materialien', ein Konzept, das seit Aufkommen der kommunikativen Didaktik in der fremdsprachendidaktischen Diskussion einen hohen Stellenwert hat (vgl. Reiß-Held/Busch, D 1). Besonders durch die digitale Verfügbarkeit auditiver und audiovisueller Materialien haben auch weit vom Zielsprachenland entfernte Klassenzimmer einen schnellen Zugriff auf Höroder Hörsehtexte, was sich u. a. an der wachsenden Beliebtheit der Nutzung authentischer Podcasts zeigt.

Der schnelle Zugang zu im Internet vorhandenen authentischen Texten wie der jeweiligen Ausgabe der Tagesschau oder auf YouTube oder an ähnlichen Orten zur Verfügung gestellten Videoclips usw. ist ein unbestreitbarer Gewinn für den Fremdsprachenunterricht; gleichzeitig stellen diese Texte für die Fremd-

sprachendidaktik aber auch eine besondere Herausforderung dar. Die Einge-
schränktheit des Materials vor dem Aufkommen des Internet bedeutete zum
einen eine Beschränkung der Möglichkeiten, sich mit unterschiedlichen Quellen
aus dem oder über den deutschsprachigen Raum auseinanderzusetzen. Zum
anderen war durch die Tatsache, dass die meisten dieser Materialien von Redak-
tionen bzw. Lektoraten bearbeitet worden waren, eine Art sprachliche und
inhaltliche Qualitätssicherung eingebaut. Durch die nun beinah beliebig
umfangreiche und unmittelbare Verfügbarkeit der Online-Medien muss die
Qualitätskontrolle und Einschätzung der Vertrauenswürdigkeit der Texte von
den Lehrenden und Lernenden vor Ort vorgenommen werden. Bei beiden ist
also eine gesteigerte Medienkompetenz für die Arbeit mit dem Internet notwendig, wobei nicht nur die technisch-instrumentellen Teilkompetenzen von Bedeutung sind; fast wichtiger ist die Kritikfähigkeit, die den Nutzenden eine kritische
Einschätzung und Analyse der Qualität (Herkunft, Aktualität, Korrektheit der
übermittelten Information, ästhetischer Wert etc.) der Texte ermöglicht und
abverlangt.

4 Computergestützte Kooperationen von Lernenden

Kooperationen sind durch digitale Medien leichter initiierbar, mit größerer
Reichweite versehen und für den Lehrenden in ihrem Prozess nachvollziehbarer
geworden: So hat das Tandemkonzept (vgl. Wolff, F 10; Decker/Oomen-Welke
²2010, DTP 9, D 2, 4.4) mit der Kontaktbörse im Netz eine schnelle Vermittlungsform gewonnen, Klassenpartnerschaften sind über gemeinsame Lernplattformen intensiver möglich als beim Austausch durch Briefe oder Hör- oder
Videokassetten, und Lehrende können bei der Nutzung kooperativer Editoren
in kooperativen Schreibprojekten durch die Funktion, dass alle Textversionen
vom Programm gespeichert werden, die Genese der entstehenden Texte und die
Anteile der jeweiligen Lernenden an den entstandenen Texten (sowie dabei auf-
tretende Probleme) theoretisch nachvollziehen (praktisch scheitert dies allerdings häufig am hohen Arbeitsaufwand, den ein Durchlesen aller Textversionen
darstellt, vgl. hierzu Würffel 2008, 14).

Unter Verwendung des Internet haben sich spezielle Aufgabenformen wie z. B.
WebQuests und speziellen Formen von kooperativen Spielen wie z. B. die Projekte Odyssee und Mediterrania des Goethe-Instituts (vgl. Grätz 1998; 2003)
entwickelt. In didaktisierten Chat-Räumen treffen Lernende zusammen, die aus
weit entfernten Ländern kommen und quasi-synchron miteinander kommunizieren können. In virtuellen Welten wie Second Life werden diese Chats auch
mündlich und durch Avatare visualisiert möglich, gleichzeitig existieren in der
virtuellen Welt virtuelle Gegenstände und Materialien, die Gesprächsanlässe
bieten (vgl. Biebighäuser 2011). Und schließlich sind mit Videokonferenzpro-

grammen auch Kommunikationen ohne dazwischengeschaltete Avatare möglich. All diese neuen Kommunikationskanäle erlauben eine Intensivierung und
Beschleunigung der Kommunikation. Gleichzeitig sind sie jedoch auch problematisch, wenn die Interaktionen stark oberflächlich bleiben oder gar zu einem
interkulturellen Aneinander-Vorbeireden und zu interkulturellen Missverständnissen führen (vgl. O'Dowd/Ritter 2006).

In Zukunft wird es interessant sein zu sehen, inwieweit sich die Texte, die die Lernenden produzieren und die traditionell Texte waren, die für die Lehrenden zur
Korrektur geschrieben oder in Projekten oder in Konzepten von Begegnungsdidaktik einer begrenzten Zahl von wirklichen Lesenden unterbreitet wurden,
durch die digitalen Medien eine neue Qualität bekommen, oder auch, wie sich
beim computergestützten kooperativen Schreiben neue Problemfelder auftun.
Öffentliche Wikis und Blogs als asynchrone Medien bieten nicht nur die Chance,
kooperatives Schreiben in die Wege zu leiten, sie sind auch Möglichkeiten, sich
der Welt mitzuteilen und damit auch bei Lernenden die Kommunikation authentisch werden zu lassen. Die Öffentlichkeit der entstehenden Prozesse und Produkte hat mehrere Implikationen: Manche Lernende erfahren durch die Tatsache, dass sie mit der Welt kommunizieren und dass sie zu ihren Produkten über
die Kommentarfunktion vieler Web 2.0-Werkzeuge Rückmeldungen von Menschen außerhalb des Klassenzimmers bekommen können, einen Motivations-
schub; gleichzeitig besteht die Gefahr, dass die womöglich in einem sprachlich
wenig normgerechten Zustand produzierten Texte (bzw. die sich darin ausdrü-
ckende unvollkommene sprachliche Kompetenz) zu einem späteren Zeitpunkt
gegen ihre Produzenten verwendet werden können. Dies spricht nicht gegen ein
freies Schreiben im Netz (zumindest nicht mit Erwachsenen, die die Auswirkungen ihres Tuns abschätzen können), wichtig ist nur, dass das Verlassen des Schutz-
raums Klassenzimmer begleitet sein muss von einer Reflexion der Implikationen
und Folgen dieser Aktivitäten und damit auch von einer Stärkung der Medienkompetenz.

Für andere Lernende erzeugt das Schreiben für die Öffentlichkeit aber auch
einen erhöhten Druck zur Korrektheit; dies wiederum mag von Lehrenden für
gut befunden werden, da sich dadurch häufig die Qualität der produzierten Texte
erhöht. Für die Lernenden ist das aber nicht automatisch auch positiv, da sie vielleicht durch den entstehenden Druck eher blockiert werden. Hier gilt es also,
genau die Vor- und Nachteile für die jeweilige Lernergruppe abzuschätzen und
das Maß an gewählter Öffentlichkeit bewusst auszuwählen (vgl. Guth 2007, 67).

Ein zweiter wichtiger Faktor ist der der Autorschaft: Computergestütztes kooperatives Schreiben ist häufig an die Erwartung geknüpft, dass Lernende auf diesem Wege Texte produzieren, die nicht einfach nur Zusammenfügungen unterschiedlicher, von verschiedenen Autorinnen und Autoren verfasster Textbau-
steine sind. Stattdessen sollte die Textkonstruktion tatsächlich ein gemeinsamer

Prozess sein, bei dem die Lernenden von den jeweiligen Wissensbasen der Mitlernenden profitieren können. Studien zeigen aber, dass es Lernenden häufig schwer fällt, Texte von Mitlernenden zu korrigieren und zu verändern (vgl. Guth 2007, 64). Ein Grund dafür könnte sein, dass die meisten Lernenden mit dem Konzept einer individuellen Autorschaft sozialisiert worden sind, die davon ausgeht, dass der Schreiber eines Textes auch sein 'Eigentümer' ist. Eine gemeinsame Autorschaft ist für viele ein unbekanntes und ungewohntes Konzept. Eine in hohem Maße kooperative Textproduktion im Wiki kann deshalb häufig nur dann erreicht werden, wenn geeignete Aufgaben gestellt und wenn die Lernenden im Prozess vom Lehrenden unterstützt werden (vgl. Würffel 2008, 18).

Literatur

Biebighäuser, Katrin: Landeskundliches Lernen in der virtuellen Welt Second Life – Ein Forschungsprojekt im Bereich Deutsch als Fremdsprache. In: Schmidt, Torben / Küppers, Almut / Walter, Maik (Hrsg.): Inszenierungen im Fremdsprachenunterricht: Grundlagen, Formen, Perspektiven. Braunschweig: Schroedel u. a. 2011, 208–222

Grätz, Ronald: Mediterrania – ein Suchspiel per E-Mail. In: Primar 33 (2003), 12–15

Grätz, Ronald: Odyssee – Ein Netzspiel per E-Mail. In: Info DaF 25 (1998) Heft 5, 635–636

Guth, Sarah: Wikis in education: Is public better? In: Proceedings of the 2007 International Symposium of Wikis (2007), 61–68. Online: [http://www.wikisym.org/ws2007/_publish/Guth_WikiSym2007_IsPublicBetter.pdf.] (13.09.2010)

Mitschian, Haymo: Lernsoftware: Bewertung in Theorie und Praxis. München: kopaed 2004

New London Group: A Pedagogy Of Multiliteracies: Designing Social Futures. In: Harvard Educational Review Vol. 66 (1996) No. 1, Spring, 60–92

O'Dowd, Robert / Ritter, Markus: Understanding and Working with 'Failed Communication' in Telecollaborative Exchanges. In: CALICO Journal 23 (2006) Heft 3, 1–20

Puskas, Csilla: Interaktives E-Learning im Bereich Deutsch als Fremdsprache: Fehleranalyse und intelligente Rückmeldung durch Parsing-Systeme. Gießen 2008. Online: [http://www.uni-giessen.de/~gm1160/doku/cpu-master-thesis.pdf] (13.09.2010)

Rösler, Dietmar: Deutsch als Fremdsprache mit digitalen Medien – Versuch einer Zwischenbilanz im Jahr 2008. In: Info DaF 35 (2008) Heft 4, 373–389

Rösler, Dietmar: E-Learning Fremdsprachen. Eine kritische Einführung. Tübingen: Stauffenburg ²2007

Rösler, Dietmar / Würffel, Nicola: Online-Tutoren. Kompetenzen und Ausbildung. Tübingen: Narr 2010

Schmidt, Torben: Mündliche Lernertexte auf der Zweinull-Bühne – Mediale Inszenierungen im Englischunterricht am Beispiel eines Schulpodcast-Projekts. In: Forum Sprache Nr. 1 (2009), 24–42

Würffel, Nicola: DaF-/DaZ-Lernen in elektronischen Umgebungen. In: Krumm, Hans-Jürgen / Fandrych, Christian / Hufeisen, Britta / Riemer, Claudia (Hrsg.): Deutsch als Fremd- und Zweitsprache. Ein internationales Handbuch. Berlin u. a.: de Gruyter 2010, 1227–1242

Würffel, Nicola: Kooperatives Schreiben im Fremdsprachenunterricht: Potentiale des Einsatzes von Social Software-Anwendungen am Beispiel kooperativer Editoren. In: Zeitschrift für Interkulturellen Fremdsprachenunterricht 13 (2008) Heft 1, 26 Seiten. Online: [http://zif.spz.tu-darmstadt.de/jg-13-1/beitrag/Wuerffel1.htm] (13.09.2010)

Internetadressen

Deutsch-Uni Online: http://www.uni-deutsch.de/start/frameset_start.htm) (12.03.2013)

Institut für internationale Kommunikation: http://www.deutsch-als-fremdsprache.de/daf-uebungen/index.html (12.03.2013)

Tandemserver: http://www.slf.ruhr-uni-bochum.de/bochum-deu.html (12.03.2013)

BERNT AHRENHOLZ / FRANZISKA WALLNER

D 7 Korpora für Deutsch als Fremdsprache

1 Einleitung

In Linguistik und Zweitspracherwerbs- oder Sprachlehr- und -lernforschung bezeichnen Korpora Sammlungen von schriftlichen Produktionen oder transkribierten mündlichen Äußerungen. In der neueren Forschung und in der Korpuslinguistik wird dabei auf Sprachdaten Bezug genommen, die digitalisiert sind und spezifische empirische Analysen ermöglichen.

Die enthaltenen Sprachdaten umfassen Texte im weitesten Sinne, die in eine einheitliche Form gebracht wurden. Weiter enthalten Korpora Metadaten, die die erfassten Daten näher charakterisieren – bspw. in Hinblick auf ihre Autoren, den Zeitpunkt ihrer Entstehung und den Publikationsort; bei mündlichen Daten gehören hierzu Angaben zu den Transkriptionskonventionen oder den beteiligten Sprechern. Die Texte selbst werden in kleinere Einheiten, wie Kapitel, Überschriften, Sätze bis hin zu einzelnen laufenden Wörtern (Tokens) segmentiert. Bei transkribierten mündlichen Daten werden neben Segmentierungen auf der Ebene von Wörtern und Äußerungseinheiten bspw. auch Einheiten nach Erhebungssituation, Diskurstyp oder Aufgaben gebildet. Häufig sind Korpora zusätzlich mit linguistischen Zusatzinformationen (Annotationen) versehen. Hinzugefügt werden dabei Informationen bspw. zur Wortart der Tokens (Part-of-Speech-Tagging), zu den Grundformen der Tokens (Lemmatisierung), zur syntaktischen Kategorie von Gruppen von Tokens (Chunking und Parsing) oder auch zur Semantik oder Pragmatik (Bubenhofer 2006–2011).

2 Korpora in der DaF-Forschung

In den letzten Jahren hat die Korpuslinguistik nicht zuletzt aufgrund der veränderten technischen Möglichkeiten einen bedeutenden Aufschwung zu verzeichnen (vgl. beispielsweise Lüdeling/Walter 2010; Lemnitzer/Zinsmeister 2010 und Fandrych/Tschirner 2007). Für den Bereich Deutsch als Fremdsprache spielen Korpora bereits seit den 1970er Jahren eine Rolle. So wurde bei der Erstellung der Wortlisten für das Zertifikat Deutsch als Fremdsprache diskutiert, inwieweit damals verfügbare Frequenzlisten wie bspw. die umfangreiche frequenzorientierte Wortschatzliste von Kaeding (1898) hilfreich seien, und deren Grenzen wurden deutlich erkannt (vgl. Ortmann 1975, Deutscher Volkshochschulverband 1985, 121 ff.). Mit der Digitalisierung der Sprachdaten und den damit stark erweiterten Recherchemöglichkeiten wurde dieser Ansatz wieder aufgegriffen und es erschienen neue korpusbasierte Arbeiten wie bspw. die Frequenzwörterbücher von Jones / Tschirner (2006) und Quasthoff u. a. (2011) oder das zweisprachige und nach Sachgruppen geordnete Lernwörterbuch „Lextra – Deutsch als Fremdsprache" von Tschirner (2008).

Daneben kann auch die DaF-Didaktik von Korpusrecherchen profitieren, indem curriculare Entscheidungen u. a. auch auf Grundlage von Frequenzlisten getroffen werden. Die Frequenz eines sprachlichen Phänomens gilt als ein wichtiges Kriterium in Hinblick auf die Vermittlungsrelevanz (Leech 2001) und die Anordnung von Lehrgegenständen. Die Erfassung der Verteilung und Varianten eines sprachlichen Phänomens hängen dabei allerdings stark von der Datenbasis und den statistischen Auswertungsverfahren ab (vgl. Konopka 2012a). Beispiele für frequenzorientierte Untersuchungen von DaF-Lehrmaterialien selbst finden sich z. B. in Ahrenholz (2007) zu Demonstrativa und in Lymperakakis / Sapiridou (2012) zum Wortschatz in Lehrwerken für Jugendliche.

Neben diesen quantitativen Verfahren sind auch qualitative korpuslinguistische Analysen für das Fach DaF relevant und werden häufig durch diesen Anwendungsbereich motiviert. Beispielsweise wird untersucht, ob, in welcher Form, innerhalb welcher textuellen Umgebung oder auch mit welcher Verteilung ein bestimmtes Phänomen im Korpus nachgewiesen werden kann. So wird in Rost-Roth (2006) auf der Basis von Korpora gezeigt, wie Fragetypen zu differenzieren sind und mit welcher Frequenz sie vorkommen. Die Untersuchungen von Gárgyán (2009) konnten nachweisen, dass am-Progressiv-Formen entgegen vorherrschender Einschätzungen durchaus mit einer Negation oder auch im Imperativ auftreten können. Eine vergleichende Analyse von Kollokationen in unterschiedlichen Verwendungskontexten hat wiederum ergeben, dass komplexe Strukturen kontextabhängige Gebrauchspräferenzen und -restriktionen aufweisen (Wallner 2013a). Bislang werden in entsprechenden Untersuchungen lediglich einzelne sprachliche Phänomene fokussiert. Eine umfassende korpusbasierte Grammatikschreibung steht hingegen noch aus, wird aber in Hinblick auf eine Erfassung des Standarddeutschen und grammatischer Variation derzeit im Projekt „Korpusgrammatik – grammatische Variation im standardsprachlichen und standardnahen Deutsch" am IDS (Institut für Deutsche Sprache in Mannheim) angestrebt. Daneben sei auch auf das grenzüberschreitende internationale Projekt „Variantengrammatik des Standarddeutschen" hingewiesen, welches die nationalen und regionalen Unterschiede in der Grammatik der deutschen Standardsprache systematisch erforscht.

In der Zweitspracherwerbsforschung und Sprachlehr- und -lernforschung sind die meisten Untersuchungen zum gesteuerten oder ungesteuerten Spracherwerb empirisch angelegt und basieren bei entsprechenden Fragestellungen seit Jahrzehnten auf Korpora unterschiedlicher Größe. Im Fokus stehen dabei von Lernern produzierte Texte, die in Lerner-Korpora zusammengefasst und analysiert werden. Während die Daten aus den frühen Projekten zum Spracherwerb von Arbeitsmigranten nur in maschinenschriftlicher Form vorliegen, werden die Daten seit den 80er Jahren als digitale Korpora angelegt (z. B. das Projekt „Modalität in Lernervarietäten im Längsschnitt"; vgl. Dittmar 2012). Im Projekt „Kommunikation in der Hochschule" (KIH) wurden Interaktionen in universitären Sprechstunden erfasst und als digitales Korpus angelegt, deren Daten u. a. mit WordCruncher (Müller 1993) ausgewertet wurden (vgl. z. B. Rost-Roth 2006 zu Frageformen, Ahrenholz 2007 zu Demonstrativa).

In der Zweitspracherwerbsforschung wird auf Korpora mit muttersprachlichen Daten zurückgegriffen, um auf der Basis der Korpusbefunde vergleichend auch quantitativ orientierte Aussagen über Sprachgebrauch in bestimmten Kontexten oder Gattungen zu machen oder in Bezug auf Input Wahrscheinlichkeitsannahmen zu formulieren (z. B. Ahrenholz 2010, 23). Ferner können auf Grundlage der Gegenüberstellung von Lernerdaten mit muttersprachlichen Daten oder auch mit anderen L2-Korpora Rückschlüsse in Hinblick auf die Schwierigkeit bestimmter Strukturen gezogen werden (u. a. Zeldes u. a. 2008).

3 Korpora in der DaF-Praxis

3.1 Korpora für Lehrende

Korpora gewinnen zunehmend auch Bedeutung für die DaF-Praxis. Online-Korpora bieten eine schnelle Möglichkeit überall in der Welt rasch authentische Gebrauchsweisen bestimmter lexikalischer Einheiten zu eruieren und aktuelle authentische Sprachdaten in den Unterricht zu integrieren. Korpora dienen dabei als Belegquelle – sei es für verlässliche Daten oder auch für spezifische Verwendungssituationen. Gerade für Lernkontexte, in denen ein spezifischer Sprachgebrauch vermittelt werden soll – etwa Berufssprachen oder auch fachsprachliche Texte, politische Debatten, Wissenschaftssprachen usw. – bieten Korpora eine vielversprechende Datenbasis.

Daneben eignen sich Korpora für eine vertiefende Betrachtung eines sprachlichen Phänomens in Ergänzung vorhandener Lehrwerke. So könnte bspw. das Anwendungsspektrum der Wechselpräpositionen (vgl. Wallner 2013b) oder typische Kontexte von Partikeln (wie bspw. *sogar, nur, jedenfalls, allerdings, immerhin*) anhand von Korpusbelegen verdeutlicht werden. Denkbar wäre auch eine Dokumentation des Gebrauchs von Fugenelementen, damit einhergehender Bedeutungsunterschiede (*Landmann* vs. *Landsmann*) oder auch regionale Varianten (*Adventkalender* vs. *Adventskalender, Schweinebraten* vs. *Schweinsbraten*) (vgl. Konopka 2012b). Auf diese Weise können Lehrende ihre Lernenden dabei unterstützen, ein Formbewusstsein für die fremde Sprache zu entwickeln, und damit die für den Lernerfolg wichtige bewusste Wahrnehmung fremdsprachlicher Strukturen fördern.

Darüber hinaus bieten Korpora die Möglichkeit, aktuelle Entwicklungstendenzen in der Sprache zu veranschaulichen wie bspw. die Integration fremdsprachlicher Mittel (*adden, liken, downloaden, updaten*), die Subjunktion *weil* mit Verbzweitstellung oder auch den Gebrauch des *am*-Progressivs (*ich bin am schreiben*).

In Hinblick auf die eigene Sprachkompetenz und das Wissen über Sprache bieten Korpora den Lehrenden die Möglichkeit, über die persönliche Intuition hinaus objektivierte Einblicke in den Sprachgebrauch (Verwendungshäufigkeit, syntaktische Einbettung, Textsortenspezifik, regionale Variation, Sprachwandel u. a. m.) zu gewinnen. Zugleich ermöglichen sie es, die Akzeptabilität bestimmter Konstruktionen oder Strukturen zu überprüfen und so zu einem angemessenen Feedback zu kommen. So lässt sich eine Struktur, die im Wesentlichen in der gesprochenen Sprache anzutreffen ist, in einem geschriebenen Text dann nicht als falsch, sondern als für den Verwendungskontext oder die Textsorte evtl. unangemessen bewerten (Lüdeling / Walter 2010, 8).

Einschränkend ist anzumerken, dass die vorhandenen Korpora nicht für didaktische Zwecke erstellt worden sind, der Gebrauch der Analysetools und die jeweilige Abfragesyntax eher für Linguisten geschrieben sind und die Korpusbelege nicht nach Schwierigkeitsgraden differenziert werden. Alternativ besteht für die Lehrenden daher die Möglichkeit, eigene, auf die Bedürfnisse der eigenen Lernergruppe zugeschnittene Korpora zu erstellen und mit frei zugänglichen Konkordanzprogrammen wie „Textstat" oder „Antconc" zu analysieren.

3.2 Korpora für Lernende

Digitale Korpora können auch in den Unterricht eingebracht werden (vgl. z. B. Chrissou o. J.). Mithilfe eigenständiger Korpusanalysen bzw. der Auswertung von durch den Lehrenden aufbereiteten Konkordanzlisten können Lernende dabei Angaben zur Bedeutung und / oder Funktion sprachlicher Einheiten aus Lehrwerken, Grammatiken oder Wörterbüchern überprüfen und so den spezifischen Mehrwert von Korpusdaten erfassen. Konkordanzen eignen sich jedoch auch ohne eine Kontrastierung mit bereits vertrauten Nachschlagewerken zur induktiven Ermittlung der Bedeutung bzw. von grammatischen Regularitäten. Sie bieten auch für Lernende die Möglichkeit, Besonderheiten des Gebrauchs zu recherchieren (wie bspw. die Artikelwahl, die Kasusrektion nach bestimmten Präpositionen oder auch typische Kombinationspartner zu einem Suchwort), die Sememe von polysemen lexikalischen Einheiten inklusive ihrer jeweils spezifischen Kombinatorik zu erschließen (*einen Dieb verfolgen* vs. *eine Sendung verfolgen* vs. *ein Ziel verfolgen*) oder auch die Unterschiede nahezu synonymer Strukturen herauszuarbeiten (bspw. *unterschreiben* vs. *unterzeichnen*) (vgl. Wallner 2013b). Daneben können Lernende anhand von Konkordanzen feste und variable Komponenten formelhafter Strukturen ermitteln (*jdm. fällt ein großer/riesiger Stein vom Herzen*). Auch die Bedeutungsermittlung idiomatischer Strukturen kann mit Hilfe von Konkordanzen unterstützt werden, wobei hier größere Kontexte und mindestens die Angabe des gesamten Satzes, in dem die idiomatische Struktur auftritt, zu empfehlen ist. Die Arbeit mit Korpora im DaF-Unterricht bereitet so auch auf die eigenständige Nutzung von Korpora in und v. a. außerhalb des Unterrichts vor. Allerdings muss gesagt werden, dass aufgrund der Komplexität der Recherchetools und des Sprachniveaus der enthaltenen Texte die derzeit (2013) online verfügbaren Korpora nur in Grenzen im DaF-Unterricht einsetzbar sind und vor allem für fortgeschrittene Deutschlerner geeignet erscheinen. In der DaF- und DaZ-Forschung wird der Arbeit mit Korpora hingegen eine immer bedeutendere Rolle zukommen.

4 Deutschsprachige Korpora und korpusbasierte Informationsportale

Korpora lassen sich in Hinblick auf die Art, den Umfang und die Aufbereitung der Sprachdaten unterscheiden. In Bezug auf die Art der Daten werden zunächst reine Textkorpora mit ausschließlich schriftlichen Texten, die jedoch auch auf transkribierten mündlichen Daten beruhen können, unterschieden von multimodalen Korpora, die zusätzlich Audio- und/oder Videoaufnahmen enthalten. Darüber hinaus lassen sich Korpora in Hinblick auf Entstehungszeit, Sprach- und Fachbezug oder Textsorten sowie im Bereich der gesprochenen Sprache nach Diskurstypen, regionalen und sozialen Varietäten u. a. m. differenzieren.

Beispielhaft seien hier das Deutsche Referenzkorpus DeReKo des Instituts für Deutsche Sprache (IDS), das Digitale Wörterbuch der deutschen Sprache des 20. Jahrhunderts (DWDS) der Berlin Brandenburgischen Akademie der Wissenschaften, das C4-Korpus – als gemeinsames Korpus des DWDS, des Austrian Academy Corpus (AAC), des Korpus Südtirol und des SCHWEIZER TEXT KORPUS (CHTK) – sowie für die gesprochene Sprache die Datenbank für Gesprochenes Deutsch (DGD2) mit einer großen Variation an Teilkorpora (bspw. Konfliktgespräche, Mundarten im Schwarzwald und Deutsch in Israel) und Gewiss, ein Vergleichskorpus der gesprochenen Wissenschaftssprache, angeführt.

Schließlich sind die Korpora mit Lernerdaten zu nennen, die aus verschiedenen wissenschaftlichen Projekten stammen und z. T. offline (MPI-Nijmegen), z. T. online genutzt werden können. Hier ist das für die DaF-Forschung einschlägige fehlerannotierte Lernerkorpus (FALKO) zu nennen (vgl. Lüdeling u. a. 2008).

Viele Korpora sind über öffentlich verfügbare Korpusportale und Analysetools zugänglich. Davon seien im Folgenden drei online recherchierbare vorgestellt: das Wortschatzportal der Universität Leipzig, das DWDS und Cosmas II.

4.1 Wortschatzportal

Das Wortschatzportal umfasst rund 2 Milliarden Tokens und enthält ausschließlich im Internet zugängliche Texte, wobei intern zwischen Zeitungstexten, Wikipedia-Texten und allgemeinen Webseiten differenziert wird (Quasthoff 2009). Das aus dieser Datengrundlage erzeugte Vollformenwörterbuch ist über die Startseite des Wortschatzportals zugänglich, wobei die Daten ausschließlich automatisch erhoben werden.

Das Wortschatzportal bietet zu einem Suchwort Informationen zu Trefferanzahl, Häufigkeitsklasse, Morphologie und Wortart. Daneben werden auch Wörter und Mehrworteinheiten angezeigt, die auffällig häufig gemeinsam mit dem Suchwort auftreten (signifikante Kookkurrenzen und Mehrwortkookkurrenzen). Es wird auch eine kleine Auswahl an Beispielsätzen angezeigt sowie die Grundform, sofern es sich bei dem Suchwort um eine flektierte Form handelt. Bei der Suche nach nichtflektierten Formen erhält man auch Informationen zu Synonymen, Antonymen und Dornseiff-Bedeutungsgruppen. Allerdings werden hier die zu einer Grundform dazugehörigen Flexionsformen nicht mit angezeigt und bleiben auch innerhalb der statistischen Angaben unberücksichtigt, da das Korpus nicht lemmatisiert ist. Dementsprechend sind die Angaben zur Vorkommenshäufigkeit eines Suchwortes nur bedingt aussagekräftig in Hinblick auf die tatsächlichen Verhältnisse im Wortschatz. Neben der Suche nach Wörtern können im Wortschatzportal auch einzelne Wortbestandteile mit Hilfe des Platzhaltersymbols (*) recherchiert werden. Die Eingabe weiterer Suchoperatoren, die bspw. die Suche nach Wortkombinationen gestatten, ist beim Wortschatzportal nicht möglich.

Insgesamt sind die Recherchemöglichkeiten im Leipziger Wortschatzportal begrenzt. Es erfordert jedoch keinerlei Einarbeitungsaufwand und ermöglicht schnell Zugang zu grundlegenden grammatischen Informationen, paradigmatischen Relationen und Kookkurrenzen.

4.2 DWDS

Über das DWDS-Portal können eine Reihe verschiedener Korpora durchsucht werden: das DWDS-Kernkorpus (Kernkorpus 20) mit 100 Millionen Tokens, diverse Zeitungskorpora (z. B. *Berliner Zeitung* mit ca. 253 Millionen Tokens, die *Zeit* und *Zeit-Online* mit ca. 460 Millionen Tokens) sowie einige Spezialkorpora wie das *Wendekorpus* mit Interviews zur Wende in der DDR (ca. 281.471 Tokens), das Korpus gesprochener Sprache (mit ca. 2,5 Millionen Tokens) sowie ein Korpus jüdischer Periodika (mit ca. 26 Millionen Tokens).

Das Kernkorpus 20 ist ein Referenzkorpus für die deutsche Sprache des 20. Jahrhunderts. Es enthält Texte aus den Bereichen Belletristik (ca. 26 %), Zeitung (ca. 27 %), Wissenschaft (ca. 22 %), Gebrauchstexte (20 %) sowie Texte gesprochener Sprache (ca. 5 %), deren Anteile sich gleichmäßig über die Dekaden des 20. Jahrhunderts verteilen. Damit wird das Ziel verfolgt, ein möglichst hohes Maß an Repräsentativität für die deutsche Sprache des 20. Jahrhunderts zu erreichen. Ein weiteres Referenzkorpus zur Sprache des 21. Jahrhunderts (Kernkorpus 21) befindet sich im Aufbau.

Die über das DWDS Portal analysierbaren Korpora sind mit Informationen zur Wortart der einzelnen laufenden Wörter (Tokens) versehen (getaggt). Darüber hinaus wurden alle Tokens auf ihre Grundformen zurückgeführt (lemmatisiert). Für die Anzeige syntaktischer Relationen im *Wortprofil 2012* werden das Kernkorpus 20 und die Korpora der *Zeit/Zeit-Online*, der *Berliner Zeitung* und des *Tagesspiegels* zusätzlich einer syntaktischen Voranalyse unterzogen.

In der DWDS Standardansicht wird die Anzahl der Treffer im Kernkorpus 20 und im Korpus der *Zeit/Zeit-Online* angezeigt und das Suchwort erscheint in Form einer KWIC-Ansicht (key word in context). Damit wird die unmittelbare Umgebung des Suchwortes (Konkordanzen) als eine Art Kurzbeleg übersichtlich dargestellt; die Ansicht der vollständigen Textbelege ist möglich. Weitere Korpora können zusätzlich ausgewählt werden. Außerdem besteht die Möglichkeit, verschiedene Eingrenzungen u. a. in Hinblick auf Textsorten und das Belegdatum vorzunehmen.

Während die Konkordanzlisten sämtliche Belege zu einem Suchausdruck unabhängig von der Komplexität ihrer textuellen Umgebung enthalten, können über die Option „Auswertungen" (unter „Ressourcen") zehn besonders typische Verwendungsweisen des Suchausdrucks innerhalb der DWDS-Korpora herausgefiltert werden. Diese Sätze, die sich durch relativ einfache Syntax und gebräuchliche Lexik auszeichnen, eignen sich im besonderen Maße dazu, den Gebrauch eines Suchausdrucks zu veranschaulichen und sind damit v. a. für Sprachlehrende und Lernende eine wertvolle Informationsquelle.

Darüber hinaus bietet das DWDS-Portal in der Standardsicht vier weitere Panels: das DWDS-Wörterbuch, ein Etymologisches Wörterbuch des Deutschen (nach Pfeifer), ein OpenThesaurus und das DWDS-Wortprofil 2012. Dieses ist aus DaF-Perspektive von besonderem Interesse, denn es veranschaulicht die syntaktischen Relationen, in denen ein Suchausdruck innerhalb der syntaktisch voranalysierten DWDS-Korpora üblicherweise auftritt. So lassen sich typische Attribute zu einem substantivischen Suchwort ermitteln wie beispielsweise zu *Wetter*:

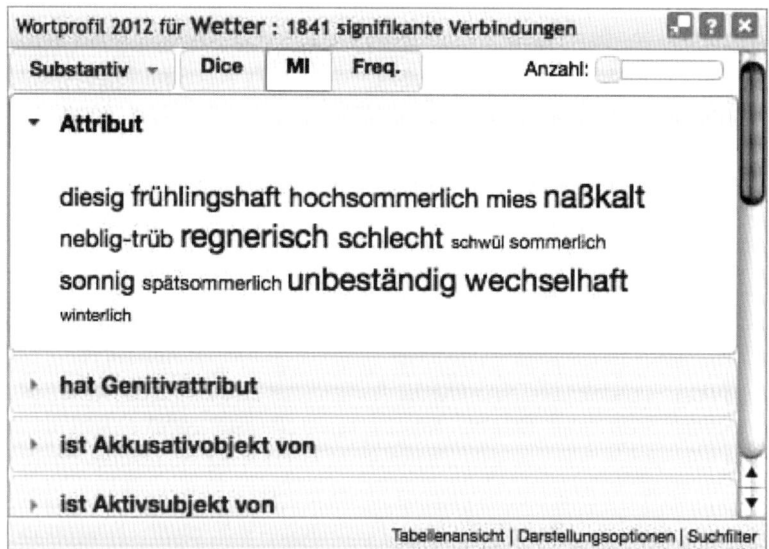

Abb. 1 DWDS, Statistisches Wortprofil zu *Wetter*, Anzeige typischer Attribute
[http://www.dwds.de/?qu=Wetter&submit_button=Suche&view=1]

Es können aber auch typische Subjekte eines verbalen Suchworts aufgerufen
werden, bspw. mit dem Ziel partiell synonyme Verben wie *enden* und *aufhören*
anhand ihrer Kombinationspartner exakter voneinander zu unterscheiden:

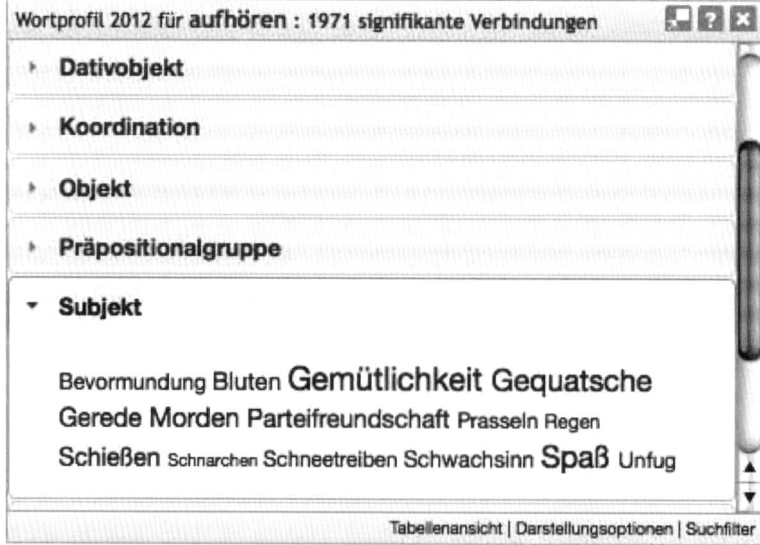

Abb. 2 DWDS, Statistisches Wortprofil zu *aufhören*, Anzeige typischer Subjekte
[http://www.dwds.de/?qu=aufh%C3%B6ren&submit_button=Suche&view=1]

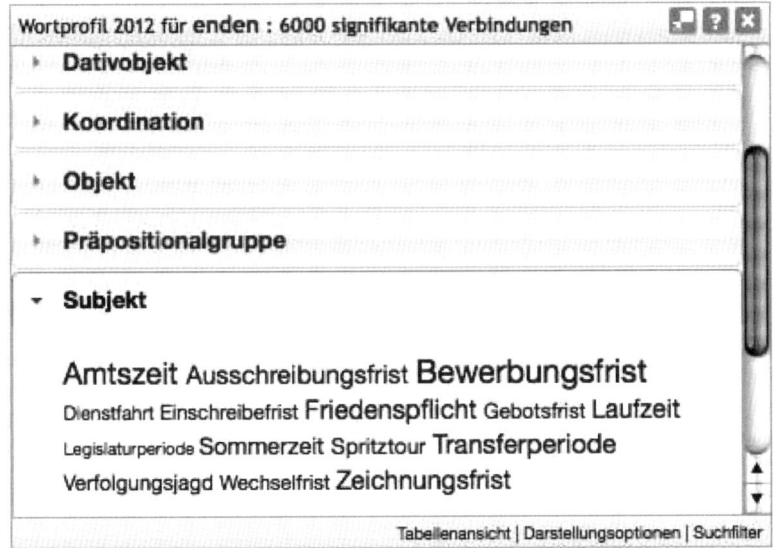

Abb. 3 DWDS, Statistisches Wortprofil zu *enden*, Anzeige typischer Subjekte
[http://www.dwds.de/?qu=enden&submit_button=Suche&view=1]

Eine weitere aus DaF-Perspektive interessante Anwendung des DWDS-Portals ist die Statistik über die Verwendung eines Suchwortes in verschiedenen Zeiträumen zur Untersuchung von Sprachwandlungsprozessen.

Bei der Eingabe eines Suchwortes in das DWDS-Suchanfragefenster wird stets nach dem gesamten Lemma gesucht, d. h. es finden sämtliche Flexionsformen Berücksichtigung. Die Suche kann jedoch mit Hilfe des Suchoperators @ auf eine bestimmte Wortform beschränkt werden. Daneben ist auch eine Filterung nach Wortarten sowie die Suche nach Wortgruppen, Wortbildungsprodukten, trennbaren Verbzusätzen u. a. möglich.

4.3 Cosmas II

Cosmas II ermöglicht die linguistische Recherche in 108 Korpora mit insgesamt 7,3 Milliarden laufenden Wortformen (Stand 01/2013). Dazu zählt das Deutsche Referenzkorpus (DeReKo), als eine der größten Textdatenbanken auf der Welt mit 5,4 Milliarden Textwörtern. Das DeReKo umfasst geschriebene deutschsprachige Texte aus Deutschland, Österreich und der Schweiz und enthält Zeitungstexte, wie auch belletristische, wissenschaftliche und andere Texte. Die meisten mit Cosmas II analysierbaren Korpora enthalten Informationen zur Wortart und Grundform der Tokens.

Cosmas II verfügt über mehrere Varianten für unterschiedliche Betriebssysteme und die systemunabhängige Web-Nutzung Cosmas II web.

Vor einer Recherche mit Cosmas II web müssen zunächst das Archiv und das Korpus ausgewählt werden. Die Suchanfrage generiert eine Wortformliste. Dort werden alle im Korpus vorgefundenen orthographischen Formen zur angefragten Wortform inklusive ihrer Vorkommenshäufigkeit angezeigt. Bei einer Lemmasuche, die mit Hilfe des vorangestellten Operators & realisiert wird, (bspw &neu), erscheinen in der Wortformliste sämtliche Flexionsformen des Suchwortes. Für die Recherche irrelevante Formen wie *NeU* oder *NeUE* können an dieser Stelle ausgeschlossen werden. Alle in dieser Wortformliste aktivierten Treffer erscheinen daraufhin in der Korpusansicht, die – je nach Voreinstellung – z. B. Angaben über die Anzahl der Treffer, der Texte, den Zeitraum sowie die Subkorpora enthält (möglich sind auch zeitbezogene oder länderbezogene Angaben). Es gibt für die KWIC-Belege die Möglichkeit, die Anzahl der dem Suchwort vorausgehenden Buchstaben, Wörter oder Sätze zu bestimmen. Alternativ können auch Volltexte angezeigt werden.

Neben der Suche nach Einzelwörtern verfügt Cosmas II über ein vielfältiges Angebot weiterer Abfragemöglichkeiten, wie bspw. die Suche nach bestimmten Wortbildungsprodukten, orthographischen Varianten, Satzzeichen, Wortkombinationen oder auch die Verknüpfung eines Wortes mit morphosyntaktischen Informationen. Um diese Möglichkeiten auszuschöpfen, bedarf es allerdings der eingehenden Auseinandersetzung mit der Suchanfragesprache von Cosmas II.

Ein weiteres interessantes Untersuchungsinstrument von Cosmas II ist die Kookkurrenzanalyse. Diese ermöglicht zu einfachen und auch zu komplexeren Suchausdrücken die Ermittlung typischer, statistisch signifikanter Kombinationspartner. Dabei sind Größe und Beschaffenheit des im Rahmen der Kookkurrenzanalyse zu berücksichtigenden Kontextes beliebig einstellbar. Die Darstellung der Ergebnisse erlaubt die Wiedergabe binärer Kookkurrenzen wie auch größerer syntagmatischer Muster (vgl. Duffner/Näf 2006). Diese dokumentieren die Verwendung des Suchausdrucks im Zusammenspiel mit typischen Kombinationspartnern und eignen sich damit als Grundlage für eine kontextgebundene und gebrauchsorientierte Sprachvermittlung (vgl. Perkuhn/Belica 2004).

Literatur

Ahrenholz, Bernt: Verweise mit Demonstrativa im gesprochenen Deutsch. Grammatik, Zweitspracherwerb und Deutsch als Fremdsprache. Berlin u. New York: de Gruyter 2007

Ahrenholz, Bernt: Bildungssprache im Sachunterricht der Grundschule. In: Ahrenholz, Bernt (Hrsg.): Fachunterricht und Deutsch als Zweitsprache. Tübingen: Narr 2010, 15–35

Bubenhofer, Noah: Einführung in die Korpuslinguistik: Praktische Grundlagen und Werkzeuge. 2006–2011 [online] [http://www.bubenhofer.com/korpuslinguistik/]

Bubenhofer, Noah: Sprachgebrauchsmuster. Korpuslinguistik als Methode der Diskurs- und Kulturanalyse. Berlin: de Gruyter 2009

Bubenhofer, Noah: Lehrwerke und Referenzwortschätze. Der Nutzen frequenzbasierter Grundwortschätze. In: Okamura, Saburo/Lange, Willi/Scharloth, Joachim (Hrsg.):

Grundwortschatz Deutsch: lexikografische und fremdsprachendidaktische Perspektiven. Tokyo: Japanische Gesellschaft für Germanistik 2012. (Studienreihe der Japanischen Gesellschaft für Germanistik (SrJGG))

Chrissou, Marios: Mit Textkorpora im Unterricht arbeiten und Sprachförderung initiieren (o. O., o. J.) [http://www.uni-due.de/imperia/md/content/prodaz/chrissou_korpus arbeit.pdf] (1.5.2013)

Deutscher Volkshochschul-Verband (Hrsg.): Das Zertifikat Deutsch als Fremdsprache. Bonn 1985 (3., neubearb. Aufl.)

Dittmar, Norbert: Das Projekt „P-MoLL". Die Erlernung modaler Konzepte des Deutschen als Zweitsprache: Eine gattungsdifferenzierende und mehrebenenspezifische Längsschnittstudie. In Ahrenholz, Bernt (Hrsg.): Einblicke in die Zweitspracherwerbsforschung und ihre methodischen Verfahren. Berlin/Boston: De Gruyter 2012, 99–121

Duffner, Rolf & Näf, Anton: Digitale Textdatenbanken im Vergleich. Linguistik online 3 (2006)

Fandrych, Christian / Tschirner, Erwin: Korpuslinguistik und Deutsch als Fremdsprache. Ein Perspektivwechsel. In: Deutsch als Fremdsprache 44 (2007) Heft 4, 195–204

Gárgyán, Gabriella: *Seid nicht am verzweifeln!* Korpusbasierte Analyse bisher undokumentierter Formen des *am*-Progressiv-Gebrauchs im heutigen Deutsch. In: Deutsch als Fremdsprache 46 (2009) Heft 4, 203–209

Jones, Randall L. / Tschirner, Erwin: A frequency dictionary of German. London: Routledge 2006

Konopka, Marek: Variabilität bezüglich eines grammatischen Phänomens. 2012a [online] [http://hypermedia.ids-mannheim.de/call/public/korpus.ansicht?v_id=4746]

Konopka, Marek: Perspektiven für die Betrachtung der Frequenz. 2012b [online] [http://hypermedia.ids-mannheim.de/call/public/korpus.ansicht?v_id=4747]

Leech, Geoffrey): The role of frequency in ELT: New corpus evidence brings a re-appraisal. In: Hu Wenzhong (Hrsg.): ELT in China 2001: Papers presented at the 3rd International Symposium on ELT in China. Beijing, 1–23. [online] [http://eprints.lancs.ac.uk/id/eprint/1313]

Lemnitzer, Lothar / Zinsmeister, Heike: Korpuslinguistik: Eine Einführung; Tübingen: Narr 2010

Lüdeling, Anke / Doolittle, Seanna / Hirschmann, Hagen / Schmidt, Karin / Walter, Maik: Das Lernerkorpus Falko. In: Deutsch als Fremdsprache 45 (2008) Heft 2, 67–73

Lüdeling, Anke / Walter, Maik: Korpuslinguistik. In: Krumm, Hans-Jürgen / Fandrych, Christian / Hufeisen, Britta / Riemer, Claudia (Hrsg.): Handbuch Deutsch als Fremd- und Zweitsprache. (Neubearbeitung). HSK. Berlin: De Gruyter 2010, 315–322

Lymperakakis, Panagiotis / Sapiridou, Andromachi: Wortschatz und Worthäufigkeit – wie frequent ist eigentlich der Lernwortschatz aus DaF-Lehrwerken für Jugendliche? In: Deutsch als Fremdsprache (2012) Heft 3, 2012, 139-149

Müller, Heinrich H.: Stärken und Schwächen – vier microcomputerfähige Programme zur Textanalyse. In: Lenders, W. (Hrsg.): Computereinsatz in der Angewandten Linguistik. Konstruktion und Weiterverarbeitung sprachlicher Korpora. Frankfurt/Main. 1993, 77–84 (Forum Angewandte Linguistik 25)

Ortmann, Wolf Dieter: Hochfrequente deutsche Wortformen. München: Goethe-Institut 1975

Perkuhn, Rainer / Belica, Cyril: Eine kurze Einführung in die Kookkurrenzanalyse und syntagmatische Muster. Mannheim: Institut für Deutsche Sprache 2004 [online] [http://www.ids-mannheim.de/kl/misc/tutorial.html]

Quasthoff, Uwe: Korpusbasierte Wörterbucharbeit mit den Daten des Projekts Deutscher Wortschatz. Linguistik online 39 (2009) Heft 3, 171–162

Quasthoff, Uwe / Fiedler, Sabine / Hallsteinsdóttir, Erla (Hrsg.): Frequency Dictionary German = Häufigkeitswörterbuch: DEU; Leipzig: Leipziger Universitätsverlag 2011

Rost-Roth, Martina: Formen und Funktionen von Interrogationen. Fragen in grammatischen Beschreibungen, empirischen Befunden und Lehrwerken für Deutsch als Fremdsprache. In: Linguistik Online 49 (2011) 5, 91–117

Rost-Roth, Martina: Nachfragen: Formen und Funktionen äußerungsbezogener Interrogationen. Berlin / New York: de Gruyter 2006

Tschirner, Erwin: Lextra – Deutsch als Fremdsprache – Grund- und Aufbauwortschatz nach Themen: A1–B2 – Lernwörterbuch – Grund- und Aufbauwortschatz A1–B2 in thematischen Feldern. Wörterbuch. Berlin: Cornelsen 2008

Wallner, Franziska: Kollokationen in Wissenschaftssprachen. Zur lernerlexikographischen Relevanz ihrer wissenschaftssprachlichen Gebrauchsspezifika. Tübingen: Stauffenburg 2013a

Wallner, Franziska: Korpora im DaF-Unterricht – Potentiale und Perspektiven am Beispiel des DWDS. Erscheint in: Revista Nebrija de Lingüística Aplicada a la Enseñanza de las Lenguas 2013b

Zeldes, Amir / Lüdeling, Anke / Hirschmann, Hagen: What's hard? Quantitative evidence for difficult constructions in German learner data. In: Proceedings of QITL 3. Helsinki 2008

Zifonun, Gisela / Hoffmann, Ludger / Strecker, Bruno: Grammatik der deutschen Sprache. Berlin / New York: de Gruyter 1997 (Schriften des Instituts für deutsche Sprache 7)

Internetquellen

Antconc: [http://www.antlab.sci.waseda.ac.jp/antconc_index.html]

Textstat: [http://neon.niederlandistik.fu-berlin.de/static/textstat/TextSTAT-Doku-EN.html]

Korpusgrammatik – grammatische Variation im standardsprachlichen und standardnahen Deutsch [http://www.ids-mannheim.de/gra/korpusgrammatik.html]

Variantengrammatik des Standarddeutschen: [http://www.variantengrammatik.net/index.html]

Korpora und Korpusportale

Austrian Academy Corpus: [http://www.aac.ac.at/]

Cosmas II: [http://www.ids-mannheim.de/cosmas2/]

Datenbank für gesprochenes Deutsch: [http://dgd.ids-mannheim.de:8080/dgd/pragdb.dgd_extern.welcome]

Deutsches Referenzkorpus DeReKo des Instituts für Deutsche Sprache (IDS): [http://www.ids-mannheim.de/kt/projekte/korpora/]

Digitales Wörterbuch der deutschen Sprache des 20. Jahrhunderts (DWDS): [http://www.dwds.de/]

FALKO: [http://korpling.german.hu-berlin.de/falko-suche/]

Gewiss (Gesprochene Wissenschaftssprache kontrastiv): [https://gewiss.uni-leipzig.de/index.php?id=home]

Korpus C4: [http://www.korpus-c4.org]

Korpus Südtirol: [http://www.korpus-suedtirol.it/index_de]

Schweizer Text Korpus: [http://www.schweizer-textkorpus.ch/]

Wortschatzportal Universität Leipzig: [http://wortschatz.uni-leipzig.de/]

E
Aufgaben, Feedback und
Leistungsmessung
in Deutsch als Fremdsprache

MARTINA ROST-ROTH

E 1 Korrekturen und Feedback

1 Einleitung

Korrekturen und Feedback wird im Fremdsprachenunterricht große Bedeutung zugeschrieben. Entsprechend gibt es für die Befassung mit schriftlichen und mündlichen Korrekturen sowohl in Bezug auf Fremdsprachenunterricht allgemein als auch in Hinblick auf Deutsch als Fremdsprache eine längere Tradition in Fachdidaktik und Sprachlehrforschung.

Korrekturen und Feedback werden aus unterschiedlichen Perspektiven betrachtet. Zum einen werden dreischrittige Sequenzen als typisch für Unterrichtsinteraktion angesehen (vgl. Edmondson/House 2006, 244 ff. und Vogt 2004):

| Initiation – | Response – | Feedback, bzw. |
| Lehrerfrage – | Schülerantwort – | Lehrerbewertung |

Korrektur ist in diesem Muster als Spezialfall von Feedback zu sehen. Zum anderen werden in gesprächsanalytischen Ansätzen und konversationsanalytischer Tradition Korrekturen als Reparaturen, i.e. als interaktive Prozeduren der Störungsbehandlung analysiert.

Wie die folgenden Beispiele verdeutlichen, sind auf eine als fehlerhaft betrachtete mündliche Äußerung von Lernern (LER) im Prinzip sehr unterschiedliche Reaktionen von Unterrichtenden (UNT) als mündliche Korrekturen möglich:[1]

LER: ich beschreibe ein junge

oder: UNT: jUngen

oder: UNT: EInen jUngen

oder: UNT: nIcht ein junge
sOndern einen jungEn

oder: UNT: junge … dEr junge … akkUsativ
etc.

Während die Korrekturen der Unterrichtenden in den vorausgehenden Beispielen als Fremdkorrekturen realisiert werden, handelt es sich bei den folgenden Beispielen um Aufforderungen zur Selbstkorrektur bzw. Delegation der Korrektur:

---

[1] Die erste Reaktion in diesem Beispiel ist in Rost-Roth (2009) empirisch belegt, die weiteren Möglichkeiten sind in Anlehnung an andere authentische Beispiele abgeleitet. Betonungen sind durch Großbuchstaben markiert.

UNT: ich beschreibe ein junge?

oder: UNT: ich beschreibe EIn jUnge?

oder: UNT: ich beschreibe . . .

oder: UNT: nE / nOchmal

oder: UNT: werk kann sagen wie's richtig is?

Auch im Schriftlichen zeigen sich unterschiedliche Korrekturmöglichkeiten über
den Einsatz verschiedener Korrekturzeichen und Abkürzungen:

ich beschreibe <u>ein Junge</u>	f.
ich beschreibe <u>ein Junge</u>	Dekl! Genus!
ich beschreibe ein __ Jung<u>e</u>	Akk. mask.
ich beschreibe ein __ Jung<u>e</u>	|en |n

Die Beispiele lassen erkennen, dass Korrekturen im Fremdsprachenunterricht
mit vielfältigen Handlungsalternativen und Entscheidungen verbunden sind,
wobei sich die Frage stellt, welche Möglichkeiten am günstigsten für Sprachvermittlung und Sprachförderung sind. Für die Entwicklung und den Ausbau von
Lernersprachen werden u. a. lernersprachliche Hypothesenbildung und die
Bedeutung von Interaktion thematisiert (vgl. insbes. Gass/Selinker 2008, 259 ff;
Mitchell/Myles 2004; Gass 2003, 224 ff.; Kotthoff, F 3). Korrektives Feedback
kann auch in Bezug auf 'Language Awareness', 'Focus on Form' und 'Noticing'
bedeutsam sein – Aspekte, die gerade auch Gegenstand neuerer Theorien des
Spracherwerbs sind (Tönshoff 2005; Schoormann/Schlak 2011). Im Folgenden
werden Ergebnisse und Befunde aus empirischen Untersuchungen zu Korrekturen und Handlungsempfehlungen resümiert.

2 Fehler

Grundlegend für die Entscheidung, was korrigiert werden soll, ist die Frage, was
als Fehler angesehen wird und welche Rolle Fehlern für den Spracherwerb und
die Sprachförderung beigemessen wird. Auch hier eröffnet sich ein weites Feld
mit weitergehenden theoretischen Implikationen (vgl. Legenhausen 1998 sowie
Chlosta u. a. ²2010 in DTP 9). Grundsätzlich stellt sich sowohl für mündliche als
auch schriftliche Fehlerkorrektur die Frage nach der Norm, die als Maßstab für
Abweichungen gilt. Es liegen sehr unterschiedliche Fehlerkategorisierungen
vor. Diese sind z. T. nur bedingt als Ansatzpunkt für didaktische Entscheidungen
geeignet, insofern sie nicht an direkt beobachtbaren Aspekten ansetzen. Gerade
Fehlerursachen sind nicht immer eindeutig zu identifizieren (Legenhausen 1998,
48; Kleppin 2001, 987 ff). Von besonderer Bedeutung für eine gezielte Sprachförderung sind Fehlerkategorisierungen, bei denen nach verschiedenen Bereichen
des Sprachsystems und Sprachgebrauchs unterschieden wird:

Tab. Übersicht: Fehlerarten nach Sprachbereichen (empirisch belegte Beispiele aus Rost-Roth 2009)

Fehlerart	Bsp. Fehler	Bsp. Fehlerbehandlung durch Unterrichtende
Lexikalisch	*prinzhaus*	→ *schloss*
Morphologisch	*mir*	→ *mich*
Syntaktisch	*der hat gemacht das*	→ *der hat das gemacht*
Phonetisch	*BarBARa*	→ *BARbara*
Pragmatik	*jetzt gehen*	→ *bitte höflicher*
Diskurs	*sechs*	→ *sprich bitte den satz*
Inhaltlich	*euro*	→ *taler*

Für schriftliche Korrekturen sind weiterhin Fehler im Bereich der Orthographie sowie des Stils ('umgangssprachlich') und Hinweise auf Konventionen für Textsorten verbreitet, wobei letztere im Prinzip auch für mündliche Lernerproduktionen von Bedeutung sein können.

3 Schriftliche Korrekturen

Bei schriftlichen Korrekturen kann zwischen Fehlerlokalisierung, Fehlerindikation und Fehlerberichtigung unterschieden werden. Bei Fehlerlokalisierung wiederum ist zwischen engeren und weiteren Lokalisierungen zu unterscheiden. Für Hinweise auf die Art der Fehler ist der Einsatz von Kürzeln verbreitet, die z. T. sehr spezifische Hinweise geben können:

R	Rechtschreibfehler
W	Fehler in der Wortwahl
A	Ausdrucksfehler
T	Tempusfehler
Det	falscher Artikelgebrauch
Pron	falscher Pronomengebrauch
Präp	falsche Präposition
Konj	falsche Konjunktion
Z	Zeichenfehler (vgl. Königs 2007, 269)

Fehlerkorrekturen, bei denen die berichtigte Version in den Lernertext eingefügt bzw. dieser überschrieben wird, werden nur unter bestimmten Bedingungen als sinnvoll angesehen, da sie den Lernern die Möglichkeit zur Selbstkorrektur nehmen (Kleppin 1998, 60). Für die Fehlerbehandlung und 'Fehlertherapie' werden auch Übungsmöglichkeiten sowie eine Fehlerbesprechung in der Klasse bzw. Lerngruppe empfohlen (vgl. Storch 2001, 319). Schon in früherer Literatur gibt es Anregungen, wie Lerner ihre Aufmerksamkeit gegenüber Fehlern schärfen und Strategien zur Selbstkorrektur entwickeln können (Rug u. a. 1991; Ahrenholz/Ladenburger 1993). Entsprechenden Vorschlägen kommt besonders vor dem Hintergrund der Autonomie-Diskussion und Vermittlung von Lernstrategien Bedeutung zu.

4 Korrektur und Feedback bei E-Learning

Neue Möglichkeiten in Hinblick auf Korrekturen und Feedback ergeben sich durch digitale Medien. (Selbst-)Korrekturen von schriftlichen Lernerproduktionen sind beispielsweise durch Textverarbeitungs- und Grammatiküberprüfungen bei Textverarbeitungsprogrammen möglich (vgl. z. B. Grüner/Hassert 2000). Möglichkeiten programmierten Feedbacks sind über den Einsatz von Tonsignalen oder graphische Zeichen, Drag & Drop-Funktionen, Anzeigen von prozentual richtigen Antworten oder Ampeln etc. gegeben (Rösler 2007, 180; Rösler/Würffel, D6). Ein Vorteil wird nicht zuletzt in der Privatheit der Rückmeldung gesehen. Auch lässt sich positives Feedback (wie z. B. Applaus) systematisch programmieren. Nachteile zeigen sich vor allem in mangelnder Adaptivität (Rösler 2007, 179). Grundlegendes Problem der Programmierung bleibt, dass im Prinzip alle möglichen Lernerantworten antizipiert werden müssten.

5 Korrekturtypen

Um für Unterrichtsinteraktion und Lehrverhalten unterschiedliche Ausprägungen von Korrekturverhalten zu fassen, wurden zahlreiche Kategoriensysteme entwickelt. Aus dem deutschen Bereich lagen zunächst die Analysen von Henrici/Herlemann (1986) vor, die konversationsanalytisch von der Unterscheidung von Selbst- und Fremdinitiierung und Selbst- und Fremdkorrekturen ausgehen. Rost (1989) knüpft darüber hinaus an Chaudron (1988) an und systematisiert Möglichkeiten in Bezug auf die sprachliche Umsetzung von Korrekturschritten (s. Abschnitt 6). Kleppin/Königs (1991) unterscheiden in ihrer Untersuchung zu Korrekturmöglichkeiten im Fremdsprachenunterricht: direkt/indirekt, verbal/nonverbal, metasprachlich/objektsprachlich, unterbrechend/nichtunterbrechend, ausholend/nicht ausholend. Havranek (2002, 114f.) wiederum unterscheidet sieben Korrekturtypen unter sequenziellen Aspekten. Vielfach wird in neueren Arbeiten 'Recasts' als Umformulierungen besondere Bedeutung beigemessen (vgl. z. B. Lyster/ Ranta 1997; Long 2007). Lyster/Mori (2006, 271) sehen schließlich drei Arten von Feedback als grundlegend an: *explicit correction, recasts, prompts,* (explizite Korrektur, Umformulierungen und Aufforderungen zur Selbstkorrektur).

Insgesamt ist festzuhalten, dass für Klassifikationen von mündlichen Korrekturtypen nicht nur sehr unterschiedliche Ansatzpunkte gewählt werden, sondern dass es sich oft um Mischklassifikationen handelt und innerhalb einer einzelnen Klassifikation unterschiedliche Kriterien angesetzt werden. Problematisch ist, dass die einzelnen Kategorien in der empirischen Anwendung oft nicht eindeutig genug sind.

6 Korrekturen als Reparaturen

Zum Teil werden Reparaturen und Korrekturen per definitionem darüber unterschieden, dass bei Korrekturen die Äußerungsabsicht der Lerner aufgegeben, bei Reparaturen hingegen beibehalten wird (vgl. Kleppin 1998). Hierbei stellt sich jedoch das Problem, dass die Äußerungsabsicht von Lernern oft nicht nachvollzogen werden kann, womit sich für die empirische Anwendung eine Einschränkung ergibt. Des Weiteren ist problematisch, dass der Begriff der Korrektur im Prinzip nicht mehr als übergeordneter Begriff für Fehlerbehandlung steht. In einer anderen Verwendung werden Korrekturen als Fehlerbehandlung im weiteren Sinne verstanden und als Spezialfall von Reparaturen im Sinne der Gesprächsanalyse gesehen (zu *repair* allg. vgl. Schegloff u. a. 1977, zu Reparaturen und Unterrichtsinteraktion Henrici/Herlemann 1986; Rehbein 1984; Rost 1989; 1995 sowie Macbeth 2004; Seedhouse 2004, 34 ff. u. 141 ff.). Diese Sichtweise hat den Vorzug, dass sie nicht die o. g. Schwierigkeit in der empirischen Anwendung aufwirft und zudem weitere Differenzierungen bei der Analyse von Korrektursequenzen ermöglicht. So sind auch Besonderheiten bei Fehlerkorrekturen und anderen Reparaturen im Kontext von Unterricht fassbar und Vergleiche von Fremdsprachenunterricht und anderen Erwerbskontexten möglich (vgl. Kasper 1986; Hall 2007).

Mit der Betrachtung von Korrekturen als Reparatursequenzen lassen sich Korrekturverläufe und ihre Teilaktivitäten und Komponenten systematischer erfassen:

Reparaturinitiierung:	Wird ein Problem/Fehlerhaftigkeit (erst) mit dem Korrekturschritt eines Interaktionspartners (hier meist Unterrichtende) signalisiert (= Fremdinitiierung) oder (schon) lernerseitig (= Selbstinitiierung)?
Reparaturdurchführung:	Wird die Korrektur als Fremdkorrektur durchgeführt, oder liegt eine Aufforderung zur Selbstkorrektur vor? Wie wird dieser Schritt realisiert (z. B. mit oder ohne Betonung)?
Abschluss der Sequenz:	In welcher Weise erfolgt eine Ratifizierung der Fremdkorrektur bzw. des Selbstkorrekturversuchs (z. B. Wiederaufnahme der korrigierten Form als 'Uptake')?

Expansionen: Gibt es weitere (Teil-)Schritte/Aktivitäten im Laufe
                                der Korrektursequenz (z. B. durch Nachfragen, Er-
                                klärungen oder Teilkorrekturen?)

Über die Berücksichtigung der Art der Reparaturinitiierung – d. h. wer in der
Interaktion signalisiert, dass etwas als problematisch betrachtet wird – ist eine
umfassendere Betrachtung von lernersprachlichen Problemen z. B. auch bei
Auftreten von Unsicherheiten möglich. Der Lernerperspektive kann so eher
Aufmerksamkeit gezollt werden.

Auf Beschreibungen von Chaudron (1988) zurückgreifend, können Korrektur-
schritte danach klassifiziert werden, inwiefern sie Wiederholungen (+/-Wh) der
problematischen Äußerungen und unterschiedliche prosodische Realisierungen
über Betonung (+/-Bet) aufweisen (vgl. Rost 1989, 172 ff. für Beispiele aus dem
Bereich Deutsch als Fremdsprache). Des Weiteren ist von Interesse, ob die Korrektur sequenziell exponiert oder eingebettet (indirekt) und/oder moduliert
(abgeschwächt) erfolgt.

NMS: je älter man wird und (lachend) desto desto hat eh eh
       keine/keine: ge/ge/gedächtnis eh:m & %hm:% &
MS: & du meinst &   – REPARATURINITIIERUNG
       desto weniger funk&tioniert (lachend) das gedächtnis & – - UND DURCHFÜHRUNG
NMS: & ja ((lachend)) weniger funktio&niert   RATIFIZIERUNG (UPTAKE)
                                                                ja richtig (vgl. Rost-Roth 2012, 124)

Über die sequenzielle Orientierung und den Einbezug der Beendigung sind nicht
nur Uptake und Abschwächung wie im obigen Beispiel, sondern auch Expansionen der Sequenzen (z. B. durch Nebensequenzen mit Nachfragen) systematischer fassbar. Hierzu ein Beispiel:

LER: hier im ratiborstraße .. nahe . . .   REPARATURINITIIERUNG
UNT: in der nähe   REPARATURSCHRITT
LER: in den?   [MR1]NACHFRAGE
UNT: in der nähe von   Wiederholung REPARATURSCHRITT
LER: mhm   RATIFIZIERUNG (UPTAKE)
                                                    (vgl. Rost-Roth 1989, 188)

Zu Expansionen unterschiedlicher Art kann es nicht nur über Nachfragen (wie
im vorausgehenden Beispiel) kommen, sondern auch über mehrere Teilkorrek-
turen, das Fehlschlagen von Selbstkorrekturen oder Erklärungen (vgl. Rost
1989, 186 ff. für Beispiele).

Reparaturverläufe und Feedback zeigen auch einen engen Zusammenhang mit
Lehr- und Lernformen. Es liegen Untersuchungen zu Tandem-Interaktionen
vor, die zeigen, dass Korrektursequenzen hier oft ausführlicher ausfallen und
auch mehr Raum für lernerseitige Initiierungen, Uptake und Nachfragen von
Lernern ist (vgl. Rost-Roth 1995 und Schmelter 2005).

7 Korrekturstile und Einstellungen zu Korrekturen

Ein Schwerpunkt vieler – insbesondere auch früherer – Untersuchungen liegt auf der Befassung mit unterschiedlichen Korrekturstilen. Für den deutschsprachigen Kontext sind zunächst Kleppin/Königs (1991) zu nennen. Befunde sind (hier bezogen auf gymnasialen Italienisch- und Spanischunterricht), dass Unterrichtende Präferenzen für bestimmte Korrekturen zeigen und dass diese sehr unterschiedlich sein können (z. B. in Bezug auf Aufforderungen zu Selbstkorrekturen oder Korrekturen durch andere Lerner). Lochtman (2002) unterscheidet drei Typen von Lehrenden, einen fehlertoleranten, einen fehlerintoleranten und einen gemäßigten Typ.

Immer wieder interessiert hat auch die Frage, inwiefern sich Unterschiede bei der Behandlung einzelner Fehlerarten zeigen. Die Befunde ergeben relativ übereinstimmend, dass Korrekturen vorrangig lexikalische und grammatikalische Abweichungen als Gegenstand mündlicher Korrekturen fokussieren, phonetische und syntaktische Fehler hingegen seltener (vgl. Chaudron 1988,140; Rost 1989; Kleppin/Königs 1991; Rost-Roth 1995, 120 ff.; 1999; Rost-Roth 2009).

Auch Einstellungen zu Korrekturen wurden untersucht. Dabei zeichnet sich für unterschiedliche Untersuchungskontexte ab, dass sich die Einstellungen von Lehrenden und Lernern unterscheiden (vgl. wiederum Kleppin/Königs 1991; Lochtmann 2002; Plonsky/Mills 2006). Bemerkenswert ist ebenso das Ergebnis, dass bei Lehrenden die Einschätzung eigenen Korrekturverhaltens häufig stark von dem beobachteten Korrekturverhalten abweicht.

In Korrekturverhalten und -erwartungen zeigen sich auch kulturelle Unterschiede: Apeltauer (1985) analysiert positive und negative Bewertungen bei türkischen und deutschen Lehrern, Kleppin (1989) beschreibt unterschiedliche Erwartungshaltungen von deutschen und chinesischen Studierenden, Takahashi/Beebe (1993) vergleichen amerikanische und japanische Korrekturstile.

8 Wirkungen von Korrekturen

Zentral ist die Frage, inwiefern Korrekturen zum Lernprozess beitragen und ob sich Vorteile bestimmter Korrekturformen zeigen. Die Erfassung der Wirkung steht jedoch vor schwerwiegenden methodischen Problemen (Tönshoff 2005; Ellis/Loewen/Erlam 2006; Schoormann/Schlak 2011), da eine Vielzahl von Faktoren zusammenwirkt. Längerfristige Wirkungen sind schwer zu erfassen, da sich Effekte aus anderen Bereichen (Input, Unterricht etc.) auswirken können, weshalb zunächst auch Uptake als kurzfristiger Erwerb erfasst wurde (Henrici 1995).

In zahlreichen Untersuchungen versucht man mittlerweile, Wirkungen von einzelnen Korrekturrealisierungen auch experimentell zu erfassen. Dabei wird

Recasts (Umformulierungen von Lerneräußerungen) verstärkt Aufmerksamkeit gewidmet (für einen Überblick Long 2007). Carpenter u. a. (2006) kamen u. a. zu dem Ergebnis, dass Korrekturen im phonologischen und lexikalischen Bereich leichter als solche erkannt werden als morphosyntaktische Korrekturen. Nach Befunden von Egli (2007) erhöht sich die Identifizierung bei kurzen 'Recasts' und wenigen Veränderungen in Relation zur korrigierten Äußerung. Zudem zeigt sich ein Vorteil für Recasts, die auf lexikalische Veränderungen zielen, gegenüber Recasts, die sich auf morphosyntaktische Aspekte richten (Egli 2007, 528).

Nach Sheen (2006) zeigten sich Vorteile für explizite Recasts, die (nur) einzelne Aspekte fokussieren. Ammar/Spada (2006) vergleichen u. a. Recasts und Prompts als Aufforderungen der Unterrichtenden an die Lerner, die Fehler selbst zu korrigieren. Die Befunde ergaben, dass Wirkungen auch von Erwerbsstufen abhängig sind. In der Studie von Ellis u. a. (2006) zeigt sich ein klarer Vorteil für explizites Feedback. Lyster/Mori (2006) untersuchen Recasts, Prompts und explizite Korrekturen in Immersionsklassen auf Elementarschulniveau. Sie kommen hier zu dem Befund, dass sich Korrekturaktivitäten und Feedback, die als Gegengewicht zur dominanten kommunikativen Orientierung der Unterrichtsinteraktion angelegt sind, als effektiver erweisen als solche, die mit dieser kongruent sind ('Counterbalance Hypothesis').

Die Zusammenstellung der Befunde lässt erkennen, dass Verallgemeinerungen in Bezug auf Wirkungen nicht ohne weiteres möglich sind. Grund hierfür ist nicht nur, dass die Bezeichnung Recast auf sehr unterschiedliche Arten von Reformulierungen bezogen wird. Widersprüchliche Befunde sind vor allem damit zu erklären, dass Wirkungen von Korrekturen abhängig zu sein scheinen von Variablen wie Lernkontexten, Alter und auch Sprachstand (vgl. hierzu ausführlicher Schoormann/Schlak 2011, 62 ff.).

Die Wirkung von Korrekturen wird auch in Abhängigkeit von affektiven Faktoren gesehen (zu affektiven Faktoren allgemein vgl. Rost-Roth 2001; zu Feedback im Fremdsprachenunterricht Mackey u. a. 2000). Untersuchungen, die affektive Aspekte in einen engeren Zusammenhang mit Wirkungen von Korrekturen stellen, stehen allerdings noch aus. Von Interesse ist jedoch die allgemeine pädagogische Diskussion um eine „positive Fehlerkultur" (vgl. Oser/Spychiger 2005) und einen konstruktiven Umgang mit Fehlern im Unterricht. Einschränkend ist anzumerken, dass zwar Fehlerkulturen in verschiedenen Fächern verglichen werden, der Spezifik des DaF- oder DaZ-Unterrichtes und der Problematik sprachbezogenen Feedbacks bislang allerdings nur am Rande Aufmerksamkeit gewidmet wird. Auch die Altersspezifik könnte stärkere Berücksichtigung finden.

9 Korrekturempfehlungen

Aus didaktischen und lerntheoretischen Erwägungen heraus werden die folgenden Empfehlungen für (mündliche) Korrekturen abgeleitet (vgl. auch Storch 2001, 317ff.; Kleppin 2001):

- Korrekturhäufigkeiten und die Arten von Korrekturen sollten in Abhängigkeit von anderen Unterrichtsinhalten und -aktivitäten variiert werden.
- Als wichtig wird positives affektives Feedback angesehen, um Lerner nicht zu hemmen oder zu entmutigen.
- In engem Zusammenhang hiermit steht das Postulat einer positiven Lernkultur, die Fehler zulässt und einen produktiven Umgang mit Fehlern anstrebt.
- Aus Befunden, dass Unterrichtende zu Vorlieben für bestimmte Korrekturformen tendieren, wird die Empfehlung abgeleitet, bewusst unterschiedliche Korrekturmöglichkeiten auszuprobieren.
- Da viele empirische Befunde zeigen, dass die Sicht von Lernenden und Unterrichtenden divergiert, ist die Empfehlung (Kleppin / Königs 1991) von Bedeutung, auch über Korrekturen einen Metadiskurs zu führen.

Diesen Korrekturempfehlungen sei noch folgender Hinweis hinzugefügt:

- Traditionelle Korrekturauffassungen sind stark auf Fehler im Sinne von Abweichungen von zielsprachlichen Normen konzentriert. Die Grenze zwischen Fehlern, Hypothesentesten und Ausdrucksschwierigkeiten – und damit auch Korrektur, Feedback und Ausdruckshilfe – ist jedoch fließend. Dabei wird der Lernerperspektive oft noch zu wenig Rechnung getragen. Hier scheint eine stärkere Aufmerksamkeit der Unterrichtenden für Anzeichen von Unsicherheiten und Selbstinitiierungen der Lerner für eine effektivere Sprachförderung ein Desiderat.

10 Resümee

Bislang vorliegende empirische Studien lassen in Bezug auf die Effektivität von Korrekturverhalten noch viele Fragen offen. Befunde sind oft nicht verallgemeinerbar, da sehr unterschiedliche Erwerbskontexte, Kompetenzstufen und Altersgruppen untersucht wurden. Hinzu kommt, dass oft mit wenig eindeutigen Kategorien gearbeitet wird.

In Hinblick auf die Erfassung von Wirkungen eines korrektiven Feedbacks muss – auch methodisch – über bisherige Untersuchungen, die oft mit Mischkategorien arbeiten, hinausgegangen werden. Eine gezieltere Berücksichtigung einzelner Komponenten von Korrektursequenzen ist unabdinglich, um zu verallgemeinerbareren Aussagen zu kommen. Andererseits sind auch die Gesamtsicht der Interaktionssituation und der fließende Übergang zu anderen interaktiven

Aspekten wie Ausdruckshilfen nicht zu vernachlässigen. Weitere Forschung ist notwendig, um Handlungsempfehlungen auch für unterschiedliche Lehr- und Lernkontexte zu konsolidieren. Im Prinzip klafft immer noch eine große Kluft zwischen gesichertem Wissen und der Bedeutung, die Korrekturen und Feedback in der Praxis des fremd- und zweitsprachlichen Unterrichts zukommt.

Literatur

Ahrenholz, Bernt/Ladenburger, Ursula: Brief an unsere Studenten. Vorschläge für selbständiges Arbeiten. In: Fremdsprache Deutsch (1993) Heft 8, 29–34

Ammar, Ahlem/Spada, Nina: One Size Fits All? Recasts, Prompts, and L2 Learning. In: Studies in Second Language Acquisition 28 (2006) Heft 4, 543–574

Apeltauer, Ernst: Verbale und nonverbale Bewertungshandlungen türkischer und deutscher Grundschullehrer im Unterricht mit türkischen Schülern. In: Rehbein, Jochen (Hrsg.): Interkulturelle Kommunikation. Tübingen: Narr 1985, 242–256

Carpenter, Helen/Jeon, K. Seon/MacGregor, David/Mackey, Alison: Learners' Interpretations of Recasts. In: Studies in Second Language Acquisition 28 (2006) Heft 2, 209–236

Chaudron, Craig: Second Language Classrooms. Research on Teaching and Learning. Cambridge: University Press 1988

Cherubim, Dieter: Fehlerlinguistik: Sprachliche Abweichungen als Gegenstand einer germanistischen Linguistik. In: Zeitschrift für Germanistische Linguistik 8 (1980), 1–22

Chlosta, Christoph/Schäfer, Andrea/Baur, Rupprecht: Fehleranalyse. In: Ahrenholz, Bernt/Oomen-Welke, Ingelore (Hrsg.): Deutsch als Zweitsprache. Baltmannsweiler: Schneider 2 2010, 265–279 (DTP 9)

Doughty, Catherine/Long, Michael H. (eds.): The Handbook of Second Language Acquisition. Oxford: Blackwell 2003

Edmondson, Willis J./House, Juliane: Einführung in die Sprachlehrforschung. Tübingen: Francke 2006

Egli, Takako: Interpreting Recasts as Linguistic Evidence: The Roles of Linguistic Target, Length, and Degree of Change. In: Studies in Second Language Acquisition 29 (2007), 511–537

Ellis, Rod/Loewen, Shawn/Erlam, Rosemary: Implicit and Explicit Corrective Feedback and the Acquisition of L2 Grammar. In: Studies in Second Language Acquisition 28 (2006), 339–368

Gass, Susan/Selinker, Larry: Second Language Acquisition: An Introductory Course. New York: Routledge/Taylor Francis 3 2008

Gass, Susan: Input and Interaction. In: Doughty, Catherine/Long, Michael H. (Hrsg.) 2003, 224–255

Grüner, Margit/Hassert, Timm: Computer im Deutschunterricht. Fernstudieneinheit 14. Berlin und München: Langenscheidt 2000

Hall, Joan Kelly: Redressing the Roles of Correction and Repair in Research on Second and Foreign Language Learning. In: The Modern Language Journal 91 (2007), 511–526

Havranek, Gertraud: Die Rolle der Korrektur beim Fremdsprachenlernen. Frankfurt/M. u. a.: Lang 2002

Henrici, Gert/Herlemann, Brigitte: Mündliche Korrekturen im Fremdsprachenunterricht. München 1986

Henrici, Gert: Spracherwerb durch Interaktion? Eine Einführung in die fremdsprachenerwerbsspezifische Diskursanalyse. Baltmannsweiler: Schneider 1995

Kasper, Gabriele: Repair in Foreign Language Teaching. In: Kasper, Gabriele (ed.): Learning, Teaching and Communication in the Foreign Language Classroom. Aarhus: University Press 1986, 23–41

Kleppin, Karin: Gibt es kulturelle Unterschiede bei der Einschätzung und Bewertung von Korrekturverhalten im Fremdsprachenunterricht? Eine vergleichende Untersuchung Volksrepublik China – Bundesrepublik Deutschland. In: Königs, Frank G./Szulc, Aleksander (Hrsg.): Linguistisch und Psycholinguistisch orientierte Forschungen zum Fremdsprachenunterricht. Bochum: Brockmeyer 1989, 107–132

Kleppin, Karin: Fehler und Fehlerkorrektur. Fernstudieneinheit 19. Berlin, München: Langenscheidt 1998

Kleppin, Karin: Formen und Funktionen von Fehleranalyse, -korrektur und -therapie. In: Helbig, Gerhard/Götze, Lutz/Henrici, Gert/Krumm, Hans-Jürgen: Deutsch als Fremdsprache. Berlin u.a.: De Gruyter 2001, 986–994

Kleppin, Karin/Königs, Frank G.: Der Korrektur auf der Spur – Untersuchungen zum mündlichen Korrekturverhalten von Fremdsprachenlehrern. (Manuskripte zur Sprachlehrforschung 34) Bochum: Brockmeyer 1991

Königs, Frank G.: Fehlerkorrektur. In: Bausch, Karl-Richard/Christ, Herbert/Krumm, Hans-Jürgen (Hrsg.): Handbuch Fremdsprachenunterricht. Tübingen: Francke 2007, 377–382

Legenhausen, Lienhard: Lernerfehler in Forschung und Unterrichtspraxis. In: Jung, Udo O. H. (Hrsg.): Praktische Handreichung für Fremdsprachenlehrer. Frankfurt a. M.: Lang 1998, 46–51

Lochtman, Katja: Korrekturhandlungen im Fremdsprachenunterricht. Bochum: AKS-Verlag 2002

Long, Michael H.: Problems in SLA. Mahwah, NJ u. a.: Erlbaum 2007

Lyster, Roy/Mori, Hirohide: Interactional Feedback and Instructional Counterbalance. In: Studies in Second Language Acquisition 28 (2006) 269–300

Lyster, Roy/Ranta, Leila: Corrective Feedback and Learner Uptake. Negotiation of Form in Communicative Classrooms. In: Studies in Second Language Acquisition 19 (1997) Heft 1, 37–66

Macbeth, Douglas: The relevance of repair for classroom correction. In: Language in Society 33 (2004) Heft 5, 703–736

Mackey, Alison/Gass, Susan/McDonough, Kim: How do learners perceive interactional feedback? In: Studies in Second Language Acquisition 22 (2000) Heft 4, 471–497

Mitchell, Rosamond/Myles, Florence: Second Language Learning Theories. London: Arnold ²2004

Oser, Fritz/Spychiger, Maria: Lernen ist schmerzhaft: zur Theorie des negativen Wissens und zur Praxis der Fehlerkultur. Weinheim u. a.: Beltz 2005

Plonsky, Luke/Mills, Susanna V.: An Exploratory Study of Differing Perceptions of Error Correction between a Teacher and Students: Bridging the Gap. In: Applied Language Learning 16 (2006), 55–74

Rehbein, Jochen: Reparative Handlungsmuster und ihre Verwendung im Fremdsprachenunterricht. Roskilde: Universitäts-Center 1984

Rost, Martina: Sprechstrategien in 'freien Konversationen'. Eine linguistische Untersuchung zu Interaktionen im zweitsprachlichen Unterricht. Tübingen: Narr 1989

Rost-Roth, M. (unter Mitarbeit von Oliver Lechlmair) (1995): Sprachenlernen im direkten Kontakt. Autonomes Tandem in Südtirol. Eine Fallstudie. Bozen, Meran: Alpha & Beta (2012, [http://www.verlag-gespraechsforschung.de/2012/rost.html], Verlag für Gesprächsforschung

Rost-Roth, Martina: Formulierungshilfen und Fehlerkorrekturen als Erwerbspotentiale. Freie Konversationen im Gruppenunterricht und Tandem-Interaktionen. In: Deutsch als Fremdsprache 36 (1999) Heft 3, 160–165

Rost-Roth, Martina: Affektive Variablen. In: Helbig, Gerhard / Götze, Lutz / Henrici, Gert / Krumm, Hans-Jürgen (Hrsg.): Deutsch als Fremdsprache. Ein internationales Handbuch. 1. Halbband. Berlin u.a.: de Gruyter 2001, 714–722

Rost-Roth, Martina: Korrekturen und Ausdruckshilfen im Deutsch-als-Zweitsprache-Unterricht. Fallstudien und Vergleiche mit anderen Kontexten der Sprachförderung. In: Wolff, Armin/Hunstiger, Agnieszka/Koreik, Uwe (Hrsg.): Chance Deutsch: Schule – Studium – Arbeitswelt. Regensburg: FaDaF 2009, 445–461

Rösler, Dietmar: E-Learning Fremdsprachen – eine kritische Einführung. Tübingen: Stauffenburg 2007

Rug, Wolfgang/Neumann, Thomas/Tomasczewski, Andreas: 50 praktische Tips zum Deutsch-Lernen. München: Klett Edition Deutsch 1991

Schegloff, Emanuel A./Jefferson, Gail/Sacks, Harvey: The Preference for Self-Correction in the Organization of Repair in Conversation. In: Language 53 (1977) Heft 2, 361–382

Schmelter, Lars: Fehler und Korrekturen als Grenzüberschreitungen. Korrekturerwartungen und Korrekturkriterien beim Fremdsprachenlernen im Tandem. In: Duxa, Susanne/ Hu, Adelheid/Schmenk, Barbara (Hrsg.): Grenzen überschreiten. Menschen, Sprachen, Kulturen. Tübingen: Narr 2005, 315–323

Schoormann, Matthias/Schlak, Torsten: Hilfreich oder ohne praktischen Nutzen? – Die Forschung zur mündlichen Fehlerkorrektur im Zweit- und Fremdsprachenunterricht. In: Zeitschrift für Fremdsprachenforschung 22 (2011), 43–84

Seedhouse, Paul: The interactional architecture of the language classroom. Blackwell: Malden 2004

Sheen, Younghee: Exploring the relationship between characteristics of recasts and learner uptake. In: Language Teaching Research 10 (2006) 361–392

Storch, Günther: Deutsch als Fremdsprache: eine Didaktik; theoretische Grundlagen und praktische Unterrichtsgestaltung. München: Fink 2001

Takahashi, Tomoko/Beebe, Leslie M.: Cross-Linguistic Influence in the Speech Act of Correction. In: Kasper, Gabriele/Blum-Kulka, Shoshana (Hrsg.): Interlanguage Pragmatics. New York u.a.: Oxford University Press 1993, 138–157

Tönshoff, Wolfgang: Mündliche Fehlerkorrektur im Fremdsprachenunterricht. Ein Blick auf neue empirische Untersuchungen. In: Zeitschrift für Fremdsprachenforschung 16 (2005) Heft 1, 3–22

Vogt, Rüdiger: Gesprächsfähigkeit im Unterricht. In: Knapp, Karlfried: Angewandte Linguistik. Ein Lehrbuch. Tübingen: Francke 2004, 78–102

MANUELA GLABONIAT

E2 Testen, Prüfen und Beurteilen von Deutschkenntnissen und der Gemeinsame Europäische Referenzrahmen GER

Mit zunehmender Globalisierung und internationaler Mobilität stieg in den letzten Jahren auch im Fremdsprachenbereich die Nachfrage an vergleichbaren und aussagekräftigen Leistungs- und Qualifikationsnachweisen. Im Zuge dieser Entwicklung erfuhr der gesamte Fachbereich rund um das Thema Prüfen, Testen, Messen und Beurteilen von Sprachkenntnissen einen Aufschwung, v. a. in Bezug auf die wissenschaftliche Auseinandersetzung mit einzelnen Zertifizierungs- und Beurteilungsfragen. Im Rahmen der damit verbundenen Fachdiskussionen gerieten sowohl internationale Test- und Prüfungssysteme als auch nationale schulische Leistungsmessungen in die Kritik (s. Reich, E5 und Baur/Spettmann, E6 in DTP 9, ^{2}2010). Ein hervorstechender Aspekt dabei war stets die mangelnde Aussagekraft und Vergleichbarkeit der verschiedenen Beurteilungen oder Testergebnisse (sprich: Noten und Punkte in Klausuren und Zeugnissen, Zertifikaten oder anderen Abschlüssen).

Um mehr Vergleichbarkeit, Kohärenz und Objektivität zu gewährleisten, bemüht man sich daher allerorts um Standardisierung und gemeinsame Bezugsnormen. So werden z. B. national oder international geltende Lernziele formuliert (vgl. Bildungsstandards), Bildungs- und Studienprogramme vergleichbar gestaltet (vgl. Bologna-Prozess) oder internationale Studien und Schulleistungsvergleiche wie PISA, DESI, TIMMS u. Ä. durchgeführt. Im (fremd-)sprachlichen Bereich wurde ein länder- und sprachenübergreifendes Bezugssystem ausgearbeitet: der vom Europarat herausgegebene „Gemeinsame Europäische Referenzrahmen für Sprachen (GER)" (Europarat 2001).

1 Der GER und seine Folgeprojekte

Davon ausgehend, dass der Referenzrahmen und die darin enthaltenen Referenzniveaus inzwischen bereits allgemein bekannt sind, wird hier auf eine ausführliche Darstellung des GER verzichtet. Es sollen lediglich jene Aspekte hervorgehoben werden, die für den Bereich Prüfen und Beurteilen von Fremdsprachenkenntnissen besonders relevant sind.

Diesbezüglich gibt der GER an verschiedenen Stellen deutliche Hinweise. Schon im Titel wird auf die Wichtigkeit der Beurteilungsthematik hingewiesen, indem die Begriffe „Lernen, Lehren und Beurteilen" auf einer Ebene genannt werden. Im GER selbst wird als ein ausdrückliches Ziel formuliert: „(...) allen beteiligten Partnern bei der Beschreibung der Kompetenzniveaus zu helfen, die gemäß den Standards ihrer Tests und Prüfungen erwartet werden. Dies soll den Vergleich zwischen verschiedenen Qualifikationssystemen erleichtern" (GER, Europarat 2001, 32).

Die dafür notwendige Grundlage stellt das umfassende Beschreibungssystem sprachlicher Kompetenzen dar. Es wird einerseits durch einzelne Komponenten bestimmt, die in Summe kommunikative, handlungsorientierte Kompetenz ausmachen (v. a. die sprachlichen Aktivitäten in den Bereichen Rezeption, Produktion, Interaktion, Sprachmittlung). Andererseits liefert es eine Einordnung und Skalierung dieser Kompetenzen auf sechs Niveaustufen von A1 bis C2 (vgl. dazu das Raster zur Selbstbeurteilung; GER, Europarat 2001, 36).

Innerhalb dieser Kompetenzbeschreibungen wird nochmals unterschieden zwischen Deskriptoren zu einzelnen kommunikativen Aktivitäten und Deskriptoren zu Aspekten der Sprachbeherrschung, bezogen auf bestimmte sprachqualifizierende Kriterien wie Korrektheit, Spektrum, Flüssigkeit usw. (GER, Europarat 2001, 174). Vereinfacht ausgedrückt gehen die erstgenannten Deskriptoren eher auf die Frage „WAS kann jemand mit und in der Sprache leisten?" ein, während die letztgenannten eher die Frage nach dem WIE und WIE GUT in den Vordergrund stellen.

Diese Differenzierung findet man auch bei den detaillierteren Zielformulierungen des GER in Bezug auf das Thema „Beurteilen und Bewerten":
Demnach dient der GER

1. zur genauen Beschreibung des Inhalts von Tests und Prüfungen (was gemessen wird);

2. zur Festlegung der Kriterien, mit deren Hilfe man entscheiden kann, ob ein Lernziel erreicht wurde (wie eine Leistung interpretiert wird);

3. zur Beschreibung der Kompetenzniveaus bei bereits existierenden Tests und Prüfungen, wodurch deren Vergleich über verschiedene Qualifikationssysteme hinweg ermöglicht wird (wie Vergleiche angestellt werden können). (GER, Europarat 2001, 173)

Die oben angeführte Aufteilung der Kompetenzbeschreibungen (Was? Wie gut?) lässt sich somit auf die zwei großen Grundsatzfragen im Bereich Prüfen und Beurteilen übertragen: WAS wird geprüft? und WIE wird eine Leistung bewertet?

Im Folgenden soll dargelegt werden, wie und in welchem Maße der GER bzw. das darin enthaltene System der Niveaubeschreibungen bei der Beantwortung dieser Fragestellungen hilfreich sein kann (vgl. dazu auch Glaboniat 2002; 2005; Glaboniat/Müller 2006). Dabei ist es aber wichtig, auch andere Publikationen und Projekte, die in unmittelbarem Zusammenhang mit dem GER stehen und in diesem Kontext relevant sein können, zu berücksichtigen. Dies sind neben allgemeinen sprachenübergreifenden Projekten (wie z. B. Arbeiten um das Europäische Sprachenportfolio) spezifische Fachpublikationen: Als **test**spezifische Fachpublikationen sind z. B. das Handbuch für die Zuordnung von Prüfungen zum GER (Council of Europe 2003, Manual) und die Arbeiten um das Projekt DIALANG (Milanovic 2002; A.L.T.E. 2011) zu nennen. Im Hinblick auf **sprach**spezifische Aspekte sind hier v. a. jene Publikationen und Projekte gemeint, die die sprachenübergreifenden Empfehlungen und Angaben des GER für eine Einzelsprache, d. h. in diesem Kontext für die deutsche Sprache, konkretisieren und in die Praxis umsetzen. Dies betrifft z. B. Publikationen „Profile deutsch" (Glaboniat u. a. 2005) und „Mündlich" (Bolton u. a.2008).

2 Testtheoretische Aspekte, Erwartungen an den GER und Folgearbeiten

2.1 Was ist das Ziel der Leistungsmessung bzw. Prüfung?

Je nach Testziel und Funktion wird in der Testtheorie zwischen verschiedenen Testarten unterschieden:

– **Diagnostische Verfahren** messen den aktuellen Sprachstand einer Person und zeigen in einem mehr oder weniger nach sprachlichen Teilbereichen (Fertigkeiten, Sprachsystem) differenzierten Kompetenzprofil die Stärken (und Schwächen) eines/r Lernenden. So werden z. B. bei Einstufungstests Lernende nach unterschiedlichen Niveaus und Vorkenntnissen gruppiert, um sie adäquaten Kursen zuzuordnen. Da Einstufungen möglichst rasch und ökonomisch vorgenommen werden müssen, bestehen diese Tests in der Regel aus schnell auswertbaren, rezeptiven bzw. reproduktiven Testformaten wie Cloze und C-Tests, Multiple Choice sowie Falsch-Richtig-Aufgaben oder Kurzantworten. Kennzeichnend für diagnostische Tests bzw. Einstufungstests ist das „Testen-nach-oben" *(level-testing)*, d. h. die einzelnen Aufgaben weisen meist einen ansteigenden Schwierigkeitsgrad auf.

– **Lernfortschritts- bzw. Leistungstests** verfolgen v. a. das Ziel, Lehrenden und Lernenden aufzuzeigen, in welchem Ausmaß Fortschritte erzielt und die Lernziele eines bestimmten Kurses bzw. einzelner Kurseinheiten erreicht werden konnten. Daher beziehen sich diese Tests in erster Linie auf Kursinhalte und entsprechen auch im Schwierigkeitsgrad der jeweiligen Unterrichtsprogression. Die Ergebnisse geben Auskunft über Fortschritte und stellen eine wichtige Orientierungshilfe im Lernprozess dar.

– **Feststellungsprüfungen (Niveauprüfungen, Qualifikationstests, Proficiency Tests)** erfassen den Ausprägungsgrad von vorab definierten Anforderungen sprachlicher Handlungsfähigkeit in Bezug auf abschätzbare bzw. mögliche zukünftige Verwendungssituationen. Sie sind als solche, wie später noch ausgeführt wird, meist performanz- bzw. sprachhandlungsorientiert. Sie überprüfen unabhängig von Kursen oder Lehrwerken den momentanen Sprachstand eines Kandidaten (punktuelle Messung), indem sie sich an vorher festgelegten Spezifikationen, Niveau- und Kompetenzbeschreibungen orientieren. Standardisierte, internationale Zertifikate sind den Definitionen zufolge in diese Kategorie der Niveauprüfungen einzuordnen.

Im Folgenden wird v. a. auf diese Prüfungen eingegangen.

2.2 Worauf bezieht sich eine Beurteilung: Ist sie norm-, individual- oder sachorientiert?

Bei der Feststellung von Sprachkenntnissen lautet die grundlegende Frage zunächst: Worauf wird Bezug genommen? Wird die Beurteilung von Sprachkenntnissen einer Person in Bezug zu den Leistungen anderer Personen gesetzt (anderer Prüfungsteilnehmer/innen, Klassen- oder Kurskolleg/inn/en), spricht man von einer kollektiven Norm oder von „normorientiertem" Testen. Ein Ranking in Bezug auf die Kollektivnorm informiert die Lernenden darüber, wo sie im Vergleich zu ihren Kolleg/inn/en stehen. In Bezug auf den aktuellen Sprachstand und für Außenstehende haben die daraus resultierenden Beurteilungen aber keine Aussagekraft.

Werden bei der Beurteilung (zusätzlich) individuelle Faktoren eines/r Lernenden (z.B. persönliche Schwächen und Stärken, der individuelle Leistungs- und Lernzuwachs u. Ä.) berücksichtigt, bezieht man sich (auch) auf die individuelle Norm. Dabei werden vor allem pädagogische Ziele verfolgt, die sehr wichtig für den (individuellen) Lehr- und Lernprozess sind. Als Nachweis über das konkrete Sprachkönnen eines/r Lernenden sind jedoch darauf basierende Beurteilungen wenig informativ und vergleichbar.

Eine objektivere, transparentere, aussagekräftigere und damit auch nach außen vergleichbare Beurteilung über den Sprachstand eines/r Lernenden kann nur in Bezug zu einer (vorher festgelegten) sachbezogenen bzw. kriterienbezogenen Norm entstehen. Diese Sachnorm muss über qualitative und quantitative Beschreibungen, d.h. über festgelegte Lernziele und Spezifikationen definiert werden. Sie repräsentieren das Kriterium, also den gewünschten Fähigkeitsgrad, mit dem die individuelle Leistung eines/r Prüfungsteilnehmers/in verglichen wird. Die Leistungen anderer Testteilnehmer/innen spielen dabei keine Rolle.

Transparenz und Vergleichbarkeit können also nur garantiert werden, wenn Beurteilungen **kriterienbezogen** entstehen. Das bedeutet, Prüfungen und Tests müssen über klar definierte Beschreibungen des gewünschten Fähigkeitsgrades und, davon abgeleitet, über transparente Prüfungsziele und Beurteilungskriterien verfügen. Der GER und die erwähnten Projekte in seinem Umfeld können

bei diesem Prozess sehr hilfreich sein. Die Referenzniveaus sind als Grundlage
für kriterienbezogenes Prüfen und Beurteilen mittlerweile unumgänglich, da sie
nicht nur den Bezug für eine einzige Prüfung oder Sprache darstellen, sondern
gleichzeitig auch sprachübergreifend aussagekräftig sind und somit internationale Vergleichbarkeit schaffen. Für die konkrete Festlegung und Spezifikation
von Prüfungszielen und -inhalten eignen sich dann in besonderer Weise die (vom
GER abgeleiteten) detaillierten Kannbeschreibungen aus „Profile deutsch“
(Glaboniat u. a. 2005). Sie lassen sich je nach Bedarf und Zielgruppe ergänzen
oder mit Beispielen konkretisieren. Solche Beispiele können – in Verbindung mit
den dazugehörigen Angaben zu Sprachhandlungen, Wortschatz, Grammatik,
Strategien, Texten – teilweise auch als Vorgabe für konkrete Testaufgaben dienen.

Publikationen, die die Niveaustufen anhand von realen Performanzen exemplarisch illustrieren, wie z. B. „Mündlich“ (Bolton u. a., 2008) für den Bereich produktiven und interaktiven Sprechens, bieten allen in Beurteilungsprozesse und
-themen eingebundenen Personen (Testentwicklern/innen, Testabnehmern/
innen, Beurteilenden, Beurteilten usw.) eine wertvolle Hilfe bei der Einschätzung der für ein Niveau typischen und erwartbaren Fähigkeiten.

2.3 Was wird überprüft?

In der Testtheorie betreffen die Fragen nach dem Testgegenstand und dem Kriterium vor allem die Validität eines Tests. Je genauer die zu überprüfenden Lernziele, also die sprachlichen und kommunikativen Inhalte und Anforderungen
beschrieben werden, umso valider lässt sich die Prüfung letztendlich gestalten.
Es liegt auf der Hand, dass gerade in diesem Bereich höchste Erwartungen in die
Beschreibungen des GER und seiner Folgeprojekte gesetzt wurden. Sind die
Inhalte einmal festgelegt, muss über Form und Ausrichtung einer Prüfung entschieden werden: Will man zum Beispiel einen kommunikativ orientierten, an
reale Verwendungssituationen angelehnten „Performanztest“ („Sprachverwen-
dungstest“) oder einen eher formalsprachlich orientierten „Kompetenztest“
(„Sprachwissenstests“) durchführen? Da sich der GER und seine Folgeprojekte
zu einem handlungsorientierten Ansatz bekennen, kann davon ausgegangen
werden, dass er auch kommunikative, handlungsorientierte Prüfungen mit sich
bringt. Allein darin liegt bereits ein Nutzen des GER und seiner Folgeprojekte,
ist doch allgemein bekannt, dass die Kluft zwischen Unterrichtsdidaktik und
Prüfungsmethodik – trotz beträchtlicher Fortschritte – immer noch groß ist:
Selbst Lehrende, die kommunikative und handlungsorientierte Unterrichtskon-
zepte vertreten, konzentrieren sich bei der Testerstellung und Bewertung gern
auf die leicht erfassbaren, isoliert abprüfbaren formalsprachlichen Komponenten in Grammatik oder Wortschatz. Auch in Aufsätzen sind formalsprachliche
Fehler nach wie vor die bestimmenden Faktoren in der Bewertung. Wird von

solchen Ergebnissen das Gesamturteil über die fremdsprachliche Handlungsfähigkeit einer Person abgeleitet, werden die Prinzipien der Validität verletzt.

2.4 Wie können schriftliche und mündliche Leistungen valide, reliabel und objektiv beurteilt werden?

Auskunft darüber, wie zuverlässig und genau ein Test misst, gibt die Beurteilungszuverlässigkeit (Auswertungsreliabilität), indem der Übereinstimmungsgrad bei der Bewertung ein und derselben Leistung durch verschiedene Beurteilende untersucht wird. Besonders problematisch ist dieser Aspekt – wie eingangs bereits erwähnt – bei der Beurteilung geschriebener oder gesprochener Leistungen. Beim Erstellen und Vereinheitlichen von Beurteilungskriterien können die Skalen des GER bzw. die konkreten Angaben in „Profile Deutsch" (Glaboniat u. a. 2005) eine große Hilfe darstellen.

So umfassen z. B. die **sprachqualifizierenden** Deskriptoren und Skalen im GER – allerdings nur exemplarisch für den Bereich mündlicher Produktion und Interaktion – eine breite Palette relevanter Kriterien zur Bewertung der qualitativen Aspekte kommunikativer Handlungsfähigkeit. Dazu gehören u. a. die Kriterien Flüssigkeit, Flexibilität, Spektrum u. Ä. (GER Europarat 2001, 37). Wie oben erwähnt, findet man diese Deskriptoren mit leichten Modifikationen (v. a. in Bezug auf die Systematik) und Ergänzungen in „Profile Deutsch" (s. Globale Kannbeschreibungen), wo man für die Bereiche Interaktion und Produktion z. B. folgende Kriterien findet: Kommunikative und soziolinguistische Angemessenheit, Textkohärenz und Textsortenangemessenheit, Flexibilität, Flüssigkeit, Wortschatz: Spektrum und Angemessenheit, Grammatik: Komplexität und Korrektheit, Aussprache und Intonation (nur mündlich), Orthographie (nur schriftlich).

Je nach Überprüfungsziel, Niveaustufe und Textsorte lassen sich diese Deskriptoren und Kriterien für eigene Beurteilungszwecke ableiten.

Zu beachten ist dabei, dass die Festlegung der Prüfungsziele und die Ausarbeitung von Beurteilungskriterien lediglich die Basis für eine valide, reliable und objektive Beurteilung sind. Zusätzlich muss man sich immer wieder vor Augen führen, dass eine erfolgreiche Umsetzung dieser Vorbedingungen in jedem Fall ein intensives **Beurteilungstraining** erfordert. Dabei muss das Beurteilen unter Bezugnahme auf die vorher gesetzten Anforderungen und Beurteilungskriterien mit Hilfe von Beispielen authentischer Lernerleistungen geübt werden. Zu diesem Zweck werden exemplarisch auch bereits bewertete und kommentierte Mustertexte bzw. -videos eingesetzt.

Seit ein paar Jahren werden (meist auf Initiative des Europarats) auch größere „Benchmarking"-Veranstaltungen organisiert, deren Ziel es ist, unterschiedliche Lernerleistungen von Expert/inn/en beurteilen bzw. mittels der Skalen und

Kannbeschreibungen des GER einordnen zu lassen. Das Ergebnis zweier großer, in München (2005) und Wien (2006) durchgeführter „Benchmarking"-Ver-
anstaltungen für mündliche Lernerleistungen im Bereich Deutsch als Fremdsprache liegt in der bereits mehrmals erwähnten Publikation „Mündlich" (Bolton u. a. 2008) vor. Die darin „gebenchmarkten" Beispiele veranschaulichen,
wie mündliche Lernerleistungen auf den Niveaus von A 1 bis C 2 aussehen können. Für Beurteilertrainings eignen sich solche Beispiele sehr gut, da sie gleichzeitig auch erkennen lassen, wie breit das Spektrum eines Niveaus ist, wie unterschiedlich die Leistungen innerhalb eines Niveaus sein können und wie sehr Lernende je nach Anforderung und Aufgabenstellung zwischen den Niveaus wechseln bzw. auch in einzelnen Teilbereichen der mündlichen Sprachbeherrschung
(z. B. Aussprache, Flüssigkeit oder grammatische Korrektheit) auf unterschiedlichen Niveaustufen liegen können.

3 Die Vergleichbarkeit von DaF-Prüfungen durch den GER

Ein großer Vorteil des GER liegt in der Vergleichbarkeit internationaler Sprach-
prüfungen. Die folgende Tabelle zeigt exemplarisch eine Übersicht der gegen-
wärtig am internationalen Prüfungsmarkt angebotenen, standardisierten DaF-
Zertifikate. Die Tabelle umfasst nur internationale DaF-Prüfungen (Stand
Januar 2012 und erhebt keinen Anspruch auf Vollständigkeit) und erhebt keinen
Anspruch auf Vollständigkeit. DaZ-Prüfungen aus dem Bereich Migration oder
(studien-)spezifische Prüfungen wie TestDaF, DSH oder DSD wurden in dieser
Tabelle nicht aufgenommen, da sie entweder mehrere Niveaus testen (vgl. Test-
DaF 3–5) oder nicht in ausreichendem Maße standardisiert sind.

Tabelle 1: Übersicht über standardisierte DaF-Zertifikate

Niv	Bezeichnung/ Name Herausgeber/ Abk.	Genauere / zusätzliche Bezeichnung	Träger	vorrangige Zielgruppe
A1	Goethe-Zertifikat A1 / telc Deutsch A1	Start Deutsch 1	GI telc	allg.; Erwachsene
	ÖSD A1 GD1	Grundstufe Deutsch 1	ÖSD	allg.; Erwachsene
	ÖSD A1 KID 1	Kompetenz in Deutsch 1	ÖSD	Kinder, Jugendl.
	Goethe-Zertifikat A1	Fit in Deutsch 1	GI	Kinder, Jugendl.
A2	Goethe-Zertifikat A2 / telc Deutsch A2	Start Deutsch 2	GI telc	allg.; Erwachsene
	ÖSD A2 GD2	Grundstufe Deutsch 2	ÖSD	allg.; Erwachsene
	ÖSD A2 KID 2	Kompetenz in Deutsch 2	ÖSD	Kinder, Jugendl.
	Goethe-Zertifikat A2	Fit in Deutsch 2	GI	Kinder, Jugendl.
B1	Goethe-Zertifikat B1 ÖSD B1 ZD telc Deutsch B1	Zertifikat Deutsch / Zertifikat Deutsch für Jugendliche	GI, telc, ÖSD, EDK (Uni. Fribourg)	allg.; Erwachsene / Jugendliche
	Ab 2013: Zertifikat B1	Zertifikat B1 (für Erwachsene und Jugendliche)	GI, ÖSD, Uni. Fribourg (CH)	allg.; Erwachsene / Jugendliche
B2	Goethe-Zertifikat B2		GI	allg.; Erwachsene
	ÖSD B2 MD	Mittelstufe Deutsch	ÖSD	allg.; Erwachsene
	telc Deutsch B2		telc	allg.; Erwachsene
	ZDfB telc Deutsch B2 Beruf	Zertifikat Deutsch für den Beruf	GI telc	Berufssprache
C1	Goethe-Zertifikat C1		GI	allg.; Erwachsene
	ÖSD C1 OD	Oberstufe Deutsch	ÖSD	allg.; Erwachsene
	telc Deutsch C1		telc	allg.; Erwachsene
	Prüfung Wirtschaftsdeutsch International (PWD)		GI, Dt. Industrie- u. Handelstag/Carl Duisberg Centren	Wirtschaftssprache
C2	Goethe-Zertifikat C2		GI	allg.; Erwachsene
	ÖSD C2 WD	Wirtschaftssprache Deutsch	ÖSD	Wirtschaftssprache
	Kleines deutsches Sprachdiplom (KDS)		GI	allg.; Erwachsene
	Großes deutsches Sprachdiplom (GDS)		GI	allg.; Erwachsene

Die Niveauzuordnung in Tabelle 1 erfolgt meist durch Selbsteinstufungen der Prüfungsanbieter, die auf diversen qualitativen und quantitativen Verfahren (Expertengutachten, Benchmarking-Verfahren, psychometrische Linkingprozesse) basieren.
Trägerorganisationen: GI = Goethe-Institut; TELC = früher: Weiterbildungs-Testsysteme GmbH; ÖSD = Österreichisches Sprachdiplom Deutsch; EDK = Schweizerische Konferenz der kantonalen Erziehungsdirektoren.

Dieser Überblick über die verschiedenen DaF-Prüfungen spiegelt nicht nur das immer größer werdende Angebot am internationalen Prüfungsmarkt wider, sondern zeigt die Prüfungen auch in ihrer jeweiligen Niveauzuordnung. Dies war vor Erscheinen des GER bzw. der Referenzniveaus kaum möglich, da früher für die Einordnung und Vergleichbarkeit von Zertifikaten und Sprachzeugnissen die Bezugsgröße fehlte.

4 Zu Leistungsfähigkeit und Grenzen des GER

Nachdem bisher ausschließlich die Vorteile des GER in Hinblick auf den Bereich des Prüfens und Testens beschrieben wurden, soll nicht verschwiegen werden, dass das Erscheinen des GER auch negative Reaktionen und kritische Stimmen hervorgerufen hat (vgl. für folgende Ausführungen v. a. Bausch 2003). So vermissen Linguisten und Psycholinguisten zum Beispiel eine tiefere wissenschaftliche Auseinandersetzung zwischen GER und der aktuellen Spracherwerbsforschung. Eine andere Kritik findet sich darin, dass der Mehrsprachigkeitsansatz in den Kann-Beschreibungen des GER nicht konsequent durchgezogen werde (Bausch 2003, 33; 182).

Viele Sprachdidaktiker, aber auch Sozialwissenschaftler begegnen dem allgemeinen Trend der zunehmenden Standardisierung und Objektivierung grundsätzlich mit Skepsis und Sorge. Sehr oft wird auf die stark normierenden Auswirkungen der Skalen und die Gefahren einer Missinterpretation der Skalen hingewiesen. Auch wenn der GER bewusst von „Beispielskalen" (GER Europarat 2001, 38–40) spricht und die Benutzer ausdrücklich auffordert, das Skalensystem und die Deskriptoren „kritisch zu verwenden" (GER Europarat 2001, 10), kann ein unreflektiertes Anwenden der Skalen bei curricularen oder (sprach-)politischen Fragen zu sehr negativen und ungewollten Folgen führen. Ein Beispiel dafür ist das unreflektierte Heranziehen der allgemeinen GER-Niveaubeschreibungen und Beispieldeskriptoren für die sprachlichen Anforderungen von Migranten. Da die Deskriptoren und Skalen nicht spezifisch auf diese Zielgruppe mit ihren besonderen Bedürfnissen und Charakteristika zugeschnitten sind, ist ein direkter Übertrag der Skalen in diesem Kontext, quasi als Messlatte für wichtige Entscheidungen (Visums- und Aufenthaltsangelegenheiten), äußerst problematisch zu sehen.

Während der GER für viele zu „normierend" und „vereinheitlichend" wirkt, ist er für andere zu offen, vage und unvollständig. Letzteres betrifft z. B. die grundsätzliche Frage, welche Kompetenzen überhaupt beschrieben bzw. einer Progression unterzogen und Niveaustufen zugeordnet werden sollen (und können). Zwar werden innerhalb der festgelegten Parameter und Kategorien des GER sehr viele, sowohl kommunikativ-pragmatische als auch formallinguistische Kompetenzen im Detail definiert, es gibt aber auch sehr große Lücken. So ist für viele Kritiker beispielsweise nicht nachvollziehbar, weshalb es zu einzelnen Dimensionen des mündlichen Sprachgebrauchs (vgl. Diskurskompetenz mündlich: Flexibilität, Themenentwicklung, Kohärenz und Kohäsion) Skalen gibt, parallel dazu aber nicht für das Schriftliche (Bausch 2003, 153). Ähnliche Defizite werden einerseits v. a. bei Aspekten des kreativen, ästhetischen, humoristischen, literarischen oder spielerischen Umgangs mit Sprache festgestellt sowie andererseits bei sozialen und interkulturellen Kompetenzen.

Nicht nur die Auswahl, auch die Formulierung der Kannbeschreibungen riefen viel Kritik hervor: Dass sie unpräzise, vage, unsystematisch, missverständlich und intersubjektiv nicht nachvollziehbar formuliert seien, sind nur einige von vielen Kritikpunkten (Bausch 2003). Außerdem fehle „die systemlinguistische Komponente und die Angabe der sprachlichen Mittel, die zur Realisierung einer bestimmten kommunikativen Handlung erforderlich seien" (Bausch 2003, 27 ff.)

In diesem Zusammenhang sei jedoch erwähnt, dass der GER selbst keinerlei Anspruch auf „Vollständigkeit" oder „Endgültigkeit" erhebt. (GER Europarat 2001, 9 ff.). Im Gegenteil, an vielen Stellen geht der GER (bewusst) nur exemplarisch vor (daher auch „Beispielskalen", s. oben) und lädt den Benutzer ein, sämtliche Kapitel und Angaben als „Empfehlungen" und „Vorschläge" zu verstehen, sie zu erproben, nach eigenen Bedürfnissen und Notwendigkeiten selbst zu ergänzen und zu adaptieren (GER Europarat 2001, 8 ff.). Er verweist somit selbst auf seine Grenzen und die vielen offenen Problembereiche und ungelösten Fragen, die sowohl in Bezug auf das Fremdsprachenlernen im Allgemeinen als auch speziell in Hinblick auf den Bereich des Testens und Prüfens noch zu bearbeiten sind. Einiges davon wurde bereits durch ergänzende Projekte umgesetzt, wie z. B. durch die Publikation „Profile deutsch" (Glaboniat u. a. 2005), die den oben zuletzt genannten Vorwurf (das Fehlen der Angaben der erforderlichen sprachlichen Mittel) entkräftet.

5 Schlussbemerkung

Zusammenfassend kann gesagt werden, dass durch den GER viel Bewegung in die Prüfungswelt kam: Große Testinstitutionen und Prüfungsorganisationen haben bereits ihre Prüfungen auf die Referenzniveaus abgestimmt oder sind gerade dabei, ihre Tests zu analysieren und entsprechend zu überarbeiten. So genannte „Benchmarking"-Seminare werden abgehalten und Performanzen von Lerner/inne/n sprachenübergreifend diskutiert und verglichen. Viele Defizite des GER wurden und werden im Sinne einer konstruktiven Weiterentwicklung durch weitere Projekte überbrückt, korrigiert und ergänzt, weitere Entwicklungsschübe dürfen erwartet werden.

Insgesamt ist festzuhalten, dass man im Bereich des Prüfens und Zertifizierens dank des GER und der Arbeiten in seinem Umfeld in Fragen der Überprüfungs- und Beurteilungsmöglichkeiten handlungsorientierter Sprachkompetenzen (Sprachkönnen) einen bedeutenden Schritt vorangekommen ist.

Literatur

A.L.T.E: Manual for Language Test Development and Examining. [http://www.coe.int/t/dg4/linguistic/ManualtLangageTest-Alte2011_EN.pdf] (22.2.2013)

Bachman, Lyle F. : Fundamental Considerations in Language Testing. Oxford: Oxford University Press 1991

Bausch, Karl-Richard (Hrsg.): Der Gemeinsame europäische Referenzrahmen für Sprachen in der Diskussion. Tübingen: Narr 2003

Bolton, Sybille/Glaboniat, Manuela/Lorenz, Helga/Perlmann-Balme, Michaela: „Mündlich". DVD mit Begleitheft: Mündliche Produktion und Interaktion: Niveaustufen Deutsch als Fremdsprache. München / Berlin: Langenscheidt 2008

Council of Europe (Hrsg.): Relating Language Examinations to the Common European Framework of Reference for Languages: Learning, Teaching, Assessment (CEF). Manual. Preliminary Pilot Version. 2003 [http://www.pedocs.de/volltexte/2010/3148/pdf/Takala_Relating_Examinations_D_A.pdf] (23.2.2013)

Europäisches Sprachenportfolio – Schweizer Version, hg. v. Schweizerische Konferenz der kantonalen Erziehungsdirektoren – EDK: Bern: Berner Lehrmittel- und Medienverlag 1999

Europäisches Sprachenportfolio für Jugendliche und Erwachsene, hg. v. Schweizerische Konferenz der kantonalen Erziehungsdirektoren – EDK. Bern: Berner Lehrmittel- und Medienverlag BLMV 2007

GER = Europarat: Gemeinsamer europäischer Referenzrahmen für Sprachen: Lernen, lehren und beurteilen. Hrsg. vom Goethe-Institut, der KMK, der EDK und dem BMBWK. Berlin u. a.: Langenscheidt 2001 [http.//www.goethe.de/z/50/commeuro/deindex.htm] (23.2.2013)

Glaboniat, Manuela: Schulnoten versus standardisierte Prüfungen – Gedanken zum Neben- und Gegeneinander schulischer und standardisierter Leistungsmessung im DaF-Bereich. In: Barkowski, Hans; Faistauer, Renate (Hrsg.): ... in Sachen Deutsch als Fremdsprache. Hohengehren: Schneider 2002, 218–230

Glaboniat, Manuela: Sprachbegegnungen auf Schreibtischen von Entscheidungsträgern. Ein Plädoyer für international vergleichbare Sprachbeschreibungsstandards. In: ide 2 (2005), 32–43

Glaboniat, Manuela/Müller, Martin: Note „Sehr gut!" – Aber in Bezug worauf?. Referenzrahmen und Profile Deutsch in ihren Auswirkungen auf Prüfungen und Tests. In: Fremdsprache Deutsch (2006) Heft 34, 14–22

Glaboniat, Manuela/Müller, Martin/Rusch, Paul/Schmitz, Helen/Wertenschlag, Lukas: Profile deutsch A1–C2 (Version 2.0). Berlin u. a.: Langenscheidt, 2005

Milanovic, M.: DIALANG – Common European Framework of Reference for Languages: Learning, Teaching, Assessment: Language examination and test development. Users Guide. Strasbourg: Language Policy Division 2002 [http://www.coe.int/t/dg4/education/elp/elp-reg/Source/Publications/Language_examining_EN.pdf] (22.2.2013)

HERMANN FUNK

E 3 Aufgabenorientierung und Fremdsprachenerwerb

1 Einleitung und Begriffsklärung

Grundlage eines aufgabenbasierten, bzw. aufgabenorientierten Fremdsprachenunterrichts ist die inzwischen in der Forschung abgesicherte Annahme, dass
Fremdsprachen dann am besten gelernt werden, wenn die Unterrichtsaktivitä-
ten und -ziele einen für die Lernenden subjektiv plausiblen thematischen
Anknüpfungspunkt in der Lebenswelt der Lerner haben. Aufgaben sind somit
Sprachlernaktivitäten, die als Ergebnis eines sozialen und interaktiven Prozesses
die Erstellung eines fremdsprachlichen Produktes im Sinne eines Kommunikates
zum Ziel haben, d. h. z. B. eines Textes jedweder Form, mit dem die Lerner z. B.
Rechercheergebnisse publizieren, Meinungen mitteilen oder (Lese-)Erlebnisse
berichten. Diese sprachlichen Produkte haben in der Regel einen „Sitz im
Leben", d. h. sie existieren in ihrer textlichen Form und inhaltlichen Aussage
nicht nur im Fremdsprachenunterricht (im Englischen sog. *real world tasks*, was
sie vor allem von Übungen unterscheidet). Der Begriff der Aufgabe ist damit eng
verbunden mit dem Begriff der Handlungsorientierung, worauf Legutke (2010,
17) hinweist. Geht man davon aus, dass auch im Unterricht „echte" fremdsprachliche Kommunikation stattfindet, etwa, wenn Lernende in Gruppen einen
gemeinsamen Text bearbeitet und sich über dessen Inhalt verständigen, so kann
man von „pädagogischen Aufgaben" sprechen, Aufgaben also, deren Form und
Inhalt zwar im Unterrichtskontext bleiben, bei denen es aber durchaus um
„echte" Kommunikate geht, also etwa um persönliche Meinungsäußerungen,
Gefühlsausdrücke oder Handlungsregulierungen in Bezug auf die Unterrichtsin-
halte und -verfahren.

Angesichts einer Vielzahl von Monographien und Beiträgen im englisch- und
deutschsprachigen Raum (Willis 1996; Willis/Willis 2009; Bygate u. a. 2001;
Robinson 2001; Brown u. a. 2002; Ellis 2003; Legutke 2010; Müller-Hartmann /
Schocker von Ditfurt/Müller-Hartmann 2005; 2011; u. a. m.), die speziell der
Thematik der Aufgabensteuerung im Fremdsprachenunterricht gewidmet sind,
und anderer, die zur Praxis des Konzeptes vor allem mit Arbeitsbeispielen beitragen (Griffiths / Keohane 2000; Wicke 2012 u. v. a) und damit den Grundkonsens
der Fachdidaktik in Bezug auf das Konzept unterstreichen, überraschen zwei
Tatsachen. Es fehlt in der Fachliteratur ein Konsens in Bezug auf die Interpretation des Aufgabenbegriffs im Hinblick auf Einzelkomponenten des Unterrichts,
z. B. in Bezug auf die Grammatikarbeit oder den Umgang mit literarischen Texten. Die Beiträge in Müller-Hartmann/Schocker-v. Ditfurth (2005) belegen dies
durchgängig und anschaulich, da nur im Eingangsbeitrag ein konsistenter,

differenzierter Gebrauch des Aufgabenbegriffs zu finden ist. Zum zweiten fällt auf, dass in der Unterrichtspraxis und in Lehrwerken keineswegs so klar unterschieden wird zwischen Aufgaben und Übungen, wie dies die offensichtlich fachdidaktische Bedeutung des Begriffs vermuten ließe. Von einer auch nur annähernd einheitlichen Verwendung des Aufgabenbegriffs kann auch in der Lehrwerkpraxis keine Rede sein. Tatsächlich ist diese Aufgabe/Übung-Unterteilung explizit zu keiner Zeit durchgängig als distinktives Merkmal eines gesamten Lehrwerks eingesetzt worden. Mehr noch: „Aufgaben" und „Übungen" werden bis heute in vielen DaF-Lehrwerken synonym gebraucht.

In diesem Beitrag sollen daher vor allem die Genese des Konzeptes, bei dem analog zu anderen Feldern der Spracherwerbsforschung von einer „starken" (task-based) und einer „schwachen" (task-supported) Version gesprochen werden kann, seine fachdidaktischen Grundlagen, sowie aktuelle fachdidaktische Positionen skizziert werden.

2 Aufgabenorientierung als Weiterentwicklung des kommunikativ-pragmatischen Deutschunterrichts

Die Aufgabenorientierung des gesteuerten Fremdsprachenerwerbs ist untrennbar verbunden mit der Entwicklung der kommunikativen Fremdsprachendidaktik in den 1970er Jahren. Das in der linguistische Pragmatik und in Deutschland im Unterschied zur Entwicklung im angelsächsischen Raum insbesondere auch von Anfang an durch Hans-Eberhard Piepho (1974), und Gerhard Neuner (1979) mit pädagogisch-antropozentrischen Ansätzen und sozialwissenschaftlichen Grundpositionen („kommunikative Kompetenz") verbundene Konzept fußt auf der Identifikation kommunikativ plausibler und pädagogisch sinnvoller fremdsprachlicher Handlungen als Zielperspektive eines Fremdsprachenunterrichts, in dem die pragmalinguistische Dichotomie zwischen Intention und Realisierung zur planerischen Leitkategorie des Übungsgeschehens wurde. (Wilkins 1976; Piepho 1971). Die Arbeiten des Europarats, beginnend mit dem *Modern Languages* Projekt ab 1971 und fortgeführt Ende der 90er Jahre mit der Entwicklung des Europäischen Referenzrahmen, sind vieldiskutierter Ausdruck des Versuchs einer Systematisierung des Ansatzes, der über Europa hinaus zu einer Standardisierung und Pragmatisierung von Unterrichts- und Test-Inhalten geführt hat.

Eine klare Abgrenzung zwischen kommunikativem und aufgabenbasiertem Ansatz, wie von Müller-Hartmann/Schocker von Ditfurth (2011, 30) vorgenommen, ist daher nicht möglich. Während der kommunikative Ansatz im Sinne der Lancaster-Schule von Wilkins, Breen und Candlin immer das funktional-notionale Konzept in den Vordergrund stellte, war im kommunikativen Ansatz deutscher Prägung die Lernerorientierung von Anfang an integrativer Bestandteil

eines Konzeptes, dessen maßgebliche Mitbegründer aus der Tradition der deutschen Pädagogischen Hochschulen kamen und stets praxisorientiert, antropo-
zentrisch und Erziehungsziele einbeziehend argumentierten. In dieser Tradition
lässt sich die Leitkategorie der „Handlungsorientierung" mindestens bis in die
reformpädagogischen Ansätze der 1920er Jahre zurückführen. Das britische
funktional-notionale Konzept beeinflusste die deutsche Debatte vor allem über
die Europaratsarbeiten, in deren Kontext zuerst eine differenzierte Liste von in
Sprachhandlungsgruppen geordneten Sprechakten für die am meisten gesprochenen Sprachen des Europarats vorgelegt wurde (van Ek u. a. ab 1975). In
Willis' einflussreichem Werk (1996) wird Prabhu, der 1987 festhielt, dass Lernen
nicht durch sprachanalytische Aktivitäten sondern durch Gebrauch, durch
Anwendung entsteht, als Urheber des Aufgabenbegriffs genannt. Wie gezeigt,
greift dies viel zu kurz.

Bereits die „Threshold Level-"Variante für das Französische, der „Niveau
Seuil", enthielt dezidierte Sprechaktbeschreibungen mit Bezug auf die Situation
von Migrantinnen und Migranten, während die deutsche Liste, die „Kontaktschwelle DaF" (Baldegger u. a. 1980) und in seiner Tradition der Gemeinsame
Europäische Referenzrahmen für Sprachen, zwar für den Sprachunterricht in
Migrationskursen als curriculare Vorgabe Bedeutung erlangten, ohne allerdings
auf deren besondere sprachliche Herausforderungen und mehrsprachige Potenziale direkt einzugehen. Während im pragmatisch-funktionalen Konzept die
Literatur praktisch keinen Platz hatte, wies Wicke (2012) bereits auf eine Fülle
von Praxisbelegen für einen aufgaben- und interaktionsorientierten fremdsprachlichen kommunikationsorienteren Literaturunterricht schon für die 80er
Jahre hin.

Die Ableitung der sprachlichen Unterrichtsziele aus den Anforderungen einer
alters- und domänenspezifischen Fremdsprachverwendung der Zielgruppe ist
die curriculare Grundlage sowohl des kommunikativen Ansatzes als auch des
aufgabenorientierten Fremdsprachenunterrichts. Nunan (2004) unterschied
zuerst zwischen „real-world tasks" und „pedagogic tasks". Unter letzteren versteht er praktisch das gesamte unterrichtliche Übungsgeschehen, also alle
sprachlichen Lernaktivitäten, die Bezug zu außerunterrichtlicher Sprachverwendung haben. Aus heutiger Sicht erscheint diese Teilung als zu ungenau, weil
sich daraus keine unterrichtlichen Progressionskonzepte ableiten lassen. In
Bezug auf die Anwendung des Begriffes in der curricularen Planung in zwei-
sprachlichen Lernkonzepten erscheint eine andere Differenzierung des Begriffes wesentlich: Für Schülerinnen und Schüler mit Migrationshintergrund ist die
sprachliche und sachliche Bewältigung von Lernstoffen und Lernprozessen in
allen Schulfächern essentiell für ihren Bildungserfolg. Der in der Aufgabenorientierung geforderte lebensweltliche Bezug ist dort gegeben, wo Lernaktivitäten
direkt auf die Bewältigung dieser Anforderungen aus anderen Schulfächern

abzielen. Der Aufgabenbegriff für erwachsene Lerner erschließt kommunikative Domänen mit lebensweltlichem Bezug außerhalb des Unterrichtsraumes. Für jugendliche Lerner sind die kommunikativen und fachlichen Herausforderungen der Schule selbst die primäre Sprachverwendungsdomäne. In dieser Logik ist das Prinzip der Aufgabenorientierung für Schüler mit Migrationshintergrund und/oder im Rahmen eines Content and Language Integrated Learning (CLIL)-Ansatzes auch dort gegeben, wo es direkt um die Bewältigung sprachlicher und fachlicher Anforderungen z. B. eines Geographie- oder des Geschichtsunterrichts in der fremden Sprache geht (s. Bleicher / Dietrich-Chénel, F 3).

3 Kognitionswissenschaftliche Grundlagen

Der Einfluss der konstruktivistischen Paradigmata von Wolff (1994) u. a. hatte für den Fremdsprachenunterricht die Betonung zunächst des Prozesses, nicht des Produktes des Wissenserwerbs zur Folge. Wenn Lernen das Ergebnis eines sozialen Konstruktionsprozesses ist, dann ist die Qualität der Interaktion entscheidend für die Qualität des „Produktes", d. h. des Lernergebnisses und nicht die Optimierung des Inputs und dessen Reproduktion. Autonome Lernende sind in diesem Konzept Subjekte und nicht Objekte des Lernprozesses. Lehrende unterstützen und fördern, sind aber nicht in ihrer traditionellen Rolle des Verteilers von Wissen gefragt.

In der internationalen Spracherwerbsforschung sind die positiven Effekte eines aufgabenorientierten Zweit- und Fremdsprachenerwerbs auf die Lernermotivation, die Lernaufmerksamkeit und die Entwicklung mündlicher Kompetenz vielfach belegt (vgl. Bygate u. a. 2001 und Müller-Hartmann/Schocker-v. Ditfurth 2005). Aus der Aufgabenorientierung ergeben sich gleichzeitig Konsequenzen auf die Form der Überprüfung von Lernzielen. Aufgabenorientiertes Testen verlangt nach einem Test-Ansatz, bei dem die Verwendung von Sprache in kommunikativen Kontexten Vorzug vor der Überprüfung einzelner Formen und Strukturen hat. Deren Behandlung im Rahmen eines aufgabenorientierten Gesamtkonzeptes ist ebenfalls Gegenstand umfangreicher Forschung und didaktischer Vorschläge.

4 Fokus auf Form im Rahmen der Aufgabenorientierung

Die Phase, in der der Fokus explizit auf jene Strukturen und Regeln der Sprache gelenkt wird, die zur Erledigung der Aufgabe, also z. B. zur Erarbeitung eines Textes in einer Gruppe, benötigt werden, wird allgemein als die Fokus-auf-Form-Phase bezeichnet. Ellis unterscheidet in diesem Sinne „focus on form" von „focus on forms" und meint mit letzterem im Grunde den traditionell grammatisch-orientierten Fremdsprachenunterricht, in dem die zu erlernende Struktur

durch die Lehrwerkprogression vorgegeben wird und nicht aus einem Kommuni-
kationsbedürfnis im Rahmen einer inhaltlichen Aufgabenstellung heraus entsteht. Nur aus letzterem Ansatz entsteht auf Lernerseite Verarbeitungsaufmerk-
samkeit durch die unmittelbare Verwendung von Strukturen und Wörtern, um
sinnvolle Äußerungen zu machen. Ortega spricht in diesem Sinne von der Notwendigkeit eines Fokus auf „task-essential forms" (Ortega 2007, 185). Damit
ergibt sich eine Unterrichtsphasierung, in der an Anfang und Ende einer
Sequenz inhaltliche Aufgaben stehen und zu einem im Idealfall von den Lernern
zu bestimmenden Zeitpunkt eine Kognitivierungsphase stattfindet (Funk 2011,
86), die vom Lernerbedürfnis nach Erklärung ausgelöst wird und sich in der
Erklärsprache und in der Reichweite der Kognitivierung an individuellen Lernerbedürfnissen orientiert. Diese Vorgehensweise setzt allerdings einen Unterricht voraus, in dem Lehrkräfte und Lernende einen hohen Grad an Autonomie
besitzen und Lehrkräfte in der Lage sind, Unterrichtspläne ständig individuell zu
adaptieren und in einem höchst differenzierenden Unterricht Lernhilfen aus
dem Stand adäquat zur Verfügung stellen können. Es widerspricht nicht diesem
im Prinzip sinnvollen Lernszenario, wenn man feststellt, dass in der Realität eine
Fülle von Steuerungselementen wie Lehr- und Kurspläne und Prüfungsmodalitä-
ten einem solchen Vorgehen Grenzen setzen. Geht man von der Nutzung von
bereitgestellten Lehrmaterialien aus, so bleibt es die Aufgabe der Lehrenden,
Regelerklärungen in Zeitpunkt und Ausmaß sowohl an individuellen Lernenden, ihrer Motivation und ihrer Möglichkeiten zu orientierten und die grammatischen Lernangebote von Lehrwerken flexibel und sparsam zu nutzen. Dabei
bleibt die Orientierung an den kommunikativen Aufgaben – von Legutke auch
Zielaufgaben genannt – das Lernziel, an dem sich die Übungen auszurichten
haben (vgl. Müller-Hartmann/Schocker-v. Ditfurth 2010, 203); man kann also
von einer „schwachen" Version des aufgabengestützen Lernens sprechen.
Welche Voraussetzung muss ein Lehrwerk bieten, um ein solches didaktisches
Szenario zu unterstützen?

5 Aufgabenorientierung und Lehrwerk

Als Unterrichtsprinzip wird im Lehrerhandbuch des ersten pragmalinguistisch
orientierten DaF/DaZ-Lehrwerks in Deutschland festgehalten: „Alle sprachlichen Aktivitäten im Unterricht müssen auf die konkrete Sprachverwendung
außerhalb der Schule in der Realität bezogen sein und sie schrittweise vorbereiten und ermöglichen (Neuner u. a. 1975, 11). Eines der ersten kommunikativen
Lehrwerke für den Englischunterricht, „Challenges" – das erste mit multimedia-
lem Materialangebot überhaupt enthält bereits 1978 die Differenzierung
zwischen „Tasks" und „Steps":

STEP 6 GROUPWORK: ANALYSIS

Find out how your group as a whole spends most of its spare time. Note down:

1. the 3 things which take up the highest number of hours of the group's spare time.
2. the 3 things which the group agrees it would like to spend more time on.
3. the 3 things which the group agrees it would like to spend less time on.

1 Most time is spent:
    i)
    ii)
    iii)

2 We would like to spend more time:
    i)
    ii)
    iii)

3 We would like to spend less time:
    i)
    ii)
    iii)

STEP 7 REPORTING

Write a report on what you discovered about your group, using these expressions:

Our group spends most of its time ....ing.
We spend most of our time ....ing.
Then comes ....ing.
After that comes..................ing.
Finally some people spend a little time ....ing.

Most of us ⎱ would like to spend more time ....ing.
Some of us ⎰
A few of us ⎰ think less time should be spent on ....ing.

TASK 1

You now know what you *think* you spend your time doing. Perhaps the reality is different.
Do one of these two things:
1. Keep a diary in English for the next 7 days.
2. Write a diary in English for 1 day during the week and 1 day at the weekend.

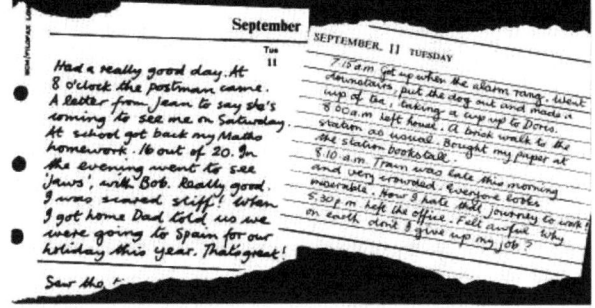

TASK 2

a) Decide which of the days you have described in your diary you would call good, ordinary or bad. Add up the number in each category.

Abb. 1 Steps und Tasks in Abbs/Sexton: Challenges. 1978,

Erstere waren als Sprachhandlungen, als kommunikative Aktivitäten mit außerunterrichtlicher Relevanz definiert, letztere Übungsschritte auf dem Weg zum jeweiligen kommunikativen Handlungsziel. Obwohl diese Differenzierung dem logischen Aufbau eines pragmatischen, sprechaktbasierten Fremdsprachenunterrichts im Sinne Piephos (1974) und Candlins (1978) entsprach, setzte sie sich weder in den beiden ersten großen pragmatisch inspirierten, einflussreichen DaF-Lehrwerken „Deutsch aktiv" (1979) und „Themen" (1983) durch, noch war diese Unterscheidung ein Differenzierungsmerkmal in der einflussreichen Übungstypologie von Neuner u. a. (1981), die zum meistverkauften DaF/DaZ-Fachbuch der letzten 40 Jahre wurde.

Am Beispiel von „Challenges" (1978) wird zweierlei deutlich. Die enge Verbindung von Theorie und Praxis, die Personalunion von Lehrwerkentwicklern und
Forschern, die kennzeichnend war für die Entwicklung des Fremdsprachenunterrichts in Deutschland seit den 20er Jahren, war ursächlich für die Tatsache,
dass Praxisentwicklungen oft theoretische Entwicklungen vorwegnahmen und
inspirierten und das Paradigma der Umsetzung theoretischer Erkenntnisse in
unterrichtspraktisches Handeln ein zu eindimensionaler Weg wäre, um qualitativen Entwicklungen in Lehrwerken und Unterricht zu initiieren und zu interpretieren. Als Willis / Willis in den 1990er Jahren zuerst den Aufabenzyklus vorstell-
ten und zwischen „pre-task", „task" und „post-task" unterschieden, war dieser
Ansatz in der Materialpraxis schon zu beobachten.

In den ersten englischsprachigen Aufgaben-Konzepten (Wilkins) spielte das
Lehrwerk unter dem Einfluss konstruktivistischer Positionen praktisch keine
Rolle im Konzept der Aufgabenorientierung, im Gegenteil: Das Konzept verstand sich ausdrücklich als Alternative zum Lehrwerk-basierten Unterricht.
Wenn Müller-Hartmann / Schocker-von Ditfurth 2011 demgegenüber von aufga-
ben-unterstütztem Fremdsprachenlernen („task-supported") sprechen, richtet
sich der konkrete Aufgabenbegriff nach lernkulturspezifische Voraussetzungen
und Wirksamkeitsüberzeugungen von Lehrkräften. In diesem Konzept wird die
zentrale Rolle des Lehrwerks nicht mehr in Abrede gestellt, bzw. als schädlich
erachtet, sondern in die Planungen von aufgaben-orientierten Unterrichtsszena-
rien einbezogen, vor allem als Lieferant von thematisch-lexikalischem Input und
formal-orientierten Übungsschritten auf dem Weg zu selbständig erarbeiteten
Texten von Schülern für Schüler. Aus der Sicht von Lehrkräften und Lernenden
gewinnt das Lehrwerk und sein Übungsangebot immer dann an Attraktivität,
wenn der Fokus sich auf Regeln und Strukturen der Sprache richtet. Hierin liegt
allerdings die Gefahr, dass ein aufgabenorientiertes Konzept durch einen traditionellen grammatisch-fokussierenden Ansatz sozusagen torpediert wird, da in
der Praxis dann eher die Aufgaben den Lehrwerkstrukturen angepasst werden
und nicht umgekehrt.

Nation hat bereits 2001 in Bezug auf eine ausgeglichene Kompetenzentwicklung
eine gleichgewichtige Verteilung der Lernaktivitäten zwischen bedeutungsorien-
tierter Textarbeit, Form-fokussierten Übungen, sprachlichem Flüssigkeitstrai-
ning und bedeutungsvoller Sprachproduktion („meaningful output") vorgeschlagen und dies unter Hinweis auf eine Fülle empirischer Daten begründet
(dazu auch Nation / Newton 2009). In dieser Verteilung kann auch eine Vorlage
für eine aufgabenorientierte Lehrwerk- und Stundenplanung gesehen werden.
Geht man von den beiden Lernfeldern aus, die dort als „meaningful input" und
„meaningful output" bezeichnet werden, so kann man Aufgabentypen, -formen
- und die dazugehörigen Übungsformen so beschreiben:

	Aufgabentyp	Aufgabenformen (Beispiele)	Übungsformen (Beispiele)
Lernfeld: Bedeutungs- orientierte Textarbeit („meaningful input")	Aufgaben, die sich auf die Aufnahme, Verar- beitung und Sicherung sprachlicher Eingangs- daten aus Texten beziehen, die nicht zu Unterrichtszwecken verfasst wurden bzw. Texten von Lernern für Lerner.	– Einen Text lesen und wichtige Stich- wörter notieren, – einen Film sehen und Notizen zum Inhalt machen, – Internetseiten nach Informationen, durchsuchen, – Ausschnitte kopieren und Lese- zeichen setzen, – Informationen für eine Textwiedergabe zusammenstellen.	– Eine Stichwortliste ergänzen, – Stichwörter ordnen – Notizen bzw. vorgegebene Aussagen korrigie- ren, – Fragen zum Text stellen und beantworten, – Textpassagen ordnen, – Überschriften zu Texten oder Textab- schnitten finden, – Wortbedeutungen durch Nachschlagen klären, – Aussagen zu Text- passagen zuordnen.
Lernfeld: Bedeutungs- volles Sprach- handeln „Meaningful output"	Interaktive Sprach- verwendung: Schriftli- che und mündliche Aussagen zum Zweck der Informationsver- mittlung, Handlungs- orientierung oder zum Ausdruck von Mei- nungen und Gefühlen	– Zu einem Text Stellung nehmen, – eine Verabredung zu einem Treffen, – ein Geschenk beschreiben, das man mag, – über Freizeit- gewohnheiten sprechen.	– Eine Liste von Wörtern zusammen- stellen, die man ler- nen möchte. – usw.

Als Forschungs- und Entwicklungsperspektive ergibt sich hieraus die Aufgabe zur Entwick- lung von Lehrwerkvorgaben, die Lehrkräften einen aufgabenorientierten Handlungsvor- schlag für den Unterricht unterbreiten, dabei aber auch flexible Entscheidungen ermög- lichen.

Literatur

Abbs, Brian/Sexton, Malcolm: Challenges. London: Langenscheidt-Longman 1978

Aufderstraße, Hartmut/Bock, Heiko/Gerdes, Mechthild/Müller, Jutta/Müller, Helmut: Themen 1. Lehrwerk für Deutsch als Fremdsprache. Kursbuch. Ismaning: Hueber 1983

Baldegger, Markus/Müller, Martin/Schneider, Günther (Hrsg.): Kontaktschwelle Deutsch als Fremdsprache. Berlin/München: Langenscheidt 1980

Brown, James Dean/Hudson, Thom/Norris, John/Bonk, William (Eds.): An investigation of second language task-based performance assessments. Honolulu, HI: Second Langu- age Teaching and Curriculum Center 2002

Brown, H. Douglas: Teaching by Principles. An Interactive Approach to Language Pedagogy. San Francisco State University: Pearson-Longman [3]2007, 50–52

Bygate, Martín/Skehan, Peter/Swain, Merrill (Eds.): Researching pedagogic tasks: Second language learning, teaching, and testing. London: Longman 2001

Candlin, Christopher: Teaching of English: Principles and an exercise typology. London: Langenscheidt-Longman 1978

DeKeyser, Robert M. (Ed.): Practice in a Second Language. Perspectives from Applied Linguistics and Cognitive Psychology. Cambridge u. a..: CUP 2007

Dorner, Andrea: Lexikonartikel „Übung". In: Barkowski, Hans/Krumm, Hans-Jürgen (Hrsg.): Fachlexikon Deutsch als Fremd- und Zweitsprache. Tübingen: A. Francke 2010, 345

Ellis, Rod: Tasked-based Language Learning and Teaching. Oxford: OUP 2003

Foster, Pauline: Rules and routines: A consideration of their role in the task-based language production of native and non-native speakers. In: Bygate u. a. (Eds.) 2001, 75–94

Funk, Hermann: Methodische Konzepte für den Deutsch als Fremdsprache-Unterricht. In: Krumm, Hans-Jürgen/Fandrych, Christian/Hufeisen, Britta/Reimer, Claudia (Hrsg.): Deutsch als Fremd- und Zweitsprache. Ein internationales Handbuch. 1. Halbband. Berlin/New York: Mouton de Gruyter 2010, 940–952

Funk, Hermann: Four Models of Language Learning and Acquisition and Their Methodological Implications for Textbook Design. Electronic Journal of Foreign Language Teaching Vol. 9 (2012) Suppl. 1, in Druck, Centre for Language Studies, National University of Singapore

Funk, Hermann: Lexikonartikel „Fokus auf Form". In: Barkowski, Hans/Krumm, Hans-Jürgen (Hrsg.): Fachlexikon Deutsch als Fremd- und Zweitsprache. Tübingen: A. Francke 2011, 86

Funk, Hermann: Lehrwerkforschung. In: Hallet/Königs (Hrsg.) 2010, 364–368

Funk, Hermann: Materialentwicklung. In: Hallet/Königs (Hrsg.) 2010, 307–312

Griffiths, Griff/Keohane, Kathy: Personalizing Language Learning. Cambridge: CUP 2000

Hallet, Wolfgang / Königs, Frank G. (Hrsg.): Handbuch Fremdsprachendidaktik. Seelze-Velber: Kallmeyer 2010

Königs, Frank G.: Aufgabenorientiertes Fremdsprachenlernen und Mehrsprachigkeit – eine lohnende Aufgabe? In: Müller-Hartmann/Schocker-v. Ditfurth (Hrsg.) 2005, 67–82

Legutke, Michael K.: Lexikonartikel „Aufgabe/Aufgabenorientierung". In: Barkowski, Hans/Krumm, Hans-Jürgen (Hrsg.): Fachlexikon Deutsch als Fremd- und Zweitsprache. Tübingen: A. Francke 2010, 17

Müller-Hartmann, Andreas/Schocker-v. Ditfurth, Marita: Task-Based Language Teaching und Task-Supported Language Teaching. In: Hallet/Königs 2010, 203–207

Müller-Hartmann, Andreas/Schocker-von Ditfurth, Marita: Teaching English. Task-Supported Language Learning. Paderborn: Schöningh 2011

Müller-Hartmann, Andreas/Schocker-von Ditfurth, Marita (Hrsg.): Aufgabenorientierung im Fremdsprachenunterricht. Task-Based Language Learning and Teaching. Festschrift für Michael K. Legutke. Tübingen: Narr 2005

Müller-Hartmann, Andreas/Schocker-von Ditfurth, Marita: Aufgabenorientierung im Fremdsprachenunterricht: Entwicklungen, Forschung und Praxis, Perspektiven. In: Müller-Hartmann/Schocker-von Ditfurth (Hrsg.) 2005, 1–52

Müller-Hartmann, Andreas/Schocker-von Ditfurth, Marita (Hrsg.): Qualitative Forschung im Bereich Fremdsprachen lehren und lernen. Tübingen: Narr 2001

Nation, I. S. P.: Learning Vocabulary in Another Language. Cambridge: CUP 2001

Nation, I. S. P. & Newton, J.: *Speaking.* New York & London: Routledge 2009

Neuner, Gerhard/Krüger, Michael/Grewer, Ulrich: Übungstypologie zum kommunikativen Deutschunterricht. München: Langenscheidt 1981

Neuner, Gerhard/Schmidt, Reiner/Wilms, Heinz/Zirkel, Manfred: Deutsch aktiv. Ein Lehrwerk für Erwachsene. Lehrbuch 1. Berlin: Langenscheidt 1979

Neuner, Gerhard/Mellinghaus, Günter/Schmidt, Rainer: Deutsch in Deutschland. Lehrerhandbuch. Tübingen/Basel: Erdmann 1975

Nunan, David: Task-based language teaching. Cambridge: CUP 2004

Ortega, Lourdes: meaningful L2 practise in foreign language classrooms: A cognitive-interactionist SLA-perspective. In: DeKeyser (2007)

Piepho, Hans-Eberhard: Kommunikative Kompetenz als übergeordnetes Lernziel im Englischunterricht. Dornburg-Frickhofen: Frankonius 1974

Prabhu, N. S.: Second Language Pedagogy. New York, Toronto: OUP 1987

Robinson, Peter: Task complexity, cognitive resources, and syllabus design: a triadic framework for examining task influences on SLA. In: Robinson, Peter (Ed.): Cognition and Second Language Instruction. Cambridge: CUP 2001, 287–318

Schart, Michael: Entscheidungsspielräume im aufgabenbasierten Fremdsprachenunterricht. In: Müller-Hartmann/Schocker-v. Ditfurth (Hrsg.) 2005, 125–134

Suhrkamp, Carola (Hrsg.) Metzler Lexikon Fremdsprachendidaktik. Ansätze, Methoden, Grundbegriffe. Stuttgart/Weimar: Metzler 2010

Van Ek, Jan/Trim, John: The Threshold Level 1990. Straßburg 1990 (zuerst 1975)

Wicke, Rainer: Aufgabenorientiertes und projektorientiertes Lernen im DaF-Unterricht. Genese und Entwicklung. München. Iudicium 2012

Wilkins, Dave: Notional Syllabuses. Oxford: OUP 1976

Willis, Jane: A Framework for Task-Based Learning. Longman Handbooks for Language Teachers. Longman 1996

Willis, Dave/Willis, Jane: Doing task-based teaching. Oxford: OUP 2009

Wolff, Dieter: Der Konstruktivismus: Ein neues Paradigma in der Fremdsprachendidaktik. In: Die neueren Sprachen (1994) Heft 93, 407–429

Internetquellen

Gemeinsame Europäische Referenzrahmen (GER)
http://www.europaeischer-referenzrahmen.de/ (19.03.2013)

Niveau Seuil
http://master2cml.u-strasbg.fr/realisations/0304/projet01/html/seuildef.htm (19.03.2013)

F

Modelle und Konzepte
für Deutsch als Fremdsprache

SAROLTA LIPÓCZI

F1 Früher Deutschunterricht (DaF) in Ungarn

Unterricht des Deutschen als Fremdsprache gibt es in Ungarn durchgehend und in allen Schulstufen. In diesem Beitrag werden seine historische Entwicklung, theoretische Ansätze, schulischer Rahmen und Anforderungen – im Fokus des frühen Fremdsprachenunterrichts – sowie weitere Fragen dazu besprochen (vgl. auch M. Batári / Vámos, F2)

1 Zu den Anfängen des Frühen Fremdsprachenunterrichts in Ungarn

Die Beschäftigung mit Fragen von Theorie und Praxis des frühen Fremdsprachenunterrichts in Ungarn geht bis in die 1960er Jahre zurück. Ungarische Experten haben sich im Rahmen der angewandten Linguistik mit psycholinguistischen Fragen des frühen Fremdsprachenlernens auseinandergesetzt, Forschungsergebnisse und Erfahrungen veröffentlicht sowie Richtlinien für die Praxis formuliert. Es wurden dabei auch Ergebnisse internationaler Forschungen berücksichtigt. Zu den Diskussionen hat u. a. auch die UNESCO-Konferenz von 1962 über theoretische Fragen des frühen Fremdsprachenlernens beigetragen (Szépe 2001, 111).

Von den 1960er Jahren an gehörten Theorie und Praxis des frühen Fremdsprachenlernens zu den reformpädagogischen Ansätzen in Ungarn. 1967 wurden vom Ungarischen Kultusministerium Lehrpläne für den Beginn des Fremdsprachenunterrichts in der 3. Klasse der Primarstufe herausgegeben. Dieses Dokument ermöglichte – wenn auch nur für eine begrenzte Zahl von Schulen – die Einführung der ersten Fremdsprache in den sog. „Spezialklassen", in denen die Schule die Bedingungen bezüglich des Lehrpersonals usw. erfüllen konnte. Die Sprachen, die ab der 3. Klasse unterrichtet wurden, waren – vor allem – Englisch und Deutsch, während Russisch als bis 1989 obligatorische Fremdsprache in der 5. Klasse eingeführt wurde.

Inzwischen gibt es in Ungarn frühes Fremdsprachenlernen ab Klasse 1 und auch schon im Vorschulalter. Die Auseinandersetzungen um die richtigen Ziele und Wege halten an. Dagegen ist der Frühbeginn selbst kaum umstritten.

2 Europäische Empfehlungen zum Frühen Fremdsprachenlernen

Das seit 1995 am häufigsten zitierte Dokument zur Einführung des frühen Fremdsprachenunterrichts in Ungarn ist die „Mitteilung der Europäischen Kom-

mission" 2005 mit dem Untertitel „Eine neue Rahmenstrategie für Mehrsprachigkeit". In diesem Dokument werden die Zielsetzungen der Mehrsprachig-
keitspolitik der EU veröffentlicht, es kommen die Motivation zum Sprachlernen
und die Unterstützung der Sprachenvielfalt zur Sprache. Der Anspruch auf die
Mehrsprachigkeit wird auch im Kapitel „Eine multilinguale Gesellschaft"
betont, in dem als wünschenswert bezeichnet wird, dass die Bürger Europas
neben ihrer Muttersprache zwei Fremdsprachen sprechen, und die Forderung
nach Einführung des frühen Fremdsprachenunterrichts wird hervorgehoben.
Als Begründungen werden politisch-ökonomische, kulturell-soziale und psycho-
logisch-pädagogische Argumente genannt.

3 Gesetzliche Vorgaben
für den Fremdsprachenunterricht der Primarstufe

Den gesetzlichen Rahmen für den Fremdsprachenunterricht in der Primarstufe
bildet „Der ungarische Nationallehrplan", der 1995 eingeführt wurde. Dieses
Dokument hat den Beginn des Lernens der ersten Fremdsprache auf die 5.
Klasse festgelegt. Im Jahre 2003 wurde der Nationallehrplan teilweise überarbeitet und der Beginn des Fremdsprachenunterrichts um ein Jahr vorverlegt.Die
allgemeinbildenden Schulen – die im ungarischen Schulsystem 8- oder 6-klassig
sind, sind daher verpflichtet, spätestens in der 4. Klasse mit dem Unterricht der
ersten Fremdsprache zu beginnen. Der Lehrplan ermöglicht den Schulen eine
frühere Einführung der Fremdsprachen, falls die nötigen Bedingungen zur Verfügung stehen, z.B. ausgebildetes Lehrpersonal, und wenn der frühe Beginn
schulisch begründet werden kann. Diese Kriterien sind sowohl in den Strategien
für die Zukunft als auch als Regelungen im neuesten, ab September 2013 gültig
werdenden Nationallehrplan – dessen neueste Version den Titel „Nationales Bildungsgesetz" hat, enthalten (Nationales Bildungsgesetz 2011). Die Einführung
des Fremdsprachenunterrichts in früheren Klassen der Primarstufe wird sehr oft
von den Eltern gewünscht. Viele Schulen werben mit dem früheren Beginn.

4 Stundenzahl, Inhalte und Methoden

Ziele, Anforderungen und methodische Vorschläge werden – zur Ergänzung
zum Nationalen Bildungsgesetz – im Rahmenlehrplan formuliert. Das grundsätzliche Ziel des Fremdsprachenunterrichts in der 4. Klasse ist die Grundlegung
der fremdsprachlichen kommunikativen Kompetenzen der Schüler. Der Sprachunterricht soll auch das Interesse der Kinder für die anderen Kulturen wecken.
Der Unterricht wird handlungsorientiert konzipiert.

Im Rahmenlehrplan ist auch die minimale Zahl der Stunden angegeben. Für die Klassen 1–3 der allgemeinbildenden Schulen stehen keine Untergrenze von Wochenstunden. Für die Klasse 4 sind 2 Wochenstunden vorgesehen, die in der 5-8. Klassen auf 3 erhöht werden (Rahmenlehrplan 2011).

Das Unterrichtsministerium[1] bietet auf seiner Homepage Empfehlungen zur Planung und Verwirklichung (thematische Schwerpunkte und methodische Verfahren) des Fremdsprachenunterrichts für die Klassen 1–3 an, weil es für diese Schulstufen keine Empfehlung im Rahmenlehrplan gibt. Für den Pflichtunterricht ab die 4. Klasse existiert auch eine Lehrwerkliste mit wählbaren Lehrwerken (Lehrwerkliste 2011). Die Schulen werden – auf Wunsch – mit DVDs versehen, die „Gute Beispiele zum Fremdsprachenunterricht in der Primarstufe" (best practice) ab die 1. Klasse enthalten. Das Unterrichtsministerium hat den Fremdsprachenunterricht in der Primarstufe im Rahmen seines Entwicklungsprogramms mit dem Titel „Welt-Sprache" u. a. unterstützt (Welt-Sprache Programm, 2003–2008). Die entsprechende Lehrerfortbildung erfolgte u. a. in Konferenzen und Werkstattsgesprächen; auch vom Goethe-Institut Budapest werden Lehrwerke empfohlen und Weiterbildungsprogramme angeboten. Die Zeitschrift „Primar", wird vielen Schulen vom Goethe-Institut gratis zur Verfügung gestellt.

Die Lehrkräfte können das Lehrwerk für frühes Deutsch selbst auswählen. Das Unterrichtsministerium stellt dazu auch eine Empfehlungsliste zur Verfügung. Zur Leistungskontrolle erarbeiten die Lehrkräfte ihre eigenen Methoden und Aufgaben. Das Europäische Sprachenportfolio zum Gemeinsamen Europäischen Referenzrahmen wurde in Ungarn 2003 eingeführt, ist aber nicht sehr verbreitet.

5 Zweisprachiger Unterricht

Die Bezeichnung CLIL (vgl. Bleichner/Dietrich-Chénel, F3) wurde in der Fachliteratur in Ungarn in den 90er Jahren gängig. Der Unterricht nach dem CLIL Konzept wurde jedoch viel früher eingeführt: Zweisprachigen Unterricht in den Nationalitätensprachen gibt es seit 1947 und in Fremdsprachen seit 1987 sowohl in Grund- und Hauptschulen als auch in anderen Schultypen. (vgl. M. Batári/ Vámos, F2). Wie die Statistik zeigt, haben im Schuljahr 2011/2012 insgesamt 18968 Schüler und Schülerinnen der achtklassigen Grund- und Hauptschulen bilingualen Unterricht bekommen (Entwicklungsstrategie 2011).

---

[1] Der Name des Ministeriums, der in Ungarn für den schulischen Unterricht verantwortlich ist, wird im Text als Unterrichtsministerium verwendet, auch wenn sich der Name ändert.

6 Sprachlernende in Zahlen

Bezüglich der fremdsprachlichen kommunikativen Kompetenz der erwachsenen
Bevölkerung steht Ungarn nach den Angaben des Eurobarometers 2012 unter
den europäischen Ländern an der letzten Stelle (Europeans and their Languages, 2012). Nur 35 % der erwachsenen Bevölkerung ist fähig, in einer Fremdsprache zu kommunizieren. Die Ursache kann – nach der Meinung der Verfasserin
dieses Beitrags – an den nicht kommunikativen Unterrichtsmethoden liegen, die
lange Zeit auch durch den grammatikorientierten Russischunterricht beeinflusst
waren. Manche Experten sehen die eine Bedingung des erfolgreichen Sprachlernens in der frühen Einführung des Fremdsprachenunterrichts.

Aus der Statistik des Schuljahrs 2002/2003 geht hervor, dass in diesem Jahr 20 %
der Schulkinder der 1. Klassen eine Fremdsprache gelent haben. In der 2. Klasse
betrug diese Zahl 26 % und in der 3. Klasse 48 (Morvai/Poór 2006, 7).

Über das Verhältnis zwischen Englisch und Deutsch gibt es auch Angaben aus
dem Schuljahr 2002/2003. Die Proportionen zwischen Englisch und Deutsch als
Fremdsprache waren in der 1. Klasse 64:34 lernende Kinder, in der 2. Klasse
64:35, in der 3. Klasse 62:37, es lernten also gut halb so viele Schüler Deutsch wie
Englisch. In der 4. Klasse, wenn der Fremdsprachenunterricht schon verpflichtend ist, lernten im Jahr 2002/2003 59 % der Schüler und Schülerinnen Englisch
und 40 % Deutsch. Die Zahl der Englischlernenden wächst jährlich, während die
Zahl der Deutschlernenden abnimmt. Anders ist die Tendenz bei den Kindergar-
ten- und Schulkindern, die deutsche Nationalitätenkindergärten bzw. Schulen
besuchen. Die Zahl dieser Kinder wächst von Jahr zu Jahr (Morvai/Poór 2006).

Die Statistik aus dem Schuljahr 2008/2009 zeigt, dass 64 % der Lernende – also
19347 Kinder – in der 1. Klasse eine Fremdsprache lernten. In der zweiten Klasse
war diese Zahl 20390, d. h. 67 % der Lernenden, und in der 3. Klasse, ein Jahr
vor dem Pflichtunterricht, erhöhte sie sich auf 26410, was 86 % der Kinder in den
3. Klassen bedeutet (Morvai/Öveges 2009).

Die ersten gelernten Sprachen sind zu 98 % Englisch und Deutsch, nur 2 % der
Kinder lernt andere Fremdsprachen. Die Verteilung zwischen Englisch und
Deusch beträgt zwei Drittel für Englisch und ein Drittel für Deutsch. Das zeigt,
dass die traditionelle Dominanz der Deutschlernenden geschwunden ist.
Deutsch spielt heute dennoch eine bedeutende Rolle als erste Fremdsprache, die
anderen Fremdsprachen aber nicht mehr. Sie werden als zweite Fremdsprache
gelernt.

In der 8-klassigen allgemeinbildenden Schule in Ungarn bilden die Klassen 1–4
keine getrennte Schule, wie etwa die Grundschule in Deutschland oder Österreich. Es gibt vorwiegend statistische Angaben über die allgemeinbildenden
Schulen. Über den Fremdsprachenunterricht in den Klassen 1–3 muss man
gezielt statistische Angaben sammeln. Die zitierten Angaben zeigen, dass eine

ziemlich hohe Zahl von Kindern den Fremdsprachenunterricht vor der Einführung der Pflichtfremdsprache mit der ersten Fremdsprache anfangen.

7 Fremdsprachenunterricht im Vorschulalter

In Ungarn gibt es ein sehr stark ausgebautes System von Kindergärten. Für die fremdsprachliche Erziehung im Vorschulalter gibt es viele Eigenitiativen.

Mit Ausnahme der zweisprachigen Kindergärten, die – laut Statistik des Jahres 2011/2012 (Oktatási évkönyv – Statistical Yearbook of Education 2011/2012) – von den 341 190 Kindergartenkindern insgesamt 20 031 Kinder besuchen, gehört der Fremdsprachenunterricht nicht zum Programm des Kindergartens. Die Kindergärten können ihn aber in ihr eigenes pädagogisches Programm einbauen, wenn die Bedingungen dazu – Lehrkraft, Programm, Wille der Eltern usw. – zur Verfügung stehen.

Die Ausbildung von Kindergärtnerinnen findet in Ungarn in Pädagogischen Hochschulen bzw. Hochschulen für Kindergärtnerinnenausbildung als Bachelorstudium statt. Zum Diplom ist auch eine Sprachprüfung – Niveaustufe B2 – erforderlich. Mehrere Hochschulen bieten sogar Spezialkurse für Fremdsprachenunterricht in der Vorschule bzw. Kindergarten an.

Für die Fremdsprache in den Kindergärten gibt es grundsätzlich zwei Formen. In manchen Kindergärten wird die Fremdsprache im Rahmen von regelmässigen spielerischen Beschäftigungen mit den Kindern angeboten. Die andere Form ist der sog. zweisprachige Kindergarten, z. B. das Prinzip „eine Person – eine Sprache", nach dem die eine Kindergärtnerin während des ganzen Tages im Kindergarten die Fremdsprache spricht. Zu den beiden Formen gibt es Lehrplanvorschläge von ExpertInnen, die diese Formen der fremdsprachlichen Erziehung schon erprobt hatten. Das Programm und die Methoden, die z. B. im Kindergarten „Habakukk" in Budapest eingeführt worden sind, wurden 2005 mit dem „Europäischen Siegel für innovative Projekte im Bereich Sprachenlehren und -lernen" ausgezeichnet (Kindergarten „Habakukk" 2005).

> Das Unterrichtsministerium und das Goethe-Institut tragen zur Entwicklung von theorethischen Ansätzen und der Praxis des frühen Fremdsprachenunterrichts mit Konzepten und Lehrmaterialien bei und machen diese gratis zugänglich. (Empfehlungen und Lehrmaterialpakete 2006; Gute Erfahrungen 2009; Zum Einsatz des Lehrmaterials „Hans-Hase in Kindergarten und Vorschule 2, das von Mitarbeitern des Goethe-Instituts entwickelt wurde, werden für Lehrkräfte Fortbildungsveranstaltungen angeboten. (Deutsch mit Hans Hase in Kindergarten und Vorschule 2010)

Es soll klargestellt werden, dass der Fremdsprachenunterricht im Kindergarten keiner staatlichen Evaluation unterliegt. Für die Formen, Anforderungen,

Methoden und Ergebnisse ist die Leitung des Kindergartens verantwortlich. (Vágó-Vass 2006, 246)

Die Empfehlungen des Europarates sprechen dem Fremdsprachenlernen im Vorschulalter und ebenfalls im Kindergarten große Motivation zu. Von Experten wurde festgestellt, dass das frühe Fremdsprachenlernen eine positive Wirkung auf die Entwicklung der Sprachkompetenz, Aussprache und Anwendung von Kommunikationstrategien der Kinder ausüben kann. (Morvai/Poór 2006, 14)

8 Ausbildung von Fremdsprachenlehrern für die Primarstufe

In den „Nürnberger Empfehlungen" (2011) ist festgelegt, welche Kompetenzen eine Fremdsprachenlehrerin/ein Fremdsprachenlehrer haben soll. „Der frühe Fremdsprachenunterricht soll von sprachlich kompetenten Lehrerinnen und Lehrern durchgeführt werden, die sowohl in der Primarschulpädagogik als auch der Fremdsprachendidaktik ausgebildet sind." (Nürnberger Empfehlungen 2011)

Diese Kompetenzen werden in Ungarn im Rahmen einer speziellen Ausbildung in den Pädagogischen Hochschulen erworben. In Ungarn startete man bereits in den 1970er Jahren mit der Ausbildung von Fremdsprachenlehrern für die Primarstufe als Spezialisation. Das Lehrprogramm wurde fortlaufend modernisiert und erweitert, bis die wählbare Spezialisierung im Jahre 1994 ins Curriculum für das Grundschullehramt aufgenommen wurde. Im Bachelor-Programm für Grundschullehramt werden von den insgesamt 240 Kreditpunkten 36 Punkte – d. h. 540 Unterrichtsstunden – der sprachlich-methodischen und kulturwissenschaftlichen Ausbildung des Fremdsprachenunterrichts in der Primarstufe gewidmet. Auch wenn die Zahl der Kreditpunkte noch niedrig ist, es ist erfreulich, dass eine spezifische Ausbildung für den Fremdsprachenunterricht in der Primarstufe vorhanden ist. Obwohl es Diskussionen über die Ausbildung für SprachlehrerInnen der Primarstufe gibt, scheint sich dieser Ausbildungstyp bewährt zu haben. (Kovács 2009)

Die Anforderungen an die Kompetenz des Lehrpersonals sind strenger geworden; so dürfen Grund- oder Hauptschullehrer ohne spezifische Qualifikation keinen Sprachunterricht abhalten. Die Lehrer und Lehrerinnen bzw. die Schulen können heute diese Anforderungen erfüllen, denn die Zahl der Lehrpersonen ohne entsprechendes Diplom liegt unter 7 % (Vágó-Vass 2006, 242). Die Zahl der qualifizierten LehrerInnen ist dagegen stark gewachsen.

Aus der Statistik aus dem Jahr 2008/2009 ergibt sich, dass in der Grundschule erst 28 % der Lehrkräfte Grundschullehramt mit einer Spezialisierung Fremdsprache absolviert haben. 60 % der Lehrkräfte haben Hauptschullehramt absolviert. 3 % sind MuttersprachlerInnen, und die anderen haben eine Qualifizierung für den Unterricht Deutsch als Nationalitätensprache in der Grundschule (Morvai/Öveges 2009).

Die Lehrkräfte, die Grundschullehramt mit Spezialisierung Fremdsprache absolviert haben, sind berechtigt, die Fremdsprache in den ersten 6 Klassen zu unterrichten. Sie haben Sprachkenntnisse auf Niveaustufe C1 und sind in der Methodik des Fremdsprachenunterrichts in der Primarstufe gut ausgebildet. In der Zukunft sollen sie grösseres Gewicht im Fremdsprachenunterricht in der Grundschule bekommen,

9 Das Comenius Projekt Prisecco (Primary and Secondary Continuity in Foreign Language Teaching)

Es gibt zahlreiche europäische Projekte, die mit der Entwicklung von Lehrmaterialien zum Erfolg des frühen Fremdsprachenunterricht beitragen. Eines von diesen ist das Pri-sec-co Projekt (Prisecco 2007–2009), das den Übergang zwischen Primar- und Sekundarstufe im Fremdsprachenunterricht thematisiert. Die Teilnehmer des Projektes kamen aus sieben Ländern: Deutschland, Frankreich, Ungarn, Schweiz, Spanien, Schweden und Österreich.

Den Hintergrund des Projektes bildet der – schulstufenbedingte – Wechsel von einem spielerischen, holistischen Ansatz – in der Grundschule – hin zu einer vor allem formorientierten und kognitiven Art des Fremdsprachenlernens – in der Sekundarstufe –, der von SchülerInnen und LehrerInnen oft als problematisch erlebt wird. Dies ist sowohl auf unterschiedliche Lernkulturen als auch auf einen Mangel an Kommunikation und Kooperation zwischen Lehrkräften beider Schulstufen zurückzuführen. Fremdsprachenlernen in der Primarstufe bedeutet kommunikatives, sachfachorientiertes und multisensorisches Lernen; in der Sekundarstufe hingegen überwiegt in Ungarn ein an sprachlichen Regelhaftigkeiten und Schrift orientierter Zugang zur fremden Sprache.

Im Rahmen des Projektes wurden Materialien zur Kontinuität des Übergangs für die Aus- und Fortbildung der Lehrpersonen für Fremdsprachen erarbeitet. Die Ergebnisse des Projektes sind: eine interaktive Webseite zur Übergangsthematik als Austauschforum für Lehrkräfte, Studierende und FortbildungsleiterInnen; kommentierte Filmausschnitte aus dem Fremdsprachenunterricht der Primar- und Sekundarstufe (mit Reflexionsaufgaben für die Lehrerfortbildung); Lernaufgaben für die Übergangsphase; eine Materialiensammlung zu Diagnose und Lernstandsermittlung; Konzepte für Lehreraus- und -Fortbildung.

10 Aktuelle Diskussionen und Entwicklungen

Das System des Kindergartens wird ab September 2013 noch weitere Entwicklungen durchlaufen, wenn eine allgemeine Pflicht für den Besuch des Kindergartens ab dem 3. Lebensjahr eingeführt wird (Nationales Bildungsgesetz 2011).

Die Einführung des frühen Fremdsprachenunterrichts im Kindergarten bleibt vorrangig auch eine finanzielle Frage. In der 1-3 Klassen der Primarstufe hat der Fremdsprachenunterricht einen immer bedeutenderen Platz. Im Mittelpunkt der pädagogisch-didaktischen Diskussionen steht heute nicht das „Wann?", sondern das „Was? und Wie?". Es gibt zahlreiche Publikationen (Navracsics 1999; Lipóczi 2001; Bodó 2006; Kovács 2009), in Buchform herausgegebene Dissertationen (Szilágyiné Hódossy 2006), Diplomarbeiten, übergreifende Beschreibungen (Morvai-Poór 2006, Morvai/Öveges 2009), Empfehlungen, Lehrwerke, methodische Vorschläge, Konferenzen und Projekte. Zur Erweiterung des BA-Programms wird auf Hochschul- und Universitätsebene an einem neuen Masterprogramm gearbeitet: Grundschullehrer- und Kindergartenpädagogenausbildung mit Spezialbildung Fremdsprache. Dies erfolgt im Sinne der Rahmenstrategie der Komission der Europäischen Gemeinschaften.

Früher Fremdsprachenunterricht wird auch in Zukunft ein intensives Forschungs- und Wirkungsfeld von Forschern und Lehrkräften bleiben.

Literatur

Bodó, Edit (Hrsg.): „Kulcs Európához" („Schlüssel zu Europa") Budapest: Trezor Kiadó 2006

Deutsch mit Hans-Hase – in Kindergarten und Vorschule. Medienpaket Stufe: A1–A2 ; Materialpaket mit Leitfaden, 154 Bildern, Handpuppe, 2 CDs; (2010). Hrsg.:Goethe Institut München [http://www.goethe.de/ins/hu/bud/lhr/ffs/hah/deindex.htm] (Stand: 15.06.12)

Empfehlungen und Lehrmaterialpakete für den Kindergarten (Ajánlások és programcsomagok) [http://www.sulinovaadatbank.hu/index.php?akt_menu=248] (Stand: 30.12. 2012)

Entwicklungsstrategie des nationalen Fremdsprachenunterrichts (Weissbuch) 2012–2018/ A nemzeti idegennyelv-oktatás fejlesztésének stratégiája az általános iskolától a diplomáig (Fehér könyv) 2012–2018 [http://www.kormany.hu/download/c/51/c0000/idegennyelv-oktat%C3%A1s%20feh%C3%A9r%20k%C3%B6nyv.pdf] (Stand: 05.01.2013)

Europeans and their Languages, 2012, Eurobarometer/European Comission S. 15. [http://ec.europa.eu/public_opinion/archives/ebs/ebs_386_en.pdf] (Stand: 30.12.2012)

„Gute Erfahrungen" für die Entwicklung der fremdsprachlichen Kompetenz der Kindergartenkinder/„Jó gyakorlat" az óvodáskorú gyerekek idegen nyelvi fejlesztésében (2009) [http://www.nefmi.gov.hu/nemzetkozi-kapcsolatok/aktualis/jo-gyakorlat-ovodaskoru] (Stand:30.12.2012)

Kindergarten „Habakukk" (Habakukk Óvoda) http://www.habakukk.hu/kinderkrippe-kindergarten.html; [http://www.habakukk.hu/europai-nyelvi-dij.html] (Stand: 06.01.2013)

Lehrwerkliste/Tankönyvjegyzék (2011) [http://www.nefmi.gov.hu/tankonyvjegyzek/ aktualis/kozokttankonyvjegyzek.pdf] (Stand: 30.12.2012)

Lipóczi, Sarolta (Hrsg.):A kisiskoláskori idegennyelv-oktatás dimenziói II. (Aspekte des Fremdsprachenunterrichts in der Primarstufe II.) Kecskemét: Kecskeméti Föiskola 2001, 190

Kovács, Judit: Szükségük van-e speciális képzésre az alsó tagozatos nyelvtanítóknak? (Brauchen die Sprachlehrerinnen und Sprachlehrer in der Grundschule eine speziale Ausbildung?) In: Új pedagógiai Szemle 2009/17.07. [http://www.oki.hu/oldal .php?tipus=cikk&kod=2000-07-ta-Kovacs-Szuksegunk] (Stand: 04.12.2012)

Kovács, Judit: A gyermek és az idegen nyelv(Das Kind und die Fremdsprache). Budapest: József Eötvös 2009

Mitteilung der Europäischen Kommission: „Mitteilung der Kommission an den Rat, das Europäische Parlament, den Europäischen Wirtschafts- und Sozialausschuss und den Ausschuss der Regionen. Eine neue Rahmenstrategie für Mehrsprachigkeit" (Brüssel, 11.22. COM 2005, 596); [http://ec.europa.eu/education/policies/lang/doc/com596_de.pdf] (Stand: 15.06.2012): [http://eur-lex.europa.eu/LexUriServ/LexUriServ.do?uri=COM: 2005:0596:FIN:de:PDF] (Stand: 30.12.2012)

Morvai, Edit/Poór, Zoltán: Korai nyelvoktatás a magyar oktatási intézményekben (Früher Fremdsprachenunterricht in den ungarischen Schulen). Oktatási Minisztérium 2006

Morvai, Edit / Öveges, Enikö: Idegennyelv-oktatás az általános iskolák 1-3. évfolyamán; Oktatási Minisztérium 2009 (Fremdsprachenunterricht in den 1–3. Jahr der Grundschulen). Unterrichtsministerium, Budapest 2009 [http://www.nefmi.gov.hu/letolt/vilagnyelv/vny_okm_1_3_felmeres_100510.pdf](Stand: 30.12.2012)

Nationales Bildungsgesetz Nr. CXC 2011. (A nemzeti köznevelésröl szóló 2011.évi CXC törvény) [http://jogszabalykereso.mhk.hu/MK11162.pdf] (Stand: 30.12.2012)

Navracsics, Judit: A kétnyelvü gyermek (Das bilinguale Kind). Budapest: Corvina 1999

Nürnberger Empfehlungen zum frühen Fremdsprachenunterricht (Neubearbeitet 2011) [http://www.goethe.de/lhr/prj/nef/lit/deindex.htm] (Stand:15.06.2012)

Oktatási évkönyv 2011/2012 Statistical Yearbook of Education 2011/2012 [http://www.kormany.hu/download/8/f9/b0000/ Oktat%C3%A1si_%C3%89vk%C3%B6nyv_2011_2012.pdf (Stand: 30.12.2012)

Primary and Secondary Continuity Comenius Projekt (2007–2009) [http://conference.pixel-online.net/ICT4LL2011/common/download/Paper_pdf/ILT71-461-FP-Lipoczi-ICT4LL2011.pdf (14.5.2013) www.pri-sec-co.eu] (Stand:15.06.2012)

Rahmenlehrplan für die 1–4. Klassen der allgemeinbildenden Schulen (Kerettanterv az általános iskolák 1-4. osztály számára) 2011 [http://kerettanterv.ofi.hu/1_melleklet_1-4/ index_alt_isk_also.html] (Stand: 30.12.2012)

Szépe, György: Nyelvpolitika: Múlt és jövö (Sprachenpolitik: Vergangenheit und Zukunft). Pécs: Iskolakultúra 2001

Szilágyiné Hódossy, Zsuzsanna: Általános iskolai idegen-nyelvoktatás: történet, elemzés (1945–1995) (Fremdsprachenunterricht in der allgemeinbildenden Schule: Geschichte, Analyse 1945–1995) PhD Diss 2003. Handschrift. Pécs / Budapest: Eötvös 2006

Vágó, Irén/Vass, Vilmos: Az oktatás tartalma. In: Jelentés a magyar közoktatásról. (Der Inhalt des Unterrichts. In: Bericht über die Ausbildung in Ungarn) Budapest: Magyar Közoktatási Intézet 2006, 240–253

Welt-Sprache Programm (Entwicklungsprogramm für den Fremdsprachenunterricht; 2003–2008;) Világ-Nyelv Program Bericht [http://www.okm.gov.hu/letolt/vilagnyelv/ alaposan_beszamolo_070109.pdf] (Stand: 30.12.2012),

[http://www.tpf.hu/pages/content/index.php?page_id=153] (Stand: 30.12.2012)

ILONA M. BATÁRI / ÁGNES VÁMOS

F2 Der bilinguale Sachunterricht in ungarischen Grundschulen

1 Geschichtlich-politischer Hintergrund

Die ersten bilingualen Klassen entstanden in Ungarn als sogenannte Nationalitätenklassen, um für Kinder der in Ungarn lebenden Minderheiten – in erster Linie Ungarndeutsche und Serben – eine Grundausbildung in ihrer Muttersprache zu sichern. Der Unterricht erfolgte in der Minderheitsprache, mit Ausnahme der Fächer Ungarische Literatur und Grammatik. Infolge des Assimilationsprozesses nach dem Zweiten Weltkrieg verloren diese Klassen immer mehr an Popularität, die Klassen mit reinem Minderheitenunterricht entwickelten sich allmählich zu sog. zweisprachigen bzw. sprachvermittelnden Klassen. In diesen Nationalitätenklassen zweisprachigen Typs wurden drei Schulfächer (3–4 Stunden pro Woche) in der Minderheitensprache und die Minderheitensprache selbst ca. 5 Stunden die Woche gelehrt. Zum Vergleich: In den sprachvermittelnden Klassen – das ist die am meisten verbreitete Form des Unterrichts – wird die Minderheitensprache in 5 Stunden pro Woche unterrichtet sowie im Rahmen der Heimatkunde auf Ungarisch über Leben und Bräuche der ungarndeutschen Minderheit gesprochen.

Nach der politischen Wende 1989/90 hat das ungarische Kultusministerium aufgrund des gesellschaftlichen Bedarfs anstatt der Pflichtsprache Russisch die Aneignung „westlicher" Sprachen angeregt und in diesem Sinne die Gründung von zweisprachigen Grundschulen angestrebt (Vámos 2008). Die Grundschulen waren Partner bei dem Vorhaben, denn nach Abklingen des Höhepunkts der demografischen Kurve hätten einige Grundschulen eigentlich mit weniger Klassen auskommen können. Durch neue Bildungsangebote wie z. B. bilinguale Zweige konnten die Schulen attraktiv gemacht werden. So entstanden im Schuljahr 1989/90 in Ungarn als Pilotversuch die ersten drei bilingualen Grundschulen mit Deutsch als Zielsprache, die wesentliche Unterstützung vom Goethe-Institut Budapest erhielten. Es wurden Lehrpläne ausgearbeitet, Lehrmaterialien entwickelt und Lehrer-Fortbildungen angeboten. Das Goethe-Institut sicherte für das Projekt muttersprachliche Lehrkräfte und Lehrmaterialien aus Deutschland. Das Projekt brachte rasch die Entstehung neuer bilingualer Zweige mit Deutsch sowie später Englisch als Zielsprache mit sich. Vom Schuljahr 1989/90 bis zum Schuljahr 2009/10 entstanden in Ungarn insgesamt 19 bilinguale Schulen mit Deutsch, dazu kommen die Nationalitätenklassen zweisprachigen Typs. Von den 44 Schulen zur Zeit des Höhepunkts 1999/2000 sind aber heute einige zum sprachvermittelnden Typ übergegangen (Vámos 2008; 2003). Gesetzlich geregelt wurde der bilinguale Unterricht im Jahre 1997 vom Kultusministerium in einer Anordnung (§ 26/1997). Demnach kann sich eine Grundschule bilingual nennen, wenn mindestens drei Fächer – wenn auch in jährlichem Wechsel – in der Zielsprache unterrichtet werden.

In der ersten Klasse der Grundschule bilden in Ungarn zumeist die Fächer Musik, Kunsterziehung und Sport den Rahmen für Bilingualität, da sie eine spielerische, kindgerechte Aneignung von Inhalten in der Zielsprache mit allen Sinnen ermöglichen. Viele Schulen entscheiden sich dennoch bereits in der ersten Klasse für Sachkunde statt für Kunsterziehung. Ab der zweiten Klasse werden Musik, Sport und Sachkunde zielsprachig unterrichtet.

2 Wichtige Aspekte zielsprachigen Unterrichtens von Sachkunde

2005 wurden im Rahmen eines Forschungsprojektes des Ungarischen Kultusministeriums im Komitat Pest die Umstände und Probleme des bilingualen Sachunterrichtes in Form einer Fragebogenuntersuchung erhoben (M. Batári 2005). Lehrkräfte, die Sachkunde zielsprachig unterrichten, beantworteten auf freiwilliger Basis Fragen zu den verwendeten Lehrmaterialien und deren Einsatz sowie zu ihren Methoden und zu ihrer Unterrichtspraxis. Die Erfassung eines Querschnitts des bilingualen Sachunterrichts in Ungarn erfolgte aufgrund der Auswertung dieser Informationen.

2.1 Lehrkräfte, die zielsprachig Sachkunde unterrichten

An bilingualen Schulen in Kanada und Westeuropa waren überwiegend zwei Lehrer für den bilingualen Unterricht vorgesehen, idealerweise jeweils ein Muttersprachler pro Sprache. Die zweite Lehrperson äußert sich im Unterricht ausschließlich in der Zielsprache und gibt nicht zu erkennen, Kenntnisse in der Landessprache zu besitzen, was die Kinder zur Akzeptanz der Arbeitssprache und zu Mitteilungen in der Zielsprache anregt. Die andere Lehrperson ist ein Sprachlehrer und zugleich Fachkraft des Sachfaches, wie z. B. in Frankfurt am Main an der Textorschule (Christ 1999). Diese Konstellation ist aber nicht immer möglich. Für die ungarischen Schulen kommen Muttersprachler als Unterrichtende aus finanziellen Gründen kaum infrage. So halten lediglich Lektoren einmal in der Woche eine Unterrichtsstunde zur Förderung der richtigen Aussprache bzw. der Sprechfertigkeit der Schüler. Selbst wenn eine Schule sich muttersprachliche Lehrkräfte beschaffen kann, ist deren Fluktuation sehr groß. Außerdem besitzen die meisten solcher Muttersprachler weder methodische Kenntnisse über das zielsprachige Unterrichten, noch haben sie Unterrichtserfahrungen mit fremdsprachigen Schülern. Die muttersprachlichen Lehrkräfte kennen die ungarischen Lehrpläne und Terminologien nicht und haben, da sie zumeist kein Ungarisch sprechen, keinen Einblick in die Transfer- und Interferenz-Erscheinungen. Bei der zielsprachigen Verständigung kann dies von Nachteil sein.

Eine Grundvoraussetzung des bilingualen Sachunterrichts ist also die Ausbildung kompetenter Lehrkräfte. Vom ungarischen Kultusministerium wird vorgeschrieben, dass nur Lehrkräfte mit dem Schwerpunkt „Deutsch als Bildungsgebiet" bzw. der Fachrichtung „Nationalitätensprache" in zweisprachigen Klassen Deutsch unterrichten dürfen. In Ungarn werden an mehreren Pädagogischen Hochschulen, u. a. an der ELTE TÓK in Budapest, angehende Grundschullehrkräfte für Nationalitätenklassen Deutsch im Grundstudium ausgebildet, was in Europa als Rarität gilt. Von diesen Studierenden werden Seminare zur Didaktik des zielsprachigen Musik-, Sport- und Sachunterrichts belegt, es wird aber zu jedem Fach nur je ein Seminar angeboten, was leider kein Sich-Vertiefen im Unterrichtsgegenstand ermöglichen kann. Im Rahmen des Unterrichtspraktikums können die Studierenden im siebten Semester in einer Nationalitätenklasse praktische Erfahrungen sammeln. Aus der oben erwähnten Erhebung geht hervor, dass 56 % der befragten Lehrkräfte die Fachrichtung Nationalitätensprache Deutsch absolviert haben, 31 % Deutsch als Bildungsgebiet und 23 % Hauptschule Deutsch studiert haben.

Da das zielsprachige Unterrichten aufgrund des Mangels an fachspezifischen speziellen Lehrmaterialien und Lehrerhandbüchern für die Lehrkräfte einen enormen Vorbereitungsaufwand bedeutet, ist eine von einem methodischen Zentrum begleitete Unterstützung durch Sachkunde-Fachkräfte und Sprachlehrer ein Desiderat.

2.2 In zweisprachigen Klassen lernende Schüler

Aufgrund der wirtschaftlichen Potenz der deutschsprachigen Länder besitzt in Ungarn die deutsche Sprache ein hohes Prestige. Aus diesem Grunde werden sowohl die Nationalitätenklassen als auch die zweisprachigen Klassen gern besucht, nicht nur von Kindern ungarndeutscher Eltern. Ein Teil der Schüler kann aufgrund eines Auslandsaufenthalts oder ungarndeutscher Abstammung zwar Deutsch, andere haben womöglich einen zweisprachigen Kindergarten besucht, der Großteil der Schüler besitzt aber zu Schulbeginn keinerlei Kenntnisse in der deutschen Sprache. Drei Schulfächer, darunter auch Sachkunde, werden aber von der ersten Klasse an in deutscher Sprache unterrichtet. Den Kindern werden in der Zielsprache Kenntnisse z. B. über Tiere vermittelt, deren Namen sie in der Zielsprache erst lernen müssen. Deutsch wird also als Unterrichtssprache zur Vermittlung von Inhalten bereits verwendet, wenn für einige Schüler der Spracherwerbsprozess in dieser Sprache gerade erst beginnt. Die Lehrkraft muss bei der Planung sowohl die im Lehrplan aufgeführten Erwartungen als auch die altersspezifischen sprachbedingten Eigenschaften der Schüler vor Augen haben. Es werden hohe Zielsetzungen gestellt, obwohl sprachliche Hindernisse bestehen. Sowohl für die Lehrkraft als auch für die Schüler bedeutet daher der bilinguale Unterricht eine große Herausforderung, die einer fundierten Fachdidaktik bedürfte.

2.3 Der Lehrplan

Da ein ungarischer Lehrplan für bilinguale Sachkunde erst erarbeitet wird, können sich die Lehrkräfte nur des allgemeinen ungarischen Lehrplans für Sachkunde bedienen. Die Unterrichtsvorbereitung soll auf dem regulären Lehrplan basieren. Die ungarischen Lehrpläne sind ehrgeizig, was die Menge des lexikalen Lerninhaltes betrifft. Die LehrerInnen müssen abwägen, ob sie den Kindern zielsprachig genauso viele Termini und auch genauso viel Sachwissen beibringen können wie im ungarischen Sachunterricht, da doch im zielsprachigen Sachunterricht gleichzeitig Fremdsprachen- und Sachunterricht erfolgt. In der Fachsprachendidaktik wird aber auch die Gefahr, die Vereinfachungen mit sich bringen könnten (z. B. im Hinblick auf sprachliches und inhaltliches Lernen), diskutiert. Reduktion des Lehrstoffes wäre notwendig, ist jedoch nicht erwünscht.

2.4 Kindgerecht unterrichten

Nach Petöcz (1993) ist die Speicherkapazität des menschlichen Gedächtnisses für fremdsprachliche Inhalte kleiner als für muttersprachliche Mitteilungen. Einem Lehrfach in einer fremden Sprache zu begegnen stellt daher hohe Anforderungen. Die Leistungsfähigkeit des kindlichen Gedächtnisses für sachliche Inhalte ist außerdem im Grundschulalter noch niedriger als die von Erwachsenen (Petöcz 1993). Um die Schüler nicht zu überfordern und dennoch effektiv zu sein, ist es nötig, die Spezifik des kindlichen Lernens fremdsprachlicher Inhalte zu beachten. Der Vorgang des Memorisierens erfolgt zwischen dem Sensor-Register, dem Kurzzeitgedächtnis und dem Langzeitgedächtnis. Das Sensor-Register ist eine Art Filter, das die Aufgabe hat, das Gehirn vor zu vielen Reizen zu schützen. Die neuen Informationen werden im Langzeitgedächtnis besser gespeichert, wenn sie mit bzw. früher gespeicherten Informationen verbunden werden. Neue Informationen werden im Gedächtnis in erster Linie in Form von Bildern aufgenommen, deshalb ist die Vermittlung eines neuen Wortes möglichst mit seiner bildlichen Darstellung oder mit dem Gegenstand selbst günstig. Die Kinder können den Gegenstand in der Hand halten, damit verschiedene Handlungen ausführen, Tast-, Geruchs-, und bei Lebensmitteln eventuell Geschmackseindrücke aufnehmen. Ein Teil von Tätigkeits- und Eigenschaftswörtern kann durch Pantomime oder Mimik dargestellt werden. Bewegungen begleiten das Sprechen. So sollten möglichst alle Sinne der Kinder angesprochen werden (vgl. Held-Reiß/Busch, D1; Karagiannakis, F12).

Es wird angenommen, dass Kinder sich im Laufe einer Unterrichtseinheit sieben bis zehn neue Wörter aneignen können. Die Lehrerinnen sollten zur Festigung des Wortschatzes und zur Sicherung der Konzentration der Kinder nicht nur abwechslungsreiche Aufgaben und Spiele, sondern auch verschiedene Arbeitsformen anbieten. Die Konzeption des ganzheitlichen Lernens ermöglicht dies.

Die meisten zielsprachigen Stunden können fächerübergreifend gestaltet werden, es kann also im Sachunterricht durchaus gesungen, gebastelt, gemalt, gespielt, gerechnet, gedichtet, experimentiert, getanzt, geturnt usw. werden. Beim Unterrichten eines Lehrfaches in einer fremden Sprache benötigt man gerade diese Vielfalt zur erfolgreichen gleichzeitigen Aneignung von Wortschatz und Sachwissen.

Einiges vom Lehrstoff des Sachkunde-Lehrplans kann wiederum im Rahmen der anderen Schulfächer (siehe Fremdsprachenunterricht) behandelt werden: Texte, Gedichte, Lieder über Tiere und Pflanzen.

3 Lehrwerke für bilinguale Sachkunde

3.1 Aufgaben des Lehrwerks

Die Lehrbücher enthalten den mit dem Lehrplan abgestimmten, zu vermittelnden Lehrstoff. Sie stellen den bereits bekannten Sachverhalt in neuer sprachlicher Form vor und dienen der Festigung und Sicherung des Erarbeiteten. Außerdem bietet es den Kindern Hilfe beim häuslichen Lernen und einen Überblick für die Eltern. Das Lehrbuch erleichtert den Lehrpersonen und ihren Schülern die Arbeit durch Texte, Bilder, Pläne, Skizzen, Zahlenangaben und Aufgaben zur ergänzenden und vertiefenden Arbeit.

Die Frage des idealen zielsprachigen Lehrbuches ist ungelöst. Der Wortschatz der Lehrwerke für muttersprachliche Kinder ist viel zu umfangreich für die bilingualen Grundschüler, muttersprachliche Lehrwerke enthalten kaum Übungen bzw. Aufgaben zur Vertiefung des neuen Wortschatzes, sie sind also durchweg nicht verwendbar (Wider-Kippe 2003). Einige ungarische Schulen entscheiden sich dafür, authentische Lehrbücher aus deutschsprachigen Ländern zu bestellen. Das bedeutet jedoch für die Eltern eine starke finanzielle Belastung. Da der Lehrplan in den westeuropäischen Ländern Zeit für ein Lernen mit allen Sinnen und Beobachtungen lässt und weniger lexikalisches (Vor-)Wissen verlangt, können diese Bücher für bilinguale Zwecke adaptiert werden. Die Lehrkraft muss dann nicht selbst die notwendige Reduzierung des Lehrstoffes vornehmen, und die Aufgaben sind kindgerecht und interessant. Lediglich das sprachliche Niveau und das Fehlen von Aufgaben zur Festigung des neuen Wortschatzes machen diese Bücher weniger geeignet für bilinguale Zwecke.

3.2 Zur Verfügbarkeit von Lehrmaterial

In Ungarn wurden für die ersten bilingualen Klassen ungarische Lehrbücher ins Deutsche übersetzt. Es entstanden also exakte Entsprechungen der regulären Sachkundebücher, was der interkulturellen Idee nicht entspricht. Der Lehrstoff und der Aufbau der zielsprachig gehaltenen Stunde sind aber nur zum Teil identisch mit dem muttersprachigen, da der neue Lehrstoff an das zweitsprachliche Niveau der Schüler angenähert vermittelt werden sollte. Aus der Erhebung des ungarischen Kultusministeriums (M. Batári 2005) geht hervor, dass die Hälfte der zielsprachig Sachkunde unterrichtenden Lehrkräfte in Ungarn das jeweilige ungarischsprachige Lehrbuch als Grundlage nimmt und dazu Arbeitsblätter in deutscher Sprache selbst entwirft. Die meisten anderen Kollegen verwenden das wortwörtlich vom Ungarischen ins Deutsche übersetzte Lehrwerk. Fast alle ergänzen aber das Lehrbuch mit eigenen Aufgabenblättern. 47 % der Befragten sind der Meinung, dass ein wirklich brauchbares Lehrbuch wünschenswert wäre. Jede zehnte Lehrkraft erstellt ein eigenes Arbeitsheft mit Hilfe von authentischen Lehrwerken bzw. der auf den Lehrerwebseiten auffindbaren Hilfsmaterialien. Diese Arbeit bedeutet einen großen Zeitaufwand für die Lehrkräfte. Jeder vierte Lehrer bedient sich regelmäßig am internationalen Angebot des Internets, das kostspielige Kopieren können sich aber nicht alle Grundschulen leisten.

Es wäre an der Zeit, für den bilingualen Unterricht besondere Lehrwerke zu konzipieren. In Ungarn gibt es zurzeit ein spezielles Sachkunde-Lehrwerk für bilingualen Unterricht in der zweiten Klasse, dieses nahm aber den im regulären ungarischen Schulbuch enthaltenen Wortschatz zur Grundlage und erfüllt daher, wie oben ausgeführt, seine Funktion nicht (M. Batári 2005).

3.3 Aspekte der Lehrbuch-Auswahl für den bilingualen Sachunterricht

Im Mittelpunkt des zielsprachigen Unterrichts steht die Aneignung neuer Inhalte mit Hilfe der neuen Sprache. Der zielsprachige Unterricht integriert die Vermittlung der zweitsprachlichen Kompetenzen in das fachliche Lernen (Schlemminger 2006), und so begegnen die Kinder der Zielsprache in einem größeren Zeitfenster, ohne dass die wöchentliche Stundenanzahl erhöht wird. Das globale Hörverstehen wird stark gefördert, da die Schüler sich die neue Sprache nicht durch einzelne Vokabeln, sondern durch das Sprechen über Sachen und das Hören aneignen. Ein unerlässlicher Gesichtspunkt bei der bilingualen Lehrbuchauswahl ist die Ausrichtung auf Kommunikation. Auch eigene Hörmaterialien sind ein wichtiger Bestandteil einer jeden bilingualen Lehrbuchfamilie, denn während des bilingualen Lernprozesses sollte nicht nur die Lehrkraft als sprachliches Modell dienen.

Die Veranschaulichung durch Bilder und Gegenstände sowie durch Mimik, Gestik, Rollenspiele und das Trainieren darstellerischer Fähigkeiten zwecks Verständigung sind für die zielsprachige Bedeutungsvermittlung unerlässlich. Ein farbiges Poster oder Bilder an der interaktiven Tafel regen zu Klassengesprächen über das Thema an. Ebenso sind Bilder im Lehrbuch gut verwendbar, da die Schülerinnen und Schüler sie dann auch zu Hause anschauen können. Schematische Darstellungen und Abbildungen helfen bei der Vermittlung von Vorgängen und lenken die Aufmerksamkeit auf das Wesentliche, unterstützen Erklärungen oder können Unterschiede bzw. Ähnlichkeiten hervorheben. Die Veranschaulichung dient nicht nur der zielsprachigen Verständigung, sondern begünstigt auch die Festigung.

Die Kinder sollen im Unterricht handelnd in den Lernvorgang einbezogen werden. Ein Sachkunde-Lehrwerk sollte daher zum jeweiligen Thema Bastel-, Koch- bzw. Spielideen enthalten. Die Instruktionen und die die Handlungen bewusst begleitenden Kommentare der Lehrkraft während der Tätigkeiten tragen ebenfalls zum zweitsprachlichen Input der Schüler bei.

Besonders wichtig ist die fortlaufende Wiederholung der erlernten Sprachmittel in den folgenden Kapiteln. Der neue Lehrstoff sollte jeweils auf den Vorkenntnissen im Thema aufbauen und Assoziationen zum Gelernten anregen.

Da in der Grundschule im bilingualen Sachfach die Mündlichkeit überwiegt und die Schüler in der Zweitsprache kaum schreiben, soll das Lehrbuch in erster Linie Materialien zur Veranschaulichung enthalten bzw. Aufgabenstellungen, die noch keine Schriftlichkeit erfordern, z.B. das passende Bild auswählen oder anmalen, die richtige Reihenfolge bei Vorgängen feststellen. Spielideen, Bildkarten zum Ausschneiden, Bastelideen könnten dem Buch auch beigelegt werden.

4 Die Unterrichtspraxis und die Immersionsmethode

In Ungarn arbeiten nicht alle Lehrkräfte nach der Immersionsmethode. Einige gestalten ihre Stunden so, dass sie die Hälfte der Stunde auf Ungarisch, die andere Hälfte auf Deutsch halten. Andere führen die Stunde auf Deutsch, greifen aber bei der Einführung der neuen Vokabeln auf die ungarische Sprache zurück. Dadurch gewinnen sie nach eigenen Angaben Zeit und sichern, dass die wichtigsten Begriffe auch auf Ungarisch 'sitzen'. Wie die Forschungsergebnisse von Andrzejewska (2004) aber zeigen, können bereits junge Lernanfänger die Bedeutung von zielsprachlichen Instruktionen erschließen, die durch pantomimische Bewegungen der Lehrkraft begleitet werden. Nach drei Monaten Immersionspraxis konnten diese Instruktionen sogar besser von den Schülern reproduziert werden als die Vokabeln, die sie als Hausaufgabe hatten lernen müssen. Die meisten Kinder hatten sogar ihren Spaß beim Erraten der Instruktionen. Ein Übersetzen in die Muttersprache erübrigt sich also, wenn die neuen Wörter kind-

gerecht vermittelt werden (vgl. Bleichner/Dietrich-Chénel, F3). Wenn einem
jeden Wort die muttersprachliche Entsprechung zugefügt wird, besteht die
Gefahr, dass sich das Kind seine Sätze aus einzelnen übersetzten Mosaiksteinen
zusammenstellt, was die Geschwindigkeit seiner Sprachproduktion negativ
beeinflusst und die Gefahr von Interferenz-Erscheinungen begünstigt. Im bilingualen Unterricht in Ungarn kann und will die Mehrheit der befragten Kollegen
auf das Übersetzen dennoch nicht verzichten. Sie behaupten, dass die Übersetzungen weniger Zeit beanspruchten als Worterklärungen durch Veranschaulichung und Pantomime. Während des Schulpraktikums stellen die Studenten verwundert fest, dass es möglich ist, 45 Minuten lang ausschließlich in der Zielsprache zu kommunizieren, ohne Einbußen in der Verständigung zu haben. Sie selbst
wurden in ihrer Schulzeit noch mit der Grammatik-Übersetzungsmethode unterrichtet und daher stehen sie dem Sprachbad noch skeptisch gegenüber (vgl.
Reiß-Held/Busch, D1).

Das Wesentliche der Immersionsmethode besteht darin, dass diejenigen, die sich
die Zweitsprache aneignen, die Sprache als Text wahrnehmen, anstatt Laute, Silben, Endungen und grammatische Strukturen zu sehen. Die Kinder hören fließende Mitteilungen in der Zielsprache, der authentische Text wird nicht nach fre-
quentem Wortschatz oder bestimmten grammatischen Erscheinungen ausgewählt, sondern nach dem altersspezifischen Interesse der Lernenden. Ohne
grammatische Analysen und Bewusstmachung eignen sich die Kinder komplexe
Strukturen an (Christ 2001). Der entscheidende Punkt bei der Immersionsmethode in Grundschulen ist die strikte Handlungsorientierung im Sprachlernprozess: Kinder lernen in zwei Sprachen, indem sie in zwei Sprachen handeln lernen. In diesem ihrem Handeln erwerben sie bzw. erweitern und vervollkomm-
nen sie ihre persönliche Kompetenz in zwei Sprachen. Die Motivation der Schüler wird durch die vermehrte Eigentätigkeit und durch die hohe Praxisrelevanz
und den Lebensweltbezug gewährleistet. Sie erkennen die Möglichkeiten der
Zweitsprache und können diese gezielt einsetzen.

Die Überforderung der Schüler aufgrund des Gebrauchs der Fremdsprache ist
dennoch einer der zentralen Punkte bei der Evaluation der bilingualen Klassen.
Durch eine didaktische Reduktion, unterschiedlichste Unterrichtsmethoden
und eine entsprechende Aufbereitung der verwendeten Materialien kann dieser
Gefahr entgegengewirkt werden. Bilingual unterrichtete Klassen arbeiten zwar
langsamer in den Stunden, benötigen aber in der Nachbereitung des Stoffes
weniger Zeit und Aufwand, da sie den Stoff bereits durchdrungen haben in der
gleichzeitigen Auseinandersetzung mit Inhalt und Sprache (Wider-Kippe 2003).

Die Erörterung der Immersionsmethode zeigt Züge, die dem natürlichen
Spracherwerb ähnlich sind und den altersgemäßen Lerneigenschaften der Kinder gerecht werden. Die an den bilingualen Grundschulen geschaffene „natürlich gekünstelte" (Wode 1981) Situation wirkt anregend auf die angeborene

Sprachaneignungsfähigkeit der jungen Kinder, da die Kinder mit den zielsprachigen Inhalten handelnd umgehen können. Dennoch soll im Rahmen des Immersionsunterrichts auch gesteuert vorgegangen werden, da für die Festigung des speziellen Wortschatzes der zu behandelnden Themenbereiche vielseitig gesorgt werden muss. Die rein immersive Aneignung der Zweitsprache reicht nicht aus, und eine gezielte Sprachförderung bezüglich Wortschatzfestigung und Einübung von Konstruktionen im grammatischen Bereich behält durchaus ihre Berechtigung. Im institutionellen Rahmen könnten die Schüler ohne die spielerischen Elemente zur Wortschatz- bzw. Strukturfestigung innerhalb des Immersionsunterrichts überfordert werden.

Literatur

Andrzejewska, Ewa: Lernstrategien bei der Aneignung von deutscher Lexik im frühen Schulalter. In: Frühes Deutsch (2004) Heft 2, 8–11

Bognár, Anikó: Két tanítási nyelvü oktatás Magyarországon. Nyelv Info (2000) Heft 1, 3–8

Christ, Herbert: In der Grundschule in zwei Sprachen lernen. Beispiel der Textorschule in Frankfurt am Main. In: Zeitschrift für interkulturellen Fremdsprachenunterricht Jahrgang 4 Nr 2 (1999) [Online: Zeitschrift für Interkulturellen Fremdsprachenunterricht, 4(2), 12 pp. http://www.spz.tu-darmstadt.de/projekt_ejournal/jg_04_2/beitrag/christ h2.htm] (Zugriff am 27.02.2013)

Christ, Herbert: Lernen in zwei Sprachen und Fremdsprachenunterricht. Probleme beim Übergang von der Grundschule zur Sekundärstufe. In: Der fremdsprachliche Unterricht Französisch 49 (2001), 14–19

Fiege, Hartwig: Sachunterricht in der Grundschule. Bad Heilbrunn/OBB: Klinkhardt 1976

Lado, Robert: Testen im Sprachunterricht : Handbuch für die Erstellung und den Gebrauch von Leistungstests im Fremdsprachenunterricht; übertr. von Reinhold Freudenstein. München: Hueber 1971

M. Batári, Ilona: A tartalomalapú nyelvoktatás aspektusai az általános iskola alsó tagozatának német nemzetiségi osztályaiban. „Felzárkózás vagy bezárkózás?" A többnyelvü oktatás elönyei, veszélyei a kisebbségi közösségek életében (Ring Éva szerk.). Budapest: Európai Összehasonlító Kutatások Közalapítvány 2005, 179–204

Petöcz Jánosné: Ausgewählte Probleme der frühen Fremdsprachenvermittlung Deutsch. Baja: Eötvös József Lehrerbildungshochschule 1993

Schlemminger, Gerald:Aspekte bilingualen Lehrens und Lernens. Schwerpunkt Grundchule. Baltmannsweiler: Schneider Hohengehren 2006

Vámos Ágnes: A magyarországi nemzetiségi oktatás rendszere Budapest: Kiss Árpád Országos Közoktatási Szolgáltató intézmény 2003

Vámos, Ágnes: A két tanítási nyelvü iskolai oktatás tannyelvpolitikája és tannyelv-pedagógiája. In: Vámos Ágnes/Kovács J. (eds): A két tanítási nyelvü oktatás elmélete és gyakorlata 2008-ban. Budapest: Eötvös József könyvkiadó 2008, 21–42

Wider-Kippe, Martina: Didaktik des Immersionsunterrichts. Referat an der 4. Netzwerk-
    tagung Immersion an der Sekundarstufe II. Basel 2003 [http://lakk.bildung.hessen.de/
    netzwerk/faecher/bilingual/lehrer/ausb/mat/immersion.pdf/details/]
    (Zugriff am 27.02.2013)
Wode, Henning: Learning the second language. Tübingen: Narr 1981

YVES BLEICHNER / KARIN DIETRICH-CHÉNEL

F3 CLIL und Sachfachunterricht

1 Ortsbestimmung und Ansätze

Bilingualer Sachfachunterricht, der weltweit auch als Content and Language Integrated Learning (CLIL) oder im französischsprachigen Bereich unter Enseignement d'une Matière par l'Intégration d'une Langue Etrangère (EMILE) präsentiert wird, beschäftigt Didaktiker seit den 50er Jahren. Der Terminus selbst wurde 1994 von Anne Maljers und David Marsh für Immersionsprogramme eingeführt. Heute bedeutet CLIL, dass ein oder mehrere schulische Sachfächer im Medium einer anderen als der üblichen Schulsprache unterrichtet werden, also z. B. in Frankreich Biologie auf Deutsch oder Englisch. Dabei liegt der Fokus primär auf dem Inhalt, es versteht sich jedoch, dass CLIL ein kritisches Minimum in der betreffenden Unterrichtssprache voraussetzt. Das CLIL-Prinzip wird nicht nur für die höhere Bildung und Erwachsenenbildung, sondern schon von der Primarstufe an vorgeschlagen und in jeder Stufe als fruchtbar angesehen (Europäische Kommission 2012; Goethe-Institut, CLIL-Seite; Marsh 2001a; 2001b; Marsh u. a. 2009). Das Goethe-Institut führt für das weltweite Deutschlernen im Fachunterricht den Terminus CLILiG ein: Content and Language Integrated Learning in German.

Lehren und Lernen in einer Fremdsprache und diesbezügliche Initiativen des Europarates und der EU haben vor allem in den mehrsprachigen europäischen Grenzregionen langjährige Tradition und entwickeln sich angesichts des Einsatzes der neuen Technologien und Kommunikationsmittel ständig weiter fort. In einer auf Wettbewerb und Wissen basierten Wirtschaftswelt sollen mit dieser „pragmatischen europäischen Lösung für europäischen Bedarf" Sprachbarrieren aufgehoben und doppelte Kompetenzen – Sprach- und Sachkompetenzen – erworben werden. Weltweit stellt sich die Frage nach der Zweit-/Fremdsprache im Sachfach: Macht sie das Erlernen schwieriger, langsamer? Kann bilingualer Unterricht in jeder Schülergruppe eingesetzt werden? Was bedeutet CLIL für die Erstsprache Welche Ergebnisse sind beim Erlernen des Sachfaches festzustellen?

2 Herausforderungen für Lehrende

Beim integrierten Fremdsprachen- und Sachfach-Lernen, das in allen Fächern (Chemie, Biologie, Geographie, Kunst, Literatur, Mathematik, Musik, Physik, Philosophie, Sport, Wirtschafts-/Sozialkunde) zum Einsatz kommen kann, ergeben sich neue Herausforderungen für die Lehrenden, die sich engagieren, „ihr Fach" sprachlichen Zwecken zu unterwerfen. Sachfach- und Sprachunterricht assistieren sich wechselseitig mit dem Ziel, eine fundamentale Erziehung und Bildung umzusetzen. Es sind drei Teilziele zu nennen:

(1) Kompetenz in der Zielsprache, insbesondere auch der mündlichen Kommunikation,

(2) Fachliche Fähigkeiten und Fertigkeiten, Kompetenz durch neue Perspektiven im Fach,

(3) Interkulturelles Verstehen und Handeln, übergreifende Sprachinteressen und -einstellungen.

Unterrichtende, die CLIL praktizieren, sind oft eher Fach- als Sprachlehrkräfte. Allerdings sprechen sie die Zielsprache zumindest flüssig oder sind annähernd zweisprachig bzw. sogar Muttersprachler. Eine andere Möglichkeit ist die Kooperation von Sprach- und Fachlehrpersonen. Die wichtigste Anforderung an Lehrpersonen liegt darin, den Lernenden Fachwissen zugänglich zu machen, wobei eine Fremdsprache benutzt wird. Die Fremdsprache wird also im Idealfall gleichzeitig und gleichwertig mit fachlichen Inhalten, Zugängen und Methoden vermittelt. (Zu Kritik und konzeptionellen Aspekten Zydatiß 2010, 134f.)

Die didaktische Vielschichtigkeit des Fachunterrichts erfordert die Benutzung verschiedener Sprachebenen und Dimensionen an ihrem jeweils angemessenen Ort, so benötigt zum Beispiel der naturwissenschaftliche Anfangsunterricht eine große Breite in der deutschen Allgemeinsprache und führt zur Bildungssprache. Der DaF- bzw. Fremdsprachenunterricht muss gewährleisten, dass eine kritische Schwelle in der Sprachkompetenz der Schüler überschritten wird. Aber auch oberhalb dieser Schwelle stellen sich dem deutschsprachigen Fachunterricht viele Sprachhürden, die nur durch eine angemessene Spracharbeit zu überwinden sind. Je nach Fach und Klassenstufe treten verschiedene Varianten in den Vordergrund: Die Fachinhalte bestimmen die Kommunikationssituation und geben damit den sprachlichen Rahmen wesentlich vor, wobei zum Beispiel in Mathematik der umfangreiche Bestand an Fachsprache und Formelsprache den allgemein sprachlichen Bedarf reduziert. Die Kommunikationssituation kann aber auch in höheren Klassen an Kultur- und Lebenserfahrungen der Schüler gebunden sein, deren Verbalisierung muttersprachliche Kompetenz erfordert (Beispiel Philosophieunterricht). „Während das Problem der Sprachbreite in den naturwissenschaftlichen Fächern durch Fortschritte in der Fachsprache und in der Allgemeinsprache nach oben hin auswächst, verschärft es sich in Fächern wie Deutsch, Geschichte, Geographie mit zunehmender Klassenstufe." (Leisen 1994, 3). Eine konstruktivistische Auffassung vom Sprachlernen als „Selbstorganisationsprozess im Kopf des Schülers" zielt ab auf die Befähigung zur Kommunikation durch einen schrittweise gestalteten Aufbau, wobei Kommunikation gleichzeitig Ziel und Weg dahin darstellen (Butzkamm 1989, 110). Die Chance des Fachunterrichts für den Sprachunterricht liegt im Schaffen von vielen realen Kommunikationssituationen und beim Lernen in einer Wechselwirkung von Anschauung und Begriff. Sprache wird Instrument, um das Thema des jeweiligen Fachunterrichts zu erarbeiten, und gestattet das fremdsprachliche Spracherlernen durch Praktizieren. Dies zu ermöglichen ist die Herausforderung an die Lehrenden.

3 Entwicklung und Stand

CLIL ist eine Form bilingualer Bildungsgänge oder -züge, die mit oder ohne fremdsprachlichen Vorlauf bei festgelegter Zeit- und Reihenfolge der bilingual zu unterrichtenden Fächer eingerichtet sind. Nach Zydatiß (2010, 133) „trifft" der in Deutschland verwendete Begriff ‘bilingual’ „das Konzept eigentlich nicht"; vielmehr geht es um „Arbeiten zu einer ‘integrierten’ (das Sach- und das Sprachlernen verknüpfenden) Didaktik des Fachunterrichts in einer ‘fremdem’ Arbeitssprache". Ebendies bringt CLIL zum Ausdruck. In Österreich und der Deutschschweiz spreche man von „Arbeitssprache", „zweisprachigem Sachunterricht" oder „Immersion". Es können ein bis drei Sachfächer in der Fremdsprache unterrichtet werden. Das Stundenkontingent ist meist relativ hoch. In Deutschland wird als Ursprung die Einrichtung der deutsch-französischen Gymnasien nach dem Kooperationsvertrag von 1963 angesehen, nach deren Vorbild andere Gymnasien bilinguale Züge mit Profilsprache Französisch einrichteten. Die anfängliche Dominanz des Französischen hat sich nicht halten können, Englisch überflügelt bei weitem alle anderen Sprachen (Helbig 2003, 180). Zudem hat sich die Bewegung unter der Bezeichnung CLIL in Europa und darüber hinaus verbreitet, gefördert auch von EU und Europarat. Das bilinguale Fächerspektrum ist umfangreicher geworden, alle Sachfächer können fach- und sprachintegrierend gelernt werden, und auch in anderen als den höheren Schulen wird mittlerweile bilingualer Fachunterricht angeboten (Kruczinna 2007). Unterrichtsmaterialien wurden entwickelt, mancherorts sind die Abschlüsse zertifiziert, z. B. als bilinguales Abitur. Die fremdsprachendidaktischen Zeitschriften widmen CLIL laufend Themenhefte, z. B. „Fremdsprache Deutsch" mit Heft 30/2004 „Deutsch in allen Fächern" Heft 40/2009 und „Zweiklang im Einklang? Integriertes Sprachen- und Fachlernen (CLIL)".

4 Didaktisch-methodische Prinzipien DaF Primarstufe

Durch den Immersionsunterricht, der in allen Fremdsprachen stattfinden kann, fördert CLIL/EMILE den Zugang zur Sprachenvielfalt. Mit dem Ziel der Doppelkompetenz wird auch die doppelte Motivation der Schüler für Sprache und Fachunterricht anvisiert. Durch die intensive Beschäftigung mit dem Fach tritt das Formalsprachliche in den Hintergrund, die Schüler entwickeln ein entspanntes Verhältnis zur Fremdsprache, was eine einfühlsame und kompetente Didaktik von Seiten des Lehrenden voraussetzt. Folgende Methoden lassen sich auflisten (vgl. auch Leisen 2003):

– Visualisierung durch konkrete, dem Fach angepasste Unterrichtsmaterialien,
– ein nicht zu schneller Lernrhythmus, deutliches und langsames Sprechen; Sprachvereinfachungen und Sprachübungen in den Unterricht einbauen,
– Vereinfachungen des Lerngegenstandes (aus der Sicht mancher Fachwissenschaftler jedoch strittig),
– durch bewusste Redundanz in Wiederholungen und Paraphrasierungen wird das Verständnis gefestigt,
– Verständniskontrollen, die durch die doppelte Zielsetzung schwierig durchzuführen sind,
– schülerzentriertes und interaktives Vorgehen,
– Gruppenarbeit,
– das Benutzen der Muttersprache im Wechsel mit der Fremdsprache und „code-switching" sind gestattet.

In der Unterrichtsplanung zu berücksichtigen sind immer die maximale Schülerzahl, die Organisation der Stunden – dies um dem Arbeitsrhythmus der Schüler gerecht zu werden und um eine Zusammenarbeit zwischen KollegInnen zu gestatten –, aber auch die konkreten Räumlichkeiten (Größe und Akustik), um eine optimale Unterrichtssituation zu gestalten.

5 Forschungsergebnisse zu CLIL

Forschungsergebnisse basieren auf dem zweit- und fremdsprachlichen Sachfachunterricht an Schulen (vgl. u. a. Bonnet 2004; Ditze / Halbach 2009; 2010). Es gilt als erwiesen, dass sich geringe Lesekenntnisse in der Unterrichtssprache Deutsch kumulativ auf die Sachfächer auswirken (Grießhaber 2010, 37); Leseverstehen ist also für Erfolg in CLIL eine Voraussetzung. Das größte Problem besteht darin, „dass das zum Wissenserwerb nötige Instrument Zweitsprache nur unvollkommen zur Verfügung steht." (Grießhaber 2010, 51). Eine günstige Bedingung für das fachsprachliche Lernen ist die an formulierte Alltagserfahrungen anknüpfende, allmähliche Versprachlichung von unterrichtlichen Sachverhalten, die jedoch zeitaufwändig ist (S: „Je weniger Platz die Luft noch hat, desto mehr wehrt sie sich." – L: „Wenn die Luft ein Tier wäre, dürften wir so sagen." Grießhaber 2010, 48), bei der das Vorwissen und die Anknüpfungsstrategien eine Rolle spielen. Annäherungen an die Fachsprache gelingen am ehesten, wenn die Wissensbestände der Lernenden zur Sprache kommen und als Basis aufgegriffen werden. Andernfalls wird Fachverstehen nicht erreicht. Es ist noch Desiderat, gelingende Unterstützungshandlungen von Lehrenden zu erfassen und „daraus systematische Hilfen für einen sprachsensiblen Fachunterricht" zu entwickeln und anzubieten (Grießhaber 2010, 51).

Schwierigkeiten bereitet die Lexik, die im Sachunterricht – über allgemeinsprachliche Lexik hinaus (*eine Aufgabe lösen*) – als fachbezogener Wortschatz verdichtet vorkommt (*der spitze Winkel, der Auftrieb*) oder jeweils fachsprachlich genormt ist (Grießhaber 2010, 39): die *Lösung* meint in Mathematik oder Chemie Verschiedenes. Facheigene und allgemeinsprachliche Internationalismen sind häufig (*Reduktion, multiplizieren*). Facheigene Lexik ist zu charakterisieren, wie nach Vollmer / Thürmann (2010, 109) die Schulsprache insgesamt, als *prägnant, präzise, vollständig, komplex, strukturiert, objektiv, distant, emotionsfrei, eindeutig, situationsentbunden, dekontextualisiert* (Hervorhebung dort). Das Gesagte gilt auch für phraseologische Ausdrücke, die nicht kreativ variiert werden sollten (*die stromführende Leitung*). Diese Lexik kann erworben werden „im handelnden Umgang mit den Fachinhalten" (Grießhaber 2010, 39). Dazu bedarf es bildungssprachlicher Fähigkeiten, die das Wissen oder Denken oder Erleben (1) einer höheren qualitativen Stufe repräsentieren (z. B. in der Verarbeitung durch Text- und Diskursarten), (2) methodisch einer höheren Stufe zuführen können (z. B. Nutzung und Steuerung gemeinsamen Diskurswissens,) (3) im Sinne eines komponierten Instrumentes systematisch erschließen (z. B. im schulischen Handlungsmuster Aufgaben stellen – Aufgaben lösen), (Redder 2012, 87; vgl. die Implementationsstudien von Beese / Röll 2013; Michalak 2013).

Die komplexe Syntax hat alle Merkmale der Bildungssprache / Schriftsprache wie z. B. unpersönliche Ausdrücke, teils mit dem Ziel der Verallgemeinerung, Passivkonstruktionen, hypotaktische Satzverbindungen, Nominalisierungen mit vielen links-verzweigenden Attributen, erweiterte Genitiv-Attribute, Partizipialkonstruktionen als Attribute (*die im Frühjahr ausgesetzten Fische; die Entleerung des Behältnisses*). Die Satzlänge ist in (konzeptionell) schriftlichen Texten oft beträchtlich. Vielfach wird die Bildungssprache bzw. Schulsprache mit CALP (Cognitive-academic language proficiency; Cummins 1979) in Beziehung gesetzt.

Zydatiß (2010, 135) verweist auf die diskursiven Charakter fachsprachlicher Interaktionen im differenzierteren, abstrakterem kognitiv-akademischem Sprach- und Diskursrepertoire mit den Darstellverfahren des Beschreibens, Berichtens, Erklärens, Begründens, Argumentierens und Evaluierens; vgl. ähnlich Feilke (2012) mit Bezug auf die Bildungssprache. Nach Schmölzer-Eibinger (2010, 206, m. Bez. auf Hanser 1999) zählen „die sachlich besten Schülertexte zu den längsten Texten" und „sind nicht stichwortartig, sondern explizit, gut strukturiert und kohärent"; also bildungssprachlich formuliert. Dagegen fehlen in fremdsprachlichen Sachtexten von Schülern Kohärenzmittel, Themenentfaltung und Informationsverknüpfung bleiben schwierig. Beim Schreiben sachadäquater, kohärenter fremdsprachlicher Sachtexte seien Schüler und Schülerinnen überfordert, und es gelinge kaum, relevante Informationen aus Lesetexten „zu erkennen und in eigenen Worten wiederzugeben (2010, S. 206). Schmölzer-Eibinger (2010, 209 ff.) entwickelt am Beispiel Chemie ein 3-Phasen-Modell zur Förderung der Textkompetenz mit Wissensaktivierung – Arbeit an Texten – Texttransformation, in denen jeweils „ein mehrstufiger Prozess der Textarbeit durchlaufen und intensive sprach- und inhaltsgerichtete Lernaktivitäten" unternommen werden.

Vollmer/Thürmann (2010, 110 f.) nennen länderübergreifende Vergleichsstudien in Mathematik, Geschichte, Naturwissenschaften, bei denen sich sprachlich-kommunikative Anforderungen an Operatoren (überwiegend Sprachhandlungsverben) ablesen lassen: „ein Experiment *beschreiben*" usw. Möglicherweise gibt es solche Operatoren in einer Vielzahl von Fächern, so dass Verstehenskompetenzen transferierbar wären; das entgeht jedoch der Aufmerksamkeit vieler Fachlehrpersonen, die mehr auf die eigenen Fachinhalte fokussiert sind. Sie berichten über ein mit dem Europäischen Referenzrahmen für Sprachen zu verknüpftes Europaratsprojekt, das einen Rahmen für die Beschreibung von Schulsprachen entwickelt. Es geht um „Sprache im Fach", nämlich um „die sprachlichen Voraussetzungen für die erfolgreiche Teilnahme am Unterricht in den einzelnen Schulfächern …, sprachliches Lernen über die Grenzen der Fächer hinweg …", um Chancen für Risikoschüler und „eine Zweit- oder Fremdsprache als Arbeitssprache im Fachunterricht (CLIL)" (Vollmer/Thürmann 2010, 107 f.). Dabei können sie großflächige Überschneidungen zwischen den Fächern nachweisen; unterschiedlich bleiben die fachspezifische Lexik/Begrifflichkeit und evtl. Methoden, Medien, Textsorten (Formeln, Abbildungen, Tabellen). Ihren fünf Feldern sprachlichen Handelns mit ihren Charakteristika ordnen sie Diskursstrategien zu, die jeweils typisch sind, und nennen Techniken des Scaffolding als übergeordnete Lehrerstrategie, auf die hin Fachlehrpersonen orientiert werden sollten.

Zydatis (2010, 135 f.) geht darüber hinaus auf den Reflexionsaspekt, das Methodenlernen und das interkulturelle Lernen mit neuen Wahrnehmungen, Sichtweisen und Differenzerfahrungen ein, die zu erweiterten Deutungs- und Handlungsoptionen sowie neuem Selbstverständnis durch Perspektivenwechsel führen, und entwickelt einen „curriculartheoretischen Rahmen für CLIL-Angebote", der *content* und *cognition, communication, culture* in Beziehung setzt und in dem die „akademischen Diskursfunktionen" (143 f.) ihren Platz finden. Verwiesen sei auf die elektronische Zeitschrift „International CLIL Research Journal".

Für den bilingualen Unterricht lässt sich **zusammenfassen**, dass er in allen Altersstufen – vom Kindergarten bis zur Erwachsenenbildung – mit positiven Effekten – erfolgen kann.

- Die Schüler beherrschen die Zweitsprache besser, wenn sie im Rahmen anderer Schulfächer benutzt wird (CLIL / EMILE. L'enseignement bilingue 2004, 18).
- Das metasprachliche Bewusstsein wird entwickelt und gestattet den Lernern, einen Vergleich zur Muttersprache und zu einer anderen Fremdsprache herzustellen.
- Ergebnisse beim Lesen, Rechtschreibung, lexikalischer und syntaktischer Kenntnis wie auch die Kompetenz zur Übersetzung gehören dazu.
- Wenn der bilinguale Unterricht in frühem Alter stattfindet, ergeben sich Vorteile für Hörverständnis und Phonetik. Lesenlernen wird durch simultanes Lernen zweier geschriebener Sprachen gefördert.
- Durch die Öffnung für andere Sichtweisen auf die Welt entwickelt sich intellektuelle Wendigkeit mit Verbesserung eigener Lernstrategien; hinzu kommen soziale und kognitive Kompetenzen.
- Bilingual unterrichtete Schüler sind besser vorbereitet, neue sprachliche Situationen zu meistern. Mit einem begrenzten Vokabular entwickeln sie kommunikative Kompetenzen. Davon verspricht man sich größere Kreativität und geistige Flexibilität.

CLIL/EMILE stellt also eine Antwort dar auf die immer grösser werdenden Anforderungen an effiziente Sprachkompetenzen und wertet nicht nur bi- und trilingualen, sondern Unterricht allgemein auf, in dem Mehrsprachigkeit einen Mehrwert darstellt. Damit diese Vorgehensweise Erfolg zeitigen kann, ist hier die Zusammenarbeit auf mehreren Ebenen zwischen Lehrenden, Eltern und auch politischen Interessengruppen wünschenswert, ja gar notwendig.

Bilingualer Unterricht trägt so zur Entwicklung eines kulturellen Bewusstseins der Lernenden bei, die potentiell kulturelle Botschafter sind und sich als Bewohner des „global village" integrieren. Bevor allerdings die Schüler dahin gelangen, ist engagierte Kleinarbeit in der Schule angesagt, was im folgenden Teil illustriert wird.

5 Praxisbeispiel: bilingualer Grundschulunterricht im Elsass

Beim Lernen einer Fremdsprache im bilingualen Zug kommt dem Lesen eine besondere Bedeutung zu, es hilft bei der Begriffsbildung und bei der Strukturierung der Sprache. Da Sach- und Fachthemen in der Fremdsprache bearbeitet werden, ist es notwendig, dass die Schüler ihre Fähigkeiten im Lesen auf- und ausbauen. Im Folgenden wird dies gezeigt anhand der paritätischen Grundschulklassen im Elsass[1] mit Deutsch als Fachsprache.

---

[1] Das sind Klassen, in denen die französische und die deutsche Sprache gleichgewichtig unterrichtet werden, etwa 12 + 12 Unterrichtsstunden pro Woche.

In der Vorschule/Ecole Maternelle werden die Kinder mit Schriftbildern konfrontiert, und ein einfühlsames Hinführen zum Lesen in Französisch wird angebahnt. In der ersten Klasse greifen die Unterrichtenden die Vorstellungen der Kinder auf, und der Ausbau des Lesens fußt darauf. In den Rahmenrichtlinien für den bilingualen Zweig wurde das Lesen in deutscher Sprache ab Januar 1997 bereits in die 1. Klasse verlegt, und sogar Sätze und kleinere Texte werden nun auf Deutsch verfasst (Mission Académique 1997; vgl. Mission Académique 1993). Alle Kinder in diesem Bericht hatten zuvor bereits einen bilingualen Schulkindergarten/Ecole Maternelle besucht.

5.1 Unterrichtsversuch Lese- und Schreibanfang

Ab 1997 wurden Unterrichtsversuche und Ergebniskontrollen in den paritätischen Klassen des Elsass genehmigt. Yves Bleichner hat einen drei Jahre dauernden Versuch in einer 1. Klasse in Obernai durchgeführt, um den Zugang der Schüler zur deutschen Schriftsprache zu erforschen. Während dieser Zeit wurden die Schüler (mit 3 Stunden Deutschunterricht und 3 Stunden deutschem Sach-/Fachunterricht pro Woche) jeweils im November, Dezember, Januar bis Mitte Februar befragt, wie sie vorgehen, um Sätze in deutscher und in französischer Sprache zu verstehen, was die Schüler unter „lesen" verstehen und welche Aktivitäten sie damit in Verbindung bringen (Chauveau u. a. 1993; Chauveau/ Rogovas-Chauveau 1993; Gaonac'h/Passerault 1998, 329–368):

> Anfang November verbinden zwischen 31% und 36% der Schüler mit dem Begriff Lesen das Vorlesen (Ergebnisse von 1998, 1999, 2000). Stilles Lesen wird von ihnen nicht als Lesen angesehen, daher wissen sie auch nicht, was sie während einer Vorbereitungsphase auf Vorlesen machen sollen. Die anderen 64% bis 69% haben bereits begriffen, dass Verstehen ausschlaggebend ist und dass die Schriftsprache mit dem Mündlichen in Verbindung gebracht werden muss, solange der Zugang zu den Schriftbildern der Wörter nicht unmittelbar möglich ist.

In einem Setting wurden den Kindern einfache Sätze mit Bebilderung angeboten: Drei Kinder kommen an eine Bushaltestelle und begrüßen sich (Sprechblasen):

Guten Tag, wie geht es dir? – Guten Tag, ich bin froh. Und wie geht es dir? – Gut, danke. – Guten Tag, Thomas.

Im Dezember haben zwischen 72 bzw. 80% der Schüler Schwierigkeiten beim Lesen dieses Dialogs. Sie orientieren sich an einzelnen Buchstaben und schlagen dann ein Wort vor, an das sie sich erinnern: Statt „froh" lesen sie z. B. „Frosch", obwohl es im vorhandenen Kontext nicht stimmig ist. Die Verbindung zwischen Kontext und Sinn ist erst ab Mitte Januar stärker ausgeprägt. Sie lesen zwar zuerst noch „Frosch", suchen aber dann nach einem anderen Wort und erklären den Grund. Wenn diese Verbindung zwischen Kontext und Sinn einmal hergestellt ist, wird das Lesen allmählich zu einer Sinnsuche. Ab Ende Januar hatten etwa 85 bzw. 88 % der Schüler dies gelernt, obwohl es bei etwa 62 % der Schüler noch zu Fehldeutungen kam. Die Schüler verbanden nun Geschriebenes und Laute, insbesondere die Wahrnehmung der Silben verfeinerte sich. Ein wichtiges Ergebnis war die Anfangsvorstellung, eine Silbe bestehe immer aus zwei Buchstaben. Sie merkten sich einzelne Silben (oder was sie dafür halten) und suchen nach einem Wort oder zwei Wörtern, die oft zusammen in einem Text erscheinen: *Guten Tag* wurde erkannt dank des Morphems *–en* und dem darauffolgenden *T.* Erst wenn Schriftbild und Silbenlaut miteinander verbunden werden, kommt es zu Fortschritten beim Lesen. Für 76 % der Schüler in den untersuchten 1. Klassen war dies der Fall ab Ende Januar (Tardif 1992). 7 bis 12 % der Schüler haben bis zum Jahresende Schwierigkeiten mit Schriftbild und Lauten, wie durch ergänzende Hospitationen festgestellt wurde. Von diesen 7 bis 12 % begreifen einige erst in der 2. Klasse den Zusammenhang.

Die genannte Fehlvorstellung führt dazu, dass manche Kinder ihre Aufmerksamkeit nur auf Artikel und / oder Präpositionen richten: „les plus faciles à lire". Eine Schülerin erklärte, sie habe begriffen, dass man seine Aufmerksamkeit auf die „les mots longs avec une majuscule" richten muss, „parce qu'ils veulent dire plus." (Inhaltswörter vs. Strukturwörter).

5.2 Unterrichtsversuch Biologie bilingual

In den Jahren 2002, 2006, 2007 und 2008 wurden die früheren Ergebnisse bestätigt. Yves Bleichner und ab 2006 Annie Libis konnten bei im bilingualen Zweig mit Zweit- und Drittklässlern feststellen, dass etwa die Hälfte einer Klasse mit Sachtexten geringere Schwierigkeiten hatte als mit fiktionalen Texten, da Sachtexte stärker eingrenzen und somit die Deutung erleichtern. Hier ging es vorrangig um CLIL in Biologie / Sciences de la Vie et de la Terre.

Aus kurzen Sachtexten –etwa 30 bis 50 Wörter – sollten Schüler Informationen herauslesen. Sie mussten die Texte wenigstens zum Teil verstehen, um zutreffende Informationen festzuhalten (Bleichner 1999, 151-179; 2004) . Beispiel:

> Die Waldmaus ist ein Nagetier. Sie wird 7 bis 11 cm lang, mit dem Schwanz 14 bis 22 cm. Sie wiegt zwischen 14 und 35 g. Sie lebt in Gärten, in Hecken und am Waldrand. Sie ernährt sich von Pflanzen, Früchten und Samen. Sie ist ein Pflanzenfresser.

Die Schüler sollten die Waldmaus in eine Nahrungskette einordnen, an deren einem Ende sich die Schleiereule befand, und sie sollten ihre Antwort begründen. Die Schüler fanden heraus, dass sie nicht den ganzen Text verstehen mussten, und dass sie zusätzlich Informationen über die Schleiereule aus ihrem Gedächtnis brauchten, um die Waldmaus zutreffend in eine Nahrungskette einzuordnen. Bei 3 Gruppen konnte beobachtet werden, dass sie die Bedeutung von *sich ernähren* dank der Substantive *Pflanzen, Früchte* und *Samen* aus dem Kontext erschlossen. *Pflanzenfresser* wurde durch *-fresser* richtig gedeutet auf der Basis von *fressen*. Durch dieses verstehende Lesen in einem abgesteckten Kontext (Vézin 1986, 47–93) erwerben die Schüler Grundkenntnisse über die Sprache. Im nächsten Text wurde dann das Wort *Insektenfresser* erkannt und in Kontrast zu *Pflanzenfresser* gesetzt (*Insekt* entspricht französisch *insecte*). Die Schüler waren es gewohnt, sinnerschließendes Lesen (Giasson 1990; 1995) zu praktizieren, die Lehrerin nahm dabei eine stützende Funktion ein (Côté 1998; Kohonen u. a. 2001).

Weitere Untersuchungen in anderen Klassen stützen diese Ergebnisse und zeigen Schwierigkeiten der deutschen Wortbildung in Sachtexten.

5.3 Zu schriftlichen Produktionen

2007 und 2008 wurde zusätzlich zum verstehenden Lesen das Schreiben der Schüler untersucht. Als Beispiel der Text einer Dreiergruppe nach einem Erkundungsgang mit drei Zeichnungen und den Benennungen der Tiere:

> Zuerst sind wir in der Walt. Dan haben wir tieren gescht. Wir haben Assel, Regenwurm, Bänderschnecke, Weinbergschnecke Ein kleinen Laufkäfer, eine Hausspinne An Ende haben wir die tieren frei gelasen.
> Laufkäfer, Bänderschnecke, assel.

Zum Vergleich der Text einer Zweiergruppe ohne Zeichnungen:

> *Zuerst wir in walt, unter der schtein. Dann haben wir tire ge sucht. Wir haben kleine tire gesammelt. 3 Assel, 7 Raupe, 1 Ameise. An (oder Am) Ende haben wir die tire frei Gelasen.

Um ihren Text zu schreiben, stand den Schülern ein beschrifteter Bestimmungsschlüssel zur Verfügung. Beide Texte zeigen, welche Schwierigkeiten die Schüler mit der deutschen Rechtschreibung haben. Die Orthographie ihrer Muttersprache wirkt beim Schreiben vorrangig. Bei noch freierem Schreiben kommt die Muttersprache noch stärker zum Vorschein, wie folgendes Beispiel aus einer 3. Klasse zeigt. Eine Schülerin verfasste den angeführten Text nach einem Besuch bei der Brieffreundin:

> *Ich hap sagen: „Guten tag Eva, wi getes dir?" Eva, Mir get's aure prima. Die Mama hat sagen, Kommt kleine ich preparirt jus und thé. Du willst couren? – Ja, ich will eine couren. Danke. Ich geht zu Hause, auf wieder sen."

Beim Schreiben sagen die Schüler sich ihren Text ganz leise vor (Artikulationskontrolle). Als Übungsform kann eine Gruppe / ein Kind der Lehrerin einen Text diktieren, den diesen an die Tafel schreibt. Er dient später als Lesetext und als Vorlage für die Klasse.

6 Zusammenfassung

Die Beispiele und Ergebnisse zeigen, wie Kinder Situationen in Deutsch meistern. Sie bauen allmählich ihr Verstehen auf und halten sich an Wörtern fest, deren Bedeutung sie schon kennen. Mit deren Hilfe versuchen sie, den Sinn von Sätzen zu begreifen. Sind die Inhalte thematisch eingegrenzt und helfen Abbildungen und Zeichnungen beim Verstehen einzelner Wörter, erleichtert dies das sinnerfassende Lesen. So entwickeln manche Kinder ganz allmählich einen Sinn für die deutsche Sprache und reflektieren darüber. Im Bereich der Rechtschreibung halten sich Schwierigkeiten bis zum Ende der Grundschulzeit. Erfolge beschränken sich auf mehrmals behandelte Themen, ohne dass dabei die Mehrzahl der Schüler eine selbständige Vorgehensweise an den Tag legt. Es kann jeweils nur ein Teil der Fehler bearbeitet werden kann, sonst überfordert die Lehrperson die Aufnahmebereitschaft und das Auffassungsvermögen ihrer Schüler. Die wiederholte Begegnung mit dem Schriftbild von einzelnen Wörtern erst führt zum Einprägen der Rechtschreibung.

Literatur

Ahrenholz, Bernt (Hrsg.): Fachunterricht und Deutsch als Zweitsprache. Tübingen: Narr, 2010

Beese, Melanie/Roll, Heike: Versuchsprotokolle schreiben – zur Förderung literaler Routinen bei mehrsprachigen SuS in der Sekundarstufe I. In: Y. Decker/I. Oomen-Welke Hrsg. demn. 2013

Bleichner, Yves: Savoir linguistique et savoir encyclopédique. Eléments de didactique pour l'allemand. Strasbourg: Université Marc Bloch, Tome 1 (Diss), 1999

Bleichner Yves: Enseignement de séquences de biologie en allemand à l'école primaire et au collège. In: Enseigner en classe bilingue. Paris: Ministère de l'Education Nationale (Coll. A propos de ...) 2004, 77–103

Bonnet, Andreas: Chemie im bilingualen Unterricht. Kompetenzerwerb durch Interaktion. Opladen: Leske + Budrich 2004

Butzkamm, Wolfgang: Psycholonguistik des Fremdsprachenunterrichts. Tübingen: Francke 1989

Chauveau, Gérard/Rémond, Martine/Rogovas-Chauveau, Eliane: Acquisition de la lecture-écriture et métacognition. In: Chauveau Gérard/Rémond Martine/Rogovas-Chauveau Eliane: L'enfant apprenti lecteur. L'entrée dans le système écrit. Paris: Institut National de Recherches Pédagogiques/L'Harmattan (Coll. CRESAS n°10) 1993, 7–22

Chauveau Gérard/Rogovas-Chauveau Eliane: Interprétation de textes et capacité de lecture au début du C.P. In: Chauveau Gérard/Rémond Martine/Rogovas-Chauveau Eliane: L'enfant apprenti lecteur. L'entrée dans le système écrit. Paris: Institut National de Recherches Pédagogiques/L'Harmattan (Coll. CRESAS n° 10) 1993, 23–41

CLIL/EMILE. L'enseignement bilingue: l'immersion linguistique [www.emilangues.education.fr] (Zugriff: 4.3.2010)

CLIL/EMILE. L'enseignement bilingue: „l'immersion linguistique". 2004 [http://www.segec.be/Documents/Fesec/Immersion/Immersion_Linguistique-CLIL-EMILE.pdf] (19.3.2013)

Côté, Richard L.: Apprendre: Formation expérientielle stratégique. Sainte Foy: Presses de l'Université du Québec 1998

Cummins, Jim: Linguistic interdependence and the educational development of bilingual children. In: Review of Educational Research 29 (1979) Heft 2

Cummins, Jim: Language, Power and Pedagogy. Bilingual Children in the Crossfire. Clevedon: Multilingual Matters 2000

Ditze, Stephan-Alexander/Halbach, Ana Hrsg.): Bilingualer Sachfachunterricht (CLIL) im Kontext von Sprache, Kultur und Multiliteralität. Frankfurt/M: Lang 2008

European Commission: Content and language integrated learning. 2012. [http://ec.europa.eu/languages/language-teaching/content-and-language-integrated learning_en.htm] (Zugriff am 5.1.2013)

Europarat: Bericht: CLIL/EMILE – The European Dimension. Actions, Trends and Foresight Potential. 2.9.2002 [http://ec.europa.eu/languages/documents/doc491_en.pdf] (Zugriff: 9.1. 2013)

Feilke, Helmuth: Bildungssprachliche Kompetenzen – fördern und entwickeln. In: Praxis Deutsch (2012) Heft 233, 4–13

Fremdsprache Deutsch: Deutsch in allen Fächern (2004); Heft 30: Zweiklang im Einklang? Integriertes Sprachen- und Fachlernen (CLIL) (2009) Heft 40

Gaonac'h, Daniel/Passerault, Jean-Michel: De la syllabe au texte: la psychologie du langage dans tous ses aspects. In: Roulin, Jean-Luc (Coord.): Pyschologie cognitive. Rosny: Bréal, 1998, 329–384

Giasson, Jocelyne: La compréhension en lecture, Boucherville: Gaëtan Morin 1990

Giasson, Jocelyne: La lecture. De la théorie à la pratique, Boucherville: Gaëtan Morin 1995

Goethe-Institut: Was ist CLIL? [http://www.goethe.de/ges/spa/dos/ifs/deindex.htm? wt_sc=clil] (18.3.2013)

Grießhaber, Wilhelm: (Fach-)Sprache im zweitsprachlichen Fachunterricht. In: Ahrenholz (Hrsg.) 2010, 37–53

Hanser, Claudia: Schreiben im naturwissenschaftlichen Unterricht. Eine Untersuchung von Physik- und Biologietexten und deren Entstehungsbedingungen auf der Sekundarstufe II. Bern: Haupt 1999

Helbig, Beate: Fachsprachenunterricht. In: Bausch, Karl-Richard/Christ, Herbert/ Krumm, Hans-Jürgen (Hrsg.): Handbuch Fremdsprachenunterricht. Tübingen/Basel: UTB Francke [4]2003, 179–186

International CLIL Research Journal. University of Jyväskyla [http://[http://www.icrj.eu/] (Zugriff: 5.1.2013)

Kruczinna, Rolf: CLIL – Integriertes Fremdsprachen- und Sachfachlernen. Bilingualer deutschsprachiger Fachunterricht – ein Modell mit Zukunft. Ankara: Goethe-Institut 2007 [http://www.goethe.de/ges/spa/dos/ifs/cda/de2777493.htm] (Zugriff: 5.1.2013)

Kohonen, Viljo/Jaatinen, Riitta/Kaikkonen, Pauli/Lehtovaara, Jorma: Experiential learning in foreign language education. Harlow: Pearson Education Limited 2001

Leisen, Josef (Hrsg.): Methoden-Handbuch, Deutschsprachiger Fachunterricht (DFU). Bonn: Varus Verlag 2003

Leisen, Josef (Hrsg.): Handbuch des deutschsprachigen Fachunterrichts (DFU). Didaktik, Methodik und Unterrichtshilfen, Bonn: Varus 1994

Marsh, David/Maljers, Anne/Hartiala, Aini Kristiina: Languages open doors. Profiling European CLIL Classrooms. Jyv skyl/Finnkad: Europees Platform for het Nederlandse Onderwijs 2001a [http://www.atriumlinguarum.org/contenido/clilprofiling.pdf] (19.3.2013)

Marsh, David (Hrsg.): CLIL/EMILE – The European Dimension. Action, Trends and Foresight Potential. 2001b [http://ec.europa.eu/languages/documents/doc491_en.pdf] (19.3.2013)

Marsh, David/Mehisto, Peeter/Wolff, Dieter/Aliaga, Rosa/Asikainen, Tuula / Frigols-Martin, María Jesús/Hughes, Sue/Langé Gisella (eds.): CLIL Practice: Perspectives from the Field. Jyväskylä: CCN, University of Jyväskylä 2009

Michalak, Magdalena: Erklären im Lernbereich Gesellschaftslehre. Ein didaktisches Modell zur sprach- und fachbezogenen Förderung. In: Y. Decker/I. Oomen-Welke Hrsg. demn. 2013

Mission Académique aux Enseignements Régionaux et Internationaux: DM/n°6: Objet: Cadre pédagogique de référence pour la mise en place de «sites bilingues» dans l'enseignement du premier degré. Strasbourg: Rectorat de l'Académie de Strasbourg 1993

Mission Académique aux Enseignements Régionaux et Internationaux: DM/EH/97-432: Objet: La lecture au CP dans les classes bilingues. Strasbourg, Rectorat de l'Académie de Strasbourg 1997

Redder, Angelika: Rezeptive Sprachfähigkeit und Bildungssprache – Anforderungen in Unterrichtsmaterialien. In: Doll, J./Frank, K./Fickermann, D./Schwippert, K. (Hrsg.): Schulbücher im Fokus. Nutzungen, Wirkungen, Evaluationen. Münster u. a.: Waxmann 2012, 83–97

Schmölzer-Eibinger, Sabine: Sprachförderung im naturwissenschaftlichen Unterricht in mehrsprachigen Klassen. Ein didaktisches Modell für das Fach Chemie. In: Ahrenholz (Hrsg.) 2010, 203–217

Tardif, Jacques: Pour un enseignement stratégique. L'apport de la psychologie cognitive. Montréal: Les Editions Logiques 1992

Vézin, Liliane: Communication des connaissances et activité de l'élève. Saint-Denis: Presses Universitaires de Vincennes Université Paris VIII 1986

Vollmer, Helmut Johannes: Diskursfunktion und fachliche Diskurskompetenzbei bilingualen und monolingualen Geographielehrern. In: Dietze/Halbach (2009), 165–186

Vollmer, Helmut Johannes/Thürmann, Eike: Zur Sprachlichkeit des Fachlernens: Modellierung eines Referenzrahmens für Deutsch als Zweitsprache. In: Ahrenholz (Hrsg.) 2010, 107–132

Wolff, Dieter/David Marsh herausgegebene Sammelband: „Diverse Contexts – Converging Goals: CLIL in Europe" Frankfurt: Peter Lang 2007

Zydatiß, Wolfgang: Parameter einer «bilingualen Didaktik» für das integrierte Sach-Sprachlernen im Fachunterricht : CLIL-Perspektive. In: Ahrenholz (Hrsg.) 2010, 133–152

MARTIN WURZENRAINER

F4 DaF- und DaZ-Lernen von Jugendlichen und jungen Erwachsenen in Übergangssituationen

Dieser Artikel beschäftigt sich mit der Zielgruppe der jugendlichen und jungen erwachsenen DaF/DaZ-Lernenden, die Deutsch erst nach dem Pflichtschulalter in sogenannten Übergangssituationen erwerben. Übergangssituationen stellen für die Lernenden eine individuell unterschiedlich lange Schnittstelle dar, an der komplexe Einflussfaktoren wie Lernbiografie, Motivation, Lebenssituation, (familiär-) soziales Umfeld, Lernumfeld usw. zusammenwirken. Da sich aber ein Großteil dieser Situationen außerhalb des schulischen Regelrahmens (und damit auch meist außerhalb eines vorgegebenen Curriculums) befindet, stellt sich den Unterrichtenden und ExpertInnen, die Maßnahmen konzipieren, die methodisch-didaktische Anforderung, sowohl Bedürfnissen der Lernenden als auch Bedarf und Anforderungen der Gesellschaft gerecht zu werden.

Im ersten Teil des Artikels werden anhand eines in Wien durchgeführten Maßnahmennetzwerks für diese Zielgruppe einzelne spezifische Übergangssituationen herausgearbeitet, der zweite Teil des Artikels geht exemplarisch auf methodisch-didaktische Herausforderungen für die Unterrichtsarbeit ein.

1 DaF- oder DaZ-Lernende?

Die Erfahrungen, die sich in diesem Artikel widerspiegeln, beziehen sich zwar auf Jugendliche, die sich bereits im Zielsprachenland aufhalten, weshalb eigentlich von DaZ-Lernenden zu sprechen wäre. Da sich aber in der Anfangsphase des Spracherwerbs der Unterschied zwischen Fremd- und Zweitsprachenlernen meist noch nicht manifestiert (laut Ahrenholz, DTP 9, A 1) weist die Erwerbssituation bei neu Zugewanderten anfangs starke Elemente des Fremdsprachenerwerbs auf: Das muttersprachliche Umfeld dominiert oftmals; die Situation ändert sich fließend mit einem fortschreitenden Deutschspracherwerb und integrativen Fortschritten. Daher wird im Folgenden als Vereinfachung von DaF/DaZ-Lernenden gesprochen.

2 Das Netzwerk Dynamo – Modell für Jugendliche in Übergangssituationen

Das Wiener Entwicklungsnetzwerk Dynamo – ein Projekt des Europäischen Sozialfonds, das national aus Mitteln des Bundesministeriums für Unterricht,

Kunst und Kultur gefördert wurde – dient dem vorliegenden Artikel als systematische Grundlage, die einzelnen Übergangssituationen bzw. Schnittstellen betreffend (s. DYNAMO). Dieses Netzwerk wurde 2009 mit dem „Europasiegel für innovative Sprachenprojekte" und 2010 mit dem „Österreichischen Staatspreis für Erwachsenenbildung" ausgezeichnet. Ziel des Netzwerkes war es, Handlungsspielräume von jugendlichen MigrantInnen zu erweitern und Chancengleichheit im Berufs- und Bildungssystem zu schaffen. Insbesondere sollte der überdurchschnittlich hohen Arbeitslosigkeit dieser Zielgruppe entgegengewirkt und der Zugang zu höheren Bildungsabschlüssen ermöglicht werden.

Die Netzwerkstruktur basierte auf **vier Säulen**: Bildungsarbeit, Integration in den Arbeitsmarkt, Bildungsberatung und psychosoziale Begleitung sowie Sensibilisierung innerhalb der Gesellschaft.

Die erste Säule, **Bildungsarbeit**, umspannte den Bogen von Basis- bzw. Grundbildung, Sprachförderung, vom Nachholen von Bildungsabschlüssen bis zur Hochschulreife und der (Lern-)Unterstützung von jugendlichen DaF/DaZ-Lernenden in der Sekundarstufe II.

Die zweite Säule, **Integration in den Arbeitsmarkt**, unterstützte jene Jugendlichen, die meist auf Grund ihres Migrationshintergrunds erschwerte Bedingungen bei der Lehrstellensuche vorfinden.

Bildungsberatung und psychosoziale Begleitung, die dritte Säule des Netzwerks, hatte für die Zielgruppe einen förderlichen Einfluss auf die Erreichung des angestrebten (Aus-) Bildungsziels. Diese Hilfe ist nicht notwendigerweise in einem fehlenden bildungsunterstützenden sozialen Umfeld der Jugendlichen begründet. Inwieweit allerdings das soziale Umfeld Einfluss auf den Bildungserfolg der Jugendlichen und jungen Erwachsenen nimmt, gilt es noch intensiver zu erforschen. Aus Sicht des Netzwerks kann der Schluss gezogen werden, dass eine professionelle Bildungsberatung in Verbindung mit einer psychosozialen Begleitung nicht nur, aber vor allem von jenen Jugendlichen intensiv in Anspruch genommen wird, die sich in keinem „familiären" Setting befinden (beispielsweise unbegleitete minderjährige Flüchtlinge oder alleinstehende junge Erwachsene), hierdurch kann möglichen Abbruchtendenzen präventiv gegengesteuert werden.

Die vierte Säule stellten **Sensibilisierungsmaßnahmen** innerhalb der Gesellschaft dar. Diese Maßnahmen hatten zum Inhalt, dass wechselseitig integrative Anknüpfungspunkte zwischen den DaF/DaZ-Lernenden und Personen der Mehrheitsgesellschaft hergestellt und reflektiert begleitet wurden (vgl. Abschn. 4.5).

3 Übergangssituationen

Aus den einzelnen Maßnahmen und Teilmodulen des Netzwerks Dynamo lassen sich für die Zielgruppe folgende Übergangssituationen festmachen, die in der

Regel zu Formalqualifikationen überleiten und somit Berufs- und Bildungsperspektiven ermöglichen.

Übergang zur Alphabetisierung und Basis- bzw. Grundbildung: In dieser Übergangssituation befinden sich vor allem neu zugewanderte MigrantInnen, die in ihrer Vergangenheit keine bzw. eine nur sehr eingeschränkte Möglichkeit hatten, eine Schule zu besuchen, und Personen, die nicht in der lateinischen Schrift alphabetisiert sind.

Übergang zum Nachholen des Pflichtschulabschlusses: Das Nachholen des Schulabschlusses (in der Regel des Hauptschulabschlusses) und damit verbunden der Erwerb von Deutschkenntnissen ist im gesellschaftlichen Kontext ein wichtiger integrativer Aspekt, da diese Formalqualifikation die Voraussetzung dafür darstellt, eine weiterführende Ausbildung besuchen bzw. in den Arbeitsmarkt eintreten zu können.

Übergang in die Sekundarstufe II und Erreichung der Hochschulreife: Für viele DaF/DaZ-Lernende stellt der Übergang von der Sekundarstufe I in die Sekundarstufe II eine fast unüberwindliche Hürde dar. Um allerdings die Hochschulreife bzw. in der Arbeitswelt höher qualifizierte Positionen erreichen zu können, ist (in Österreich) in der aktuellen wirtschaftlichen Situation oft gerade der Besuch einer allgemeinbildenden (AHS) bzw. einer berufsbildenden mittleren und höheren Schule (BMHS-Bereich) Voraussetzung. In diesem Bereich stellt sich für die Lernenden sprachlich die Herausforderung, dass die alltagssprachliche Kompetenz für die Bewältigung der schulischen Herausforderungen nicht mehr ausreicht. Vor allem im Fachunterricht wird von den Lernenden eine gute Beherrschung der Bildungssprache (die sogenannte CALP: cognitive academic language proficiency) verlangt (vgl. Cummins 2000).

Übergang in Ausbildung und Erwerbsarbeit: Der Übergang in den Arbeitsmarkt ist nicht erst durch die ökonomische Krise für jugendliche und junge Erwachsene mit Migrationshintergrund mit Schwierigkeiten verbunden. Einerseits spielen hierbei ähnlich wie in der höheren schulischen Bildung sprachliche Kompetenzen wie Textkompetenz eine gewichtige Rolle (vgl. Ohm/Kuhn/Funk 2007), andererseits hat das soziale (familiäre) Umfeld einen großen Einfluss auf die Berufswahlentscheidungen an dieser Schnittstelle.

4 Methodisch-didaktische Herausforderungen für die Arbeit mit DaF/DaZ-Lernenden in Übergangssituationen

Die Spracherwerbsarbeit mit DaF/DaZ-Lernenden in den oben genannten Übergangssituationen ist durch Aspekte determiniert, die sich einerseits auf die curricularen inhaltlichen Anforderungen der unterschiedlichen Situationen beziehen. Andererseits kann auch ein Bündel an außerschulischen Merkmalen festgemacht werden, die bei einem Großteil der Zielgruppe zu finden sind: Die Jugendlichen kommen aus bildungsfernen Schichten, sind lernungewohnt, befinden sich in prekären Lebenslagen (beispielsweise AsylbewerberInnen), sind wenig integriert, in einem finanziellen Spannungsfeld zwischen Ausbildung und Arbeit. Nicht selten haben sie bereits negative, demotivierende Schulerfahrungen gemacht. Sie stehen auch oft unter dem Druck (sprachen-)politischer Anforderungen des deutschsprachigen Ziellandes, in welchem es Integrationsvereinbarungen, aufenthaltsrechtliche Auflagen (beispielsweise in Österreich) oder ein rigides Einbürgerungssystem gibt, und haben außerdem Probleme hinsichtlich der Anerkennung mitgebrachter Kompetenzen (formale Anerkennung von Zeugnissen, Ausbildung usw., in Österreich „Nostrifizierung"). Für Unterrichtende in Maßnahmen für diese Zielgruppe bedeuten diese vielfältigen Aspekte hohe fachliche Herausforderungen und zusätzlich Verantwortungen, die weit über eine „klassische" Unterrichtstätigkeit hinausgehen. Auf sie wird im Folgenden exemplarisch eingegangen.

4.1 Einstufung und Beratung

Für Maßnahmen in Übergangssituationen sind beratende Einstufungsgespräche im Gegensatz zu Einstufungstests in mehrfacher Hinsicht zu bevorzugen und notwendig. Da in diesem Maßnahmenbereich oft eine Vielzahl an unterschiedlichen Programmen angeboten wird, hat ein Einstufungsgespräch einen informativen bildungsberatenden Charakter für die Lernenden über adäquate Möglichkeiten. Die Lernenden werden in ihrem Bildungswillen positiv verstärkt, der schriftliche und mündliche Sprachstand wird erhoben, und bereits hier können individuelle Lern- und Bildungsziele definiert werden.

Meist dienen Deskriptoren des „Gemeinsamen Europäischen Referenzrahmens für Sprachen" (vgl. Glaboniat, E 2) als Einstufungsraster. Ritter (2008) weist allerdings darauf hin, dass beispielsweise bei Alphabetisierungs- und Basisbildungsmaßnahmen sowohl der Grad der Alphabetisierung als auch die mündlichen Sprachkenntnisse erhoben werden müssen, wobei auch aus diesem Grund vom Einsatz standardisierter allgemeiner Tests abzuraten ist. Bei einer Einstufungsberatung „wird sichtbar, dass sowohl bereits vorhandene Kenntnisse wie auch die Lernziele konkrete berufliche und private Handlungsfelder betreffen und somit standardisierte allgemeine Tests weder für die Lernstandserhebung noch für die Erhebung von Zielen das Mittel der Wahl sein können" (Ritter 2010).

In Anbetracht der Heterogenität der Zielgruppe sollte der zeitliche Aufwand für eine gezielte Einstufung großzügiger als bei „klassischen" Maßnahmen bemessen sein. Im optimalen Fall sind bereits bei der Einstufungsberatung oder in den ersten Kursstunden selbstevaluatorische Elemente zu Lernstandbestimmung und Zielfestlegung einzusetzen, wie sie beispielsweise im „Sprachen- und Qualifikationsportfolio" (Plutzar/Haslinger 2005) entwickelt wurden. Dieses Portfolio, 2009 mit dem „Europasiegel für innovative Sprachenprojekte" ausgezeichnet, ist zwar in erster Linie als ein „Instrument zur Erhebung von Qualifikationen und Kenntnissen, Fähigkeiten und Kompetenzen im berufsbezogenen Maßnahmenkontext konzipiert, kann aber in ausgewählten, für die Zielgruppe modifizierten Teilen effizient in Beratungssituationen oder im Einzelcoaching eingesetzt werden.

4.2 Lernungewohnheit

Ein Großteil der Jugendlichen und jungen Erwachsenen ist lernungewohnt, bzw. gemachte Lernerfahrungen liegen bereits länger zurück. Dass die Zielgruppe also nicht über übliche schulische Lernstrategien verfügt, bedeutet für den Unterricht, dass vor allem die Vermittlung von Schlüsselqualifikationen aus den Bereichen Lernstrategien, Lernen lernen, Zeitmanagement, soziale Kompetenz u. Ä. mit einzubeziehen ist. Allerdings muss bei der Unterrichtsplanung auch berücksichtigt werden, dass die Lernenden oft schon andere Sprachen erfolgreich gelernt oder – beispielweise im Zuge der Migration – Problemlösungsstrategien erworben haben, die sie beim Existenzaufbau im Zielland unterstützten (vgl. Ritter 2010). In Übergangsmaßnahmen (nicht nur in der Alphabetisierung und Basisbildung) steht diese Arbeit neben der Spracherwerbsarbeit im Mittelpunkt. Es sind also diese selbst erworbenen Lern- und Problemlösungsstrategien im Unterricht bewusst zu machen, zu erweitern und zu ergänzen, um auch die Hinführung zum selbstständigen Lernen, das für einen weiteren Bildungsweg hilfreich sein kann, zu ermöglichen. Beispielsweise wurden in den Basisbildungsmaßnahmen des Netzwerks Dynamo neben Unterrichtstechniken, die lernstrategiefördernd sind und den Aufbau von Sprach- und Sprachlernbewusstsein unterstützen (beispielsweise didaktische Umsetzungen des Fremdsprachenwachstums, s. Buttaroni 1997), eigene Unterrichtseinheiten den Themen Lernstrategien und Lernen lernen gewidmet.

4.3 Integrierter Sprach- und Fachwissenserwerb auf Deutsch (CLILiG)

Für Maßnahmen in Übergangssituationen stellt der Spracherwerb nur einen Teil der zu erbringenden Leistung dar, vielmehr sind die Lernenden dazu angehalten, Fachwissenserwerb in der Fremdsprache in Schulfächern wie Biologie, Geografie, Musik usw. zu betreiben oder in beruflichen Ausbildungen dem Unterricht in Deutsch zu folgen, sich mit Fachlexik und Fachtexten zu beschäftigen und schriftliche oder mündliche Prüfungen abzulegen. Demgemäß sollte in diesen Maßnahmen integriertes Sprach- und Fachlernen auf Deutsch eingesetzt werden (CLILiG, s. Bleichner/Dietrich-Chénel, F3; Chlosta/Schäfer [2]2010, DTP 9,

C 12 bzw. Fremdsprache Deutsch 2009,40; Roelcke, F 7; Gueye/Roelcke, G 2; Ahrenholz 2010[1]), worin sich der deutliche Unterschied zwischen DaF/DaZ-Lernen im „klassischen" Sinn und in Übergangssituationen zeigt: Während in Lehrwerken für DaF/DaZ schrittweise neue Lexik und neue grammatische und morphologische Strukturen einer in sich stimmigen Progression folgend einge-führt werden, steht in schulischen und beruflichen Übergangsmaßnahmen die Arbeit mit Fachtexten, verbunden mit fachlich-komplexen Sprachinhalten (bei-spielsweise Fachbegriffe, Komposita, Attribuierungen, Partizipial- und Neben-satzkonstruktionen, Vorgangspassiv), von Beginn an im fachdidaktischen Mit-telpunkt (vgl. Kruczinna 2009). Neben diesem Umstand sind Unterrichtsmateri-alien für den DaF/DaZ-Unterricht „weitgehend nicht daraufhin angelegt, auf Schriftlichkeit und textuelles Handeln bezogene Fähigkeiten gezielt aufzu-bauen" und somit „kommt es, dass Zweitsprachenlernende in der Regel zwar kommunikative Basiskenntnisse im Mündlichen erwerben, diese jedoch nicht für weiterführendes, inhaltsbezogenes Lernen nutzen können" (Portmann-Tseli-kas/Schmölzer-Eibinger 2008, 13). Für die didaktische Konzeption des Unter-richts in Übergangsmaßnahmen stellte daher die Förderung von Textkompetenz als „zentrale Basisfähigkeit des Wissenserwerbs" (Portmann-Tselikas/Schmöl-zer-Eibinger 2008, 9) einen hohen Stellenwert dar. Schmölzer-Eibinger (2008a) entwickelte dazu ein „3-Phasen-Modell zur Förderung der Textkompetenz", mit dem DaF/DaZ-Lernende dabei unterstützt werden können, die für (höhere) schulische bzw. berufliche Abschlüsse erforderliche Textkompetenz zu erreichen (ausführlich dargestellt in Schmölzer-Eibinger 2008b). Im Netzwerk Dynamo spielte zwar die Förderung der Textkompetenz bereits in den Basisbildungs- und natürlich in den Sprachfördermaßnahmen eine wichtige Rolle. In den Qualifika-tionsmaßnahmen zum Hauptschulabschluss, in der Vorbereitung auf die Berufs-reifeprüfung, in der Arbeitsmarktintegration und in der Lernbegleitung von SchülerInnen in weiterführenden Schulen stellte dieser sprachdidaktische För-deraspekt aber eine zentrale Aufgabe dar. Umfangreiche Materialien für einen sprachsensiblen Unterricht im Fach wurde von Leisen (2010) und im Kontext des Deutschsprachigen Fachunterrichts (DFU) an Auslandsschulen von Leisen (2003) herausgegeben.

4.4 Umgang mit „außerschulischen" Anforderungen

Unterrichtende sind in derartigen Maßnahmen oftmals damit konfrontiert, dass die Lernenden die Unterrichts- in eine Beratungssituation umfunktionieren wol-len, da alltägliche und gesellschaftliche Anforderungen gerade bei dieser Ziel-gruppe (verstärkt durch prekäre Aufenthaltsbestimmungen und Arbeitsverhält-nisse) enorm hoch sind. Oft verfassen engagierte Unterrichtende nach der tat-

---

[1] Chlosta/Schäfer beziehen sich auf DaZ; so auch die Beiträge in Ahrenholz 2010; dort auch zu bilin-gualem Sach-Fachunterricht.

sächlichen Arbeitszeit Anträge für Lernende, begleiten sie bei Behördenwegen, helfen bei der Wohnungs- und Arbeitssuche, leisten Unterstützung bei familiären Krisen und vieles mehr. In diesem Zusammenhang machten wir nicht nur im Netzwerk Dynamo die Erfahrung, dass eine professionelle Begleitung durch SozialarbeiterInnen oder SozialpädagogInnen einerseits diesen Unterstützungen die notwendige Qualität gibt und andererseits die Unterrichtenden in ihrer Beziehungsarbeit so weit entlastet werden, dass sich ein „normales" Lehrer-Schüler-Verhältnis entwickeln kann. Im Netzwerk arbeiteten diese Beratungspersonen neben regelmäßigen Einzelcoachings auch mit den Kursgruppen vor allem an persönlichkeitsfördernden Aspekten. Durch eine derartige Arbeit können auch mögliche Ursachen für Bildungsabbrüche präventiv erkannt, bewusst gemacht und oftmals gelöst werden.

Steiner u. a. (2006) fanden in einer Studie über unterschiedliche Typen von Hauptschulabschlusskurskonzepten heraus, dass Maßnahmen mit einem umfassenden Ausbildungsspektrum inklusive Training von Schlüsselqualifikationen und psychosozialer Betreuung „auf manchen Ebenen sogar mit deutlichem Abstand" die größten Erfolge aufweisen. In diesen Maßnahmenkonzepten wird eine „Mehrwirkung auf einer beträchtlichen Anzahl zusätzlicher Wirkungsebenen (Integration, Persönlichkeitsstabilisierung, Berufs- und Bildungsmotivation, Zukunftsperspektive) sowie eine deutliche Reduktion der Dropout-Quoten erzielt" (Steiner u. a. 2006, 94).

4.5 Integrative Sensibilisierungs- und Begegnungsmaßnahmen

Jugendliche und junge erwachsene DaF/DaZ-Lernende stehen oft vor der Situation, dass sie aus der „realen" Lebenswelt gleichaltriger Personen des Ziellandes ausgegrenzt sind, da sie selten im selben Schul- und Ausbildungssystem integriert sind. Durch den „verspäteten" Start ihrer Bildungskarriere durchlaufen sie großteils Maßnahmen der Erwachsenenbildung und können so an der „normalen" Lebenswelt Gleichaltriger nur teilweise partizipieren, was eine gelingende Integration erschwert. Um dieser Situation entgegenzuwirken, wurden im Netzwerk Dynamo Sensibilisierungsprojekte durchgeführt, die mit unterschiedlichen Zielsetzungen und Zielgruppen Begegnungen zwischen Lernenden und Personen des Ziellandes schaffen (BildungspartnerInnen, Interkultur-Tandem®, MentorInnen).

Um den Lernenden beispielsweise die schulische „Normalität" in Österreich und österreichischen SchülerInnen die Situation jugendlicher und junger erwachsener DaF/DaZ-Lernender näherzubringen, wurden Interkultur-Tandems® mit Schulklassen zu unterschiedlichen Schwerpunkten durchgeführt (umfangreiche Information zu Tandem in Form eines Leitfadens s. Holstein/Oomen-Welke 2006, zu Interkultur-Tandem s. Wolff/Zimmermann 1997; vgl. Wolff, F11). Ein besonders anschauliches Beispiel ist in einem vom Integrationshaus durchgeführten Projekt dokumentiert, bei dem unter professioneller Anleitung durch eine Künstlerin der Versuch unternommen wurde, Integrationsprozesse künstlerisch auf einer Leinwand darzustellen (s. Wurzenrainer 2009). In anderen Maßnahmen wurden die DaF/DaZ-Lernenden durch BildungspartnerInnen beim Start ihrer Bildungskarriere begleitet. Diese BildungspartnerInnen waren Personen (von einer StudentIn bis hin zur RentnerIn), die im Netzwerk für ihre Aufgaben geschult wurden, um anschließend ehrenamtlich bei fachlichen, sprachlichen und kulturellen Fragestellungen behilflich zu sein. Beim Übergang in Ausbildung und Erwerbsarbeit wurde mit MentorInnen gearbeitet, die mittels ihres beruflichen Netzwerks und ihrer Berufserfahrungen dabei unterstützten, die Berufswahlentscheidungen der Jugendlichen in ein realistisches Bild zu setzen. Von Freithofer (2007) wurde für derartige Sensibilisierungsmaßnahmen im Rahmen des EQUAL-Projekts EPIMA auch ein Leitfaden entwickelt.

5 Ausblick

Wie eingangs angeführt, werden die Anforderungen in Übergangssituationen sowohl von den Bedürfnissen der Zielgruppe als auch von den Bedarfen der Gesellschaft definiert, was in spezifischen Herausforderungen an die Unterrichtenden resultiert, die mit diesem Artikel exemplarisch dargestellt wurden.

Um den (Aus-)Bildungserfolg in diesen Situationen zu optimieren, bedarf es allerdings auch bildungspolitischer Anstrengungen: Beispielsweise muss im schulischen Kontext Unterricht als ein umfassendes Ausbildungsspektrum inklusive des Trainings von Schlüsselqualifikationen verstanden werden. Anstatt einer ausschließlichen Sprach- und Wissensvermittlung muss für QuereinsteigerInnen und Menschen mit „schwierigerem" sozialem Hintergrund ein erweitertes System mit einem entsprechend höheren Interventionsangebot zur Verfügung gestellt werden.

Auch die Sprach- und die Bildungswissenschaften sind aufgefordert, die Ergebnisse ihrer Forschungen über eine fundierte Ausbildung der jeweiligen Erstsprache bzw. bildungssprachlichen Referenzsprache oder der Zweitsprache als Grundlage für die Durchgängigkeit an schulischen und/oder ausbildungsspezifischen Schnittstellen derart aufzubereiten, dass sie in Zusammenarbeit mit Unterrichtenden und ExpertInnen, die Maßnahmen konzipieren, für die konkrete didaktische Umsetzung verfügbar gemacht werden.

Die Maßnahmen, die im Netzwerk Dynamo durchgeführt wurden, wurden als Reaktion auf teilweise fehlende Angebote im Bildungssystem entwickelt. Dieses Netzwerk verstand sich als Modell mit dem Ziel, schrittweise im Bildungssystem implementiert und dadurch selbst obsolet zu werden.

Seit 2012 wird in Österreich eine Länder-Bund-Initiative zur Förderung grundlegender Bildungsabschlüsse durchgeführt, deren Ziel es ist, in Österreich leben-

den Jugendlichen und Erwachsenen auch nach Beendigung der schulischen Aus-
bildungsphase den Erwerb grundlegender Kompetenzen und Bildungsabschlüsse unentgeltlich zu ermöglichen (s. Initiative Erwachsenenbildung). Die
Akteure des Netzwerks Dynamo konnten auf die Inhalte dieses Programms Einfluss nehmen, womit ein Schritt in die oben beschriebene Richtung gemacht werden konnte.

Literatur

Ahrenholz, Bernt (Hrsg.): Fachunterricht und Deutsch als Zweitsprache. Tübingen: Narr
2010

Ahrenholz, Bernt: Erstsprache–Zweitsprache–Fremdsprache. In: Ahrenholz /Oomen-
Welke, ²2010, 3–16 (DTP 9)

Ahrenholz, Bernt/Oomen-Welke, Ingelore (Hrsg.): Deutsch als Zweitsprache. Baltmannsweiler: Schneider Hohengehren 2008, ²2010 (DTP 9)

Buttaroni, Susanna: Fremdsprachenwachstum. Sprachenpsychologischer Hintergrund
und didaktische Anleitungen. Ismaning: Hueber 1997 (Forum Sprache)

Chlosta, Christoph/Schäfer, Andrea: Deutsch als Zweitsprache im Fachunterricht. In:
Ahrenholz /Oomen-Welke, ²2010, 280–297

Cummins, Jim: Language, Power and Pedagogy. Bilingual Children in the Crossfire. Clevedon: Multilingual Matters 2000 (Bilingual Education and Bilingualism 23)

DYNAMO [www.integrationshaus.at/de/projekte/index.shtml?36] (am 29.04.2013)

FörMig [www.blk-foermig.uni-hamburg.de/] (29.04.2013)

Freithofer, Elisabeth: Einige gute Gründe … In: Projekt Integrationshaus gem. GmbH
(Hrsg.): Begegnungen schaffen Akzeptanz. AsylwerberInnen und die Aufnahmegesellschaft. Wien: Projekt Integrationshaus gem. GmbH 2007, 4–6; nur online verfügbar:
[www.integrationshaus.at/cgi-bin/file.pl?id=247] (29.04.2013)

Fremdsprache Deutsch: Integriertes Sprachen- und Fachlernen (CLIL). (2009) Heft 40

Holstein, Silke/Oomen-Welke, Ingelore: Sprachen-Tandem für Paare, Kurse, Schulklassen: Ein Leitfaden für Kursleiter, Lehrpersonen, Migrantenbetreuer und autonome
Tandem-Paare. Freiburg i. Br.: Fillibach 2006

Initiative Erwachsenenbildung [https://www.initiative-erwachsenenbildung.at] (29.4.2013)

Kruczinna, Rolf: Die Sache zur Sprache bringen – Spracharbeit geht im Fachunterricht von
der Sache aus. In: Fremdsprache Deutsch 40 (2009), 29–34

Leisen, Josef (Hrsg.): Handbuch Sprachförderung im Fach. Sprachsensibler Fachunterricht in der Praxis. Bonn: Varus 2010

Leisen, Josef (Hrsg.): Methodenhandbuch des Deutschsprachigen Fachunterrichts
(DFU). Bonn: Varus, 2. erw. Auflage 2003

Ohm, Udo/Kuhn, Christina/Funk, Hermann: Sprachtraining für Fachunterricht und
Beruf. Fachtexte knacken – mit Fachsprache arbeiten. Münster/New York/München/
Berlin: Waxmann 2007 (Förmig Edition 2)

Plutzar, Verena/Haslinger, Inge: Sprachen & Qualifikationsportfolio für MigrantInnen
und Flüchtlinge. Wien: Verein Projekt Integrationshaus 2005 (vergriffen, [http://
www.integrationshaus.at/portfolio/] (29.04.2013)

Portmann-Tselikas, Paul R. / Schmölzer-Eibinger, Sabine: Textkompetenz. In: Fremdsprache Deutsch 39 (2008), 5 – 16

Ritter, Monika: Alphabetisierung in der Zweitsprache Deutsch. In: Krumm, Hans-Jürgen / Fandrych, Christian / Hufeisen, Britta / Riemer, Claudia (Hrsg.): Deutsch als Fremd- und Zweitsprache. Ein internationales Handbuch. berlin / New York: de Gruyter 2010 (Handbücher zur Sprach- und Kommunikationswissenschaft Bd. 35/2).

Ritter, Monika: Alphabetisierung mit MigrantInnen. In: Christof, Eveline / Doberer-Bey, Antje / Ribolits, Erich / Zuber, Johannes (Hrsg.): schriftlos = sprachlos? Alphabetisierung und Basisbildung in der marktorientierten Gesellschaft. Wien: Studienverlag 2008, 85 – 95 (Schulheft 131)

Schmölzer-Eibinger, Sabine: Ein 3-Phasen-Modell zur Förderung der Textkompetenz. In: Fremdsprache Deutsch 39 (2008a), 28 – 33

Schmölzer-Eibinger, Sabine: Lernen in der Zweitsprache. Grundlagen und Verfahren der Förderung von Textkompetenz in mehrsprachigen Klassen. Tübingen: Narr 2008b

Steiner, Mario / Wagner, Elfriede / Pessl, Gabriele: Evaluation der Kurse zur Vorbereitung auf den Hauptschulabschluss. Studie im Auftrag des bm:bwk. Wien: Institut für Höhere Studien 2006

Wolff, Jürgen / Zimmermann, Petra: Interkultur-Tandem. In: Barkowski, Hans / Hirtenlehner, Maria: Kulturen in Bewegung Band 1. Wien / Meran / San Sebastian: Verband Wiener Volksbildung & Tandem Fundazioa 1997, 71 – 79

Wurzenrainer, Martin: Auf meiner Leinwand ist jede / r fremd.
Integration als emotionale Lernerfahrung. Wien: Verein Projekt Integrationshaus 2009 [http://www.integrationshaus.at/cgi-bin/file.pl?id=473] (am 29.04.2013)

YVONNE DECKER

F5 Integrationskurse in Deutschland

In den deutschsprachigen Ländern erhalten Zuwanderer unter bestimmten Voraussetzungen die Möglichkeit, ihre deutschen Sprachkenntnisse durch den Besuch eines Integrationskurses auf- bzw. auszubauen. Geregelt werden die Kurse auf EU-Basis. Der vorliegende Beitrag stellt nun exemplarisch die Rahmenbedingungen von Integrationskursen in Deutschland vor; für Österreich und die Schweiz sind Informationsquellen angegeben.[1]

1 Überblick

Zum 1. Januar 2005 trat in Deutschland das neue Zuwanderungsgesetz in Kraft, innerhalb dessen staatliche Integrationsangebote erstmals per Gesetzesbeschluss geregelt wurden. Ein Kernelement dieser Maßnahmen bilden die Integrationskurse, mittels derer „die Eingliederungsbemühungen von Ausländern [.] durch ein Grundangebot zur Integration" (AufenthG § 43, Abs. 2, 2008) unterstützt werden sollen. Dies schließt sowohl den Aufbau von Sprachkenntnissen als auch die Vermittlung von Rechtsordnung, Kultur und Geschichte Deutschlands ein. Beides – sprachliches wie gesellschaftliches Orientierungswissen – gilt als unabdingbare Voraussetzung dafür, dass „Ausländer [...] mit den Lebensverhältnissen im Bundesgebiet so weit vertraut werden, dass sie ohne Hilfe oder Vermittlung Dritter in allen Angelegenheiten des täglichen Lebens selbständig handeln können" (AufenthG § 43, Abs. 2, 2008).

Die im Zuwanderungsgesetz verankerten Vorgaben für Integrationskurse wurden 2007 mit Einführung des EU-Richtlinienumsetzungsgesetzes (EUAufhAsylRUG 2007) modifiziert. Der vorliegende Beitrag stützt sich auf die geänderte Integrationskursverordnung (IntV) vom 08.12.2007 (vgl. IntV 2007) und stellt deren zentrale Inhalte und Vorgaben dar. Zunächst erfolgt ein Überblick über rechtliche und organisatorische Rahmenbedingungen von Integrationskursen; Kurstypen und Zielgruppen werden ebenso betrachtet wie allgemeine Bedingungsfaktoren, Unterrichts- und Prüfungsinhalte. Der Beitrag schließt mit einem kritischen Resümee zum Stand der Integrationskurse in Deutschland 2012.

---

[1] Für Österreich vgl. http://www.deutsch-integrationskurse.at/integrationspruefung.html; für Südtirol/Bozen vgl. http://www.provinz.bz.it/kulturabteilung/download/Sprachvermittlung_DaF.pdf; für die Schweiz, wegen der kantonalen Gliederung das Beispiel der Stadt Zürich http://www.stadt-zuerich.ch/ssd/de/index/jugend-_und_erwachsenenbildung/integration/integrationskurse.html#integrationskursstandard (alle gesehen am 10.10.2011).

2 Rahmenbedingungen von Integrationskursen

Im Aufenthaltsgesetz von 2005 verpflichtete sich die Bundesregierung dazu, dem Bundestag „zum 01. Juli 2007 einen Erfahrungsbericht zu Durchführung und Finanzierung der Integrationskurse" (AufenthG § 43, Abs. 5, 2008) vorzulegen. Hierzu fand erstmals 2006 im Auftrag des Bundesministeriums des Inneren (BMI) eine bundesweite Evaluation der Kurse statt, die als zentrales Ergebnis „eine deutliche qualitative Verbesserung der deutschen Integrationspolitik" (Rambøll Management 2006, i) konstatierte. Weiterhin führte das Bundesamt für Migration und Flüchtlinge (BAMF) von 2007 bis 2011 eine Langzeitstudie zur Wirksamkeit und Nachhaltigkeit der Kurse durch, deren Ergebnisse ebenfalls eine insgesamt positive Bilanz ergaben (vgl. Rother 2008).

Neben positiven Effekten brachte die Untersuchung von Rambøll Management (2006) jedoch auch suboptimale Bedingungen von Integrationskursen zum Vorschein, die in einem Gutachten gemeinsam mit Optimierungsvorschlägen dargestellt wurden. Als optimierungsbedürftig befand man u. a.: Erfolgskontrolle /-chancen und Nachhaltigkeit der Kurse; Relevanz und Prestige des Orientierungskurses; Zugangs- und Rahmenbedingungen der Kurse (vgl. Rambøll Management 2006, ivf.). Seit Bekanntgabe der Ergebnisse wurden die Rahmenbedingungen durch das BAMF, das seit 2005 als übergeordnete Behörde für die Steuerung der Integrationskurse zuständig ist, immer wieder verändert. Die im Juli 2012 gültigen Grundlagen werden nachfolgend aufgezeigt.

2.1 Kurstypen und -dauer

Ein Kernergebnis der Evaluation war, dass viele Teilnehmende die Ziele des Integrationskurses nach den ursprünglich vorgesehenen 600 Unterrichtsstunden Sprach- sowie 30 Unterrichtsstunden Orientierungskurs nicht erreichten. Ferner erschwerte die Heterogenität der Gruppen sowohl die Unterrichtsgestaltung der Lehrpersonen als auch den Lernerfolg des Einzelnen (vgl. Rambøll Management 2006, iv). Aufgrund dieser Tatsachen fokussierte man zunächst die Optimierung bestehender und die Entwicklung neuer Kurskonzepte (vgl. BAMF 2009a, 14). Um den heterogenen Voraussetzungen der Kursteilnehmenden Rechnung zu tragen, wurde die ursprüngliche Teilnehmerzahl von 25 auf maximal 20 reduziert, und verschiedene Kurstypen mit unterschiedlichen Stundenkontingenten wurden konzipiert:

- **Reguläre Integrationskurse** mit insgesamt 600 Unterrichtsstunden Sprach- und 45 Unterrichtsstunden Orientierungskurs,
- **Eltern-, Frauen-, Alphabetisierungs- und Jugendintegrationskurse** mit je 900 Unterrichtsstunden Sprach- und 45 Unterrichtsstunden Orientierungskurs,
- **Intensivkurse** mit 400 Unterrichtsstunden Sprach- sowie 30 Unterrichtsstunden Orientierungskurs,

- **Förderkurse** mit bis zu 900 Unterrichtsstunden Sprachunterricht (vgl. BAMF 2009a, 10).

2.2 Zielgruppen der Kurse: Freiwillige Teilnahme versus Verpflichtung

Zu unterscheiden ist generell zwischen Personen, die freiwillig an einem Integrationskurs teilnehmen und solchen, die zur Teilnahme verpflichtet werden. **Teilnahmeberechtigt** ist derzeit jeder Ausländer, der sich dauerhaft – d. h. mit einer länger als einem Jahr gültigen **oder** vor mehr als einem Jahr ausgestellten Aufenthaltserlaubnis – im Bundesgebiet aufhält, wenn ihm erstmals eine Aufenthaltserlaubnis zu Erwerbszwecken, aus Gründen des Familiennachzugs oder aus humanitären Gründen erteilt wird (vgl. AufenthG § 44, Abs. 1, 2008). Darunter sind unterschiedliche Gruppen von Neuzuwanderern zu verstehen; seit 2007 sind jedoch auch Spätaussiedler und deren Familienangehörige zur Teilnahme berechtigt (vgl. IntV § 4, Abs. 1, Nr. 2, 2004). Altzuwanderer, EU-Bürger und deutsche Staatsangehörige mit mangelnden Sprachkenntnissen können im Rahmen verfügbarer Plätze ebenfalls an den Kursen teilnehmen (vgl. AufenthG § 44, Abs. 3).

Zur Teilnahme **verpflichtet** sind wiederum Ausländer, die Leistungen gemäß dem zweiten Sozialgesetzbuch (Arbeitslosengeld II) beziehen und für die eine Kursteilnahme als Eingliederungsvereinbarung geplant ist (vgl. IntV § 4, Abs. 1, Nr. 4, 2004). Ferner kann die Ausländerbehörde eine Verpflichtung für Altzuwanderer aussprechen, wenn diese als besonders integrationsbedürftig gelten oder unzureichende Sprachkenntnisse vorweisen (vgl. IntV § 4, Abs. 1, Nr. 5).

Für alle Teilnahmeverpflichteten sowie für Teilnahmeberechtigte ohne ausreichend finanzielle Mittel übernimmt das BAMF die Kursgebühren (vgl. IntV § 4, Abs. 1, Abs. 4). Für alle anderen beläuft sich der Eigenanteil auf einen Euro pro Unterrichtsstunde.

Die Geschäftsstatistiken der Integrationskurse vergangener Jahre zeigen, dass bislang mehr als zwei Drittel aller ausgestellten Teilnahmeberechtigungen auf Freiwilligkeit basierten; Interesse und Bereitschaft zum Ausbau von Sprach- und Gesellschaftskenntnissen scheinen damit bei einem Großteil der Zuwanderer vorzuliegen.

3 Soziale und psychosoziale Faktoren in Integrationskursen

Obige Ausführungen lassen erkennen, dass die Teilnehmenden von Integrationskursen keine homogene, sondern eine höchst heterogene Gruppe bilden, die von sprachlichen und nicht-sprachlichen Unterschieden bestimmt ist. Alters-, Herkunfts-, Sprach-, Kultur- und Bildungsunterschiede zwischen den Teilnehmenden sind ebenso alltäglich wie unterschiedliche Migrationsbiografien, Aufenthaltsdauer in Deutschland, Vorkenntnisse im Deutschen, Lernpotenziale oder (Sprach-)Lernerfahrungen. Die Teilnehmenden kommen mit individuellen Bedürfnissen, Zukunftswünschen und -perspektiven, die wiederum deren Maß an Motivation zur Kursteilnahme bestimmen (vgl. ausführlich Goethe-Institut 2007, 5).

Nach Angaben des BAMF sollen die individuellen Voraussetzungen der Teilnehmenden vom Träger mittels eines Einstufungstests (vgl. BAMF/Goethe-Institut 2007) erfasst werden; aufgrund der Ergebnisse werden individuelle Kursempfehlungen ausgesprochen. Beispielsweise ist für Personen, die zuvor weder im Herkunftsland noch in Deutschland Zugang zu Schrift und Schriftkultur hatten, zunächst der Besuch eines Alphabetisierungskurses vorgesehen. Da die Voraussetzungen der Teilnehmenden in Alphabetisierungskursen i. d. R. weitaus heterogener sind als in den Standardkursen, liegt die maximale Teilnehmerzahl bei 12 Teilnehmenden. Zielgruppen der Kurse sind sowohl primäre und funktionale Analphabeten als auch Personen, die zwar bereits in einem anderen als dem lateinischen Schriftsystem alphabetisiert wurden, die jedoch nach der Migration nach Deutschland vor der Aufgabe stehen, eine Zweitschrift zu lernen. Aus den unterschiedlichen Voraussetzungen resultieren wiederum hohe Anforderungen an die fachliche, didaktische und methodische Qualifikation der Lehrenden.

Eine besondere Kursform sind Frauenkurse. Sie werden häufig von Frauen besucht, die sich in der Vergangenheit primär um ihre Familie und weniger um das eigene (Vor-)Ankommen gekümmert haben. Für viele ist ein Kursbesuch erst dann möglich, wenn die Betreuung ihrer Kinder gesichert ist. Die Kurse finden daher nicht als Voll-, sondern als Teilzeitkurse statt, wobei die Träger seit 2011 dazu aufgefordert sind, Vollzeitkursen den Vorrang zu gewähren (vgl. BAMF 2011, 2). Ferner trägt das BAMF die Kosten für eine Kinderbetreuung während des Kurses. Auch an dieser Stelle gab es jedoch 2011 Änderungen. Eine Betreuung ist mittlerweile nicht mehr, wie ursprünglich angegeben, für alle Kinder unter 14 Jahren möglich (vgl. BAMF 2009e, 11); Kinder, die älter als drei Jahre sind und daher einen gesetzlichen Anspruch auf Kinderbetreuung haben, werden nicht mehr in die kursbegleitende Kinderbetreuung aufgenommen (vgl. BAMF 2011, 4).

Für einen Großteil der Frauen bietet der Besuch eines Frauenkurses „die erste Möglichkeit, aus der Anonymität herauszutreten und einen Schritt in die bundesdeutsche Gesellschaft zu wagen" (Wrobel 2006, 54). Befragungen in Frauenkursen (vgl. z. B. Rost-Roth 2005; Haug 2006) erbrachten, dass gerade Frauen besondere Bedürfnisse und Wünsche hinsichtlich bestimmter Themen haben, die sich deutlich von denen der Männer unterscheiden (vgl. Haug 2006, 10). Sowohl für einen Teil der muslimischen als auch für viele andere Frauen können ihre Interessen nur ohne männliche Präsenz offen besprochen werden (vgl. Rost-

Roth 2005, 144). Dies lässt deutlich werden, dass Frauenkurse zwar ebenfalls durch o. g. heterogene Bedingungsfaktoren charakterisiert sind, dass hier aber zugleich eine gewisse Homogenität in Bezug auf bestimmte Interessensgebiete herrscht (vgl. Rost-Roth 2005, 150). Von den Lehrenden erfordert dies erneut hohe fachliche, andererseits aber v. a. sozial-emotionale Kompetenzen.

Anzumerken ist, dass das Angebot an unterschiedlichen Kursformen je nach Träger und dessen räumlichen sowie personellen Ressourcen stark variiert. Da die Organisation der Kurse für die Träger mit einem hohen Zeitaufwand verbunden ist und je nach Kursform besondere Anforderungen an Träger und Lehrpersonen stellt, konzentriert sich das Angebot vielerorts primär auf einige wenige Kurstypen. Die Zuweisung zu einem Kurstyp, der dem aktuellen Sprachlern- und Lebensprofil der Teilnehmenden Rechnung trägt, ist damit nach wie vor nicht gewährleistet.

Ähnlich verhält es sich bei der Einstufung in unterschiedliche Kursmodule. Auch hier soll vom Träger bereits vor Kursbeginn anhand des Einstufungstests ermittelt werden, ob ein Teilnehmer bereits über Deutschkenntnisse verfügt und auf welcher Niveaustufe des Gemeinsamen Europäischen Referenzrahmens für Sprachen (GER) (vgl. Europarat 2001; Glaboniat, E 1) sich diese bewegen. Je nach Vorkenntnissen besteht die Möglichkeit, den Kurs nicht in Modul eins, sondern in einem späteren Kursabschnitt zu beginnen. Abhängig ist dies jedoch erneut von den Ressourcen und Kapazitäten der einzelnen Träger. Nicht selten findet eine Zuweisung neuer Teilnehmer zu höheren bzw. niedrigeren Modulen statt, die weniger an den Sprachkenntnissen der Zuwanderer als am vorhandenen Kursangebot der Träger ausgerichtet ist. In anderen Fällen ergeben sich für Interessierte längere Wartezeiten, da keine Plätze in einem passenden Modul frei sind.

Ein Faktor, der eine eindeutige Zuweisung zu einer bestimmten Kursform und einem Modul erschwert, ist die Diskrepanz zwischen mündlichen und schriftsprachlichen Kompetenzen. Gerade Altzuwanderer verfügen zwar häufig bereits über reichhaltige mündliche Kompetenzen, diese stellen jedoch oftmals eine als „Basisvarietät" (Klein/Dimroth 2003, 153 ff.) bezeichnete Sprachform dar, die als Resultat eines stagnierten, ungesteuerten Zweitspracherwerbs zu betrachten ist; v. a. im Bereich der Morpho-Syntax, aber auch in Lexik und Pragmatik ist sie durch sog. Simplifizierungs- und Reduktionsstrategien charakterisiert. Das Aufbrechen dieser oft als „fossiliert" bezeichneten Strukturen und der Aufbau eines Bewusstseins für die eigene und die zielsprachliche Sprachverwendung auf Seiten der Lernenden bedarf meist anderer didaktischer und methodischer Prinzipien als bei Neuzuwanderern ohne Vorerfahrungen. Auch darauf müssen Lehrkräfte mittels differenzierender Maßnahmen reagieren.

4 Inhalte und Ziele des Sprach- und Orientierungskurses

Inhaltliche Grundlagen des Unterrichts sind die jeweiligen Kurskonzepte (vgl. hierzu BAMF 2008a; 2009d; 2009e; 2009f; 2009g) sowie das „Rahmencurriculum für Integrationskurse Deutsch als Zweitsprache" (Goethe-Institut 2007).

Die einzelnen Kurskonzepte liefern v. a. lerngruppenspezifische, organisatorische sowie unterrichtsmethodische Hinweise zur Vermittlung sprachlichen und nicht-sprachlichen Handlungswissens in differenten Alltagsbereichen (vgl. Goethe-Institut 2007, 9). Das Rahmencurriculum bietet wiederum einen umfassenden Überblick zu unterrichtsrelevanten Themenbereichen und Lernzielen, an denen sich auch die Inhalte der Abschlussprüfung „Deutsch-Test für Zuwanderer A 2 – B 1 (DTZ)" (Goethe-Institut / telc GmbH 2009) orientieren.

Weiterführendes Hintergrundwissen rund um die Themen Migration, Interkulturalität, Didaktik und Methodik des Deutschen als Zweitsprache, Unterrichtsplanung sowie zu Zielgruppenspezifika der einzelnen Kurstypen erhalten Lehrende daneben aus der vierbändigen Materialienreihe „Fortbildung für Kursleitende Deutsch als Zweitsprache" (Kaufmann u. a. 2008 – 2011).

4.1 Inhalte und Ziele des Sprachkurses

Übergeordnetes Ziel ist es, die Sprachkenntnisse eines Teilnehmenden soweit auszubauen, dass er sich „im täglichen Leben in seiner Umgebung selbständig sprachlich zurechtfinden und entsprechend seinem Alter und Bildungsstand ein Gespräch führen und sich schriftlich ausdrücken kann" (IntV § 3, Abs. 2, 2004). Hierfür sind der Auf- und Ausbau unterschiedlicher sprachlicher Bereiche (phonische, lexikalisch-semantische, morpho-syntaktische, pragmatische, diskursive und literale Kompetenzen; vgl. z. B. Ehlich 2005) sowie die Aneignung sprachlicher Mittel und Strategien in übergreifenden kommunikativen Handlungsfeldern notwendig. Als übergreifende Handlungsfelder nennt das Rahmencurriculum: „Umgang mit der Migrationssituation", „Realisierung von Gefühlen, Haltungen und Meinungen", „Umgang mit Dissens und Konflikten", „Gestaltung sozialer Kontakte" und „Umgang mit dem eigenen Sprachenlernen" (Goethe-Institut 2007, 11). Ferner findet sich hier eine empirisch ermittelte Einteilung sprachrelevanter Alltagsthemen (vgl. Ehlich u. a. 2007). Von besonderer Relevanz erscheinen die Themen „Ämter und Behörden", „Arbeit", „Arbeitssuche", „Aus- und Weiterbildung", „Banken und Versicherungen", „Betreuung und Ausbildung der Kinder", „Einkaufen", „Gesundheit", „Mediennutzung", „Mobilität", „Unterricht" und „Wohnen" (vgl. Ehlich u. a. 2007; Goethe-Institut 2007; Rost-Roth 2005); je nach Zielgruppe (Männer, Frauen, Jugendliche) konzentriert sich das Interesse mehr oder weniger stark auf einzelne Bereiche.

Die Einstufung der Kompetenzen erfolgt fertigkeitsbezogen anhand der Kann-Beschreibungen des GER; sie sind sowohl im Rahmencurriculum als auch im

Prüfungshandbuch enthalten (vgl. Goethe-Institut 2007; Goethe-Institut/telc GmbH 2009.

Zur Erarbeitung der genannten Themen im Unterricht existiert eine Liste zuge-
lassener Lehrwerke (zu finden unter www.bamf.de), von denen ein Großteil aus
dem DaF-Unterricht im In- und Ausland stammt. Einige wenige Lehrwerke wurden in den vergangenen Jahren speziell für Integrationskurse entwickelt, Beispiele hierfür sind „Pluspunkt Deutsch neu" (Jin/Schote 2009–2011) oder
„Schritte plus" (Niebisch u. a. 2011).

Seit dem 1. Juli 2009 endet der Sprachkurs mit dem „Deutsch-Test für Zuwanderer" (DTZ), der die bisherige Sprachprüfung „Zertifikat Deutsch" (ZD)
ablöste. Im DTZ werden fertigkeitsbezogene Sprachkompetenzen der Stufen
A 2 bis B 1 skaliert erfasst. Ziel ist, sich damit stärker an den Bedürfnissen der
Zielgruppe zu orientieren, eine differenziertere Einschätzung individueller
Kompetenzen zu erlauben und schlussendlich auch die Erfolgsquote der Kurse
zu erhöhen. Der Test besteht aus drei schriftlichen Teilen (Hören, Lesen, Schreiben) und einem mündlichen (Sprechen); Hör- und Leseverstehen werden
gemeinsam, Schreiben und Sprechen separat bewertet. Um die Prüfung zu
bestehen, muss am Ende das Gesamtniveau B1 erreicht werden. Hierfür ist obligatorisch, dass die mündliche Prüfung und ein weiterer Prüfungsteil mit B1
bewertet werden (Goethe-Institut/telc GmbH 2009, 83). Durch die Orientierung an den Inhalten des Rahmencurriculums wird eine intensivere Vernetzung
von Unterrichts- und Prüfungsinhalten angestrebt. Besteht ein Teilnehmer die
Prüfung einmalig nicht, kann gemäß der geänderten IntV ein Antrag auf Wiederholung des Aufbausprachkurses gestellt werden. Bei Bewilligung erhält er weitere 300 Stunden Sprachunterricht, und die Abschlussprüfung kann ein zweites
Mal absolviert werden (vgl. BAMF 2009a, 30).

4.2 Inhalte und Ziele des Orientierungskurses

Im Anschluss an den Sprachkurs folgt der Orientierungskurs, innerhalb dessen
Wissen über Rechtsordnung, Kultur und Geschichte Deutschlands – „insbesondere auch der Werte des demokratischen Staatswesens [...] und der Prinzipien
der Rechtsstaatlichkeit, Gleichberechtigung, Toleranz und Religionsfreiheit"
(BAMF 2008, 11) – vermittelt wird. Struktur und Inhalte des Orientierungskurses wurden in den vergangenen Jahren zum Zweck einer Optimierung und Auf-
wertung revidiert. Neben einer Erhöhung der Gesamtstundenzahl stand v. a. die
Entwicklung eines separaten Curriculums an. Dieses liegt mittlerweile vor und
liefert inhaltliche Angaben, einen detaillierten Stoffverteilungsplan sowie Hinweise zu zielgruppenspezifischen Methoden (vgl. BAMF 2009h).

Gegliedert ist der Kurs in drei Module: „Politik in der Demokratie", „Geschichte
und Verantwortung" sowie „Mensch und Gesellschaft". Die Erfahrungs- und
Lebenswelt der Zuwanderer soll in die Erarbeitung einbezogen werden und

ihnen „bei der gegenwärtigen und zukünftigen Orientierung im Alltag zugute kommen" (BAMF 2009h, 9). Den größten Raum nimmt der Bereich Politik ein; Wissen zum Staatsaufbau und Einsicht in die Strukturen der demokratischen Ordnung Deutschlands werden vermittelt. Im Bereich Geschichte erfolgt ein Rückblick auf zentrale Ereignisse der deutschen Vergangenheit, um ein Verständnis für die aktuelle Gesellschafts- und Rechtsordnung zu erzeugen. Der dritte Themenbereich widmet sich Aspekten menschlichen Zusammenlebens. Er zielt auf ein Verständnis sozialstaatlicher Werte und Normen sowie auf die Vereinbarkeit individueller und gesellschaftlicher Grundhaltungen ab (vgl. BAMF 2009h, 9–11). Aufgrund ihrer Komplexität verlangen die Inhalte eine teilnehmer- und handlungsorientierte Erarbeitung, begleitet von methodischer Vielfalt (vgl. BAMF 2009h, 12 f.). Als Unterrichtshilfen bieten sich u. a. die anschaulich und systematisch aufbereiteten Materialien der Landeszentrale für politische Bildung Baden-Württemberg an.

Auch der Orientierungskurs wird seit dem 1. Januar 2009 mit einem bundeseinheitlichen Test abgeschlossen. Hierfür existiert ein Gesamtkatalog von 250 auf obige Themen bezogene Fragen (vgl. IQB, 2008), aus denen zur Prüfung für jeden Teilnehmenden 25 ausgewählt werden; sie werden im Multiple-Choice-Verfahren beantwortet (vgl. BAMF 2008b). Der Integrationskurs gilt als erfolgreich beendet, wenn sowohl der Sprach- als auch der Orientierungskurstest bestanden wurden. Erst danach kann ein Antrag auf Einbürgerung gestellt werden.

4.3 Vorintegrationsprojekte

Eine Neuerung des Zuwanderungsgesetzes von 2007 für Ehegattennachzug aus den meisten Nicht-EU-Staaten verlangt, dass zur Erteilung eines Visums bereits vor der Einreise grundlegende deutsche Sprachkenntnisse auf A1-Niveau nachgewiesen werden müssen. Seit 2013 fördert das Bundesamt für Migration BAMF sog. Vorintegrationsprojekte, durch die die Integration schon vor der Einreise vorbereitet werden soll. Eine Untersuchung des Goethe Instituts ergab, dass jährlich rund 40.000 Menschen an der dafür vorgesehenen Sprachprüfung „Start Deutsch 1" teilnehmen, die sich zuvor im Rahmen von Privatunterricht, Selbststudium oder v. a. in den so genannten „Vorintegrationskursen" des Goethe Instituts oder anderer Institute darauf vorbereiten. Ein Großteil der Teilnehmenden ist im Anschluss an die Prüfung zum direkten Weiterlernen in Deutschland motiviert. An eben dieser Stelle besteht jedoch ein hoher Optimierungsbedarf des Verfahrens, da die Vernetzung zwischen den Vorintegrationskursen im Ausland und den Integrationskursen im Inland – aufgrund einer zu geringen Informationstransparenz sowie langer Wartezeiten – einem kontinuierlichen Lernen sowie einem raschen Übergang entgegenstehen (vgl. Goethe Institut

2012). Eine exemplarische Studie von Steinhilber u. a. (2013) bestätigt die inte-grative Motivation der Teilnehmer an Vorintegrationskursen, kritisiert die Prüfung und die lange Wartezeit vor der Visa-Erteilung sowie die deutsche Ablehnung zwischenzeitlicher Visa für Besuche, bei denen die Migrationswilli-gen sich vor der Migration ein Bild vom Land machen könnten.

In einem Folgeprojekt unter Beteiligung des Europäischen Integrationsfonds EIF soll ab 2013 an einer „Harmonisierung des Übergangs von der vorintegrati-ven Sprachförderung zum Integrationskurs" (vgl. Goethe Institut 2012; BAMF, 2012) gearbeitet werden, um damit nicht zuletzt auch zur Erhöhung der Bildungsbeteiligung von Neuzuwanderern beizutragen.

5 Resümee und Ausblick

Der vorliegende Beitrag fasst Verfahren und Reformen von Integrationskursen der letzten Jahre zusammen.

Das Angebot an Integrationskursen ist derzeit rückläufig, die Zahl der Neuan-meldungen wieder gesunken. Begründet wird der Rückgang v. a. durch eine Ver-schlechterung des Kursangebots (vgl. Bax 2011, 1). So befanden sich im Jahr 2010 aufgrund politischer Sparmaßnahmen zahlreiche Zuwanderer auf Wartelisten für einen Kursplatz (vgl. Spiegel Online 23.10.2010), teilweise war sogar ein Auf-nahmestopp für freiwillige Teilnehmer verhängt (Gysi u. a. 2011, 1). Ferner füh-ren Einschränkungen bei der Übernahme von Fahrt- und Kinderbetreuungs-kosten sowie bei Wiederholungsmöglichkeiten oder bei der Durchführung von Teilzeitkursen zu einem weiteren Rückgang der Interessenten (vgl. Gysi u. a. 2011). Das Angebot an zielgruppenspezifischen Kursplätzen ist damit je nach Region nur eingeschränkt vorhanden.

Ein weiterer Aspekt, der von Gewerkschaften und Interessensverbänden kri-tisch betrachtet wird, ist die Bezahlung der Lehrkräfte. Obgleich die Lehrkräfte wichtige gesellschaftliche, fachliche, didaktische und methodische Aufgaben bewältigen, werden sie für Leistung und Engagement nicht sachgerecht ent-lohnt, sondern befinden sich in einer prekären Einkommens- und Beschäfti-gungssituation. Ihre Bezahlung ist niedrig, es existiert keine verbindliche Hono-rierung, keine Sicherheit des Arbeitsplatzes und keine geregelte Altersvorsorge.

Auf Seiten der Träger reichen die für die Kurse vorgesehenen Pauschalen nicht aus, um qualifiziertes Personal einstellen und fair bezahlen zu können, sowohl bei der Kinderbetreuung als auch bei den Lehrkräften.

Zuletzt: Das Erteilen einer dauerhaften Aufenthaltserlaubnis ist gemäß dem neuen AufenthG nur dann möglich, wenn der Integrationskurs erfolgreich mit dem Sprachniveau B1 abgeschlossen wurde. Dieses Ziel erreichen viele Teilneh-mende nicht, bedingt durch ungünstige Bildungsvoraussetzungen, schwierige

Lebensumständen und zu heterogene Integrationskurse. Nach Krumm (2004, 25) ist ein Großteil der Zuwanderer stark motiviert, die deutsche Sprache zu lernen, „vorausgesetzt, es gibt positive Integrationsanreize und angemessene Sprachlernbedingungen. Diese herzustellen sollte die vorrangige Aufgabe als **Voraussetzung** für die Verpflichtung zum Sprachkurs sein" (Krumm 2004, 25).

Eine grundlegende Offenheit der Aufnahmegesellschaft „für eine Aufnahme und Anerkennung der mitgebrachten andersartigen sprachlichen und kulturellen Prägungen", bei der „Integration als Bereicherung und Identitätserweiterung erfahren wird" (Krumm 2004, 23), stärkt Zuwanderer und Aufnahmegesellschaft.

Literatur

AufenthG: Aufenthaltsgesetz in der Fassung der Bekanntmachung vom 25. Februar 2008 (BGBl. I, S. 162), zuletzt durch Artikel 4 Absatz 5 des Gesetzes vom 30. Juli 2009 (BGBl. I, S. 2437) geändert

BAMF: Integrationskurse. Eine Erfolgsgeschichte und ein Modell für Europa. Bilanz 2008. Nürnberg: BAMF 2009a

BAMF: Bericht zur Integrationskursgeschäftsstatistik für das Jahr 2008. Nürnberg: BMBF, 2009b

BAMF: Bericht zur Integrationskursgeschäftsstatistik für das erste Halbjahr 2009. Abfragestand 21.08.2009. Nürnberg: BAMF 2009c

BAMF: Konzept für einen bundesweiten Alphabetisierungskurs. Überarbeitete Fassung für 945 UE. Nürnberg: BAMF 2009d

BAMF: Konzept für einen bundesweiten Frauen- bzw. Elternintegrationskurs. Überarbeitete Fassung für 945 UE. Nürnberg: BAMF 2009e

BAMF: Konzept für einen bundesweiten Jugendintegrationskurs. Überarbeitete Fassung für 945 UE. Nürnberg: BMBF 2009f

BAMF: Konzept für einen bundesweiten Intensivkurs nach § 13 Abs. 2 IntV. Nürnberg: BAMF 2009g

BAMF: Curriculum für einen bundesweiten Orientierungskurs. Nürnberg: BAMF 2009h

BAMF: Konzept für einen bundesweiten Integrationskurs. Überarbeitete Neuauflage. Nürnberg: BAMF 2008a

BAMF: Modelltestbogen für den Orientierungskurstest. Nürnberg: BAMF, 2008b

BAMF: Informationsbrief: Durchführung von Integrationskursen. 320-9500.12.2. Nürnberg: BAMF 07.03.2011

BAMF: EIF-Kofinanzierung. [http://www.bamf.de/DE/Infothek/Projekttraeger/EIF-Kofinanzierung/eif-kofinanzierung.html] (am 11.07.2012)

BAMF/Goethe-Institut (Hrsg.): Einstufungssystem für die Integrationskurse in Deutschland. München: Goethe-Institut 2007

Bax, Daniel: Regierung kürzt Integrationskurse. [http://www.taz.de/!77678/] (Stand: 14.09.2011)

Ehlich, Konrad/Hila, Anna/Montanari, Elke: Recherche und Dokumentation hinsichtlich des Sprachbedarfs von Teilnehmenden an Integrationskursen DaZ – InDaZ – im

Rahmen des Projektes des Goethe-Instituts zur Erstellung eines Rahmencurriculums für Integrationskurse. München: Ludwig-Maximilians-Universität 2007

Ehlich, Konrad: Sprachaneignung und deren Feststellung bei Kindern mit und ohne Migrationshintergrund: Was man weiß, was man braucht, was man erwarten kann. In: BMBF (Hrsg.): Anforderungen an Verfahren der regelmäßigen Sprachstandsfeststellung als Grundlage für die frühe und individuelle Förderung von Kindern mit und ohne Migrationshintergrund. Bonn: BMBF 2005, 11–75

EUAufhAsylRUG: Gesetz zur Umsetzung aufenthalts- und asylrechtlicher Richtlinien der EU. Bundesgesetzblatt I (2007) Nr. 42 vom 27.08.2007

Europarat (Hrsg.): Gemeinsamer europäischer Referenzrahmen für Sprachen: Lernen, lehren, beurteilen. Berlin: Langenscheidt 2001

Goethe-Institut: Der Übergang von der vorintegrativen Sprachförderung zum Integrationskurs – Analyse und Handlungsempfehlungen. Berlin 2012. [http://www.goethe.de/lhr/prj/daz/pro/doku/20120306_Ergebnisse_Studie_UeM_Tagung%20Vorintegration.pdf] (am 08.07.2012)

Goethe-Institut/telc GmbH: Deutsch-Test für Zuwanderer A2–B1. Prüfungsziele, Testbeschreibung. München: Cornelsen 2009

Goethe-Institut: Rahmencurriculum für Integrationskurse Deutsch als Zweitsprache. München: Goethe Institut 2007

Gysi und Fraktion: Kleine Anfrage an den deutschen Bundestag. Drucksache 17/6820. Berlin: 18.08.2011

Haug, Sonja: Frauen in Integrationskursen. Ergebnisse einer Teilnehmerbefragung des Bundesamtes für Migration und Flüchtlinge. In: Deutsch als Zweitsprache 1 (2006), 8–12

IQB: Orientierungskurstest. 250 Aufgaben modular. Nürnberg: BAMF 2008

IntV: Integrationskursverordnung vom 13. Dezember 2004 (BGBl. I, S. 3370), geändert durch die Verordnung vom 5. Dezember 2007 (BGBl. I, S. 2787), 2004

Jin, Friederike/Schote, Joachim: Pluspunkt Deutsch neu. Neue Ausgabe. Bd. 1–3. Berlin: Cornelsen 2009; 2010; 2011

Kaufmann, Susan/Zehnder, Erich/Vanderheiden, Elisabeth (Hrsg.): Fortbildung für Kursleitende Deutsch als Zweitsprache. Band 1 bis Band 4. Ismaning: Hueber 2008; 2009; 2010; 2011

Klein, Wolfgang/Dimroth, Christine: Der ungesteuerte Zweitspracherwerb Erwachsener: Ein Überblick über den Forschungsstand. In: Maas, Utz/Mehlem, Ulrich: Qualitätsanforderungen für die Sprachförderung im Rahmen der Integration von Zuwanderern. IMIS-Beiträge (2003) Heft 21, 127–161

Krüger, Georg/Merkelbach, Matthias: Pluspunkt Deutsch. Der Integrationskurs. Bd. 1–3. Berlin: Cornelsen 2004, 2005

Krumm, Hans-Jürgen: „One sprachen konten wir uns nicht ferstandigen. Ferstendigung ist wichtig". Entwicklung und Tendenzen in der Sprachlehrforschung im Bereich der Migration und Integration. In: Deutsch als Zweitsprache (2002) Heft 2, 32–40

Krumm, Hans-Jürgen: Integration durch Sprache – ein falsches Versprechen? Oder: Bedingungen für einen integrationsfördernden Unterricht. In: Wolf, Armin/Ostermann, Torsten/Chlosta, Christoph (Hrsg.): Integration durch Sprache. Materialien Deutsch als Fremdsprache 73 (2004), 19–37 (Regensburg: Fachverband Deutsch als Fremdsprache)

Landeszentrale für plitische Bildung Baden-Württemberg: miteinander leben. [http://i-punkt-projekt.de] (am 26.2.2013)

Niebisch, Daniela / Penning-Hiemstra, Sylvette / Specht, Franz / Bovermann, Monika: Schritte plus. Band 1–6. Ismaning: Hueber 2011

Rambøll Management: Evaluation der Integrationskurse nach dem Zuwanderungsgesetz. Abschlussbericht und Gutachten über Verbesserungspotenziale bei der Umsetzung der Integrationskurse. Berlin: BMI 2006

Rost-Roth, Martina: „Mütterkurse": Förderung pragmatischer Kompetenzen in Deutschkursen für Frauen mit Migrationshintergrund. Lernvoraussetzungen und Kommunikationsbedürfnisse. In: Wolf, Armin / Riemer, Claudia / Neubauer, Fritz (Hrsg.): Sprache lehren – Sprache lernen. Materialien Deutsch als Fremdsprache 74 (2005), 129–154 (Regensburg: Fachverband Deutsch als Fremdsprache)

Rother, Nina: Das Integrationspanel. Ergebnisse zur Integration von Teilnehmern zu Beginn eines Integrationskurses. Working Paper 19 der Forschungsgruppe des Bundesamtes. Nürnberg: BAMF 2008

Spiegel Online: Integrationskurse für Migranten sind überlaufen; 23.10.2010 [http://www.spiegel.de/politik/deutschland/0,1518,724960,00.html] (am 14.09.2011)

Steinhilber, Beate / Jakupi, Arta / Angstenberger, Benedikt / Ahrens, Esther / Heiner Beermann: Hürden und Brücken im Transnationalen Raum - Transnasyonel Alanda Engeller ve Köprüler. Ergebnisse eines Studierendenprojekts über (Heirats)Migration von der Türkei nach Deutschland 2013. [http://www.eh-freiburg.de/inc/template/ehfreiburg/de/Pdf/hochschule/FB%20Soziale%20Arbeit/Huerden-und-Bruecken-im- transnationalen-Raum_2013.pdf] (am 20.2.2013)

Wrobel, Sybille: „Frauen wissen mehr". Niederschwellige Kurse für Migrantinnen und Spätaussiedlerinnen – Erfahrungen aus der Praxis. In: Deutsch als Zweitsprache (2006) Heft 3, 54–55.

JENS WEISSENBERG

F6 Deutsch am Arbeitsplatz fördern

1 Herausforderungen für die berufsbezogene Zweitsprachförderung

1.1 Wachsende Bedeutung einer bedarfsorientierten Zweitsprachförderung

Der Begriff der berufsbezogenen Zweitsprachförderung bezieht sich hier auf dauerhaft in Deutschland lebende und arbeitende sowie Arbeit suchende Migranten und Deutsche mit Deutsch als Zweitsprache. Die Zielgruppe ist nach Alter, Beruf bzw. Qualifikation sowie ethnischer und sozialer Herkunft äußerst heterogen, der weitaus überwiegende Teil jedoch in ausführenden Funktionen tätig, z. T. aber auch niedrig qualifiziert und lernungewohnt. Jene Zielgruppe hoch qualifizierter, bildungsnaher und lerngewohnter Mitarbeiter, die sich im Ausland auf einen beruflichen Einsatz in deutschen Wirtschaftsunternehmen oder begleitend zu ihrem (i. d. R. befristeten) Arbeitsaufenthalt in Deutschland berufs- bzw. fachsprachliche Kompetenzen erwerben will, ist dagegen nicht Gegenstand der folgenden Ausführungen. Für diese vergleichsweise homogene Gruppe, für die Deutsch Fremdsprache ist und bei der die Vermittlung einer auf der Kommunikation von internationalen Handelsunternehmen aufbauenden Arbeits- und Kontaktsprache (auch: Geschäfts- oder Wirtschaftsdeutsch) sowie von Fachsprachen bestimmter international relevanter Wirtschaftsbereiche im Mittelpunkt steht, gibt es bereits eine Reihe guter konzeptioneller Ansätze berufsbezogener Sprachförderung, wie sie beispielsweise regelmäßig im Rahmen der Interessensgemeinschaft „ERFA Wirtschaft Sprache"[1] vorgestellt werden.

1.2 Entwicklung integrativer und ganzheitlicher Konzepte

Unter verschiedenen Bezeichnungen und im Rahmen unterschiedlicher Projekte wurden bisher in Deutschland vielfältige Angebote zum Zweitsprachunterricht in Deutsch mit Berufs- und Arbeitsplatzbezug konzipiert und durchgeführt. Doch „trotz dieser Vielfalt von Angeboten", konstatiert die entsprechende Facharbeitsgruppe im Ergebnisbericht zum bundesweiten Integrationsprogramm, „existiert keine einheitliche Strategie für die Vermittlung berufsbezogener Deutschkenntnisse für Migrantinnen und Migranten [...]" (BAMF 2008, 37).

---

[1] Vgl. www.daf.uni-jena.de/erfa

In dieser Vielfalt von Projekten und Angeboten sind dennoch drei Hauptlinien zu erkennen, die sich hinsichtlich ihrer Ausgangslagen, ihrer inhaltlichen Ansätze und ihrer Zielsetzungen grundsätzlich unterscheiden lassen:

(1) Im Zentrum der **qualifizierungsorientierten Zweitsprachförderung** steht die Vermittlung von Methodenkompetenzen, wie beispielsweise geeignete (Lern-) Strategien zur Erschließung von Fachtexten und zum Verständnis komplexer grammatischer Strukturen (vgl. Funk 1992, 12). Ihr bildungssprachlicher Ansatz zielt darauf, Teilnehmer bei der Bewältigung von komplexen fachlichen und meist lehrwerkgestützten Aufgaben im Rahmen einer Qualifikation zu unterstützen und so einen erfolgreichen Abschluss von beruflichen Aus- und Weiterbildungsangeboten zu gewährleisten (vgl. Ohm 2009).

(2) Die **berufs(feld)- und branchenorientierte Zweitsprachförderung** wendet sich mit ihren Angeboten entweder an spezifische Berufsgruppen, um auf einen konkreten Fachkräftebedarf in einem bestimmten Segment des Arbeitsmarktes zu reagieren, oder an auf dem Arbeitsmarkt benachteiligte Zielgruppen wie An- und Ungelernte, Frauen, Flüchtlinge sowie Menschen mit unzureichenden Lese- und Schreibkompetenzen. Ihr Ziel ist die Stärkung der Beschäftigungsfähigkeit der Arbeit suchenden Teilnehmenden sowie letztlich deren erfolgreiche Integration in den (ersten) Arbeitsmarkt (vgl. Daase 2007).

(3) Ausgangspunkt der **arbeitsplatz- und betriebsorientierten Zweitsprachförderung** sind in der Regel bestimmte sprachliche und kommunikative Schwierigkeiten von Mitarbeitern, die die Produktivität der Arbeitsprozesse im Unternehmen beeinträchtigen, meist hervorgerufen durch Veränderungen am Arbeitsplatz (vgl. Nispel/Szablewski-Çavuş 1996, 68–74). Diese Sprachbedarfe des Unternehmens arbeitsplatznah zu ermitteln, kritisch zu analysieren, mit Hilfe von Sprachfördermodulen zu befriedigen und so die kommunikative Kompetenz des Mitarbeiters sowie die Kompetenzentwicklung im Rahmen innerbetrieblicher Weiterbildung zu stärken, ist Ziel der arbeitsplatzbezogenen Zweitsprachförderung (vgl. Koordinierungsstelle Deutsch am Arbeitsplatz 2007).

Jeder dieser drei Ansätze bedient also lediglich Teilaspekte der berufsbezogenen Sprachförderung, die jeweils unterschiedliche Facetten der beruflichen Handlungsfähigkeit unterstützen können. Daher ist die konzeptionelle Verknüpfung aller drei Bereiche eine wichtige Voraussetzung für die nachhaltige berufsbezogene Sprachförderung (vgl. Weissenberg 2010).

1.3 Praxis- und arbeitsplatznahe Zweitsprachförderangebote

Die berufsbezogene Zweitsprachförderung ist besonders dem konkreten funktionalen Ziel der beruflichen Beschäftigungs- und Handlungsfähigkeit des Lerners verpflichtet. Das Erreichen dieses Ziels ist jedoch von zahlreichen Faktoren abhängig, die die inhaltliche Gestaltung des Lernprozesses bestimmen, aber außerhalb des Lernprozesses liegen. Sprachförderung muss daher konzeptionell im Vorfeld wie im Lernprozess selbst Bezüge zur konkreten und komplexen beruflichen Situation herstellen, die der Lerner bewältigen muss, und dabei die kommunikativen Anforderungen aus dem institutionellen Rahmen berücksichtigen.

Im Mittelpunkt steht der Arbeitsplatz. Die berufsbezogene Sprachförderung erfordert deshalb eine Ausrichtung des Sprachtrainings in den beruflichen Betriebsalltags hinein. Doch sind die Kenntnisse dafür in verschiedenen Berufen und an unterschiedlichen Arbeitsplätzen in Deutschland anders als in angloamerikanischen (England, Kanada, Neuseeland, Australien) und auch in einigen europäischen Ländern (Finnland, Schweiz, Niederlande) immer noch gering. Während in den Niederlanden beispielsweise nach Frequenz und Bedeutung geordnete Listen von Sprachgebrauchssituationen für viele verschiedene Berufszweige vorhanden sind, die eine gute Grundlage für die Entwicklung maßgeschneiderter Zweitsprachförderangebote darstellen (vgl. Grünhage-Monetti u. a. 2003), v. a. fehlte es lange an entsprechenden Materialien im deutschsprachigen Raum (vgl. Nispel/Szablewski-Çavuş 1996, 104). In jüngster Zeit hat das von der VW-Stiftung finanzierte und vom Deutschen Institut für Erwachsenenbildung (DIE) geleitete Projekt „Deutsch am Arbeitsplatz" (DaA) eine entsprechende Untersuchungen durchgeführt. 2007 bis 2009 wurden in 15 Betrieben in Deutschland und Österreich authentische mündliche und schriftliche Kommunikation unter Berücksichtigung betrieblicher Organisationsstrukturen und Arbeitsinhalte untersucht. Ziel des Projekts war es, die sprachlich-kommunikativen Anforderungen an Arbeitsplätzen mit hohem Anteil von Beschäftigten mit Deutsch als Zweitsprache zu ermitteln und sie im Hinblick auf die Weiterentwicklung der berufs- und arbeitsplatzbezogenen Zweitsprachförderung zu dokumentieren und zu analysieren (vgl. Grünhage-Monetti 2008; 2009b; Berg/Grünhage-Monetti 2009; Knötig 2010). Das Projekt knüpft damit an eine Vielzahl nationaler und internationaler DIE-Projekte an, die sich mit unterschiedlichen Aspekten der berufs- und arbeitsplatzbezogenen Zweitsprachförderung beschäftigt hatten: „Deutsch am Arbeitsplatz – Leben und Arbeiten in Deutschland" (1996–1999), „Odysseus – Second Language at the Workplace" (1998–2003), „Setting up Partnerships against Social Exclusion at the Workplace" (2000–2002), „Training for the Integration of Migrants into the Labour Market and the Local Society" (2001–2005) sowie die vom Bundesamt für Migration und Flüchtlinge in Auftrag gegebene Expertise „Sprachlicher Bedarf von Personen mit Deutsch als Zweitsprache in Betrieben" (Grünhage-Monetti 2010).

2 Sprachliche und kommunikative Anforderungen am Arbeitsplatz

2.1 Strukturwandel und Arbeitsplatzkommunikation

Die Ergebnisse der DaA-Studiengruppe bestätigen den Zusammenhang zwischen den technologischen und strukturellen Veränderungen in Betrieben und den erhöhten sprachlichen und kommunikativen Anforderungen an Mitarbeiter aller Qualifizierungsprofile und Unternehmensbereiche. Branchenübergreifend ist festzustellen, dass strukturelle Veränderungen auch die Kommunikation am Arbeitsplatz verändert und neue sprachlich-kommunikative Praktiken und Anforderungen hervorgebracht haben. Besonders deutlich ist der Anspruch an kommunikative Kompetenzen in den operativen Bereichen der Unternehmen gestiegen, in denen auch gering qualifizierte bzw. angelernte Mitarbeiter mit überdurchschnittlich hohen Migrantenanteilen zu finden sind (vgl. Solga 2005). Es werden vier branchenübergreifende Entwicklungen beobachtet, bei denen die veränderten Bedingungen sprachlicher und kommunikativer Anforderungen an Mitarbeiter evident sind:

2.1.1 Erhöhung der Qualitätsstandards

Die stärkere Orientierung an externen Qualitätsstandards sowie die zunehmende Bedeutung präventiver Qualitätssicherung setzt eine lückenlose Kontrolle und Dokumentation der Arbeitsprozesse voraus. Die damit verbundene meist EDV-gestützte Standardisierung bzw. Formalisierung der der Qualitätssicherung dienenden Tätigkeiten und Aufgaben hat wesentlich zu dem starken Anstieg schriftsprachlicher Anforderungen am Arbeitsplatz beigetragen. Im Rahmen von Kontrollmaßnahmen müssen Prüfanweisungen befolgt, Regelkarten und Sicherheitsdatenblätter, Checklisten und Pläne befolgt ausgefüllt, Qualitätsprotokolle erstellt und Dokumentationen geführt werden etc. Darüber hinaus müssen Produktionsfehler erkannt, identifiziert und entweder beseitigt und/oder in mündlicher oder schriftlicher Form beschrieben werden. Beschreibungen Protokolle und Berichte, oftmals in tabellarischer Form (als Formular), sind die häufigsten Textsorten. Sachabläufe müssen hier in ihrer logischen und chronologischen Verknüpfung, meist zusammenfassend und systematisierend, oder mündlich- deskriptiv dargelegt werden. Immer handelt es sich auf Grund der Norm-Vorgaben um präzise und klar zu formulierende Texte.

2.1.2 Anstieg des Weiterbildungsbedarfs

Neben den steigenden Standards sowie strengeren gesetzlichen Auflagen (wie z. B. Hygiene- und Sicherheitsbestimmungen) sind es vor allem kürzer werdende Innovations- und Produktionszyklen, die die Anforderungen an das Lernen am

Arbeitsplatz erheblich steigern. Einarbeitung, Anleitung, Ein- oder Unterwei-
sungen, betriebsinterne oder -externe Schulungen und Qualifizierungen – die
Mitarbeiter müssen neue Informationen mündlich und schriftlich aufnehmen,
lernend verarbeiten sowie an ihren Arbeitsplätzen umsetzen. Die Textsorten
können dabei sehr unterschiedlich sein: Mitteilungen am Schwarzen Brett oder
im Intranet, Hand- und Fachbücher, Seminargespräche und „Präsentationen" in
Weiterbildungsseminaren, oftmals aber auch Instruktions-, Informations- oder
Fachgespräche in Face-to-Face-Situationen. Dabei nimmt das informelle Lernen, d. h. der Abruf von unbekanntem Wissen aus eigener Initiative, großen
Raum ein. Die Texte sind geprägt durch Komplexität der Inhalte und einen
hohen Anteil an Fachterminologie. Lerntechniken und -strategien spielen für
lernungewohnte Mitarbeiter eine wichtige Rolle.

2.1.3 Neue Formen der Arbeitsorganisation

Durch den Einsatz dezentraler Arbeitsformen auf operativer Ebene haben
Gruppenarbeits- sowie Jobrotationskonzepte an Bedeutung gewonnen. Sie zielen auf eine stärker prozessorientierte Integration dezentral verteilter und aus-
differenzierter Wissens- und Know-how- Bestände und damit auf eine effektivere
Steuerung und Nutzung von Wissen. Daraus folgt, dass die Anforderungen an
kommunikative und soziale Kompetenzen erheblich gewachsen sind. In Abstim-
mungsgesprächen, Besprechungen (z. B. Übergaben oder Schichtwechsel) und
Konfliktgesprächen müssen sich die Mitarbeitenden einbringen und mit Fragestellungen sachlich, kooperativ und kritisch auseinander setzen, Stellung nehmen, zu einer verantwortungsbewussten Urteilsbildung finden sowie selbstständig und eigenverantwortlich getroffene Entscheidungen begründen, mit Kritik
umgehen und selbst Kritik üben können.

2.1.4 Zunahme der Kunden- und Serviceorientierung

Die Expansion und Ausdifferenzierung des Dienstleistungssektors führt dazu,
dass selbst Mitarbeiter in früher eher „kundenfreien" Unternehmensbereichen
heute Kontakt mit externen Akteuren haben. In so genannten Kundenaudits
erklären die am Produktionsprozess beteiligten Beschäftigten den Kunden Pro-
duktionsabläufe. Häufig vorkommende Gesprächstypen sind dabei Informati-
ons- bzw. Auskunftsgespräche, Beratungs-, Verkaufs- sowie Verhandlungsge-
spräche. Die Mitarbeiter beantworten Anfragen, erteilen Auskunft, bedienen
und beraten Kunden, handeln evtl. akzeptanzfähige Lösungen aus. Die hiermit
verbundenen sprachlichen und kommunikativen Anforderungen sind auch deshalb so komplex, weil ihnen auf Grund der Außendarstellung unter hohem Zeit-
und Erwartungsdruck und unter genauer Beachtung eigener Kompetenzen und
betrieblicher Zuständigkeiten entsprochen werden muss.

2.1.5 Berufliche Beschäftigungs- und Handlungsfähigkeit

Die hier skizzierten Tendenzen der kommunikativen Anforderungen am Arbeitsplatz verlangen von den Mitarbeitern neben einem differenzierten adressatengerechten mündlichen und schriftlichen Ausdruck sowie dem sicheren Umgang mit unterschiedlichen Texten auch vielfältige Diskurskompetenzen und die Fähigkeit, sich arbeitsplatzrelevantes Wissen selbstständig anzueignen. Branchenübergreifende Untersuchungen machen deutlich, dass die Einschränkung sprachlicher und kommunikativer Kompetenzen bei Mitarbeitern mit Deutsch als Zweitsprache deren berufliche Beschäftigungs- und Handlungsfähigkeit insgesamt erheblich vermindert, wenn nicht gar behindert (vgl. Grünhage-Monetti 2010). Mit Konsequenzen für alle Beteiligten: Gefahr von Missverständnissen und Konflikten am Arbeitsplatz, Einschränkung der Produktivität und Effizienz von Arbeitsabläufen sowie die Beeinträchtigung der Personalentwicklung auf Seiten der Unternehmen, geringere Einstellungs-, Weiterbildungs- und Aufstiegschancen sowie drohender Arbeitsplatzverlust und Arbeitslosigkeit auf Seiten der Mitarbeiter und Arbeitsuchenden mit Migrationshintergrund, geringere Teilnahme- und Erfolgsquoten auf Seiten der Akteure beruflicher Weiterbildung usw.

2.2 Arbeitsorganisation und Arbeitsplatzkommunikation

Die Förderung sprachlicher und kommunikativer Kompetenzen am Arbeitsplatz darf nicht losgelöst von dem betrieblichen Rahmen betrachtet werden (vgl. Boutet 2001; Belfiore u. a. 2004). Die konkreten sprachlich-kommunikativen Anforderungen hängen auch davon ab, wie das Unternehmen aufgebaut ist und wie es seine Arbeitsabläufe organisiert. Unterschiedliche Unternehmenskulturen geben der sozialen Interaktion in Unternehmen Gestalt und werden durch Sprache (verbal und nonverbal) kommuniziert. Eine rein linguistisch-funktionale Sichtweise erscheint für die berufsbezogene Zweitsprachförderung daher zu einseitig.

2.2.1 Betriebsspezifische Realisierung von Textsorten und Gesprächstypen

Die bloße Kenntnis der textsorten- und gesprächstypischen Sprachhandlungen am Arbeitsplatz reicht nicht (Endbericht zum DaA-Projekt, unveröffentlicht). Mündliche Sprachäußerungen am Arbeitsplatz können Merkmale des Schriftlichen aufweisen und schriftliche Sprachäußerungen Merkmale des Mündlichen (Koch/Österreicher 1985): Ein Vortrag im Rahmen einer Hygiene- und Gefahrenstoffschulung ist medial mündlich und zugleich konzeptionell schriftlich, die schriftliche E-Mail in der innerbetrieblichen Kommunikation tendenziell eher konzeptionell mündlich als schriftlich. Ein Gespräch unter Kollegen ist eher an der konzeptionellen Mündlichkeit orientiert als ein Vorstellungsgespräch. Welche Diskursstrategien und sprachlichen Register bei der Realisierung einer bestimmten Sprachhandlung angebracht sind, wird teils durch die textinternen Funktionsmerkmale bestimmt, teils durch textexterne Faktoren. Welche Kommunikationsformen kommen vor, monologische oder dialogische? Wie viele und welche Partner sind beteiligt, in einem gemeinsamen Raum (synchron/asynchron). Und in welchem Verhältnis zueinander stehen sie? – Die Dichotomien Nähe/Distanz, Vertrautheit/Fremdheit und Privatheit/Öffentlichkeit spielen hier eine Rolle, da sie den Grad der konzeptionellen Schriftlichkeit und Mündlichkeit und damit die Versprachlichungsstrategien bestimmen (vgl. Dürscheid 2003). Die Gesamtheit der Faktoren wird maßgeblich durch die expliziten und impliziten Regeln der betrieblichen Handlungsgemeinschaft geprägt (vgl. Wenger 1998) und muss bei der berufsbezogenen Zweitsprachförderung berücksichtigt und in kommunikationsrelevante Zusammenhänge gebracht werden.

2.2.2 Einfluss informeller Alltagsgespräche auf das Betriebsklima

Oftmals unterschätzte Bedeutung kommt dem informellen Alltagsgespräch („Smalltalk") zu. Informelle Alltagsgespräche spielen auch im beruflichen Kontext eine wichtige Rolle, da sie zur Herstellung bzw. Aufrechterhaltung von sozialen Beziehungen dienen und damit wesentlich zum positiven sozio-emotionalen Klima im beruflichen Handeln beitragen (vgl. Weber u. a. 2000, 85). Inhaltlich ermöglicht der Smalltalk den Übergang vom Beruflichen ins Private, er kann persönliche Distanzen und Dissonanzen überwinden und als (stress-) entlastende Flankierung zu den stärker sach- und ergebnisorientierten Gesprächstypen der beruflichen Praxis fungieren. Als „sozialer Kitt" entscheidet er darüber, wer dazu gehört und wer nicht (Inklusion/Exklusion).

Die qualitativen Befragungen des DaA-Projekts veranschaulichen die bedeutende Rolle, die Alltagsgespräche auf das Betriebs- und Arbeitsklima haben: „Und die fahren dann zu zweit auf eine Baustelle, stellen Sie sich das vor, und sprechen kein Wort miteinander, und das die ganze Fahrt über!" Die Teilhabe an informellen Alltagsgesprächen stellt für Nicht-Muttersprachler eine große sprachliche Herausforderung dar.

2.2.3 Die Rolle der Prosodie

Prosodische Merkmale haben eine wichtige Funktion beim Sprechen am Arbeitsplatz, weil sie helfen unterschiedliche Sprachhandlungen zu realisieren. Bei der Hervorhebung und Betonung von Silben, Wörtern und ganzen Sätzen lassen sich wichtige und eher unwichtige Informationen unterscheiden, sowie Kommunikationsabläufe verkürzen und beschleunigen (z. B. bei Intonationsfragen), über die Wortebene hinaus emotionale Zustände transportieren (Ärger, Wut, Freude) oder Einstellungen zum Gesprächspartner oder -gegenstand deutlich machen (Ironie, Höflichkeit, Ablehnung). Hinzu kommen Körpersprache und Proxemik.

Entsprechend sollte in der berufsbezogenen Zweitsprachförderung mit Hilfe von Hörübungen für prosodische Merkmale sensibilisiert werden.

3 Zweitsprachförderung am und für den Arbeitsplatz

3.1 Handlungsorientierte Arbeitsplatzszenarien

Im Hinblick auf die spezifischen Anforderungen der Arbeitswelt hat sich in der angelsächsischen Forschung der Schwerpunkt auf die sogenannten „workplace literacies" etabliert. Auch diese Forschungsrichtung hebt den sozialen Aspekt von Lesen und Schreiben am Arbeitsplatz hervor und warnt vor einer Vermittlung von rein formalistischem Wissen und formalistischen Techniken. Exemplarisch s. „Literacy at work is more than just reading and writing: it is also social in nature. Literacy is an integral part of the workplace that must be examined in the context of the overall workplace environment" (vgl. Defoe / Folinsbee 2004; Belfiore u. a. 2004).

Ein wichtiger konzeptioneller bzw. didaktisch-methodischer Ansatz die arbeitsplatzrelevanten sprachlichen und kommunikativen Kompetenzen im Rahmen der berufsbezogenen Zweitsprachförderung zu stärken ist dabei der so genannte „Szenario-Ansatz"[2]. Authentische berufs- und arbeitsplatzrelevante Situationen werden hier in ihrem Handlungszusammenhang in den Kursraum transportiert. In aufgabenorientierten Lernarrangements bzw. -szenarien müssen sich die Teilnehmer bewusst der für die Realisierung eines konkreten Handlungskontextes notwendigen Redemittel, Sprachhandlungen, Diskursstrategien, Begriffe, Textsorten, grammatischen Formen etc. bedienen und diese arbeitsplatz- bzw. situationsbezogen einsetzen bzw. anwenden. Die Flexibilität des Szenario-Ansatz erlaubt, aktuelle Kommunikationsbedarfe sowie Bedürfnisse und Wünsche der Teilnehmer handlungsorientiert zu thematisieren. Nicht mehr die „isolierte" sukzessiv-lineare Aneignung von (berufsrelevanten) Sprachfertigkeiten steht im Mittelpunkt der berufsbezogenen Sprachförderung, sondern die mehr oder weniger komplexen beruflichen Situationen selbst, mit denen ein Mitarbeiter am Arbeitsplatz konfrontiert wird und deren Bewältigung von ihm einen spontanen Rückgriff auf vorhandenes Sprachwissen und insbesondere auch auf sprachliche und kommunikative Diskursstrategien erfordert. Aufgabenorientierte Arbeitsplatzszenarien verlangen vom Lernenden, sich in die Situation zu begeben und selbstständig nach kommunikativen Handlungslösungen zu suchen und diese aufzuzeigen. Ein solcher handlungsorientierter Ansatz, bei dem sich die Teilnehmer sowohl ihrer schon vorhandenen kommunikativen Potentiale als auch ihrer

---

[2] Zur Begründung der Arbeit mit dem Szenario-Begriff im Zusammenhang eines themenzentrierten und aufgabenorientierten DaZ-Unterrichts im Kontext von Arbeitsplatz und Beruf vgl. Klepp 2005; allgemein zu Lernszenarien vgl. Hölscher u. a. 2006.

sprachlichen Grenzen bewusst werden, wird den Anforderungen an eine erwach-
senengerechte Zweitsprachförderung am Arbeitsplatz und im Beruf gerecht.

3.2 Niveaustufenübergreifende Sprachlernprozesse

Dass die sprachlich-kommunikativen Handlungen am Arbeitsplatz nicht gradier-
bar sind, sich also nicht in die Niveaustufen des Europäischen Referenzrahmens
einteilen lassen, ist ein zentrales Ergebnis der sprachdidaktischen Analyse der
DaA-Studiengruppe. Die komplexe Sprachwirklichkeit am Arbeitsplatz erfordert vielmehr ein von Niveaustufen unabhängiges Vorgehen in berufsbezogenen
Sprachfördermodulen. Beispielsweise weist Sprache am Arbeitsplatz als häufig
vorkommende Struktur den Konjunktiv II und Verbindungen mit Modalverben
auf, wogegen beides erst auf der Niveaustufe A2/B1 thematisiert wird. Solche
Strukturen müssen von Anfang an Gegenstand der berufsbezogenen Zweitsprachförderung sein, und die Vermittlung könnte anfangs über sog. „chunks"
erfolgen (Formeln wie *ich hätte gern ...*, *wir müssten mal ...*). Eine Kurskon-
zeption sollte frequente lexikalische Einheiten und formelhafte Ausdrücke möglichst früh aufgreifen.

3.3 Bewusstere (Sprach-) Lernkultur in Betrieben

In die Arbeitspraxis eingebettete Lernszenarien scheinen auch deshalb als sinnvoller und Erfolg versprechender Ansatz für die berufsbezogene Zweitsprachförderung, weil sie handlungsbezogen einen Rückbezug auf die Arbeitswirklich-
keit der Lernenden ermöglichen, in der Gelerntes im betrieblichen Kontext
erprobt werden kann. Die Tätigkeiten am Arbeits- oder Praktikumsplatz sowie
die Module der fachlichen Weiterbildung werden mit den Sprachlernprozessen
verzahnt, ein besserer Lerntransfer wird ermöglicht.

Kritisch ist es, Lernerfolge nach der Fördermaßnahme aufrechtzuerhalten und
auszubauen. Darauf weisen sowohl Erfahrungen mit innerbetrieblichen Sprachkursen als auch mit Maßnahmen zur (Re-) Integration in den Arbeitsmarkt hin.
Szenarienbasierte Sprachfördermodule können hier lediglich einen Anstoß bzw.
einen Impuls für eine bewusstere (Sprach-) Lernkultur innerhalb des Betriebs
geben. Es ist darüber hinaus notwendig, neue Instrumente und Methoden zu
entwickeln und zu erproben, die zu einer Nachhaltigkeit von berufsbezogenen
Sprachlernprozessen beitragen können, etwa der Einsatz von Mitarbeitern als
Sprachpaten oder -mentoren aufgrund der im Betrieb vorhandenen Mehrsprachigkeit.

4 Schlussbemerkungen

Die berufs- und arbeitsplatzbezogene Zweitsprachförderung wird in Zukunft weiter an Bedeutung gewinnen. Akteure aus Wissenschaft und Praxis sind deshalb gefordert, nachhaltige und zukunftsfähige Konzeptionen berufsbezogener Zweitsprachförderungvon Migranten zu entwerfen und umzusetzen. Dies erfordert, dass die Akteure der berufsbezogenen Zweitsprachförderung sich in einem interdisziplinären Dialog sowohl für betriebswirtschaftliche und arbeitswissenschaftliche (bzw. -organisatorische) als auch für berufspädagogische Fragestellungen und Ansätze öffnen müssen (vgl. auch Spöttl 2005; Fischer/Bauer 2007; Rauner 2006).

Literatur

Belfiore, Mary Ellen/Defoe, Tracy A./Folinsbee, Sue/Hunter, Judy/Jackson, Nancy S.: Reading Work. Literacies in the New Workplace. Mahwah, New Jersey: Lawrence Erlbaum Associates 2004

Berg, Wilhelmine/Grünhage-Monetti, Matilde: Zur Integration gehört Spaß, Witz, Ironie, 'ne Sprache, die Firmensprache. Sprachlich-kommunikative Anforderungen am Arbeitsplatz. In: Deutsch als Zweitsprache (2009) Heft 4, 7–21

Boutet, Josiane: La part langagière du travail. Bilan et évolution. In: langage et societé 98 (2001) Heft 4, 17–42

BAMF. Bundesamt für Migration und Flüchtlinge (Hrsg.): Sprachliche Bildung für Menschen mit Migrationshintergrund in Deutschland. Vorschläge zur Weiterentwicklung. Ergebnisbericht der Arbeitsgruppen des Bundesweiten Integrationsprogramms nach §45 Aufenthaltsgesetz im Handlungsfeld sprachliche Bildung. Nürnberg 2008 [http://www.bamf.de/SharedDocs/Anlagen/DE/Publikationen/Broschueren/ErgebnBericht_SprachBildung.pdf?__blob=publicationFile] (08.04.2013)

Daase, Andrea: Rahmencurriculum für die arbeitsmarktorientierte Deutschförderung für Personen mit Migrationshintergrund im Rahmen des SGB II im Kreis Herford. Bielefeld o. J. 2007

Defoe, Tracy/Folinsbee Sue: Reading Work: Literacies in the New Workplace. In: Focus on Basics 7 (2004) [http://www.ncsall.net/?id=626] (08.04.2013)

Dürscheid, Christa: Medienkommunikation im Kontinuum von Mündlichkeit und Schriftlichkeit. Theoretische und empirische Probleme. In: Zeitschrift für angewandte Linguistik 38 (2003), 1–19
[http://www.uni-koblenz.de/~diekmann/zfal/zfalarchiv/zfal38_2.pdf] (08.04.2013)

Fischer, Martin/Bauer, Waldemar: Konkurrierende Konzepte für die Arbeitsprozessorientierung in der deutschen Curriculumentwicklung. In: Europäische Zeitschrift für Berufsbildung 40 (2007) Heft 1, 157–176 [http://www.yumpu.com/de/document/view/5214826/volltext-pdf-cedefop-europa] (08.04.2013)

Funk, Herrmann: Berufsbezogener Deutschunterricht. Grundlagen – Lernziele – Aufgaben. In: Fremdsprache Deutsch, Sondernummer (1992), 4–15

Green, Bill: Literacy, information and the learning society. Grundsatzreferat auf der gemeinsamen Tagung der „Australian Association for the Teaching of English", der „Australian Literacy Educators' Association" sowie der „Australian School Library Association". Darwin: Darwin High School, 8.–11. Juli 1997

Grünhage-Monetti, Matilde: Les compétences des formateurs «Langue seconde» en milieu professionnel. In: Actes du forum «Le Français, une compétence professionnelle», CLP 2008, 20–24

Grünhage-Monetti, Matilde: Lernen am Arbeitsplatz – ein „intimes" Geschehen. In: DIE Zeitschrift für Erwachsenenbildung (2009a) Heft 2, 26–29

Grünhage-Monetti, Matilde: Learning needs of migrant workers in Germany. In: Workplace Learning and Skills Bulletin (2009b) Heft 7, 17518

Grünhage-Monetti, Matilde: Sprachlicher Bedarf von Personen mit Deutsch als Zweitsprache in Betrieben. Expertise im Auftrag des Bundesamtes für Migration und Flüchtlinge. Nürnberg 2010 [http://www.bamf.de/SharedDocs/Anlagen/DE/Publikationen/ExpertisenBeitraege/expertise-sprachlicher-bedarf.pdf?__blob=publicationFile] (08.04.2013)

Grünhage-Monetti, Matilde/Halewijn Elwine/Holland, Chris: ODYSSEUS – Second language at the workplace: Language needs of migrant workers: organising language learning for the vocational/workplace context (Book and CD-Rom). European Centre of Modern Languages. Straßburg: Council of European Publishing 2003 [http://archive.ecml.at/documents/pub125E2003GruenhageMonetti.pdf] (08.04.2013).

Hölscher, Petra/Piepho, Hans-Eberhard/Roche, Jörg: Handlungsorientierter Unterricht mit Lernszenarien. Kernfragen zum Spracherwerb. Oberursel: Finken 2006 [http://epub.ub.uni-muenchen.de/14135/1/14135.pdf] (08.04.2013)

Klepp, Andreas: Themes, scenarios and tasks. Core elements of an integrated approach for Second Language at and for the workplace. In: Grünhage-Monetti, Matilde/Holland, Chris/Szablewski-Cavus, Petra (Hrsg.): Training for the Integration of Migrant and Ethnic workers into the Labour Market and the Local Community (TRIM). Baltmannsweiler: Schneider Hohengehren 2005, 49–52

Knötig, Manuela: Analysing workplace language in Germany. In: Workplace Learning and Skills Bulletin 8 (2010), 16–17

Koch, Peter/Oesterreicher, Wulf: Sprache der Nähe – Sprache der Distanz. Mündlichkeit und Schriftlichkeit im Spannungsfeld von Sprachtheorie und Sprachgeschichte. In: Romanistisches Jahrbuch 36 (1985), 15–43

Koordinierungsstelle Deutsch am Arbeitsplatz (Hrsg.): Jetzt habe ich verstanden. Innerbetriebliche Weiterbildung Deutsch am Arbeitsplatz in einem norddeutschen Produktionsbetrieb 2007 [http://www.deutsch-am-arbeitsplatz.de/fileadmin/user_upload/PDF/Deutsch_am_Arbeitsplatz_innerbetrieblich.pdf] (08.04.2013)

Nispel, Andrea/Szablewski-Cavus, Petra (Hrsg.): Lernen, Verständigen, Handeln. Berufsbezogenes Deutsch. Stand 1996. [http://www.die-frankfurt.de/esprid/dokumente/doc-1996/nispel96_01.pdf] (08.04.2013)

Ohm, Udo: Von der Objektsteuerung zur Selbststeuerung. Zweitsprachenförderung als Befähigung zum Handeln. In: Ahrenholz, Bernt (Hrsg.): Fachunterricht und Deutsch als Zweitsprache. Tübingen: Narr Francke Attempo 2009, 87–105

Rauner, Felix: Weiterbildung im Spannungsfeld technologischer und ökonomischer Innovationen. Möglichkeiten und Nutzen innovativer betrieblicher Weiterbildung. Vortrag im Rahmen der Kick-off-Veranstaltung zum Projekt „Weiterbildung im Prozess der Arbeit" am 12. Juli 2004 in Filderstadt [http://www.yumpu.com/de/document/view/5215041/weiterbildung-im-spannungsfeld-technologischer-und-agenturq] (08.04.2013)

Solga, Heike: Ohne Abschluss in die Bildungsgesellschaft – Die Erwerbschancen gering qualifizierter Personen aus soziologischer und ökonomischer Perspektive. Opladen: Budrich 2005

Spöttl, Georg: Promoting learning at the workplace. Challenges in shaping the work environment. In: Fischer, Martin / Boreham, Nicholas / Nyhan, Barry (Hrsg.): European perspectives on learning at work. The acquisition of work process knowledge. Luxemburg: Amt für amtliche Veröffentlichungen der Europäischen Gemeinschaften 2005, 186–195 (Cedefop Reference Series 56)

Weber, Hartmut / Becker,Monika / Laue, Barbara: Fremdsprachen im Beruf. Diskursorientierte Bedarfsanalysen und ihre Didaktisierung. Aachen: Shaker 2000

Weissenberg, Jens: Sprachlich-kommunikative Handlungsfelder am Arbeitsplatz. In: Deutsch als Zweitsprache (2010) Heft 2, 13–24 [http://www.deutsch-am-arbeitsplatz.de/fileadmin/user_upload/PDF/Aufsatz_Weissenberg_Heft_2-2010.pdf] (08.04.2013)

Wenger, Etienne: Communities of practice: learning, meaning and identity. Cambridge: University Press 2000 [online 1998: http://www.co-i-l.com/coil/knowledge-garden/cop/lss.shtml] (08.04.2013)

THORSTEN ROELCKE

F7 Deutsch als Fach-Fremdsprache (DaFaF)

Deutsch als Fach-Fremdsprache (DaFaF) spielt neben dem berufsbezogenen Deutsch als Fremdsprache (BeDaF, vgl. Weissenberg F6) und Deutsch als Zweitsprache bzw. Fach-Zweitsprache (DaF bzw. DaFaZ, vgl. Chlosta/Schäfer [2]2010, DTP9, C12) in Theorie und Praxis der Sprachdidaktik bislang eine eher untergeordnete Rolle, obwohl die sozialgeschichtlichen und fachkommunikativen Entwicklungen der vergangenen Jahrzehnte auch zu einer wachsenden Bedeutung dieses Bereichs geführt haben. Diese aktuelle Situation wird im ersten Abschnitt des vorliegenden Artikels kurz umrissen, um dann auf einige wesentliche sprachliche und kommunikative Kompetenzen, die Gegenstand bzw. Ziel einer entsprechenden Didaktik in Wissenschaft und Unterricht sind, einzugehen; zum Schluss werden einige Überlegungen zu Materialien und Methoden im DaFaF-Bereich angestellt.

1 Aktuelle Situation

Im Bereich öffentlicher **Institutionen** hat die deutsche Sprache spätestens seit Ende des Zweiten Weltkriegs gegenüber dem Englischen und Französischen deutlich an Bedeutung verloren (vgl. zum Folgenden u. a. auch Ammon 1998; 2001; Clyne 1995): Es wird außerhalb Europas nicht als Amts- oder Verkehrssprache anerkannt und daher auch selten als Arbeitssprache auf internationalen Konferenzen oder in weltweit operierenden Organisationen verwendet; selbst innerhalb der EU kommt dem Deutschen trotz der mit über 90 Millionen höchsten Anzahl an Sprecherinnen und Sprechern ein geringerer Status zu als dem Englischen mit knapp 60 oder dem Französischen mit gut 60 Millionen. Einen ähnlichen Befund zeigt das Deutsche als Sprache der **Wissenschaft**, in der es mit wenigen Ausnahmen bereits seit dem Ende des Ersten Weltkrieges im internationalen Bereich rückläufig ist und immer mehr gegenüber dem Englischen an Boden verliert; die klassische Auslandsgermanistik, deren Gegenstand vornehmlich die deutsche Literatur und deren Geschichte darstellt, ist ebenfalls rückläufig (vgl. die Artikel in Teil A).

Demgegenüber spielt die deutsche Sprache im Bereich der europäischen, zum Teil aber auch der außereuropäischen **Wirtschaft** eine nicht zu unterschätzende internationale Rolle. Denn Kenntnisse im Deutschen erweisen sich für Vertreter internationaler Unternehmen sowohl im Rahmen der Zusammenarbeit mit deutschen Geschäftspartnern als auch im Hinblick auf deutschsprachige Kunden nicht allein kommunikativ als günstig, sondern letztlich auch ökonomisch von

Vorteil. Eine verstärkte Nachfrage nach Deutschkenntnissen in Stellenanzeigen und nach allgemeinen wie berufsorientierten und fachbezogenen DaF-Kursen in Deutschland wie im europäischen Ausland seit dem wirtschaftlichen Aufschwung Deutschlands in der Nachkriegszeit belegen dies deutlich. Von der Auslandsgermanistik wird dieser Nachfrage bereits insofern Rechnung getragen, als hier seither zunehmend sog. Area Studies bzw. Kurse in Landeskunde sowie Kurse zum Erwerb der deutschen Sprache selbst angeboten werden.

Angesichts solcher Entwicklungen ist festzustellen, dass sich die Motivation, Deutsch als Fremdsprache (DaF) zu erwerben, in den vergangenen Jahrzehnten deutlich verlagert hat: Sie ist nunmehr weniger integrativ durch die eigene Familie oder die deutschsprachige Kultur selbst, sondern eher instrumentell durch berufliche (und schulische) Erfordernisse bedingt. Damit kommt dem Bereich Deutsch als Fach-Fremdsprache (DaFaF) gegenwärtig eine neue Bedeutung zu, die in der sprachdidaktischen Theorie und Praxis bisher jedoch nicht gleichermaßen erkannt wird.

So liegt mittlerweile eine ganze Reihe an speziellen Materialien für den **DaFaF-Unterricht** vor (vgl. etwa die Bibliographie von Kühn / Mielke 2006). Demgegenüber finden Deutsch als Fremdsprache und fachsprachliche Kommunikation weder in den Bildungsplänen (Roelcke 2009a, b; vgl. aber Chlosta / Schäfer DTP 9 bzgl. DaZ oder Funk 2001; 2007 bzgl. BeDaF), noch im Deutschunterricht an deutschen Schulen hinreichend Berücksichtigung (DaFaF an Schulen im europäischen Ausland bleibt an dieser Stelle ausgeblendet). Im Bereich der Fachsprachenlinguistik und vor allem -didaktik spielt DaFaF bislang ebenfalls eine eher untergeordnete Rolle (vgl. zu jüngeren und jüngsten Entwicklungen etwa Buhlmann / Fearns 2000; Fearns [5]2007; Fluck 1984; 1992, 103–219; 2002; Funk 2001; [5]2007; Hoffmann 2001; Linthout 2004; Ohm / Kuhn / Funk 2007; Selka 2001). Im DaF-Bereich sieht es hier ähnlich aus: Ein Blick in einschlägige Einführungen, Handbücher und andere Referenzwerke lässt rasch deutlich werden, dass „schon der Begriff 'Fachsprache' [...] in diesem Zusammenhang ungewohnt" (Sarter 2006, 73), wenn nicht gar unbekannt ist (vgl. Huneke / Steinig [4]2005).

2 Sprachliche und kommunikative Kompetenzen

Das **Ziel von DaFaF-Unterricht** besteht darin, sprachliche und kommunikative Kompetenzen zu vermitteln, die im Rahmen fachsprachlicher Kommunikation in deutscher Sprache benötigt werden. In der Regel wird hierbei an sprachlichen und kommunikativen Besonderheiten angesetzt, die sich von der Allgemein- bzw. Standardsprache unterscheiden. Dabei steht im Allgemeinen eine Erweiterung der bereits bestehenden Sprachkompetenz im Vordergrund. Dies wird etwa mit der Vergabe bzw. dem Erwerb des Zertifikats Deutsch für den Beruf (ZDfB)

oder des Großen deutschen Sprachdiploms (GDS) angestrebt, wobei das ZDfB
(entsprechend der Stufe B2 auf der sechsstufigen Kompetenzskala des europäischen Referenzrahmens für Sprachen, vgl. Glaboniat, D2) eine allgemeinsprachliche und dabei auch berufsbezogene Kompetenz umfasst, während mit
dem GDS (entsprechend C2) eine wissenschaftssprachliche Kompetenz auf
hohem Reflexionsniveau angestrebt wird. Daran wird noch einmal deutlich, dass
zwischen berufsorientiertem und fachbezogenem DaF-Unterricht prinzipiell zu
unterscheiden ist. Daneben finden sich Ansätze, die auf einen unmittelbaren,
d. h. vom Erlernen der deutschen Allgemein- oder Standardsprache unabhängi-
gen Erwerb fachsprachlicher Kompetenzen im Selbststudium oder in einem
DaFaF-Crash-Kurs hin abzielen (vgl. bereits Fuhr 1989).

Über die Besonderheiten, die die deutschen Fachsprachen von der deutschen
Allgemein- bzw. Standardsprache unterscheiden, herrscht in der fachsprachen-
linguistischen wie -didaktischen Forschung weitgehend Einigkeit, selbst wenn
die diversen Aufzählungen voneinander abweichen (vgl. Roelcke 2009a, 131–
138). – In den folgenden tabellarischen Darstellungen werden die aus didaktischer Sicht wichtigsten Merkmale deutscher Fachsprachen zusammengestellt
(vgl. Roelcke 2002, 15–20) und unter fachfremdsprachlichen Gesichtspunkten
kommentiert.

Die fachsprachliche **Lexik** bzw. **Semantik** unterscheidet sich nicht allein gegenüber derjenigen der Alltags- oder Standardsprache, sondern weist vielmehr aus
semasiologischer wie onomasiologischer Perspektive einzelsprachliche Besonderheiten auf (vgl. Tab. 1, Beispiele in Roelcke [3]2010). Diese Besonderheiten
bestehen oft darin, dass einander entsprechende lexikalische Elemente weder
vollkommen gleich noch gänzlich verschieden, sondern vielmehr lediglich ähnlich verwendet werden (u. a. faux amis, Vagheit, Mehrmehrdeutigkeit, Meta-
phorik, Assimilation). Daher ist die Vermittlung bzw. der Erwerb einer fachbezogenen Fachfremdwortschatzkompetenz im Deutschen von großer Bedeutung.

Tab. 1: Lexikalische Besonderheiten deutscher Fachsprachen aus
fachfremdsprachlicher Sicht

Lexikalische Besonderheit	Kommentar (DaFaF)
Bedeutungsfestlegung in Form verschiedener Definitionstypen (aristotelische, explikative, exemplarische, synonymische, assoziative und operationale Definition).	Die Bekanntheit von Definitionstypen darf aus dem muttersprachlichen Bereich vorausgesetzt werden, ebenso ggf. einzelne fachliche Definitionen, nicht jedoch die entsprechenden lexikalischen Äquivalente (u. a. auch Gefahr von sog. faux amis).
Postulierte Exaktheit sowie postulierte Ein(ein-)deutigkeit gegenüber (oftmals) realisierter Vagheit sowie Mehr(mehr)-deutigkeit bzw. Polysemie und Synonymie.	Vagheit und Mehrmehrdeutigkeit können zu erhöhten Kommunikationsproblemen führen, insbesondere auch dann, wenn allgemeinsprachliche sowie fachsprachliche Bedeutungen und deren kon- wie kotextbezogene Indikatoren (vgl. Roelcke 2004) fehlen oder nicht erkannt werden.
Metaphorik im Rahmen spezifischer Metaphernmodelle (Körper, Mensch, Mechanik und andere).	Bei unbekannten Fachwörtern besteht die Gefahr, dass diese aufgrund und hinsichtlich ihrer Metaphorik nicht erkannt werden; zudem ist von kulturspezifischen Metaphernmodellen auszugehen.
Entlehnungen aus fremden Sprachen (insbesondere Latein, Griechisch und Englisch) bei mehr oder weniger deutlich ausgeprägter Assimilation.	Entlehnung erweist sich dann als problematisch, wenn damit eine (fachsprachliche) Bedeutungsveränderung oder eine zielsprachliche Ausdrucksassimilation verbunden ist.

Im Unterschied zu lexikalischen sind **morphologische und syntaktische Besonderheiten** der deutschen Fachsprachen weniger durch einzelne Fächer bedingt als durch grammatische Erscheinungen, die das Deutsche als Ganzes von anderen Sprachen unterscheiden (vgl. Tab. 2). Sofern diese grammatischen Besonderheiten, die im Wesentlichen in einer Selektion bestimmter Kategorien und Konstruktionen der Standardsprache bestehen, für den Fremdsprachler ungewohnt oder unbekannt sind, ist hier ein Ansatzpunkt für die Vermittlung bzw. den Erwerb einer einzelfachlichen oder fachübergreifenden grammatischen Kompetenz in der Fachfremdsprache Deutsch gegeben. Dabei haben insbesondere auch deren interkulturell unterschiedlich gewichtete Funktionen (wie Erhöhung von Deutlichkeit, Kürzung des Ausdrucks, Verstärkung von Anonymität oder Kennzeichnung von Modalität) Beachtung zu finden; dies gilt in besonderem Maße für solche Erscheinungen, die aus sprachtypologischer Sicht hervorstechen (wie Wortbildungsreichtum, Satzkomplexität oder Klammerkonstruktionen).

Tab. 2: Grammatische Besonderheiten deutscher Fachsprachen aus
fachfremdsprachlicher Sicht

Grammatische Besonderheit	Kommentar (DaFaF)
Erhöhte Ausschöpfung der Wortbildungsmöglichkeiten im Rahmen von Komposition, Derivation, Kürzung und Konversion.	Die reichen Wortbildungsmöglichkeiten stellen eine Besonderheit des Deutschen gegenüber anderen Sprachen dar, die insbesondere auch in fachsprachlicher Kommunikation genutzt wird.
Erhöhte Verwendung einzelner grammatischer Formen (flexionsmorphologische Paradigmenselektion) – u. a. hinsichtlich Passiv-, Plural- und Genitivkonstruktionen.	Durch Deagentivierung (Passiv) und Klammerbildungen können bei semantisch und syntaktisch unsicheren Kommunikationsteilnehmern Unsicherheiten entstehen.
Selektion syntaktischer Konstruktionen wie etwa von komplexen Attributen, Relativ-, Konditional-, Kausal-, und Finalsätzen sowie von Nominalisierungen und Funktionsverbgefügen.	Problematisch erweist sich hier die Tendenz zu einer deutlich erhöhten Satzkomplexität durch große Nominalgruppen und weite bzw. tiefe Hypotaxen.

Im Vergleich zu den lexikalischen Besonderheiten der deutschen Fachsprachen sind deren **Merkmale auf Textebene** weniger einzelfachlich konventionalisiert, im Unterschied zu den grammatischen wiederum weniger fachübergreifend systematisch (vgl. Tab. 3). Daraus ergibt sich für die Vermittlung bzw. den Erwerb einer entsprechenden fachfremdsprachlichen Textkompetenz eine besondere Herausforderung, denn gerade die Ähnlichkeit der Funktionen einzelner Textsorten sowie deren Makro- und Mikrostrukturen im Vergleich einzelner Sprachen und ihrer fachlichen Varietäten lässt Kommunikationsprobleme erwarten, die nicht immer rechtzeitig erkannt werden. An dieser Stelle ist noch einmal der Hinweis wichtig, dass zwischen berufsorientierten Textsorten wie Verkaufs-, Beratungs- oder Konfliktgesprächen einerseits sowie fachbezogenen Textsorten wie Bedienungsanleitungen, technischen Dokumentationen oder wissenschaftlichen Aufsätzen andererseits zu unterscheiden ist.

Tab. 3: Besonderheiten deutscher Fachsprachen auf Textebene aus
fachfremdsprachlicher Sicht

Besonderheit auf Textebene	Kommentar (DaFaF)
Funktionale Eigenschaften von Textsorten: Intentionalität, Akzeptabilität, Informativität, Situationalität und Intertextualität.	Solche Eigenschaften erweisen sich in verschiedenen Sprach- und Kulturräumen als unterschiedlich und können somit zu Verständigungsproblemen führen.
Konventionalisierung oder Standardisierung ausgeprägter Textbaupläne (sog. Makrostrukturen).	Diese schwanken zwischen den verschiedenen Sprach- bzw. Kulturräumen hinsichtlich einzelner Textbausteine und deren formaler wie funktionaler Gestaltung.
Hohe Vorkommenshäufigkeit ausdrücklicher Verknüpfungen einzelner Sätze (sog. Mikrostrukturen, insbes. Thema/Rhemastrukturen), Frage/Antwort-Konstruktionen, Durchführung verschiedenartiger Schlussverfahren, starke Ausprägung von Rekurrenz und Isotopie.	Eine ausgeprägte Textmikrostruktur dient einer Dekontextualisierung, kann sich aber bei semantisch und syntaktisch unsicheren Kommunikationsteilnehmern als problematisch erweisen (etwa in Bezug auf den Gebrauch verschiedener Konnektoren und Pronomina).

Nonverbale Textelemente wie Graphiken oder Formeln unterliegen mehr noch als andere Textelemente einer Konventionalisierung, die über die Grenzen einzelner Fächer hinausgeht (vgl. Tab. 4). Dennoch haben sie ein wichtiger Bestandteil einer Fachfremdsprachendidaktik des Deutschen zu sein, da es auch hier einzelsprachliche und einzelfachliche Konventionen gibt, deren mangelnde Beachtung zu Kommunikationsproblemen führen kann.

Tab. 4: Weitere Besonderheiten deutscher Fachsprachen aus
fachfremdsprachlicher Sicht

Weitere Besonderheit	Kommentar (DaFaF)
Entwicklung künstlicher Ausdrücke und Formeln für Gegenstände sowie deren Eigenschaften und Beziehungen.	Nonverbale Textelemente (etwa aus Mathematik, Naturwissenschaften und Technik) haben oft übereinzelsprachliche Gültigkeit, unterliegen bisweilen aber auch Konventionen, die für einen bestimmten Sprach- und Kulturraum typisch sind (beispielsweise Größen- und Mengenangaben).
Einsatz von Illustrationen in Form von Bildern oder Graphiken sowie strenge Regelung typographischer Konventionen.	

Die genannten Bereiche und Merkmale beziehen sich auf Regeln oder Normen, die die Fachsprachen des Deutschen gegenüber der Allgemein- bzw. Standardsprache auszeichnen und die sich von denjenigen anderer Einzelsprachen mehr oder weniger deutlich unterscheiden. Mit der Beherrschung dieser Regeln und Normen sind die sprachlichen und kommunikativen Kompetenzen, die beim Erwerb des Deutschen als Fachfremdsprache zu erlangen sind, jedoch noch lange nicht vollständig erfasst. Es kommen hier vielfältige pragmatische Kompetenzen hinzu, die sich auf soziale wie kulturelle Gemeinsamkeiten und Unterschiede beziehen. Einige bekannte Beispiele für solche **soziokulturelle Kompetenzen** fachfremdsprachlicher Kommunikation werden im Folgenden genannt und kurz erläutert (vgl. zur kontrastiven Fachkommunikationsforschung und zur interkulturellen Fachkommunikation die kurze Übersicht in Casper-Hehne 2005):

- Writer-responsibility vs. reader-responsibility (Verankerung der Verantwortung für das Textverstehen beim Schreiber bzw. beim Leser): Texte mit writer-responsibility enthalten ausdrückliche Orientierunghinweise vom Autor für den Leser (zum Beispiel Vor- und Rückverweise, lineare Themenabfolge mit Gliederungssignalen, Illustrationen und Beispiele usw.), während Texte mit reader-responsibility auf solche Hinweise eher verzichten (vgl. Clyne 1987, der writer-responsibility im angloamerikanischen Raum, reader-responsibility dagegen im deutschsprachigen Raum verankert sieht; kritisch bereits: Graefen 1994).

- Thematische Textorganisation: Die Themenentfaltung wird geleistet entweder durch Sätze, die den Kerngedanken eines Absatzes vorausschicken (topic sentences; so insbesondere auch bei englischsprachigen Autoren), oder durch Sätze, die inhaltliche Überleitungen enthalten (bridge sentences; tendenziell bei deutschsprachigen Autoren), oder schließlich auch durch metakommunikative Verben (zum Beispiel bei französischsprachigen Autoren; vgl. Trumpp 1998).

- Beziehungsarbeit innerhalb fachlicher Hierarchien: Innerhalb von wissenschaftlichen Rezensionen wird entweder kaum Kritik an Werken höher gestellter Personen geübt, sondern vielmehr deren Bedeutung hervorgehoben (etwa im chinesischen Kulturraum; vgl. Liang 1991; Yang 1996), oder eine solche Kritik erfolgt und wird dabei mehr oder weniger unverblümt bzw. mit Abschwächungen (zum Beispiel durch sog. Heckenausdrücke/hedges; vgl. Trumpp 1998) zum Ausdruck gebracht (vgl. Hutz 2001, der diesen Unterschied wiederum an deutsch- bzw. englischsprachigen Autoren festmacht).

- Darüber hinaus bestehen zahlreiche kulturspezifische Besonderheiten im Hinblick auf eine Textgestaltung, die als leser- bzw. rezeptionsfreundlich angesehen wird (vgl. wieder Trumpp 1998). In Lehrwerken englischsprachiger Autoren sind dies vor allem die Verwendung sog. Heckenausdrücke bei wissenschaftlichen Behauptungen, eine höhere Frequenz an Vollverben sowie eine höhere Zahl an Danksagungen (Dialogizität). Französische Lehrwerke weisen demgegenüber vor allem kürzere und übersichtlichere Textteile auf (Didaktisierung), während deutsche durch Merksätze und Übungsaufgaben eine Wiederholung und Kontrolle ermöglichen.

3 Materialien und Methoden

Die Vermittlung bzw. der Erwerb der genannten Kompetenzen stellt für Lehrende und Lernende eine große Herausforderung dar, da hierbei einerseits sowohl zahlreiche sprachkontrastive als auch anspruchsvolle interkulturelle Kommunikationsfähigkeiten im Mittelpunkt stehen und andererseits keine idealtypische Lehr/Lernsituation umrissen werden kann. Vor diesem Hintergrund ist es nicht verwunderlich, dass zwar ein durchaus vielfältiges und umfangreiches **Unterrichtsmaterial** für den Bereich DaFaF vorliegt (vgl. die zahlreichen Materialbeispiele in Buhlmann/Fearns [6]2000 oder die Bibliographie Kühn/Mielke 2006) – eine (wie auch immer und wenn überhaupt möglich) exhaustive und adäquate **DaFaF-Didaktik** ist indessen bislang noch nicht entwickelt worden. Aus diesem Grunde werden an dieser Stelle nur einige allgemeine Hinweise auf methodische Grundsätze einer Fachfremdsprachendidaktik des Deutschen gegeben.

Die Variabilität der jeweils zu vermittelnden bzw. zu erwerbenden Teilkompetenzen und die Heterogenität der entsprechenden Lehr/Lernsituation lässt in jedem Falle eine kontrollierte **Bedarfsanalyse** hinsichtlich fachbezogenen (und ggf. berufsorientierten) Sprachgebrauchs erforderlich erscheinen. Hierbei haben insbesondere auch die folgenden Gesichtspunkte Berücksichtigung zu finden:

– allgemeine und spezielle Arbeits- und Anwendungsgebiete von der Forschungs- bzw. Entwicklungsebene über die Herstellungs- und Vertriebsebene bis hin zur Verwaltungs- und Leitungsebene;

– Erwartungen und Vorkenntnisse der Lernenden an die betreffende berufliche bzw. fachliche Institution sowie an die fachfremdsprachliche Ausbildung selbst;

– Inhalte bzw. Schwerpunkte des Lernangebots (Themen, Sprachmaterial, situative Einbettung usw.);

– Organisation (Kurs- bzw. Trainingsaufwand, Sozialformen wie Einzelunterricht oder intensiver bzw. extensiver Gruppenunterricht, Lernort, zeitlicher Rahmen sowie Medieneinsatz).

Unterrichtsformen, die auf die Person des bzw. der Lehrenden zentriert sind, erweisen sich im DaFaF-Bereich als wenig produktiv: Der Motivation und Eigenständigkeit der (oft erwachsenen) Lernenden kommen eher handlungsorientierte Sozial- und Arbeitsformen entgegen. Hierzu zählen unter anderem das sog. *team teaching*, bei dem unterschiedliches Fachwissen der beteiligten Personen ausgeglichen wird, der Einzelunterricht am Arbeitsplatz selbst, Planspiele oder Simulationen. Das Lehr/Lernmaterial ist dabei im Hinblick auf die entsprechenden Lernpersonen bzw. Lerngruppen und deren spezifische Bedürfnisse (vgl. oben) hin zu gestalten – sei es nun durch eine Selektion von Vorlagen unterschiedlicher Provenienz, die entsprechende Evaluation und Adaption solcher Vorlagen oder gar die Genese neuer Materialien, die auf die gegebene Situation hin genau zugeschnitten sind. Dabei kommt dem *computer assisted language learning* (CALL), das im Rahmen eines sog. *blended learnings* (BL) idealerweise mit Präsenzlehre verbunden wird, eine besondere Bedeutung zu (etwa Kirchhoff 2008): Es ermöglicht nicht allein eine Erhöhung der räumlichen und zeitlichen Flexibilität, sondern auch eine Verbesserung der Schulung heterogener Lerngruppen, eine Individualisierung der Lernwege und eine Erhöhung der Eigenverantwortlichkeit der Lernenden. Darüber hinaus sei an dieser Stelle das sog. *Scaffolding* als bedarfs- und kompetenzorientierte Methode des fremdsprachlichen Fachsprachenlehrens und -lernens angeführt (vgl. Gibbons 2009). Im schulischen DaFaF-Bereich erscheint darüber hinaus die Verwendung der Fremdsprache Deutsch als (temporäres) Medium der Vermittlung fachlicher Inhalte (Immersion) als ein didaktisch erfolgversprechender Ansatz. Angesichts der Sprachenvielfalt und des politischen Einigungswillens ist daher gerade in Europa eine Verstärkung solcher Immersionsprogramme nicht allein didaktisch, sondern auch politisch sinnvoll.

Angesichts der hohen Anforderungen, die der DaFaF-Unterricht an die Lehrenden stellt, sollten **Lehrende** in diesem Bereich idealiter drei Schlüsselkompetenzen aufweisen: Beherrschung der mutter- wie fremdsprachlichen Allgemein- und Fachsprache des Lernenden, Kenntnisse in dem entsprechenden Fachbereich (deren Fehlen ggf. durch eine kooperative Lehr/Lernsituation oder durch sprachlich-fachliches *team teaching* kompensiert werden kann) sowie sprachdidaktische Fähigkeiten, die sowohl inhaltliche als auch methodische Gesichtspunkte umfassen. Vor diesem Hintergrund ist es zu begrüßen, dass das Lehrangebot, das an Hochschulen in Deutschland, aber auch im europäischen wie nichteuropäischen Ausland im Bereich DaF besteht, zunehmend auch die berufsorientierte und fachbezogene Kommunikation mit einschließt.

Literatur

Ammon, Ulrich: Ist Deutsch noch internationale Wissenschaftssprache? Englisch auch für die Lehre an den deutschsprachigen Hochschulen. Berlin/New York: de Gruyter 1998

Ammon, Ulrich: Die Verbreitung des Deutschen in der Welt. In: Helbig, Gerhard/Götze, Lutz/Henrici, Gert/Krumm, Hans-Jürgen (Hrsg.): Deutsch als Fremdsprache. Ein internationales Handbuch. Berlin/New York: de Gruyter 2001, 1368–1381 (Handbücher zur Sprach- und Kommunikationswissenschaft 19.2)

Buhlmann, Rosemarie/Fearns, Anneliese: Handbuch des Fachsprachenunterrichts. Unter besonderer Berücksichtigung naturwissenschaftlich-technischer Fachsprachen. Tübingen: Narr ⁶2000

Casper-Hehne, Hiltraud: Wissenschaftskommunikation kontrastiv: Zum Stand der Forschung. In: Wolff, Armin/Riemer, Claudia/Neubauer, Fritz (Hrsg.): Sprache lehren – Sprache lernen. Materialien Deutsch als Fremdsprache 74 (2005), 275–292

Chlosta, Christoph/Schäfer, Andrea: Deutsch als Zweitsprache im Fachunterricht. In: Ahrenholz, Bernt/Oomen-Welke, Ingelore (Hrsg.): Deutsch als Zweitsprache. Baltmannsweiler: Schneider Hohengehren ²2010, 280–297 (Deutschunterricht in Theorie und Praxis 9)

Clyne, Michael: Cultural Differences in the Organization of Academic Texts. English and German. In: Journal of Pragmatics 11 (1987), 211–247

Clyne, Michael: The German language in a changing Europe. Cambridge: Cambridge University Press 1995

Fearns, Anneliese: Fachsprachenunterricht. In: Bausch, Karl-Richard/Christ, Herbert/Krumm, Hans-Jürgen (Hrsg.): Handbuch Fremdsprachenunterricht. Tübingen/Basel: Francke ⁵2007, 169–174

Fluck, Hans-Rüdiger: Fachdeutsch in Naturwissenschaft und Technik. Einführung in die Fachsprachen und die Didaktik/Methodik des fachorientierten Fremdsprachenunterrichts (Deutsch als Fremdsprache). Heidelberg: Groos 1984

Fluck, Hans-Rüdiger: Didaktik der Fachsprachen. Aufgaben und Arbeitsfelder, Konzepte und Perspektiven im Sprachbereich Deutsch. Tübingen: Narr 1992 (Forum für Fachsprachenforschung 16)

Fluck, Hans-Rüdiger (Hrsg.): Fachsprache – Fachkommunikation. In: Der Deutschunterricht 54 (2002) Heft 5, 2–74

Fuhr, Gerhard: Grammatik des Wissenschaftsdeutschen. Heidelberg: Groos 1989 (Bausteine Fachdeutsch für Wissenschaftler)

Funk, Hermann: Berufsbezogener Deutschunterricht – Deutsch als Fremd- und Zweitsprache für den Beruf. In: Helbig, Gerhard/Götze, Lutz/Henrici, Gert/Krumm, Hans-Jürgen (Hrsg.): Deutsch als Fremdsprache. Ein internationales Handbuch. Berlin/New York: de Gruyter 2001, 962–973 (Handbücher zur Sprach- und Kommunikationswissenschaft 19.2)

Funk, Hermann: Berufsbezogener Fremdsprachenunterricht. In: Bausch, Karl-Richard/Christ, Herbert/Krumm, Hans-Jürgen (Hrsg.): Handbuch Fremdsprachenunterricht. Tübingen/Basel: Francke ⁵2007, 175–179

Gibbons, Pauline: English Learners, Academic Literacy, and Thinking. Portsmouth, NH: Heinemann 2009

Graefen, Gabriele: Wissenschaftstexte im Vergleich. Deutsche Autoren auf Abwegen? In: Brünner, Gisela/Graefen, Gabriele (Hrsg.): Texte und Diskurse. Methoden und Forschungsergebnisse der Funktionalen Pragmatik. Opladen: Westdeutscher Verlag 1994, 136–157

Hoffmann, Lothar: Fachsprachen. In: Helbig, Gerhard/Götze, Lutz/Henrici, Gert/Krumm, Hans-Jürgen (Hrsg.): Deutsch als Fremdsprache. Ein internationales Handbuch. Berlin/New York: de Gruyter 2001, 533–543 (Handbücher zur Sprach- und Kommunikationswissenschaft 19.1)

Huneke, Hans-Werner/Steinig, Wolfgang: Deutsch als Fremdsprache. Eine Einführung. Berlin: Schmidt ⁴2005 (Grundlagen der Germanistik 34)

Hutz, Matthias: „Insgesamt muss ich leider zu einem ungünstigen Urteil kommen." Zur Kulturspezifik wissenschaftlicher Rezensionen im Deutschen und Englischen. In: Fix, Ulla / Habscheidt, Stephan / Klein, Josef (Hrsg.): Zur Kulturspezifik von Textsorten. Tübingen: Stauffenburg 2001, 109–130 (Textsorten 3)

Kirchhoff, Petra: Blended Learning im Fachfremdsprachenunterricht. Berlin u. a.: Langenscheidt 2008 (Münchener Arbeiten zur Fremdsprachen-Forschung)

Kühn, Günter / Mielke, Tomas M. (Hrsg.): Deutsch für Ausländer in der Arbeits- und Berufswelt. Eine Bibliographie berufsbezogener Lehr- und Lernmaterialien – Print- und digitale Materialien – mit Kommentierungen. Bielefeld: Bertelsmann 2006

Liang, Yong: Zur soziokulturellen und textstrukturellen Besonderheit wissenschaftlicher Rezensionen. Eine kontrastive Fachtextanalyse Deutsch / Chinesisch. In: Deutsche Sprache 2 (1991), 289–311.

Linthout, Gisela: Handlungsorientierter Fremdsprachenunterricht. Ein Trainingsprogramm zur Kompetenzentwicklung für den Beruf. Amsterdam / New York: Rodopi 2004

Ohm, Udo / Kuhn, Christina / Funk, Hermann: Sprachtraining für Fachunterricht und Beruf. Fachtexte knacken – mit Fachsprache arbeiten. Münster u. a.: Waxmann 2007 (FörMig Edition 2)

Roelcke, Thorsten: Fachsprache und Fachkommunikation. In: Der Deutschunterricht 54 (2002) Heft 5, 9–20

Roelcke, Thorsten: Stabilität statt Flexibilität? Kritische Anmerkungen zu den semantischen Grundlagen der modernen Terminologielehre. In: Pohl, Inge / Konerding, Klaus-Peter (Hrsg.): Stabilität und Flexibilität in der Semantik. Strukturelle, kognitive, pragmatische und historische Perspektiven. Frankfurt / M.: Lang 2004, 137–150 (Sprache – System und Tätigkeit 52)

Roelcke, Thorsten: Fachsprache und Fachkommunikation – (k)ein Ziel für den Deutschunterricht? Eine exemplarische Studie anhand der Bildungsstandards für das Fach Deutsch an den Schulen des Landes Baden-Württemberg (Bundesrepublik Deutschland). In: Wirkendes Wort 59 (2009a) Heft 1, 129–175

Roelcke, Thorsten: Fachsprachliche Inhalte und fachkommunikative Kompetenzen als Gegenstand des Deutschunterrichts für deutschsprachige Kinder und Jugendliche. In: Fachsprache – International Journal of Specialized Communication 31 (2009b) Heft 1, 8–22

Roelcke, Thorsten: Fachsprachen. Berlin: Schmidt ³2010 (Grundlagen der Germanistik 37)

Sarter, Heidemarie: Einführung in die Fremdsprachendidaktik. Darmstadt: Wiss. Buchgesellschaft 2006

Selka, Reinhard: Fremdsprachen in der beruflichen Ausbildung. Bundesinstitut für Berufsbildung (BIBB): Bonn 2001

Trumpp, Eva Cassandra: Kultur- und textsortenspezifische Vertextungsstrategien. Eine kontrastive fachtextlinguistische Untersuchung zum Kommunikationsbereich der Sportwissenschaft: Englisch – Deutsch – Französisch. Tübingen: Narr 1998 (Forum für Fachsprachenforschung 51)

Yang, Wenliang: Interkulturelle Interferenzen Chinesisch – Deutsch. In: Muttersprache 3 (1996), 263–271

HANSJÖRG BISLE-MÜLLER

F8 Deutsch im akademischen Milieu

Im akademischen Milieu wird Deutsch als Fremdsprache vornehmlich erlernt von Studierenden anderer Erst- oder Bildungssprachen, die im deutschsprachigen Raum studieren wollen, und von Austauschstudierenden der ERASMUS-Programme oder anderer Hochschulkooperationsprogramme. Das angestrebte Niveau richtet sich nach den Studienzielen und evtl. nach den Zugangsprüfungen. Im Folgenden wird dazu ein kritischer Überblick gegeben.

1 Studienvorbereitung

1.1 Studienkollegs und Propädeutika

Die traditionelle Institution der Studienpropädeutik für ausländische Studierende sind die gebührenfreien Studienkollegs (www.studienkollegs.de). Sie bieten eine sprachliche und fachliche Studienvorbereitung für die Studienbewerber, deren Schulabschluss nicht mit dem deutschen Abitur gleichgestellt wird. In einer Art Vorstudium führen sie in Schwerpunktkursen eine zweisemestrige Studienvorbereitung durch, die mit der Feststellungsprüfung abgeschlossen wird. Die Feststellungsprüfung soll den Nachweis über die fachliche und sprachliche Eignung der Studienbewerber erbringen. Die Zulassung zum Studienkolleg erfolgt über eine Aufnahmeprüfung, deren Ausgestaltung und Durchführung den einzelnen Studienkollegs obliegt (vgl. Schreiber/Wessel 2002).

Bis 2009 gab es in Deutschland noch 37 Studienkollegs mit ca. 3000 Studierenden aus über 40 Ländern. Seitdem wurden zahlreiche Studienkollegs geschlossen, gleichzeitig fordert der DAAD neue Aufgaben für die Studienkollegs wie die Durchführung von fachbezogenen Propädeutika auch für Bewerber mit einem direkten Hochschulzugang. An den Hochschulen selbst gibt es immer mehr studienpropädeutische Angebote, die teilweise nur der Vorbereitung auf bestimmte Studiengänge einer Hochschule dienen (vgl. fadaf aktuell 2009, 17 f.)

Dem bisherigen Weg der Studienvorbereitung mit den Studienkollegs (als einer Art Entwicklungshilfe vor allem für Bewerber aus Ländern der Dritten Welt) wird als Alternative die gezielte Förderung einer zahlungskräftigen Klientel gegenüber gestellt, die am besten schon Bachelorstudiengänge im Heimatland abgeschlossen hat und alle Voraussetzungen für ein erfolgreiches Studium mitbringt. Der verschärften Auswahl von Studienbewerbern dienen auch zentrale Bewerbungen über uni-assist oder der Nachweis der Eignungsprüfung TestAS.

1.2 DSH-Vorbereitungskurse

Der traditionelle Schwerpunkt bei den Angeboten der Lehrgebiete Deutsch als Fremdsprache an Sprachenzentren, Akademischen Auslandsämtern und An-Instituten – Institute, die nicht Teil der Hochschule, ihr jedoch angegliedert sind – der Hochschulen waren und sind bis heute die DSH-Vorbereitungskurse (Deutsche Sprachprüfung für den Hochschulzugang), allerdings wird inzwischen auch immer mehr auch auf den TestDaF (von DAAD, Goethe-Institut, FaDaF und mehreren Universitäten) vorbereitet. In diesen Kursen ist das vorrangige Ziel das Bestehen der Prüfungen für den Hochschulzugang (DSH-Prüfung bzw. TestDaF). Das führt dazu, dass bisher nicht eine umfassende sprachliche Studienvorbereitung oder Studierkompetenz im Vordergrund steht; es wird jedoch versucht, durch neue Arbeitsschwerpunkte Abhilfe zu schaffen (Katz/Schimmel 2005). Für die DSH-Kurse ergibt sich damit auch die Frage, wie propädeutische Angebote in die DSH-Vorbereitungskurse integriert werden können, wobei sich zudem das Problem der jeweiligen Fachspezifik stellt. (vgl. Koreik 2004, 104; Monteiro, G06).

2 Prüfungen: nicht nur die DSH

Zu den zentralen Aufgaben der Lehrgebiete DaF an den Hochschulen zählt immer noch die Durchführung der DSH-Prüfungen. Durch die drei Niveaustufen DSH 1, DSH 2 und DSH 3 sollen die für ein Studium notwendigen Deutschkenntnisse differenziert beurteilt werden (vgl. Burghoff/Koreik 2006). Während die DSH einen Gesamtwert der Prüfung aufweist, verzeichnet das TestDaF-Testat Niveaustufen für die Bereiche Leseverstehen, Hörverstehen, Schriftlicher Ausdruck, Mündlicher Ausdruck, von denen die Hochschulzulassung abhängt. Während diese Prüfungen intensiv diskutiert und gefördert werden, sind alternative Prüfungen und Zertifikate, die außerhalb der Hochschulen angeboten werden, an den Hochschulen leider noch wenig angesehen. An einigen Universitäten gibt es in DaF auch akkreditierte Prüfungen wie Unicert oder intern anerkannte Zertifikate über dem DSH-Niveau.

3   Sonderfall: Kurzzeitstudierende

3.1 Programmstudierende: Erasmus-Angebote und Kooperationsprogramme

Einen wachsenden Anteil an der Gesamtzahl der internationalen Studierenden machen Programmstudierende aus, hier vor allem Studierende, die ein- bis zweisemestrige Aufenthalte im Rahmen des Erasmus-Programms der EU an deutschen Universitäten verbringen.

Außer der Eingliederung in die regulären Studienangebote werden spezielle
Kurse für die Erasmus-Studierenden eingerichtet, die z. T. auch mit EU-Mitteln
finanziert werden. Da viele Erasmus-Studierende nur über Deutschkenntnisse
unter oder bis B 1 verfügen, müssen so auch Kurse auf den unteren Niveaus eingerichtet werden. Ein Problem bleibt, wie in solchen Fällen Fächer deutschsprachiger Studiengänge studiert werden können.

Außerdem führen die immer zahlreicher werdenden Kooperationen mit ausländischen Universitäten zu gesonderten Programmen für Studierende von Partner-
universitäten, die auf deren Studiengänge abgestimmt sind. Aus der Heterogenität der Gruppe der internationalen Studierenden ergibt sich so eine stärkere Differenzierung bei den Kursangeboten.

3.2 Internationale Hochschulsommerkurse

Eine Aufgabe, der deutsche Universitäten schon seit Ende des 19. Jahrhunderts
nachkommen, ist die Durchführung von Hochschulsommerkursen von üblicherweise drei bis vier Wochen, die sich schwerpunktmäßig an Studierende ausländischer Universitäten wenden. Die Angebote reichen von ganz normalen Deutschkursen über Fachsprachkurse bis hin zu Kursen mit Literaturschwerpunkten,
landeskundlichen Exkursionen und Projekten und umfassen je nach Hochschule
und Kurs alle Niveaustufen von A 1 bis C 2.

Sommerkurse können ein bloßes Werbemittel zur Studierendenakquirierung
und ein Minimalangebot bei internationalen Hochschulkooperationen sein,
oder sie machen gezielt im Rahmen einer Kooperation ein qualifiziertes Bil-
dungsangebot, das Teil eines umfassenden Studienplans einer Partneruniversität
ist. Eine Anbindung an eine Bezugswissenschaft (vgl. Bauer 2002, 107) könnte
auch den Sommerkurs in das übrige Studienangebot eingliedern und im Rahmen
der neuen Bachelorstudiengänge den Erwerb von Leistungspunkten möglich
machen.

Durch die zunehmende Marktorientierung bei der Gestaltung der Kurse und die
wachsende organisatorische Ausgliederung der Kurse in universitätsnahe oder
universitätsverbundene Vereine besteht die Gefahr, dass die Profilierung im
Wettbewerb die wissenschaftliche Fundierung eines Konzeptes zur Nebensache
macht (vgl. Bauer 2002, 94).

Positiv ist sicher der Trend der letzten Jahre hin zu mehr „erlebter Landeskunde"
und zu mehr Fachsprachenangeboten (vgl. Bauer 2002, 95 f.). Durch Einbeziehen von Projektarbeit verlässt der Sommerkurs den engen akademischen Rahmen und wird Teil eines interkulturellen Projekts, das sich auf das öffentliche
Leben einer Universitätsstadt auswirken kann (Bisle-Müller/Ostberg 2008,
455). Die Nachhaltigkeit eines Sommerkurses (Bisle-Müller/Ostberg 2008, 462)
bezieht sich so auch nicht nur auf die Deutschkenntnisse und die interkulturelle

Kompetenz der Lerner, sondern auf das interkulturelle Leben einer Universitätsstadt insgesamt.

4   Neue Herausforderungen

4.1 Qualitätssicherung

Seit einem HRK-Beschluss aus dem Jahre 1995 ist Qualitätssicherung zum Thema an den Hochschulen geworden (vgl. Duxa 2005). Auf Fachtagungen wurde das Anliegen immer wieder aufgegriffen (vgl. Wolff u. a. 2005). Ein ambitioniertes 3-Säulen-Modell mit Organisationsentwicklung, Unterrichtsentwicklung und Personalentwicklung (Duxa 2004) soll die Qualität sicherstellen. Allerdings gehen auch die Befürworter des Qualitätsmanagements davon aus, dass es im DaF-Bereich „kein allgemein gültiges Verständnis von Qualität und keine allgemein gültigen Befunde geben kann." (Duxa 2005, 487); es stelle sich die Frage nach der Machbarkeit (Duxa 2005, 497).

Das schon erwähnte Ausbildungs-, Zertifikations- und Akkreditierungssystem für Fremdsprachenunterricht an Hochschulen Unicert gewinnt zunehmend Bedeutung für den DaF-Unterricht der Lehrgebiete; es beschwört dabei die Kompatibilität mit den Konzepten des Europäischen Referenzrahmens (Voss 2004). Aber auch der Referenzrahmen selbst wird zur Grundlage der Qualitätssicherung (Bärenfänger 2007).

4.2 Lernberatung und Studierstrategiekurse

Im Rahmen der studienbegleitenden Angebote in DaF rücken Lernberatung und besonders Schreibberatung stärker in den Vordergrund (vgl. Brandl u. a. 2008, Kleppin/Mehlhorn 2005). Dabei spielte auch die Einführung des TestDaF eine wichtige Rolle, wie das Projekt „Entwicklung eines TestDaF-basierten Beratungs- und Kurskonzepts zur Studienbegleitung" deutlich macht (Mehlhorn 2005, 158). Im Gegensatz zu Studierstrategiekursen hat die Lernberatung „eine fachspezifische und individuelle Kompenente" (Mehlhorn 2005, 162) und soll spezifisch auf die Lernschwierigkeiten einzelner Studierender eingehen. Wegen der hohen Anforderungen, die an die Berater gestellt werden, wird deshalb auch eine besondere Ausbildung gefordert (Mehlhorn 2005, 190; Kleppin/Mehlhorn 2005, 96).

Bisher stehen Angebote mit Schreibberatung im Vordergrund (vgl. Brandl u. a. 2008), aber auch eine allgemeine Lernberatung, die auch Probleme bei der alltäglichen akademischen Kommunikation umfasst, wird an immer mehr Hochschulen für unverzichtbar gehalten. Obwohl gerade eine individuelle Schreibberatung über mehrere Sitzungen als sehr aufwendig angesehen wird, sprechen erste Erfolgsquoten von 95 % für sich (Brandl u. a. 2008, 409 f.). Eine längerfristige Betreuung könnte im Schreibcoaching erfolgen (Klemm 2004, 139 f.), wo der Ratsuchende direkt bei seiner Arbeit begleitet wird.

Sowohl studienbegleitend als auch als propädeutisches Angebot sind Studier-strategiekurse in den letzten Jahren in den Fokus gerückt (vgl. Mehlhorn 2005). Bei der Studienbegleitung geht es vor allem um TestDaF-Absolventen aus dem Ausland, denen an deutschen Universitäten ein Nachholbedarf zugeschrieben wird (Claußen/Mehlhorn 2004, 371). Für relevante Kommunikationsbereiche (im schriftlichen Bereich z. B. E-Mails an Lehrende, Mitschriften, Exzerpte, Hausarbeiten, Klausuren) soll die sprachliche und kulturelle „Bewältigung aka-demischer Handlungsfelder" sichergestellt werden (Claußen/Mehlhorn 2004, 375). Die Befähigung zum selbstständigen Lernen steht dabei methodisch im Vordergrund.

Noch zu klären ist allerdings die Frage, ob solche Kurse nicht besser in allge-meine Studierstrategiekurse für Studienanfänger integriert werden sollten, da auch deutsche Schulabgänger nicht systematisch für wissenschaftliche Schreib-aufgaben qualifiziert sind (vgl. Moll 2003).

4.3 Internationale Studiengänge

Eine noch massivere Herausforderung stellen internationale Studiengänge dar, bei denen die Unterrichtsprache Englisch ist. Hier müssen für viele Studierende Deutschkurse auf A 1- und A 2-Niveau angeboten werden, bei denen es vor allem um die Vermittlung von (akademischem) Alltagsdeutsch geht, um die Bewälti-gung von Alltagssituationen in Wohnheim, Mensa, Bürgeramt etc. sicherzustel-len. Ob es für Deutschland aus kultur- und wissenschaftspolitischen Gründen allerdings sinnvoll ist, bei angehenden internationalen Akademikern auf die Aneignung der Wissenschaftssprache Deutsch keinen Wert zu legen, ist eine grundsätzliche Frage. Deshalb kann über eine Progression von Englisch zu Deutsch als Lehr- und Arbeitssprache nachgedacht werden.

Aus der Sicht der Studierenden wird durch das Erlernen der deutschen Sprache eine zusätzliche berufliche Qualifizierung erworben. Das Deutschkursangebot wird als verbesserungsbedürftig angesehen, deshalb werden adressatenspezifi-sche Kurse für ausländische Studierende internationaler Studiengänge eingefor-dert (Motz 2004, 119 f.). Andererseits beklagen (nicht nur ausländische) Studie-rende , dass an deutschen Hochschulen z. T. weder Studierende noch Lehrende über ausreichende Englischkenntnisse verfügten (Motz 2004, 112).

5 Lernziel: Wissenschaftssprache

Zumindest bei Lehrenden herrscht Einigkeit dass im Lehrgebiet DaF eine An-näherung an Wissenschaftssprache vermittelt werden soll. Was allerdings mit

Wissenschaftssprache gemeint ist und wie ein entsprechender Unterricht aussehen sollte – dies genauer zu bestimmen, bleibt schwierig.

5.1 Authentische oder didaktisierte Wissenschaftssprache?

Die Vorstellung, dass Studierende allgemein in „der authentischen Situation **strenger Wissenschaftsbetrieb**" frühzeitig mitarbeiten könnten (Schäfer/Siegel 1998, 699), ja überhaupt einmal daran teilhaben könnten, übersieht, dass für die überwiegende Mehrzahl dieses Ziel wohl nie erreichbar sein wird. In der Realität des Hochschulbetriebs finden sich auch Skripts und didaktisierte Materialien (vgl. Graefen 2004, 304), die nicht der strengen Wissenschaftssprache entsprechen. Moll (2003, 236) weist darauf hin, dass es sich bei Seminararbeiten „weitgehend um Simulationen wissenschaftlicher Kommunikation" handle, bei denen sich die Studierenden am Vorbild des wissenschaftlichen Artikels orientierten, aber ohne tatsächliche Teilhabe am wissenschaftlichen Diskurs.

5.2 Etablierte Ansätze: Fachsprachendiskussion und Kulturgebundenheit

Bei der Untersuchung der Wissenschaftssprache gab es anfangs eine starke Bindung an die Fachsprachendiskussion (Drozd/Seibicke 1973), die zu stark auf terminologische Probleme abhob (vgl. Ehlich 1995, 336 ff.). Auch die spätere Einbeziehung syntaktischer Fragen und eine stärkere Orientierung auf Textstrukturen und Pragmatik (Hoffmann 1988) änderte nicht viel an dieser Einengung. Neuerdings gibt es Ansätze, Wissenschaftssprache in ihrer Komplexität als einen eigenen Forschungsgegenstand zu betrachten (s. u.): Eine kontrastivere Ausrichtung ergab sich durch die Forschungen zur Kulturgebundenheit des Wissenschaftsbetriebs. Hier wurden v. a. kulturspezifische Stile in wissenschaftlichen Veröffentlichungen untersucht (vgl. Clyne 1991, Busch-Lauer 2005, Thielmann 2009).

5.3 Alltägliche Wissenschaftssprache

Der Versuch, Wissenschaftssprache in ihrer Komplexität zu erfassen, führt auch zu einer Neubestimmung von Alltagssprache und Fachsprache bzw. Wissenschaftssprache (vgl. Weinrich 1988; Schiewe 1995; Ehlich 1999; Ehlich/Heller 2006) Neben Terminologie und besonderen syntaktischen Strukturen (vgl. für Fachsprachen Roelcke, F 7) finden sich Elemente der Alltagssprache, die in der Wissenschaftssprache eine besondere Verwendung erfahren; Ehlich spricht daher auch von „alltäglicher Wissenschaftssprache". Inzwischen liegen vielfältige Untersuchungen (u. a. Graefen 2004; Fandrych 2004; 2006; Stezano Cotelo 2006) dazu vor. Während nach Ehlich beim Rückgriff auf die Alltagssprache bei Muttersprachlern kein zentrales Problem auftritt, sei für Fremdsprachenlerner eine systematische Sprachqualifizierung mit Fokus auf die alltägliche Wissenschaftssprache unumgänglich.

5.4 Differenzierungen: mündlich vs. schriftlich – rezeptiv vs. produktiv – Textsorten

Bei der didaktischen Aufarbeitung der alltäglichen Wissenschaftssprache muss auch zwischen mündlicher und schriftlicher Wissenschaftssprache unterschieden werden. Und gerade bei der mündlichen Wissenschaftssprache zeigen sich noch größere Defizite bei der Forschung. Eine zentrale Forderung ist es deshalb, umfassende Korpora zur mündlichen Wissenschaftssprache zu erstellen (vgl. Schneider/Ylönen 2008), eine Forderung, die mit dem GeWiss-Projekt nun umgesetzt wird (vgl. Fandrych u. a. 2012). Für den schriftlichen Bereich liegen einige Forschungsergebnisse vor, in der täglichen Unterrichtspraxis lassen sich leichter Lernerfehler dokumentieren und für didaktische Zwecke aufbereiten. Die Schreibforschung stellt eine Basis bereit, und in der Praxis des DaF an den Hochschulen häufen sich Schreibseminare und Textproduktionskurse, in denen die alltägliche Wissenschaftssprache im Vordergrund steht (vgl. Wegner 2002; Tütken/Singer 2006).

Unterschiedliche Anforderungen ergeben sich auch bei der Rezeption und bei der Produktion von Texten. Da die erfolgreiche Rezeption von wissenschaftlichen Texten nicht automatisch dazu führt, dass die ausländischen Studierenden auch wissenschaftliche Texte produzieren können, bleibt es eine wichtige Aufgabe, das Zusammenspiel der unterschiedlichen Kompetenzen genauer zu erforschen. Dabei geht es auch um didaktische Grundsatzentscheidungen bezüglich sprachlicher Korrektheit und Fehlertoleranz, Textkohärenz und Gliederung (vgl. Zuchewicz 2001). Die für ein effektives Studium erforderlichen Textsorten sollten detailliert dargestellt und mit didaktischen Vorschlägen ausgestattet sein; dazu sind in den letzten Jahren wichtige Untersuchungen und didaktische Vorschläge vorgelegt worden (Graefen 1997; Moll 2003; Steets 2004; Caspar-Hehne 2004; Mehlhorn 2005; Graefen/Moll 2011).

5.5 Textkompetenz vs. Sprachkompetenz

Nach Portmann-Tselikas (2001; 2007) sind drei Kompetenzen entscheidend für den Studienerfolg: Sachkompetenz, Textkompetenz und Sprachkompetenz. Obwohl er Sachkompetenz und Sprachkompetenz für unverzichtbar hält, ist für Portmann-Tselikas die Textkompetenz am wichtigsten. Der Kern der Textkompetenz ist die Ordnungs- und Organisationskompetenz. Es geht um „Orientierung im Text und gezielte Zugriffe auf den Text", die sich auch „in der Fähigkeit zur Reformulierung von Konzepten mit eigenen Worten" ausdrücken (Portmann-Tselikas 2007, 276). Textkompetenz wird als zentrale Kompetenz im Studi-

um gesehen. Geringe fremdsprachliche Kenntnisse können durch Sachkompetenz, ausgebaute muttersprachliche Kompetenzen und Textkompetenz ausgeglichen werden. Aber Textkompetenz als die „Fähigkeit, aufgrund komplexer
und rein sprachlich gegebener Information fachliche Sinnkontexte zu entwickeln, die eigenständiges kognitives Handeln und Lernen ermöglichen" (Portmann-Tselikas 2007, 286) ist die zentrale Kompetenz. Folgen wir Portmann-
Tselikas, hat dies zur Konsequenz, dass Textverstehen und damit Textverarbei-
tung und Textbearbeitung (wie in der DSH-Prüfungsordnung prozentual) der
reinen Textproduktion vorgeordnet sind. Damit rückt sprachliche Korrektheit
ein wenig in den Hintergrund, und die Spracharbeit mit Fachtexten bekommt
zentrale Bedeutung.

5.6 Gesamtrahmen: Wissenschaftskommunikation/akademische Kommunikation

Die Anforderungen an die Studierenden gehen also über die Sprachbeherrschung hinaus und sind als Teil der Wissenschaftskommunikation oder – wohl
noch präziser – der akademischen Kommunikation zu erfassen. Hier verdienen
dann besonders Untersuchungen zu Handlungs- und Beziehungsaspekten eine
intensivere Beachtung (vgl. Caspar-Hehne 2004). Die sogenannten eristrischen
Handlungen (vgl. Ehlich/Graefen 2001), also die Auseinandersetzung mit Theorien, Ansätzen und Methoden anderer Wissenschaftler, sind dabei wegen ihrer
stärkeren Kulturgebundenheit zu Recht im Fokus der Aufmerksamkeit. Auch
die bereits diskutierten notwendigen Studienkompetenzen sind mehr als Sprachkompetenzen. Die Erfordernisse einer Didaktik der Wissenschaftssprache
Deutsch lassen sich also umfassend nur im Rahmen einer Untersuchung der akademischen Kommunikation insgesamt beschreiben.

Literatur

Bärenfänger, Olaf: Qualitätsmanagement mit dem Gemeinsamen europäischen Referenz-
    rahmen für Sprachen. In: Deutsch als Fremdsprache 44 (2007) Heft 2, 37–45

Bauer, Ulrich: Sommerschulen für interkulturelle Deutschstudien. München: Iudicium
    2002

Bisle-Müller, Hansjörg/Ostberg, Henry K.: Projektarbeit Sprachpraxis: Erkundungen bei
    städtischen Entscheidungsträgern. Ein neues Konzept für den Internationalen Sommer-
    kurs des Sprachenzentrums der Universität Augsburg. In: Chlosta u.a. (Hrsg.) 2008,
    453–462

Brandl, Heike/Brinkschulte, Melanie/Immich, Stephanie: Sprachbegleitprogramm für
    internationale Studierende an der Universität Bielefeld. In: Chlosta u.a. (Hrsg.) 2008,
    401–430

Burghoff, Claudia/Koreik, Uwe: DSH-Handbuch für Prüferinnen und Prüfer; deutsche
    Sprachprüfung für den Hochschulzugang; prüfen, erstellen, korrigieren. Göttingen:
    Fachverband Deutsch als Fremdsprache 2006

Busch-Lauer, Ines-A.: Kulturspezifische Wissenschaftsstile: Sind Sie lehr- und lernbar? In: Wolff u. a. (Hrsg.) 2005, 327–345

Caspar-Hehne, Hiltraud: Handlungs- und Beziehungsaspekte in der Wissenschaftskommunikation ausländischer Studierender. Probleme und Perspektiven. In: Caspar-Hehne / Ehlich (Hrsg.) 2004, 57–73

Caspar-Hehne, Hiltraud / Ehlich, Konrad (Hrsg.): Kommunikation in der Wissenschaft. Regensburg: FaDaF 2004

Chlosta, Christoph / Leder, Gabriela / Kirschner, Barbara (Hrsg.): Auf neuen Wegen. Deutsch als Fremdsprache in Forschung und Praxis. Göttingen: Universitätsverlag 2008

Claußen, Tina / Mehlhorn, Grit: Ich würde nie in eine Sprechstunde gehen ...: Erfahrungen aus einem Studierstrategienkurs. In: Wolff u. a. (Hrsg.) 2004, 371–390

Clyne, Michael: Zu kulturellen Unterschieden in der Produktion und Wahrnehmung englischer und deutscher wissenschaftlicher Texte. In: Info DaF 18 (1991) Heft 4, 376–383

Drozd, Lubomír / Seibicke, Wilfried: Deutsche Fach- und Wissenschaftssprache. Bestandsaufnahme – Theorie – Geschichte. Wiesbaden: Brandstetter 1973

DSH – Deutsche Sprachprüfung für den Hochschulzugang (auf den Internetseiten der Universitäten und des Goethe-Institus) [http://www.sli.uni-freiburg.de/sprachtests-zertifikate/deutsch/dsh/dsh-modellpruefung]; [http://www.dsh-vorbereitung-freiburg.de/]; [http://www.goethe.de/ins/de/spr/int/dsh/deindex.htm] (am 27.2.2013)

Duxa, Susanne: Qualität um jeden / zu welchem Preis? Anmerkungen eines universitären Anbieters von DaF-Unterricht. In: Wolff u. a. (Hrsg.) 2005, 485–500

Duxa, Susanne: Überlegungen zu einer Qualitätsentwicklung und -sicherung im studienbegleitenden Deutschunterricht. In: Wolff u. a. (Hrsg.) 2004: 89–101

Ehlich, Konrad: Alltägliche Wissenschaftssprache. In: Info DaF (1999) Heft 2, 3–24

Ehlich, Konrad: Die Lehre der deutschen Wissenschaftssprache: sprachliche Strukturen, didaktische Desiderate. In: Kretzenbacher / Weinrich (Hrsg.) 1995, 325–350

Ehlich, Konrad / Graefen, Gabriele: Sprachliches Handeln als Medium diskursiven Denkens. In: Jahrbuch Deutsch als Fremdsprache 27 (2001), 351–378

Ehlich, Konrad / Heller Dorothee (Hrsg.): Die Wissenschaft und ihre Sprachen. Frankfurt a. M. u. a.: Peter Lang 2006

FaDaF aktuell (2009) Heft 1

Fandrych, Christian: Bildhaftigkeit und Formelhaftigkeit in der allgemeinen Wissenschaftssprache als Herausforderungen für Deutsch als Fremdsprache. In: Ehlich / Heller (Hrsg.) 2006, 39–61

Fandrych, Christian: Bilder vom wissenschaftlichen Schreiben. Sprechhandlungsausdrücke im Wissenschaftsdeutschen. In: Wolff u. a. (Hrsg.) 2004, 269–291.

Fandrych, Christian / Meißner, Cordula / Slavcheva, Adriana: „The GeWiss Corpus: Comparing Spoken Academic German, English and Polish". In: Schmidt, Thomas / Wörner, Kai (Hg.): Multilingual corpora and multilingual corpus analysis. Amsterdam: Benjamins 2012, 319–337 (= Hamburg Studies in Multilingualism 14)

Gewiss (Gesprochene Wissenschaftssprache kontrastiv) [http://gewiss.uni-leipzig.de/index.php?id=home] (15.5.2013)

Graefen, Gabriele: Aufbau idiomatischer Kenntnisse in der Wissenschaft. In: Wolff u. a. (Hrsg.) 2004, 293–309

Graefen, Gabriele: Einführung in den Gebrauch der Wissenschaftssprache. In: Wolff / Winters-Ohle (Hrsg.) 2001, 191–210

Graefen, Gabriele: Der wissenschaftliche Artikel – Textart und Textorganisation. Frankfurt a. M.: Lang 1997

Graefen, Gabriele/Moll, Melanie: Wissenschaftssprache Deutsch: lesen – verstehen – schreiben. Ein Lehr- und Arbeitsbuch. Frankfurt a. M.: Lang 2011

Hoffmann, Lothar: Vom Fachwort zum Fachtext. Beiträge zur Angewandten Linguistik. Tübingen: Gunter Narr 1988

Katz, Anke-Verena/Schimmel, Dagmar: DSH und TestDaF – universitäre Konkurrenz oder doppelte Chance? Erfahrungen und Perspektiven eines gemeinsamen Vorbereitungskurses. In: Wolff u. a. (Hrsg.) 2005, 669–680

Klemm, Michael: Schreibberatung und Schreibtraining. In: Knapp, Karlfried u. a. (Hrsg.): Angewandte Linguistik. Ein Lehrbuch. Tübingen und Basel: A. Francke Verlag 2004, 120–142.

Kleppin, Karin/Mehlhorn, Grit: „Ich muss eigentlich nur noch mal die ganze Grammatik wiederholen" – zu Funktionen und Formen individueller Sprachlernberatung für ausländische Studierende. In: Wolff u. a. (Hrsg.) 2005, 81–98

Koreik, Uwe: Der studienvorbereitende und studienbegleitende DaF-Unterricht an deutschen Hochschulen. In: Wolff u. a. (Hrsg.) 2004, 103–112

Koreik, Uwe: DSH und TestDaF – eine Vergleichsstudie. Hohengehren: Schneider Verlag 2005

Kretzenbacher, Heinz/Weinrich, Harald (Hrsg.): Linguistik der Wissenschaftssprache. Berlin/New York: de Gruyter 1995

Mehlhorn, Grit: Studienbegleitung für ausländische Studierende an deutschen Hochschulen. München: Iudicium 2005

Moll, Melanie: Komplexe Schreibsituationen an der Hochschule. In: Mitteilungen des Deutschen Germanistenverbandes 50 (2003) Heft 2–3, 232–248

Motz, Markus: Ausländische Studierende internationaler Studiengänge: sprachliche Situation und kommunikative Bedürfnisse. In: Caspar-Hehne (Hrsg.) 2004, 101–125

Portmann-Tselikas, Paul R.: Textkompetenz und Studienerfolg: Fragen und Probleme an der Schnittstelle zwischen unterschiedlichen akademischen Traditionen. In: DAAD (Hrsg.): Germanistentreffen Deutschland – Süd-Ost-Europa 2006. Bonn: DAAD 2007, 267–289

Portmann-Tselikas, Paul R.: Schreibschwierigkeiten, Textkompetenz, Spracherwerb. Beobachtungen zum Lernen in der zweiten Sprache. In: Deutsch als Fremdsprache (2001) H. 1, 3–13

Schäfer, Stefan/Siegel, Martin: Textkonzeption und Wissenschaftsspracherwerb. In: Info DaF 25 (1998) Heft 6, 695–701

Schneider, Britta/Ylönen, Sabine: Plädoyer für ein Korpus zur gesprochenen deutschen Wissenschaftssprache. In: Deutsch als Fremdsprache 45 (2008) Heft 3, 139–150

Schreiber, Rüdiger/Wessel, Heinz (Hrsg.): Deutsch als Fremdsprache im Studienkolleg. Regensburg: FaDaF 2002

Schreiber, Rüdiger/Wessel, Heinz: Wie aussagekräftig ist die Aufnahmeprüfung? In: Schreiber/Wessel (Hrsg.) 2002, 162–180

Schiewe, Jürgen: Sprache des Verstehens – Sprache des Verstandenen. In: Kretzenbacher, Heinz Leonhard/Weinrich, Harald (Hrsg.): Linguistik der Wissenschaftssprache. Berlin u. a.: de Gruyter 1995

Steets, Angelika: Wissenschaftliches Schreiben im studienintegrierten Sprachunterricht. In: Caspar-Hehne (Hrsg.) 2004, 39–56

Stezano Cotelo, Kristin: Die studentische Seminararbeit. In: Ehlich/Heller (Hrsg.) 2006, 87–114

TestAS – Test für ausländische Studierende [www.testas.de] (am 27.3.2013)

Thielmann, Winfried: Deutsche und englische Wissenschaftssprache im Vergleich: Hinführen – Verknüpfen – Benennen. Heidelberg: Synchron 2009 (Wissenschaftskommunikation 3)

Tütken, Gisela / Singer, Gesa (Hrsg.): Schreiben im DaF-Unterricht an Hochschulen und Studienkollegs. Aufgaben zur sachorientierten, freien und universitätsbezogenen Textproduktion. Regensburg: FaDaF 2006 (Band 75)

Voss, Bernd: UNIcert als Beitrag zur Qualitätssicherung und –entwicklung im universitären Deutschunterricht. In: Wolff u. a. (Hrsg.) 2004, 551–559

Wegner, Wolfgang: Studienbegleitendes wissenschaftliches Schreiben für naturwissenschaftliche Fächer – ein erster Erfahrungsbericht. In: Schreiber/Wessel (Hrsg.) 2002, 66–84

Weinrich, Harald: Wege der Sprachkultur. München: dtv 1988

Wolff, Armin/Winters-Ohle, Elmar (Hrsg.): Wie schwer ist die deutsche Sprache wirklich? Regensburg: FaDaF 2001

Wolff, Armin/Ostermann, Torsten/Chlosta, Christoph (Hrsg.): Integration durch Sprache. Regensburg: FaDaF 2004

Wolff, Armin/Riemer, Claudia/Neubauer, Fritz (Hrsg.): Sprache lehren – Sprache lernen. Regensburg: FaDaF 2005

uni-assist e. V. Arbeits- und Servicestelle für internationale Studienbewerber in Deutschland. [www.uni-assist.de] (am 27.2.2013)

Unicert – Das Fremdsprachenzertifikat für den Hochschulbereich. [http://www.unicert-online.org/]; [http://rcswww.urz.tu-dresden.de/~unicert] (am 27.2.2013)

Zuchewicz, Tadeusz: Befähigung zum wissenschaftlichen Schreiben in der Fremdsprache Deutsch. In: Fremdsprache Deutsch 38 (2001) Heft 1, 14–19

MARCELLA COSTA

F 9 Deutsch als Fremdsprache im Tourismus

1 Stand der Forschung

Tourismus ist eine der weltweit bedeutendsten Wirtschaftsbranchen der Zukunft mit einem prognostizierten Wachstum von jährlich rund 3 % für Europa (UNWTO 2009) – dabei spielen die deutschsprachigen Länder als Touristenziele und als Herkunftsländer der Touristen sowie das Deutsche als Ausgangs- und Zielsprache touristischer Texte und in interlingualen Interaktionen eine nicht zu unterschätzende Rolle (Bopst 2009; Reuter 2010). Dies führt zur Entwicklung von neuen Bachelor-Studiengangsprofilen mit Schwerpunkt Tourismuskommunikation und -management an zahlreichen europäischen und außereuropäischen Hochschulen. Damit verbunden ist ein Bedarf an fremdsprachlichen Kenntnissen, die als Angebot des „sprachliche(n) Entgegenkommen(s)" (Ammon 1991, 342) gegenüber Touristen zu verstehen sind.

Während für Englisch und Spanisch als Kommunikationssprachen im Tourismus bereits etliche Studien vorliegen (das soziolinguistisch ausgerichtete Standardwerk von Dann 1996 sowie Einzelstudien wie Calvi 2004; Nigro 2005; Gotti 2007; Maci 2007), ist für das Deutsche ein Forschungsdesiderat zu verzeichnen. In den letzten Jahren sind jedoch einige Entwicklungen im Bereich der Erforschung von tourismusbezogenen Text- und Gesprächssorten zu beobachten. Es sei hier hingewiesen erstens auf das Projekt zur Klassifizierung und korpusbasierten Erfassung von Textsorten und Textsortenvarianten der Tourismusbranche, bezogen auf das Sprachenpaar Italienisch-Deutsch (Lombardi 2006), zweitens auf die Erforschung von Vermittlungsverfahren in internationalen Touristenführungen mit Deutsch als Fremdsprache (Costa / Müller-Jacquier 2010) und drittens auf ein Themenheft „Deutsch als Fremdsprache im Tourismus" der Zeitschrift „German as a foreign language" zum DaF-bezogenen Stand der Erforschung von interkultureller touristischer Interaktion sowie zu Schulungsmodellen und zu Unterrichtspraktiken (Reuter 2011).

2 Allgemeine Aspekte der DaF-bezogenen Kommunikation im Tourismus (KiT)

Ähnlich wie in der Wirtschaft besitzt auch die Kommunikationsarbeit im Tourismus eine quantitativ sowie qualitativ zentrale Bedeutung für das Handeln (Brünner 2000). Erkennbar sind drei miteinander verzahnte Dimensionen tourismus-

bezogenen Handelns, die für die linguistische Erforschung sowie für die Didaktisierung der KiT relevant sein sollten:

1. Tourismuskommunikation als Branche der Wirtschaftskommunikation;

2. Tourismus als von Marketing und Werbung bestimmtes Handlungsfeld;

3. Tourismus als Institution des Wissenstransfers und des interkulturellen
   Austauschs.

Aufgrund der vielfältigen Formen von Kommunikationsarbeit kann KiT als ein
Ensemble kommunikativer Domänen und unterschiedlicher kommunikativer
Gattungen betrachtet werden. Im Folgenden wird ein Einblick in Text- und
Gesprächssorten sowie ihrer Formen und Funktionen gegeben. Die Bezeichnung „(Fach-)Sprache(n) des Tourismus" wird hier vermieden, da sie die Sichtweise eines eigenständigen sprachlichen Systems hervorruft, funktionale und
handlungsbezogene Gesichtspunkte ausblendet und sich aus fremdsprachendi-
daktischer Sicht als unproduktiv erweisen könnte (Gefahr der Reduzierung auf
Nomenklaturen).

2.1 Untersuchungen zu sprachlichen Aspekten der KiT

Untersucht wurden bislang nur einige Textsorten (u. a. touristische Werbetexte,
Reiseführer und Reiseberichte), sowohl aus linguistischer (siehe oben 1.1) als
auch aus soziolinguistischer Perspektive (Dann 1996). Eine empirisch basierte
Systematisierung des Textsortenspektrums in diesem Bereich liegt noch nicht
vor, so dass im Folgenden versucht wird, die Text- und Gesprächssorten im Tourismus nach dem Kriterium ihrer Relevanz für die universitäre Lehre im Fach
Deutsch als Fremdsprache grob aufzulisten. Dabei werden sie nach ihren charak-
teristischen Handlungsfunktionen und nach den daran beteiligten Partizipanten
differenziert:

1. Schriftliche Textsorten mit Anweisungsfunktion. Es sind v. a. die im weiteren
Bereich der Wirtschaftskommunikation verorteten Textsorten der Geschäftskor-
respondenz mit den verschiedensten Partizipanten (mit Reiseveranstaltern, ört-
lichen Reisebüros, einzelnen Unternehmern im Hotel- und Gaststättengewerbe,
Touristenführern, individuellen Touristen usw.) und Handlungszielen (Aufträ-
gen, Bestellungen, Mahnungen, Beschwerden usw.). Sie bestehen in den meisten Fällen aus standardisierten Textbausteinen und weisen einen hohen Fach-
sprachlichkeitsgrad auf (zur Kritik an der Serialisierung solcher Kommunikationsformen im Bereich Tourismus vgl. Brünner 2000, 233 f.; zu Fachsprachen
Roelcke, F 7);

2. Kataloge, Reiseziel- und Hotelpräsentationen, mehrsprachige Internet-Por-
tale und weitere reisevorbereitende informativ-persuasive Textsorten mit ausgeprägter Werbefunktion (Cinato 2007; Lombardi 2006);

3. schriftliche Gattungen mit vorwiegend informativ-beratender und deskripti-
ver Funktion. Zu dieser Gruppe zählen Reiseführer und Reiseberichte, die die
Touristen für die Planung einer Reise sowie zur Orientierung in einem fremden
Land bzw. einer fremden Stadt heranziehen (Dann 1996, Ramm 2000). Bera-
tungs- und Informationsfunktion sind auch für kleine Formen wie Menüs oder
Begleittexte in Museen kennzeichnend, die oft mehrsprachig dargeboten werden; vorwiegend informativ sind auch Aufschriften im Zielland, die oft von
Nichtmuttersprachlern des Deutschen verfasst werden und auffällige – wenn
nicht sogar ausgesprochen lustige – Sprachfehler enthalten (eine unterhaltsame
Sammlung solcher „Übelsetzungen" erscheint in regelmäßigem Abstand im Langenscheidt Verlag). Nach Ammon (1991, 355) umfassen diese Texte „die ganze
Variationsbreite der Lernervarietäten von Deutsch" und sorgen für das „Quan-
tum Exotik", das von Touristen im Ausland erwartet wird;

4. mündliche Gattungen mit informativer, deskriptiver und unterhaltender
Funktion, darunter Audio-Guides (Fandrych/Thurmair 2010) und Touristenführungen (Costa/Müller-Jacquier 2009) als „on-trip"-Gattungen des interkulturellen Wissenstransfers;

5. Gesprächssorten im Dienstleistungsbereich mit beratenden Zügen (Gespräche am Hotelempfang, in der Touristinformation usw., vgl. Fredsted 1999);

6. praktische Alltagskommunikation zwischen deutschsprachigen Touristen und
fremdsprachigen Gastgebern (Ammon 1991, 356 f.; Weidemann 2005, 618–619).

Folgende Aspekte wurden in der deutschsprachigen Literatur behandelt:

– sprachliche Mittel der Raum- und Wissensorientierung in Reiseführertexten
  und Audio-Guides (Fandrych/Thurmair 2010) sowie in Touristenführungen
  durch Muttersprachler und Nichtmuttersprachler des Deutschen (Ravetto
  2010);

– textlinguistische Analyse von touristischen Reiseführer- und Werbetexten
  (Neumann 2003, Montes-Fernández 2006);

– sprachmittlungsorientierte, sprachenpaarbezogene Textanalysen (Bopst 2009;
  Lombardi 2006), ein multilateraler Sprachvergleich findet sich in Nord (2009,
  249 ff.);

– kritische Momente in der mündlichen KiT in Deutsch als Fremdsprache
  (Fredsted 1999; Schmitt 2010);

– korpusgestützte Beschreibung der Gattung Stadtführung im internationalen
  Tourismus mit Deutsch als Fremdsprache aus verschiedenen methodischen
  Blickwinkeln (Costa/Müller-Jacquier 2010).

Im Folgenden werden wichtige Ergebnisse einiger dieser Untersuchungen für
den DaF-Unterricht vorgestellt.

2.2 Textsorten im touristischen Bereich

Textlinguistische Analysen mit sprachdidaktischem Bezug finden sich in sprachenpaarbezogenen Arbeiten aus dem Bereich der Übersetzungswissenschaft. So zeigt z. B. Lombardi (2006), welche Kompetenzen der systematische Vergleich von Paralleltexten (hier: mediatisierte Werbetexte) fördern kann:

– Erkennen von fachtextsortenspezifischen Merkmalen und einzelsprachspezifischen Formulierungsmustern (Textwissen);
– Entschlüsselung von Kulturspezifik im Text (Kulturwissen);
– Dekodierung von Bild-Text-Relationen (semiotisches Wissen);
– Reflexion über den Einfluss des Mediums auf die Textgestaltung, Textproduktion und -rezeption.

Im anwendungsbezogenen Teil zeigt die Autorin, wie die durch die Reflexion erworbenen Kompetenzen zur Verfassung bzw. Übersetzung von stilistisch adäquaten und empfängerorientierten touristischen Werbetexten eingesetzt werden können. Dieser so wie ähnliche Ansätze (Bopst 2009) zeigen Wege und Methoden für die Ausbildung von DaF- und Germanistikstudierenden zu Textexperten, Kulturmittlern und interkulturellen Wissensmanagern im Bereich Tourismus.

Fandrych/Thurmair (2010) skizzieren die textgrammatischen Eigenschaften von Besichtigungstexten wie Reiseführern und Audioguides. Da ihre Grundfunktion in der Wissensvermittlung und in der Orientierung in einem gegebenen Kulturraum besteht – aber auch in der Vermarktung von Reisezielen –, weisen diese Textsorten informative, instruktive und beratende Züge auf. Die Aufgabe der Wissensvermittlung und v. a. der Anknüpfung von neuem Wissen mit bereits vorhandenen Wissen wird in beiden Textsorten durch wiederkehrende Mittel wie Negation, Vergleich und Elativ hergestellt – Strategien, die oft das Risiko von Verallgemeinerungen und Stereotypisierungen bergen (vgl. dazu Dann 1996). Bei Audioguide-Texten finden sich zudem Handlungsmuster wie Deuten und Bewerten, die zu den zentralen Aufgaben der Kunstkommunikation zählen (Hausendorf 2005). Didaktisch betrachtet ermöglichen diese Texte eine Verbindung von landeskundlichen mit sprachlichen Lernzielen. Eine reflektierte, textgrammatisch orientierte Textarbeit erlaubt es, die sprachlichen Mittel zur Realisierung von Handlungszielen wie „Eine Person in einem fremden Raum orientieren" transparent zu machen, aber auch diskursive Konstruktionen von Fremd- und Selbstbildern zu thematisieren.

2.3 Interkulturelle Interaktion

Empirische Untersuchungen von Angesicht-zu-Angesicht-Begegnungen im Tourismus wurden von Fredsted (1999) und Costa/Müller-Jacquier (2010) durchgeführt. In beiden Fällen handelt es sich um pragma- bzw. gesprächslinguistische Analysen von authentischem Interaktionsverhalten in interkulturellen und interlingualen Kommunikationssituationen, die darauf abzielen, wiederkehrende (kommunikative) Muster in tourismusbezogenen Beratungs- und Wissensvermittlungssituationen zu ermitteln. Beide Untersuchungen entstammen dem Bedürfnis, authentische Unterrichtsmaterialien zu sammeln, und der Erkenntnis, dass für die Didaktik eine vorausgehende, DaF-relevante Erforschung notwendig ist.

Fredsted (1999) untersucht die Gesprächssorte der externen Kommunikation anhand von Daten aus dänisch-dänischen, deutsch-deutschen und dänisch-deutschen Begegnungen zwischen Touristen und Angestellten. Strukturell weisen orientierende und informierende Gespräche drei Phasen auf: Eingangs- und Abschlussphase enthalten vorwiegend phatische interaktionsbasierte Sequenzen und sind stark routinisiert (Gruß – Gegengruß – phatische Interaktionsignale – eingeleitete oder uneingeleitete Bitte bzw. Frage; Konklusion – Danke – Abschiedsgruß), die Kernphase enthält die Verhandlung der erwünschten Information und die Einführung von weiteren Themen. Die Anlage des Korpus (Kommunikation zwischen Muttersprachlern und zwischen Muttersprachlern und Nichtmuttersprachlern) erlaubt es, kulturspezifische Realisierungen des idealtypischen Musters zu beobachten: in der Eingangs- und in der Abschlussphase zeigen die deutschen Gespräche gegenüber den dänischen eine stärkere phatische und ritualisierende Strukturierung und eine geringere thematischen Orientierung. Außerdem enthalten sie zahlreiche verbale Höflichkeitsindikatoren wie lexikalische „downgraders" (*irgendwie, noch ein bisschen mehr*), lexikalische „upgraders" (*ganz neu, ganz toll, oh ja das ist ja schön*) und Konjunktiv II (*würde gern, könnten Sie*). Der erste Eindruck einer „höflicheren" Interaktion bei den deutschen gegenüber den dänischen Sprechern wird jedoch von der multimodalen Analyse der Videodaten korrigiert: Die Berücksichtigung der parasprachlichen und non-verbalen Realisierungsebene zeigt, dass Höflichkeit in den dänischen Aufnahmen anders kodiert wird. Diese Unterschiede in der Aktualisierung von Höflichkeit haben in der interlingualen Interaktion Konsequenzen, wie Fredsted (1999, 209ff.) anhand von Krisenmomenten zeigt. Dank der Handhabbarkeit der Transkripte sowie der Klarheit und Tiefe der Analyse bietet sich dieses Material für praxisbezogene Schulungsphasen im DaF-Unterricht an (Didaktisierungsvorschläge in Reuter 2011).

Interkulturelle berufsbezogene Interaktion im Tourismus anhand von Touristenführungen wird in Costa/Müller-Jacquier (2010) thematisiert. Der Band enthält gesprächsanalytische Untersuchungen von Touristenführungen für Nichtmuttersprachler auf Deutsch von Muttersprachlern, auf Deutsch von Nichtmuttersprachlern und auf Englisch.

Die Audio- und Videodokumentationen ermöglichen die Aufgliederung des komplexen Handlungsmusters „Stadtführung" in einzelne Schritte: Kesselheim (2010) zeigt, wie die zwei Makrophasen „mobile" und „stationäre Phase" sowohl verbal als auch paraverbal und non-verbal konstituiert wird. Der Übergang von einer Station zur anderen wird durch die Schritte „Orientieren an der Sehenswürdigkeit", „Einnehmen des Vortragspunktes", „Signalisieren des Angekommen-Seins" und „Positionieren der Geführten" von der Führerin realisiert. In diesem kommunikationsintensiven Beruf hat die Führerin als Wissensvermittlungsinstanz die Rolle der primären Sprecherin inne, und die Daten zeigen, dass Wissensvermittlung und Verständigungssicherung im Zentrum stehen. In den Aufnahmen mit muttersprachlicher FührerIn und nichtmuttersprachlichem Publikum werden wiederkehrende Verfahren der Wissensabsicherung bei kultureller Fremdheit eingesetzt, auf kulturdifferente Verstehensvoraussetzungen wird explizit eingegangen (Costa/Müller-Jacquier 2009). Schmitt (1997/2010) zeigt, dass die Berücksichtigung der Sicht der Touristen/Adressaten mittels Perspektivierung durch die FührerIn einen wichtigen Faktor bei der Vermittlung von Fremdkulturwissen in der Fremdsprache darstellt.

3 DaF-Lehrwerke im Bereich Tourismus

Einige DaF-Lehrwerke sind für spezifische Tourismusbranchen (z.B. Hotellerie: Barberis/Bruno 2007; Cohen 2000) und oft regional konzipiert (Muttersprache als Instruktionssprache); andere enthalten eine Fülle an Kommunikationssituationen und an sie gebundene Lernziele (Held 2004; Lévy-Hillerich u.a. 2005). Manchmal besteht jedoch die Gefahr, durch ständigen Themenwechsel die Konsolidierung der erworbenen Kompetenzen nicht zu erreichen. Reuter (in Vorb.) kritisiert im Allgemeinen die drastische didaktische Reduktion der authentischen Berufswirklichkeit in marktgängigen Lehrwerken und ihre Nichtberücksichtigung von Impulsen aus der linguistischen Forschung. Germanistische bzw. übersetzungswissenschaftliche Forschungsergebnisse bleiben weitgehend unbeachtet. Dies gilt vor allem für die Darstellung von Handlungsmustern in der interkulturellen Interaktion mit dem Lernziel der beruflichen Handlungskompetenz: Reuter (2011) skizziert, wie unterschiedlich der Handlungsablauf bei einem Restaurantbesuch in einem praxisfernen, ad-hoc konstruierten Lehrwerkdialog (Lévy-Hillerich 2005) und in einem empiriebasierten Tourismussprachkurs (Fredsted/Pedersen 1994) dargestellt wird, und zeigt dabei, dass empiriebasierte Lehr- und Lernmaterialien sowohl Handlungsmuster als auch die entsprechenden sprachlichen Mittel praxisnah und pragmatisch korrekt wiedergeben können.

4 Aufgabenfelder einer Didaktik der KiT

Angesichts der Aufgabenfelder von akademisch ausgebildeten deutsch- und mehrsprachigen Tourismusexperten im nichtdeutschsprachigen Ausland ergeben sich aus den Forschungsergebnissen und empirischen Materialien folgende Lernziele:

1. Entwicklung von Fachtextsortenkompetenz, u. a. durch sprachenpaarbezogene Paralleltexte für adressatengerechten Transfer ausgangskultureller Inhalte in die fremde Sprache und Kultur;

2. Entwicklung von Interaktionskompetenz durch die Heranziehung von authentischen, tourismusbezogenen Datensammlungen: Methodisch kann die Arbeit mit empirischen Materialien an pragmalinguistisch fundierte Schulungsmodelle angelehnt werden, wie sie in Kommunikationstrainings für die Entwicklung interkultureller Berufskommunikation konzipiert wurden (Weidemann u. a. 2010);

3. Entwicklung von interkultureller Kompetenz durch die datengestützte Analyse von kritischen Momenten (Fredsted 1999; Schmitt 1997). Im Rahmen von Projektphasen im Unterricht oder von Lehrforschungsprojekten können zudem am Beispiel der in 2.2 und 2.3 aufgeführten methodischen und empirischen Vorgehensweise Lernmaterialien selbst erstellt werden, die den konkreten, berufspraxisnahen Bedürfnissen der Lernenden entgegenkommen.

Literatur

Ammon, Ulrich: Die internationale Stellung der deutschen Sprache. Berlin: de Gruyter 1991

Barberis, Paola/Bruno, Elena: Deutsch im Hotel. Gespräche führen (Lehrbuch und 2 Audio-CDs). Ismaning: Hueber 2007

Bopst, Hans-Joachim: Germanistische Arbeit an touristischen Texten. In: Hess-Lüttich, Ernst W.B./Colliander, Peter/Reuter, Ewald (Hrsg.): Wie kann man vom 'Deutschen' leben? Zur Praxisrelevanz der interkulturellen Germanistik. Frankfurt/Main: Lang 2009, 377–396

Brünner, Gisela: Wirtschaftskommunikation. Linguistische Analyse ihrer mündlichen Formen. Tübingen: Niemeyer 2000

Calvi, Maria Vittoria: El lenguaje del turismo en las paginas web de Los parados. In: van Hooft Comajuncosas, A. (Hrsg.): Textos y Discursos de Especialidad. Amsterdam: Rodopi 2004, 61–70

Cinato Lucia: Tradurre in internet: l'esempio delle pubblicità turistiche on-line nel confronto italiano-tedesco. In: Studi e ricerche. Quaderni del Dipartimento di Scienze del Linguaggio dell'Università di Torino 2 (2007), 85–114

Cohen, Ulrike: Zimmer frei neu. Deutsch im Hotel. Berlin: Langenscheidt 2000

Costa, Marcella: Datensammlungen als Lehr- und Lernmittel. In Deutsch als Fremdsprache 45 (2008) Heft 3, 33–39

Costa, Marcella/Müller-Jacquier, Bernd (Hrsg.): Deutschland als fremde Kultur. Vermitt-lungsverfahren in Touristenführungen. München: Iudicium 2010

Costa, Marcella/Müller-Jacquier, Bernd: Erklären und Fremdverstehen am Beispiel des internationalen Städtetourismus. In: Spreckels, Janet (Hrsg.), Erklären im Kontext. Neue Perspektiven aus der Gesprächs- und Unterrichtsforschung. Paderborn: Schoe-ningh 2009, 177–192

Dann, Graham: The language of tourism: A sociolinguistic perspective. Wallingford: Cab International 1996

Fandrych, Christian/Thurmair, Maria: Orientierung im Kulturraum. Reiseführertexte und Audio-Guides. In: Costa/Müller-Jacquier (Hrsg.) 2010, 163–188

Fredsted, Elin: Kommunikation in Touristinformationen – eine Analyse von Gesprächen. In: Becker-Mrotzek, Michael/Doppler, Christine (Hrsg.): Medium Sprache im Beruf. Eine Aufgabe für die Linguistik. Tübingen: Narr 1999, 199–223

Fredsted, Elin/Pedersen, Karen Margarethe: Turistservice på tysk i Danmark (Unter-richtsmappe, Audiokassetten, Diskette mit Wortlisten und Unterrichtsvideo in Deutsch als Fremdsprache.) Aabenraa: Institut for grænseregionsforskning 1994

Gotti, Maurizio: The Language of Tourism as Specialized Discourse. In: Palusci, Oriana (Hrsg.): Translating Tourism. Linguistic and Cultural Representations. Trient: Editrice Università degli Studi di Trento 2007, 15–34

Hausendorf, Heiko: Die Kunst des Sprechens über Kunst. Zur Linguistik einer riskanten Kommunikationspraxis. In: Klotz, Peter/Lubkoll, Christine (Hrsg.): Beschreibend wahrnehmen – wahrnehmend beschreiben. Sprachliche und ästhetische Aspekte kogni-tiver Prozesse. Freiburg: Rombach 2005. Wiederabdruck in: Costa/Müller-Jacquier (Hrsg.) 2010, 17–49

Held, Gesine/Jurcic, Christine/Köhler, Beate/Pichler, Georg und Goethe Inst. Madrid: Szenarien, Deutsch im Tourismus. Madrid: Goethe Institut 2004

Kesselheim, Wolfgang: „Zeigen, erzählen und dazu gehen": Die Stadtführung als raumba-sierte kommunikative Gattung. In:Costa/Müller-Jacquier (Hrsg.) 2010, 244–271

Lévy-Hillerich, Dorothea/Bochenek, Bożena/Jankowski, Antoni/Król, Elżbieta/Luba, Ewa/Majka-Karska, Teresa/Malinow, Anna/Wiercimok, Grazyna: Kommunikation im Tourismus (Kursbuch mit CD-ROM, Lehrerhandbuch, CD mit Hörtexten). Berlin: Cor-nelsen 2005

Lombardi, Alessandra: Tourismuswerbung im Vergleich. In: Foschi Albert, Marina/Hepp, Marianne (Hrsg.): Texte in Sprachforschung und Sprachunterricht. München: iudicium 2006, 292–297

Maci, Stefania: Virtual Touring. The Web-Language of Tourism. In: Linguistica e filologia 25 (2007), 41–65 [http://dspace-unibg.cilea.it] (Zugang: 28.2.2013)

Montes-Fernández, Antonia: La traduccion de folletos turisticos (español-alemán): Condi-cionantes socioeconómicos y socioprágmaticos. In: Blanco García, P./Martino Alba, P. (Hrsg.): Traducción y Multiculturalidad. Madrid: Universidad Complutense de Madrid 2006, 157–167

Neumann, Stella: Textsorten und Übersetzen. Eine Korpusanalyse englischer und deut-scher Reiseführer. Frankfurt/Main: Lang 2003

Nigro, Maria Giovanna: The language of tourism as LSP? A Corpus-based Study of the Discourse of Guidebooks. In: Picht, Heribert (Hrsg.): Modern Approaches to Termino-logical Theories and Applications. Frankfurt/Main: Lang 2005, 187–198

Nord, Christiane: Textanalyse und Übersetzen. Theoretische Grundlagen, Methode und didaktische Anwendung einer übersetzungsrelevanten Textanalyse. Tübingen: Groos 2009

Ramm, Wiebke: Vom Text zum Hypertext. Reiseführer im World-Wide-Web. In: Gil, Albert (Hrsg.): Modelle der Translation. Grundlagen für Methodik, Bewertung, Computermodellierung. Frankfurt/Main: Peter Lang 2000, 217–239

Ravetto, Miriam: „Sehen Sie das?". Zur verbalen Raumreferenz in Touristenführungen. In: Costa/Müller-Jacquier (Hrsg.) 2010, 189–213

Reuter, Ewald (Hrsg.): DaF im Tourismus, Tourismus im DaF-Unterricht. Bestandsaufnahme und Zukunftsvisionen. In: Reuter, Ewald (Hrsg.): Themenheft Deutsch als Fremdsprache im Tourismus,/German as a foreign language 2011 [Online: www.gfl-journals.de/3-2011/Reuter.pdf] (18.3.2013)

Reuter, Ewald: Fachsprache der Wirtschaft und des Tourismus. In: Krumm, Hans-Jürgen/Fandrych, Christian/Hufeisen, Britta/Riemer, Claudia (Hrsg.) Deutsch als Fremd- und Zweitsprache. Ein internationales Handbuch. 1. Teilband. Berlin: de Gruyter 2010, 458–467

Schmitt, Reinhold: „Ich werde Sie sehen lassen" oder: Über Möglichkeiten und Grenzen interaktiver Kulturvermittlung. In: Schmitt, Reinhold/Stickel, Gerhard (Hrsg.): Polen und Deutsche im Gespräch. Tübingen: Narr 1997, 26–71. Wiederabgedruckt in: Costa/Müller-Jacquier (Hrsg.) 2010, 50–95

UNWTO World Tourism Organization (Hrsg.): World Tourism Barometer. Madrid: (1) 2009 [http://dtxtq4w60xqpw.cloudfront.net/sites/all/files/pdf/ unwto_barom11_iu_aug _en.pdf] (zuletzt 18.3.2013)

Weidemann, Arne: Tourismus. In: Straub, Jürgen/Weidemann, Arne/Weidemann, Daniela (Hrsg.): Handbuch Interkulturelle Kommunikation und Kompetenz. Stuttgart: Metzler 2005, 613–626

Weidemann, Arne/Straub, Jürgen/Nothnagel, Steffi (Hrsg.): Wie lehrt man interkulturelle Kompetenz? Theorien, Methoden und Praxis in der Hochschulausbildung. Ein Handbuch. Bielefeld: transcript 2010

JÜRGEN WOLFF

F 10 DaF im Tandem

1 Was ist „Tandem"-Lernen in DaF?

Tandem heißt ursprünglich das Fahrrad, bei dem sich beide engagieren, damit sie gemeinsam vorwärtskommen. Der Name wird auch verwendet für Sprachaustausch zwischen zwei ErstsprachlerInnen, nach dem Prinzip: „Du hilfst mir lernen, ich helfe dir lernen, und so verstehen wir uns besser!" Die Grundformen sind „Einzeltandem" (= Arbeit im Tandempaar) und 'Tandemkurs' (= binationaler Kurs):

Einzeltandem: Das (unbegleitete) Einzeltandem wird am häufigsten durchgeführt, spontan nach Partnersuche über Anschlagbretter/Internetdatenbanken oder in Verbindung mit Sprachkursen. Daneben gibt es von Agenturen oder (Hoch-) Schulen vermittelte und betreute Einzeltandems. Das Einzeltandem setzt eine gewisse Fähigkeit voraus, die eigenen Ziele und Wege zu bestimmen, ist also erst ab den letzten Klassen der weiterführenden Schulen und für Fortgeschrittene angeraten.

Tandemkurs: Sobald zwei etwa gleich große Potenziale aus zwei Ländern mit ähnlichem Niveau zur gleichen Zeit am gleichen Ort zusammentreffen, bieten sich binationale Tandem-Phasen an. Da diese Form die Verknüpfung mit lehrergesteuerten Schritten und binationalen Plena erlaubt, ist sie für TeilnehmerInnen mit niedrigem Sprachniveau (keine absoluten AnfängerInnen!) oder kurzen Lernbiographien (ImmigrantInnen und Arbeiterbildung) geeignet und ideal für Klassenfahrten und Jugendaustausch.
'Quer' dazu liegt die Unterscheidung Präsenztandem bzw. „face to face"-Tandem gegenüber Distanztandem bzw. 'e-Tandem', d. h. es gibt Einzeltandems von Angesicht zu Angesicht und im Internet, Tandemkurse vor Ort und im Internet usw.
Dieser Artikel bietet einen umfassenden Überblick über alle Anwendungsmöglichkeiten als Grundlage für spezifische Situationen.

2 Möglichkeiten von Tandem-Begegnungen

Alter der Tandem-Partner: Formen des Tandem-Lernens bei Schulkindern sind mehrfach erprobt worden, seit 1987 im Grenzbereich Elsass/Baden im Rahmen des Programms „Lerne die Sprache des Nachbarn" (vgl. Pelz 1989) und bei 'Spotkanie heißt Begegnung' an der deutsch-polnischen Grenze (vgl. Nöth

1998). Zahlreicher sind sie bei Jugendlichen, allen voran beim Deutsch-Französischen Jugendwerk, bei deutsch-polnischen und -tschechischen parallelen
Organisationen.
Unüberschaubar ist das Angebot für Erwachsene. Im TANDEM⃞-Netz werden
jährlich Hunderte Paare vermittelt, dazu kommen Tausende von spontan gebil-
deten Partnerschaften. Unterformen sind Senioren- und Frauenkurse.

Einrichtungen als Träger: Die Liste der Träger ist lang: Kindergärten, Grund-,
weiterführende und berufsbildende Schulen, Ausbildungseinrichtungen,
Jugendorganisationen, Universitäten und Fachhochschulen, Lehrer- und
Erwachsenenbildung, Betriebe und berufsbezogene Partnerschaften sowie
Arbeiter- und Gewerkschaftsbildung.

Ort der Begegnungen: Bei einer Begegnung zwischen zwei Gruppen sind grundsätzlich fünf Möglichkeiten denkbar: im Land der einen Gruppe, im Land der
anderen, grenzüberschreitend (z. B. Wochenendbesuche), gemeinsam an einem
Drittort (z. B. Deutsche und FranzösInnen in Polen), im Internet. Günstige
Voraussetzungen bieten Grenzregionen oder Gebiete mit zwei etwa gleich starken und gleichgestellten Bevölkerungsgruppen.

Sprachen der Begegnungen: Bisher wurden Sprachen von Albanisch bis Ungarisch verwendet. Im Prinzip ist der Ansatz für alle Sprachkombinationen geeignet, an denen jemand Interesse hat. Faktisch gibt es allerdings viel und wenig
gewählte Sprachen (Englisch viel und Wolof wenig; siehe Interkultur-Tandem).

Ziele bei der Tandem-Arbeit: Beim Tandemlernen mischen sich verschiedene
Antriebsfedern wie das Interesse am Sprachlernen, am Kennenlernen anderer
Menschen und Kulturen und berufliche Informationsinteressen. Dementspre-
chend sind klare Unterscheidungen etwas künstlich:

– Sprachliches Allgemeintandem: Auffrischung und Entwicklung von Sprachkenntnissen, oft mit einem lehrerzentrierten Sprachkurs verbunden.

– Am Kulturaustausch orientiertes Begegnungstandem: Erweiterung des Ver-
  ständnisses für die andere Kultur, Sprachunterricht als Sprachanimation mit
  interkulturellen Erfahrungen verbunden.

– Interkultur-Tandem: Bei allen genannten Zielsetzungen tauschen die Beteiligten Sprachkenntnisse aus. Nun gibt es aber eine große Gruppe von Menschen,
  deren Sprachen auf dem 'Tandem-Tauschmarkt' nicht nachgefragt werden,
  z. B. Flüchtlinge. Beim Interkultur-Tandem, einer Fortentwicklung des an der
  VHS Wiesbaden von Barbara von Breitenbach eingeführten 'TANDEM
  Deutsch-International', treffen sich InländerInnen und AusländerInnen, von
  einem/r oder zwei TeamerIn(nen) begleitet, um in der Landessprache für
  beide interessante Themen (Feste, Kochen, Reisen in die Herkunftsländer
  vorbereiten, Nähen usw.) zu behandeln (vgl. Wolff 1998).

– Fachtandem: Dabei finden sich Berufstätige oder StudentInnen gleicher Fachrichtung mit konkreten, aus ihrer Arbeit entstandenen Interessen, um Informationslücken zu schließen und Fachsprachenkenntnisse zu schaffen, wobei, wie in allen Tandems, gegenseitige Sympathie sehr förderlich ist.

Inhalt: Als eine Form des autonomen Lernens bietet Tandem inhaltliche Flexibilität. Beim Einzeltandem sind es die beiden PartnerInnen, die die Themen und Schwerpunkte aushandeln, beim Tandemkurs sollte zu Beginn eine Themenliste abgestimmt werden. Es lassen sich einige Unterscheidungen treffen: Konversation, erzählen, lesen, berufliche Anforderungen wie Handelskorrespondenz oder technische/Fachtexte lesen, Firmen/Maschinen besichtigen, telefonieren, verhandeln, Briefe verfassen, fachliche Vokabularlisten erstellen, übersetzen, dolmetschen, Artikel revidieren, aber auch Freizeitaktivitäten, Interkultur-Tandem.

Kurstagebücher aus Tandemkursen zeigen, dass etwa die Hälfte der Themen sich bei allen Tandemformen wiederholt (Schulsystem und Universität, Jugendarbeitslosigkeit, Familienstrukturen, Feste und Bräuche, Lage der Frauen, Unterschiede zwischen den am Kurs beteiligten Gruppen). Andere Themen tauchen auf und verschwinden wieder.

Was die **Fertigkeitsbereiche** angeht, kann z. B. im Lese- oder Literaturtandem das Leseverstehen und im Fachtandem der schriftliche Ausdruck entwickelt werden, doch dürften im Präsenztandem meist der mündliche Ausdruck und das Hörverstehen im Vordergrund stehen.

3 Forschungen zum Tandem-Lernen

Es ist nicht leicht, Tandem-Lernen zu erforschen, insbesondere Einzeltandems entziehen sich der Beobachtung, weil dem die Autonomie der Partner entgegensteht. Dennoch hat es in verschiedenen Ländern eine Anzahl von qualitativen Untersuchungen gegeben, von denen einige genannt seien.

Eine der ersten Untersuchungen war Herfurth (1993), der verschiedene Kursmodelle verglich und das Verhältnis von „natürlichem Spracherwerb" und „unterrichtlichem Sprachlernen" bestimmte. Eine der aktuelleren empirischen Arbeiten ist Driggers (2008) über Wortschatz- und Grammatiklernen und interkulturelle Lernchancen im Tandem. Schmelter (2004) widmet sich der Kritik des Autonomiebegriffs und dem Beratungsbedarf von Tandempaaren und schlägt vor, Tandem als „potenziell expansives Lernen" zu bezeichnen. Auch Canga (2006) geht vom Autonomiebegriff aus, um eine eTandem-Korrespondenz mit SchülerInnen einer weiterführenden Schule hinsichtlich der Entwicklung des Schreibens zu untersuchen. Dabei stellt er insbesondere Fortschritte bei Personen mit Lernschwierigkeiten fest. Sánchez (2006) liefert zunächst einen historischen Abriss der verschiedenen Autonomiebegriffe und fasst sie als eine teils angeborene, teils erlernte Fähigkeit. Sie geht der Frage nach, wieweit Beratung als autonomiefördernd erlebt wird.

Bechtel (2003) legt als einer der ersten den Schwerpunkt auf die im Tandem möglichen interkulturellen Lernprozesse, er entwickelt dabei ein Modell der Kontrastierung von Eigenperspektive und Fremdperspektive, Eigenbild und Fremdbild durch die PartnerInnen und findet heraus, dass die Lernchancen von der Gesprächsbereitschaft abhängen. Ein anderer Forschungsschwerpunkt ist Tandem im Internet. Appel (1999) untersucht die Entwicklung von Sprachbewusstheit und Sprachlernbewusstheit. Außerdem erforscht sie die Übertragbarkeit des Tandem-Prinzips auf nicht-sprachliche Bereiche und den Beratungsbedarf. Kötter (2002) dagegen beleuchtet eine Art 'Tandemkurs im Internet', nämlich das MOO, in dem in Realzeit zusammen gearbeitet wurde, und achtet besonders auf die wechselseitige Korrektur dabei.

Eine wichtige Rolle bei der Koordination von Erkenntnissen zu Tandem spielt das Forschungsregister der Tandem-Stiftung in Donostia/San Sebastian, sowohl durch eine regelmäßige Bibliographie als auch durch eine Sammlung von veröffentlichten und 'grauen' Materialien sowie durch die Anregung von Forschungsprojekten, Abstimmung der Fragestellungen und Beratung während der Projekte. Erwähnt seien folgende Arbeiten: Espinosa (1996) entwickelt am Beispiel des Kurses Bochum-Oviedo 1995 Qualitätskriterien für Tandemkurse. Wehrhahn (1996) untersucht die interkulturelle Bedeutungsaushandlung bei Fachtandempaaren zwischen ÜbersetzerInnen. Glaß (2004) beschäftigt sich mit einer interkulturellen Frage, nämlich dem geschlechtsdifferenzierten Verlauf von Arabisch-Deutsch-Tandems. Gensen (1997) wie auch Baumann (2003) gehen der Frage nach, welche Einführungsmaterialien gewünscht und welche wirklich verwendet werden.

In ihrer Übersicht, an die sich diese Aufstellung anlehnt, listet Sánchez (2006) als bisher zu wenig untersuchte Fragestellungen die folgenden auf:

– die wechselseitige Beziehung in der Tandem-Partnerschaft,

– die Rolle der Beratung,

– die Entwicklung der Autonomie schrittweise,

– die Übertragbarkeit der gewonnenen Autonomie auf andere Bereiche.

Dem Forschungsregister wurden im Jahr 2000 folgende Forschungsanregungen genannt:

– Motive für die Aufnahme der Tandem-Arbeit; die bei Driggers sechs meist genannten Motive waren: Interesse an der Sprache, Kommunikationsabsichten, die andere Kultur kennen lernen, Wortschatzerweiterung, praktische Erwägungen wie z. B. verbesserte Arbeitsmöglichkeiten, Leben im Zielsprachenland (vgl. Driggers 2008);

– Vergleich der Effektivität und Dauer von vermittelten Tandems und Spontantandems. Die Veröffentlichungen von Holstein/Wolff (vgl. Holstein/Wolff 2004) geben Aufschluss über die sprachlichen Fertigkeiten. Allerdings hat sich auch gezeigt, dass ohne Vermittlung gebildete und erloschene Tandems per Fragebögen fast nicht erforschbar sind. Hier stellt sich die Frage nach geeigneten Erhebungsinstrumenten.

– Nationale Tabuthemen oder „peinliche Fragen" im Tandem und im Kurs. Die Ergebnisse von alpha beta (alpha beta/Wolff 2004) in Südtirol deuten darauf hin, dass die Intimität des Tandems dafür vorteilhaft ist.

– Kulturspezifisches Verhalten im Tandem. Einige Ergebnisse bei Holstein/ Wolff (2004) weisen in die Richtung, dass deutschsprachige TeilnehmerInnen ihre Interessen im Allgemeinen stärker durchsetzen als spanische.

– Die Entwicklung der Lehrkompetenz beider PartnerInnen. Dazu sind zahlreiche Versuche mit Einführungsheften, Großgruppenvorstellungen („Cocktail") und Begleittreffen („Richiamo") gemacht worden.

Nicht erforscht wurden insbesondere zwei der damals genannten Fragestellungen:

– Gibt es eine Korrelation des Erfolgs im Tandem mit der sozialen bzw. der Bildungsherkunft?

– Wie wirkt sich ein Tandem mit Produktionsauftrag auf die Motivation und das gemeinsame Arbeiten aus, besonders beim Fachtandem?

Im selben Forschungsregister wurde auch eine Liste erwünschter Produkte aufgestellt:

– Entwicklung eines Einführungsmoduls und einer Reihe von Begleittreffen. Das ist besonders bei alpha beta in Südtirol geleistet worden.

– Erstellung einer Qualitätscheckliste, was eine gute Tandemvermittlung und -betreuung verlangt. Diese wurde im November 2009 beschlossen und wird seitdem implementiert (vgl. Tandem Fundazioa 2012).

Internationale Tandem-Tage: Dem Austausch zwischen Forschung und Praxis dienen die Internationalen Tandem-Tage und -Tagungen, die seit 1989 in lockerer Folge in Freiburg/Fribourg CH, Berlin, Bozen, Donostia/San Sebastián, Freiburg D, Madrid, Lüneburg und im Internet stattfanden. Zu den daraus entstandenen Veröffentlichungen vgl. Tandemcity.

4 Verwandte theoretische Ansätze

Tandem wird oft als einfaches organisatorisches Setting beim Sprachlernen behandelt. Allerdings liegen seine Wurzeln wesentlich tiefer, beispielsweise bei der „Pädagogik der Unterdrückten" von Freire. „Conscientisaçao" ist der zentrale Begriff der Methode von Freire (1973) . Er benennt die zwei Seiten eines und desselben Prozesses: auf der Seite des Schüler-Lehrers den Prozess der Bewusstwerdung, auf der des Lehrer-Schülers den der Bewusstmachung. Entsprechend dieser Konzeption meint 'Schüler-Lehrer' und 'Lehrer-Schüler', dass im Erziehungsprozess der Lehrer zugleich Lernender, der Lernende zugleich Lehrer ist." (Müller/Wertenschlag/Wolff 1989, 106). Mit dem Rollenwechsel und der Gegenseitigkeit haben wir ein zentrales Prinzip von Tandem, das nahe am Autonomiebegriff liegt.

Laut Holec (vgl. Schmelter 2004, 264) übernehmen die LernerInnen die Verantwortung für ihr Sprachlernen, wenn sie die Lernziele formulieren, die Inhalte und Methoden bestimmen, den Lernprozess überwachen und die Ergebnisse überprüfen.

Die schrittweise erfolgende Entwicklung zur Autonomie erinnert auch an die Ansätze des Konstruktivismus, die zunehmend auf das Sprachenlernen übertragen werden (Holstein/Oomen-Welke 2006, 88f.). Die angelegte Fähigkeit zur Autonomie wird entwickelt sich, indem die LernerInnen angeregt werden, ihr Wissen zu entdecken und auszubauen, wobei kanalisierte Vorgaben kontraproduktiv sein können.

Ein verwandter Ansatz, der Lehrer- und Lernerrolle austauscht, ist 'Lernen durch Lehren'. Dabei wird aber kein periodischer Rollenwechsel in einer Partnerschaft vorgenommen, sondern fortgeschrittene LernerInnen gleicher Ausgangssprache unterrichten andere, nicht nur in Sprachen.

5 Unterrichtspraktische Entwicklungen

Bei Tandem ist es nicht treffend, von 'Unterricht' zu sprechen; es lassen sich eher Veränderungen in den Unterstützungsformen beobachten. Kennzeichnend war zunächst das Präsenztandem. Einen Aufschwung brachte das eTandem, zunächst als einfache E-Mail-Korrespondenz. Später kam es zunehmend zu einer Verschmelzung von Tandemformen, d. h. e-Elemente zur Vor- und Nachbereitung von Präsenzaustausch, und fast-Präsenzelementen in Distanzkontakten, wie z. B. beim Tele-Tandem des DFJW. (zu den digitalen Medien vgl. Rösler/Würffel, D 6)

E-Learning als Bildung mit Computereinsatz erleichtert den Zugang zu entfernten Hilfsmitteln und Personen. Parallel zur Herausbildung des Web 2.0 geht es auch im e-Learning nicht mehr nur um zentral gelieferte Inhalte, sondern alle BenutzerInnen können etwas eingeben. Es entsteht also e-Learning 2.0, mit Instrumenten wie Wiki, Blog, soziale Netze, Podcast und Feed.

Gleichzeitig erleichtern Lizenztypen wie Creative Commons die Schaffung offener Lernstoffe und führen zu einer Demokratisierung des Zugangs zu Wissen, die entsprechende Infrastruktur vorausgesetzt.

Noch zu lösen bleibt die Frage der Qualität und Auswahl der Inhalte, denn wenn jedeR NutzerIn einspeichern kann, entfällt das Lektorat.

Lernplattformen der vorgenannten Art, von denen es 2012 etwa 90 gab, z. B. www.palabea.net oder busuu.com, versuchen, 'communities', also soziale Netzwerke zu schaffen, deren TeilnehmerInnen direkt miteinander kommunizieren. Die Kontakte finden im Normalfall auf Distanz statt, es kann aber auch (wie bei palabea und busuu) eine Datenbank geben, um Partner in geografischer Nähe zu suchen und persönlich zu treffen. Die Plattformen bieten sowohl gleichzeitige Kommunikation (Text- und Videochat), als auch zeitversetzte (E-Mail, Foren, Kommentare zu Videos und Podcasts). Dazu kommen Fotogalerien, Downloadangebote, virtuelle Klassenräume, Fernkurse, Online-LehrerInnen, Wörterbücher usw.

Viele dieser Einrichtungen sind kostenlos, die BetreiberInnen finanzieren ihre Entwicklungsarbeit über Werbeeinnahmen. Das wirft natürlich Fragen nach der redaktionellen Unabhängigkeit und der klaren Trennung von Werbung und Inhalt auf. Bei selbstfinanzierten Betreibern ist es auch schwer, Mittel und Personal für pädagogische Betreuung, Begleitforschung usw. zur Verfügung zu stellen.

Ein anderes Problem beim e-Learning waren bisher hohe Abbrecherquoten. Das mag sich mit der Entwicklung zu 'blended learning' und einer persönlichen Anwesenheit der TutorInnen bessern. Genauso könnte die Anonymität und Unverbindlichkeit der e-Tandemkontakte durch Chats und Webcams teilweise überwunden werden.

In dem Zusammenhang sind auch Versuche interessant, bei denen sich Tandem-Paare abwechselnd persönlich und elektronisch 'treffen', wie bei alpha beta in Alto Adige / Südtirol.

6 Diskussionsschwerpunkte in den letzten Jahren

Zunächst kreiste die Fachdiskussion hauptsächlich um die Frage der Effektivität im Vergleich mit dem herkömmlichen Sprachunterricht. Aus diesem Grund wurde in den 'Pionierzeiten' von Tandem 1983 am Goethe-Institut Madrid eine Untersuchung durchgeführt (vgl. Wolff 1983), bei der Individualtandem, Kurstandem und von LehrerInnen gesteuerte Phasen miteinander verbunden und die sprachlichen Fortschritte mit einer Kontrollgruppe verglichen wurden. Beide Gruppen wurden auf das 'Zertifikat DaF' vorbereitet (vgl. Glaboniat, E 2). Dabei zeigte sich, dass die Tandem-TeilnehmerInnen in den Fertigkeiten Hörverstehen und Sprechen besser abschnitten, beim Lesen und Schreiben dagegen schwächer, und das Zertifikat insgesamt genauso gut ablegten. Spätere Untersuchungen wiesen in dieselbe Richtung, so z. B. Salzbrunn (1994, 85):

> Als ein weiterer Vorteil des bilingualen Zweierschaftslernens wurde in der Theorie die gegenseitige Korrektur von Fehlern genannt. Als MS-ler könne der Partner Fehler erkennen und umgehend korrigieren. Ausserdem entwickelten die TN im Tandem

eine andere Einstellung Fehlern gegenüber, denn durch den ständigen Rollenwechsel sähen sie, dass der Partner auch Fehler macht, wodurch diese als dem Lernprozess zugehörig empfunden würden.

Rost-Roth kommt nach der Analyse von Tonbandaufzeichnungen zu ähnlichen Ergebnissen (vgl. Rost-Roth, 1995). Ein weiterer Befund spricht sogar dafür, gerade wegen der effektiven Korrektur Tandemformen verstärkt einzusetzen (Rost-Roth 1995, 127):

> Deutliche Unterschiede zum Gruppenunterricht zeigen sich in der Ausführlichkeit der Korrektursequenzen und in Hinblick auf den Anteil erfolgreicher Wiederholungen von korrigierten Äußerungen. Der Prozentsatz korrigierter und reparierter Fehler liegt bei 83,47 %, wobei schwerpunktmäßig bei Lexik und Morphologie eingegriffen wird.

Bei Tandem geht es seit jeher um eine gleichberechtigte Verbindung von 'Sprachen verstehen und lernen' mit dem 'Kulturen verstehen und kennenlernen'. Dementsprechend muss eine kritische Analyse der Tragfähigkeit von Tandem auch dieses zweite 'Standbein' untersuchen.

Mark Bechtel beschreibt, wie im Rahmen von Jugendbegegnungen das interkulturelle Lernen gefördert werden kann (Bechtel 1997, 132):

> Es ist davon auszugehen, dass im Tandem der Vollzug eines Perspektivenwechsels angebahnt werden kann, wobei das Besondere an der Arbeit im Tandem darin besteht, dass potentiell immer zwei aktive Lernpartner im Spiel sind und somit prinzipiell ein doppelter Perspektivenwechsel möglich ist: Im direkten wechselseitigen Austausch stehen sowohl die eigene wie auch die fremde Innen- und Außenperspektive auf dem Plan.

Das Aushandeln von Bedeutungen spielte eine zentrale Rolle bei Wehrhahns Experiment, binationalen ÜbersetzerstudentInnenpaaren Texte zur Übersetzung zu geben und die Diskussionen zu transkribieren. Danach untersuchte sie die Mitschnitte nicht unter sprachlichen, sondern interkulturellen Gesichtspunkten und fand heraus (Wehrhahn 1996, 105): „Die Konstitutionen von Begriffserklärungen sind Auslöser interkultureller Lernsequenzen." Die Muttersprachler berichten außerdem von einer Zunahme des Bewusstseins über ihre eigene Sprache im Lauf des Tandems, daher ist Tandem als eine Art 'Vor-Praktikum unter vier Augen' für die Lehrerausbildung sehr geeignet.

In der letzten Zeit hat sich die Diskussion mehr auf die Frage nach der Notwendigkeit und Qualität der Beratung verschoben. Dabei gilt es als unverzichtbar, in einer praktischen Einführung zu Beginn des Tandems, die mit dem Vorstellen der künftigen Partner verbunden werden kann, folgende 'Grundwerkzeuge' mit auf den Weg zu geben:

– Metakommunikationsformeln zum Nachfragen in der Fremdsprache, für die LernerInnenrolle

– wichtigste Erklärtechniken in der Erstsprache, für die LernhelferInnenrolle.

Um den Austausch unter den Tandems zu fördern, setzt z. B. alpha beta bei der Betreuung die 'Richiami' ein. Das sind Treffen, auf denen die TeilnehmerInnen ihre Lernerfahrungen und -techniken miteinander vergleichen und von den BeraterInnen noch weitere Anregungen bekommen. Was den Bedarf an sonstigem unterstützendem Material angeht, kommt Gensen (1997) zu widersprüchlichen Ergebnissen: einerseits werden Hilfsmittel gewünscht, andererseits ist der Benutzungsgrad eher niedrig. Anscheinend reicht ein Heft mit Tipps am Anfang aus, danach finden die Paare ihr Material autonom.

Sánchez González untersucht die Entwicklung dieser Autonomie in Abhängigkeit von der Beratung genauer (vgl. Sánchez 2006). Dabei hat sich erwiesen, dass es aufgrund der landesspezifischen Bildungstraditionen gewichtige Unterschiede zwischen Deutschen und SpanierInnen gibt. Die Deutschen profitieren nach eigener Einschätzung nicht so viel wie die SpanierInnen von der im Tandem erworbenen Autonomie, weil sich viele bereits für weitgehend autonom halten. Das Mehr an Beratung hat bei den Spaniern eine positivere Wirkung hervorgebracht als bei den Deutschen.

Die Untersuchungen von Holstein/Wolff (2004) richten das Augenmerk mehr auf die Erreichung der selbst gesteckten Ziele. Dabei fällt auf: Insgesamt ist dafür die „Cocktailvermittlung", bei der viele Personen gleichzeitig nach einer Einführung in Tandem ihre Partnerschaften bilden, genauso effektiv wie die Vermittlung mit Fragebogen und Vorstellung. Diese Vermittlungsform, die viel Aufwand spart und bei Universitäten mit großen Zahlen von TeilnehmerInnen die einzig gangbare ist, schadet der Qualität nicht. Sie kann also als gleichwertige Form der LernpartnerInnenfindung empfohlen werden, unter der Voraussetzung, dass für übrig Gebliebene vorher die Möglichkeit der Fragebogenvermittlung angekündigt wird.

Die Ergebnisse der Personen ohne jede Unterstützung sind im sprachlichen Bereich schwächer, was sich mit der Vermittlungserfahrung deckt. Die weniger befriedigenden Ergebnisse bei den SpanierInnen könnten als Anzeichen von Dominanz der Deutschen im Tandempaar interpretiert werden.

Die Erreichung der kulturellen Ziele scheint stark von anderen Faktoren abhängig zu sein, sie erreicht bei Personen, die gar nicht vermittelt wurden, sogar höhere Zufriedenheitswerte.

Nach dem vermutlichen Verlauf bei Selbstsuche gefragt, meint in allen Gruppen ein Drittel bis die Hälfte, dass das Tandem gleich verlaufen wäre. Manche differenzieren zwischen 'Suche' und 'Verlauf', d. h. sie sehen die Vermittlung bzw. die Kennenlernveranstaltung zwar nicht als Erfolgsgarantie, aber als Erleichterung des PartnerInnenfindens.

TandempartnerInnen in Bozen/Bolzano und Meran(o), die seit mehr als einem Jahr zusammen lernten und dementsprechend als 'ExpertInnen' betrachtet werden können (vgl. alpha beta/Wolff 2004), wurden nach ihren Erfahrungen befragt. Auf diese Weise sollten ebenfalls Kriterien für 'gute Tandems' extrapoliert werden. Es ergaben sich (Reihenfolge nach Häufigkeit, Mehrfachnennungen möglich):

- menschliches Verständnis/Sympathie,
- gemeinsame Interessen,
- zeitliche Verfügbarkeit,
- Pünktlichkeit/Zuverlässigkeit,
- Beständigkeit,
- gemeinsame Ziele.

Die Unterstützung am Anfang wurde von allen als wichtige Starthilfe oder „Anschub" angesehen.

Die Frage, ob Tandem hält, was es verspricht, lässt sich also mit „Ja, aber …" beantworten:

„Ja" – Tandem als Ansatz zum Sprachenlernen hat seine Bewährungsprobe bestanden.

„Aber" – Inwieweit und unter welchen Voraussetzungen Tandem interkulturelles Lernen auslöst, ist noch nicht genug untersucht. Für Tandem-Paare scheint es leichter, ihre Sprachlernprozesse zu steuern als ihre interkulturellen Lernprozesse, da sie diese wesentlich subjektiver und engagierter betrachten. Daher dürfte das interkulturelle Lernen im Tandem störungsanfälliger als das Sprachenlernen sein. Vermutlich findet interkulturelles Lernen eher in moderierten Kursen statt oder in Individualtandems mit Arbeitsaufträgen und Begleitung durch 'Brückenpersonen', die in beiden Kulturen gelebt haben.

Schließlich: Wo es weder Kriterien bei der Vermittlung von TandempartnerInnen noch eine gründliche Einführung noch unterstützendes Material noch eine Begleitung durch ausgebildete BeraterInnen gibt, ist der Begriff 'Tandem' zu hoch gegriffen. Es handelt sich dann um das System „Suche Englischkonversation – biete Deutsch", das bei günstigen Voraussetzungen gut gehen kann und bei ungünstigen eher frustrierend endet.

7 Entwicklungsperspektiven

Für die nächsten Jahre ist eine stärkere Vernetzung der verschiedenen Teile der 'Tandem-Szene', also der Sprachschulen dieses Namens, der binationalen Einrichtungen, der Studenteninitiativen und der Internetplattformen, zu wünschen. Die Instrumente dafür (Foren, Mailingliste, e-Zeitschrift) werden von der Tandem-Stiftung geboten.

Daneben sollten die Versuche, Tandem für ArbeitsmigrantInnen und Flüchtlinge fruchtbar zu machen, wieder aufgenommen werden. Das Projekt 'Metikos' ist ein Schritt in diese Richtung (vgl. Metikos 2012).

Schließlich ist es wichtig, die Qualität der Tandems zu heben, und zwar auf zwei Wegen:

1. durch Verbreitung von Starthilfsmitteln für spontan zustande gekommene
   Partnerschaften (z. B. bei www.tandemcity, www.xinfo),
2. durch Verbreitung von Grundinformationen für Personen, die ohne Ausbildung vermitteln (z. B. durch Tandem Fundazioa und ihr Gratismaterial).

Mit dem Material auf dem Tandem-Server Bochum wie z. B. den von Brammerts
u. a. herausgegebenen Leitfäden zum eTandem und für Schulen, dem Handbuch
zu Tandem-Kursen des DFJW (vgl. Deutsch-Französisches Jugendwerk 1999),
dem Handbuch von Holstein / Oomen-Welke (2006) und dem Selbstlernkurs der
TF für VermittlerInnen sind eigentlich genug praktische Hilfen vorhanden.
Allerdings werden sie zu wenig genutzt, denn es fehlt das Bewusstsein, dass Tandem ein pädagogischer Ansatz ist, der genauso Wissen und Erfahrung verlangt
wie Unterricht und der vorbereitet werden muss. In diesem Zusammenhang
kommt den Qualitätskriterien eine Wegweiserrolle zu (www.tandemcity.info/
tandem/de45_qualitaets-garantie.htm).

Literatur

alpha beta-VermittlerInnen-Team / Wolff, Jürgen: Faktoren für den Erfolg langfristiger
   Tandem-Partnerschaften, Tandem-Neuigkeiten (2004) Nr. 28

Appel, Marie Christine: Tandem Learning by E-mail: Some Basic Issues and a Case. Dub-
   lin: Trinity College 1999 (Diss)

Baumann, Matthias: Deutsch-Tandem und autonomes Lernen. Augsburg: Universität
   2003 (Magisterarbeit)

Bechtel, Mark: Hypothesen zum interkulturellen Lernen im Tandem. In: Bredella,
   Lothar / Christ, Herbert / Legutke, Michael K.: Thema Fremdverstehen. Tübingen: Narr
   1997

Bechtel, Mark: Interkulturelles Lernen beim Sprachenlernen im Tandem. Eine diskurs-
   analytische Untersuchung. Tübingen: Narr 2003 (Gießener Beiträge zur Fremdsprachendidaktik)

Canga, Andrés: E-mail tándem y autonomía en el aprendizaje del inglés en alumnos de
   diferente capacidad. Oviedo: Servicio de Publicaciones de la Universidad 2006

Deutsch-Französisches Jugendwerk (Hrsg): Die Tandem-Methode. Theorie und Praxis in
   deutsch-französischen Sprachkursen. Stuttgart: Klett 1999

Deutsch-Französisches Jugendwerk: Projektbasierter deutsch-französischer Schüleraustausch mit neuen Medien [www.tele-tandem.org] (am 28.2.2013)

Driggers, Ania: Case study of a tandem couple. In: Tandem-Neuigkeiten (2008) Nr. 38
   Michigan State University 2008 (Auszug aus Diss. Opportunities for language learning
   and cultural awareness raising during participation in a tandem language exchange program)

Espinosa, Maria Lourdes: Sprachenlernen im Tandem: „Du hilfst mir lernen, ich helfe dir
   lernen, und so verstehen wir uns besser!" Hamburg: Universität 1996 (Magisterarbeit)

Freire, Paulo: Pädagogik der Unterdrückten, Bildung als Praxis der Freiheit. Reinbek bei
   Hamburg: Rowohlt-Taschenbuch 1973

Gensen, Ylva: Materialien für den Deutschunterricht durch Laien. Begleitforschung zur
   Einführung des Tandem-Lernens an der Universität. Marburg: Universität 1997 (Magisterarbeit)

Glaß, Margret Bahati: Arabisch lernen im Tandem. Leipzig: Universität 2004 (Magisterarbeit)

Herfurth, Hans-Erich: Möglichkeiten und Grenzen des Fremdsprachenerwerbs in Begegnungssituationen. Zu einer Didaktik des Fremdsprachenlernens im Tandem. München: Iudicium 1993

Holstein, Silke/Oomen-Welke, Ingelore: Sprachen-Tandem für Paare, Kurse, Schulklassen. Ein Leitfaden für Kursleiter, Lehrpersonen, Migrantenbetreuer und autonome Tandem-Partner. Freiburg i. Br.: Fillibach 2006

Holstein, Silke/Wolff, Jürgen: Effektivität verschiedener Vermittlungsformen. In: Tandem-Neuigkeiten (2004) Nr. 28

Kötter, Markus: Tandem learning on the Internet. Frankfurt/Main: Lang 2002

Lernen durch Lehren, Katholische Universität Eichstädt. [www.ldl.de] (28.2.2013)

Metikos: Homepage 2012 [http://www.metoikos.eu] (12.12.2012)

Müller, Martin/Wertenschlag, Lukas/Wolff, Jürgen (Hrsg): Partnerschaftliches und autonomes Lernen. Modelle und Beispiele aus dem Fremdsprachenunterricht. Berlin: Langenscheidt 1989

Nöth, Dorothea: Partnerschaftliches Lernen deutscher und polnischer Grundschulkinder. In: Kuhs, Katharina/Steinig, Wolfgang (Hrsg): Pfade durch Babylon. Konzepte und Beispiele für den Umgang mit sprachlicher Vielfalt in Schule und Gesellschaft. Freiburg i. Br.: Fillibach 1998, 115–136

Pelz, Manfred (Hrsg): Lerne die Sprache des Nachbarn. Grenzüberschreitende Spracharbeit zwischen Deutschland und Frankreich. Frankfurt/Main: Diesterweg 1989

Rost-Roth, Martina, u. Mitarb. v. Lechlmair, Oliver: Sprachenlernen im direkten Kontakt. Autonomes Tandem in Südtirol. Meran(o): Verlag alpha beta 1995

Salzbrunn, Angela: Tandemkurse in methodischer Betrachtung. Gießen: Universität 1994 (Diplomarbeit)

Sánchez, Monica: La autonomía y su aplicación a la Didáctica de Lenguas Extranjeras: posibilidades y límites. Oviedo: Servicio de Publicaciones de la Universidad 2006

Sánchez, Monica: Zur Wirkung der Beratung auf die Lernerautonomie in Tandemkursen; In: Mazza, Aldo/Civegna, Klaus (Hrsg): Lingue e culture in Tandem – Spracherwerb und interkultureller Austausch. International Tandem Congress. Meran(o): alpha beta 2006

Schmelter, Lars: Selbstgesteuertes oder potenziell expansives Fremdsprachenlernen im Tandem. Tübingen: Narr 2004 (Gießener Beiträge zur Fremdsprachendidaktik)

Selbstlernkurs der TF für VermittlerInnen [http://www.tandemcity.info/formacion/de31_selbstlernpaket.htm] (28.2.2013)

Tandemcity [www.tandemcity.info/formacion/de34_itt-veroeffentlichungen.htm] (28.2.2013)

Tandem Fundazioa: Qualitätsgarantie, 2012 [http://www.tandemcity.info/tandem/de45_qualitaets-garantie.htm], (am 12.12.2012)

Tandem-Server Bochum [www.slf.ruhr-uni-bochum.de] (28.2.2013)

Wehrhahn, Sonia: Interkulturelle Aspekte im Übersetzungstandem. Hildesheim: Institut für Angewandte Sprachwissenschaft 1996 (Diplomarbeit)

Wolff, Jürgen: Unveröffentlichte Fragebogensammlung. Archiv von Tandem Fundazioa 1983

Wolff, Jürgen (Hrsg): Interkultur-TANDEM. Documentación + material. San Sebastián: Tandem Fundazioa 1998

ANNETTE KLIEWER

F 11 Deutschlernen an der Grenze – ein Überblick

Für das Lernen an der Grenze spielen die persönlichen Erfahrungen wie auch die Erfahrungen, die die Familie in der Geschichte mit dem/den Deutschen gemacht hat, eine besondere Rolle. Dazu kommt die Frage, aus welchen Gründen die Sprache jeweils gelernt wird: Haben die Lernenden einen direkten subjektiven Gewinn? Sprachkenntnisse können entweder

a) kurzfristig als Voraussetzung für einen Schulabschluss erworben werden oder

b) mittelfristig als Grundlage für bessere Arbeitschancen, bessere Verdienstmöglichkeiten oder bessere Arbeitsbedingungen. Schließlich gibt es auch

c) die Möglichkeit, dass die deutsche Sprache gelernt wird, weil sich SchülerInnen und/oder LehrerInnen eine bestimmte Zukunftsvision ihrer Gesellschaft verpflichtet fühlen, weil sie eine bestimmte kulturelle Identität mit der deutschen Sprache verbinden oder weil sie glauben, dass ihre eigene Gesellschaft mit Deutschland in einem besonderen Verhältnis steht.

Alle drei Motivationen spielen in den Ländern, die an den deutschen Sprachraum angrenzen, eine besondere Rolle. Trotz oder vielleicht gerade wegen der Öffnung der Grenzen in Europa scheinen die besseren Kontaktmöglichkeiten aber nicht unbedingt auch zu einem größeren Interesse füreinander zu führen. Baur (2000) nennt dies bezogen auf den Südtiroler Begegnungsraum „die Tücken der Nähe".

Es ist nicht einfach, Informationen zum grenznahen Deutschunterricht in den verschiedenen Ländern zu bekommen, da es sich in vielen Fällen um laufende Projekte handelt. Viele Sprachprojekte werden nicht von Publikationen begleitet oder abgeschlossen. Der folgende Überblick kann deshalb keine vollständige Übersicht geben. Er stützt sich u. a. auf Informationen von KollegInnen, denen an dieser Stelle gedankt sei.

1 Mittelosteuropa

Polen

Seit der Wende finden sich viele Initiativen für einen früheren Fremdsprachenbeginn. Oft werden diese durch private Einrichtungen organisiert, was zu einer Zweiklassenwelt führt: Wer Geld hat, kann es sich leisten, seinen Kindern guten Fremdsprachenunterricht zu bezahlen, der die Grundlage zu gesellschaftlichem Aufstieg darstellt. In den staatlichen Schulen gibt es einen gravierenden Mangel an qualifiziert ausgebildeten DeutschlehrerInnen. In Polen ist Englisch die erste

Fremdsprache, jedoch kann Deutsch als Abiturfach gewählt werden. Die Schüler können sich für das Grund- oder höhere Niveau der Prüfung entscheiden, doch die Zahl der Unterrichtsstunden bleibt in beiden Fällen gleich (2 Stunden pro Woche). Die deutsche Sprache ist regional unterschiedlich verbreitet, so finden sich Regionen, vor allem ehemals deutschsprachige, wo mehr Deutsch- als Englischunterricht stattfindet. In der Gegend um Opole (Oppeln) wurde nach Stasiak (1997) Deutsch sogar als Muttersprache unterrichtet bzw. fand ein erweiterter Deutschunterricht in ca. 100 Elementarschulen statt.

Nach der Gründung eines deutsch-polnischen Jugendwerks (effektiv 1993, vgl. Bajorek/Gorbiel, G 9), das auch den Schulaustausch intensiv fördert, ist viel in Bewegung gekommen, auch wenn Marburger und Riesner grundlegende Probleme zwischen deutschen und polnischen Jugendlichen sehen (Wilberg 1995; Marburger/Riesner 1996). Unter seinem Leiters Hans Joachim Nauschütz hat das „Deutsch-Polnische Literaturbüro" die kulturelle Zusammenarbeit mit großem Engagement gefördert. Ein deutsch-polnisches Nachbarsprachenkonzept wurde mit dem Grundschulprojekt „*Spotkanie* heißt Begegnung – ich lerne Deine Sprache" verfolgt. Ca. 1300 GrundschülerInnen lernten in je 36 Deutsch- und Polnisch-Arbeitsgemeinschaften die Nachbarsprache und trafen sich regelmäßig mit Partnerkindern des anderen Landes (vgl. Nöth 2001). Gemischtsprachige Klassen finden sich auch im Karl-Liebknecht-Gymnasium Frankfurt an der Oder, sowie weitere Projekte in den Gymnasien Neuzelle, Gartz, Guben und Löcknitz. Zwischen den Städten Schwedt und Chojia findet ein regelmäßiger Lehreraustausch statt.

Der Begriff „Euregio" bezeichnet eine Mehrländerregion in Europa (vgl. auch am Oberrhein). Die trinationale Euoparegion Oberlausitz (deutsches Bundesland Sachsen), Niederschlesien (Polen) und Liberec sowie Ustí nad Labem (Tschechien) bilden die „Euregio Neiße-Nisa-Nysa", wo grenzüberschreitende Austauschbeziehungen gepflegt werden. Im Jahr 2006 wurde unter dem Titel „Brücken bauen in der Euroregion Neiße" ein erstes „Pontes Bildungsforum 2006" in Görlitz organisiert (vgl. PONTES o. J.).

Tschechien

In tschechischen Schulen ist Deutsch als erste oder zweite Fremdsprache möglich, doch gibt es meist keine Wahl zwischen einem Grund- und einem höheren Niveau. Wer Deutsch als Abiturfach wählt, hat fünf Stunden Deutsch pro Woche, gegenüber sonst drei Stunden.

Die Euregio Egrensis (um den Fluss Eger), der Bayern, Sachsen und Böhmen (Tschechien) angehören, bietet die Institution eines Gastschuljahrs für deutsche und tschechische SchülerInnen (vgl. www.euregio-egrensis.de). Ein besonderes Projekt ist „together – plattform für interkulturelle jugendprojekte im grenzraum", ein Kultur- und Begegnungsprogramm, in dem österreichische und tschechische Jugendliche und Kunstschaffende einander außerhalb schulischer Strukturen kennen lernen (Springer 2011). Die Handelsakademie in Retz/Niederösterreich hat seit 1990 ein anerkanntes und erfolgreiches Modell für die Zusammenarbeit von tschechischen und österreichischen SchülerInnen (vgl. www.hakretz.ac.at); hier gibt es eine enge Zusammenarbeit mit dem bilingualen Gymnasium in Znaim/Znoimo.

Slowakei

Nach der Wende gab es ein großes Interesse an Fremdsprachen, wobei sich Deutsch und Englisch die Waage hielten. Ähnlich wie in anderen mittelosteuropäischen Ländern gehört der Fremdsprachenerwerb hier zu den Voraussetzungen für eine berufliche Karriere. Deshalb boomt der Markt mit Privatsprachschulen. Ab der dritten Klasse der Grundschule können die SchülerInnen eine Fremdsprache im sogenannten erweiterten Unterricht lernen, in den Grundschulen wird vor allem Deutsch gelernt. Auch in der Slowakei bestand ein Mangel an qualifizierten DeutschlehrerInnen, vor allem für den Grundschulbereich (vgl. Tito 1997). Mit der Westslowakei, Südmähren (Tschechien) und dem Weinviertel (Österreich) besteht die Euroregion Weinviertel (www.euroregion-weinviertel.org).

Slowenien

Slowenien, früher Teil der Habsburger Monarchie wie andere mittel- und osteuropäische Länder, kannte den Deutschunterricht traditionell im allgemeinen Schulprogramm. In Slowenien gibt es heute keinen Unterschied zwischen den Unterrichtsstunden bei der ersten und zweiten Fremdsprache. Wenn Deutsch als Abiturfach gewählt wird, haben die Schüler im vorletzten Jahr des Gymnasiums noch zwei zusätzliche, im letzten Jahr sogar vier zusätzliche Deutschstunden pro Woche.

Es gibt eine offizielle Euregio zwischen Nordostslowenien und der Steiermark, aber auch eine intensive Zusammenarbeit zwischen Kärnten, Friaul (Italien) und Nordwestslowenien. Dazu kommt die historisch begründete Präsenz einer slowenischen Volksgruppe in Österreich, die etwa in Klagenfurt zur Gründung einer zweisprachigen Schullandschaft geführt hat. Als besonderes Instrument einer interregionalen Verknüpfung wurden am Bundesgymnasium und Bundesrealgymnasium für Slowenen die Julius-Kugy-Klassen gegründet. Diese Klassen sind viersprachig (deutsch, italienisch, slowenisch und englisch) und arbeiten sowohl bilingual wie auch in grenzüberschreitender Kooperation.

Ungarn

Der Bedarf, eine Fremdsprache zu lernen, war in Ungarn von jeher sehr hoch, vgl. Lipószi, F1; Batári / Vmos, F 2). Hier gibt es die Möglichkeit, Deutsch als erste Fremdsprache zu wählen. In diesem Fall wird Deutsch 5 bis 7 Stunden pro Woche gelehrt, wenn Deutsch aber die zweite Fremdsprache ist, wird sie 3 bis 4 Stunden pro Woche unterrichtet. Die Schüler können sich auch entscheiden, ob sie das Deutschabitur auf dem Grund- oder höheren Niveau absolvieren. Noch in den 90er Jahren wird das Interesse an der deutschen Sprache als sehr groß bewertet (vgl. Bassola 1997 und Drescher 1999), insbesondere die Präsenz der deutschen Minderheiten und die große Verbreitung des Deutschen in der älteren Bevölkerung sind Gründe dafür. Inzwischen dominiert im Zuge der EU-Integration das Interesse an Englisch.

Es gibt einzelne grenzüberschreitende Projekte; zu nennen ist etwa „Gemeinsam lernen wir die Sprache unseres Nachbarn", ein sprachlich-kulturelles Austauschprojekt zwischen der Volksschule Oberpullendorf und der Beri Balog Adam Altalanos Iskola aus der ungarischen Grenzstadt Köszeg. Im Rahmen dieses INTERREG-Projektes lernen die österreichischen SchülerInnen mit gleichaltrigen Kindern des Nachbarlandes Ungarisch, die ungarischen Kinder lernen im Gegenzug Deutsch (vgl. Batári / Vámos, F2).

2 Benelux

Niederlande

Wie Baur u. a. feststellen, ist Deutsch in den Niederlanden eine unbeliebte Sprache. Sie kann nach drei Jahren der Oberstufe abgewählt werden, wovon eine Mehrzahl der SchülerInnen Gebrauch macht (vgl. Baur u. a. 1999, 157). Dies erklären die Autoren damit, dass in den Niederlanden in besonderem Maße Vorurteile gegenüber Deutschland und Deutsche herrschen bzw. herrschten. Wie negativ das Deutschlandbild in den 1990er Jahren war, ergab die Clindendael-Studie 1994, woraufhin eine „Stiftung zur Förderung der deutschen Sprache" sowie die didaktische Arbeitsgruppe „Deutsch macht Spaß" gegründet wurden, die das Bild des Deutschen in der Öffentlichkeit aufwerten sollten (vgl. Beersmans 1997; CICERO 2001).

Hervorzuheben ist die Initiative von Baur u. a. von der Universität Gesamthochschule Essen und der Hogeschool Holland in Diemen (Niederlande), eine gemeinsame grenzüberschreitende Deutschlehrerausbildung zu etablieren, die auch dem nordrhein-westfälischen Begegnungssprachenkonzept zuarbeiten könnte. Hier werden zukünftige deutsche und niederländische DeutschlehrerInnen dazu angeregt, die Nachbarsprache zu lernen, Unterrichtspraktika in Schulen jenseits der Grenze zu absolvieren, in der jeweils anderen Universität zu studieren und sich intensiv mit Fragen der Interkulturalität zu beschäftigen (vgl. Baur u. a. 1999, 181). Erfahrungen von School-Hopping existieren zwischen einer Realschule und einem Gymnasium im niederländischen Venloo und einer Realschule in Essen (Raasch 2001, 58; vgl. auch Klein-Gunnewiek 2000).

Belgien

Belgien ist seit der Sprachgesetzgebung von 1963 ein dreisprachiges Land, mit den Amtssprachen Französisch, Flämisch und Deutsch. Die erste Fremdsprache in der 5. Klasse ist eine dieser Amtsprachen, in der Regel Flämisch oder Französisch. Ein Großteil der Schüler des Allgemeinen Sekundären Unterrichts (ASU) lernt ab 14 Jahren neben Englisch auch Deutsch mit zwei bis drei Wochenstunden (vgl. Kern 1983; Schmitz 1994; Duhamel 2001). In Ostbelgien um Eupen/Sankt Vith gibt es die „Deutschsprachige Gemeinschaft Belgiens" mit ca. 73 000 Mitgliedern, die politisch wie auch schulpolitisch autonom ist, also deutschsprachige Minderheiten-Schulen organisiert. Die Euregio Maas-Rhein umfasst deutsche, niederländische und belgische Regionen von Hasselt über Maastricht, Liège und Eupen bis nach Aachen.

Luxemburg

Die Sprachensituation in Luxemburg ist komplex: Landessprache ist der moselfränkische Dialekt des Letzeburgischen, der das Alltagsregister bildet. Deutsch und Französisch finden sich fast gleichberechtigt als Schulsprachen. Da der Unterricht dem benutzten Lehrbuch folgt und sich oft französische Lehrbücher finden, besteht eine Vorrangstellung des Französischen. Verkompliziert wird die Lernsituation durch die starke Präsenz von SchülerInnen aus Migrantenfamilien, die nicht Letzeburgisch sprechen und der deutschen Sprache eher fremd sind (ca. 32,6% der Gesamtbevölkerung sind Nicht-Luxemburger Herkunft, 12,1% davon sind Portugiesen; vgl. Hubsch 1997; Kohnen 1999); in den Grundschule machen Kinder portugiesischer Muttersprache mehr als die Hälfte der SchülerInnen aus (vgl. MENFP-SCRIPT 2012).

Die Euroregion Saar-Lor-Lux-Rhein umfasst zwei deutsche Bundesländer (Rheinland-Pfalz und das Saarland), Lothringen (Frankreich) und Luxemburg.

3 Italien

Die Grenzsituation in Italien ist, ähnlich wie die in Belgien, durch die Präsenz einer deutschsprachigen Minderheit bestimmt. Die Volkszählung für Südtirol aus dem Jahr 2001 ergab, dass 69,1% der Bevölkerung deutschsprachig, 26,7% italienischsprachig und 4,37% ladinischsprachig sind (vgl. de Cillia, A 3). Seit dem zweiten Autonomie-Statut (1972) und insbesondere seit 1996 wurden die

Zuständigkeiten der „Autonomen Provinz Bozen-Südtirol" im Schulbereich ausgeweitet und die Zweisprachigkeit generell garantiert. Es gibt heute Schulen für alle drei Sprachgruppen, wobei jeweils die andere Sprache als Zweitsprache unterrichtet wird. Dieser Zweitsprachunterricht begann bis 2003 mit der zweiten Klasse, seitdem findet er ab der ersten Klasse der Grundschule statt. Erste Fremdsprache ist Englisch, das bislang ab der siebten Klasse verpflichtend ist; in Zukunft strebt man aber einen früheren Beginn etwa ab Klasse 3 an. Eine besondere Herausforderung ist der Umgang mit dem südbayerischen Dialekt, der italienischsprachigen SchülerInnen große Probleme bereitet, ist doch das Standarddeutsch, das sie im Unterricht lernen, noch kein Mittel, um sich in ihrem sozio-kulturellen Umfeld in Südtirol zurechtzufinden. Die Deutschdidaktik wie auch Fragen der interkulturellen Didaktik überhaupt haben in Südtirol in den letzten Jahren große Fortschritte gemacht. Man bemüht sich um ein integriertes Konzept, bei dem dem Nebeneinander von Muttersprache und Zweitsprache in allen Fächern Rechnung getragen wird (vgl. das Pädagogische Institut für die deutsche Sprachgruppe (www.schule.suedtirol.it) und die „Europäische Akademie" in Bozen, ein Forschungszentrum für Autonomiefragen und Minderheitensprachen (www.eurac.edu/index). War in der Vergangenheit das Nebeneinander von Deutsch und Italienisch eher von leidvollen Streitereien bestimmt, scheint nun auch die italienischsprachige Bevölkerung die deutsche Zweitsprache besser anzunehmen.

4 Frankreich

Die französische Sprachpolitik beharrt auf der Vorrangstellung der französischen Sprache, die als Garant für die Republik steht (vgl. Geiger-Jaillet 1997, 2007). Der Fremdsprachenerwerb wurde daher lange Zeit eher vernachlässigt und Regionalsprachen wie Okzitanisch, Baskisch oder Bretonisch wurden vom Staat lange abgewertet. Die Regionalsprache Elsässisch befand sich in einer besonders schwierigen Position, da sie nur über die Nationalsprache Deutsch verschriftlicht werden konnte. Deshalb wurde das Elsässische noch benachteiligt, als man in den 80er Jahren begann, andere Regionalsprachen zu fördern. Dazu kommt eine Vorrangstellung des Englischen, auch als Fremdsprache in den Grundschulen. Seit 1989 wurde das Programm EILE (Enseignement d'Iniation aux Langues étrangères) umgesetzt, SchülerInnen ab der CE 1 (Cours élementaire 1 = 7–8 Jahre) lernen nun eine Fremdsprache, die aber meist durch die Grundschullehrkraft vermittelt wird. Die Ausbildung dieser Lehrkräfte für Fremdsprachenunterricht ist durchweg unzureichend und greift einfach nur Schulkenntnisse auf – meist im Englischen. Die deutsche Sprache hat den Ruf, kompliziert und elitär zu sein, und wird auch als zweite Fremdsprache im Collège (ab 11 Jahre) immer seltener gewählt. Im Elsass finden sich dagegen „Sites paritaires", in denen die Sach-Fächer 13 Stunden auf Französisch und 13 Stunden auf Deutsch unterrichtet werden, wenn möglich mit zwei unterschiedlichen Lehrkräften (Prinzip ein Lehrer – eine Sprache). Dieser Unterricht beginnt mit den Dreijährigen und setzt sich bis ins Collège fort. Im Lycée folgt ihm die Sektion „Abi-Bac", in der die SchülerInnen das französische Baccalauréat und das deutsche Abitur gleichzeitig erwerben können.

Wenn auch mit diesem System die Präsenz der deutschen Sprache gesichert ist, so wird der elsässische Dialekt (Niederalemannisch) doch vernachlässigt: nur als Zusatzoption findet sich „Langues et cultures régionales" (LCR), ein Fach, bei dem sich die SchülerInnen über Geschichte, Literatur und Kultur ihrer Region informieren können (vgl. Bufe 1990; 1991; 2001 und Kliewer 2005; 2006).

Der Oberrhein umfasst als Teil der Oberrheinkonferenz drei verschiedene Euroregionen (die Regionen Tri-Rhena, den Mittelrhein und die PAMINA – vgl. Oberrheinkonferenz), dazu kommt die deutsch-französisch-luxemburgische Saar-Lor-Lux-Rhein-Region (s. o.) – in allen Gebieten finden intensive Bemühungen um die grenzüberschreitende Spracharbeit statt.

5 Skandinavien

Dänemark

Seit dem zweiten Weltkrieg ist Englisch die führende Fremdsprache: nur sie ist für alle obligatorisch und wird ab der 4. Klasse unterrichtet. Deutsch war früher die einzige zweite Fremdsprache, seit der Reform aus dem Jahr 1994 wird vermehrt auch Französisch ab der 7. Klasse unterrichtet. Die dritte Fremdsprache folgt eventuell ab der 8. Klasse. Wer nach der Folkeskole (Grund- und Mittelschule) ein Gymnasium besuchen will, braucht mindestens zwei Fremdsprachen (vgl. Daalgaard 1997; Falster-Jakobsen 2001; DAAD 1982). Eine besondere Situation ergibt sich dadurch, dass seit dem Referendum von 1920 ein Teil von Nordschleswig dem dänischen und ein Teil dem deutschen Staat zugeteilt wurde. Dies führte dazu, dass heute noch ca. 15–20.000 Angehörige einer deutschen Minderheit in der dänischen Region Südjütland und ca. 50.000 Angehörige einer dänischen Minderheit in der deutschen Region Schleswig leben. Für die deutsche Minderheit gibt es 18 deutsche Schulen mit ca. 1400 SchülerInnen. Diese lernen Standarddeutsch, sprechen zu Hause aber meist den deutschen Dialekt Sønderjysk.

Beide Minderheitengruppen sind sehr an grenzüberschreitender Arbeit interessiert und fördern auch die jeweilige Mindersprache im Nachbarland. In der Euregio Sønderjylland/Schleswig läuft seit 2003 ein EU-gefördertesProjekt (Interreg) zwischen zwei Gymnasien in Niebüll und Tonder für eine Europaklasse – die SchülerInnen verbringen jeweils ein halbes Jahr in der Schule der Nachbargemeinde (vgl. auch Jonas/Wagner 1996; Herlt/Schade 2002).

6 Ausblick

Der fremdsprachliche Deutschunterricht wird sich nur erhalten, wenn nach außen sprachenpolitisch deutlich wird, dass er nur „neben" dem Englischen seinen Platz finden kann. Deutsch wird als Nachbarsprache nur dann eine Bedeutung erhalten, wenn auch „sprachenpolitische Konsequenzen nach innen" gezogen werden: Der Wiener Sprachdidaktiker Hans-Jürgen Krumm betont, dass nur „ein in Mehrsprachigkeit eingebetteter Deutschunterricht" (Krumm 1999b, 22) dafür sorgen kann, dass Deutsch als eine Sprache unter vielen bestehen bleibt (vgl. Oppermann 2002; Kliewer 2006). Dazu sind auch neue Methoden wie grenzüberschreitende Videokonferenzen (Bufe 2005), Sprachen-Tandems (Holstein/Oomen-Welke 2006) und die interregionale Deutschdidaktik (Kliewer/Čeřoshká 2011) einzubeziehen.

Literatur

Bassola, Peter: Ungarn. In: Raasch (Hrsg.) 1997, 100–103

Baur, Rupprecht S./Chlosta, Christoph/Weiss, Ewald: „Warum in die Ferne reisen, ..." Chancen und Probleme einer deutsch-niederländischen DeutschlehrerInnenausbildung. In: Raasch (Hrsg.) 1999, 157–185

Baur, Siegfrid: Die Tücken der Nähe. Kommunikation und Kooperation in Mehrheits-/ Minderheitssituationen. Meran: Alpha Beta 2000

Beersmans, Frans: Niederlande. In: Raasch (Hrsg.) 1997, 71–74

Bufe, Wolfgang: La visioconférence transfrontalière – Der grenzüberschreitende Einsatz von Videokonferenzen in der Lehre. Paris: L'Harmattan 2005

Bufe, Wolfgang: Didactique des langues en région frontalière. Frontière de la didactique? Etudes de Linguistique Appliquée (2001) Heft 123–124, 305–312

Bufe, Wolfgang: Plädoyer für einen grenzübergreifenden Fremdsprachenunterricht: ein Beitrag zu einer interkulturellen Begegnungsdidaktik. In: Raasch u.a. (Hrsg.) 1991, 147–161

Bufe, Wolfgang: Von grenzüberschreitenden Kontakten zur interkulturellen Begegnung: am Beispiel Saarland/Lothringen. Fremdsprachen und Hochschule 30 (1990) 73–100

CICERO, Kleine Fremdsprachendidaktik für Grenzregionen. Maastricht: Talenacademie Nederland 2001

Daalgaard, Ingwe: Dänemark. In: Raasch (Hrsg.) 1997, 32–34

Deutscher Akademischer Austauschdienst (Hrsg.): Deutsch als Fremdsprachenphilologie in den nordischen Ländern. Bonn: DAAD 1982

Deutschsprachige Gemeinschaft Belgiens [www.dglive.be] (am 28.2.2013)

Drescher, J. Attila: Ungarn. Grundsätze und Praxis im Gegensatz zueinander. In: Raasch (Hrsg.) 1999, 139–144

Duhamel, Roland: Deutschunterricht und Germanistikstudium in Belgien. In: Helbig u.a. (Hrsg.) 2001, 1498–1501

Falster-Jakobsen, Lisbeth: Deutschunterricht und Germanistikstudium in Dänemark. In: Helbig u.a. (Hrsg.) 2001, 1666–1670

Geiger-Jaillet, Anemone (Hrsg.): Lehren und Lernen in einer Grenzregion. Schwerpunkt Oberrhein. Baltmannsweiler: Schneider Hohengehren 2007

Geiger-Jaillet, Anemone: Frankreich. In: Raasch (Hrsg.) 1997, 43–47

Helbig, Gerhard / Götze, Lutz / Henrici, Gert / Krumm, Hans-Jürgen (Hrsg.): Deutsch als Fremdsprache. Ein internationales Handbuch. Berlin / New York: de Gruyter 2001

Herlt, Geogria / Schade, Joachim: Deutschunterricht – einmal anders. Eigen- und Fremdbilder aus dänischer und deutscher Perspektive; Anregungen für den Fremdsprachenunterricht. Kopenhagen: Goethe-Institut 2002

Holstein, Silke / Oomen-Welke, Ingelore: Sprachen-Tandem für Paare, Kurse, Schulklassen – Ein Leitfaden für Kursleiter, Lehrpersonen, Migrantenbetreuer und autonome Tandem-Paare. Freiburg: Fillibach 2006

Hubsch, René: Luxemburg im Spannungsfeld zwischen dem deutschen und dem französischen Sprachraum. In: Raasch (Hrsg.) 1997, 60–62

Jonas, Kurt / Wagner, Gudrun: Pølsetyskere und dumme Dänen: eine kontrastive Nachbarkunde. Holbaek: Forl. Sprogboger 1996

Kern, Rudolf (im Auftrag des Belg. Germanisten- und Deutschlehrerverbands (BGDV) Hrsg.): Deutsch als Fremdsprache in Belgien. Louvain: Peeters 1983

Klein-Gunnewiek, Lisanne: Sequenzen und Konsequenzen: zur Entwicklung niederländischer Lerner im Deutschen als Fremdsprache. Amsterdam: Rodopi 2000

Kliewer, Annette: Interregionalität. Literaturunterricht an der Grenze zum Elsass. Baltmannsweiler: Schneider Hohengehren 2006

Kliewer, Annette: Unterricht entgrenzen. Interregionale Ansätze in Pfalz und Elsass. Landau: Knecht 2005

Kliewer, Annette / Čeřovská, Martina (Hrsg.): Wider den einheitsunterricht. Deutschlernen an der Grenze. Liberec: Technická univerzita v Liberci 2011

Kohnen, Joseph: Zwischen Hoffnung und Illusion. In: Raasch (Hrsg.) 1999, 81–85

Krumm, Hans-Jürgen (Hrsg.): Die Sprachen unserer Nachbarn – unsere Sprachen. Chancen zur Diversifizierung des Sprachenangebots im Zuge der EU-Erweiterung. Wien: Eviva 1999a

Krumm, Hans-Jürgen: Sprachen – Brücken über Grenzen. Deutsch als Fremdsprache in Mittel- und Osteuropa. Wien: Eviva 1999b

Maas-Rhein, Das interaktive Zukunftsportal der Euregio Maas-Rhein [www.euregio-mr.org] (am 28.2.2013)

Marburger, Helga / Riesner, Silke (Hrsg.): Jugend und deutsch-polnische Nachbarschaft. Bilder vom Anderen, Austausch- und Migrationserfahrungen, grenzüberschreitende Projekte und Kooperationen. Frankfurt / Main: IKO 1996

MENFP-SCRIPT Année scolaire 2010 / 11: Statistiques globales et analyse des résultats scolaires. Enseignement fondamental: Cycles 1 à 4 Education différenciée. Luxembourg: Ministère de l'Education nationale 2012

Nöth, Dorothea: Interkulturelles Lernen und Nachbarspracherwerb im Projekt „Spotkanie heißt Begegnung". Baltmannsweiler: Schneider Hohengehren 2001

Oberrheinkonferenz [www.oberrheinkonferenz.org] (zuletzt am 18.3.2013)

Oppermann, Detlef (Hrsg.): Sprachen und Grenzräume: Partnersprachen und interkulturelle Kommunikation in europäischen Grenzräumen. Sankt Ingbert: Röhrig 2002

PONTES: www.pontes-pontes.de/inhalt/de-pontesservice-download-dokumentationen.html. o. J.

Raasch, Albert: Grenz-Werte. Durch Sprachen zum Nachbarn. In: Bredella/Meißner 2001, 50–61

Raasch, Albert (Hrsg.): Projekt Fremdsprachendidaktik für Grenzregionen. Konzepte, Erfahrungen, Anregungen. Saarbrücken: Universität des Saarlandes 1999

Raasch, Albert (Hrsg.): Sprachenpolitik Deutsch als Fremdsprache. Länderberichte zur internationalen Diskussion. Amsterdam: Atlanta 1997

Raasch, Albert/Herold, Dieter/Kiupel, Cläre (Hrsg.): Fremdsprachen lehren und lernen: Perspektiven für ein Europa nach 1992. Saarbrücken: Saarbrücker Schriften zur Angewandten Linguistik und Sprachlehrforschung, 1991

Schmitz, Ursel: Zur bildungspolitischen Entwicklung des Sprachenproblems in den belgischen Ostkantonen seit 1945. Frankfurt/Main: Lang 1994

Springer, Elisabeth: Together – Plattform für interkulturelle Jugendprojekte im Grenzraum/Platforma pro vzájemnou kulturní spolupráci mladých v příhraničí. In: Kliewer/Čeřovská (Hrsg.) 2011, 153–166

Stasiak, Halina: Polen. In: Raasch (Hrsg.) 1997, 75–78

Tito, Ludovít: Slowakische Republik. In: Raasch (Hrsg.) 1997, 92–96

Wilberg, Sylwia: Nationale Identität. Empirisch untersucht bei 14 jährigen in Polen und in Deutschland. Münster/New York: Waxmann 1995

EVANGELIA KARAGIANNAKIS

F 12 Methoden des Humanistischen Psychodramas im fortgeschrittenen DaF-Unterricht

1 Einleitung

In den einschlägigen Methodensammlungen zum Fremdsprachenunterricht spielen Methoden, Strategien und Techniken, mit denen die kommunikativen sowie die vorkommunikativen Fertigkeiten entwickelt und trainiert werden können, eine zentrale Rolle. Die Entwicklung dieser Kompetenzen ist das Hauptziel des Anfängerunterrichts (Niveaus A 1 und A 2 des Gemeinsamen europäischen Referenzrahmens für Sprachen GER; Glaboniat, E 2) und begleitet auch darüber hinaus den gesamten Fremdspracherwerb. Schon ab Niveau B 1 des GER werden jedoch umfassendere Themen und Inhalte bearbeitet und sollen komplexere Situationen kommunikativ bewältigt werden können. In den globalen Kannbeschreibungen zum Bereich „Interaktion mündlich" des Niveaus B 1 heißt es hierzu für den DaF-Unterricht (Glaboniat u. a. 2005, o. S.):

> Kann sich relativ mühelos ausdrücken und kann trotz einiger Formulierungsprobleme, die zu Pausen oder in Sackgassen führen, ohne Hilfe erfolgreich weitersprechen.
>
> Kann in vertrauten Gesprächssituationen ein breites Spektrum einfacher sprachlicher Mittel flexibel einsetzen, um das Wesentliche von dem, was er/sie sagen möchte, auszudrücken.
>
> Kann über Erfahrungen und Ereignisse berichten, Träume, Hoffnungen und Ziele beschreiben und zu Plänen und Ansichten kurze Begründungen oder Erklärungen geben.

Zu den entsprechenden detaillierten Kannbeschreibungen gehören:

> Kann Gefühle ausdrücken und auf entsprechende Gefühlsäußerungen anderer reagieren.
>
> Kann ohne Vorbereitung an Gesprächen über vertraute Themen teilnehmen.

Sprachunterricht umfasst demnach zunehmend Phasen, in denen Inhalte und Themen und nicht Strukturen im Mittelpunkt stehen. Dabei sollen persönliche Einstellungen und Erfahrungen explizit einfließen. Solche Phasen sind umso erfolgreicher, je ganzheitlicher sie gestaltet werden, je intensiver also kognitives und affektives Lernen verknüpft werden, je besser Intellekt, Emotionen und Erfahrungen miteinander verschmelzen. Inhaltliches Engagement sowie eine individuelle Beziehung zum Unterrichtsinhalt sind hier der Schlüssel zum Erfolg.

Die Humanistische Psychologie bietet mit ihren verschiedenen Richtungen ein breites Spektrum an Methoden und Übungsformen für solch ganzheitliches

Lernen. Die Entwicklung der Humanistischen Psychologie geht zurück auf Abraham Maslow (1908–1970) und beginnt Ende der 1960er Jahre. Ihm schließen sich bald PsychologInnen wie Charlotte Bühler (1893–1974), Carl R. Rogers (1902–1987) und Viktor Frankl (1905–1997) an, die 1964 die „Association For Humanistic Psychology"[1] in den USA gründen. Zu den wichtigsten Richtungen der Humanistischen Psychologie, welche Eingang in pädagogische Kontexte und Unterrichtsgestaltung gefunden haben, gehören die Gestalttherapie (Fritz und Laura Perls 1893–1970 und 1905–1990), die klientenzentrierte oder Gesprächstherapie (Carl R. Rogers, s. o.), die Themenzentrierte Interaktion TZI (Ruth C. Cohn 1912–2010) und das Psychodrama (Jacob L. Moreno 1889–1974).

„Gemeinsames Charakteristikum (...) (aller Richtungen ist es), das jeweils persönliche Potential von Menschen intensiv freizusetzen und weiterzuentwickeln" (Karagiannakis/Lewark 2006, 72). Die Bedürfnisse des Einzelnen stehen im Mittelpunkt des Geschehens. Wesentliche Prinzipien sind Empathie sowie eine absolute Wertschätzung des anderen. Daraus folgt, dass jedem einzelnen Individuum gegenüber eine besonders respektvolle Haltung eingenommen wird, welche die Achtung vor der Verschiedenheit der Menschen einschließt. Im Lehr-Lern-Kontext ist dies eine Haltung, bei welcher Lernende

> in ihrer ganzen Persönlichkeit geschätzt und akzeptiert werden, unabhängig von Alter, Herkunft und Geschlecht und unabhängig von der Frage, ob sie aus Lehrersicht bequem oder unbequem sind. Eine solche Haltung impliziert, dass Wünsche und Bedürfnisse, Ängste und Sorgen, Freuden und Erfolge der Lernenden ernst genommen werden und das Unterrichtsgeschehen beeinflussen können und dürfen.
>
> (Karagiannakis/Türker 2003, 211).

Methoden der Humanistischen Psychologie weisen somit Parallelen zu Unterrichtskonzepten wie Lerner- und Personenzentrierung sowie zu konstruktivistischen Lerntheorien auf. Weitere wichtige Merkmale sind:

– Handlungsorientierte Übungen

– Berücksichtigung verschiedener Lerntypen

– Anwendung lebendiger und authentischer Sprache in kommunikativen Übungen (Bezug zur Kommunikativen Didaktik)

– Beziehungen zwischen LernerIn und Lernstoff durch ganzheitliche Ansprache → motivationsfördernd

– Offenheit für Neues, für Vielfalt und Andersartiges (Bezug zum Interkulturellen Ansatz)

– Förderung von Kreativität und (sprachlicher) Spontaneität.

Wenn in diesem Kapitel ausgewählte Methoden für den DaF-Unterricht vorgestellt werden, geschieht dies unter der Bedingung, dass die hier beschriebene

---

[1] The Association for Humanistic Psychology http://www.ahpweb.org/index.html

Haltung seitens der Lehrenden **unabdingbare Voraussetzung** für die Arbeit mit diesen und ähnlichen Methoden ist.

2 Humanistisches Psychodrama

Der Vater des Psychodramas ist der aus Österreich stammende Mediziner und Philosoph Jakob L. Moreno (s. o.). Schon als Jugendlicher am Wiener Stegreiftheater interessiert, gründete er in den 1920er Jahren selbst eines. Hieraus entwickelte er später in Wien und in den USA das Psychodrama als besondere Form der Gruppenpsychotherapie. Die Einordnung des Psychodramas in den Kanon der Humanistischen Psychologie erfolgte 1980 durch Petzold (Petzold 1980). Bereits in den 1970er Jahren wurde das Psychodrama mit dem pädagogischen Kontext in Verbindung gebracht (z. B. Petzold 1978; Yablonsky 1978). Später wurde es für den Einsatz im Unterricht adaptiert. Spätestens seit den 90er Jahren findet man es in methodischen Abhandlungen für schulische und ähnliche Kontexte (z. B. Buddrus 1995; Schuster 1996, Springer 1995). Von den verschiedenen Richtungen der Humanistischen Psychologie ist das Psychodrama besonders gut für den Einsatz im DaF-Unterricht geeignet, da hier die sprachliche Interaktion eine wesentliche Rolle spielt. Nach Schaller hat das Psychodrama „die wohl reichste Methodologie zum Rollenspiel" entwickelt und stellt ein „vielseitiges Instrumentarium zur Verfügung, welches das Rollenspiel nicht nur als Auflockerung einsetzt, sondern als zentrales Lehrmittel nutzt" (Schaller 2006, 16).

2.1 Psychodrama im Spektrum des Rollenspiels

In der Schule und insbesondere im Sprachunterricht sind vor allem folgende Rollenspielvarianten verbreitet:

Das **szenische Spiel** will dazu beitragen, mit allen Sinnen zu lernen. Ausgehend von einem (literarischen) Text, einem Bild oder einem Film werden Rollenspiele inszeniert, in die LernerInnen persönliche Einstellungen und Erfahrungen einbringen können. Hierfür werden zahlreiche Verfahren aus Spiel- und Theaterpädagogik verwendet, z. B. Bewegungsübungen, Wahrnehmungs- und Imaginationsübungen, Sprechübungen, Rollenschreiben, Szenische Improvisation, Standbilder usw. (Schau 2000; Scheller 1998).

Dramapädagogik ist ein handlungsorientierter, ganzheitlicher Ansatz, der Elemente und Methoden aus Theater, Kunst, Literatur, Psychologie und Therapie zu Lernzwecken nutzt. Dabei steht nicht das Produkt, sondern der Prozess mit all seinen kognitiven und affektiven Bestandteilen im Mittelpunkt. LernerInnen erwerben neue Kenntnisse durch Darstellung und Kommunikation im Drama-Spiel (Schewe 1993; 2007; Tselikas 1999).

Die **Psychodramalinguistik (Psychodramaturgie Linguistique, PDL)** von Dufeu wurde 1977 aus dem Psychodrama und der Dramaturgie entwickelt (Dufeu 1994). Unter Berücksichtigung der psychodramatischen Elemente Begegnung, Handlung, Spiel und schöpferische Spontaneität sowie dramaturgischer Ausdrucksformen aus dem spontanen Theater werden Lernszenarien zur Verfügung gestellt, in denen LernerInnen ihren individuellen Bedürfnissen entsprechend eine Fremdsprache erwerben können.

Das von Asher in den 1970er Jahren begründete **Total Physical Response (TPR)** gehört zu den behavioristischen Sprachlehrmethoden und ist besonders für den Anfängerbereich geeignet (Asher 2000). Es orientiert sich am Erstspracherwerb, bei dem zunächst Hörverstehen entwickelt und danach Sprache produziert wird. Beim TPR reagieren LernerInnen mit Körperbewegungen auf sprachliche „Befehle" und internalisieren so sprachliche Elemente (z. B. *Go to the window.* → LernerIn geht zum Fenster).

Aus Improvisationstheater, Storytelling und Psychodrama entwickelten Jonathan Fox und Jo Salas Mitte der 1970er Jahre das **Playback Theater**. Eine Person aus dem Publikum erzählt eine bedeutende persönliche Geschichte, welche anschließend von den AkteurInnen auf der Bühne in Szene gesetzt und „zurückgespielt" wird. Dabei werden u. a. die Elemente „Scenes" (längere Spielszenen), „Fluid Sculptures" (bewegte Skulpturen), „Pairs" (gegensätzliche Pole eines Gefühls), Musik und „Chorus" (Chor) verwendet (Fox 1996).

Im **Psychodrama** Morenos werden problematische Situationen aus dem Lebensalltag einer Person unter Berücksichtigung verschiedener Grundelemente und Techniken (s. 2.2–2.4) durch Nachspielen bearbeitet. Vom Psychodrama abgeleitet ist das **Soziodrama**, bei dem jedoch nicht der Einzelne, sondern die Gruppe im Fokus steht.

2.2 Grundkomponenten

Der **Protagonist** ist der Hauptdarsteller des psychodramatischen Rollenspiels, der eine Szene aus seinem Leben inszeniert. Ihm gegenüber stehen andere Darsteller, die **Antagonisten**, die in der realen Situation an der Szene beteiligt sind. Im DaF-Unterricht können Lernende Protagonisten authentischer, eigener Situationen sein oder aber Rollen aus vorgegebenen Texten übernehmen. Der **Spielleiter**, anfangs die Lehrperson, später evtl. ein/e LernerIn, führt Protagonisten und Antagonisten durch Fragen, Vorschläge und Anregungen in ihre Rollen ein und begleitet sie durch das gesamte Spiel hindurch. Spiele finden auf einer **Bühne** statt, in einem Halbkreis um die Bühne herum befindet sich der **Zuschauerraum**.

2.3 Ausgewählte Techniken

Der **Rollentausch** ist die wichtigste Technik des Psychodramas. Der Protagonist begibt sich real im Raum auf die Stelle von MitspielerInnen, identifiziert sich mit ihnen, spricht und handelt dann aus dieser Identifikation heraus. Hierdurch gewinnt er Einsicht in das Verhalten der anderen (und die anderen in seins). Für diese anderen gibt es auf der Bühne MitspielerInnen, welche die Vorgaben des Protagonisten wiederholen. DaF-LernerInnen müssen hier komplexe Sprachhandlungen verstehen (hören) und selbst produzieren (sprechen). Der Perspektivenwechsel leistet außerdem einen wichtigen Beitrag zum interkulturellen Lernen.

Zum **Spiegeln** wird ein/e MitspielerIn, hier ein/e SprachlernerIn, aus dem Zuschauerraum ausgewählt. Während der Doppelgänger des Protagonisten dessen Äußerungen und Handlungen wiederholt, beobachtet sich der Protagonist, der „neben" dem Spiel steht, aus der Außenperspektive wie in einem Spiegel und rezipiert dabei die verbalen ebenso wie die non-verbalen Anteile seiner Rolle.

Beim **Doppeln** nimmt ein Mitspieler in der Rolle des **Hilfs-Ichs** dicht neben dem Protagonisten dessen Körperhaltung ein, übernimmt auch Mimik, Gestik usw. und spricht in der Ich-Form Gedanken oder Gefühle aus, die den Protagonisten gerade beschäftigen könnten. Dieser entdeckt dabei oft einen neuen, ihm bis dahin unbewussten Aspekt, oder er stellt fest, dass die Vorschläge gerade nicht seine Haltung wiedergeben. Auch hierbei fließen im DaF-Unterricht kulturelle Prägungen und Sichtweisen ein. Hilfs-Ichs können auch verschiedene Seiten und Eigenschaften des Protagonisten (Neugier, Skepsis, Freude etc.) darstellen. Die Personifizierung von und die Identifikation mit Abstrakta bewirkt eine vertiefte Auseinandersetzung mit diesen kulturell bedingten Begriffen. In diesen beiden Techniken steckt ein großes Potential für den DaF-Unterricht. Viele, oft alle, LernerInnen können am Spiel beteiligt werden. Indem sie immer wieder neue Rollen übernehmen, werden innerhalb kurzer Zeit verschiedene Seiten einer Rolle, verschiedene Meinungen und Haltungen sichtbar und sprachlich realisiert. Hieraus entstehen später authentische Gesprächsanlässe, bei denen über die eigene Person reflektiert und über Ansichten diskutiert werden kann. Das Sprechen über sich selbst ist eine wichtige Anforderung, die an SprachlernerInnen öfter gestellt wird als an andere Personen.

2.4 Phasen

Die **Erwärmungsphase** dient dazu, ein Klima zu schaffen, in dem sich TeilnehmerInnen gern an einem Psychodramaspiel beteiligen. Das eigentliche Spiel, also die sprachliche, geistige und handelnde Auseinandersetzung mit einem Thema oder Problem, findet in der anschließenden **Aktionsphase** statt. In der **Reflexi-**

onsphase werden durch das „Sharing" Beobachtungen und Erlebnisse ausgetauscht.

2.5 Ausgewählte Methoden

Im Folgenden werden sechs psychodramatische Methoden vorgestellt, die sich in der DaF-Unterrichtspraxis besonders bewährt haben. In den Abschnitten 2.5.1– 2.5.4 steht das Individuum im Mittelpunkt, in den Abschnitten 2.5.5–2.5.6 die Gruppe.

2.5.1 Die Lebenssichtlinie

Die Lebenssichtlinie (LSL) ist ein Mittel, mit dem bedeutsame Ereignisse des eigenen Lebens visualisiert werden (s. Geßmann 1996). Auf ein quer liegendes Blatt Papier wird ein Koordinatenkreuz gemalt mit der waagerechten „Zeitachse" genau in der Mitte des Blattes und der senkrechten „Gefühlsachse" (Skala von +10 bis -10) am linken Blattrand. Hier werden Ereignisse eingetragen, die man als bedeutsam erachtet. Dabei stehen die ältesten links, die neuesten rechts, positive oberhalb, negative unterhalb der Zeitachse. Leitfragen können allgemein sein *(Trage wichtige Erlebnisse mit deinen Freunden ein.)* oder auf ein Thema bezogen werden *(Trage Erlebnisse ein, in denen du neue Leute kennen gelernt hast.)*. Jedem Ereignis werden ein Stichwort und ein Gefühl zugeordnet (*neuer Mitschüler → neugierig*).

Das Sprechen über eigene Erfahrungen und Erlebnisse ist expliziter Bestandteil von DaF-Unterricht (s. o. Kannbeschreibungen) und knüpft an die natürlichen Bedürfnisse der LernerInnen an. Hier kann die LSL als Einstieg dienen. Ebenfalls kann sie zur Analyse von Texten o. Ä. verwendet werden, indem sie z. B. für eine Figur angefertigt wird (s. Karagiannakis 2005). Besonders effektiv ist sie als Mittel zur Reflexion von Lernprozessen (z. B. *Visualisiere Schlüsselerlebnisse aus dem letzten Schulhalbjahr*), was ebenfalls vom GER gefordert wird. – Weitere Methoden zur Reflexion von Lernprozessen aus Psychodrama und TZI vgl. Karagiannakis / Lewark (2006).

2.5.2 Das Soziale Atom

Das Soziale Atom (Geßmann 1990) wird immer aus der Sicht einer bestimmten Person erstellt und visualisiert emotionale Beziehungen zwischen Menschen. Wer sein soziales Atom zeichnet, stellt sich selbst in den Mittelpunkt der Zeichnung und fixiert dann seine Beziehungen zu anderen Personen mit vorgegebenen Symbolen (Dreieck = Mann, Kreis = Frau; große Figur = wichtige Person, kleine Figur = unwichtige Person; Nähe = häufiger Kontakt, Distanz = seltener Kontakt; durchgezogene Linie = Sympathie, gestrichelte Linie = Antipathie). Alternativ sind auch plastische Gestaltungen möglich, z. B. mit Hilfe von Gegenständen (Spielfiguren, Naturmaterialien), formbaren Materialien (Knetmasse, Ton) oder als Standbild, bei dem die Mitglieder einer Gruppe selbst aufgestellt werden.

Im DaF-Unterricht kann diese Methode immer dann eingesetzt werden, wenn Texte, Filme o. Ä., in denen mehrere Personen in Beziehung zueinander stehen, analysiert bzw. interpretiert werden sollen (vgl. Beispiel für Film in Karagiannakis 2003; Beispiel für eine Textstelle aus *Harry Potter* in Karagiannakis/Türker 2003). Im Anschluss können die LernerInnen für ähnliche Situationen aus ihrem eigenen Leben ein soziales Atom anfertigen.

2.5.3 Der Zauberladen

Der Zauberladen ist ein Geschäft, das von den LernerInnen gestaltet und ggf. mit wenigen Requisiten ausgestattet wird (vgl. Brückner 1995; Leveton 1979, 122 ff.). Es gibt einen oder mehrere Verkäufer und viele Käufer, die Charaktereigenschaften, Werte, Haltungen usw. tauschen. Die Käufer geben Eigenschaften ab, von denen sie genug oder gar zu viel haben, und bekommen dafür etwas, das sie benötigen. Dazu müssen sie ihre eigene Rolle genau analysieren, sich mit ihren positiven und negativen Eigenschaften, mit ihren Wünschen und Bedürfnissen auseinandersetzen. Dies kann zunächst geschehen, indem Rollen aus einem vorgegebenen Text übernommen werden, sollte aber in die Reflexion über die eigene Person münden. Auch hierfür sind alle Themen des DaF-Unterrichts geeignet, in denen es um Menschen und deren Einstellung zu bestimmten Themen und anderen Menschen geht (Beispiel in Karagiannakis/Türker 2003). Dabei findet auch eine Auseinandersetzung mit der eigenen und anderen Kultur/en statt. Die Methode kann sich also auch positiv auf interkulturelle Lernprozesse auswirken.

Sprachlich kann diese Interaktion ein sehr anspruchsvolles Niveau erreichen. Waren und deren Verwendungsmöglichkeiten müssen genau beschrieben, die Verhandlungspartner überzeugt werden, eigene Wünsche müssen begründet, Argumente ausgetauscht werden usw. Hierfür sind vielfältige sprachliche Kompetenzen erforderlich. Gleichzeitig werden Spontaneität und Kreativität gefördert.

2.5.4 Das Protagonistenspiel

Das Protagonistenspiel ist die Hauptmethode des Psychodramas. Die Erläuterungen der Methoden in diesem Abschnitt basieren auf Leveton (1979). Im therapeutischen Kontext inszeniert der Patient als Hauptdarsteller, **Protagonist**, eine für sein Problem typische, reale Konfliktsituation, in der ihm **Antagonisten** gegenüberstehen (s. 2.2). Durch Nachspielen wird diese Situation zunächst analysiert. Verschiedene Techniken (s. 2.3) tragen dazu bei, die Perspektiven zu wechseln, die einzelnen Rollen weiterzuentwickeln und so Handlungsalternativen und Lösungsmöglichkeiten im Spiel zu entwickeln und zu erproben. Für den DaF-Unterricht bedeutet dies, dass LernerInnen sich in sprachlich und sozial komplexe Situationen mit verschiedenen Anforderungen versetzen und hier aktiv werden.

Das Spiel findet auf einer Bühne statt, auf der sich zu Beginn nur der Spielleiter und der Protagonist aufhalten. Alle anderen LernerInnen sitzen im Zuschauerraum (s. 2.2). Erst nachdem der Protagonist in seine Rolle eingeführt wurde, kommen andere beteiligte Personen hinzu. Die am Spiel beteiligten Personen werden stets aus der Sicht des Protagonisten eingeführt. Er wählt sie unter den Zuschauern aus und führt sie mit Hilfe des Spielleiters in ihre Rollen ein. Im Laufe des Spiels können immer mehr Zuschauer als Hilfs-Ich, zum Spiegeln oder Doppeln auf die Bühne kommen (s. 2.3). Dies bewirkt variierende Interpretationen, was von DaF-Lernenden spontan sprachlich bewältigt werden muss und so zur Erweiterung ihrer kommunikativen Fähigkeiten führt.

Die persönliche Meinung des Spielleiters ist während des gesamten Spiels nicht gefragt. Ziel des Protagonistenspiels darf es auf keinen Fall sein, eine Wunschinterpretation der Lehrperson zu erreichen. Deren Aufgabe ist es vielmehr, die SpielerInnen, hier die DaF-LernerInnen, dabei zu unterstützen, ihren eigenen Weg zu finden und eigene Rollen und Befindlichkeiten zu erproben und zu entwickeln. Eine besondere Herausforderung besteht deshalb darin, dass Verlauf und Ende des Spiels offen sind.

Beim „Sharing" (s. 2.4) teilen zunächst Protagonist und Mitspieler mit, wie sie das Spiel und ihre Rollen erlebt haben. Anschließend schildern die Zuschauer ihre Eindrücke aus der Außenperspektive. An dieser Stelle können und sollen sie ähnliche Erfahrungen aus ihrem eigenen Leben einbringen. Hier besteht wieder eine Übereinstimmung mit den Anforderungen des GER (s. o.).

Im Unterricht ist das Protagonistenspiel immer dann geeignet, wenn es um Themen des zwischenmenschlichen Verhaltens geht, wenn Personen (oft stellvertretend für Personengruppen) in Meinungsverschiedenheiten oder Konflikte geraten, wenn unterschiedliche Repräsentationen und Interpretationen der Welt aufeinandertreffen. Dies ist in DaF-Gruppen oft der Fall. – Der Einstieg in ein Protagonistenspiel gelingt im Unterricht besonders gut mittels einer Text- oder Filmvorlage. Konkrete Unterrichtsbeispiele finden sich bei Schmitz-Geßmann (1987) zu einer Erzählung von G. Pausewang, Karagiannakis (1999) zu einer Erzählung von H. Böll, Karagiannakis (2003) zu einem Kurzfilm über Rassismus.

2.5.5 Soziometrische Übungen

Hauptziel soziometrischer Übungen ist die Schaffung einer vertrauensvollen Arbeitsatmosphäre, ohne die Lernen nicht möglich ist. Für den DaF-Unterricht gilt dies in mehrfacher Hinsicht: Die eigenen Sprachfähigkeiten sind gerade zu

Beginn des Spracherwerbs noch gering, Hemmungen und Angst vor Blamagen können leicht auftreten. Aber auch in fortgeschrittenen Kursen muss in immer wieder neu zusammengestellten Lerngruppen Vertrauen geschaffen werden. Der Spielleiter bzw. die Lehrperson stellt verschiedene Fragen, durch welche die LernerInnen aufgefordert werden, sich nach bestimmten Kriterien zueinander zu positionieren. Die bekannteste dieser Übungen ist das „Spektogramm" (Reich o. J.) (auch „line-ups"). Der Spielleiter stellt Fragen nach Erfahrungen (*Wie lange lerne ich Deutsch?*), persönlichen Angaben, privaten Aktivitäten usw. Die LernerInnen befragen sich kurz, um sich chronologisch aufstellen zu können, und beantworten dann alle der Reihe nach laut die jeweilige Frage. Soziometrische Übungen können thematisch auf den Lernstoff abgestimmt werden und dienen dann auch dem inhaltlichen Einstieg in eine Lerneinheit.

2.5.6 Das Stuhltheater

Das Stuhltheater (Karagiannakis / Türker 2003) kann immer dann eingesetzt werden, wenn mehrere Rollen gleichzeitig in eine bestimmte Situation involviert sind, z. B. für eine Diskussion in der Familie o. a. Es werden so viele Stühle zu einem Kreis zusammengestellt, wie Rollen vorhanden sind (in großen Gruppen evtl. doppelt so viele) und entsprechend markiert. Die verschiedenen „Rollen-Stühle" werden durch LernerInnen besetzt, alle anderen sitzen um den Stuhlkreis herum. Die Diskussion im Innenkreis beginnt, indem aus den jeweiligen Rollen heraus gesprochen und argumentiert wird. Die Rollen-Stühle werden nach und nach für TeilnehmerInnen aus dem Außenkreis freigemacht. Möchte eine / r der Außenstehenden eine Rolle auf einen besetzten Stuhl einnehmen, signalisiert er / sie dies dem / der aktuellen RolleninhaberIn durch Antippen der Schulter. DaF-LernerInnen können sich hier sprachlich und argumentativ auf vergleichbare authentische Situationen vorbereiten.

Auch bei dieser Methode halten sich die LernerInnen anfangs noch eng an die Vorlage (Text, Film), was dem Verhalten von Sprachanfängern entspricht. Durch die Rollenübernahme werden die fremden Einstellungen sehr intensiv erlebt. Dies führt zu einer verstärkten Reflexion der eigenen Meinung, die immer mehr Eingang in das Rollenspiel findet. Die einzelnen Rollen werden also von verschiedenen LernerInnen ausgehend von ihren persönlichen Lebenserfahrungen unterschiedlich interpretiert. Indem dieselben Personen im Laufe des Spiels verschiedene Rollen einnehmen, werden auch unterschiedliche Positionen in einem Beziehungsgeflecht stärker sichtbar als im Gespräch. Dabei muss stets spontan reagiert und sprachlich gehandelt werden. DaF-LernerInnen entwickeln sprachliche Souveränität ebenso wie Toleranz.

3 Fazit

Bei den genannten Methoden geht es zwar stets um Inhalte, es wird aber immer auch Sprache trainiert. Unterschiedliche Strukturen und Redemittel sowie jeweils ein bestimmter Wortschatz werden benötigt und in authentischen Situationen angewandt. Tselikas (1999, 15) weist darauf hin,

> dass die besten Resultate in der Sprachaufnahme dann registriert werden, wenn die Lernenden (...) Situationen ausgesetzt werden, (...) in welchen sie spontan und authentisch agieren und reagieren müssen, in welchen sie sich rasch orientieren, umorientieren und von einer Rolle in die andere schlüpfen müssen.

Diese Voraussetzungen sind bei den genannten Methoden gegeben. Gleichzeitig werden Schlüsselkompetenzen wie Spontaneität und Flexibilität, Kooperations- und Teamfähigkeit, Toleranz und allgemein Sozialkompetenz erworben und vertieft.

Literatur

Asher, James J.: Learning Another Language Through Actions. Total Physical Response. Sky Oaks Productions 2000

Brückner, Bärbel: Der Zauberladen als Methode des Humanistischen Psychodramas. In: Internationale Zeitschrift für Humanistisches Psychodrama (1995) Heft 2, 24–29

Buddrus, Volker (Hrsg.): Humanistische Pädagogik. Eine Einführung in Ansätze integrativen und personenzentrierten Lehrens und Lernens. Bad Heilbrunn: Verlag Julius Klinkhardt 1995

Dufeu, Bernard: Teaching Myself. Oxford University Press 1994

Fox, Jonathan: Renaissance einer alten Tradition – Playback Theater. Köln: inScenario 1996

Geßmann, Hans-Werner: Das Konzept des „Sozialen Atoms" in der Familientherapie. In: Geßmann, Hans-Werner (Hrsg.): Bausteine zur Gruppenpsychotherapie. Band 3. Neckarsulm: Jungjohann 1990, 105–133

Geßmann, Hans-Werner: Die Lebenssichtlinie. In: Internationale Zeitschrift für Humanistisches Psychodrama (1996) Heft 3, 19–30

Glaboniat, Manuela/Müller, Martin/Rusch, Paul/Schmitz, Helen/Wertenschlag, Lukas: Profile deutsch. München: Langenscheidt 2005

Karagiannakis, Evangelia: „Eigentlich ist sie ganz nett. Vielleicht sollte ich sie zum Essen einladen." – Oder: Über den Einsatz psychodramatischer Elemente im Literaturunterricht. In: Internationale Zeitschrift für Humanistisches Psychodrama (1999) Heft 1, 55–67

Karagiannakis, Evangelia: Straßenbahn fahren, Psychodrama und Deutschunterricht. Ein Kurzfilm über Vorurteile und was man daraus machen kann. In: ide. informationen zur deutschdidaktik. Zeitschrift für den Deutschunterricht in Wissenschaft und Schule (2003) Heft 4, 86–91

Karagiannakis, Evangelia: Wladimir Kaminers Deutsch für Anfänger im DaZ-Unterricht. Teil I: Leseverstehen und inhaltliche Auseinandersetzung mit dem Text. In: Deutsch als Zweitsprache (2005) Heft 4, 12–22

Karagiannakis, Evangelia / Lewark, Ulrike: Lernprozesse reflektieren, Selbsteinschätzung und Lernerfolg. Beispiele und Erfahrungen aus der Unterrichtspraxis mit Erwachsenen. In: Themenzentrierte Interaktion (2006) Heft 1, 71–82

Karagiannakis, Evangelia / Türker, Samira: Humanistisches Psychodrama im Literaturunterricht. Exemplarische Beispiele im Kontext einer Harry Potter-Lektüre. In: Literatur im Unterricht (2003) Heft 3, 211–227

Leveton, Eva: Mut zum Psychodrama. Hamburg: ISKO-Press 1979

Petzold, Hilarion: Angewandtes Psychodrama in Therapie, Pädagogik und Theater. Paderborn: Junfermann 1978

Petzold, Hilarion: Das Psychodrama Morenos als Methode Humanistischer Psychologie. In: Voelker, Ulrich (Hrsg.): Humanistische Psychologie. Weinheim: Beltz 1980

Reich, Kersten (Hrsg.): Methodenpool. [http://methodenpool.uni-koeln.de] (05.12.2012)

Schmitz-Geßmann, Mariele: „Ich bin dick, rund und ein bisschen klebrig." – Unterrichten mit psychodramatischen Methoden. In: Geßmann, Hans-Werner (Hrsg.): Bausteine zur Gruppenpsychotherapie. Band 2. Neckarsulm: Jungjohann 1987, 137–169

Schaller, Roger: Das große Rollenspiel-Buch. Grundtechniken, Anwendungsformen, Praxisbeispiele. Weinheim und Basel: Beltz 2006

Schau, Albrecht: Szenisches Interpretieren. Stuttgart: Klett 2000

Scheller, Ingo: Szenisches Spiel. Handbuch für die pädagogische Praxis. Berlin: Cornelsen Scriptor 1998

Schewe, Manfred: Fremdsprache inszenieren: Zur Fundierung einer dramapädagogischen Lehr- und Lernpraxis. Oldenburg: Didaktisches Zentrum, Universität Oldenburg 1993

Schewe, Manfred: Drama und Theater in der Fremd- und Zweitsprachenlehre. Blick zurück nach vorn. In: Scenario 01/2007. [http://publish.ucc.ie/scenario/2007/01/schewe/08/de] (13.11.2012)

Schuster, Karl: Das Spiel und die dramatischen Formen im Deutschunterricht. Baltmannsweiler: Schneider Hohengehren 1996

Springer, Roland: Grundlagen einer Psychodramapädagogik. Köln: inScenario 1995

Tselikas, Elektra I.: Dramapädagogik im Sprachunterricht. Zürich: Orell Füssli 1999

Yablonsky, Lewis: Psychodrama. Die Lösung emotionaler Probleme durch das Rollenspiel. Stuttgart: Klett-Cotta 1978

G

DaF exemplarisch in
einigen Regionen der Welt

EL HADJI IBRAHIMA DIOP

G 1 Germanistik und Deutschunterricht im Senegal – regionalspezifische und internationale Aspekte

1 Zu Tradition und Situation des Deutschunterrichts im Senegal und in Westafrika

DaF in Senegal gibt es seit 1925, d. h. schon vor der Entstehung des Landes als souveräner Staat. Das Fach ist zutiefst mit der bildungspolitischen Entwicklung der Schule als Institution verbunden (Diop 2000). Lerninhalte und Lehr- und Lernmethoden waren französische Modelle; heute noch ist die Schulsprache meist Französisch, erste Fremdsprache ist Englisch. Die Tradition des Deutschunterrichts und des Germanistikstudiums mit Hilfe französischer Lehrwerke und elsässischer Lehrer unterschied sich schon lange vor der Unabhängigkeit 1960 von der in vielen anderen Ländern Afrikas, vor allem von jenen im anglophonen Raum des subsaharischen Kontinents, wo das Fach Deutsch als Fremdsprache sich eher als ein Hochschulfach profilierte (Laurien 1992). Auch Deutschunterricht in den Ländern Westafrikas betrifft weder überall die gleiche Zielgruppe noch umfasst es dasselbe Angebot. Dennoch kann man die Bedeutung des Deutschunterrichts im Senegal nur in seinem westafrikanischen Gesamtkontext evaluieren.

Nach 1960 äußerte Frankreich den Wunsch, Deutschland möge die Kosten des Deutschunterrichts in Afrika tragen (Jeanneney 1964, 101), und regte nach dem deutsch-französischen Vertrag von 1963 an, die Bundesrepublik Deutschland möge die Ausbildung einheimischer Deutschlehrer im frankophonen Afrika in eigener Regie durchführen. 1967 wurden die französischen Deutschlehrer aus den ehemaligen westafrikanischen Kolonien abgezogen (Kasprzyk 1989, 11).

Mit der Ratifizierung kultureller Abkommen (Kulturabkommen 1970) zwischen der Bundesrepublik Deutschland und vielen westafrikanischen Ländern konsolidierte sich nach 1968 die Situation des Deutschunterrichts in Kamerun, der Côte d'Ivoire, Benin, Togo, Mali und Senegal kontinuierlich. Infolge der Intensivierung der bi- und multilateralen Kooperationen gewannen der Deutschunterricht im Sekundarbereich und die Germanistik an den Universitäten an Bedeutung. Heutzutage sind die Lehrerinnen und Lehrer im Sekundarschulbereich und an den Universitäten sämtlich afrikanische Lehrkräfte. DAAD-Lektorinnen und Lektoren sorgen in dieser Region für den muttersprachlichen Hintergrund des Fremdsprachenerwerbs bzw. koordinieren die Zusammenarbeit zwischen dem DAAD, deutschen und westafrikanischen Hochschulen. Die Unterrichtsqualität ist auch deswegen vergleichsweise gut.

Die verfügbaren Zahlen zeigen erhebliche Differenzen in Hinblick auf die Schülerzahlen in den genannten westafrikanischen Ländern (vgl. Tab. 1): Während im Senegal seit Ende der 90er Jahre etwa 100 Lehrer 10.000 Schüler Deutsch an Sekundarschulen (Zahl stagnierend) unterrichten, sind es in Kamerun 500 Lehrer, die 100.000 Schüler (Zahl steigend) unterrichten und in der Côte d'Ivoire waren es vor dem Bürgerkrieg 120.000 Schüler mit ca. 500 Deutschlehrern (Diop 2000; Böhm 2003). Die Schülerzahl in den Klassen beträgt in der Regel mehr als 70, manchmal 100.

DaF gibt es an den Gymnasien ab dem zweiten oder dritten Jahr (8. oder 9. Schuljahr). Es wird als zweite Fremdsprache nach Englisch gewählt in Konkurrenz mit Arabisch, Portugiesisch und Spanisch. Die wöchentliche Stundenzahl für das Fach Deutsch in Senegal beträgt 4 Stunden im ersten und zweiten Deutschunterrichtsjahr und in der Oberstufe 4 Stunden. Für die Spätanfänger (4. Gymnasialklasse, d.i. 10. Schuljahr) beträgt sie 5 Stunden pro Woche. Seit einiger Zeit hat sich das Interesse am Deutschunterricht in ländlichen Gebieten gegenüber der Hauptstadt Dakar verstärkt. Der Grund hierfür besteht vermutlich in der dezentralen Spracharbeit und der Einrichtung von Deutschklubs an Schulen mit Sketchen, Songs, Theaterspielen etc. durch einheimische Multiplikatoren, aber auch durch das Goethe-Institut.

Tab. 1 Schüler- und Lehrerzahlen im frankophonen Afrika

Land	1993/94	1994/95	1995/96
Benin	3.448/041	7.500/040	
Kamerun	104.800/453	100.000/500	
Côte d'Ivoire	92.703/551	120.000/500	
Gabun	1.332/015	1.600/016	
Mali	11.435/090	20.800/105	24.717/101
Zentralafrika	1.028/009	1.300/010	
Senegal	8.132/078	8.881/081	10.000/100
Togo	9.919/058	7.500/100	
Burkina Faso	6.040/064	7.500/065	

2 Wichtige Tendenzen in Deutsch als Fremdsprache und Germanistik

Will man die Neuansätze in DaF, die seit Mitte der 90er Jahre mit der Erstellung des regionalen Lehrwerkes „Ihr und Wir" zu datieren sind, beschreiben, so lassen sich zwei Tendenzen zeigen:

2.1 Die Notwendigkeit der Neugewichtung des Lehr- und Lernstoffes

Die erste Tendenz: Mit dem neuen regionalen DaF-Lehrwerk für Gymnasien „Ihr und Wir" (1994; [2]2009) wird die Politik der Regionalisierung des Deutschunterrichts in der westafrikanischen Region unter günstigeren Bedingungen fortgesetzt. Seine Aktualisierung von 2009 zeigt, dass didaktische und inhaltliche Verbesserungen zur Qualitätssteigerung des Deutschunterrichts beitragen. Für die westafrikanischen Länder bedeutet dies, eigene bildungspolitische Prinzipien zu setzen, die finanziellen Kosten der Lehrbuchproduktion gemeinsam zu tragen und die Mitwirkung afrikanischer Lehrkräfte an der Konzeption und Redaktion afrikanischer Lehrbücher zu ermöglichen. Die Regionalisierung auf dem Gebiet der Bildungspolitik trägt zur regionalen Integration der frankophonen Länder Afrikas bei, die gemeinsame strukturelle Interessen in der Bildungs- und Wirtschaftspolitik haben. Dies kann das Zusammengehörigkeitsgefühl der jüngeren afrikanischen Generation stärken. Die kulturkontrastive Ausrichtung des Lehrwerkes ermöglicht die Berücksichtigung von Lehr- und Lernbedingungen, die dem afrikanischen Kontinent angemessen sind, und eröffnet den Lehrenden und Lernenden die Gelegenheit, eigene und fremde Kulturen zu erschließen (Diop 2000, 134).

Lernzieltheoretische Formulierungen, sprachdidaktische und unterrichtliche Problemfelder finden im neuen Lehrwerk mehr Resonanz. Es gibt Versuche, die willkürliche Trennung zwischen Berufsperspektiven und literarisch-geistiger Ausbildung im DaF-Unterricht zu überwinden. Eine entsprechende Erneuerung wäre auch für das westafrikanische Germanistikstudium wünschenswert; sie bleibt abzuwarten. Die Reformen sind im Erwerb des Deutschen als Fremdsprache, insbesondere im Sekundarbereich viel leichter durchsetzen als im Germanistikstudium an der Universität. Die Gründe hierfür sind vielfältig und können in diesem Rahmen nicht erörtert werden (Diop 2000). Zusammenfassend lässt sich sagen, dass der Deutschunterricht folgende Leistungen erbracht hat, die als positive Faktoren zu betrachten sind: ein ausgewogenes Verhältnis zwischen Sprachlernen und Literatur; handlungsorientiertes, praxisbezogenes Sprachlernen; kulturkontrastives Lernen beim Deutscherwerb; Erfahrungen mit lehrwerksorientiertem Lernen.

Welche Ergebnisse diese Vermittlung der deutschen Sprache und Kultur in Afrika weiter mit sich bringen wird, hängt auch von der stärkeren Verzahnung zwischen dem Unterricht im Sekundarbereich und im Germanistikstudium ab.

2.2 Vom Legitimationsdruck zu eigenständigen kulturwissenschaftlichen Deutschlandstudien

Die zweite Tendenz: Die senegalesische Debatte über Sinn und Funktion der Vermittlung von DaF ist im Prinzip eine Gesamtafrika betreffende Kontroverse, die von senegalesischen Germanisten eröffnet wurde (Sadji 1984; Sow 1986; Ndong 1993; Diop 2000). Sie soll hier zusammengefasst werden.

Anfang der 1980er Jahre entstand im Umkreis des Hannoveraner Germanisten Kreutzer eine breit gefächerte Diskussion über Deutsch als Fremdsprache und Germanistik im frankophonen Afrika. Kreutzer sah es als für die Germanistik in Afrika bedeutend an, sich sowohl gegen die französische als auch die westdeutsche Germanistik zu behaupten und die eigene Identität zu wahren.

> Nun kann ich aber endlich sagen, wo ich das Problem einer Legitimation von Deutschunterricht und Germanistik in Afrika sehe. Es besteht, so meine ich, wirklich nicht darin, dass dieser Betrieb geringe Aussichten habe, sich in Afrika nützlich zu machen; nicht darin, dass er für sich keinen Sinn, keine Aufgabe finden könne. Ich sehe das Problem vielmehr darin, ob Germanistik in Afrika so frei sein darf, sich ihre Aufgaben, ihre Themen und Methoden selbst zu suchen. So frei, sich – kulturkontrastiv, gewiss – an der Auseinandersetzung und Verständigung über einen afrikanischen Entwicklungsweg zu beteiligen. Wobei im Falle des frankophonen Afrika bekanntlich hinzukommt, dass sie auch der ehemaligen Kolonialmacht gegenüber so frei sein dürfen müsste. (Kreutzer 1983, 19f.)

Ähnlich wie Kreutzer vertraten Sow und Ndong unter Bezug auf die Kritische Theorie Ansichten, die die Positionen der sog. Interkulturellen Germanistik der Bayreuther bzw. Münchner Germanisten Wierlacher (1980) und Krusche (1990) angriffen (Sow 1986; Ndong 1993). Die Germanistik in Afrika soll nach Sow und Ndong zur politischen Bewusstseinsbildung der Deutschlernenden beitragen.

Die neue Position wurde aufgegriffen und fortgeführt (Ihekweazu 1987; Diop 2000), so dass sie immer noch erwähnenswert erscheint. 25 Jahre nach Beginn der Debatte über Deutschunterricht und Germanistik in Afrika sei ein kritischer Rückblick gestattet, um neue Perspektiven aufzuzeigen.

(1) Die Debatte Ende der 80er Jahre um die Bestimmung dessen, was eine Germanistik in Afrika sein sollte, kann man als die Phase der Selbstbesinnung bezeichnen, wobei augenfällig ist, dass die europakritischen Töne (Nord-Süd-Gefälle) über die selbstkritischen Tendenzen (autoritäre sowie überlebte Formen afrikanischer Herrschafts- und Unterdrückungsmechanismen) dominieren. Inhalte von Germanistik und Deutschunterricht in Afrika müssen nicht nur europakritisch sein, sondern auch die afrikanische Eigenverantwortung mit

einbeziehen. Die politische Bewusstseinsbildung, die für viele Germanisten Afrikas bedeutend in Lehre und Forschung geworden ist, wird nur die Chance einer Umsetzung haben, wenn sie nicht einzig ein antikolonialistischer Diskurs bleibt, sondern gleichzeitig zur Aufhellung der eigenen Verantwortung an dem politischen, wirtschaftlichen und moralischen Rückfall des afrikanischen Kontinents beiträgt.

(2) Obwohl anerkannt wurde, dass Germanistik und Deutschunterricht zur Emanzipation des Kontinents beitragen sollten, blieb fachdidaktisch unklar, wie sich beide, die ja kein heimatkundliches Lehrfach, sondern ein fremdkulturelles und fremdsprachliches Lehrgebiet sind, in dieser Aufgabenstellung am ehesten profilieren könnten.

(3) Die sprachlichen Kompetenzen der Lernenden sind nämlich in vielen Fällen noch so schwach, dass eine freiwillige und lernemanzipatorische Auseinandersetzung mit dem Lehrstoff in der Zielsprache nur schwer erfolgen kann. Es ist besonders notwendig, neuere Kriterien für einen adressatengerechten und lernzielorientierten Sprachunterricht zu formulieren. Was man lehrt und lernt, hängt zudem von der Antwort auf die Frage ab, wie man es lehrt und lernt. Didaktik hat auch mit Bildungspolitik zu tun.

(4) Zu den emanzipatorischen Bildungsinhalten des DaF in Afrika sollte es gehören, Themen aus den international wichtigen Sachfeldern in den Sprachunterricht zu integrieren und dadurch Sprach- und Sachwissen sowie Sprachkönnen gleichermaßen zu fördern (vgl. Gueye/Roelcke, G2 und Bleichner / Dietrich-Chénel, F3).

3 Zusammenfassung

Das Germanistikstudium in Senegal muss sich verändern und kann nicht mehr unter dem erdrückenden Übergewicht der Literatur, insbesondere der Literaturgeschichte, gelehrt werden. Der Bereich Deutsch als Fremdsprache an Schulen und Hochschulen sollte stärker werden. Das Sprachkönnen soll gleichberechtigt neben das Sprachwissen treten.

Dafür müssen Strukturen und Inhalte neu definiert werden. Bisherige Inhalte können bestehen bleiben unter der Bedingung, dass für die Unterrichtspraxis eine sorgsam überlegte Auswahl aus den verschiedenen Teildisziplinen getroffen wird.

DaF in Senegal hat nur Zukunft im Zusammengehen mit den anderen westafrikanischen Ländern. Notwendige Strukturreformen sollten innerhalb des westafrikanischen DaF-Verbands abgestimmt werden, die Germanistik in Afrika sollte im hochschulpolitischen Leben der afrikanischen Länder fester verankert werden, damit internationale Resonanz erreicht wird. Infrastrukturelle Mängel und

Schwächen (in Informationstechnologie, Energieversorgung, Bibliotheksmitteln, bei der Verfügbarkeit von Lehrwerken für jeden Schüler usw.), die für afrikanische Schulen und Hochschulen charakteristisch sind, zu beseitigen ist eine vorrangige Aufgabe. Aus alldem resultiert die Notwendigkeit, die regionale Zusammenarbeit genauso wie die internationale Kooperation weiter zu stärken.

Nach einem gescheiterten Versuch 1989 in Jaunde/Kamerun, einen Dachverband ins Leben zu rufen, haben sich dreimal, in Jaunde 2003, Dakar 2004 und Cotonu 2005 afrikanische Abteilungsleiter und wichtige Vertreter der Germanistik Afrikas südlich der Sahara zusammengetan, um eine Dachorganisation mit dem Namen GAS – Germanistik im Südlichen Afrika – zu gründen. Ein wichtiger Diskussionspunkt dabei war die Einführung des LMD-Systems (Licence-Master-Doctorat, in etwa entsprechend der Stufung Bachelor-Master-Promotion) als Herausforderung und Chance für die Germanistik im frankophonen West- und Zentralafrika. Dort wurde Folgendes hervorgehoben:

> Die Diskussion um diese Reform kann dazu führen, dass die verkrusteten Strukturen afrikanischer Hochschuleinrichtungen gründlich erneuert werden. Für die afrikanischen Universitäten ergibt sich die Chance, sowohl die Aufgabe der Universitäten als auch ihre Inhalte neu zu definieren, und sie somit ihrer lokalen wirtschaftlichen und soziokulturellen Umwelt (Lebens-, und Arbeits- und Alltagbedingungen) anzupassen.
> (Alumni-Treffen von Germanistinnen und Germanisten 2005, 3).

Literatur

Alumni-Treffen von Germanistinnen und Germanisten aus dem frankophonen West-und Zentralafrika vom 29. November – 2. Dezember 2005 in Cotonu, Cotonu, 2005 (Unveröffentlichtes Dokument)

Böhm, Michael Anton: Deutsch in Afrika. Die Stellung der deutschen Sprache in Afrika vor dem Hintergrund der bildungs- und sprachpolitischen Gegebenheiten sowie der deutschen Auswärtigen Kulturpolitik. Frankfurt/Main: Lang 2003. (Duisburger Arbeiten zur Sprach- und Kulturwissenschaft 52)

Diop, El Hadji Ibrahima: Das Selbstverständnis von Germanistikstudium und Deutschunterricht im frankophonen Afrika: vom kolonialen Unterrichtsfach zu eigenständigen Deutschlandstudien und zum praxisbezogenen Lernen. Frankfurt/Main: Lang 2000 (Duisburger Arbeiten zur Sprach- und Kulturwissenschaft 39)

Ihekweazu, Edith Alioune Sow: Germanistik als Entwicklungswissenschaften? Jahrbuch Deutsch als Fremdsprache 13 (1987), 431–432

„Ihr und wir", von Fall, Diallo / Massin, Rolf. Dakar u. a.: Nouvelles Editions Africaines. Bde. 1–3 (1994), Bd. 4 (1995)

„Ihr und wir", von Diallo, Mbaye/Fal, Mariama/Massin Rolf/Hatenburg Jörg/Kone, Mamadou/Ouattara, Moussa/Sylla, Eleonore/Natabou, Benoit/Bolly, Mamadou/Evembe, Pierre/Kaup, Lothar/Nyankam, Jean/Wolf Roland/Feidangai, Luc: Ihr und wir, neu. Koponton Dakar: ENAS (Editions nouvelles africaines du Sénégal)/INEAD (Institut des nouvelles éditions africaines pour le développemnt) 2009

„Ihr und wir", von Ndao, Malick / Ouédraogo, Dieudonné / Schürmann, Anja – Manuel du professeur. München: Goethe-Institut / Hueber 2010 [http://www.goethe.de/mmo/priv/9641452-STANDARD.pdf] (am 28.2.2013)

„Ihr und wir", von Anoumatacky, Moussa / Kpogli, Essi / Ndao, Malick / Nyankam, Jean / Ngatcha, Alexis / Ouédrago, Dieudonné / Schümann, Anja: Ihr und wir plus, Neubearb. Bde 1-3. Koponton Dakar: ENAS (Editions nouvelles africaines du Sénégal) / INEAD (Institut des nouvelles éditions africaines pour le développemnt) 2011

Jeanneney, Jean: Pourquoi? A quel prix? Comment la politique de coopération avec les pays en voie de développement. Paris: N° spécial 201 (1964)

Kasprzyk, Peter: Das Förderungsprogramm des DAAD für afrikanische Deutschlehrer aus dem frankophonen Afrika In: Kasprzyk, Peter / Ndong, Norbert (Hrsg.): Afrikanische Germanistik. Bonn: DAAD Dokumentation 1989, 11–18

Kreutzer, Leo: Legitimationsprobleme einer Germanistik im frankophonen Afrika. Fach- und Informationstagung des Auswärtigen Amtes über Deutsch als Fremdsprache in Westafrika und Madagaskar vom 8.–10. November 1983 (Unveröff. Ms.). Lomé: 1983, 1–24

Krusche, Dietrich: Warum gerade Deutsch? Zur Typik fremdkultureller Rezeptionsinteressen. In: Krusche, Dietrich / Wierlacher, Alois (Hrsg.): Hermeneutik der Fremde. München: iudicium 1990, 126–132

Kulturabkommen zwischen der Bundesrepublik Deutschland und Senegal. Bundesgesetzblatt Jg. 1970 Teil II. Bonn, 5. Dezember, 1225–1226

Laurien, Ingrid: Frankophonie – Anglophonie. Germanistik in Afrika. In: Info DaF 19 (1992), 576–579

Ndong, Norbert: Entwicklung, Interkulturalität und Literatur. Überlegungen zu einer afrikanischen Germanistik als interkultureller Literaturwissenschaft. München: Iudicium 1993

Sadji, Amadou Booker: Deutschunterricht und Germanistik in Senegal. In: Jahrbuch Deutsch als Fremdsprache 10 (1984), 75–85

Satzger, Axel: Unternehmenskommunikation als Gegenstand der angewandten Linguistik. In: Fachsprache. International Journal of LSP 27 (2005) Heft 1–2, 82–98

Sow, Alioune: Germanistik als Entwicklungswissenschaft? Überlegungen zu einer Literaturwissenschaft des Faches Deutsch als Fremdsprache in Afrika. Hildesheim u.a.: Olms 1986

Wierlacher, Alois: Deutsch als Fremdsprache. Zum Paradigmawechsel internationaler Germanistik. In: Wierlacher, Alois (Hrsg.): Fremdsprache Deutsch. Grundlagen und Verfahren der Germanistik als Fremdsprachenphilologie. Band 1. München: Iudicium 1980, 9–27

OUSMANE GUEYE / THORSTEN ROELCKE

G 2 Wirtschaftsdeutsch im Senegal

Der Senegal gehört zu den Entwicklungsländern Westafrikas, deren Wirtschaft bereits vergleichsweise weit entwickelt ist. Sie ist stark exportorientiert; ihre Schwerpunkte liegen in den Bereichen Landwirtschaft, Fischerei sowie Industrie und Bergbau. Bei einem starken Bevölkerungswachstum sind knapp 60 % der knapp 12 Millionen Einwohner unter 20 Jahre alt. Etwa die Hälfte der Bevölkerung lebt auf dem Land, wobei eine starke Urbanisierungstendenz besteht. Einer Bildungsreform im Jahre 2003 steht eine Alphabetisierungsrate von etwa 35 % (bei Frauen 25 %) gegenüber. Etwa ein halbes Jahrhundert nach der Unabhängigkeit von Frankreich ist der Senegal als islamisch dominierter Staat noch immer stark frankophon geprägt, unterhält jedoch rege diplomatische wie ökonomische Beziehungen nach Europa, Asien und Amerika (vgl. auch Diop, G1). Vor diesem Hintergrund sind die Bestrebungen, Deutsch als Fachfremdsprache (DaFaF) im Senegal auszubauen, von einem großen politischen, ökonomischen, kulturellen, linguistischen und didaktischen Interesse.

1 Wirtschaftsdeutsch – Definition und Klassifikation

Wirtschaftskommunikation und Wirtschaftsdeutsch lassen sich auf der Grundlage folgender Definitionen bestimmen (vgl. Roelcke 2002, 12; ³2010, 15–31; vgl. Roelcke, F7): „Fachkommunikation" ist die kognitiv fundierte und funktional motivierte semiotische Interaktion innerhalb eines spezialisierten Tätigkeitsbereichs durch die Produktion und Rezeption von fachsprachlichen Texten auf der Basis eines fachsprachlichen Systems; „Fachsprache" besteht demnach aus dem System und den Texten, mit denen in einem solchen spezialisierten Tätigkeitsbereich kommuniziert wird; unter „Wirtschaft" werden sämtliche Institutionen und Aktionen zusammengefasst, die der planvollen Deckung des menschlichen Bedarfs dienen. Hiernach ist „Wirtschaftskommunikation" zu bestimmen als die semiotische Interaktion innerhalb sämtlicher Institutionen und Aktionen, die der Deckung menschlichen Bedarfs dienen; „Wirtschaftsdeutsch" besteht demnach aus dem deutschsprachigen System und den deutschsprachigen Texten, mit denen innerhalb solcher Institutionen und Aktionen kommuniziert wird.

Wirtschaftskommunikation stellt ein ausgesprochen vielfältiges Feld der Interaktion innerhalb einer regionalen, nationalen, internationalen bzw. globalen Sprechgemeinschaft dar.

Trotz einer verstärkten Forschungstätigkeit ist über die vertikale Gliederung wirtschaftssprachlicher Kommunikation im Deutschen verhältnismäßig wenig bekannt, wobei hier insbesondere auf die Kommunikation zwischen Experten und Laien bzw. Kunden hinzuweisen ist (vgl. zur Unternehmenskommunikation die Übersicht von Satzger 2005). Zu den schriftlichen Textsorten wirtschaftssprachlicher Kommunikation zählen Artikel der Wirtschaftspresse, Geschäftsbriefe, technische Dokumentationen, Geschäftsberichte, Protokolle, Bestellungen, Rechnungen, Verträge, Rundschreiben, Kundenzeitschriften und Betriebsbroschüren, zu den mündlichen Wirtschaftstelefonate, Geschäftsverhandlungen, Verkaufsgespräche, Besprechungen oder Bewerbungsgespräche. Gerade der Bereich der betriebsexternen Kommunikation mit institutionellen oder privaten Kunden des deutschsprachigen Raums erscheint für die Wirtschaftskommunikation seitens des Senegals von großer Bedeutung, sodass hier ein wichtiger Ansatzpunkt für eine entsprechende Fremdsprachendidaktik gegeben ist (vgl. Zhao 2002, 48–55).

2 Deutsch als Fachfremdsprache im Senegal

Im Senegal ist Französisch seit der Kolonialzeit offizielle Amtsprache. Daneben existieren mehr als zwanzig afrikanische Sprachen, von denen sechs wie etwa Wolof (als Lingua Franca) anerkannt sind; deren Integration in das senegalesische Bildungssystem hat erst begonnen. Das Deutsche nimmt als Fremdsprache nach Englisch, Spanisch und Arabisch die vierte Stelle ein; Statistiken der deutschen Botschaft in Dakar zufolge gab es im Jahre 2007 im Senegal 10.000 Deutschlernende und mehr als 100 Deutschlehrende (vgl. Le Soleil, 01.02.2008; Diop, G1). Die wirtschaftlichen Beziehungen zwischen dem Senegal und den deutschsprachigen Ländern sind vor allem durch Handel und Entwicklungshilfe geprägt:

– Die deutschsprachigen Länder exportieren in den Senegal vor allem Maschinen und chemische Erzeugnisse;

– der Senegal exportiert in die deutschsprachigen Länder u. a. landwirtschaftliche Produkte, Fische und Fischereierzeugnisse (vgl. Gueye 2004);

– Deutschland beteiligt sich an der Finanzierung des PNDL (Programme National de Développement Local), einem Programm zur Unterstützung der Dezentralisierung und der lokalen Entwicklung im Senegal.

Eine Didaktik des Wirtschaftsdeutschen erscheint somit auch im Senegal als sinnvoll. Deutsch als Fachfremdsprache wird nach dem französischen Modell im Studiengang der Langues Etrangères Appliquées (LEA) an verschiedenen Universitäten angeboten (für einen Überblick vgl. Gueye 2004). Da der Tourismus als zweite Devisenquelle des Senegals nach der Fischerei gilt und die Globalisierung auch den westafrikanischen Raum erreicht hat, werden an der Universität Ziguinchor insbesondere „Touristik" und „internationaler Handel" als spezielle Fachrichtungen angeboten.

Betrachtet man den Unterricht „Wirtschaftsdeutsch" im Senegal näher, fällt auf:

- Sprachwissenschaft (des Deutschen) findet kaum Berücksichtigung, was als symptomatisch für das Germanistikstudium in Senegal überhaupt gelten darf (vgl. Diop 2000; G1).
- Die Textsortenproblematik wird weitgehend ausgespart, sodass es leicht zu einem Mangel an Schreibkompetenz bei den Lernenden kommt.
- Die Vermittlung von Kompetenzen in interkultureller Kommunikation spielt eine untergeordnete Rolle.
- Die Fremdsprachendidaktik des Senegals verliert oft die Tatsache aus den Augen, dass man es hier in der Regel mit jungen Erwachsenen und deren spezifischen Lernbedürfnissen und -bedingungen zu tun hat.
- Die Ausbildung der Lehrer entspricht nicht den aktuellen fremdsprachendidaktischen Erkenntnissen und Anforderungen.

3 Vorschläge für Wirtschaftsdeutsch im Senegal

Die eben genannten Probleme bzw. Desiderata lassen eine Verbesserung der Didaktik des Wirtschaftsdeutschen im Senegal sinnvoll, wenn nicht gar notwendig erscheinen. Ohne Anspruch auf Vollständigkeit werden hierzu im Folgenden vier Vorschläge unterbreitet und jeweils etwas näher erläutert.

a) Die Didaktik des Wirtschaftsdeutschen als Fremdsprache im Senegal muss sich stärker an fachsprachlichen Besonderheiten im Deutschen orientieren.

Zu den fachsprachlichen Eigenheiten des Deutschen, insbesondere in Wortschatz, Grammatik und Textualität vgl. Roelcke (F7). Eine Didaktik des Wirtschaftsdeutschen als Fremdsprache sollte auch solche Besonderheiten in den Vordergrund rücken.

Weil sich Fachsprachen am deutlichsten durch die Fachlexik von anderen Erscheinungsformen des Deutschen abheben (vgl. Möhn/Pelka 1984, 14), sollte auf die Lexik (einschließlich Phraseologie) besonderes Gewicht gelegt werden. Roelcke (³2010, 52) schlägt folgende Untergliederung vor:

- „intrafachlicher Fachwortschatz" umfasst Fachsprachwörter, die ausschließlich der betreffenden Fachsprachen angehören (z. B. *Bilanzierung, Lohnkosten* oder *Marketing*).
- „interfachlicher Fachsprachwortschatz" umfasst Wörter nicht nur aus der betreffenden Fachsprache, sondern aus mehreren Fachsprachen (etwa *System, Software* oder *generieren*).
- „extrafachlicher Fachsprachwortschatz" enthält diejenigen Fachwörter, die anderen fachsprachlichen Systemen zugehören, aber dennoch in Fachtexten des betreffenden Faches geäußert werden (beispielsweise *Fischerei, Gold* oder *Tourismus*).

– „nichtfachlicher Fachsprachwortschatz" bezeichnet den Allgemeinwortschatz, der auch in Fachtexten benutzt wird; dazu gehören alle Funktionswörter (so z. B. sämtliche Artikel, Präpositionen und Funktionsverben).

Im Bereich der Grammatik ist unter anderem der Akzent auf Funktionsverbgefüge, modale Infinitivkonstruktionen, die Formbildung sowie auf die Wortbildungsmorphologie zu legen. Funktionsverbgefüge tragen zur agensabgewandten und sachbezogenen Darstellung von Sachverhalten bei. Aus dem Bereich der Formbildung ist u. a. die Häufigkeit des Präsens (für allgemeingültige Aussagen) und des *werden*-Passivs (zur unpersönlichen Darstellung von Forschungsergebnissen) in Theorietexten zu nennen. Im Bereich der Wortbildungsmorphologie seien die vielen fachsprach- und allgemeinsprachlichen Komposita hervorgehoben. In Fachtexten geht es u. a. um die Makro- und Mikrostrukturen verschiedener Fachtextsorten, unterschiedliche Ausprägungen des semantischen und grammatischen Textzusammenhangs (Kohärenz und Kohäsion) sowie das Verhältnis kontinuierlicher und diskontinuierlicher Texte (wie Fließtexte und Tabellen), sprachlicher und nicht-sprachlicher Textbestandteile (wie Bilder, Graphiken und Tabellen). Eine Beurteilung nach den von de Beaugrande und Dressler 1981 entwickelten Textualitätskriterien (d. h. Kohäsion, Kohärenz, Intentionalität, Akzeptabilität, Informativität, Situationalität, Intertextualität) erscheint insbesondere im fachkommunikativen Kontext sinnvoll.

b) Schreib- bzw. produktionsorientierte Ansätze sollten in der Didaktik des Wirtschaftsdeutschen als Fremdsprache stärker berücksichtigt werden.

Fachtexte bilden die Arbeitsgrundlage fachfremdsprachlichen Unterrichts (vgl. Beier / Möhn 1981). Eine Didaktik des Wirtschaftsdeutschen strebt insbesondere den Erwerb einer Fachtextkompetenz an (also einer individuellen Fähigkeit, Fachtexte lesen und schreiben zu können; Portmann-Tselikas 2002) – Im Rahmen schreib- bzw. produktionsorientierter Ansätze ist ein besonderes Augenmerk auf die sog. interkulturelle Kommunikation zu richten. Gerade im Falle des Wirtschaftsdeutschen als Fremdsprache im westafrikanischen, islamisch geprägten, frankophilen Senegal bestehen gegenüber dem deutschsprachigen Raum zahlreiche kulturelle Unterschiede, die auch die Fachkommunikation mitbestimmen und die es daher zu berücksichtigen gilt. Eine systematische Zusammenstellung von verbalen und nonverbalen Kulturdifferenzen liegt bislang nicht vor; ein wichtiger Aspekt wäre die stark ausgeprägte orale Tradition des afrikanischen und des islamischen Raums.

c) Die Integration erwachsenendidaktischer Aspekte in die Didaktik des Wirtschaftsdeutschen als Fremdsprache im Senegal erscheint sinnvoll.

In der universitären Deutschausbildung im Senegal finden sich insbesondere (junge) Erwachsene als Lernende. Aus diesem Grunde muss sich die Wirtschaftsdeutschdidaktik im Senegal an den Erfordernissen dieser Gruppe orientieren

und erwachsenendidaktische Prinzipien (vgl. etwa Neueler [2]2005) stärker integrieren, als dies bisher der Fall ist. Das gilt unter anderem für die Rahmung der
intendierten Sprachverwendung oder die Methodenwahl des Unterrichts. Eine
wichtige Rolle könnten ein dialogisches Beziehungsmodell zwischen Lehrenden
und Lernenden sowie das eigenständige Lernen (auch mit Unterstützung durch
Print- und digitale Lehr- und Lernmaterialien spielen; vgl. die Bibliographie von
Kühn/Mielke 2006). Diese zwei Anforderung setzen indessen eine Lehr- und
Lernkultur voraus, die im Senegal vielfach noch fremd erscheint, sodass ihre
Etablierung Probleme erwarten lässt.

d) Die Qualifikation von Lehrenden für Wirtschaftsdeutsch als Fremdsprache
   sollte eine deutliche Verbesserung erfahren.

Die Grundausbildung an der Universität für viele Lehrkräfte, die im Senegal
Kurse in Wirtschaftsdeutsch abhalten, ist mehr literaturwissenschaftlich/litera-
turdidaktisch und weniger sprachwissenschaftlich/sprachdidaktisch geprägt
(vgl. Diop 2000; Diop, G 1; Gueye 2004). Sie geht an den Bedürfnissen der künftigen Lehrpersonen für Fachfremdsprachen vorbei. Nötige grundlegende Kompetenzen wären:

– Beherrschung der französischen und deutschen Allgemein- und Wirtschafts-
  fachsprache,

– Grundkenntnisse der Volks- und Betriebwirtschaftslehre sowie der Wirt-
  schaftssysteme im Senegal, im deutschsprachigen Raum und in der Europäischen Union (einschließlich der Kompetenz, sich fehlende Spezialkenntnisse
  – etwa im juristischen oder politischen Bereich – anzueignen);

– sprachdidaktische und pädagogische Fähigkeiten, die sowohl inhaltliche als
  auch methodische Gesichtspunkte umfassen (vgl. Buhlmann/Fearns [6]2000
  sowie Roelcke, F 7).

4 Fazit

Die gesellschaftliche und wirtschaftliche Situation des Senegals als eines wichtigen Entwicklungs- bzw. Schwellenlandes im frankophonen Afrika wurde als Beispiel für Schwellenländer dargestellt und lässt eine weitere Entwicklung der
Fremdsprachendidaktik im Bereich des Wirtschaftsdeutschen von besonderem
Interesse erscheinen. Angesichts der fremdsprachendidaktischen Situation wurden vier Ansatzpunkte zur Verbesserung vorgeschlagen. Die Durchsetzung dieser Ansätze innerhalb der Didaktik des Wirtschaftsdeutschen im Senegal stellt
eine Herausforderung dar, die mit Optimismus anzunehmen ist und hoffentlich
bald zu guten Resultaten führt.

Literatur

Beier, Rudolf / Möhn, Dieter: Vorüberlegungen zu einem „Hamburger Gutachten". In: Fachsprache 3 (1981) Heft 1, 112–150

Buhlmann, Rosemarie / Fearns, Anneliese: Handbuch des Fachsprachenunterrichts. Unter besonderer Berücksichtigung naturwissenschaftlich-technischer Fachsprachen. Tübingen: Narr ⁶2000 (Narr Studienbücher)

de Beaugrande, Robert-Alain / Dressler, Wolfgang U.: Einführung in die Textlinguistik. Tübingen: Niemeyer 1981 (Konzepte der Sprach- und Literaturwissenschaft 28)

Diop, El Hadji Ibrahima: Das Selbstverständnis von Germanistikstudium und Deutschunterricht im frankophonen Afrika: Vom kolonialen Unterrichtsfach zu eigenständigen Deutschstudien und praxisbezogenem Lernen. Frankfurt / Main: Lang 2000

Gueye, Ousmane: Fachdeutsch als Fremdsprache – Wirtschaftsbereich. Ein didaktisch-methodisches Konzept, dargestellt am Beispiel Senegal. Dissertation Pädagogische Hochschule Freiburg im Breisgau 2004

Hundt, Markus: Neuere institutionelle und wissenschaftliche Wirtschaftssprachen. In: Hoffmann, Lothar / Kalverkämper, Hartwig / Wiegand, Herbert Ernst (Hrsg.): Fachsprachen / Languages for Special Purposes. Ein internationales Handbuch zur Fachsprachenforschung und Terminologiewissenschaft / An International Handbook of Special-Language and Terminology Research. 1. Halbbd. / Vol. 1. Berlin / New York: de Gruyter 1998 (Handbücher zur Sprach- und Kommunikationswissenschaft 14.1), 1296–1304

Kühn, Günter / Mielke, Tomas M. (Hrsg.): Deutsch für Ausländer in der Arbeits- und Berufswelt. Eine Bibliographie berufsbezogener Lehr- und Lernmaterialien – Print- und digitale Materialien – mit Kommentierungen. Bielefeld: Bertelsmann 2006

Le Soleil. Quotidien sénégalais d'informations générales. Dakar, Senegal vom 1.2.2008. [http://www.lesoleil.sn/] (zuletzt am 1.3.2013)

Möhn, Dieter / Pelka, Roland: Fachsprachen. Eine Einführung. Tübingen: Niemeyer 1984 (Germanistische Arbeitshefte 30)

Neueler, Erhard: Didaktik der Erwachsenenbildung / Weiterbildung als offenes Projekt. In: Tippelt, Rudolf: Handbuch Erwachsenenbildung / Weiterbildung. Wiesbaden: Verlag für Sozialwissenschaften, ²2005, 677–690

Portmann-Tselikas, Paul: Textkompetenz. Neue Perspektiven auf das Lernen und Lehren. Innsbruck: Studienverlag, 2002

Roelcke, Thorsten: Fachsprache und Fachkommunikation. In: Der Deutschunterricht 54 (2002) Heft 5, 9–20

Roelcke, Thorsten: Fachsprachen. Berlin: Schmidt, ³2010 (Grundlagen der Germanistik 37)

Satzger, Axel: Unternehmenskommunikation als Gegenstand der Angewandten Linguistik. In: Fachsprache. International Journal of LSP 27 (2005) Heft 1–2, 82–98

Zhao, Jin: Wirtschaftsdeutsch als Fremdsprache. Ein didaktisches Modell – dargestellt am Beispiel der chinesischen Germanistik-Studiengänge. Tübingen: Narr 2002 (Forum für Fachsprachen-Forschung 59)

MARIA MONTEIRO

G 3 Deutsch als Fremdsprache in Lateinamerika am Beispiel Brasiliens

1 Einleitung

Ein Gesamtbild des Unterrichts Deutsch als Fremdsprache in „Lateinamerika" als Weltregion wäre wegen der unterschiedlichen Bedingungen und Akzentsetzungen in den einzelnen Ländern durch unzulässige Verallgemeinerungen und willkürliche Schwerpunktsetzungen verzerrt. Daher erscheint es als angemessen, die Region durch ein Land wie Brasilien vertreten zu lassen – nach dem Jahresbericht 2008 des Deutschen Akademischen Austauschdiensts (DAAD) das wichtigste Partnerland in der Region. Die Programmstruktur reicht hier von mehrjährigen Projekten der Zusammenarbeit in Lehre und Forschung bis hin zu Individualstipendien (insgesamt haben 1544 Deutsche und Brasilianer 2008 an den Förderungsprogrammen teilgenommen) – allerdings beziehen sich die Zahlen sowohl auf Studenten und Wissenschaftler aller Fachrichtungen als auch Administratoren im akademischen Bereich (DAAD 2008, 173 ff.).

Doch auch für Brasilien allein bleibt das Bild des DaF-Angebotes facettenreich: Während im Süden ab 1818 deutsche Kolonien gegründet wurden, die deutsche Sprache Schulfach war und noch ist, und im Südwesten die deutsche Industrie eine bedeutende Rolle spielt (laut der Deutschen Auslandshandelskammer ist São Paulo die Stadt mit der größten Anzahl deutscher Unternehmen auf der Welt, AHK 2013), ist in anderen brasilianischen Bundesstaaten die deutsche Präsenz wenig oder kaum zu spüren. Daher ist unbedingt zu unterscheiden, in welcher Region der DaF-Unterricht stattfindet (Oliveira 2002, 109). Auch die Interessen der unterschiedlichen Lernergruppen in den jeweiligen Regionen sollten berücksichtigt werden – das Stichwort „lernerzentriert" wird nicht ohne Grund seit fast 30 Jahren immer wieder genannt (zu den Interessen von unterschiedlichen Lernergruppen in Brasilien vgl. Monteiro 1990; 2004; 2011. Zu der Diskrepanz zwischen angebotenem Deutschunterricht und die Berücksichtigung von Lernerinteressen vgl. u. a. Steinmüller 2001, 76). Einige Aspekte der Entwicklung des Faches Deutsch als Fremdsprache in Brasilien sollen hier skizziert werden, wobei näher auf den DaF-Unterricht in Rio de Janeiro eingegangen wird, insbesondere an der Bundesuniversität Rio de Janeiro (UFRJ).

2 Deutschlernen in Brasilien

Mehr als 70.000 Menschen lernen in Brasilien die deutsche Sprache (Carneiro 2009). Die Zahl hat sich in den letzten zehn Jahren verdoppelt, und somit zeigt sich in Brasilien, im Gegensatz zu anderen Ländern, ein deutlicher Zuwachs des Interesses für die deutsche Sprache. Hier wird Deutsch in der Schule, in Sprachkursen und an der Universität gelernt.

2.1 Deutsch in der Schule

In den öffentlichen Schulen in Brasilien hat sich die Zahl der obligatorischen fremdsprachlichen Unterrichtsstunden im Rahmen diverser Bildungsreformen verändert. In den meisten Bundesstaaten ist Deutsch keine Schulsprache (mit seltenen Ausnahmen, wie sie z. B. eine einzige öffentliche Schule in der Stadt Rio de Janeiro darstellt). Im Süden Brasiliens ist Deutsch noch stark, ebenso in einigen deutschen Privatschulen in São Paulo und Rio de Janeiro: Sogenannte Begegnungsschulen führen zum deutschen Abitur und werden von der Zentralstelle für das Auslandsschulwesen unterstützt; außerdem wird in Sprachdiplomschulen DaF unterrichtet. Die von der Zentralstelle für das Auslandsschulwesen (ZfA) geförderten Schulen bekommen in Brasilien 7,5 Millionen Euro jährlich (das ist die gleiche Summe, die in den USA investiert wird), womit Brasilien an erster Stelle in Lateinamerika rangiert (Carneiro 2009).

2.2 Deutsch in Sprachkursen

In Brasilien haben Sprachkurse Hochkonjunktur, hauptsächlich in Hinblick auf eine bessere Vorbereitung für den Arbeitsmarkt. Englisch ist dabei die am meisten gelernte Sprache, doch Deutsch wird in den meisten Sprachschulen angeboten und kämpft mit Spanisch um den zweiten Rang. Die führende Rolle unter den Sprachschulen spielt natürlich das von Deutschland geförderte Goethe-Institut, das für Brasilien circa 40 % der 10 Millionen Euro reserviert, die in Lateinamerika jährlich investiert werden (Carneiro 2009).

Das Goethe-Institut in Rio de Janeiro arbeitet in enger Verbindung mit dem Brasilianischen Deutschlehrerverband, bietet Sprachkurse und die entsprechenden Prüfungen, Informationen und Lehrmaterialien an, so dass es eine sehr wichtige Anlaufstelle für Deutschlehrer – besonders Schullehrer – ist.

2.3 Deutsch an der Universität

Unterschiedliche Zielsetzungen in den Curricula erlauben in Brasilien eine sehr große Vielfalt an universitären Ausbildungsformen, die meistens mit einem Studiengang Deutsch als Fremdsprache nicht viel gemeinsam haben. Privilegiert werden sprach-, literatur- und übersetzungswissenschaftliche Akzente (dazu mehr in Lauterbach 1996; Nomura 2001 und Oliveira 2002; Zur Bedeutung von „Germanistik" in Lateinamerika vgl. Galle 2006, 256). Viele Universitäten bieten DaF lediglich als Wahlangebot bei anderen Studienrichtungen an (wie die Universidade de Campinas, vgl. Oliveira 2002). Allen ist gemeinsam, dass die Studenten zunächst einmal DaF-Unterricht erteilt bekommen müssen.

An der Bundesuniversität Rio de Janeiro (UFRJ), der größten Bundesuniversität Brasiliens, ist es nicht anders. Von den zurzeit ca. 150 angemeldeten Studenten hatten maximal 10 % bereits Deutschkenntnisse in einer der deutschen Schulen auf unterschiedlichen Niveaus erworben. Im letzten Jahrzehnt haben viele die Möglichkeit wahrgenommen, in den freien Sprachkursen der Universität vor dem Studium Deutsch zu lernen. Alle anderen waren Nullanfänger. Im Laufe der 8-semestrigen Sprachausbildung (mit den Lehrwerken *eurolingua Deutsch* bis zum 5. und *Mittelpunkt* für die Mittelstufe vom 6. bis zum 8. Semester) sind die Fortschritte sehr unterschiedlich. Ein erfolgreicher Lerner, der alle Angebote und Möglichkeiten wahrnimmt, kann am Ende des Studiums in die Mittel- oder Oberstufe (B2 bis C1) eingestuft werden.

Außerdem wächst seit etwa zehn Jahren das Angebot an freien Sprachkursen an den verschiedenen Universitäten. An der UFRJ sind es die *Cursos de Língua Abertos à Comunidade (CLAC)*, in denen zur Zeit ca. 500 Lerner aus allen möglichen Alters- und Berufsgruppen DaF-Unterricht erteilt bekommen. Die Kurse werden von Studierenden ab dem 4. Semester unter Leitung der Professoren der jeweiligen Sprachen erteilt und sind im Laufe der Jahre ein wichtiger Faktor für die Verbesserung der Qualität der Ausbildung der künftigen Lehrer geworden.

3 Die Ausbildung der DaF-Lehrer

Eine Aus- und Weiterbildung von DaF-Lehrern gibt es m. W. in Brasilien nur in Ansätzen. Von brasilianischer Seite wird eher eine „germanistische" Ausbildung mit den Schwerpunkten deutsche Sprachwissenschaft, deutsche Literaturwissenschaft und Übersetzungswissenschaft bevorzugt; von deutscher Seite wird der Deutschunterricht in den Schulen am stärksten unterstützt. An der einzigen Universität Brasiliens mit Postgraduierten-Studiengängen in Verbindung mit Deutsch (Universidade de São Paulo – USP) ist die Deutschabteilung eher „zuständig für die Ausbildung von Sprach- und Literaturforschern als für die eigentliche Ausbildung von DaF-Lehrern" (Nomura 2001, 105). Der Forscher im DaF-Bereich an der Universität muss große Hürden nehmen, da das Arbeitsgebiet bei der Verteilung von Forschungsgeldern nicht zur Kenntnis genommen wird: „Man sitzt in Brasilien sozusagen zwischen zwei Stühlen: Deutschlehrer und Universitätsdozent" (Heise / Aron 2002, 53). In den nächsten Jahren sind jedoch Veränderungen in dieser Hinsicht zu erwarten, da die sprachdidaktische und -methodische Ausbildung allmählich von den Sprachfakultäten übernommen werden – eine Aufgabe, die bis vor ca. fünf Jahren ausschließlich von den Erziehungsfakultäten bewältigt wurde. An der UFRJ erhalten die Studenten eine Doppelqualifikation als Portugiesisch- und Fremdsprachenlehrer. Da die Studierenden meistens ohne Deutschkenntnisse aufgenommen werden (die Fremdsprache in der Aufnahmeprüfung der Universitäten ist Englisch), müssen sie sich darum bemühen, während der 8-semestrigen Sprachausbildung andere Gelegenheiten zum Aufbau und zur Verbesserung ihrer Sprachkenntnisse zu nutzen.

Viele Studenten besuchen Sprachkurse beim Goethe-Institut (das einen Rabatt für bestimmte Studenten anbietet). Sie haben dort den Vorteil, dass andere Lehrmaterialien benutzt werden. Dort können sie auch die üblichen Sprachprüfungen ablegen. Diese Kurse basieren auf den Niveaustufen des Gemeinsamen Europäischen Referenzrahmens für Sprachen (GER). Allerdings ist es m. E. fraglich, ob solche Prüfungen für brasilianische Lerner nahtlos übernommen werden können oder ob es nicht vielmehr sinnvoll wäre, Prüfungen zu entwerfen, die nicht unbedingt einen künftigen Aufenthalt in Europa anstreben. Die aktuellen Prüfungen wurden innerhalb eines Konzepts festgesetzt, das „eine gemeinsame Basis für die Entwicklung von zielsprachlichen Lehrplänen, curricularen Richtlinien, Prüfungen und Lehrwerken in ganz Europa" bieten will (Europarat 2001, 14). Loo (2008, 171 ff.) stellt die Frage nach der „Kommerzialisierung der Prüfungen" (vgl. Bisle-Müller, F08), wobei kein Zweifel daran bestehe, „dass der Referenzrahmen nicht nur, aber gerade in Bezug auf die Testerstellung ergänzt und überarbeitet werden muss".

Von den Gruppen der Erst- und Zweitsemester-Studenten wird ein 2-semestriges Praktikum für die deutsche Sprache (an Schulen oder in Sprachkursen) absolviert, (insgesamt 100 Stunden, die sie gleichzeitig mit dem 200-stündigen Portugiesisch-Praktikum belegen). Dazu kommt noch die Gelegenheit, ab dem 4. Semester in den CLAC-Kursen unter Betreuung von Professoren zu unterrichten. Die Noten innerhalb der Deutschlehrerausbildung sind Teil des in der Universität etablierten Notensystems, das am Ende des Studiengangs die Gesamtnote aller Teilprüfungen jedes Semesters zusammenrechnet.

4 Abschließende Bemerkungen

Trotz der intensiven Zusammenarbeit mit dem DAAD auf akademischer Ebene (sowohl für administratives als auch für wissenschaftliches Personal aller Fachrichtungen, Lektoren und Sprachassistenten inklusive) und der massiven Unterstützung der Auslandsschulen und Goethe-Institute bleibt immer noch eine Lücke im Bereich Deutsch als Fremdsprache als akademisches Fach, d. h. in Lehre und Forschung, die geschlossen werden müsste (vgl. dazu Monteiro 2011). Einige Initiativen bilden hier eher die Ausnahme, z. B. die Fernstudiengänge DaF der Weiterbildung und ein bilateraler Masterstudiengang Deutsch als

Fremdsprache (ab 2010, Universidade Federal do Paraná und Herder Institut/ Universität Leipzig). Neben der Intensivierung der Aus- und Weiterbildung im DaF-Bereich sind die Unterstützung bei der Beschaffung von neuerer Literatur aus dem Fachgebiet und die Möglichkeit von Studienaufenthalten in Deutschland ein Desiderat (vgl. Monteiro 1989, 472 ff.).

Literatur

Auslandshandelskammer (AHK)
   [http://www.ahkbrasil.com/departamentos/camara_ sp.asp] (12.01.2013)
Carneiro, Júlia Dias: „Interesse pela língua alemã no Brasil mais que dobra em uma década" [http://www.dw-world.de/dw/article/0,,4544538,00.html] (12.01.2013)
DAAD: Germanistentreffen Deutschland – Argentinien, Brasilien, Chile, Kolumbien, Kuba, Mexiko, Venezuela. Dokumentation der Tagungsbeiträge. Bonn: DAAD. 2002, 213–234
DAAD: Jahresbericht 2008. Bonn: DAAD 2009
Europarat – Rat für kulturelle Zusammenarbeit: Gemeinsamer Europäischer Referenzrahmen für Sprachen: lernen, lehren, beurteilen. Berlin: Langenscheidt 2001
Galle, Helmut: Germanistik und Deutsch als Fremdsprache (DaF) in Lateinamerika. Ein kurzer Überblick. In: Schomaker, Friederike/Hollensteiner, Stephan (Hrsg.): Auf die letzte Minute – Em cima da hora. DAAD-Lektorinnen und -Lektoren über ihre Erfahrungen in Brasilien. Bonn: DAAD 2006, 256–270
Heise, Eloá/Aron, Irene: Germanistik in Brasilien: Analyse einer Krise. In: DAAD 2002, 53–67
Lauterbach, Stefan: Übersetzen und Dolmetschen in Lateinamerika. München: iudicium 1996
Loo, Angelika: Der Gemeinsame europäische Referenzrahmen für Sprachen – ein Beitrag zum Zusammenwachsen in Europa. In: Theorie und Praxis der Fremdsprachen in der akademischen Ausbildung 6 (2008) Heft 5. Ivanovo: Universität Ivanovo, 154–173
Monteiro, Maria: Überlegungen und Vorschläge für eine Fremdgermanistik (oder für fremde Germanisten?). In: Info DaF 16 (1989) Heft 4, 472–475
Monteiro, Maria: Deutsche Fachsprachen im Ausland am Beispiel Brasiliens. Heidelberg: Groos 1990
Monteiro, Maria: Fachsprachen und Deutsch für besondere Zwecke in Brasilien. In: Hess, Hans Werner (Hrsg.): Didaktische Reflektionen: „Berliner Didaktik" und Deusch als Fremdsprache heute. Tübingen: Stauffenburg 2004, 181–192
Monteiro, Maria: Interkulturelles Lernen in der Ausbildung von DaF-Lehrern in Brasilien. In: Schmenk, Barbara/Würffel, Nicola: Drei Schritte vor und manchmal auch sechs zurück. Tübingen: Narr Francke Attempto 2011, 181–189
Nomura, Masa: Deutschausbildung an der USP: ihre Rolle im Kontext des DaF-Unterrichts und in der Ausbildung von Sprachforschern. In: Cadernos de Letras 16 (2001) Heft 17, 105–110
Oliveira, Paulo: Lokale Antworten auf globale Fragen. In: DAAD 2002, 107–129
Steinmüller, Ulrich: Der kommunikative Ansatz in der Didaktik des Deutschen als Fremdsprache unter interkultureller Perspektive. In: Cadernos de Letras 16 (2001) Heft 17, 70–78

BRITTA HUFEISEN

G 4 Nordamerika

1 Zur allgemeinen Situation von Fremdsprachen und ihrem Lernen in Nordamerika

In Nordamerika war Fremdsprachenunterricht zu keiner Zeit der letzten 200 Jahre ein besonders starker Zweig schulischer oder auch universitärer Bildung. Englisch war insbesondere in den letzten 70 Jahren immer die eine überregionale Verständigungssprache, und es gab wenig Grund, andere Sprachen zu lernen, weil die Kommunikationsfähigkeit eigentlich mit Englisch immer gegeben war (alle Informationen für diesen Artikel beziehen sich auf Prokop/Basler 2004; Prokop 2009; Schmenk 2010; Ecke 2010). Sehr stark allerdings waren und sind bis heute Programme und Angebote zu so genannten „heritage languages", d. h. den Sprachen, die Einwanderer im Laufe der Jahrhunderte und Jahrzehnte mitgebracht haben. Besonders von der kanadischen Regierung wurden und werden Initiativen zur Erhaltung der Herkunftssprachen unterstützt. Bekannt sind die „Saturday Schools", die es für praktisch alle Herkunftssprachen gibt und deren Besuch für die Eltern vieler Kinder und Jugendlicher sehr wichtig ist, auch wenn selbst die Eltern bereits in Nordamerika geboren sind. Eigene Vereine und Organisationen, Zeitungen und Publikationsorgane zeugen oft bis heute von der historischen Verwurzelung der ehemaligen Einwanderer, wenngleich man zugeben muss, dass manche der gepflegten Traditionen eher folkloristisch sind.

Deutsch gehörte als Sprache großer deutschsprachiger Einwanderungsgruppen lange zu den starken „heritage languages", es gab deutschsprachige Schulen und es gibt bis heute religiös geprägte Gruppen wie Mennoniten oder Hutterer, die auch weiterhin Deutsch als Kommunikationssprache verwenden. Allerdings gehörten die deutschsprachigen Einwanderer des mittleren und späteren 20. Jahrhunderts, wie auch die skandinavischen Einwanderer, zu denjenigen, die ihre Herkunftssprache recht rasch als Familiensprache aufgaben und Englisch sprachen. So entwickelt sich Deutsch sowohl in Kanada als auch in den USA langsam von einer Herkunftssprache zu einer reinen Fremdsprache.

In den Schulcurricula, die kaum nationalen Regeln unterliegen, oft lediglich von regionalen oder kommunalen Entscheidungsträgern zu verantworten sind, findet sich in Kanada in der Regel die jeweils zweite offizielle Landessprache (d.h. Englisch in Quebec oder Französisch in den englischsprachigen Provinzen), ansonsten ist verpflichtendes Fremdsprachenlernen rar und allenfalls im Wahlpflichtbereich vorhanden. Dort konkurrieren fremdsprachliche Angebote mit anderen Wahlmöglichkeiten wie Informatik, Drama oder – wie es oft abschätzig

genannt wird – „basket weaving courses". Nachhaltige fremdsprachliche schulische Angebote, die es insbesondere in Kanada gibt, sind die Immersionsschulen
und die bilingualen Schulen, für die es speziell in den Provinzen Manitoba und
Alberta gute Beispiele gibt. In den USA ist eher Spanisch die klassische Immer-
sionssprache. Ingesamt haben Fremdsprachen einen niedrigen Stellenwert in der
schulischen Ausbildung, Naturwissenschaften werden als anspruchsvoller und
berufsorientierter angesehen. Folglich entscheiden sich relativ wenige junge
Leute im Anschluss an den Schulabschluss für ein Fremdsprachenstudium, um
eventuell Fremdsprachenlehrkraft zu werden. Die Tatsache, dass es wenige – vor
allem wenig ausgebildete – Fremdsprachenlehrkräfte gibt, führt dann häufiger
dazu, dass an einer Schule eben die gewünschte Fremdsprache nicht angeboten
wird, auch nicht auf Nachfrage. Hinzu kommt, dass aufgrund des späten Beginns
des Fremdsprachenlernens und der Studienstruktur die Sprachhandlungskompetenz von Lehrkräften nicht immer das nötige Niveau aufweist, um Lernende
mit Hilfe eines guten sprachlichen Vorbilds für Deutsch zu motivieren.

2 Für welche Lernerpopulation gibt es DaF-Angebote?

Deutsch kann theoretisch an Schulen (allerdings in der Regel frühestens in der
Sekundarstufe), an Colleges, an Universitäten und an *Night Schools* (vergleichbar mit Volkshochschulen) gelernt werden. Die jeweiligen Bildungsbehörden
(„school boards" auf regionaler und kommunaler Ebene) entscheiden, ob es ein
Fremdsprachenangebot an einer Institution gibt und ob darunter Deutsch ist.
Deutsch konkurriert mit anderen Sprachen wie Spanisch, Japanisch oder Chinesisch und hat den Ruf, schwierig zu sein. Als Begründung für den empfundenen
Schwierigkeitsgrad werden oft kommunikativ nicht so relevante Aspekte wie die
drei Artikel *der*, *die* und *das* angegeben. Da anderen morphologisch ebenfalls
komplexen oder distanten Sprachen dieser Vorwurf nicht gemacht wird, ist
davon auszugehen, dass auch andere Gründe wie fehlende wirtschaftliche Ver-
wertbarkeit dafür verantwortlich sind, Deutsch inzwischen sowohl in den USA
als auch in Kanada eher selten anzubieten, und es wird offenbar auch seltener
nachgefragt.

An einigen wenigen Orten gibt es Immersionsschulen bzw. bilinguale Schulen,
die keineswegs nur von SchülerInnen mit entsprechendem Migrationshintergrund gewählt werden, sondern auch von SchülerInnen aus bildungsbewussten
Familien, die sich einen ökonomischen Mehrwert dieser zweisprachigen Erziehung versprechen.

An Colleges und Universitäten muss in der Regel im Rahmen des Studium gene-
rale eine Fremdsprache über einen Zeitraum von meist einem akademischen
Jahr mit einem Umfang von je drei Stunden pro Semester gelernt werden. Auch
hier gilt, dass Deutsch mit anderen Sprachen konkurriert und oft hinter Spa-

nisch, Französisch, Russisch, Chinesisch und Japanisch einen Platz einnimmt. Nachlassende Nachfrage nach entsprechenden Sprachkursen führt in der Regel recht schnell zu einer Kürzung der Budgets der Fachgebiete, die ihrerseits zu einer Verringerung des Angebots führt. In den 1990er Jahren wurden im Rahmen solcher Kürzungsrunden ganze Germanistikabteilungen geschlossen oder mit anderen Sprachenabteilungen oder anderen geisteswissenschaftlichen Disziplinen zusammengelegt, um überhaupt noch Rudimente zu erhalten.

Wer Germanistik oder German Studies in den USA oder Kanada studiert, verbringt einen nennenswerten Anteil der Studienzeit mit dem Sprachenlernen selbst, insbesondere weil ein Germanistikstudium oft ohne Deutschkenntnisse aufgenommen werden kann; fachwissenschaftliche Inhalte finden sich oft ab dem dritten Studienjahr.

3 Was wird dadurch erreicht? Ziele

Wer ein Jahr lang eine Fremdsprache lernt und allein die eventuellen schulischen oder universitären Verpflichtungen erfüllt, kommt selten über ein Niveau von A2 des GER (vgl. Glaboniat, D1) hinaus. Viele Studierende wählen die Möglichkeit, eine Fremdsprache in der Schule zu beginnen, um dann an der Universität ihre Sprachenverpflichtung mit einer anderen Sprache abzudecken. Daher wird nicht viel Kontinuität erreicht, die zu einem höheren Niveau führen würde. Es fehlt der Ansporn, diese Fremdsprache weiter zu lernen. Durch den späten Fremdsprachenbeginn, niedrige Stundenzahlen, die ausgeprägte Strukturierung und die starke Orientierung auf Tests hin (*learning to the test*) haben die Lernenden spät die Möglichkeit zu erkennen, was man in einer Fremdsprache tun kann oder könnte. Die meisten gelangen nicht auf ein solches Niveau. Da in Kanada überdies in der Regel zuerst die jeweils zweite Amtssprache Französisch oder Englisch gewählt werden muss, wird Deutsch – wenn curricular überhaupt vorgesehen – meist als zweite Fremdsprache gewählt.

An den Germanistikabteilungen der Universitäten besteht ein Hauptteil der Arbeit darin, Deutschkurse für Studierende anzubieten, die diese Sprache als Wahlpflichtfach gewählt haben. Da auch hier Deutsch mit anderen Angeboten wie Spanisch, Französisch oder asiatischen Sprachen konkurriert, sehen sich viele Lehrkräfte dem Druck ausgesetzt, Deutsch als einfach zu lernen darzustellen und den Unterricht möglichst unterhaltsam zu organisieren. Grammatik allgemein und deutsche Grammatik im Besonderen gelten als schwierig und langweilig und werden deshalb so oft wie möglich ausgeklammert, um die wenigen Lernenden nicht abzuschrecken.

4 Didaktische und methodische Verfahrensweisen, Lehrwerke, Prüfungen

Wie dargestellt, führen kommunikative Herangehensweisen (*focus on meaning*) und die Befürchtungen, durch zu viel *focus on form* Lernende abzuschrecken, dazu, dass der Grammatikunterricht weit in den Hintergrund tritt. Zum Einsatz kommen in erster Linie eigene, d. h. in Nordamerika publizierte Lehrwerke, weil nur sie die stark strukturierten Prüfungsregeln (wöchentliche *quizzes*, *midterms* und *finals*) einbeziehen und außerdem die entsprechende geforderte *political correctness* berücksichtigen.

Engagierte VertreterInnen der Fachabteilungen an den Schulen und Universitäten, Entsandte und VertreterInnen vom Deutschen Akademischen Austauschdienst, dem Goethe-Institut und der Zentralstelle für das Auslandsschulwesen einerseits, die einschlägigen Zeitschriften (z. B. German Studies Review, German as a foreign language) andererseits und die regelmäßig stattfindenden Konferenzen der nationalen Deutschlehrervereinigungen (American Association of Teachers of German AATG; Canadian Association of University Teachers of German CAUTG) suchen mit guten Konzepten, das Deutschlernen nicht nur im Chor der Fremdsprachen attraktiver zu machen, sondern auch in seiner Stellung an den Bildungseinrichtungen insgesamt zu stärken.

Literatur

Ecke, Peter: Länderbericht USA. In: Krumm u. a. (Hrsg.) 2010, 1833–1839

Krumm, Hans-Jürgen/Fandrych, Christian/Hufeisen, Britta/Riemer, Claudia (Hrsg.): Handbuch Deutsch als Fremdsprache. Berlin: de Gruyter Mouton 2010

Prokop, Manfred: A History of the Teaching of German in Alberta. Okotoks, AB: Selbstverlag 2009

Prokop, Manfred/Bassler, Gerhard: German Language Maintenance across Canada: A Handbook. Edmonton. Selbstverlag 2004

Schmenk, Barbara: Länderbericht Kanada. In: Krumm u. a. (Hrsg.) 2010, 1833–1828

ULRICH STEINMÜLLER

G 5 Deutsche Sprache in China

1 Geschichte und gegenwärtige Entwicklungen

Der Deutschunterricht in China kann bis in die Endzeit der letzten Kaiserdynastie, der Qing-Dynastie, genauer gesagt bis in das Jahr 1871, zurückverfolgt werden. Im Bemühen um einen Anschluss an westliche Technologien, insbesondere Waffentechnologien, war die Einsicht entstanden, dass es der Fremdsprachenkenntnisse bedurfte, um diese Technologien importieren zu können. Das Deutsche Reich war hier als besonders leistungsstark erkannt und die deutsche Sprache von daher als besonders wichtig eingeschätzt worden. Die Pekinger Fremdsprachenhochschule war die erste, an der eine Deutsch-Ausbildung etabliert wurde. 1907 wurde in Shanghai die Deutsche Medizinschule gegründet, die mit der 1912 ebenfalls in Shanghai gegründeten Deutschen Ingenieurschule fusionierte und damit die Basis für die heutige Tongji-Universität in Shanghai bildete. Andere Hochschulen folgten, wobei immer stärker neben den wirtschaftlichen und technologischen Interessen auch geisteswissenschaftliche eine Rolle spielten, so dass z. B. im Jahr 1922 an der Peking-Universität der erste Germanistik-Studiengang eingerichtet wurde. Allerdings kam diese Entwicklung durch den Überfall Japans auf China und die Zusammenarbeit zwischen Hitler-Deutschland und Japan in den 1930er Jahren zunächst zu einem Ende.

Einen Neuanfang stellte nach der Gründung der Volksrepublik China (VR China) das am 9. Okt. 1951 unterschriebene Kulturabkommen mit der DDR dar. Zwischen 1949 und 1956 etablierte sich die Germanistik mit Unterstützung der DDR und des Herder-Instituts (Universität Leipzig) endgültig als Institution an vier Hochschulen: an der Fremdsprachenhochschule Peking (1949), an der Universität Nanjing (1952), an der Peking-Universität (1952) und an der Fremdsprachenhochschule Shanghai (1956). Mit der Kulturrevolution (1966–1976) kam der Hochschulbetrieb faktisch zum Erliegen. Deutschunterricht durfte lediglich an den sogenannten „Arbeiter-, Bauern- und Soldaten-Hochschulen" erteilt werden.

Die derzeitige Entwicklung des Deutschen in China nahm ihren Ausgang mit der sog. „Öffnungspolitik", die nach der Kulturrevolution von Deng Xiaoping Ende der 70er, Anfang der 80er Jahre des 20. Jahrhunderts eingeleitet wurde. Die mit dieser neuen Politik angestrebte Intensivierung des internationalen Wirtschaftsaustauschs der VR China mit Ländern der westlichen Welt führte zu einem breit angelegten Ausbau des Fremdsprachenunterrichts generell und wegen der Bemühungen um eine engere Kooperation mit der BRD zur Intensivierung des

Deutschen im Besonderen. In relativ kurzen Abständen schickte in diesen Jahren die damalige Erziehungskommission, das heutige Erziehungsministerium der VR China, insgesamt vier Delegationen von Wissenschaftlern in die BRD, um hier durch Recherchen und Gespräche mit deutschen Experten Materialien und Unterlagen für die Ausarbeitung von Curricula für verschiedene Zielgruppen von Deutschlernern in China zu erarbeiten.

Gleichzeitig wurden von deutscher Seite die Aktivitäten der Mittlerorganisationen, insbesondere des DAAD, zur Unterstützung der Deutschausbildung an chinesischen Universitäten verstärkt; zahlreiche Lektorate wurden eingerichtet und bis heute weiter ausgebaut. So finden sich von den insgesamt 472 Lektoraten des DAAD in 102 Ländern weltweit 72 im asiatisch-pazifischen Raum mit der großen Mehrzahl davon (knapp 30) in China. Auch das Goethe-Institut ist mit einer Dependance in Peking vertreten. Zahlreiche andere Institutionen und Stiftungen sind ebenfalls in China aktiv und verbreiten dort die deutsche Sprache. Hierbei sind vor allem auch Universitäten und Hochschulen auf deutschem Sprachgebiet zu nennen, die im Rahmen ihrer Kooperationen mit chinesischen Hochschulen die dortige Deutsch-Ausbildung unterstützen.

2 Zielgruppen und Curricula

Deutschunterricht wird in China von staatlichen Einrichtungen zum größten Teil an Universitäten und Hochschulen angeboten. Dabei ist eine starke Ausweitung des Angebots vor allem in den letzten Jahren zu beobachten. Während im Jahr 1997 Deutsch als Hauptfach bzw. Germanistik an 25 Universitäten vertreten war, sind es im Jahr 2009 bereits 80 Universitäten, und ca. 100 Hochschulen insgesamt bieten Deutschunterricht in einer der verschiedenen in China praktizierten Formen an (Wang 2011, 33 f.) Zwar gibt es auch einige, den deutschen Schulen im Sekundarbereich entsprechende Mittelschulen, an denen die deutsche Sprache unterrichtet wird, ihre Zahl ist allerdings mit Bezug zu den ca. 1,3 Milliarden Einwohnern Chinas verschwindend gering. Trotzdem sind sie nicht ohne Bedeutung, da gerade sie durch Schulpartnerschaften mit deutschen Schulen einen wichtigen Beitrag zur Kooperation zwischen beiden Ländern und zur Festigung der Stellung der deutschen Sprache in China leisten. Außerdem ist in den letzten 10 bis 15 Jahren die Gründung von zahlreichen privaten Sprachschulen zu beobachten, in denen mit unterschiedlicher Professionalität auch Deutsch unterrichtet wird.

Im Jahr 1992 wurde vom Erziehungsministerium in Peking das „Staatliche Anleitungskomitee für die Vermittlung von Fremdsprachenkenntnissen in China" eingerichtet, dessen Aufgabe darin besteht, Richtlinien für die Reform der Fremdsprachenausbildung zu erarbeiten und die Weiterentwicklung der Curricula wie auch ihre Umsetzung, speziell im akademischen Bereich, sowie die Entwicklung

und Erprobung von Lehrmaterialien für den Fremdsprachenunterricht zu initiieren und zu begleiten. Dieses Komitee besteht aus acht Gruppen, wobei sich diejenige für die deutsche Sprache aus zehn namhaften Professoren für Deutsch von
verschiedenen Universitäten und Hochschulen zusammensetzt. Ihr Einfluss auf
die Gestaltung und Entwicklung des Deutschunterrichts ist beachtlich, wenn
auch nicht immer unumstritten.

Für den akademischen Deutschunterricht, von seinem Umfang her trotz des speziell in den Großstädten florierenden Markts an privaten Sprachschulen das
wichtigste Segment des Deutschunterrichts in China, wurden fünf landesweit
gültige Curricula für die wichtigsten, klar unterscheidbaren Zielgruppen erstellt
(vgl. Yu 2004, 91). Die Nummerierung dieser Curricula entspricht der zeitlichen
Abfolge der Entstehung ihrer Probefassungen.

– C1-Curriculum: Deutsch als Fremdsprache für Intensivkurse zur Vorbereitung auf ein Studium bzw. eine Fortbildung in deutschsprachigen Ländern.
  Zielgruppe der Intensivkurse sind vor allem Studierende, Postgraduierte und
  Wissenschaftler, die sich auf ein Studium oder eine Fortbildung in den deutschsprachigen Ländern vorbereiten. Ziel ist die Vermittlung der Kommunikationsfähigkeit sowie landeskundliche Kenntnisse. Die Dauer der Intensivkurse
  beträgt zwei Semester mit je 24 Wochenstunden, insgesamt ca. 960 Stunden.

– C2-/C3-Curriculum: Rahmenpläne für das vierjährige Grund- und Hauptstu-
  dium im Fach Deutsch/Germanistik an Hochschulen und Universitäten in
  China, wobei die beiden ersten Studienjahre ausschließlich der Sprachvermittlung mit 14 bis 16 Stunden wöchentlich gewidmet sind, während in den
  zwei Jahren des Hauptstudiums mit einem wöchentlichen Stundenumfang von
  7 bis 15 Stunden dann auch germanistische Inhalte behandelt werden. Hier ist
  den einzelnen Universitäten die Möglichkeit gegeben, durch eigene Schwerpunktsetzungen ein eigenständiges Profil zu entwickeln und die Absolventen
  beruflich auf den Arbeitsmarkt vorzubereiten.

– C4-Curriculum: Deutsch als Nebenfach (= erste Fremdsprache) an Hochschulen und Universitäten in der VR China. Für chinesische Studierende ist es
  obligatorisch, unabhängig von dem eigentlichen Studienfach zwei Fremdsprachen zu erlernen. Hier ist üblicherweise Englisch die erste Wahl, aber auch
  Deutsch kann gewählt werden. Deutsch als Nebenfach ist ebenfalls in zwei
  Phasen gegliedert, wobei die beiden ersten Studienjahre im Umfang von
  wöchentlich 4 und einem Gesamtumfang von 240 bis 280 Stunden der Vermittlung sprachlicher Grundkenntnisse dienen und die zweite Studienphase mit
  wöchentlich 2 und einem Gesamtumfang von 100 bis 120 Stunden vor allem
  das Lesen von Fachtexten als Ziel hat.

– C5-Curriculum: Deutsch als zweite Fremdsprache an Hochschulen und Universitäten in der VR China. Dieser Ausbildungsgang ist der für Deutsch an
  chinesischen Hochschulen am häufigsten angebotene mit der größten Teil-

nehmerzahl im Vergleich mit anderen Deutschstudiengängen. Für die große Mehrzahl der Studierenden dieses Fachs ist dies die obligatorische ungeliebte zweite Fremdsprache, die mit einem Stundenumfang von wöchentlich 4 und einem Gesamtumfang von 120 bis 140 Stunden in einem Studienjahr sprachliche Grundkenntnisse als Voraussetzung für ein eigenes Weiterlernen des Deutschen und die Entwicklung einer gewissen Lesefähigkeit vermitteln soll, von den Studierenden aber sehr oft nur wegen der hier zu erwerbenden Kreditpunkte besucht wird. Der Lernerfolg ist entsprechend.

3 Lehrwerke

Neben den staatlich verordneten Curricula für die verschiedenen Zielgruppen und Ausbildungsgänge stellen die Lehrwerke im chinesischen Fremdsprachenunterricht nach dem traditionellen Selbstverständnis der Lehrer, das sich erst langsam, inzwischen aber doch erkennbar zu verändern beginnt, die wichtigste Orientierungsgröße dar. In Verbindung mit den Curricula entheben sie nach diesem Selbstverständnis den Lehrer der Notwendigkeit fast aller didaktischen und inhaltlichen Entscheidungen. Dies konnte in einem Fall sogar so weit gehen, dass ein Studiengang, der als Reformmodell entwickelt wurde, in Struktur und Zielsetzungen verändert wurde, um mit einem bestimmten Lehrwerk kompatibel zu sein. In der ersten Phase des Deutschunterrichts nach 1949 herrschten zunächst solche Lehrwerke vor, die von chinesischen Autoren mit Beratung von DDR-Experten erstellt wurden und die vornehmlich der sowjetischen Didaktik und Methodik und der sozialistischen Ideologie verpflichtet waren. Die wenigen Lehrwerke, die in der Zeit der Kulturrevolution entstanden, sind dadurch gekennzeichnet, dass die deutsche Sprache möglichst inhaltsleer und ohne ein konkretes Bild der deutschsprachigen Länder vermittelt wurde. Die Methodik orientierte sich trotz des inzwischen erfolgten ideologischen Bruchs nach wie vor an sowjetischen Mustern. Mit der Öffnungspolitik und der Neubewertung des Deutschunterrichts wurden dann Lehrwerke deutscher Verlage importiert, die mit dem Anspruch auf globale Verwendbarkeit warben. Schrittweise wurden dann Lehrwerke entwickelt, zunächst von deutschen Experten unter Mitwirkung chinesischer Fachleute, dann von chinesischen Expertenteams mit deutschen Beratern, die den Versuch unternahmen, durch Themenauswahl und eine Hinwendung zum kommunikativen Ansatz den anspruchsvollen Zielen der neuen Curricula zu genügen. Kennzeichen dieser Lehrwerke ist aber oft, dass sie trotz moderner landeskundlicher Inhalte methodisch veraltet sind. Erst in jüngster Zeit beginnen verschiedene Teams von chinesischen Lehrwerksautoren sich von der Beherrschung des Unterrichts durch das Lehrwerk zu lösen und solche Lehrwerke zu entwickeln, die dem Lehrer zumindest teilweise seine pädagogisch-didaktische Verantwortung zurückgeben und eine Lernerorientierung ermöglichen, z. B. durch die Möglichkeit, Zusatzmaterialien und moderne Medien in den Unterricht zu integrieren. Inzwischen boomt der Lehrwerksmarkt in China, und fast jede Universität mit einer Deutschabteilung bemüht sich, mit einem eigenen Lehrwerk ein Segment dieses Marktes zu erobern (vgl. Wang 2007).

4 Berufliche Perspektiven der Deutschlerner

Generell kann festgehalten werden, dass in China der Deutschunterricht, wie der Fremdsprachenunterricht überhaupt, unter dem „Primat des Nützlichen" (Xu 2002) steht, also von seinen Inhalten und den zu vermittelnden Kompetenzen her einer starken Zweckorientierung unterliegt. Diese Orientierung war bereits an seinen Anfängen zu erkennen und wird nun im Zeitalter der Globalisierung noch stärker betont (Liu 2006, 74 ff., Steinmetz 2000). Das gilt zwar insbesondere für den studienbegleitenden Deutschunterricht in seinen verschiedenen Formen („Deutsch als Anwendungsfach", vgl. Zhu 2007, 141 ff.). Aber auch für das Selbstverständnis der chinesischen Germanistik als einer traditionellen Philologie stellt diese Orientierung eine starke Herausforderung dar, die zu intensiven Diskussionen über die Positionierung der Germanistik in China geführt hat.

Trotz dieser Anwendungsorientierung und der Ausweitung der Unterrichtsgegenstände in der Deutsch-Ausbildung ist allerdings zu beobachten, dass Deutschkenntnisse auf dem Arbeitsmarkt für die Absolventen nicht unbedingt ein Wettbewerbsvorteil sind. Die weltweit zu beobachtende Tendenz, dass auch in deutschen Firmen, die international agieren, sich mehr und mehr Englisch als das innerbetriebliche Kommunikationsmedium durchsetzt, ist auch in China zu beobachten, allerdings mit interessanten Besonderheiten, wie eine Untersuchung zeigt, die im Großraum Shanghai durchgeführt wurde (Zhao 2002). Demzufolge ist die Größe des Unternehmens ausschlaggebend für die Wahl der Betriebssprache. Während die „Global Player" fast durchweg die englische Sprache wählen, ist bei deutschen kleinen und mittelständischen Firmen zu beobachten, dass sie bei Deutsch als Betriebssprache bleiben und daher von ihren Mitarbeitern angemessene Deutschkenntnisse erwarten. Darüber hinaus ist durch die starke Verbreitung des Englischen bei chinesischen Hochschulabsolventen die Beherrschung dieser Sprache kein ausschlaggebendes Qualifikationsmerkmal mehr, wohl aber die Beherrschung einer weiteren Fremdsprache, insbesondere, wenn sie mit fundierten landeskundlichen Kenntnissen und interkulturellen Kompetenzen verbunden ist. Die Etablierung von Studiengängen unter dem Stichwort „Deutschlandstudien", wie z. B. an der Zhejiang Universität in Hangzhou, ist eine Folge dieser Entwicklung, wie auch die Kombination von Deutsch mit wirtschaftswissenschaftlichen Themen und Inhalten an anderen Universitäten in China.

5 Forschung

Als eine Konsequenz aus den Diskussionen über Stellung, Inhalte und Bedeutung der Germanistik in China ist in jüngerer Zeit eine verstärkte Forschungstätigkeit im Bereich Deutsch als Fremdsprache zu beobachten. Zentren hierfür sind insbesondere Universitäten in Peking (Beijing University, Beijing Foreign Studies University), in Shanghai (Tongji University, Fudan University), in Qingdao (Qingdao University) und in Hangzhou (Zhejiang University). Thematisch stehen dabei vor allem Didaktik, Fachsprachenvermittlung, interkulturelle Kommunikation und der Einsatz elektronischer Medien im DaF-Unterricht im Vordergrund. Einen guten Überblick über die aktuelle Forschung vermitteln drei kürzlich erschienene Sammelbände (Fan/Li 2009, Japp/Jiang 2012, Steinmüller/Su 2012) sowie einige einschlägige Fachzeitschriften wie z. B. „Fremdsprachenlehre und –forschung" (wai yu jiao xue yan jiu) der Pekinger Fremdsprachenuniversität, „Fremdsprachen" (wai guo yu) der Fremdsprachenhochschule in Shanghai oder „Moderne Fremdsprachen" (xian dai wai yu) der Hochschule für Fremdsprachen und Außenhandel in Guangzhou.

Literatur

Ammon, Ulrich/Reinbothe, Roswitha/Zhu, Jianhua (Hrsg.): Die deutsche Sprache in China. Geschichte, Gegenwart und Zukunftsperspektiven. München: Iudicium 2007

Fan, Jieping/Li, Yuan (Hrsg.): Deutsch als Fremdsprache aus internationaler Perspektive. Neuere Trends und Tendenzen. München: Iudicium 2009

Göbel, Constanze / Katsaounis, Nikolaos / Merkelbach, Chris /Theuerkauf, Judith / Yang, Jianpei (Hrsg.): DaF-Didaktik aus internationaler Perspektive. Frankfurt/M./London: IKO-Verlag für Interkulturelle Kommunikation 2007

Japp, Uwe/Jiang, Aihong(Hrsg.): China in der deutschen Literatur 1827–1988. Frankfurt/Main: Lang 2012

Liu, Fang: Entwicklung synergetischer Handlungskompetenz. Ein didaktisches Modell zum Wirtschaftsdeutsch in China. München: Iudicium 2006

Liu, Fang: Leitziel chinesischer Germanistikausbildung im Zeitalter der Globalisierung. In: Interkulturell und Global (2008) Heft 3/4, 54–61

Steinmetz, Maria: Fachkommunikation und DaF-Unterricht. Vernetzung von Fachunterricht und Sprachausbildung am Beispiel eines Modellstudiengangs in China. München: Iudicium 2000

Steinmüller, Ulrich/Su, Fu (Hrsg.): Chinesisch-deutsche Kulturbeziehungen. Frankfurt/Main: Lang 2012

Wang, Zhongxin: Entwicklung des Deutschunterrichts und der DaF-Lehrwerksanalyse in China. In: Göbel u. a. (Hrsg.) 2007, 5–57

Wang, Zhongxin: Auf dem Weg zum Fremdverstehen. Das Bild von Deutschland und den Deutschen in drei chinesischen Lehrwerken. Frankfurt/Main: Lang 2011

Xu, Yan: Primat des Nützlichen. Politische Dimensionen des Fremdsprachenunterrichts im modernen China. München: Iudicium 2002

Yu, Xuemei: Interkulturelle Orientierung in DaF-Lehrwerken für China. Eine inhaltbezogene Analyse. München: Iudicium 2004

Zhao, Jin: Wirtschaftsdeutsch als Fremdsprache. Ein didaktisches Modell. Tübingen: Narr 2002

Zhu, Jianhua: „Hochschuldeutsch" – Deutsch als Anwendungsfach an Hochschulen und Universitäten. In: Ammon u. a. 2007, 141–152

FUMIYA HIRATAKA

G 6 Deutsch als Fremdsprache in Japan

1 Zur Geschichte von DaF in Japan

Englisch, Französisch und Deutsch waren seit Mitte des 19. Jahrhunderts, als Japan sich der westlichen Welt öffnete, für lange Zeit die drei großen Sprachen, die mit der Modernisierung der japanischen Gesellschaft verbunden wurden. Über diese Sprachen wurden die westliche Kultur und Zivilisation rezipiert. Entsprechend dieser Funktion war die Stellung der drei Sprachen bis 1945 fast gleichbleibend hoch. Deutsch genoss vor allem als Kultursprache ein hohes Ansehen. Durch die zunehmende Bedeutung des Englischen seit Anfang des vorigen Jahrhunderts büßten Deutsch und Französisch diese Vorrangstellung jedoch langsam ein.

Diese Entwicklung wurde durch die Änderung der Schulpolitik Japans beschleunigt. Vor dem Zweiten Weltkrieg besuchten nur die Eliten die Universität. In der Oberschule des alten Erziehungssystems (*Kyusei-Koko*) lernten sie drei Jahre lang zwei Fremdsprachen, die erste sogar insgesamt 900 Stunden, quasi als Vorbereitung auf das darauffolgende dreijährige Fachstudium in der Universität. Mit der Erziehungsreform im Jahre 1947 wurde das Hochschulstudium auf vier Jahre verlängert und in der Regel in zwei je zweijährige Phasen geteilt, Allgemeinbildung und Fachausbildung. Die Funktion der *Kyusei-Koko* wurde nunmehr von der allgemeinbildenen Phase des neuen Universitätssystems übernommen, in der meistens als erste Fremdsprache Englisch und als zweite Fremdsprache entweder Deutsch oder Französisch gelernt wurden. Die Funktion der Fremdsprachen als Vehikel der Allgemeinbildung wurde beibehalten.

In der Nachkriegszeit wurde viel über Bedeutung und Praxis des Fremdsprachenunterrichts diskutiert, dessen gesamte Stundenzahl stark reduziert war. Es gab vereinzelt Versuche, ihn zu fördern, indem man die Funktion der Sprache als Mittel zur Kommunikation und zur Begegnung mit der fremden Kultur betonte. Als im Zuge der Hochschulreform 1991 die Teilung des Studiums in eine allgemeinbildende Phase und die Fachausbildung praktisch abgeschafft wurde, verlor der universitäre Fremdsprachenunterricht seine Funktion als Teil der Allgemeinbildung. Der Universität wurde im Hinblick auf die Curriculumgestaltung mehr Freiraum gelassen. Die Folge war, dass viele Universitäten auf die Fachausbildung setzten und im Zuge dessen die Zahl der Unterrichtsstunden in den Fremdsprachen außer Englisch stark kürzten. Durch die unangefochtene Vorrangstellung des Englischen, aber auch die zunehmende Relevanz von anderen Sprachen wie Chinesisch, Koreanisch, Spanisch u. a. wurde die Stellung des Deutschen und des Französischen in Japan in den Folgejahren deutlich relativiert (vgl. Sugitani 2001).

2 DaF-Angebote und Lernerpopulation

Anders als in den vielen Ländern der Welt wird Deutsch heute in Japan kaum in der Schule unterrichtet. Für die überwiegende Mehrheit der japanischen Deutschlerner ist die Universität der Ort, wo sie anfangen, sich mit der deutschen Sprache zu beschäftigen. Fast 99 % der japanischen Schülerinnen und Schüler lernen in der Mittel- und Oberschule (von der siebten bis zur zwölften Klasse) sechs Jahre lang nur Englisch (Ministry of Education, Culture, Sports, Science and Technology (MEXT), Elementary and Secondary Education Bureau, International Education Division). Es gibt zwar Oberschulen und vereinzelt Mittelschulen, die auch andere Sprachen anbieten. Die Zahl der Schüler jedoch, die in der Oberschule andere Sprachen als das Englische lernten, lag 2007 bei nur 47.898 (Tabelle 1). Dies entsprach 1,4 % der gesamten Oberschüler. Somit ist Deutsch heute für die meisten japanischen Lerner neben dem Französischen, Chinesischen, Koreanischen, Spanischen usw. eine von vielen Fremdsprachen, die sie als zweite Fremdsprache an der Universität lernen können.

Tab. 1 Fremdsprachen an japanischen Oberschulen außer Englisch (Ministry of Education, Culture, Sports, Science and Technology (MEXT), Elementary and Secondary Education Bureau, International Education Division, Stand: 1.5.2007)

Sprachen	Öffentliche Schulen		Private Schulen		Gesamt	
	Schulen	Schüler	Schulen	Schüler	Schulen	Schüler
Chinesisch	612 (412)	12.613	207 (141)	8.651	819 (553)	21.264
Französisch	217 (146)	4.022	176 (102)	6.037	393 (248)	10.059
Koreanisch	321 (209)	6.089	105 (77)	2.776	426 (286)	8.865
Deutsch	84 (58)	1.254	73 (47)	2.644	157 (105)	3.898
Spanisch	109 (77)	2.039	26 (28)	1.175	135 (105)	2.632
Russisch	24 (20)	400	15 (5)	144	39 (25)	544
Italienisch	9 (3)	177	12 (7)	210	21 (10)	387
Portugiesisch	16 (10)	126	1 (1)	31	17 (11)	157
Gesamt	1.403 (944)	26.774	639 (412)	21.124	2.042 (1.355)	47.898
Schulen mit Fremdsprachenunterricht(außer Englisch)	561		227		788	

* Die Angaben in Klammern sind Vergleichswerte aus dem Jahr 2005 (Stand: 1.5.2005).

Als Institutionen im Bereich der Erwachsenenbildung, die in Japan Deutschunterricht anbieten, sind die Goethe-Institute Tokio, Kyoto und Osaka sowie einige
private Sprachschulen und Bildungsstätten (sogenannte *Culture Centers*) zu
nennen. Weiterhin bieten fünf bis sechs der insgesamt 55 Japanisch-Deutschen
Gesellschaften Deutschkurse an. Während die genannten Einrichtungen in einigen Großstädten konzentriert sind und deshalb praktisch nur für die Einwohner
dort nutzbar sind, wird das Sprachkursangebot im Fernseh- und Radioprogramm
des NHK (*Nippon-Hoso-Kyokai*, Japanischer Rundfunk) landesweit ausge-
strahlt. Zurzeit werden neben zahlreichen Englischkursen auch Kurse in den
Sprachen Deutsch, Französisch, Chinesisch, Koreanisch, Russisch, Spanisch
und Italienisch gesendet, einmal pro Woche je 25 Minuten im Fernsehen und fünf
Mal pro Woche je 15 Minuten im Radio. Außerdem gibt es im Radio je einmal pro
Woche einen 30-minütigen Arabischkurs sowie einen 15-minütigen Portugie-
sischkurs. Zu den Fernseh- und Radiokursen erscheinen monatliche Begleit-
hefte sowie CDs. Einige Sprachkurse im Radio sind auch über die Internetseite
des Senders als Streaming abrufbar.

3 Ziele und Absolventenverbleib

Die meisten Studierenden lernen die Fremdsprache, für die sie sich entschieden
haben, nur ein bis zwei Mal pro Woche über ein oder zwei Jahre (JDV-Sonderausschuss für die Umfrage: Situation von Deutsch als Fremdsprache in Japan
(Hrsg.)). Da sie die Sprache oft als (Wahl-) Pflichtfach lernen, ist die Motivation
nicht stark. Die meisten Studierenden kommen daher höchstens bis zum Niveau
A1 des Gemeinsamen Europäischen Referenzrahmens für Sprachen. Dementsprechend können wenige Absolventen die während des Studiums erworbenen
Deutschkenntnisse in ihrem Berufsleben verwenden. Viele Lehrer sehen das
Ziel des Fremdsprachenunterrichts an der Universität deshalb darin, den Studierenden Freude am Lernen einer fremden Sprache und der Begegnung mit einer
anderen Kultur zu vermitteln. Die Studierenden sollen später, wenn sie aus privaten oder beruflichen Gründen wieder eine Fremdsprache lernen, an diese
Erfahrungen anknüpfen können.

Andererseits beschäftigen sich manche motivierte Studierende intensiv mit dem
Fremdsprachenlernen. Viele Universitäten versuchen in letzter Zeit verstärkt,
ihnen verschiedene Lernmöglichkeiten zu bieten, z. B. Intensivkurse, Online-
Lernangebote sowie Feriensprachkurse, Praktika und Austauschjahre in den
deutschsprachigen Ländern. Vereinzelt werden auch Unterrichtsveranstaltun-
gen in Kooperation mit Universitäten aus dem deutschsprachigen Raum angeboten, unter Nutzung neuer Kommunikationstechnologien (Videokonferenz etc.).

Gute Deutschkenntnisse zählen auf dem Arbeitsmarkt kaum mehr als Qualifikation: Heutzutage verlangen selbst deutsche Firmen in Japan – und auch in Korea

– in erster Linie Sprachkompetenz im Englischen, nicht im Deutschen. Im Jahre 2004 machte ein Student den damaligen Bundeskanzler Gerhard Schröder bei einer Diskussionsveranstaltung an einer Universität im Rahmen seines Japan-Besuchs auf dieses Problem aufmerksam. Daraufhin forderte Schröder von den ansässigen Firmen, sich mit dieser Frage zu beschäftigen (Spiegel Online Politik). Weiterhin gab es einen Versuch der Japanischen Gesellschaft für Germanistik, über die deutsche Botschaft in Tokio eine Veränderung der Einstellungspolitik deutscher Firmen in Japan anzuregen. Die Situation hat sich jedoch nicht geändert.

Von Germanistikstudierenden, die eine Karriere als Hochschullehrende anstreben, werden sehr hohe Sprachkenntnisse und eine Promotion erwartet, aber durch die beständig schrumpfende Zahl von Deutschlernenden und die damit einhergehenden Stellenstreichungen wird es immer schwieriger, eine feste Stelle an einer Universität zu bekommen. Viele Anwärter müssen sich, meist über lange Jahre, mit der Tätigkeit als Honorarlehrkraft an verschiedenen Universitäten abfinden.

4 Didaktische und methodische Verfahrensweisen, Lehrwerke

Der Schwerpunkt des DaF-Unterrichts in Japan lag lange – und liegt zum Teil heute noch – im Lesen und Übersetzen von literarischen Werken und Fachtexten. Das hängt mit der Rolle des Englischen, Französischen und Deutschen beim Import westlicher Kultur und Zivilisation zusammen, sowie mit dem Status der drei Sprachen als Sprachen der Bildung. Dieser Funktion entsprechend wurde und wird Deutsch meistens durch die Grammtik-Übersetzungs-Methode unterrichtet, und lange war ein Deutschunterricht, der aus Grammatikerklärungen und der Lektüre literarischer Werke bestand, das gängige Bild. In letzter Zeit verlieren aber die genannten traditionellen Funktionen des Deutschunterrichts immer mehr an Bedeutung, während das Verständnis von Sprache als Kommunikationsmittel in den Vordergrund rückt. So verbreitet sich seit etwa 30 Jahren der kommunikativ orientierte Unterricht, wenn zunächst auch zögerlich, in der japanischen DaF-Szene, und nicht nur Lesen und Übersetzen, sondern auch anderen Fertigkeiten wie Sprechen und Hören wird mehr Gewicht beigemessen.

In Japan werden Lehrwerke deutscher Verlage durchaus benutzt, vor allem von deutschsprachigen, aber auch von japanischen Lehrenden. Die meisten Lehrenden bevorzugen jedoch Lehrwerke von japanischen Verlagen. Jedes Jahr kommen durchschnittlich ca. 30 neue Lehrbücher für den DaF-Unterricht auf den Markt, die von den sieben zum „Verlagsverband für Deutsch-Lehrbücher" gehörenden Verlagen veröffentlicht werden. Der Verlagsverband schätzt die Zahl der Deutschlernenden auf 300.000. Früher waren Lehrbücher für die Grundstufe, die aus Grammatikerklärungen und kurzen Lesetexten bestanden und gut für die Grammatik-Übersetzungs-Methode geeignet waren, sehr beliebt. Nach Auskunft des Verlagsverbandes werden heutzutage verstärkt kommunikativ ausgerichtete Lehrwerke eingesetzt. Lehrwerke mit höherem Schwierigkeitsgrad werden immer weniger verwendet, weil Deutsch heute an vielen Universitäten nur ein Jahr unterricht wird und höhere Niveaustufen nicht erreicht werden. Lehrwerke zur Landeskunde werden dennoch teilweise weiterhin sehr gut verkauft, wohingegen literarische Textsammlungen nicht mehr so gefragt sind.

5 Ergebnissicherung und Prüfungen

Neben den Prüfungen an den Goethe-Instituten Tokio und Osaka sowie den ÖSD-Prüfungen, die zweimal im Jahr in Sapporo, Tokio, Nagoya, Osaka (und im Sommer auch in Fukuoka) stattfinden, gibt es seit 1992 eine regionale Deutschprüfung *Dokken* (Diplom Deutsch in Japan), die die Gesellschaft zur Föderung der Germanistik in Japan e.V. zweimal im Jahr veranstaltet. Seit Herbst 2008 gibt es im *Dokken* sechs Stufen, die allerdings mit den Niveaustufen des Gemeinsamen Europäischen Referenzrahmens nicht übereinstimmen, sondern sich in erster Linie an Wortschatz- und Grammatikkenntnissen orientieren. Im Herbst 2008 gab es 11.513 Anmeldungen zu den verschiedenen Stufen, 9.419 Kandidaten nahmen in 36 Universitäten im ganzen Land, die als Prüfungsort zur Verfügung standen, an der Prüfung teil (2008 Nendo Doitsugo Gino Kentei Shiken Kekka Gaiyo).

6 DaF-Forschung

Bis zu den achtziger Jahren, als das Hauptziel des DaF-Unterrichts an japanischen Universitäten noch darin lag, den Studierenden Lesefähigkeit in der Zielsprache zu vermitteln, war die DaF-Forschung in Japan weniger aktiv. Vereinzelt gab es Diskussionen über den Minimalwortschatz, den Begriff „Landeskunde", sowie Lehrmethoden und Lehrwerke. Seit den neunziger Jahren ist das Interesse an der Forschung über das Lehren und Lernen im Bereich DaF gewachsen. Dazu hat auch das unter 7. genannte DaF-Seminar der JGG beigetragen, das jedes Mal einem Rahmenthema im DaF-Gebiet gewidmet ist. Die Themen in den vergangenen Jahren waren u. a. Curriculumforschung, Leistungsfeststellung, Interaktion im Unterricht, Interkulturelles Lernen, DaF als Wissenschaft, Regionale Lehrmaterialienentwicklung, Handlungsorientierter Deutschunterricht, Informations- und Kommunikationstechnologie, Curriculum und Sprachenpolitik, sowie Grammatik lehren und lernen. Seit dem 4. DaF-Seminar 1997 erscheint regelmäßig ein Dokumentationsband, der die auf dem Seminar gehaltenen Vorträge umfasst, bei einem deutschsprachigen Verlag: Nakagawa/Slivensky/Sugitani (2002), Japanische Gesellschaft für Germanistik (2003, 2004, 2005, 2007), Hoshii/Kimura/Ohta/Raindl (2010).

7 Gegenwärtige Organisationsformen

Der wichtigste Verband im Bereich Germanistik und DaF in Japan ist die 1947 gegründete Japanische Gesellschaft für Germanistik (JGG) mit 2091 Mitgliedern (Stand: Mai 2009), die zwei Mal im Jahr die Zeitschrift „Neue Beiträge zur Germanistik" veröffentlicht sowie eine Frühjahrs- und eine Herbsttagung veranstaltet. Unter dem Dach der JGG befindet sich der Japanische Deutschlehrerverband (JDV) mit 691 Mitgliedern (Stand: Mai 2009). Der im Jahre 1970 gegründete JDV ist Mitglied des Internationalen Deutschlehrerverbands (IDV) und gab von 1971 bis 1996 zwei Mal im Jahr die „Berichte des Japanischen Deutschlehrerverbandes" (BJDV) heraus, die 1996 von der Zeitschrift „Deutschunterricht in Japan" (DUJ) abgelöst wurde. DUJ ist die einzige Fachzeitschrift im Gebiet DaF in Japan und erscheint einmal im Jahr.

1989 und 1991 hatte je eine Gruppe aus etwa zehn japanischen Deutschlehrern die Gelegenheit, am Goethe-Institut München an einem sechsmonatigen Lehrerfortbildungskurs teilzunehmen. Viele der Stipendiaten trugen nach ihrer Rückkehr zur Modernisierung des DaF-Unterrichts in Japan bei.

Seit 1992 findet einmal jährlich das DaF-Seminar der JGG statt, neben dem Kultur- und dem Linguistenseminar die dritte Fortbildungsveranstaltung des JGG für Lehrende und Graduierte. Die drei Seminare werden vom DAAD unterstützt. Zum DaF-Seminar, bei dem ca. 40–50 Teilnehmer vier Tage über ein aktuelles Thema des Fachs diskutieren, werden jedes Mal auch ein Experte aus dem deutschsprachigen Raum und ein Gast aus einem der asiatischen Nachbarländer eingeladen.

Seit 2003 veranstalten die JGG, der JDV und das Goethe-Institut Tokio gemeinsam einen zweijährigen Deutschlehreraus- und -fortbildungskurs nach dem Modell des Blended Learning, zu dem auch Unterrichtshospitationen und Lehrversuche gehören.

Die meisten Universitäten mit dem Fach Germanistik bieten auch Studiengänge an, die fürs Lehramt qualifizieren. Da es wie erwähnt nur an wenigen Oberschulen DaF-Unterricht gibt, werden diese jedoch nicht von vielen Studierenden belegt.

8 Zukunft und Aufgaben

Wie oben dargestellt, wird die Zukunft des DaF-Unterrichts in Japan durch die immer größer werdende Rolle des Englischen sowohl im Fremdsprachenunterricht als auch in der globalen Kommunikation sehr stark beeinflusst. In diesem Sinne hat der DaF-Unterricht in Japan keine besonders positiven Zukunftsaussichten. Auf der anderen Seite wird im japanischen DaF-Bereich jedoch immer größerer Wert auf die Nachwuchsförderung und die Umsetzung wissenschaft-

licher Erkenntnisse in der Praxis sowie die Kooperation von Wissenschaft und
Praxis gelegt.

So gab es auf der IDT-Tagung 2001 in Luzern noch keinen Beitrag von japanischen DaF-Lehrern, auf der IDT-Tagung 2005 in Graz sowie 2009 in Jena/Wei-
mar traten jedoch auch japanische DaF-Lehrer mit wissenschaftlichen Beiträgen
auf internationaler Bühne auf. Man kann somit sagen, dass vom japanischen
DaF-Unterricht und der damit zusammenhängenden Forschung in Zukunft,
wenn auch quantitativ nicht viel, so doch qualitativ einiges zu erwarten ist.

Literatur

Japanische Gesellschaft für Germanistik (Hrsg.): Beiträge zur Optimierung des Deutsch-
    unterrichts. Lesen und Projektunterricht. Neue Beiträge zur Germanistik 2 (2003) Heft
    3. München: iudicium

Japanische Gesellschaft für Germanistik (Hrsg.): DaF als Wissenschaft – allgemeine Basis
    und spezielle Situation in Japan. Neue Beiträge zur Germanistik 3 (2004) Heft 4. Mün-
    chen: iudicium

Japanische Gesellschaft für Germanistik (Hrsg.): Lernen mit alten und neuen Medien –
    Zur Entwicklung regionaler Lehrmaterialien und technologiegestützter Konzepte. 4
    (2005) Heft 4. München: iudicium

Japanische Gesellschaft für Germanistik (Hrsg.): Sprachprüfungen und Sprachenpolitik.
    Neue Beiträge zur Germanistik 6 (2007) Heft 2. München: iudicium

JDV-Sonderausschuss für die Umfrage: Situation von Deutsch als Fremdsprache in Japan
    (Hrsg.): Gegenwärtige Lage und zukünftige Aufgaben des Deutschunterrichts in Japan
    – Bericht über die Umfrage –. Der Japanische Deutschlehrerverband (JDV), 2001

Hoshii, Makiko/Kimura, Goro Christoph/Ohta, Tatsuya/Raindl, Marco (Hrsg.): Gram-
    matik lehren und lernen im Deutschunterricht in Japan – empirische Zugänge. Mün-
    chen: iudicium 2010

Ministry of Education, Culture, Sports, Science and Technology (MEXT), Elementary and
    Secondary Education Bureau, International Education Division: Heisei 2008 Nendo
    Kotogakko niokeru Kokusaikoryu to no jyokyo nitsuite (Zur Situation von internationa-
    len Angelegenheiten in den Oberschulen im Schuljahr 2008)
    [http://www.mext.go.jp/b_menu/houdou/19/11/07103102/001.pdf] (25.10.2009)

Nakagawa, Shinji/Slivensky, Susanna/Sugitani, Masako (Hrsg.): Pädagogische Interak-
    tion und interkulturelles Lernen im Deutschunterricht. Innsbruck: Studien Verlag 2002

Spiegel Online Politik: Grüne attackieren Schröder. 10.12.2004 [http://www.spiegel.de/
    politik/deutschland/0,1518,332129,00.html] (25.10.2009)

Sugitani, Masako: Deutschunterricht und Germanistikstudium in Japan. In: Helbig, Ger-
    hard/Götze, Lutz/Henrici, Gert/Krumm, Hans-Jürgen (Hrsg.): Deutsch als Fremd-
    sprache. Ein internationales Handbuch. 2. Halbband, Berlin u.a.: de Gruyter 2001,
    1586–1594

2008 Nendo Doitsugo Gino Kentei Shiken Kekka Gaiyo (Zusammenfassung der Ergeb-
    nisse des Diploms Deutsch in Japan im Schuljahr 2008)
    [http://www.dokken.or.jp/summary/gaiyou08.pdf] (25.10.2009)

SAVITA KELKAR / VAISHALI DABKE / SOPHIE ENGEL

G 7 Deutsch in Indien

1 Überblick

1.1 Historischer Überblick

Der Deutschunterricht in Indien hat sich über einen sehr langen Zeitraum auf ein Zentrum konzentriert: die Stadt Pune in Maharashtra. Das Interesse an der deutschen Sprache wurde zunächst durch Jesuiten nach Pune gebracht, die in dieser Bildungshochburg u. a. die Schulen Loyola und St. Vincents aufbauten. Beide Schulen wurden von Schweizerdeutschen bzw. Deutschen Missionaren gegründet, und so lag hier das Interesse an der deutschen Sprache nah. Als Unterrichtsfach eingeführt wurde Deutsch allerdings an einer anderen Bildungsinstitution in Pune, dem Fergusson College.

Andere Standorte in Indien entwickelten deutlich später Interesse an Deutsch als Fremdsprache. Eine herausragende Rolle spielte hier indienweit das Goethe-Institut, welches in Indien unter dem Namen des bekannten deutschen Indologen Max Mueller als Max Mueller Bhavan arbeitet. Das Goethe-Institut besteht seit 50 Jahren in Indien, und z. Zt. gibt es in Neu Delhi, Bombay, Kalkutta, Chennai, Bangalore und Pune Goethe-Institute, darüber hinaus wird die Verbreitung der deutschen Sprache durch die Goethe-Centren in Chandigarh, Ahmedabad, Hyderabad, Coimbatore, Trivandrum unterstützt.

Heute wird auch an verschiedenen Universitätsstandorten Deutschunterricht erteilt. Der Deutschunterricht an den Schulen hat in den letzten Jahren einen rasanten Aufschwung erlebt.

1.2 Pune als Zentrum für DaF

Die Stadt Pune hat eine lange Tradition des Fremdsprachenunterrichts. Unter den angebotenen Fremdsprachen ist Deutsch die beliebteste Fremdsprache. Die Gründe dafür sind:

– In Pune begann der DaF-Unterricht im Jahr 1914 erstmalig in Indien.
– Pune liegt in der Nähe von Mumbai, dem Wirtschaftszentrum Indiens.
– In Pune wurde bereits Ende der 50er Jahre eine Zweigstelle des Goethe-Instituts eröffnet.
– In Pune gibt es zahlreiche deutsch-indische Joint Ventures. Sie brauchen Arbeitskräfte, die Deutsch können. Deshalb lernen mehr und mehr Leute die deutsche Sprache in Pune.

Mehr als zehn Schulen und mehr als zwanzig Junior Colleges (für die 11. und die 12. Klasse) bieten Deutsch als Wahlfach an.

Insgesamt lernen knapp 10 000 Personen in Pune Deutsch (ca. 2500 in den Klassen 8–10, in den Klassen 11 und 12 ca. 5000, als Nebenfach an der Universität ca. 1000, im Goethe-Institut ca. 3000, im Studiengang BA und MA Germanistik ca. 80).

1.3 DaF im Fergusson College

DaF in Maharashtra hat seinen Anfang am Fergusson College genommen. Die Geschichte der deutschen Abteilung des Fergusson College steht für die frühe Geschichte des Deutschunterrichtes in ganz Indien.

Als im Jahre 1908 die Präsidentschaft der Universität Bombay vorschlug, die Universitätskurse zu modernisieren, hat der Senat der Universität ein Komitee zur Entwicklung neuer naturwissenschaftlicher Kurse gegründet. Es waren sechs Mitglieder aus Pune in diesem Komitee, Sir Raghunath Paranjpe, der damalige Collegedirektor, war einer von ihnen. Er studierte für einige Zeit an den Universitäten Marburg und Göttingen. Die enge Verbindung von persönlicher Erfahrung und beruflichen Entscheidungen spielte hier eine herausragende Rolle. Deutschstudien mit einem Abschluss (B. A.) wurden 1911 vorgeschlagen, der Senat akzeptierte Deutsch als ordentliches Nebenfach für alle Studiengänge bis zum Bachelor of Arts.

Der eigentliche Unterricht in Pune sowie Bombay konnte erst 1915 beginnen, da die Lehrer zunächst in Deutschland trainiert werden mussten, z. B. in Leipzig.

1915 begannen die Lehrtätigkeit für Deutsch an der New English School und der reguläre B. A. Kurs am Fergusson College. Das erste B. A. Examen für Deutsch an der Universität Bombay wurde 1918 abgehalten. Der Deutschunterricht an Colleges in Bombay lief nach einigen Jahren aus. 1924 startete das Fergusson College einen Magisterkurs in Deutsch, und bis zum Ende des zweiten Weltkrieges war das Fergusson College das einzige Zentrum für weiterführende Studien in Deutsch in ganz Indien. An der Universität Bombay wurde bald ein naturwissenschaftlicher Deutschkurs eingerichtet, nachdem auch dafür Lehrkräfte in Deutschland qualifiziert worden waren. Der Kurs fand hohen Zuspruch: 75 % der wissenschaftlichen Studenten entschieden sich für Deutsch als Nebenfach, obwohl auch andere europäische Sprachen angeboten wurden. Dieser Kurs lief bis 1947.

Heute wird an vielen weiteren universitären Standorten Deutsch gelehrt.

1.4 DaF im indischen Bildungssystem

Das indische Bildungssystem ist dem deutschen insofern ähnlich, als dass Schulbehörden über die Bildungsangelegenheiten der einzelnen Bundesländer entscheiden. Parallel dazu gibt es aber auch eine zentrale Bildungsbehörde, nach deren Curriculum Schulen im ganzen Land arbeiten. Ein wesentlicher Unterschied zum deutschen öffentlichen Bildungswesen ist, dass ein sehr großer Teil der Schulen Privatschulen sind, vor allem Schulen mit Fremdsprachangebot.

Indien ist ein vielsprachiges Land, und dies schlägt sich im Bildungswesen nieder. In den meisten Bundesländern wird zuerst die Landessprache (in Maharashtra ist das Marathi), dann Hindi, die indische Nationalsprache und entweder danach oder zeitgleich Englisch gelernt, d. h. Deutsch als Fremdsprache ist für die meisten indischen Schüler mindestens die vierte zu erlernende Sprache.

Jedes Bundesland hat ein „Board", das für die Entscheidungen im Bildungssystem zuständig ist. Das Curriculum, die Prüfungen, die Einführung von neuen Fächern u. a. werden von dem Board bestimmt. In Maharashtra wird Deutsch mit Beginn der 8. Klasse eingeführt. Die Lerner sind Anfänger. Am Ende der 10. Klasse haben die Schüler in Maharashtra Deutsch auf der Niveaustufe A1 erlernt. Eine andere Möglichkeit, Deutsch zu lernen, wird in Maharashtra von der 11. Klasse ab angeboten; in zwei Jahren erreichen die Schüler ebenfalls die Stufe A1.

Im Norden wird Deutsch schon von der 5. Klasse an gelehrt. Die Schüler erreichen bis zur 10. Klasse das Niveau A2, in der 11. Klasse können sie das Sprachlernen fortsetzen. Der gültige Lehrplan folgt den Bestimmungen des GER für die Niveaustufe B1 für die 11. und die 12. Klasse. Das bedeutet, dass im Norden, wo das Central Board for Secondary Education die Entscheidungen für das Bildungssystem trifft, es keine Möglichkeit – wie sie in Maharashtra besteht – gibt, in der 11. Klasse mit dem Erlernen der deutschen Sprache zu beginnen.

Nach den zwölf Schuljahren fängt in Indien das Collegestudium an. Ein dreijähriges Studium führt hier zum Bachelor in den angebotenen Fächern. An vielen Universitäten wird Deutsch als Hauptfach angeboten, dort studiert man die deutschsprachige Literatur, die Geschichte Deutschlands und Literaturgeschichte. Nachdem man den Bachelor's Grad absolviert hat, kann man an den Universitäten M. A. (Master of Arts) studieren und später auch promovieren.

Andere Möglichkeiten, Deutsch zu lernen:

– **Goethe-Institut:** In Indien wurde im Jahr 1959 in Pune die erste Zweigstelle des Goethe Instituts eröffnet. Und heute gibt es insgesamt sechs Max Mueller Bhavans und vier Goethe Zentren in Indien, s. o.

– **Privatinstitutionen,** die Sprachkurse für DaF anbieten, sind zahlreich.

– **Management Institutionen** bieten ebenfalls DaF an.

2   Deutsch lehren in Indien

2.1 Die Lehrerausbildung

In Indien trifft man Deutschlehrer mit sehr unterschiedlichem Bildungshinter-
grund, obwohl die staatlichen Regeln explizit sind. Um eine Fremdsprache
unterrichten zu dürfen, sollte diese Person einen Masterstudiengang in der
Fremdsprache absolviert haben und einen Bachelor of Education (pädagogische
Ausbildung) abgelegt haben. Die Realität sieht oft anders aus, da diese vorge-
schriebene Ausbildung langwierig ist und die Arbeitsmöglichkeiten bisher
begrenzt waren.

Neben den Lehrerinnen an Schulen gibt es Deutschlehrerinnen (und in geringerer Zahl Lehrer) an den Goethe-Instituten, diese Lehrenden sind vom Goethe-
Institut ausgebildet.

Es ist unschwer zu erkennen, dass DaF in Indien derzeit einen regelrechten
Boom erlebt. Um der gesteigerten Nachfrage gerecht zu werden, wird eine neue
Lehrerausbildung benötigt. Das Goethe-Institut Südasien erarbeitet mit Unterstützung durch die Zentrale des Goethe-Instituts München eine Deutschlehrerausbildung für die größte Fernuniversität Indien: die Indira Gandhi Open University.

Die Indira Gandhi Open University (IGNOU) bietet bereits einen Radio-
Sprachkurs (blended learning) an. Die Ausbildung ist Interessenten aus ganz
Indien zugänglich und staatlich anerkannt. Mit der Implementierung dieses
Fernstudiums für Deutschlehrer, das aus Selbstlern- und Präsenzphase, theoreti-
schen und praktischen Teilen zusammengefügt ist, wurde in Indien ein großer
Schritt für die weitere Verbreitung des DaF-Unterrichts getan. Hiermit wurden
die Voraussetzungen geschaffen, um DaF überall in Indien anbieten zu können.

2.2 Die Arbeitsbedingungen

Die Arbeitsbedingungen für Deutschlehrerinnen sind in Indien sehr unterschiedlich von den Bedingungen in den meisten europäischen Ländern, deshalb
wird im Folgenden auf einige Besonderheiten des indischen DaF-Lehrer-Alltags
eingegangen.

In Indien sind die Lernergruppen sehr groß mit ungefähr 50 bis 80 Schülern in
einer Gruppe. In manchen Colleges in Pune und Mumbai beträgt die Zahl der
Schüler auch 100–120. Diese äußeren Umstände beeinflussen die Lehrer in ihrer
Unterrichtsgestaltung. Der Unterricht ist meistens frontal, die Schüler sitzen in
langen Zweier-Bankreihen hintereinander, in jeder Bankreihe sitzen mindestens
30 Schüler.

Die Umgebung spielt eine sehr wichtige Rolle im Fremdsprachunterricht.
Medien wie z. B. Plakate, Bilder, Landkarten sind gut einsetzbar für die Vermitt-

lung der Landeskunde oder bei Spielen zur Wortschatzerweiterung, da sie auch sehr authentisch auswirken. Diese stehen aber in den meisten Schulen und Colleges in Indien nicht zur Verfügung.

Die modernen audiovisuellen Medien, die das Lernen und Lehren einer Sprache interessanter, effektiver und authentischer machen, fehlen in den meisten Schulen und Colleges. Pune z. B. ist ein großes Zentrum für das Erlernen der deutschen Sprache. Aber hier haben nur einige Schulen und Colleges einen CD-Player, wo es möglich ist, das Hörverstehen zu üben, damit die Schüler Gelegenheit haben, Muttersprachler zu hören.

Trotz der obengenannten Arbeitsbedingungen versuchen die Lehrpersonen, die neuen Methoden der DaF-Didaktik im Unterricht anzuwenden, damit die Schüler das Lernen der Sprache interessanter finden und dazu motiviert sind, die Sprache weiter zu lernen. Die Initiative PASCH (vgl. Huneke, A 02) hat in den letzten zwei Jahren dazu beigetragen, ein stärkeres Interesse der Schüler für die Erlernung der deutschen Sprache zu wecken.

2.3 Lehrwerke

In Indien herrscht nunmehr seit einigen Jahren Aufbruchsstimmung im fremdsprachlichen Bereich, so dass in einigen Regionen neue Lehrwerke eingeführt wurden. Das bereits erwähnte CBSE-Board (zentrale Schulbehörde) hat für die Klassen 5 – 10 das Lehrwerk „Wir" vom Klett-Verlag eingeführt. Der Verlag hat die Einführung durch die Vergabe einer Lizenz stark unterstützt, denn der Preis des einzusetzenden Lehrwerks spielt in Indien eine nicht zu unterschätzende Rolle. Im südlichen Bundesstaat Tamil Nadu wird „Team Deutsch" momentan an den Deutsch unterrichtenden Schulen eingeführt, die dortige Schulbehörde hat das Lehrwerk vorgeschrieben. Auch hier wird mit einer Lizenzausgabe gearbeitet.

In Maharashtra wird in den Klassen 8- 10 das heimische Lehrwerk „Unser 1. und 2. Deutschbuch" eingesetzt. Das Lehrwerk wird schon seit etwa 10 Jahren benutzt und soll demnächst abgelöst werden. Allerdings fällt dem zuständigen Board die Entscheidung für ein deutsches Lehrwerk aus politischen Gründen schwer. In den Klassen 11 und 12 (hier ist ein anderes Board zuständig) wird eine Lizenzausgabe von „Themen Aktuell" des Hueber Verlages verwendet.

4 PASCH-Arbeit in Indien

4.1 Standorte der PASCH-Schulen (GI/ZfA)

Mit der Initiative „Schulen: Partner der Zukunft" (PASCH) bekam die Verbreitung des Deutschunterrichts in Indien sowie in der gesamten Region Südasien neuen Auftrieb. Die 41 vom Goethe-Institut betreuten „Partner"schulen liegen in den urbanen Zentren.

Die von der Zentralstelle für das Auslandsschulwesen (ZfA) betreuten Schulen liegen z. T. ebenfalls in den Bildungszentren Indiens, darüber hinaus betreut die ZfA Internatsschulen. Angestrebt wird derzeit eine Anzahl von 12 ZfA-betreuten PASCH Schulen.

Bis auf die staatliche Eliteschule Kendriya Vidyalaya sind alle PASCH Schulen in Indien Privatschulen.

4.2 PASCH-Kultur

Im Rahmen der PASCH-Arbeit wurde der DaF-Unterricht auf verschiedenen Ebenen gefördert: neben Stipendien für Deutschlandreisen für Entscheidungsträger, Lehrer und Schüler wurden die Schulen technisch ausgestattet, die Lehrerinnen erhielten in Indien ein umfangreiches Fortbildungsprogramm, der Deutschlehrerverband InDaF wurde gestärkt – all diese Aspekte sind wichtig, aber zu weitreichend, um in diesem Rahmen genau dargelegt zu werden.

Die PASCH-Kulturarbeit hat den Deutschlernern in Indien Einblicke in die deutsche Landeskunde ermöglicht, besonders hervorzuheben sind die zahlreichen Malwettbewerbe, Theaterworkshops sowie bisher zwei Konzerttourneen (2008: Nulltarif, 2009: Schüler Big Band Schwäbisch Hall), ein Jugendfilmfestival und das Märchenprojekt „Göttliche Märchen". Neben diesen kulturellen Höhepunkten haben die Deutschlehrer an den Schulen und die Mitarbeiter der Goethe-Institute durch verschiedene Aktivitäten (Karneval, Nikolaustag, Plätzchen backen, Laternenumzug u. v. m.) die deutsche Kultur in den Alltag der Lernenden eingebracht.

5 Ausblick

Die lange Tradition des DaF Unterrichts in Indien weist Höhen und Tiefen auf. Das derzeitige allgemeine große Interesse in Indien an modernen Fremdsprachen wirkt sich positiv auf die Verbreitung des Deutschunterrichts aus. Es bleibt zu wünschen und zu hoffen, dass die Bewegung privater Schulen hin zu modernem Fremdsprachunterricht auch im staatlichen Schulsystem einen Widerhall findet. Dazu eine aktuelle Initiative von Goethe-Institut und Auswärtigem Amt:

Germanisten am Ganges   von Katja Hanke

Seit zwei Jahren lernen hier Kinder Deutsch, zweimal 35 Minuten pro Woche. Was wie alltäglicher Unterricht aussieht, ist jedoch eine kleine Revolution. Es ist Teil eines ambitionierten Projekts: An 1000 indischen Schulen soll bis 2017 Deutsch unterrichtet werden. . . .

Neben den Amtssprachen Hindi und Englisch war Sanskrit bisher die einzige Sprache im Lehrplan. Bis vor zwei Jahren. Da beschloss das Ministerium, Fremdsprachen einzuführen. Doch nicht Französisch oder Chinesisch hat das Rennen gemacht – sondern Deutsch. Etwa 300 KV-Schulen (Kendriya Vidyalaya, primär für Kinder von Regierungsangestellten, I. O-W. nach Hanke 2013, 13) unterrichten schon Deutsch, als Wahlpflichtfach in der sechsten bis achten Klasse. Bis Ende 2017 sollen es eintausend sein. Und eine Million Kinder sollen über Grundkenntnisse in Deutsch verfügen.

Gelandet haben diesen Coup das Goethe-Institut und das Auswärtige Amt. Schon durch eine andere initiative hatte man Vorarbeit geleistet, Lehrer ausgebildet, Klassenzimmer ausgestattet. Daraus entstand die Idee, an allen KV-Schulen Deutsch einzuführen und das finanziell zu fördern. Die Offensive ist Teil einer breiten Strategie der Deutschen, die Beziehungen zu Indien zu vertiefen und gut qualifizierte Inder anzuwerben. . . .

(Süddeutsche Zeitung 2013, 13)

Mit dem Ausbau des Fremdsprachenunterrichts geht ein verstärktes Interesse indischer Studenten an Studienmöglichkeiten in Deutschland einher.

Literatur

Goethe-Institut in Indien [http://www.goethe.de/ins/in/lp/deindex.htm] (am 25.2.2013)

Hanke, Katja (2013): Germanisten am Ganges. In: Süddeutsche Zeitung Nr. 47 vom 25.2.2013, 13

Kulkarni, B. B.: Sechzig Jahre Deutschunterricht in Poona. Ein historischer Überblick. In: Kulkarni, B. B. u. a. (Hrsg.): Festschrift. Diamantenes Jubiläum des Deutschunterrichts in Poona 1914–1975. Poona: PUGA 1975, S. 1–14

PASCH – Schulen Partner der Zukunft [http://www.pasch-net.de/] (25.2.2013)

Wir – Grundkurs Deutsch für junge Lerner, v. Giorgio Motta, bearb. v. Eva-Maria Jenkins-Krumm. Lehrbuch + CD. 3 Bde. Stuttgart: Klett 2003/4 (Lehrbuch, Arbeitsbuch, Lehrerhandbuch. Indische Lizenzausgabe: Delhi: Goyal Publishers)

ANGELA BAJOREK / EWA GÓRBIEL

G 8 Deutschunterricht am Beispiel Polens

In der wechselvollen Geschichte Polens hatte das Deutsche verschiedene Bedeutungen. Es war nicht nur die Sprache eines oder mehrerer Nachbarländer, sondern auch zahlreicher eingewanderter Mitbürger, zuweilen sogar polnischer Wahlkönige; doch Deutsch sprachen ebenso die Besatzer polnischer Gebiete und Unterdrücker der nationalen Kultur. Diese zum Großteil widersprüchlichen Beziehungen erzeugten einen ständigen Bedarf an Deutschkenntnissen. So war Deutsch seit dem 12. Jahrhundert die wichtigste lebende Fremdsprache im Königreich Polen, dann nach 1795 auf den Gebieten des geteilten Polens und in der Republik Polen der Zwischenkriegszeit. Vom ersten Platz wurde es erst nach 1945 verdrängt, infolge der politischen Entscheidung über den allgemein verpflichtenden Russischunterricht, wobei anzumerken ist, dass Russisch damals weniger als Fremdsprache, sondern viel mehr als Werkzeug ideologischer Indoktrination empfunden wurde. Parallel dazu verlor Deutsch an Bedeutung aufgrund der weltweiten Ausbreitung des Englischen.

Der folgende Beitrag dokumentiert den Stellenwert der deutschen Sprache in Polen, die Rahmenbedingungen des DaF-Unterrichts im polnischen Bildungssystem und die Möglichkeiten, deutsche Sprachkenntnisse an außerschulischen Einrichtungen sowie in Begegnung mit authentischer Sprache zu erwerben.

1 Geschichtliches

Als sich Polen 1918 nach über 120 Jahren von der Herrschaft der drei Großmächte Russland, Österreich, Deutschland befreite (von denen zwei als Amtssprache Deutsch hatten), war es selbstverständlich, der nationalen Kultur und der polnischen Sprache den Vorrang im neu aufgebauten Bildungssystem zu geben. Dennoch war der im Schnitt 6 bis 8 Jahre umfassende Fremdsprachenunterricht mit 4 Wochenstunden ein wichtiger Bestandteil der Allgemeinbildung. Trotz gesellschaftlicher Abwehrreaktionen gegen die „Sprache der Fremdherrscher" war Deutsch die mit Abstand am weitesten verbreitete Fremdsprache (1931 an mehr als 2500 Schulen angeboten), gefolgt von Französisch – der Sprache der kultur- und meinungsbildenden Eliten (angeboten an knapp 280 Schulen).

Erneut und ernsthaft beschädigt wurde die Wahrnehmung der deutschen Sprache durch die Zeit der Besatzung durch das nationalsozialistische Deutschland. Der erste Allgemeinpolnische Bildungskongress 1945 überlegte sogar, das Fach Deutsch für die Schulen vollständig zu verbieten. Schließlich blieb es beim Verbot des Deutschunterrichts in den ehemaligen deutschen Reichsgebieten, das bis in die 1970er Jahre galt.

2 DaF-Unterricht in den Jahren 1945–1989

Bald nach dem 2. Weltkrieg wurde an allen Schultypen ab Jahrgangsstufe 5 Russisch als Pflichtsprache eingeführt. Eine zweite Sprache (Deutsch, Englisch, Französisch oder Latein) gab es nur an den zum Abitur führenden Oberschulen. Überladene Lehrpläne sowie Propagandazwecken untergeordnete Lehrbuchtexte zwangen zur Arbeit nach der Grammatik-Übersetzungsmethode, daraus resultierten im besten Fall passive Kenntnisse der jeweiligen Sprache. Der aktive Sprachgebrauch war angesichts der konsequenten Abschottung vom Westen ohnehin unmöglich. Die einzige „westliche Sprache", die gelegentlich als authentisches Kommunikationsmittel in Kontakten mit Muttersprachlern dienen konnte, war – aufgrund der Existenz der DDR – Deutsch. Dadurch behielt es seine relativ starke Position an polnischen Schulen. Das Interesse verschob sich jedoch unaufhaltsam zugunsten des Englischen.

Ab 1959 wurden mehrere Lehrplanreformen unternommen mit dem Ziel, den Fremdsprachenunterricht auf die mündliche und schriftliche Verständigung zu Alltagsthemen sowie das Lesen leichter Sach- und Literaturtexte mithilfe eines Wörterbuchs auszurichten. Ein Vierteljahrhundert später zielten die Richtlinien für die westeuropäischen Sprachen schließlich neben der sprachlichen auch auf die kommunikative Kompetenz ab – verstanden als Kompetenz zur erfolgreichen Mitteilung beabsichtigter Inhalte entsprechend der Gesprächssituation.

Der Deutschunterricht an polnischen Oberschulen wurde bis ins Jahr 1990 von einer einzigen Lehrbuchreihe geprägt, die seit 1967 zwanzig Auflagen erlebte: „Lernt mit uns". Die Autoren vereinten darin Elemente der Grammatik-Übersetzungsmethode mit Prinzipien der audiolingualen Methode (zu den Methoden Reiß-Held/Busch, D01).

3 DaF heute

3.1 DaF als Schulfach

Das Wendejahr 1989 brachte auch einen Durchbruch für den schulischen Fremdsprachenunterricht. Die Gleichsetzung des Russischen mit den anderen Sprachen ermöglichte eine freie Wahl zwischen den Fremdsprachen schon ab der Grundschule.

Noch im Schuljahr 1992/1993 war Russisch mit 34 % der lernenden Schüler am stärksten verbreitet, vor Englisch (18,2 %) und Deutsch (16 %). Seitdem verschwand die russische Sprache immer mehr aus den Schulen, während Englisch einen sprunghaften und Deutsch einen gleichmäßigen Anstieg (und seit 2005 einen leichten Rückgang) verzeichneten. 2007/2008 lernten 75,5 % Englisch, 31,8 % Deutsch und nur 4,8 % Russisch als Wahlpflichtsprache. Die Verteilung der Sprachen ist in allen Schulstufen und -formen ähnlich. Die Beliebtheit des Faches Deutsch ist jedoch stark von der Geographie bedingt: Im Westen lernen doppelt bis dreimal so viele Schüler Deutsch wie im Osten. In der an die Bundesländer Brandenburg und Sachsen angrenzenden Woiwodschaft Lebus nimmt Deutsch sogar vor Englisch die Spitzenstellung unter den Fremdsprachen ein.

Das immense Interesse an Fremdsprachen Anfang der 1990er Jahre brachte den Bedarf an neuen Lehrwerken. Ab 1992 erschienen die ersten polnischen Lizenzausgaben deutscher DaF-Lehrwerke: Langenscheidts „Deutsch Aktiv Neu" für Erwachsene und „Wer? Wie? Was?" für Kinder. Der Weg zur kommunikativen Fremdsprachendidaktik im DaF-Bereich war geebnet. Durch die Erfolge, die der Deutschunterricht hier feierte, wurde Polen bald zu einem begehrten Absatzmarkt deutscher Verlage. Aus den Verlagshäusern LektorKlett, Langenscheidt Polska und Hueber Polska stammt fast die Hälfte der für den Schulunterricht angebotenen DaF-Titel. Seit 1999, dem Jahr einer tief greifenden Bildungsreform, die u. a. eine neue Schulform, das Gimnazjum mit den Jahrgangsstufen 7–9 als Mittelstufe zwischen der Grund- und Oberschule einführte, erscheinen zahlreiche Lehrwerkreihen polnischer Autoren. Erkennbar sind Bemühungen, die Inhalte und Übungsformen an die Bedürfnisse der jeweiligen Zielgruppe (Basis- vs. Fortsetzungs-, Grund- vs. Leistungskurs) und die zentral festgelegten Prüfungsanforderungen anzupassen. Inzwischen stehen den Deutschlehrern an allen Schultypen weit mehr als 50 vom Bildungsministerium bewilligte DaF-Lehrwerke zur Verfügung, von denen die meisten sich explizit nach nach dem 2003 in einer polnischen Fassung erschienenen Gemeinsamen Europäischen Referenzrahmen für Sprachen (GER) richten (vgl. Glaboniat, E2).

Seit den 1970er Jahren entstanden an allgemeinbildenden Oberschulen Klassen mit erweitertem Fremdsprachenunterricht, d. h. mit einer von drei auf sechs erhöhten wöchentlichen Stundenzahl für Französisch, Englisch oder Deutsch. Noch früher wurde das Pilotprojekt „bilinguale Klassen" initiiert. Neben einem intensiven Kurs in der Zielsprache wurden mehrere Sachfächer in dieser Sprache unterrichtet (vgl. Batári/Vámos, F2; Bleichner/Dietrich-Chénel, F3). Fester Bestandteil des Bildungssystems sind die bilingualen Klassen seit dem Schuljahr 1991/1992. Inzwischen bestehen sie an knapp 100 Grund-, Mittel und Oberschulen, von denen 36 Deutsch als zweite Unterrichtssprache anbieten. Besonders viele bilinguale Schulen mit Deutsch gibt es in den von der deutschen Minderheit bewohnten Gebieten (hauptsächlich in der Woiwodschaft Oppeln). Dort existieren auch zweisprachige Grundschulen und Kindergartengruppen. Zurückzuführen ist dies auf die besondere Stellung der deutschen Sprache in Polen, die als einzige gleichzeitig den Status einer Fremd- und einer Minderheitensprache besitzt. Mit 4 % Bevölkerungsanteil sind die Deutschen die größte Minderheit in Polen.

3.2 DaF-Prüfungen

Einer breiten Nachfrage erfreuen sich in ganz Polen die Prüfungen zum Deutschen Sprachdiplom der Kultusministerkonferenz (DSD). Das Diplom wird an über 70 Schulen abgehalten, die einen kontinuierlichen DaF-Unterricht mit ausreichend hoher Wochenstundenzahl bieten, und kann in zwei Stufen erworben werden. Das seit 1997 in der Abiturklasse abgelegte DSD II entspricht dem Niveau C1 in der Skala des GER und gilt als Nachweis der für ein Studium an einer deutschen Hochschule erforderlichen Sprachkenntnisse. 2008 erhielten die ersten polnischen Mittelschulen die Genehmigung zur Abhaltung der DSD-Prüfung Stufe I (Niveau B1, vgl. Glaboniat, E 2).

Eine Besonderheit im polnischen Schulsystem stellt die 2005 auf Basis der Botschaftsschule gegründete deutsch-polnische „Willy-Brandt-Schule" in Warschau dar, deren Abschlüsse in beiden Ländern anerkannt sind.

Die aktive Sprachenpolitik des polnischen Staates kommt in den Regelungen des Bildungsministeriums zum Ausdruck. Seit 2007 wird als erstes Bildungsziel die Befähigung zur mündlichen und schriftlichen Kommunikation in der Muttersowie in einer Fremdsprache deklariert (Bildungsminister 2007). Seit dem Schuljahr 2008/2009 ist der Fremdsprachenunterricht bereits in der Primärstufe verpflichtend, ab 2009/2010 kommt ab der Jahrgangsstufe 7 eine zweite Fremdsprache obligatorisch hinzu. Eine schriftliche und mündliche Prüfung in einer modernen Fremdsprache ist ein Pflichtbereich des zentral gestellten und beurteilten sog. „Neuen Abiturs" (seit 2005). Auch die vereinheitlichte Prüfung am Ende der Mittelstufe beinhaltet (seit 2009) neben dem humanistischen und dem mathematisch-naturwissenschaftlichen Teil einen schriftlichen Fremdsprachentest. Das nationale Curriculum bezieht die schulischen Anforderungen für Fremdsprachen auf die Niveaus des GER. So entspricht ein durchschnittliches Abiturergebnis beim Grundkurs dem Niveau B1 und beim Leistungskurs B2.

Das Zahlenverhältnis der Sprachen bei den Prüfungen stimmt mit der allgemeinen Beliebtheit von Fremdsprachen an polnischen Schulen überein: 2009 haben 78 % der Abiturienten Englisch und 15 % Deutsch (davon 63.139 Prüflinge im Grund- und 5650 im Leistungskurs) gewählt. In der Prüfung nach der Mittelstufe waren es entsprechend 77 % gegenüber 21 %. Das unterschiedlich große Interesse an den beiden Fremdsprachen deckt sich mit der Nachfrage nach Sprachkenntnissen auf dem Arbeitsmarkt. Englisch wird in den Stellenangeboten mehr als viermal häufiger als Voraussetzung genannt als Deutsch.

Reisefreiheit und leichterer Zugang zu europäischen Arbeitsmärkten steigerten den Bedarf an Sprachkenntnissen, was in den 1990er Jahren einen enormen, bis heute andauernden Boom für private Sprachschulen auslöste. 2005 bestanden knapp 7000 registrierte Sprachschulen, von denen 3477 Deutsch anboten. Prüfungszentren des Goethe-Instituts führen in 16 Großstädten Prüfungen auf allen

Stufen der Kompetenzskala des GER einschließlich der Zertifizierung berufs-
sprachlicher Deutschkenntnisse durch.

Insgesamt lernen – laut einer Datenerhebung der Ständigen Arbeitsgruppe
Deutsch als Fremdsprache vom Jahre 2006 – 2.208.300 Polen (5,78 % der Bevölkerung) Deutsch.

3.3 Ausbildung von Deutschlehrern

Als Reaktion auf die wachsende Nachfrage nach „westlichen" Fremdsprachen
wurden 1990 und kurz danach fast 90 Fremdsprachenlehrerkollegs gegründet.
An diesen Einrichtungen wurden in einem dreijährigen Studium Lehrerinnen
und Lehrer für die Fächer Deutsch, Englisch oder Französisch ausgebildet. Der
Kollegabschluss berechtigte in den 1990er Jahren zum Unterrichten an allen polnischen Schultypen (einschließlich Kindergarten).

Mit fortschreitender Bildungsreform wuchsen die Anforderungen an die Lehrkräfte. Für eine Festanstellung (zunächst nur an einer Oberschule und dann im
staatlichen Schuldienst überhaupt) war bald der Magisterabschluss notwendig,
so dass die Absolventen der Lehrerkollegs ihre Ausbildung durch ein weiterführendes Magisterstudium (Germanistik, Anglistik oder Romanistik) an einer
Universität ergänzen mussten. Da die Ausbildung an den Kollegs unter Leitung
und Betreuung der benachbarten Universitäten erfolgte, wurden alle erbrachten
Studienleistungen von diesen anerkannt.

Der enorme Bedarf an Fremdsprachenlehrern, der die Grundlage für die Entstehung der Kollegs nach 1990 war, ist mittlerweile gedeckt. Nach über 20 Jahren
ihres Bestehens werden die Fremdsprachenlehrerkollegs aufgelöst. Die Fremdsprachenlehrkräfte werden nun in neuphilologischen Studiengängen mit Schwerpunkt Didaktik sowohl an staatlichen als auch an privaten Hochschulen und Universitäten ausgebildet. Es handelt sich um ein 3-jähriges Studium mit Diplomab-
schluss ergänzt durch ein 2-jähriges weiterführendes Studium mit Magisterabschluss.

4 Begegnungen mit der deutschen Sprache

Bis 1989 waren internationale Kontakte und interkulturelle Begegnungen für
Polen nur begrenzt möglich. Im Bereich der deutschen Sprache waren damals
zwei kulturelle Einrichtungen tätig: das 1965 gegründete Österreichische Kultur-
forum Warschau, das dem polnischen Publikum Kunst und Künstler Österreichs
präsentierte, sowie das Kultur- und Informationszentrum der DDR mit Zweigstellen in Warschau (1967–1990) und Krakau (1973–1990), das u. a. Zugang zu
deutschsprachigen Bibliotheken bot.

Schon am 10. November 1989 unterzeichnete die erste nichtkommunistische Regierung Polens ein Abkommen, auf dessen Grundlage das Goethe-Institut 1990 in Warschau und ein Jahr später in Krakau seine Arbeit aufnahm. Seit 1997 ist auch das Österreich-Institut mit den Zweigstellen in Warschau, Krakau und Breslau in Polen vertreten.

Gleichzeitig mit dem Beschluss über die Errichtung des Goethe-Instituts verein-barten die beiden Regierungschefs die Gründung des Deutsch-Polnischen Jugendwerkes, das nach dem Vorbild des deutsch-französischen Pendants für den gegenseitigen Jugendaustausch zuständig ist. Am 17. Juni 1991, dem Tag der Unterzeichnung des deutsch-polnischen Nachbarschaftsvertrags, bekam das DPJW seine rechtlichen Grundlagen und nahm nach einer Vorbereitungsphase zum 1. Januar 1993 seine Tätigkeit auf. Bis 2008 wurden bei den Austauschmaß-nahmen insgesamt knapp 1.870.000 deutsche und polnische Teilnehmer gezählt (DPJW 2009).

Intensiv sind auch die deutsch-polnischen Beziehungen im Hochschulbereich. Seit 1998 ermöglicht das Erasmus-Programm polnischen Studierenden Studien-aufenthalte im europäischen Ausland. In den Jahren 1998–2008 entschieden sich die größte Gruppe (über 27%) der mehr als 53.000 Stipendiaten aus Polen für ein Auslandssemester in Deutschland. Auch bei den Gaststudenten an polni-schen Hochschulen liegen die Deutschen mit über 22% vorn.

Studien- und Forschungsstipendien für Deutschland vergibt auch die Außen-stelle des Deutschen Akademischen Austauschdienstes in Warschau.

Nicht ohne Einfluss auf die Verbreitung der deutschen Sprache sind die privaten und beruflichen Kontakte mit dem deutschsprachigen Ausland, die 1991 nach der Abschaffung der Visapflicht zwischen der Republik Polen und der BRD deutlich leichter wurden. Weitere Schritte auf diesem Weg waren Polens EU-Bei-tritt am 1. Mai 2004 und die Öffnung der deutsch-polnischen Grenze am 21. Dezember 2007. Eine weitere Maßnahme, die die gegenseitigen Beziehungen vertiefen und damit den Deutschunterricht in Polen unterstützen soll, ist die Aufhebung des Arbeitsverbotes für polnische Staatsbürger 2011. Allerdings machen bis Abschluss dieses Artikels die Polen davon nur geringen Gebrauch.

Literatur

Arbeitsportale: [www.praca.pl, www.hrk.pl, www.pracuj.pl, www.praca.interia.pl, www.gazetapraca.pl] (05.04.2012)

Verordnung des Bildungsministers vom 23. August 2007, Text im Polnischen Gesetzblatt: Dziennik Ustaw 2007 Nr. 157 Punkt 1100

Chojnicka, Małgorzata (Bearb.): Oświata i wychowanie w roku szkolnym 2007/2008. Informacje i pracowania statystyczne. Warszawa: Główny Urząd Statystyczny 2008

Grucza, Franciszek: Deutschunterricht und Germanistikstudium in Polen. In: Helbig, Gerhard/Götze, Lutz/Henrici, Gert/Krumm, Hans-Jürgen (Hrsg.): Deutsch als Fremdsprache. Ein internationales Handbuch. 2. Halbband. Berlin/New York: de Gruyter 2001, 1528–1543

Kolanowska, Ewa (Bearb.): 10 lat Erasmusa w Polsce 1998–2008. Warszawa: Fundacja Rozwoju Systemu Edukacji 2008

Komorowska, Hanna (Hrsg.): Metodyka nauczania języków obcych w Polsce. Z wyborem tekstów z lat 1957–2007. Warszawa: CODN 2007

Komorowska, Hanna (Hrsg.): Nauczanie jezyków obcych. Polska a Europa. Warszawa: Wydawnictwo SWPS Academica 2007

Niezgoda, Ewa: O nauczaniu języków obcych. In: Języki Obce w Szkole 4/1984 (139), 291–300

Papiór, Jan: Sprachenpolitik in Polen. In: Glottodidactica. An International Journal of Applied Linguistics 22 (1994), 41–54.

Papiór, Jan: Der diachronische Kontext des Deutschunterrichtes in Polen. In: Barcikowska, H. (Hrsg): Konfiguracje. Konfigurationen. Beiträge und Untersuchungen zu polnisch-deutschen Kulturbeziehungen. Bydgoszcz 1996, 117–147

Poszytek, Paweł (Hrsg.): Edukacja językowa w Polsce. Język narodowy, regionalny, języki obce oraz języki mniejszości narodowych i etnicznych. Language Education Policy Profile. Warszawa: MEN 2005

Statistisches Hauptamt der Republik Polen. In: Education in the school year 2007/2008. Auf: [http://www.stat.gov.pl/gus/5840_3430_PLK_HTML.htm] (aktuelle Angaben von 2012-12-04 gesehen am 2.3.2013)

Świdwiński, S. (Hrsg.): Ogólnopolski Zjazd Oświatowy w Łodzi 18–23 czerwca 1945. Warszawa: Państwowe Zakłady Wydawnictw Szkolnych 1945

MARGARETE OTT

G 9 Deutsch in Osteuropa: Russland

1 Einleitung

Zu Zeiten des Kalten Krieges bildete sich für die europäische Sowjetunion und die unter ihrem Einfluss stehenden Staaten der Begriff Osteuropa heraus. Die politische Wende 1989 führte u. a. zur Selbstständigkeit früherer Sowjetrepubliken und zu einer politischen und gesellschaftlichen Neuorientierung ehemaliger 'Ostblock-Staaten'. Mittlerweile wird meist eine Unterscheidung zwischen Ost-, Mittelost- und Südosteuropa praktiziert, wobei häufig keine eindeutige Zuordnung möglich ist. Osteuropa umfasst in erster Linie Russland und die anderen europäischen GUS-Staaten.

In den sozialistischen Ländern standen Bildung und Wissenschaft im Fokus der Aufmerksamkeit, angestrebt war eine 'Demokratisierung der Bildung' (vgl. Bachmeier 1995, 31). Einen Beitrag dazu leisteten die nach dem Zweiten Weltkrieg eingeführten und bis heute aktuellen Studienformen des Fern- und Abendstudiums, die außerhalb von Universitätsstandorten bzw. Berufstätigen ein Studium ermöglichen. Allerdings galt für das gesamte Bildungswesen eine einheitliche marxistisch-leninistische Ausrichtung und strikte staatliche Kontrolle. Seit den 1970er Jahren kam es zu einer Steigerung des wissenschaftlichen Austausches mit westlichen Ländern und einer zunehmenden Verselbstständigung der nationalen Bildungssysteme mit unterschiedlichen Liberalisierungen, aber bis 1989 konnten die Deformationen, hervorgerufen durch Jahrzehnte der bürokratischen Zentralisierung und der Unterwerfung der Wissenschaft unter politische und ökonomische Ziele, nicht überwunden werden (Bachmeier 1995, 37 f.). Mit der politischen Wende setzte eine Westorientierung ein, während die Kooperation osteuropäischer Länder untereinander kaum mehr vorhanden ist. Bachmeier (1995, 40) verweist auf die Gefahr einer „Instrumentalisierung von Wissenschaft und Hochschulwesen unter dem Druck wirtschaftlicher Anforderungen" und die „eines Bildungs- und Wissenschaftskolonialismus, da das Prinzip der Reziprozität nicht mehr gewahrt wird …".

Über Germanistik und Deutsch in Osteuropa informieren u. a. der Band 'Germanistik in Mittel- und Osteuropa' (König 1995) und das Handbuch Deutsch als Fremdsprache (Helbig u. a. 2001). Das germanistische Jahrbuch 'Das Wort' dokumentiert die jährlich in der Russischen Föderation stattfindende Germanistikkonferenz des DAAD und publiziert freie Beiträge aus den Bereichen Germanistik und Deutsch als Fremdsprache in Russland und Osteuropa.

2 Deutsch in Russland: geschichtliche Aspekte

Intensive Kultur-, Wirtschafts- und Wissenschaftsbeziehungen zu den deutschen
Ländern waren charakteristisch für das monarchische Russland, Deutsch war bis
in die Vorkriegszeit die meist erlernte Fremdsprache in der Sowjetunion und für
einen nicht unbedeutenden Teil der Bevölkerung war es Mutterspsprache.

Die Einwanderung aus deutschsprachigen Ländern erlebte einen ersten Höhe-
punkt unter Peter I. (1672–1725), der für den Aufbau seines Reichs Fachleute
aus verschiedensten Bereichen suchte (vgl. Brandes 1993, 86ff.). Die massive
Anwerbung von Kolonisten durch Katharina II. (1729–1796) im Zuge ihrer
Besiedlungspolitik führte zu einem zweiten Einwanderungshöhepunkt. Zugesi-
cherte Privilegien betrafen neben ökonomischen Vorteilen Religionsfreiheit und
kulturelle Eigenständigkeit, einschließlich deutschsprachiger Schulen (Brandes
1993, 89f.). In der Region Saratow an der Wolga entstand ein relativ geschlosse-
nes Siedlungsgebiet mit deutschsprachigen Verlagen, Schulen und pädagogischen Instituten, was eine positive Ausstrahlung auf die Stellung des Deutschen
im ganzen Land hatte (Domaschnew 2001, 1556). In sowjetischer Zeit erfolgte
hier die Gründung der Autonomen Sozialistischen Sowjetrepublik der Wolga-
deutschen mit Deutsch als Amts- und Unterrichtssprache. Bei der Gründung
1924 waren zwei Drittel der Einwohner deutschstämmig (Schippan/Striegnitz
1992, 170). Während des Zweiten Weltktriegs wurde die Republik aufgelöst und
die deutschstämmige Bevölkerung deportiert. Eine zunehmende Rehabilitie-
rung erfolgte seit 1955, ab 1957 bestand wieder das Recht auf Unterricht in der
Muttersprache (Brandes 1993, 130ff). Als gegen Ende des 20. Jahrhunderts die
Ausreise nach Deutschland erheblich erleichtert wurde, nutzte die große Mehrheit diese Chance. So leben heute in der BRD mehr als 2 Millionen Aussiedler
aus dem Gebiet der ehemaligen Sowjetunion. Im heutigen Russland spielt die
ehemals bedeutende Volksgruppe kaum mehr eine Rolle.

Die Erforschung 'wolgadeutscher Mundarten' im ersten Drittel des 20. Jh.
durch Georg Dinges (1923) bildete den Anfang germanistischer Forschung in
Russland, bedeutende sprachgeschichtliche Forschungen folgten. Zu nennen ist
v.a. der Dialektologe, Literatur- und Sprachwissenschaftler Viktor Schirmunski
(Babenko 2006, 86). Nach 1945 erlangten vornehmlich linguistisch ausgerichtete
Arbeiten international Bedeutung, wie z.B. die von Admoni und Moskalskaja
(Babenko 2006, 88; Betten 2006). Dabei profitierte die russische Germanistik
vom intensiven Austausch mit DDR-Linguisten.

3 Deutsch als Schulfach

Nach dem Zweiten Weltkrieg wurde Deutsch zurückgedrängt, bevorzugt sollte
nun Englisch erlernt werden. Realisiert wurde dies v.a. in den großen Städten,

aber noch in den 1970er Jahren gab es ein Gleichgewicht zwischen Englisch und
Deutsch. 2009 steht Englisch – wie in ganz Europa – unangefochten an erster
Stelle, an zweiter Stelle folgt Deutsch (Tab. 1).

Tab. 1 Deutschlerner im Vergleich

Schuljahr	2000/2001	2004/2005	2008/2009
Schüler mit Deutsch als 1. FS – gesamt	3.721.964	2.250.422	1.612.512
Schüler mit Englisch als 1. FS – gesamt	10.046.545	9.065.395	9.165.096
Schüler mit Französisch als 1. FS – gesamt	908.662	562.676	434.902
Gesamtschülerzahl	k. A.	16 009 588	12 974 729

Quelle: Lukjantschikowa (2009)

Innerhalb von acht Jahren konnte Englisch seine Position weitgehend behaupten, aber die Zahl der Deutschlerner verringerte sich um mehr als die Hälfte, was
auf einem wesentlich niedrigeren Niveau ebenso für Französisch gilt. Dies ist der
höheren Attraktivität des Englischen, aber auch dem dramatischen Absinken
der Schülerzahl geschuldet (Tab. 1 u. 2).

Tab. 2 Entwicklungen 2005–2009

Rückgang Gesamtschülerzahl	– 18,95 %
Rückgang Deutsch als 1. FS	– 28,34 %
Rückgang Französisch als 1. FS	– 27,13 %
Zuwachs Englisch	+ 1,09 %

Quelle: Lukjantschikowa (2009)

Deutsch als zweite Fremdsprache entwickelte sich hingegen leicht positiv, wenngleich mit relativ niedriger Schülerzahl; Deutsch als Minderheitensprache (MS)
ist nur noch in geringem Maße mit leicht rückläufiger Tendenz vertreten
(Tab. 3).

Tab. 3 Deutsch als 2. FS und als MS

Schuljahr	2006/2007	2007/2008	2008/2009
Schüler mit Deutsch als 2. FS	153.944	155.099	164.524
Schüler mit Deutsch als MS	2 482	2 372	2 336

Quelle: Lukjantschikowa (2009)

In Russland folgt der vierjährigen Primarstufe die fünfjährige Mittelstufe und
danach die zweijährige Oberstufe. Ca. 10 % der Schulen bieten erweiterten
Unterricht in einem bestimmten Fachbereich an, z. B. Naturwissenschaften oder
Sprachen. Daneben gibt es neuerdings das siebenjährige Gymnasium und zwei-
bis vierjährige technisch-naturwissenschaftliche Lyzeen. Die erste Fremdsprache wird ab Klasse drei oder vier erlernt, an Schulen mit erweitertem Sprachunterricht ab Klasse eins oder zwei. Schulen mit erweitertem Deutschunterricht
gab es in den 1970er Jahren ca. 100 (Domaschnew 2001, 1558), bis zum Schuljahr
2001/2002 erhöhte sich die Anzahl auf 219 und nahm dann wieder ab: 2008/09
waren es noch 139 Schulen mit 29945 Schülern (Lukjantschikowa 2009). Die
rückläufigen Zahlen schränken die Möglichkeiten des Deutschlernens immer
stärker ein. Lt. Angaben des Bildungsministeriums im Jahr 2011 hat sich die Zahl
der Schulen, in denen Deutsch unterrichtet wird, in den letzten 10 Jahren hal-
biert (Karsch 2011, 164)

Bereits seit den 1960er Jahren wurde der größte Teil der deutschsprachigen Minderheit nicht in Nationalitätenklassen mit Deutsch als Unterrichtssprache, sondern in Klassen mit Deutsch nach erweitertem Programm unterrichtet. Schwierigkeiten ergaben sich, wenn die Unterrichtssprache Russisch unzureichend
beherrscht und das Deutsche nur als dialektale Variante gesprochen wurde (Jahn
1964, 682).

4 Germanistik und Deutsch an Hochschulen

Zu Beginn des 21. Jh. lernen noch ca. eine $3/4$ Mio. Studierende Deutsch; ca.
80 % aller russischen Hochschulen bieten das Fach in unterschiedlichen Lehr-
strukturen an (vgl. Sdvižkov 2002, 312 ff.), wobei ein deutlicher Rückgang im asiatischen Russland zu verzeichnen ist (Sdvižkov 2002, 323). Eine Umfrage von
2010/11 zeigt jedoch stark rückläufige Zahlen für ganz Russland (Karsch 2011,
162 ff.).

Fremdsprachenlehrer werden an pädagogischen Universitäten in zwei Fremdsprachen ausgebildet (Deutsch meist in Verbindung mit Englisch), aber auch
Absolventen linguistischer oder philologischer Universitäten können als Lehrer
tätig werden. Schulpraktika, Fachmethodik und Erziehungswissenschaft sind an
pädagogischen Universitäten im Curriculum verankert, Absolventen anderer
Studiengänge müssen sich obligatorisch in Methodik fortbilden. Doch nur ca.
20% der Absolventen ergreifen den Lehrerberuf. Dies liegt zum einen an attrak-
tiveren Möglichkeiten außerhalb der Schule, zum anderen am abnehmenden
Bedarf. So ist innerhalb von fünf Jahren ein Rückgang von 10 000 Deutsch-Lehr-
kräften auf 24696 im Jahr 2009 zu verzeichnen (Lukjantschikowa 2009).

„Zum Studienjahr 2010/11 wurde außer für Medizin das zweistufige Studiensystem mit einem vierjährigen Bachelor (Bakalavr) und einem zweijährigen

Master (Magister) verbindlich" (Berghorn 2012, 166). Gemäß den seit 2011 verbindlichen Bildungsstandards sollen im Fach 'Theorie und Unterrichtsmethodik von Fremdsprachen und Fremdkulturen' in einem kompetenzbezogenen Ansatz die Interessen der Studierenden und die Anforderungen der Gesellschaft aufeinander abgestimmt werden (vgl. Voronina 2006, 51). Neben landesweit festgelegten Inhalten gibt es föderale und regionale Komponenten, sowie Wahlpflicht- und Wahlfächer (Voronina 2006, 52 f.). Befragte Studierende sehen qualitativ keinen Unterschied zu bisherigen Diplomstudiengängen (Radčenko 2008, 14), zumal es bis dato wenig Wahlfreiheiten gibt (Radčenko 2008, 19). Kemper (2008) kritisiert von außen herangetragene Forderungen bezüglich des Bologna-Prozesses als häufig nicht sachangemessen, da sie die spezifische Ausgangslage der russischen Germanistik, in der z. B. immer schon ganz gezielt für bestimmte Berufsfelder ausgebildet wurde, nicht berücksichtigen (vgl. Kemper 2008, 52).

Durch BA-/MA-Studiengänge wird nach Kataeva (2005, 66) die Germanistik verstärkt in verschiedene Anwendungsbereiche projiziert. Zaičenko (1994, 87) argumentiert, dass Deutsch in erster Linie nicht als Kommunikations- sondern als Fachfremdsprache zu sehen ist. Diese These wird gestützt durch die bevorzugt verwendeten Lehrwerke, meist russischer Provenienz (Sdvižkov 2002, 321 f.). Deutschkenntnisse werden teilweise noch als Karriereplus betrachtet. Die zukünftige Bedeutung ist nach Kataeva (2005, 62 f.) davon abhängig, ob Deutsch seine Stellung als wichtige europäische Verkehrssprache beibehalten bzw. ausbauen kann. Eine intensive Förderung mit landesweiter Ausstrahlung erfährt die Germanistik durch das Institut für Deutsch-Russische Literatur- und Kulturbeziehungen an der Russischen Staatlichen Geisteswissenschaftlichen Universität (RGGU) in Moskau (Berghorn 2012, 172).

5 Methodik

In der Stalinära wird eine Fremdsprache obligatorisch; unterrichtet wird mit einheitlichen Lehrbüchern nach der sog. bewusst-vergleichenden Methode, einer Variante der Grammatik-Übersetzungs-Methode (Schiff 1963, 812 f.). Die Reform von 1958 stellt dagegen die praktische Beherrschung der Fremdsprachen in den Vordergrund, die 'direkte Methode neuer Art' wird propagiert, Schulen mit verstärktem Fremdsprachenunterricht werden geschaffen und Fremdsprachenunterricht ist teilweise bereits im Kindergarten möglich (Schiff 1963, 814).

Die direkte Methode setzt eine einwandfreie Beherrschung der gesprochenen Fremdsprache voraus, was bei traditionell ausgebildeten Lehrkräften nicht unbedingt gegeben war. Deutsch hatte den Vorteil, dass auf Lehrer mit deutscher Muttersprache zurückgegriffen werden konnte (vgl. Schiff 1963, 814). In diesen Jahren entstehen weitere deutsche Fachabteilungen, um dem oft niedrigen Ausbildungsstand der Deutschlehrer entgegenzuwirken (vgl. Jahn 1964, 682 f.).

Spätestens seit den 1980er Jahren ist die 'Befähigung zum fremdsprachigen Kommunizieren' anerkanntes Unterrichtsziel. Die oft unzureichenden Unterrichtsergebnisse führt Passov auf fehlende theoretische Grundlegung zurück (vgl. Passov 1987, 258). Nach Passov ist Kommunikation eine Tätigkeit im Sinne der kulturhistorischen Schule. Der Unterricht soll den Kommunikationsprozess als Modell abbilden und zur „Aneignung fremdsprachiger Kultur mit dem Ziel der Entwicklung sozialistischer Persönlichkeiten" (Passov 1987, 259) führen. Einheiten der Kommunikation sind Akte sozialer Wechselwirkung, modelliert mittels kommunikativer Aufgaben, die spezifische Kommunikationssituationen widerspiegeln (Passov 1987, 260). Inhaltliche Basis sind zu erörternde Probleme, als Auswahlkriterien dienen „die altersspezifischen Interessen der Lernenden, der Kontext ihrer Tätigkeit sowie interdisziplinäre Verbindungen" (Passov 1987, 261). Gefordert wird eine system- und strukturbezogene Unterrichtsplanung, die neben den allgemeinen interaktiven Komponenten den Tätigkeitsbezug berücksichtigt (Passov 1987, 261).

Eine Sonderform, v. a. an Hochschulen angewandt, ist die auf den bulgarischen Suggestologen Georgi Losanow zurückgehende Intensivmethode, die durch Aktivierung der geistigen, voluntativen und emotional-kreativen Reserven der Lernenden zu einer lustbetonten, schöpferischen Aneignung sprachlicher Kompetenz führen will (vgl.dazu Buchbinder u. a. 1989). Die Autorin von Deutschlehrbüchern I. L. Bim unterstreicht die Bedeutung des Lehrbuchs, das im kommunikativen Unterricht motivierende, informierende, kontrollierende und pragmatische (kommunikative) Funktionen übernimmt (Bim 1987, 265 f.). Schülern sollen mithilfe des Lehrbuchs „Möglichkeiten zur praktischen sprachlichen Betätigung in lebensnahen Situationen (echten oder simulierten) geboten werden" (Bim 1987, 266).

Im Gefolge der politschen Wende erlebt Russland eine starke Annäherung an die in Westeuropa diskutierte Fremdsprachendidaktik und -methodik, einschließlich der Verbreitung im Westen produzierter Lehr- und Lernmaterialien. Kataeva (2005, 60) fordert eine Berücksichtigung der Landesspezifik und der in Russland bewährten Methoden bei der Vermittlung des Deutschen als Fremdsprache. Seit 1999 erscheint 'vitamin de', eine von Omsker Deutschlehrerinnen initiierte Zeitschrift für DeutschlehrerInnen und Deutschlernende. Im Deutschlandjahr in Russland 2012/13 startet u. a. die Bildungsinitiative 'Lern Deutsch!', zum erstenmal findet ein gesamtrussischer Deutschlehrertag statt und ein Deutschlehrerpreis wird ausgelobt. Damit Deutsch gegenüber der 'Modesprache' Englisch überhaupt eine Chance bekommt, ist intensive Überzeugungsarbeit durch engagierte Deutschlehrer notwendig, so eine der Preisträgerinnen (Siemers 2013, 2).

Literatur

Babenko, Natalija S.: Germanistik in Russland: Leistungen, Positionierung und Perspektive einer linguistischen Disziplin. In: Russische Germanistik. Moskau 2006, 83–91 (Jahrbuch des Russischen Germanistenverbandes 2)

Bachmeier, Peter: Die Wissenschaftspolitik in Osteuropa von 1945–1993. In: König (Hrsg.) 1995, 30–41

Berghorn, Gregor: Moskau – Widersprüche nehmen zu. In: DAAD (Hrsg.): Berichte der Außenstellen des Deutschen Akademischen Austauschdienstes 2011, Bonn 2012, 161–174 [https://www.daad.de/berichte/Aussenstellenbericht_2011.pdf] (1.5.2013)

Betten, Anne: In memoriam Wladimiri Admoni. Fachliche und persönliche Anmerkungen: In: Russische Germanistik. Moskau 2006, 64–75 (Jahrbuch des Russischen Germanistenverbandes 2)

Bim, I. L.: Einiges zu den Grundlagen einer Fremdsprachenlehrbuchtheorie. In: Deutsch als Fremdsprache 24 (1987) Heft 5, 263–267

Brandes, Detlef: Die Deutschen in Rußland und der Sowjetunion. In: Bade, Klaus J. (Hrsg.): Deutsche im Ausland – Fremde in Deutschland. München ³1993, 85–134

Buchbinder, V. A./Dvoržeskajya, M. P./Kitaigorodskaja, G. A.: Über die Neubewertung von Traditionen und die Perspektiven eines intensiven Fremdsprachenunterrichts. In: Deutsch als Fremdsprache 26 (1989) Heft 2, 65–70

Dinges, Georg: Über unsere Mundarten. In: Beiträge zur Heimatkunde des deutschen Wolgagebiets, Pokrowsk (heute: Engels) 1923. Eine Verarbeitung des Datenmaterials erfolgte in: Berend, Nina (Hrsg.): Wolgadeutscher Sprachatlas: Aufgrund der von Georg Dinges 1925–1929 gesammelten Materialien. Tübingen: Francke 1997

Domaschnew, Anatoli: Deutschunterricht und Germanistikstudium in Russland. In: Helbig/Götze/Henrici/Krumm (Hrsg.) 2001, 1556–1560

Helbig, Gerhard/Götze, Lutz/Henrici, Gert/Krumm, Hans-Jürgen (Hrsg.): Deutsch als Fremdsprache: ein Internationales Handbuch, 2. Halbbd. (Handbücher zur Sprach- und Kommunikationswissenschaft 19/2). Berlin / New York: de Gruyter 2001

Jahn, Dieter: Deutschunterricht nach 'Erweitertem Programm' in der Sowjetunion. In: Osteuropa 14 (1964) Heft 9, 681–684

Karsch, Stefan: Deutschunterricht an russischen Hochschulen. In: Das Wort (2011), 161–169

Kataeva, Stalina G.: Motive für das Lernen der deutschen Sprache und für das Studium der Germanistik in Russland. In: Das Wort (2005), 57–70

Kemper, Dirk: Wissensarchäologie statt Bologna-Falle. Annäherungen an die russische Germanistik als Wissenschaft. In: Dirk Kemper/Iris Bäcker (Hrsg.).: Deutsch-russische Germanistik. Moskau 2008, 46–65 (Thomas-Mann-Lehrstuhl an der RGGU Moskau, Schriftenreihe, 1)

König, Christoph (Hrsg.): Germanistik in Mittel- und Osteuropa. 1945–1992. Berlin / New York: de Gruyter 1995

Lukjantschikowa, Maria (Beauftragte für Bildungskooperation Goethe-Institut Moskau): Statistisches Material, zusammengestellt auf der Basis von Statistiken des russischen Bildungsministeriums von den Beauftragten für Bildungskooperation, Goethe-Institut Moskau. Moskau 2009

Passov, E. I.: Kommunikativität als Methodologie des modernen Fremdsprachenunterrichts. In: Deutsch als Fremdsprache 24 (1987) Heft 5, 258–262

Radčenko, Oleg A.: Russland im Bologna-Fieber. In: Das Wort (2008), 11–20

Schiff, Bernhard: Fremdsprachenunterricht in der Sowjetunion. In: Osteuropa 13 (1963) Heft 11/12, 810–817

Schippan, Michael/Striegnitz, Sonja: Wolgadeutsche. Berlin: Dietz 1992

Sdvižkov, Denis A.: Deutsch an russischen Hochschulen – eine Umfrage des DAAD. In: Das Wort (2002), 311–323

Siemers, Wilhelm: Deutschlehrerpreis – Eine riesengroße Freude. In: vitamin de 2013/ Ausgabe 56, Regionalausgabe Russland, 1–4 [www.vitamin.de/index.php/russland/ deutschlehrerpreis.html] (Zugriff am 14.4.2013)

Voronina, Galina: Zur Umgestaltung der germanistischen Linguistik-Ausbildung an russischen Hochschulen. In: Das Wort (2006), 49–55

Zaičenko, N.: Fremdsprachenunterricht bei der Hochschulausbildung in neuen Fachgebieten. In: Das Wort (1994), 86–91

Zeitschriften im Internet

Das Wort. Germanistisches Jahrbuch Russland. [www.daad.ru/e-wort.htm]

vitamin de. Journal für junge Deutschlerner. [http://www.vitaminde.de/]

ELISABETH F. BASTECK

G 10 Deutsch als Fremdsprache in Spanien

1 Einleitung

Im zentralistischen Staatsgebilde Spaniens mit seinen 17 „Comunidades Autonomas" (vergleichbar den deutschen Bundesländern) ist die Situation der Lehre
der deutschen Sprache und Literatur im Bildungssystem heterogen und nur teilweise logistisch erfasst. Trotz der Mitgliedschaft Spaniens in der EU seit 1986 und
zahlreicher Angebote (z. B. Comenius-Projekte für Schulpartnerschaften, ein
reger Erasmus-Studenten-Austausch) im Bereich der Fremdsprachenlehre ist
eine zweite bzw. dritte Fremdsprache nicht fest im öffentlichen Schulwesen verankert. Auch die intensiven Wirtschaftsbeziehungen zwischen Spanien und
Deutschland finden kein Echo bei den spanischen Bildungsbehörden: nur 1,4 %
aller spanischen SchülerInnen lernten im Schuljahr 2007/2008 Deutsch. Dies
steht im Widerspruch zu der Tatsache, dass im Jahr 2008 in Spanien 20,5 % der
TouristInnen aus Deutschland (10,1 Mio.), Österreich und der Schweiz kamen
(Dräxler 2009, 161; Löffler u. a. 2010). Das Deutsch-Lehrangebot erfolgt in Spanien traditionell nur zu ca. 60 % im öffentlichen Bildungsbereich und hier vorwiegend in der Sekundarstufe (79,1 % der Lernenden sind 13 – 18 Jahre alt),
78,4 % davon lernen es als zweite Fremdsprache.

Im privaten Bildungsbereich, der immer noch stark von kirchlichen Angeboten
dominiert wird, ist das Deutschlehrangebot seit 1994 von ca. 63 % auf 70,6 % im
Jahr 2006 gestiegen (Goetze 1996, 225; Zimmermann 2002, 255; Dräxler 2006, 1;
2009, 162). Dies hat zur Folge, dass inhaltliche Diskussionen innerhalb der spanischen Deutschlehrverbände, der spanischen Germanistik (erst 1996 Gründung
des spanischen Dachverbands der Germanisten, FAGE), sowie Analysen des
Goethe-Instituts stark durch Rechtfertigungsdruck bzw. Forderungen nach spra-
chenpolitischer Anerkennung bestimmt werden (vgl. z. B. das „Salamanca-
Manifest der spanischen Germanistik" 2002). Im Rahmen einer Grundlagenstu-
die für eine Werbekampagne des Goethe-Instituts Madrid 2006 (Institute in
Madrid und Barcelona, Nebenstellen in Granada und San Sebastian) wurde
einerseits eine Modell-Liste unterschiedlicher Pilotprojekte, z. B. im mehrsprachigen Sachfachunterricht, im bilingualen Grund- und Vorschulbereich („Educación Infantil, Preescolar") einzelner „Comunidades Autónomas" vorgestellt
(Andalusien, Aragonien, Kanarische Inseln, Kastilien-Leon, Kantabrien und
Madrid). Andererseits wird am Beispiel Andalusiens auf die fehlenden Stellen-
ausschreibungen für das Fach Deutsch an öffentlichen Schulen 2006/2007 hingewiesen, obwohl gleichzeitig für Gesamtspanien von 1995/96 bis 2006 laut

Statistik des „MEC" (Ministerio de Educación y Ciencia in Madrid) die Zahl der Deutschlernenden um 407% (sic!) angestiegen ist (Dräxler 2006, 1ff.). Die letzten Publikationen des spanischen Bildungsministeriums aus dem Schuljahr 2007/2008 sprechen von insgesamt 67.500 Deutschlernenden an öffentlichen und privaten Schulen (Löffler u. a. 2010, 14). Für alle Bildungssektoren gilt, dass heute in den Regionen, in denen Handel und Tourismus die größten Wirtschaftsfaktoren darstellen, auch das Angebot an Deutschunterricht über dem landesweiten Durchschnitt liegt (Madrid, Katalonien, Balearen und Kanarische Inseln) und somit auf die steigende Nachfrage reagiert wird.

2 Deutsch in der Schule

Das Angebot des Deutschunterrichts ist an spanischen Schulen traditionell sehr schwach, an den Universitäten etwas stärker und in der Erwachsenenbildung am stärksten vertreten (Jané Carbó/Wolff 1991, 204f.). Seit den 50er Jahren wurden an privaten (Sprach-)Schulen bzw. Bildungsinstitutionen, meist „Academias" genannt, die meisten Deutsch-Interessenten ausgebildet (Palau-Ribes 1981, 103; Goetze 1996, 222).

Mit dem Gesetz „Ley Orgánica del Derecho a la Educación" (LODE 1985) wurden öffentliche Bildungsinstitutionen mit privaten Bildungszentren nach einem **Dualitätsprinzip „öffentlich – privat"** zusammengefasst („régimen de conciertos educativos"). Damit wurde die Bildungshoheit der einzelnen „Comunidades Autonomas" zugleich von der Zentralregierung in Madrid unabhängig.

Auch nach den nächsten großen Bildungsreformen 1970, 1990 und 2006 blieb das Schulsystem gegliedert in die „Educación Primaria E. P." (ISCED[1]) bzw. „Régimen General Básica" genannt (1. bis 6. Grundschulklasse) und die „Educación Secundaria Obligatoria" (ESO, ISCED 2) (ab 12 bis 16 Jahre). Nach dem Abschluss „Bachillerato Unificado Polivalente" (BUP) können die beiden Sekundarschulklassen II („Formación Profesional de Grado Medio") als mittlere Berufsausbildungsstufe absolviert werden (vgl. Löffler u. a. 2010, 17ff. sowie Diez Asensio 1992, 564ff.). Anschließend besteht die Möglichkeit zur einjährigen Vorbereitung auf die Universität im „Curso de Orientación Universitaria" (COU) mit dem Abschluss „Bachillerato". Für den Fremdsprachenunterricht ist von Bedeutung, dass laut Gesetz den SchülerInnen nach der obligatorischen 1. Fremdsprache (Englisch) während der ESO („Educación Secundaria Obligatoria") in der Sekundarstufe I seitens der Schulen weitere Fremdsprachen als Wahlpflichtfächer angeboten werden sollen, dies aber nicht obligatorisch erfolgt. Nach Keim (2001, 1516) betrifft diese Regelung das Schulfach Deutsch

---

[1] ISCED = „International Standard Classification of Education" ist eine Klassifizierung von Schultypen, die von der UNESCO entwickelt wurde, nach Löffler u. a. (2010), 6

besonders, da es zu den klassischen zweiten bzw. dritten Fremdsprachen im spanischen Bildungswesen gehört. Zudem muss berücksichtigt werden, dass im spanischen Inland die offizielle Hochsprache Spanisch, das „Castellano", in einigen
„Comunidades Autonomas" (auf den Balearen, in Katalonien, Valencia, Gali-
zien, Baskenland) **nicht** die Verkehrs- und Unterrichtsprache an der Schule ist,
weswegen „Castellano"-bzw. Spanisch dann als 1. Fremdsprache zählt.

In der Gegenwart orientiert sich das Deutschlehrangebot an den vorhandenen
Stellen für Deutschlehrpersonen, deren Einrichtung von den regionalen Bedin-
gungen vor Ort abhängt; so spricht Orduña nach Einführung der LOGSE für
Katalonien von einer Zunahme des Deutschunterrichts um 325 % aufgrund der
Nachfrage (Orduña 2006, 132).

3 „Escuelas Oficiales de Idiomas" und die Deutschlehreraus-bildung

Der einzige staatlich erfasste und organisierte Schultyp für Fremdsprachen, die
„Escuela Oficiales de Idiomas" (EOI), ist eine nicht-akademische, preisgünstige
Bildungseinrichtung, die meist für junge Erwachsene (= 18 bis 30 Jahre alt, d. h.
SchülerInnen, StudentInnen, BerufsanfängerInnen, Arbeitslose oder interes-
sierte Privatpersonen) eine Sprachausbildung nach erfolgreichem Abschluss der
„Educación General Básica" anbietet (Ehlers 1996, 47–48). Nach Ende des
„Francismo" wurden Anfang der 80er Jahre viele EOIs gegründet, 166 Sprach-
schulen waren es im Jahr 1997, im Schuljahr 2007/2008 in ganz Spanien 288, an
denen 2007 laut „MEC" 11,4 % der Lernenden in Deutsch eingeschrieben waren
(in Englisch 57,9 %, in Französisch 16,7 %, in anderen Sprachen 14,1 %) (Bosch-
Roig 2000, 65; Dräxler 2006, 2). Die staatliche Erwachsenenbildung verzeichnet
von 1995/96 bis 2005/2006 einen Zuwachs von 29,7 %, bei denen wiederum die
Balearen, die Kanarischen Inseln und Katalonien mit jeweils über 13,4 % führen
(Dräxler 2009, 164). Die Ausbildung verläuft mit 4,5 Wochenstunden zweimal
wöchentlich in Vormittags- oder (stark besuchten) Abendkursen und kann nach
5 Jahren mit ca. 120 Stunden pro Jahr mit einem Abschlusszertifikat („Certifi-
cado de Aptitud") auf Mittelstufenniveau (B1) abgeschlossen werden. Dieses
Zertifikat berechtigt anschließend zum Unterrichten an Privatschulen oder mit
vorangegangener akademischer Qualifikation (irgendeiner Art) zur Lehre an
öffentlichen Schulen im Fach Deutsch. Hohe Abbruchquoten zwischen 85 % und
35 % deuten darauf hin, dass seitens der LernerInnen die Sprachlehre als zu
formlastig und realitätsfern empfunden wird (Ehlers 1996, 51f.; Bosch-Roig
2000, 84). Dies erklärt sich auch daraus, dass das Erziehungsministerium die
Lernziele aus dem (Sekundar-) Schulbereich auf die Erwachsenenbildung übertragen und damit zu hoch angelegt hat.

4 Deutsch an spanischen Universitäten

Das spanische Hochschulsystem wurde innerhalb der letzten 30 Jahre durch mehrere Hochschulreformen geändert: Hochschulreformen 1983 und 1993, Änderung des Hochschulrahmengesetzes 2002, Änderungen im Rahmen des Bologna-Prozesses 2007: „Espacio Europeo de Educación Superior" (EEES) (Zimmermann 2002, 256; Orduña 2006, 132 f.). Trotz der langen Tradition des Deutschen als Fremdsprache hat die **Germanistik** in Spanien eine kurze Tradition: 1952 wurde an der Universidad de Salamanca „probeweise" die „Sección de Filología Moderna" eingerichtet (Pérez Varas 1981, 73), 1953 wurde der Studiengang der „Deutschen Philologie" an der Universidad Complutense de Madrid und 1955 an der Universitat de Barcelona eingeführt. Laut Orduña (2006, 132) konnte man im Jahr 2005 an 8 spanischen Universitäten das Studienfach „Deutsche Philologie" als eigenständiges Studium und an 5 Universitäten innerhalb des Dolmetscher-/Übersetzerstudiums studieren. Dabei sieht das spanische Studiensystem keine Einteilung in Haupt- und Nebenfach vor.

Die letzten Publikationen des Goethe-Instituts Madrid sprechen von zunehmenden Lehrveranstaltungen an spanischen Universitäten im Fach „Deutsch als Fremdsprache": diese werden an insgesamt 46 Universitäten für Studierende der Germanistik, im Fach Dolmetschen/Übersetzen, Tourismus, Philosophie sowie für Hörer aller Fakultäten und auch an neu gegründeten Sprachzentren an ca. 60 Universitäten angeboten (Dräxler 2006, 2; Löffler u. a. 2010, 21). Studiert wird an spanischen Universitäten grundsätzlich **ein** Studiengang, für dessen Abschluss in festgelegter Prozentzahl auch Leistungsnachweise („créditos", insgesamt 300 für ein philologisches Studium) aus anderen Fächern angerechnet werden. Das spanische Studiensystem sieht traditionell keine wissenschaftliche Abschlussarbeit vor. Leistungsnachweise („créditos") werden in akkumulierender Weise „gesammelt", d. h. fast alle Seminare werden mit einer schriftlichen Prüfung abgeschlossen, in der die Lerninhalte abgefragt werden (Zimmermann 2002, 256). Nach der Studienreform 1993 werden die Germanistikstudien in drei Phasen („ciclos") unterteilt, in denen die Studienpunkte (1 „crédito" = 10 Unterrichtsstunden) zusammengezählt werden: 1. und 2. „ciclo" sind notwendig zum Studienabschluss „Licenciatura de Alemán" aus den Fachgebieten Sprachpraxis (Deutsch als Fremdsprache), Sprachwissenschaft/Linguistik, Literaturwissenschaft, Methodik/Didaktik des Deutschen als Fremdsprache und Landeskunde (Solino Pazó 2000, 95). Im sog. 3. „ciclo" findet (für wenige, die eine akademische Laufbahn anstreben) eine Spezialisierung statt, die zur Promotion führt. Seitens der Studierenden gibt es Klagen über die Überlastung durch unwichtige Lerninhalte und mangelnde Motivation, was zu hohen Abwesenheitsquoten führt (Basteck 2004, 183). Viele Studierende, die z. T. nebenher erwerbstätig sind, um die obligatorischen Studiengebühren bezahlen zu können, erarbeiten sich die Lerninhalte daher selbstständig und erwerben den Studienabschluss durch die Ansammlung bestandener Prüfungen oder brechen ab (erste Forschungsansätze bei Basteck 2004, 58; 318). Von der allmählichen Umstellung der Studiengänge im Rahmen des Bologna-Prozesses gibt es Hinweise darauf, dass Deutsch jetzt häufiger gewählt wird, so dass eine positive Entwicklung (auf niedrigem Sprachniveau) erhofft wird (Löffler u. a. 2010, 23), allerdings beeinträchtigt das verbreitete Bild von der deutschen Sprache als „schwere Sprache" (z. B. bei Buján u. a. 1981; Castell 2003) diese Entwicklung ebenso wie die schlechte Berufsperspektive (Soliño Pazó 2000, 99; Castell 2003, 193) .

5 Deutschlehrerausbildung

In der akademischen Ausbildung für PrimarschullehrerInnen (1. bis 6. Klasse) wird Deutsch nicht angeboten. Die Lehre im öffentlichen sowie privaten Sekundarschulbereich wird von GermanistInnen mit abgeschlossenem Studium („Licenciatura") häufig von Lehrpersonen durchgeführt, die vor der Bildungsreform Altgriechisch, Latein, Französisch oder Philosophie unterrichtet und sich nun durch ein Zertifikat an den „Escuelas Oficiales des Idioms" eine (knappe) zusätzliche Sprachausbildung erworben haben (s. o.). Stellenbesetzungen im öffentlichen Dienst erfolgen sonst, indem die BewerberInnen nach ihrem Studienabschluss zusätzlich eine umfangreiche, schwierige Prüfung („oposiciones") ablegen. Laut Bosch-Roig (2000, 122) und Keim (2001, 1518) gibt es jedoch für Sekundar-Lehrpersonen einen „Curso de Adaptación al Profesorado" (CAP), über dessen theoretischen Unterricht in Methodik / Didaktik es nur vage und unterschiedliche Angaben je nach „Comunidad Autonoma" gibt. Bosch-Roig (2000) spricht von 6 UE / Woche in 6 bis 7 Monaten (vgl. Basteck 2004, 187).

Wie Keim (2001) betont, wird besonders in Lehrerfortbildungskursen, die zusätzlich in speziellen kostenpflichtigen Aufbaustudiengängen oder vom Goethe-Institut angeboten werden, auf den bewussten Umgang mit Lehrmaterialien und Lernstrategien sowie auf Autonomie fördernde Ansätze geachtet (Esteve / Grünewald 1995; Saalbach / Wolff 1995). Angeregt durch das Lehrerfortbildungsprojekt „Curs de Postgrau: Didáctica de l' Alemany com a Llengua estrangera" am Institut de Ciéncies de l' Educació de la Universitat Autónoma de Barcelona" entstanden in den letzten beiden Jahrzehnten **regionale Beihefte zu den Fernstudienbriefen** des Goethe-Instituts; und es zeichnet sich eine hoffnungsvolle Entwicklung ab: von der Methodik „durch die Hintertür" hin zu bewusst gewähltem Einsatz selbst erstellter bzw. adaptierter Lehr- und Lernmaterialien für eine spanienspezifische Zielgruppe (Basteck 2004, 190 f.).

6 Lehrbuchsituation

Für den Deutschunterricht werden auf dem spanischen Markt grundsätzlich „importierte" Lehrbücher eingesetzt, die in Deutschland für ein weltweites Publikum produziert werden. Deutsche Verlage vergeben Exklusiv-Verkaufsrechte an einen spanischen Verlag. Daneben hat sich jüngst nach dem Vorbild der Fernstudienbriefe ein Markt „regionaler Beihefte" zu Lehrwerken entwickelt, „cuaderno de ejercicios" genannt.

Als positives Beispiel eines regionalen und auf eine spanische Zielgruppe abgestimmten Lehrbuchs kann das im Team um Jürgen Wolff entwickelte, regionale Grundstufenlehrwerk „Maite lernt deutsch/Deutsch zum Eintauchen" aus der Tandem Fundazioa, Donostia/San Sebastián angesehen werden (s. Wolff 2002, 47 und 50). Allerdings ist das 1982 erstmals in kleiner Auflage erschienene Lehrbuch nach seiner 4. Auflage heute nicht mehr erhältlich, und seine starke Spezifizierung wird z. T. auch kritisch gesehen (vgl. Saalbach 1994).

7 Schluss

Dieser Überblick basiert u. a. auf Umfrageergebnissen unter Studierenden an 12 spanischen Universitäten 2001/2002 (Basteck 2004), die hier aktualisiert wurden. Es ist zu hoffen, dass der spanische Germanistenverband „Asociación Madrilena de Germanistas", die (regionalen) Deutschlehrerverbände sowie der Dachverband der Germanisten, FAGE, im spanischen Bildungswesen durch **gemeinsame** Anstrengungen eine Stabilisierung des Deutschlehrangebots während der Vollzeitschulpflicht innerhalb der Sekundarstufen I und II (ISCED 2 und 3) auf mindestens B1-Niveau erreichen können.

Literatur

Basteck, Elisabeth F.: Civilización: Landeskundliche Lehre im deutschen Philologiestudium an spanischen Universitäten. Diss. PH Freiburg 2004. [http://nbn-resolving.de/urn:nbn:de:bsz:25-opus-18054] (15.12.2012)

Bosch Roig, Gloria: Sprachenpolitik und Deutschunterricht in Spanien, Diss. Univ. Bielefeld 2000 [http://webdoc.sub.gwdg.de/ebook/h-k/2003/uni-bielefeld/disshabi/lili.html] (16.12.2012)

Buján, Carlos/Martí, Ofelia/Varela, Maria Jesus: Zu einem Katalog der Hauptschwierigkeiten der Spanischsprechenden beim Erlernen der deutschen Sprache. In: Pérez Varas u. a. (Hrsg.) 1981, 331–345

Castell, Andreu: Deutsch und Deutschunterricht aus spanischer und katalanischer Sicht. In: Stickel, Gerhard (Hrsg.): Deutsch von außen. IDS Jahrbuch 2002, Berlin u. a.: de Gruyter 2003, 191–202

Dräxler, Hans-Dieter: La presencia cultural y educativa de la lengua alemana en Espana: Una aportación a la formación para un futuro plurilingüista y multicultural, In: Jiménez Heffernan, Julián/ Pedraz Gómez, Maria Teresa u. a.: Las lenguas extranjeras como vehículo de comunicación intercultural. Madrid: Ministerio de Educación, Subdirección General de Información y Publicación, Serie Humanidades 2009, 155–172

Dräxler, Hans-Dieter: Deutsch in Spanien, offensichtlich sinnvoll, aber scheinbar nicht vermittelbar. Sprachenpolitische Fakten und Überlegungen. In: mAGAzin 17 (2006), 10–13

Ehlers, Christoph: Der Deutschunterricht in der „Escuela Oficial de Idiomas" in Andalusien. Bestandsaufnahme und Zukunftsaussichten. In: mAGAzin 1 (1996), 46–54

Esteve, Olga/Grünewald, Heidi: Ein Fortbildungskonzept auf der Grundlage der Fernstudienbriefe für den Raum Barcelona: Planung und Durchführung. In: Goethe-Institut München, Abteilung Forschung und Entwicklung Ref. 41 (Hrsg.): Handbuch für Spracharbeit, Bd. 1–3, Teil 6/III, 20 Fortbildung der Fortbilder, Fortbildungsplanung und Fortbildungscurricula, Einheit 20.2.4. München 1995

Goetze, Dieter: Spanien. In: Anweiler, Oskar/Boos-Nünning, Ursula (Hrsg.): Bildungssysteme in Europa: Entwicklung und Struktur des Bildungswesens in zehn Ländern: Deutschland, England, Frankreich, Italien, Niederlande, Polen, Rußland, Schweden, Spanien, Türkei. Weinheim u. a.: Beltz 1996, 213–230

Diez Asensio, Jaime, La enseñanza del alemán en las Escuelas de Turismo españolas, In: Regales Serna, A. (Hrsg.): Filología Alemana y Didáctica del Aleman/ Germanistik und Deutschunterricht, Materialien des V. Symposiums des Spanischen Deutschlehrerverbandes, Valladolid 6.–10. November 1989, Valladolid: Universidad 1992, 565–569

Keim, Lucrecia: Deutschunterricht und Germanistikstudium in Spanien. In: Helbig, Gerhard/Götze, Lutz/Henrici, Gert/Krumm, Hans-Jürgen (Hrsg.): Deutsch als Fremdsprache. Ein internationales Handbuch. 2. Halbband Berlin/New York: de Gruyter 2001, 1516–1523

Löffler, Hans-Günter/Thelemann, Karin/Beensen, Andreas: Deutschunterricht in Spanien. 2010 [http://www.goethe.de/mmo/priv/7118070-STANDARD.pdf] (16.12.2012)

Marizzi, Bernd: Apuntes acerca de la historia de la enseñanza del alemán como lengua con fines específicos en España. In: Goethe Institut Inter Nationes Madrid/Instituto Alemán de Cultura (Hrsg.): El alemán: una lengua extranjera en España. Madrid 2002, 63–65

Orduña, Javier: Aus der Peripherie des Netzwerkes. Inlands- und Auslandsgermanistik aus spanischer Sicht. In: Deutsch als Fremdsprache 43 (2006) Heft 3, 131–137

Palau-Ribes Casamitjana, Francisca: Die Rezeption der deutschen Sprache in Spanien. Rückblick und Ausblick. In: Pérez Varas / Buján López 1981, 95–104

Pérez Varas, Feliciano: Germanistik an spanischen Hochschulen und Berufsmöglichkeiten für Germanisten. In: Pérez Varas / Buján, López 1981, 73–94

Pérez Varas, Feliciano / Buján López, Carlos (Hrsg.): Akten des 1. Iberischen Germanistentreffens. Salamanca: Ediciones Universidad de Salamanca 1981

Saalbach, Mario: Kommunikationsprobleme zwischen spanischen und deutschen Muttersprachlern aufgrund kultureller Interferenzen – Berücksichtungsmöglichkeiten im DaF-Unterricht. In: Institut de Ciéncies de l'Éducació de la Universitat Autónoma de Barcelona: DaF aus spanischer Sicht, Primeres Jornades sobre l'Enseyament de l'Alemany en

Contextos Hispánics: Perspectives Metodológiques, Barcelona: Institut de Ciències de l'Educació de la Universitat Autònoma de Barcelona 1994, 183–195

Saalbach, Mario/Wolff, Jürgen, Das Fortbildungsnetz für DaF-Lehrerinnen im Rahmen des Fernstudienprojekts im Baskenland/Nafarro und La Rioja (mit Beispielen aus einer Fortbildung zum Thema Grammatik). In: Goethe-Institut München, Abteilung Forschung und Entwicklung Ref. 41 (Hrsg.): Handbuch für Spracharbeit, Bd. 1–3, Teil 6/ III, 20 Fortbildung der Fortbilder, Fortbildungsplanung und Fortbildungscurricula, Handbuch zur Lehrerfortbildung, Teil 6: Fortbildungsplanung, Einheit 20.2.5., München 1995

Salamanca-Manifest der spanischen Germanistik 2002, v. Ruipérez, Germán/Siguán, Marisa [www.uned.es/germanistik/salamanca] (Stand: 21.07.2012)

Soliño Pazó, María Mar: Orientierungen zu einer neuen Perspektive der deutschen Sprachwissenschaft in der Auslandsgermanistik. In: Acosta Gómez, Luis/Hernández, Maria I./Wittenberg, S. (Hrsg.): Lengua, literatura y cultura alemanas ante el umbral del nuevo Milenio, Actas de la IX Semana de Estudios Germánicos (30 de marzo – 2 de abril de 1998), Vol. II, Madrid: Ediciones del Orto 2000, 93–104

Wolff, Jürgen, Was können wir aus „Maite lernt Deutsch/Deutsch zum Eintauchen" für Lehrwerke in Spanien lernen? In: Goethe Institut Inter Nationes/Instituto Alemán de Cultura: El alemán: una lengua extranjera en España. Madrid: Goethe-Institut 2002, 47–50

Zimmermann, Daniel: Hochschulpolitik in Spanien. Neues Hochschulrahmengesetz gegen landesweiten Protest durchgesetzt. In: Forschung und Lehre (2002) Heft 5, 255–257

AYSEL UZUNTAŞ

G 11 Deutsch als Fremdsprache in der Türkei – Gesellschaftspolitische, pädagogische und fachliche Perspektiven des Faches

In der Türkei genießt die deutsche Sprache vor dem Hintergrund eines reichen geschichtlichen, gesellschaftlich-kulturellen, politischen und wirtschaftlichen Miteinanders beider Länder ein hohes Ansehen. Deutsch hat sich in der Türkei als stärkste zweite Fremdsprache, nach Englisch als erster Fremdsprache, fest etabliert.

1 DaF in der Türkei aus gesellschaftlich-politischer Perspektive

1.1 Zur Geschichte und zur aktuellen Situation

Deutsch als Fremdsprache in der Schule und anderen Bildungseinrichtungen existierte – neben Französisch und Englisch – bereits im 19. Jahrhundert, also vor der Gründung der Türkischen Republik im Jahre 1923. Das Sprachstudium war in erster Linie dazu gedacht, Dolmetscher in diesen Sprachen auszubilden. Zwar galt Französisch im Osmanischen Reich als vorherrschende Fremdsprache (Genç 2003, 18 ff.), doch begann der Einsatz des Deutschen als Fremdsprache ab 1882 in den militärischen Schulen, was sich sukzessive auf weitere allgemeinbildende Schulen ausweitete (Genç 2003, 21 f.). Das Angebot in Deutsch etablierte sich dann verbindlich und kontinuierlich mit der Gründung der Türkischen Republik 1923. Die historischen Beziehungen zwischen der Türkei und Deutschland im militärischen, wirtschaftlichen sowie wissenschaftlichen Kontext – es gab schon zu Beginn des 19. Jahrhunderts eine ganze Reihe von jungen, gut ausgebildeten Medizinern, die in Deutschland studiert hatten –, sind grundlegend für die heute unbeeinträchtigt relevante Rolle des Deutschen im türkischen Bildungssystem.

Die gesellschaftlichen Beziehungen in Form der Migration nach Deutschland oder in Form der vielfältigen und intensiven Handelsbeziehungen beider Länder geben dem Deutschen eine besondere Stellung. Hinzu kommt, dass im Rahmen der immer komplexer werdenden Ansprüche und Anforderungen in allen Bereichen der Arbeitswelt eine einzige Fremdsprache nicht mehr ausreicht. Auch in diesem Kontext bietet sich mit dem Deutschen als weitere Fremdsprache neben Englisch eine zusätzliche Qualifikationsmöglichkeit.

1.2 Sprachenpolitische Aspekte: DaF im Rahmen der Mehrsprachigkeit

Im Zuge der Bildungsreform in der Türkei (1997) gelang es, auch fremdsprachenpolitische Neuansätze zu entwickeln und konzeptionell einzubinden. Dazu gehört die zunehmende Orientierung an der europäischen Sprachenpolitik und dem Postulat der Mehrsprachigkeit. Die Türkei blickt zwar auf eine lange Tradition in der fremdsprachlichen Ausprägung von Schule und Universität zurück, sie setzt aber nach 1997 verstärkt neue Impulse für einen breiten Einsatz von Fremdsprachen insbesondere an den staatlichen Schulen. So wird der Beginn der ersten Fremdsprache von der Klasse sechs auf die Klasse vier der Primarstufe vorverlegt und eine zweite Pflicht-Fremdsprache eingeführt (vgl. Akdoğan 2005, 1).

Mit den Neuregelungen 2010 ist die erste Fremdsprache ab der Klasse vier bis zur 12. Klasse, Abschluss des Gymnasiums, ein reguläres Pflichtfach, wobei in Schulen mit einem besonderen Sprachenprofil ab der Klasse neun auch eine zweite Fremdsprache Pflichtfach ist. Daneben existieren Schulmodelle, in denen die zweite Fremdsprache als Wahlfach zum Lehrangebot gehört. Nach den Regelungen 2009 können aber in allen Schulmodellen außerhalb der Unterrichtsstunden je nach dem Sprachniveau der Schüler auch Fremdsprachenkurse angeboten werden (vgl. MEB Yabancı Dil Eğitimi ve Öğretimi Yönetmeliği 2009; MEB 2010).

In Zahlen: In der Türkei beträgt die Gesamtzahl der Deutschlernenden nach den statistischen Erhebungen des „Netzwerk Deutsch" 2010 genau 316.760, darunter sind 309.069 DaF-Lernende im Schulbereich und 7.691 deutschlernende Studierende.

2 DaF in der Türkei aus pädagogischer Perspektive

2.1 DaF in den Schulen

In der Türkei gibt es unterschiedliche Schultypen und verschiedene Fremdsprachenprofile. Hervorzuheben ist die Einteilung der Schullandschaft in staatliche und private Einrichtungen, deren pädagogischer Auftrag zwar auf einem verbindlichen Konsens beruht, allerdings mit zum Teil differenzierten Lernangeboten und Lerninhalten. 2012 ist ein neues Schulsystem eingeführt worden, das in die Grundschule (1. bis 4. Klasse), Mittelstufe (5. bis 8. Klasse) und Lise (Gymnasium) eingeteilt ist. Das neue Schulsystem sieht 12 Jahre Schulpflicht vor (vgl. MEB 2012). Das Gymnasium (Lise) beginnt ab der Klasse 9 und schließt mit der Klasse 12 ab. Es ist unterteilt u. a. in allgemeinbildende, naturwissenschaftlich orientierte und fremdsprachlich orientierte Schulen, die sog. Anadolu-Schulen (vgl. Akdoğan 2003, 51 ff.; Polat / Tapan 2005, 1). Die Anadolu-Schulen sind nicht zuletzt deshalb sehr beliebt, weil sie ein intensives Fremdsprachenprogramm anbieten mit zum Teil bilingualer Ausrichtung; d. h. einige Sachfächer wie Chemie, Physik, Mathematik, Biologie können ggf. auch in der Fremdsprache unterrichtet werden (vgl. Batári/Vámos, F2 und Bleichner/Dietrich-Chénel, F3). Zudem werden die Fremdsprachenkenntnisse zertifiziert. Aus dem breiten Angebot an Anadolu-Schulen und privaten Schulen mit intensiven Fremdsprachenprogrammen gibt es nur wenige, in denen Deutsch als erste Fremdsprache angeboten wird. Unter den 83 Anadolu-Schulen im Großraum Istanbul bieten acht Schulen Deutsch, zwei Schulen Französisch und 79 Schulen Englisch als erste Fremdsprache an, wobei in sechs der Anadolu Schulen parallel zwei verschiedene Fremdsprachenprogramme existieren (vgl. MEB OKS 2008).

Nicht zuletzt sind auch diese Zahlen ein Beleg dafür, dass Englisch mit großem Abstand die erste Schulfremdsprache ist. Deutsch hat sich in der Gesamtbewertung als häufigste zweite Fremdsprache positioniert, als solche ist sie in den Anadolu-Schulen bereits ein Pflichtfach.

Daneben gibt es zwei ausländische Schulen (die Deutsche Schule: Alman Lisesi) und die St. Georg Österreichische Schule (Sankt Georg Avusturya Lisesi) mit einer angegliederten Handelsschule (Sankt Georg Avusturya Ticaret Lisesi), sowie einige private Gymnasien mit Deutsch als erster Fremdsprache und weiter private Grundschulen, in denen schon in der Vorschule oder ab der ersten Klasse Deutsch nach einem bilingualen Konzept unterrichtet wird (vgl. Akdoğan 2003, 51 ff.; Akdoğan 2007, 42–45).

Im Rahmen der PASCH-Initiative (s. Huneke, A2) sind in der Türkei zahlreiche Anadolu-Schulen und private Schulen als PASCH-Schulen zu kategorisieren. Die PASCH-Initiative ist nicht zuletzt für DaF von besonderer Bedeutung. (siehe: http://www.pasch-net.de/).

Die Intensität des DaF-Unterrichts variiert nach Status (Pflichtfach bzw. Wahlfach), nach Schultyp und Klassenstufe: Die Schulen lehren von der 4. bis zur 8. Klasse drei bis vier bzw. zwei Stunden DaF, die allgemeinbildenden Gymnasien in der neunten und zehnten Klasse drei bzw. zwei Stunden, die Anadolu-Schulen lehren in der 9. bis 12. Klasse zehn bis vier bzw. zwei Stunden DaF. In den Anadolu-Schulen wird DaF auch als die zweite Fremdsprache verpflichtend gelehrt.[1]

Einige Anadolu-Schulen haben fremdsprachliche Vorbereitungsklassen mit 20 DaF-Stunden (DaF als erste Fremdsprache). Das Angebot der zweiten Fremd-

---

[1] Die Zahlen zeigen den Stand 2009. Die Unterrichtsstunden für den Fremdsprachenunterricht sind 2010–2011 zum Teil neu geregelt worden. So ist der Fremdsprachenunterricht unter anderem in den allgemeinbildenden Gymnasien auch in die Klassen 11 und 12 mit jeweils zwei Stunden eingesetzt worden, wobei der Fremdsprachenunterricht in der Klasse 10 von drei auf zwei Stunden reduziert worden ist. In den Anadolu-Schulen ist der Fremdsprachenunterricht in der Klasse 9 von zehn auf sechs Stunden reduziert worden, und die Fremdsprache als Wahlfach ist von der Klasse 10 bis 12 von vier auf sechs Stunden erhöht worden. Die zweite Fremdsprache als Pflichtfach wird in diesen Schulen ab der 9. Klasse mit zwei Stunden eingeführt (vgl. MEB 2010).

sprache als Pflichtfach und als Wahlfach umfasst die Sprachen Deutsch, Französisch, Englisch, Spanisch, Italienisch, Japanisch, Chinesisch oder Russisch (vgl. MEB 2007; MEB 2009).

2.2 DaF-Studiengänge an den Universitäten

An den türkischen Universitäten gibt es mehrere deutschsprachige Studiengänge. Der Studiengang „Deutsche Sprache und ihre Didaktik" (auch Deutschlehrerausbildung) ist an den Erziehungswissenschaftlichen Fakultäten angesiedelt, wohingegen das Studium der Deutschen Sprache und Literatur sowie das Studienfach Deutsche Übersetzungs- und Dolmetscherausbildung in die Philosophischen Fakultäten eingebunden sind. Insgesamt gibt es an 25 Universitäten 17 Abteilungen für Deutschlehrerausbildung, 11 Abteilungen für Deutsche Sprache und Literatur (Germanistik) und neun Abteilungen für Übersetzungs- und Dolmetscherwesen (vgl. ÖSYS 2011). DaF ist in der Türkei als Hauptfachstudium ein eigenständiger Studiengang, integriert in die Erziehungswissenschaftlichen Fakultäten der jeweiligen Universitäten.

Infolge der einschneidenden bildungspolitischen Revisionen ab 1998 erfolgte auch eine Reihe von curricularen Neuregelungen der Lehrerausbildung im Allgemeinen und folglich auch des Studienganges Deutsche Sprache und ihre Didaktik. Das Curriculum wurde zuletzt 2006 überarbeitet und ist seitdem sukzessive im Einsatz (vgl. Güler 2000; Akdoğan 2003; Polat/Tapan 2005; Uslu 2008).

Auch das Studentenprofil dieser Abteilungen hat sich an einigen Standorten gewandelt, insofern als durch Lockerung der Zulassungsbedingungen auch Studenten ohne ausreichende Deutschkenntnisse zum Studium zugelassen werden können. Bei diesem Klientel handelt es sich um Studierende mit guten bis sehr guten Englischkenntnissen, die dann Deutsch als 'zweite Fremdsprache' erlernen. An den Universitäten, an denen eine Zulassung zum Studium für Deutsch als Fremdsprache nicht den Nachweis von Deutschkenntnissen erfordert, gilt es, ein sprachliches Vorbereitungsjahr am Fremdsprachenzentrum zu absolvieren. In den 1980er und 1990er Jahren überwogen dagegen Studierende, die Rückkehrer aus Deutschland waren und Deutsch als 'Zweitsprache' beherrschten (vgl. Polat/Tapan 2005, 4). Studierende der Abteilungen für Deutschlehrerausbildung an den Universitäten, die im Rahmen der zentralen Universitätsaufnahmeprüfung ausschließlich Studenten mit Deutschkenntnissen aufnehmen, sind auch heute größtenteils Rückkehrer.

2.3 DaF-Kurse

DaF wird in der Türkei auch in außerschulischen und außeruniversitären Einrichtungen angeboten. In diversen privaten Fremdsprachenkursen hat man die

Möglichkeit, Deutsch für verschiedene Ziele und Zwecke zu lernen. Schulabsol-
venten bietet sich die Möglichkeit, das Lernen des Deutschen auch im außerschulischen Kontext fortzusetzen; die Türkei und insbesondere der Großraum
Istanbul bieten hierzu vielfältige Angebote. Außerdem gibt es zahlreich
besuchte sog. Integrationskurse, die auf die Prüfungen im Rahmen der Visa-
Erteilung bei Familienzusammenführung vorbereiten (vgl. „Vorintegrations-
kurse", Decker, F5). Die Goethe-Institute in Istanbul, Ankara und Izmir bieten
ebenfalls unterschiedliche Deutsch- sowie Integrationskurse an.

3 DaF-Didaktik in der Türkei

3.1 Fremdsprachendidaktische Prinzipien

Inhalte und Ziele des schulischen Deutschunterrichts richten sich nach dem
Europäischen Referenzrahmen. Für Deutsch als zweite Fremdsprache ist das
A2-Sprachenniveau maßgeblich (vgl. MEB 2004). Die Prüfungen richten sich
nach den für Deutsch festgelegten Zertifizierungen; es wird in der Regel in allen
vier Fertigkeiten Sprechen, Hören, Schreiben und Lesen geprüft. Der Fremdsprachenunterricht sollte vornehmlich nach der kommunikativen Didaktik unter
verstärktem Einbezug interkultureller Aspekte und Inhalte gelehrt werden.
Sprachvergleichende Vorgehensweisen (vgl. Oomen-Welke, B4 sowie DTP 9,
B 1; F4) sind für die Sprachbewusstheit und Reflexion des Sprachlernenden wünschenswert. Vergleiche zwischen der Muttersprache und der ersten oder der
zweiten Fremdsprache sind für den schulischen Deutschunterricht von lerneffek-
tiver Bedeutung.

3.2 Lehrmaterialien

Je nach Schultyp und danach, ob es sich um das Konzept Deutsch als erste oder
zweite Fremdsprache handelt, variieren auch die Lehrmaterialien. An den staatlichen Schulen sind weitgehend die von der Buchkommission des Erziehungsministeriums erarbeiteten regionalen Lehrwerke im Einsatz (vgl. Maden 2005),
während an den Schulen mit intensivem fremdsprachlichem Profil und an den
privaten Schulen die in Deutschland verfassten Lehrwerke bevorzugt werden
(vgl. Genç 2002, 80). In den staatlichen sowie privaten Schulen werden Lehrwerke verwendet, die von der Kommission des Erziehungsministeriums bewil-
ligt sind (Genç 2002, 74 f.).

3.3 Verbände

In der Türkei gibt es auch Organisationen, in denen Fachleute zu 'Deutsch' unter
einem Dach zusammenkommen. So ist der türkische Deutschlehrerverband in

Istanbul, Izmir und Ankara hier zu erwähnen, welcher u. a. gemeinsam mit den Goethe-Instituten Deutschlehrertagungen veranstaltet und auch die Zeitschrift 'Almanca Dil Dergisi' herausgibt (siehe: www.taod.org.tr). Ferner gibt es den türkischen Germanistenverein (GERDER), der bei der Organisation der Germanistiksymposien in der Türkei mitwirkt und zum wissenschaftlichen Austausch im Bereich Germanistik, DaF und Übersetzungswissenschaften beiträgt (siehe: www.gerder.org.tr).

4 Ausblick

Deutsch als Fremdsprache ist auch außerhalb des deutschsprachigen Raumes von eminenter Bedeutung, da Deutsch dort zunächst als fremd erscheint und mit dem Eigenen, d. h. mit dem Regionalen, in vieler Hinsicht in Beziehung tritt. So sind auch regionale wissenschaftliche Forschungen zum Deutschen als Fremdsprache und regionale Betrachtungsweisen und Darstellungsweisen besonders wichtig.

Mit der weit reichenden bildungspolitischen Entscheidung für den Beginn der Fremdsprache ab der Klasse 4 und durch die Einführung einer zweiten Pflichtfremdsprache intensivierte sich die Forschung zum frühen Beginn einer Fremdsprache und zum Deutsch als Tertiärsprache (Deutsch nach Englisch). – Denn auch bei der Vermittlung des Deutschen im Primarbereich ist das Eigene bzw. Regionale mitprägend, wobei unter dem Aspekt Deutsch als zweite Fremdsprache auch die erste Fremdsprache, Englisch, zu berücksichtigen ist.

Ferner sind Arbeiten zur Interkulturalität und zum deutsch-türkischen Sprachvergleich viel versprechend für eine weitere Differenzierung des Deutschen als Fremdsprache. DaF erweckt als meistgewählte zweite Fremdsprache nach Englisch in der Türkei unter der Sichtweise der Tertiärsprache viel Aufmerksamkeit und wird dieses auch mit Nachdruck weiterhin tun.

Literatur

Akdoğan, Feruzan: Thesen und Beispiele zum frühen Unterricht in der Fremdsprache Deutsch. Überlegungen zu einem zielgruppenorientierten Vorgehen im Deutschunterricht an den türkischen bilingualen Grundschulen. Frankfurt/Main: Lang 2007

Akdoğan, Feruzan: Früher fremdsprachlicher Deutschunterricht an türkischen bilingualen Grundschulen: Bestandsaufnahme, Folgerungen und Thesen. In: Zeitschrift für Interkulturellen Fremdsprachenunterricht 10 (2005) Heft 2 [http://zif.spz.tu-darmstadt.de/jg-10-2/beitrag/Akdogan2.htm] (12.11.2012)

Akdoğan, Feruzan: Deutsch als Fremdsprache in der Türkei. Bestandsaufnahmen und Prognosen. In: Info DaF 30 (2003) Nr. 1, 46–55

Aktaş, Ayfer: Die Stellung der Germanistik in der Türkei. In: Deutsche Sprache 35 (2007), 347–358

517

Balcı, Tahir: Das Germanistik- bzw. DaF-Studium in der Türkei. Probleme und Lösungsvo-schläge. In: Info Daf 24 (1997) Nr. 5, 621–624

Genç, Ayten: İlk- ve Ortaöğretim Okullarında Yabancı Dil Ders Kitabı Seçimi. In: Hacet-tepe Üniversitesi Eğitim Fakültesi Dergisi 22 (2002), 74–81 [http://193.140.216.63/200222AYTEN%20GEN%C3%87.pdf] (09.07.2009)

Genç, Ayten: Türkiye'de Geçmişten Günümüze Almanca Öğretimi. Ankara: Seçkin 2003

Güler, Gülten: Deutsch als zweite Fremdsprache im schulischen Fremdsprachenunterricht in der Türkei: Perspektiven für die Didaktik und Methodik des Deutschen als zweite Fremdsprache in der Deutschlehrerausbildung. In: Zeitschrift für Interkulturellen Fremdsprachenunterricht 5 (2000) Heft 2 [http://zif.spz.tu-darmstadt.de/jg-05-2/bei-trag/gueler1.htm] (26.11.2012)

Maden, Sevinç Sakarya: Anforderungen an ein Lehrwerk für Deutsch als Tertiärsprache in der Türkei. In: Zeitschrift für Interkulturellen Fremdsprachenunterricht 10 (2005) Heft 2 http://zif.spz.tu-darmstadt.de/jg-10-2/beitrag/Maden1.htm] (26.11.2012)

MEB Genelge 12 yıllık zorunlu eğitime yönelik uygulamalar [http://www.meb.goc.tr/haberler/2012/12YillikZorunluEgitimeYonelikGenelge.pdf] (09.05.2012)

MEB Haftalık ders çizelgelerinde yeni düzenleme (2010) [http://www.meb.gov.tr/duyuru-lar/duyuruayrinti.asp?ID=7966] (03.04.2012)

MEB İlköğretim Okulları Haftalık Ders Çizelgeleri (2009) [http://ttkb.meb.gov.tr/ogret-men/modules.php?name=Downloads&d_op=viewdownload&cid=72] (01.07.2009)

MEB Orta Öğretim Kurumları Hazırlık, 9., 10. ve 11. Sınıf İkinci Yabancı Dil Almanca Dersi Öğretim Programı (2004): [http://ttkb.meb.gov.tr/indir/ttkb/programlar/ikinciy-abancidil/ortogrt2yabdilalmanca.pdf]. (01.07.2009)

MEB Orta Öğretim Kurumları Haftalık Ders Çizelgeleri ve Açıklamaları (2007) [http://ttkb.meb.gov.tr/ogretmen/modules.php?name=Downloads&d_op=viewdow-nload&cid=72] (01.07.2009)

MEB Orta Öğretim Kurumları Haftalık Ders Cizelgeleri (2010) [ogm.meb.gov.tr/belgeler/ders_cizelge_haftalik.doc] (03.04.2012)

MEB OKS Yerleştirme (2008): [http://oges.meb.gov.tr/oks/docs/1yerlespuan/Tavan%20Taban%20Puanlar%20TABLO_2.pdf] (09.07.2009)

MEB Yabancı Dil Eğitimi ve Öğretimi Yönetmeliği (2009) [http://ogm.meb.gov.tr/gos_yonetmelik.asp?alno=14] (28.05.2009) [http://ogm.meb.gov.tr/gos_yonetmelik.asp?alno=9] (16.04.2012)

Netzwerk Deutsch (2010) [http://www.goethe.de/mmo/priv/5759818-STANDARD.pdf] (06.04.2012)

ÖSYS Yükseköğretim Programları ve Kontenjanları Kılavuzu (2011) [http://www.osym.gov.tr/dosya/1-57952/h/2011tablo4-2172011.pdf] (06.04.2012)

Polat, Tülin/Tapan, Nilüfer: Deutsch als Fremdsprache in der Türkei: Aktuelle Entwick-lungen. In: Zeitschrift für Interkulturellen Fremdsprachenunterricht 10 (2005) Heft 2 [http://zif.spz.tudarmstadt.de/jg-10-2/beitrag/TapanundPolat1.htm] (12.11.2012)

Uslu, Zeki: Deutschlehrerausbildung in der Türkei: Neustrukturierung und Curriculumre-vision. In: Info DaF 35 (2008) Nr. 4, 401–41

Register

Register